本书出版得到

国家重点文物保护专项补助经费资助

宣汉罗家坝

四川省文物考古研究院
达州市文物管理所　编著
宣汉县文物管理所

文物出版社

北京·2015

责任编辑：孙漪娜

责任印制：张道奇

视频制作：文物出版社数字视音频技术制作中心

图书在版编目（CIP）数据

宣汉罗家坝/四川省文物考古研究院编. — 北京：文物出版社，2015.6

ISBN 978-7-5010-4321-7

Ⅰ.①宣…　Ⅱ.①四…　Ⅲ.①文化遗址—发掘报告—宣汉县　Ⅳ.①K878.05

中国版本图书馆CIP数据核字（2015）第130605号

宣汉罗家坝

四川省文物考古研究院

达 州 市 文 物 管 理 所　编著

宣 汉 县 文 物 管 理 所

*

文 物 出 版 社 出 版 发 行

北京东直门内北小街2号楼

http://www.wenwu.com

E-mail: web@wenwu.com

北京鹏润伟业印刷有限公司印刷

新 华 书 店 经 销

889×1194　1/16　印张：35　插页：2

2015年6月第1版　2015年6月第1次印刷

ISBN 978-7-5010-4321-7　定价：450.00元

LUOJIABA IN XUANHAN

by

Sichuan Province Institute of Cultural Relics and Archeaology
Cultural Relics Administration of Dazhou City
Cultural Relics Administration of Xuanhan County

Cultural Relics Press
Beijing · 2015

目　录

插图目录

图版目录

壹　地理环境与历史沿革

第一节　县境内地理环境

宣汉县地处四川盆地东北大巴山南麓，中心点地理坐标为北纬 31° 32′ 03.69″，东经 107° 44′ 57.09″。东北一隅接城口县，东邻开县，南界开江，西接达州市通川区，西北邻平昌县，北接万源县。东西最大距离 110.6 公里，南北最大距离 78.8 公里，总面积 4271 平方公里。平均海拔 780 米。辖 54 个乡镇、497 个村、50 个社区，人口 120 万。县境东北高西南低，东北自由乡南墨家山最高，海拔 2349 米；西南洋烈乡与达县交界处州河河床最低，海拔 277 米。在四川地貌区划中属米仓山大巴山中山区和盆地低山区、盆东平行岭谷区的一部分，而以低山和中低山为主。

气候属于亚热带湿润季风气候区，四季分明，气候温和，雨量充足，无霜期长。但垂直地貌，季风环流，秦岭、大巴山的屏障作用，山岭坡向以及山间洼地、谷地等因素，都对气候产生影响。全年平均气温 16.8°，年均降水量 1213.5 毫米。植被主要以亚热带区系植被为主。

县境河流属嘉陵江水系。主要干流 4 条，即前河、中河、后河和州河。前、中、后河纵横全境于城东汇为州河；西北碑牌河注入巴河，州河、巴河于渠县三汇镇汇为渠江，南流于合川注入长江的一级支流嘉陵江。

罗家坝遗址所在地正是中河和后河的交汇之处（图版一，图版二）。中河又称中江，唐名益迁水、千江（益迁简称）。源出城口县白芷（田坝）乡万家梁麓，西南流入万源县境称龙潭河，固军坝以下始称中河，于石铁乡入县境，斜贯北部。经石铁、河坝、新华、厂溪、黄金、普光 6 乡镇于普光镇后注入后河。后河又称后江，汉至隋名不曹水、徐曹水，唐宋曰下蒲水。源出万源县皮窝乡境大横山白龙洞，西南流，于毛坝骡子河坝入县境，南流，经毛坝、普光、清溪、清坪、新红、西北 6 乡，于县城东与前河交汇，始称州河，州河属渠江的支流。

第二节　县境内地质地层、地质构造和地貌特征

区域内出露地层均为沉积岩。古生代的志留系、二迭系地层分布在宣汉的东北隅，约占全县面积的 3%，中生代三迭系、侏罗系、白垩系地层遍布全县，约占面积 96%，新生代第四系地层零星分布在河流两侧的二、三级阶地上，约占面积 1%。罗家坝遗址所处地域，为

新生代第四系地层，由亚黏土、砂岩黏土组成。

区域内地质构造的展布轮廓清楚，具有一定的方向和方位，可分为两大类：

1. 北西向弧形构造，由走向近似平行的北西向褶皱和压性或压扭性断层组成，以褶皱为主，区域上属南大巴山弧形褶皱带范畴。

2. 新华夏构造，由一系列北东向不对称褶皱组成。背斜成山较紧密，一般南东翼陡，北西翼缓，向斜成谷较开阔。

县境内的地貌，在全国地貌区域中，属大巴山中山和低山以及川东底山和丘陵的一部分，而以低山和低中山为主的地貌类型。在四川地貌区划中属米仓山大巴山中山区、盆地低山区、盆东平行岭谷区的一部分，而以低山和中低山为主。低山和低中山面积占总面积的90.2%，全县平均海拔800米左右。

第三节　县境内历史沿革

新石器时代晚期，县境内就有人类居住。

商时期，甲骨文多次记载 "巴方"，县境内属于巴人的居住地之一。公元前11世纪，周武王灭商，"以其宗姬封于巴"，县地属巴国领域。

公元前316年，秦灭巴蜀，县地为秦国领属。公元前314年，秦兴郡县制，县属巴郡（治今重庆江洲）宕渠县（治今渠县土溪城坝村）地。

公元前206年，项羽封刘邦为汉王，都南郑，统巴、蜀、汉中31县，县地即属汉王。公元前202年，刘邦建立了西汉王朝，宕渠县为益州巴郡所领。公元24年，公孙述称王巴蜀，县地为他建立的大成国管辖。公元36年冬，东汉灭述统一巴蜀，和帝元年（公元89年），分宕渠县北部地方置宣汉县，取义宣扬汉王德威，仍属益州巴郡。献帝建安六年（公元201年），改属巴西郡（治今阆中保宁镇）。当时，宣汉县大致管辖现在的达县、宣汉、开江、万源、通江、城口等地区。

公元214年，刘备占据益州，公元216年，刘备分巴西郡置宕渠郡（治今渠县土溪城坝村），领宕渠、宣汉两县，属益州。公元222年省宕渠郡，后主刘禅延熙（公元238~258年）年间曾复置，"建郡九年省"，宣汉县地划归巴西郡。仍属益州。公元263年，曹魏灭蜀后属梁州。

晋武帝太康元年（公元280年）立平州县（今平昌县），废宣汉县。惠帝元康六年（公元296年）分巴西郡复置宕渠郡并宣汉县，郡领宣汉、宕渠、汉昌三县，属梁州。公元303年，梁州郡县没于李特，宕渠郡实废。公元304年（永兴元年）李雄建立了成汉政权，复置宕渠郡，仍领宣汉等3县。公元347年，东晋桓温灭成汉，县地归属东晋；公元373年，则为苻坚的前秦所领；公元385年又还东晋，公元404年为焦纵所据，公元413年再还东晋。

公元420年，东晋灭亡。统治长江流域的南朝宋、齐、梁三个朝代，依次领有巴蜀地方。宋初（公元420~439年），新立巴渠郡（治今达州市），辖与郡新立的宣汉、始兴、巴渠、东关、始安、下蒲（公元 440~462 年间立）、晋兴（置立时间不详）7 县，属梁州。其中 4 县在今宣汉县境，即巴渠（治今南坝镇黑溪寺）、东关（治今五宝乡境）、始安（治今西北乡曾家山麓）、下蒲（治今大成乡大成寨）。齐梁领属仍旧。

但梁（公元 502~556 年）改始安名石鼓，并在此置万荣郡治，郡领县；又在东关置南晋郡，郡领县；又置新安县（治金马渡关），属巴渠郡。

公元 553 年（西魏废帝二年），西魏攻取巴蜀，改宣汉为石城（一说梁改石城），移宣汉县治于南晋郡北二百里（治地史无记载）。恭帝二年（公元 555 年）分新安县东部乡里置东乡县（治今普光镇罗家坝），并在此置石州、巴渠郡。三年，于石鼓置迁州；改汉兴为西流，属开州。北周武帝天和四年（公元 569 年）废石州及巴渠郡，仍于东乡置三巴郡，郡领东乡、下蒲两县；废迁州，仍于石鼓置临清郡；改南晋郡为和昌郡，省东关入宣汉县。

隋开皇三年（公元 583 年）十一月，"罢天下诸郡"，省巴渠、下蒲入东乡县，废三巴郡该属通州，废临清郡，石鼓县也该属通州；废和昌郡，宣汉属并州。五年（公元 585 年），自并州（前南晋郡）北二百里迁宣汉县置于东关故城（和昌郡，今五宝乡境内）。随即又废并州，宣汉也改属通州，大业三年（公元 607 年）四月，"改州为郡"，通州改名为通川郡，县境的东乡、石鼓、宣汉、西流都为其所属。

唐武德元年（公元 618 年），改通川郡为通州，辖东乡、石鼓；又于宣汉置南并州，并置东关县（治地不详），为其所属；西流改属通州。三年（公元 620 年）于东乡置南石州，复置下蒲入东乡，新立昌乐县（治今土黄镇万斛坝）为其所属。八年（公元 625 年）省南石州，又省下蒲入东乡，省昌乐入石鼓。东乡、石鼓仍属通州。贞观元年（公元 627 年）废南并州，省东关入宣汉，宣汉县治又自和昌迁新安废城（今马渡乡），也属通州；又省西流入盛山县（今开县）。天宝九年（公元 750 年）置阆英县，属通州。永泰元年（公元 765 年）六月，分石鼓四乡复置巴渠县，也属通州。唐太宗贞观元年分全国为 10 道，县境属山南道。但当时道无行政建制，只是地理区域。玄宗开元二十二年（公元 734 年），分全国为 15 道，道设采访使，领州。县地属剑南东川道。公元 907~964 年，前蜀、后蜀统治期间，道、州、县的领属关系未作变动。

宋乾德三年（公元 965 年），改通州为达州，东乡、巴渠、石鼓属达州。五年（公元 967 年）省宣汉入东乡，省阆英入石鼓，熙宁七年（公元 1074 年）省石鼓。分别划去通川、新宁、永睦三县。当时，县境只有东乡、巴渠两县，属夔州路的达州所管辖。

公元 1279 年，元朝统一了四川，至元二十年（公元 1283 年）废东乡、巴渠入通川县。隶属于四川行省川南道夔州路的达州。公元 1363~1371 年，四川为反元农民军领袖明玉珍建立的大夏王朝所统治。

公元 1371 年，明朝控制了四川，县地仍属通川县。成化元年（公元 1465 年）县内老人向庆忠赴京请分通川三里为东乡县，七月，受命复置东乡县，在石鼓镇，即今东乡镇设治，属四川承宣布政使夔州府。正德九年（公元 1514 年），改属达州。崇祯十八年（公元 1645 年）五月，张献忠部将刘文秀破东乡城，县地属农民革命政权（表一）。

表一　宣汉建县沿革表

周	县地属巴国地						
秦西汉	县境属宕渠县隶巴郡						
东汉	县境属宣汉县隶巴郡						
蜀汉	县境属宣汉县隶巴西郡						
晋	县境属宣汉县隶宕渠郡						
宋齐	新置始安县	新置巴渠县	新置下浦县	新置东关县			
梁	改石鼓县	巴渠县	下浦县	东关县	新置新安县		
西魏周	石鼓县	巴渠县	下浦县	省	宣汉县西魏废帝二年移治于此	东乡县西魏恭帝二年置	西流县后魏置汉兴西魏改此名
隋	石鼓县	开皇三年省入东乡	开皇三年省入东乡	宣汉县开皇五年移至东关故城	开皇五年移至东关故城	东乡县	西流县
唐五代	宝历元年省大中元年复置	巴渠县永泰元年复置	下蒲县武德二年复置,八年省	贞观元年移置新安故城	宣汉县贞观元年移置新安故城	东乡县	昌乐县武德三年置八年省入石鼓 / 贞观初省入盛山县
宋	熙宁七年省	巴渠县			乾德五年省入东乡	东乡县	
元		至元二十年省入达州				至元二十年省入达州	
明						东乡县成化元年复置	
清						东乡县	

贰 工作经过

第一节 发掘经过

20世纪50年代到80年代，当地村民在进行农业生产生活时，曾多次发现巴蜀青铜兵器[1]。1987年第二次全国文物普查时定名为"罗家坝战国墓群"。

1999年9~11月，经国家文物局批准，四川省文物考古研究所（2004年10月改名为四川省文物考古研究院）联合达州市文物管理所、宣汉县文物管理所等对该遗址进行首次发掘。发掘面积50平方米。共清理墓葬6座、灰坑19座、房屋基址1座，出土各类文物100多件。发掘领队：王鲁茂。参加本次发掘的有：何振华、李建伟、马辛莘、段家义、向世和、康丕成、胡兵、袁书鸿、龙志强、肖仁杰、江聪等[2]。

2000年，罗家坝遗址1999年发掘被评为"1999年四川文物考古工作十大成果"[3]。

2001年6月25日，罗家坝遗址被公布为第五批全国重点文物保护单位。

2003年3~7月，为配合罗家坝遗址保护规划的编制，四川省文物考古研究所联合达州市文物管理所、宣汉县文物管理所等对罗家坝遗址进行了第二次考古发掘，发掘面积400平方米，共清理墓葬33座、灰坑31座（图版三：1），同时还清理出柱洞等与房屋遗存有关的遗迹，出土各类文物800余件[4]。本次发掘领队：陈祖军。先后参加本次发掘的有：陈卫东、刘化石、郭富、江聪、李建伟、马辛莘、段家义、向世和、袁书鸿、龙志强、张怀江等。

2003年8月，四川省文物考古研究邀请中国社会科学院考古研究所、四川大学考古系、成都文物考古研究所等单位的专家，对该遗址的发掘成果举行了座谈[5]。

2004年，宣汉罗家坝遗址2003年度的发掘入围"2003年度全国十大考古新发现"初评项目。

2007年6~8月、2007年12月~2008年1月，为防止河流冲刷对罗家坝遗址的破坏以及进一步完善罗家坝遗址保护规划，经国家文物局的批准，四川省文物考古研究院、达州市文

---

[1] 第二次文物普查资料，现存四川省文物考古研究院。

[2] 四川省文物考古研究院等：《四川宣汉罗家坝遗址1999年度考古发掘简报》，《四川文物》2009年第4期。

[3] 《四川省评出1999年文物考古工作十大成果》，《四川文物》2000年第2期。

[4] 四川省文物考古研究院等：《四川宣汉罗家坝遗址2003年度考古发掘简报》，《文物》2004年第9期。

[5] 四川省文物考古研究院等：《罗家坝遗址笔谈》，《四川文物》2003年第6期。

物管理所和宣汉县文物管理所联合对该遗址进行第三次考古发掘，发掘面积 460 平方米。发掘共清理墓葬 26 座、灰坑 12 座（图版三：2，图版四：1），出土各类器物 500 余件。本次发掘领队：陈祖军。先后参加本次发掘的有：陈卫东、艾露露、代兵、周小楠、桂贞荣、袁书鸿、冯周等。因遗址清理出大量的墓葬，为保持遗存的完整性并有利于今后的遗址展示，所有探方均发掘到墓葬层，并未发掘到底。

第二节　资料整理与编写

1999 年发掘后，由王鲁茂、何振华、陈卫东负责，对所发现的 6 座墓葬和新石器时代晚期文化遗存进行了初步整理，并形成了《四川宣汉罗家坝遗址 1999 年度发掘简报》，发表于《四川文物》2009 年第 4 期。

2003 年发掘完毕后，由陈卫东、陈祖军负责，对本次发掘的资料进行了初步整理。并形成了《四川宣汉罗家坝遗址 2003 年度发掘简报》，发表在《文物》2004 年第 9 期。

2003~2004 年，四川省文物考古研究院对罗家坝出土的青铜器进行修复。

2007 年 3~6 月，四川省文物考古研究院对该遗址出土的器物进行全面整理。由陈卫东负责，对 1999、2003 年度发掘的资料及历年来罗家坝遗址出土的青铜器进行全面整理，先后参与本次整理的有艾露露、代兵、曾玲玲等。

2008 年 3 月 ~2011 年 12 月，四川省文物考古研究院对罗家坝遗址三次考古发掘的材料进行了全面系统的整理。先后参与本次整理的有陈卫东、曾玲玲、代兵、王静、李建伟、周小楠等。

2012 年开始撰写本报告，并于 2014 年 11 月完成初稿。本报告共分六个部分，第一部分介绍地理环境、地层结构和历史沿革，第二部分介绍发掘、整理和报告编写情况，第三部分介绍遗址的分区与布方情况，第四部分介绍新石器时代晚期遗存，第五部分介绍东周遗存，第六部分介绍东周墓葬。同时为全面了解罗家坝遗址，我们将《宣汉罗家坝出土部分青铜器的合金成分和金相组织》《罗家坝遗址出土青铜器锈蚀分析与修复保护》作为附录一并收入本报告。

在编写体例方面本报告采用如下方式：

1. 罗家坝遗址的材料主要由新石器时代晚期遗存、东周遗存和东周至西汉墓葬三部分构成，本报告将分别对这三个部分进行介绍。因墓葬较多且内涵丰富，故本报告将墓葬部分单独介绍，不混入东周遗存的介绍中。

2. 墓葬的编号：为使材料的系统性且便于描述，我们对 1999 年至 2007 年三次发掘的墓葬材料进行统一编号，其中 2003 年发掘的 33 座墓葬全部按照原编号，即 M1~M33，1999 年发掘的 6 座墓葬依次编号为 M34~M39，2007 年发掘的 26 座墓葬按照 2007 年的发掘编号，即 M40~M65。

3. 墓葬介绍：本报告对单个墓葬按照墓葬位置、墓葬形制、葬式葬具、随葬品等四个方面进行介绍。为保证随葬品描述的完整性，避免作者的主观性，在介绍墓葬的过程中不对随葬品进行分型分式的描述。所有分型分式将在本章最后做统一介绍。

4.罗家坝遗址先后进行了三次考古发掘，但三次发掘的出土材料差别较大，特别是墓葬的开口位置，因罗家坝遗址墓葬开口位置与地层的土质土色极其接近，很难辨别，在2007年的考古发掘中，我们才逐渐掌握了辨别墓葬开口的方法，故结合2007年度的考古发掘成果和已有的研究成果，对1999年和2003年的发掘材料进行了统一梳理，并修正了1999年度和2003年度的考古发掘的部分原始材料。

罗家坝遗址经过三次发掘，出土了大量的遗迹与遗物，并曾发表多篇相关的简报和研究文章，凡已发表的原始资料与本报告有不符之处，均以本报告为准。

叁　罗家坝遗址的分区和布方

第一节　遗址的分区

　　罗家坝遗址位于四川省达州市宣汉县普光镇进化村罗家坝渠江二级支流后河左岸的一级台地上。中心点地理坐标北纬 31° 32′ 02.7″，东经 107° 44′ 56.8″。海拔 336 米。遗址距宣汉县城约 46 公里，与普光镇隔中河相望，西距土主乡 9 公里，距达州市区 60 公里（图一），遗址处于中河与后河的交汇处，由罗家坝外坝、张家坝及罗家坝内坝三部分组成，其中以罗家坝外坝和张家坝为遗址的核心区域。遗址总面积约 103.33 公顷。遗址属丘陵山区，三面环水，一面靠山，林木茂盛。遗址以周围河道为天然屏障，保存较好（图二）。经调查发现，罗家

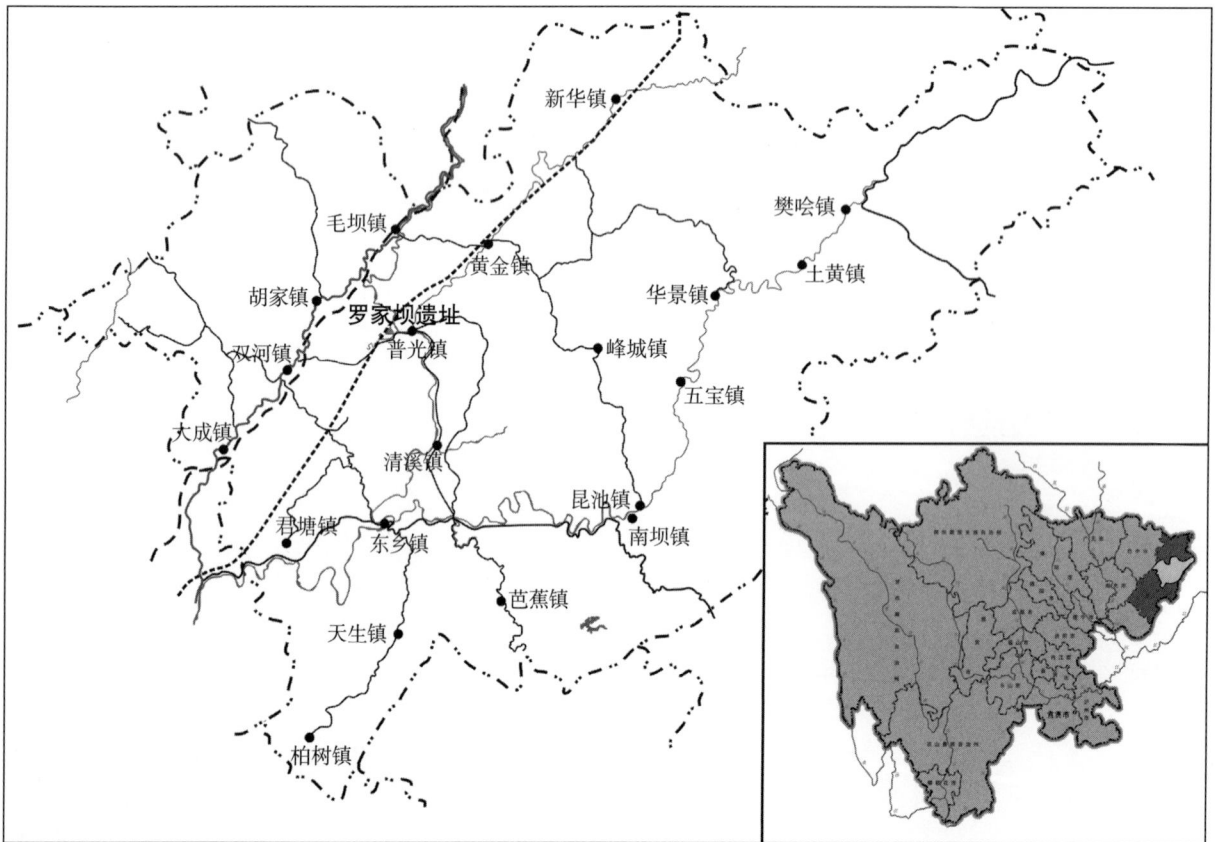

图一　罗家坝遗址位置图

坝内坝文化层较薄，堆积年代较晚；张家坝主要是汉代堆积；罗家坝外坝文化层较厚，遗存丰富。故三次考古发掘均在罗家坝外坝。罗家坝外坝北高南低，依据其地形特点，选择罗家坝外坝的中心作为总基点，将罗家坝外坝分为四个小区（编号为A、B、C、D），并采取象限法布方。1999年发掘的探方位于罗家坝遗址的C区，统一布方后，处于T7529、T7629、T7527、T7627内。为叙述方便，我们将1999年发掘的两个探方依次按原编号，即99T1和99T2；所发掘的6座墓葬，依次编号为M34、M35、M36、M37、M38、M39；所发掘的灰坑以依次编号为99H1~99H18；所发掘的房屋基址编号为F1。

2003年度发掘主要集中在罗家坝遗址的西南部（C区），统一编号为2003XLC区。发掘采取探方法，共布5米×5米的探方12个（其中T7329、T7330、T7331、T7429、T7430、T7431靠近河流，T7725、T7726、T7727、T7825、T7826、T7827靠近民居），10米×15米的探方1个（位于罗家坝外坝的中西部，经统一编号后，处于T5529、T5530、T5531、T5629、T5630、T5631等6个探方中），布方面积约450平方米，实际发掘面积约400平方米。

2007年发掘的探方主要集中在M33的北部和西部，工地统一编号为2007XLC区。其中北部共布5米×5米的探方10个（T5528、T5628、T5728、T5828、T5729、T5829、T5929、

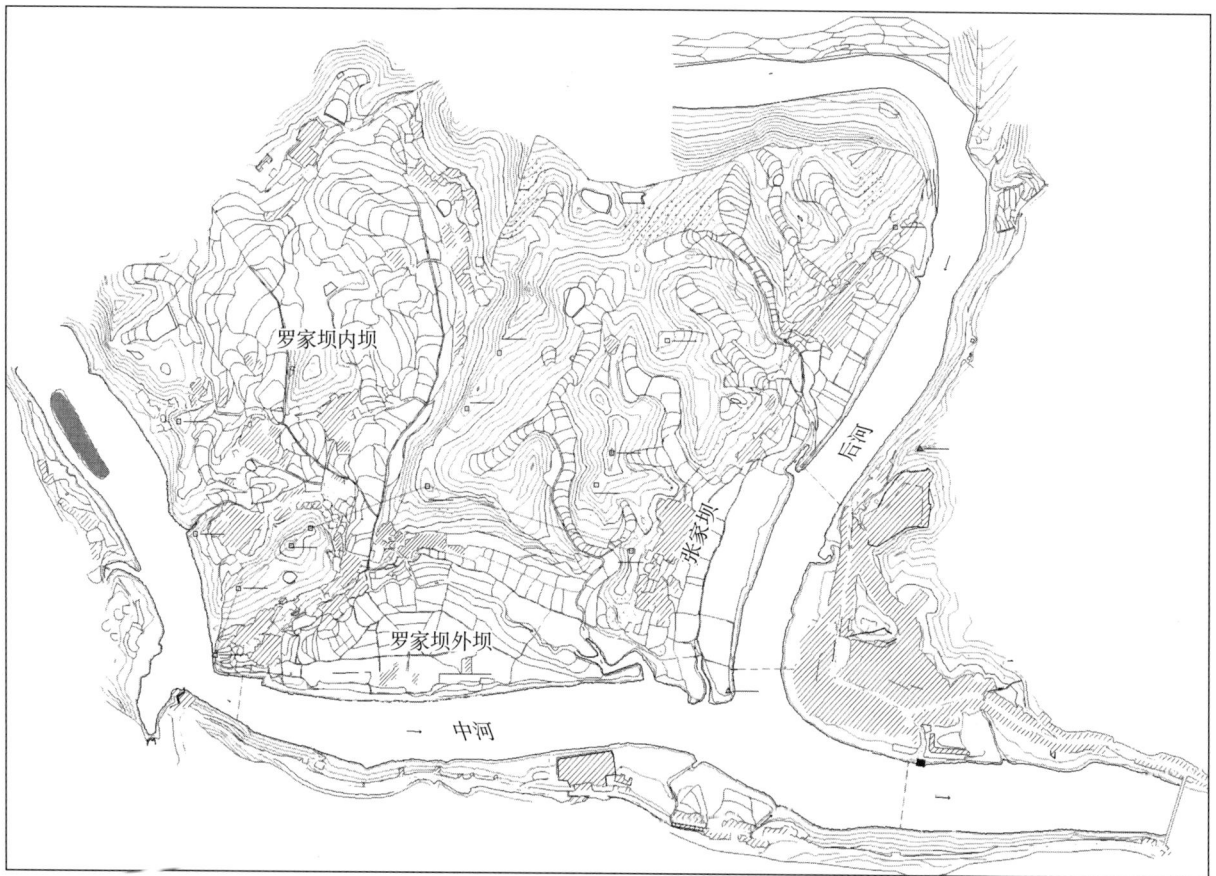

图二　罗家坝遗址地形与分区图

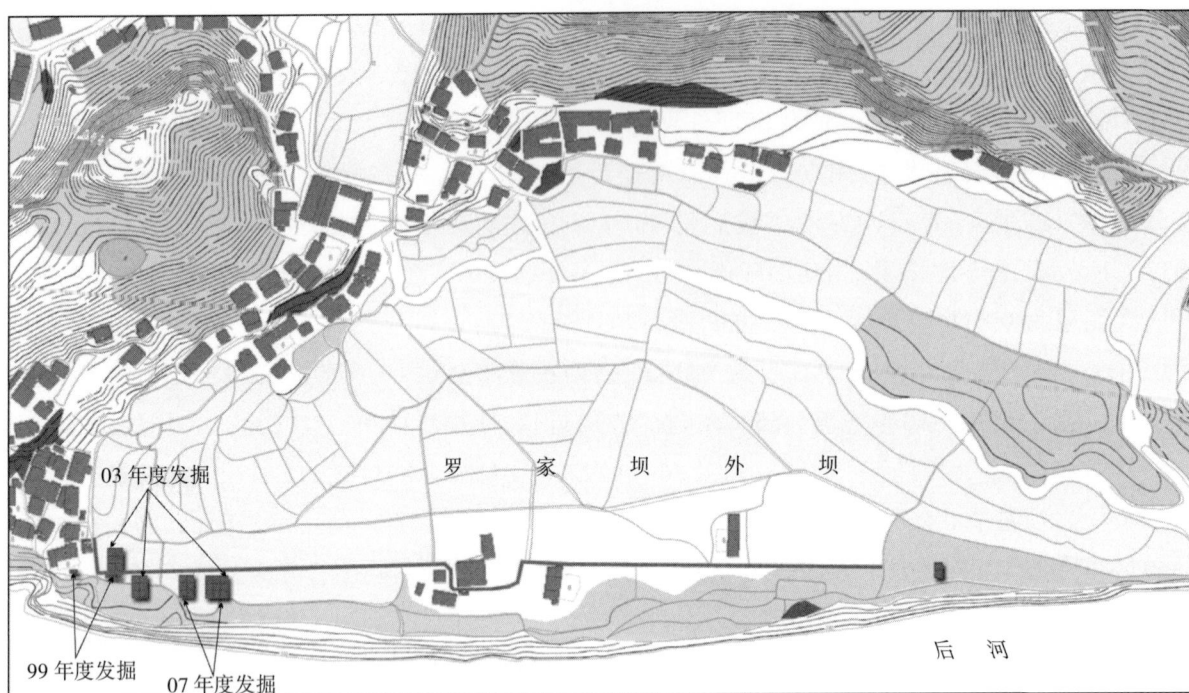

1

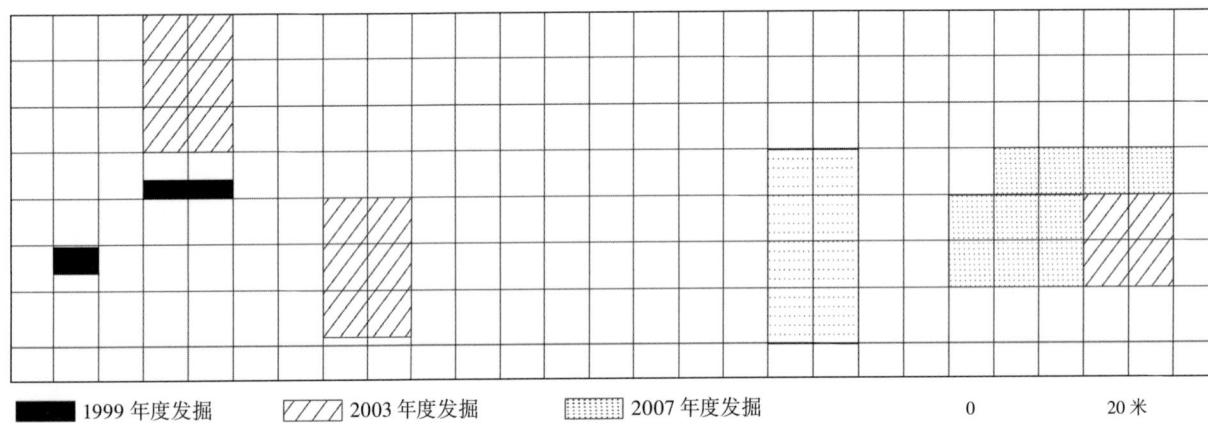

■ 1999 年度发掘　　▨ 2003 年度发掘　　▦ 2007 年度发掘　　0　　20 米

2

图三　历年发掘和布方图

1.历年发掘探方图　2.历年发掘布方图

T5730、T5830、T5930），布方面积 250 平方米，实际发掘面积约 260 平方米。西部共布 5 米 ×5 米的探方 8 个（T6329、T6330、T6331、T6332、T6429、T6430、T6431、T6432），布方面积 200 平方米，实际发掘面积 200 平方米（图三）。

第二节　地层堆积

因罗家坝遗址的三次考古发掘处于不同时期，且原始材料差别较大，为保持资料的完整性，现按发掘时间将三次发掘材料分别予以介绍。

1999 年发掘的两个探方，堆积情况不同。99T1 的地层堆积可分为 8 层，以北壁为例（图四：1）。

第①层：灰黄色耕土层。厚 20 厘米，土质疏松。

第②层：浅黄褐色黏土层。深 20、厚 10~25 厘米。土质疏松，含沙量大。出土器物极少，含有瓷片、铁钉等物。为近现代堆积。本层之下叠压有 H8。

第③层：黄灰色黏土层。深 35~45、厚 15~40 厘米。土质致密，含沙量较少。出土陶片较少，以夹砂红褐陶和夹砂灰陶为主，泥质陶较少见。可辨器形有釜、网坠。

第④层：黄褐色黏土层。深 45~80、厚 10~20 厘米。土质紧密，包含有少量的陶片。以夹砂灰褐陶为主，器形主要有釜、罐等。本层之下叠压有 M35、M36。

第⑤层：黄褐色粉砂质黏土层。深 90、厚 10~20 厘米，土质疏松，包含有少量的陶片，以夹砂红褐陶为主，器形主要有圜底罐、罐等。

第⑥层：灰褐色粉砂质黏土层，深 100~110、厚 20~30 厘米，土质紧密，包含有少量的陶片，纹饰主要有绳纹、网格纹、附加堆纹等，器形主要有折沿罐等。

第⑦层：黄褐色粉砂质黏土层。深 120、厚 10~36 厘米，土质紧密，包含有少量的陶片，纹饰主要有绳纹、网格纹、附加堆纹等，器形主要有折沿罐、直口罐、平底器等。

第⑧层：灰褐色粉砂质黏土层。深 130~140、厚 5~25 厘米。包含有少量的陶片，纹饰主要有绳纹、网格纹、附加堆纹等，器形主要有折沿罐、直口罐、平底器等。

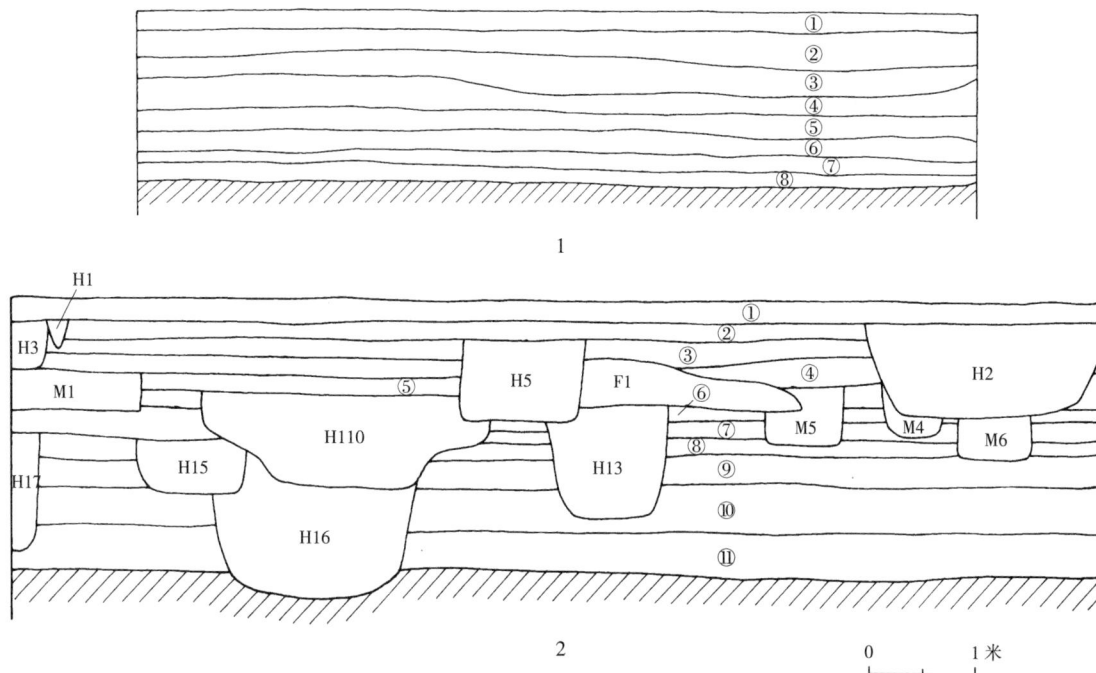

图四　地层堆积

1.99T1 北壁剖面　2.99T2 南壁剖面

99T2 的地层堆积可分为 11 层，以 T2 南壁为例（图四：2）。

第①层：灰黄色耕土层。厚 20 厘米，土质疏松。本层之下叠压有近现代灰坑 H1、H2、H3。

第②层：浅褐色黏土层。深 20、厚 15~20 厘米。土质疏松，含沙量大。出土器物极少，包含有瓷片、铁钉等物。为近现代堆积。本层之下叠压有 H5。

第③层：黄灰色黏土层。为汉代堆积层。深 35~40、厚 15~20 厘米，包含有少量的砖块、灰陶片、瓦片等。为汉代堆积。

第④层：浅灰色黏土层。深 50~60、厚 15~27 厘米，土质致密，硬度较高，含沙成分增多。出土陶片较少，以夹砂红褐陶居多，有一定数量的灰陶，器形主要有侈口罐、釜、圜底钵及网坠等。本层之下叠压有 M34、M37、M38、M39、F1。

第⑤层：浅黄色粉砂性黏土层。深 65~80、厚 10~30 厘米，土质硬度偏高，含沙量增加。出土陶片较少，以夹砂红褐陶为主，夹砂褐陶、黑陶次之。纹饰以绳纹为主，可辨器形有豆、侈口罐、平底器、网坠等等。本层之下叠压有 H10。

第⑥层：黄褐色黏土层。深 70~110、厚 11~27 厘米，土质硬度偏高，湿度增大，水锈增多。出土的陶片较少，仍以夹砂灰陶为主，基本不见泥质陶。纹饰以绳纹为主，可辨器形有圜底罐、钵、豆等。

第⑦层：黄褐色粉砂质土层。深 81~137、厚 10~28 厘米，土质硬度降低，湿度大。出土的陶片较少，以夹砂陶为主，有极少量的泥质陶。纹饰以绳纹为主，可辨器形有圜底罐、高领罐及平底器等。本层之下叠压有 H15、H17。

第⑧层：灰褐色黏土层。深 100~145、厚 14~24 厘米，土质硬度降低，含沙量大。出土陶片极少。主要是夹砂红褐陶。泥质陶较少，可辨器形主要有花边口沿罐、圜底罐、平底器等。

第⑨层：黄灰色黏土层。深 120~150、厚 21~33 厘米，土质硬度更低，湿度大。出土的陶片较多。以夹砂红褐陶、灰褐陶为主，纹饰主要有绳纹、附加堆纹、戳刺纹、网格纹等。器形主要有折沿罐、侈口罐等。

第⑩层：灰褐色黏土层。深 150~180、厚 30~43 厘米，土质硬度更低，湿度大。出土的陶片较多。以夹砂红褐陶、灰褐陶为主，纹饰主要有绳纹、附加堆纹、戳刺纹、网格纹、弦纹等。器形主要有折沿罐、侈口罐等。

第⑪层：深灰褐色黏土层。深 180~230、厚 32~41 厘米，土质较硬，含沙量大。出土的陶片较少，以夹砂红褐陶为主，纹饰主要有细绳纹、附加堆纹、戳刺纹、瓦棱纹、网格纹、太阳纹等。器形主要有侈口罐、喇叭形口罐、折沿罐等。本层之下叠压有石堆遗存。

2003 年的发掘材料，因处于三处不同的区域，除 M33 所在区域堆积简单外（耕土层下为 M33 的开口），其余两处堆积情况亦不同，其中 2003 年发掘的 T7725、T7726、T7727、T7825、T7726、T7827 的地层堆积一致，现以 T7725 北壁为例介绍如下（图五：1；图版四：2）。

第①层：灰黄色耕土层。厚 20 厘米，土质疏松，内含有现代瓦片、砖块及石块、生活废品等。此层之下叠压有 H1、H2、H4、H7、H8、H9、H10、H11 等 8 个近现代灰坑。

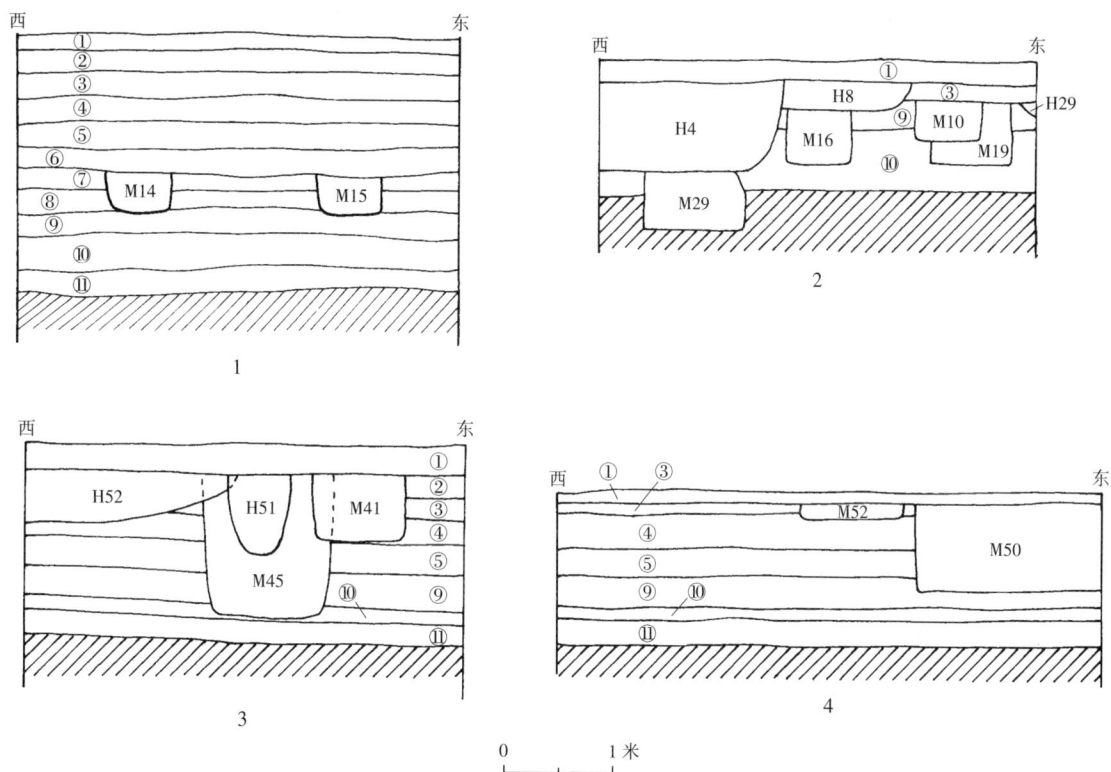

图五　地层堆积

1. T7725 北壁剖面　　2. T7329 北壁剖面　　3. T5628 北壁剖面　　4. T5930 南壁剖面

　　第②层：黄褐色黏土层。深20、厚5~25厘米。土质疏松，含沙量大。出土器物极少，包含有瓷片、铁钉等物。为近现代堆积。此层之下叠压有 H3、H13、H14、H19、H20、H21、H28 等7个近现代灰坑。

　　第③层：黄灰色黏土层。深30、厚22厘米。土质疏松，硬度较高。出土有夹砂红褐陶片及青灰、灰黄陶片。可辨器形有青灰色筒瓦、板瓦、圜底钵、侈口罐等。此层之下叠压有 H6。

　　第④层：浅黄色粉砂性黏土层。深52、厚20厘米。土质致密，硬度较高，含沙成分增多。出土陶片较少，以夹砂灰陶居多。器形主要有侈口罐、釜、圜底钵及网坠等。

　　第⑤层：浅灰褐色粉砂性黏土层。深72、厚10~30厘米。土质硬度偏高，含沙量增加。出土陶片较少，以夹砂灰陶为主，夹砂褐陶、黑陶次之。纹饰以绳纹为主。可辨器形有豆、侈口罐、平底器等。

　　第⑥层：黄褐色黏土层。深92、厚10~28厘米。土质硬度偏高，湿度增大，水锈增多。出土的陶片较少，仍以夹砂灰陶为主，基本不见泥质陶。纹饰以绳纹为主。可辨器形有圜底罐、圜底钵、圈足豆等。本层之下叠压有 M1、M3、M5、M14、M15、M17、M21、M24、M25 等墓葬。东周墓葬基本上开口于此层下。

第⑦层：灰褐色黏土层。深101、厚14~24厘米。土质硬度降低，湿度大。出土的陶片较少，以夹砂陶为主，有极少量的泥质陶。纹饰以绳纹为主。可辨器形有圜底罐、高领罐及平底器等。

第⑧层：灰褐色黏土层。深120、厚21~33厘米，土质硬度降低，含沙量大，出土陶片极少。主要是夹砂灰陶片。

第⑨层：黄灰色黏土层。深137、厚35厘米。土质硬度更低，湿度大。出土的陶片较多。以夹砂红褐陶、灰褐陶为主。纹饰主要有绳纹、附加堆纹、戳刺纹、斜方格纹等。器形主要有折沿罐、侈口罐等。此层下叠压有H30、H31等遗迹。

第⑩层：灰褐色黏土层。深173、厚30~45厘米，土质硬度更低，湿度大。出土的陶片较多。以夹砂红褐陶、灰褐陶为主。纹饰主要有绳纹、附加堆纹、戳刺纹、斜方格纹、弦纹等。器形主要有折沿罐、侈口罐等。

第⑪层：深灰褐色黏土层。深210、厚20厘米，土质较硬，含沙量大。出土的陶片较少，以夹砂红褐陶为主。纹饰主要有细绳纹、附加堆纹、戳刺纹、瓦棱纹、斜方格纹等。器形主要有侈口罐等。

本层之下为青灰色生土。

2003年发掘的T7329、T7330、T7331、T7429、T7430、T7431的地层堆积因该区域北部有一田坎，田坎以上区域堆积情况与T7725等探方的堆积基本相似，田坎以下的区域堆积情况较为简单，现以T7329北壁为例介绍如下（图五：2）。

第①层：灰黄色耕土层。厚20厘米，土质疏松，内含有现代瓦片、砖块及石块、生活废品等。本层下叠压有近现代灰坑。

第②层：黄褐色黏土层。深20、厚5~25厘米。土质疏松，含沙量大。出土器物极少，包含有瓷片、铁钉等物。

第③层：黄灰色黏土层。深25~50、厚15厘米。为汉代堆积层。此层之下叠压有M10、M16、M19。

第④层：黄灰色黏土层。深45~75、厚25厘米，土质硬度更低，湿度大。出土的陶片较多。以夹砂红褐陶、灰褐陶为主。纹饰主要有绳纹、附加堆纹、戳刺纹、斜方格纹等。器形主要有折沿罐、侈口罐等。

第⑤层：灰褐色黏土层。深70~100、厚40厘米，土质硬度更低，湿度大。出土的陶片较少。以夹砂红褐陶、灰褐陶为主。纹饰主要有绳纹、弦纹等。器形主要有罐、豆等。

本层之下为青灰色生土。

2007年度发掘的T5528、T5628、T5728、T5828、T5629、T5729、T5829、T5929、T5830、T5930地层堆积基本一致，现以T5628的北壁和T5930的南壁为例介绍如下（图五：3、4）。

第①层：灰黄色耕土层。厚20厘米，土质疏松，内含有现代瓦片、砖块及石块、生活废品等。本层之下叠压有本年度发掘的所有的东周墓葬（M40~M65）和近现代灰坑。

第②层：黄褐色黏土，深20、厚约30厘米，土质较硬，包含有少量细砂灰陶片，纹饰主要有粗绳纹。器形主要为釜、罐等。

第③层：灰褐色土，深50、厚35厘米。土质疏松，包含有少量的炭屑、红烧土颗粒等。

第④层：褐色土，深75、厚30~45厘米。含沙量较少，包含有少量的炭屑、红烧土颗粒等。

第⑤层：黄褐色土，深110、厚约30厘米。含沙量较少，包含有少量的炭屑、红烧土颗粒、陶片等。陶片以夹砂红胎灰陶为主。器形主要有罐。

第⑥层：黄灰色黏土层，深140、厚约20厘米。含沙量较少，包含有少量的炭屑、红烧土颗粒等。陶片有夹砂红褐陶、泥质灰陶。纹饰主要是细绳纹，泥质陶多素面。器形主要是罐。

第⑦层：灰褐色黏土层。深160、厚约10厘米。含沙量较少，包含有少量的炭屑、红烧土颗粒等。陶系主要有夹砂黑陶、夹砂红褐陶、还有少量的泥质灰陶。纹饰主要有细绳纹、附加堆纹等。器形主要有罐。

第⑧层：深灰褐色黏土层，深170、厚30厘米。土质疏松，含沙量较大。含有少量的炭屑。本层之下为青灰色沙土。

表二　罗家坝遗址历年发掘地层对照表

地层	各层堆积年代	99T1	99T2	03T7329 等	03T7725 等	07 发掘
第①层	近现代	①	①	①	①	①
第②层	明清	②	②	②	②	②
第③层		③	③	③	③	③
第④层	汉代	缺	④	缺	④	④
第⑤层	东周	缺	⑤	缺	⑤	⑤
第⑥层		缺	⑥	缺	⑥	缺
第⑦层		缺	⑦	缺	⑦	缺
第⑧层		缺	⑧	缺	⑧	缺
第⑨层	新石器	⑥	⑨	④	⑨	⑨
第⑩层		⑦	⑩	⑤	⑩	⑩
第⑪层		⑧		缺		

注：本表以 2003 年发掘的地层堆积为基准进行统计

肆　新石器时代晚期遗存

第一节　遗　迹

罗家坝遗址新石器时代晚期遗存主要包括 99T1 的⑥、⑦、⑧层，99T2 的⑨、⑩、⑪层和 2003 年 T7329 等 6 个探方的④、⑤层，2003 年 T7735 等 6 个探方的⑨、⑩、⑪层为代表，遗迹主要包括灰坑和石堆遗迹。发掘清理的这一时期的灰坑 3 座、石堆遗迹 1 处。

一　灰坑

3 座。基本为圆形或不规则长方形。

H24　位于 T7431 中部偏北，开口于④层下，打破⑤层[1]，平面呈不规则椭圆形，横长 120、纵宽 78、深 26~30 厘米。坑内填土为红褐色土，土质较疏松，包含有少量的陶片。陶片以夹砂红褐陶和灰褐陶为主，有部分夹砂灰黑陶和泥质灰陶，纹饰有交错细绳纹、附加堆纹、戳印纹等。器形主要有折沿罐、平底罐等（图六：1）。

H31　位于 T7430 东壁中部，部分叠压在该探方的东隔梁下，开口于④层下，打破⑤层和生土，平面呈不规则长方形，长 150、宽 40~56、深 40 厘米。坑内填土为黄褐色黏土，包含有少量的炭屑和陶片。陶片以泥质灰陶为主，还有部分夹砂红褐陶、夹砂灰褐陶和泥质黑皮红胎陶，纹饰主要有细绳纹、戳印纹、附加堆纹、弦纹等。器形主要有折沿罐、花边口沿罐和平底器等（图六：2）。

H30　位于 T7430 西壁中部，部分叠压在该探方的西壁下，开口于⑤层下，打破生土，平面呈不规则圆形，直径 230、深 42~50 厘米。坑内填土为黄褐色黏土，包含有少量的炭屑和陶片。陶片以夹砂红褐陶和夹砂灰褐陶为主，还有部分泥质灰陶和泥质黑皮陶，纹饰主要有细绳纹、戳印纹、附加堆纹等。器形主要有折沿罐、喇叭口形罐和平底器等（图六：3）。

二　石堆遗存

1 处。

位于 T2 的西部，开口于⑪层下。平面呈不规则长方形，石堆中有砂石、砾石、石片等等，

---

[1] 关于开口层位和打破层位，均按原始记录，其相对层位关系，可参考表二，下同。

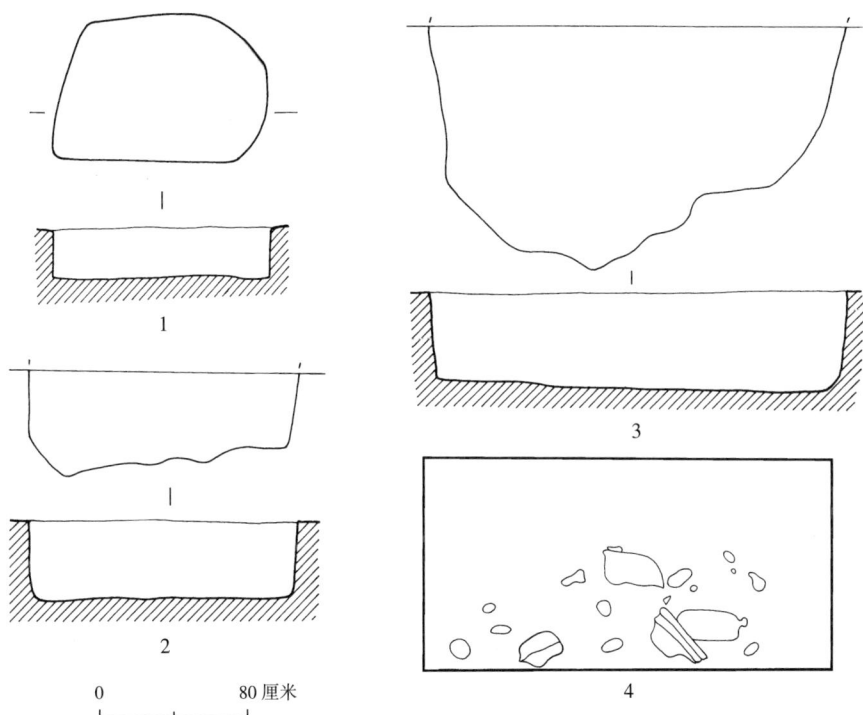

图六 新石器时代遗迹图

1. H24平、剖面图 2. H31平、剖面图 3. H30平、剖面图 4. 石堆遗存

在其中一块较大的石块上留有明显的磨痕凹槽。推测可能是石器加工点。长224、深104厘米（图六：4）。

第二节 遗 物

新石器时代晚期的遗物主要是陶器，还有少量的石器。陶器出土时绝大部分已成为碎片，但是通过复原统计，基本能看出罗家坝遗址新石器时代陶器的整体面貌和器物组合。

从陶质上看，罗家坝新石器时代陶器主要为夹砂陶，有少量的泥质陶。夹砂陶又可分为夹细砂和夹粗砂两种，夹粗砂陶器的胎壁上有颗粒状白色石英或云母，有些因砂粒脱落致使表面粗糙不平，出现很多坑点；细砂陶夹有粉末状同类物质，器表相对细腻。从陶色上看，以红褐陶为主，灰褐陶次之，灰黑陶、灰陶、黑衣陶较少。有些夹砂陶因火候不均匀，致使器表颜色不一，局部泛黑或灰。陶器除少量的素面外，绝大多数有纹饰，其中以细绳纹为主，还有部分附加堆纹、戳印纹、瓦棱纹。绳纹一般印痕较深，纹理清楚，分横向、竖向、斜向和交错四种（图七～一〇）。根据口沿、器腹和器底残片观察，这类纹饰通体施印，且往往一器多纹饰，附加堆纹和绳纹组合较为常见。在其他的纹饰中，网格纹、三角形纹、太阳纹等均为刻划而成（附表一）。

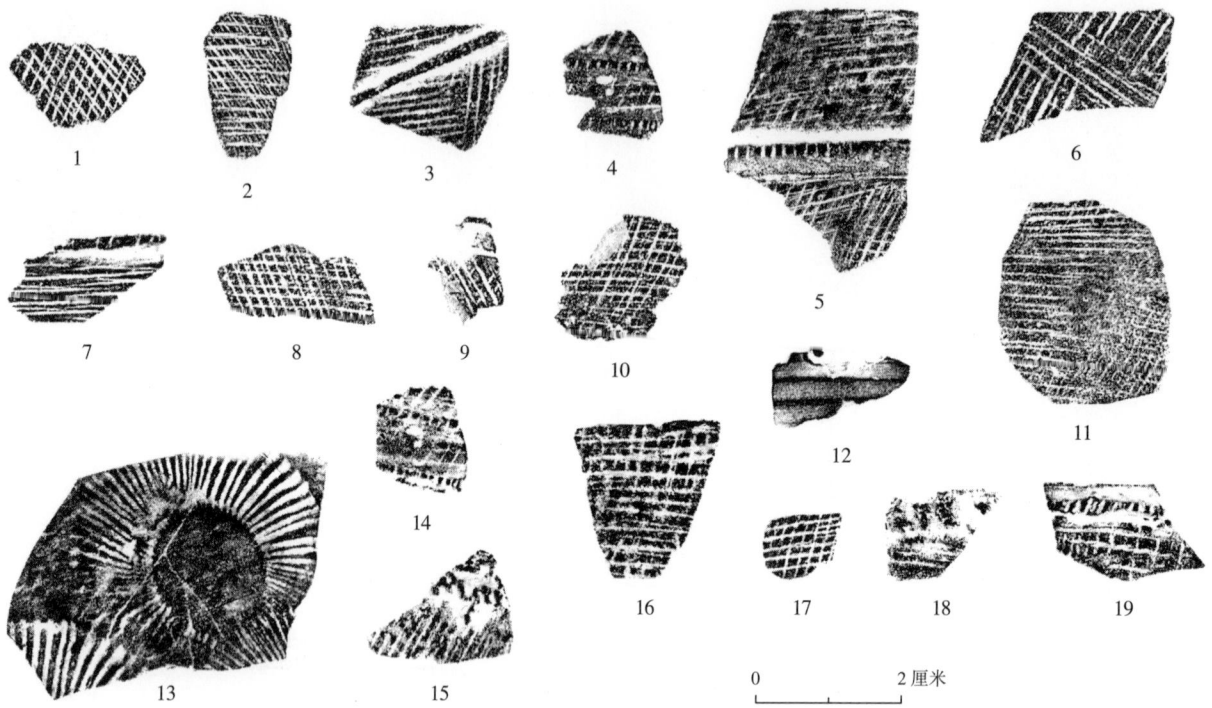

图七　99T1 ⑪出土陶器纹饰拓片

1. 网格纹（T1 ⑪：6）　　2. 细绳纹（T1 ⑪：7）　　3. 附加堆纹＋细绳纹（T1 ⑪：8）　　4. 附加堆纹＋戳刺纹（T1 ⑪：9）　　5. 附加堆纹＋戳刺纹＋网格纹（T1 ⑪：10）　　6. 细绳纹（T1 ⑪：12）　　7. 附加堆纹＋线纹（T1 ⑪：13）　　8. 网格纹（T1 ⑪：17）　　9. 附加堆纹＋细绳纹（T1 ⑪：16）　　10. 网格纹（T1 ⑪：17）　　11. 细绳纹　（T1 ⑪：14）　　12. 凸弦纹＋圆圈纹（T1 ⑪：15）　　13. 太阳纹（T1 ⑪：19）　　14. 附加堆纹＋戳刺纹（T1 ⑪：22）　　15. 附加堆纹＋绳纹（T1 ⑪：23）　　16. 细绳纹（T1 ⑪：21）　　17. 网格纹（T1 ⑪：18）　　18. 附加堆纹＋划纹（T1 ⑪：25）　　19. 附加堆纹＋戳刺纹＋绳纹（T1 ⑪：24）

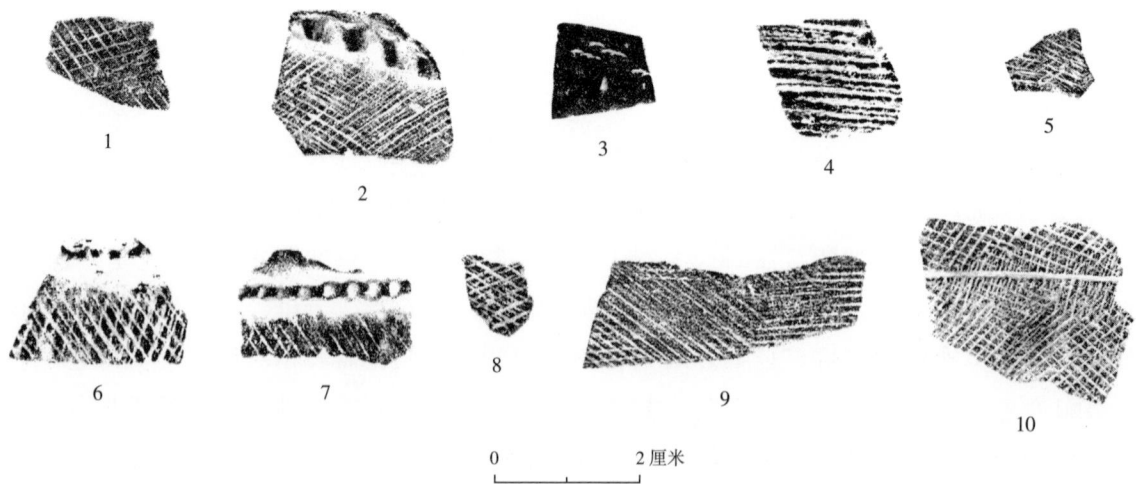

图八　99T2 ⑩出土陶器纹饰拓片

1. 网格纹（T2 ⑩：8）　　2. 附加堆纹＋网格纹（T2 ⑩：7）　　3. 戳刺纹（T2 ⑩：9）　　4. 绳纹（T2 ⑩：10）　　5. 线纹（T2 ⑩：11）　　6. 附加堆纹＋网格纹（T2 ⑩：16）　　7. 附加堆纹＋绳纹（T2 ⑩：15）　　8. 网格纹（T2 ⑩：13）　　9. 线纹（T2 ⑩：12）　　10. 网格纹＋凹弦纹（T2 ⑩：14）

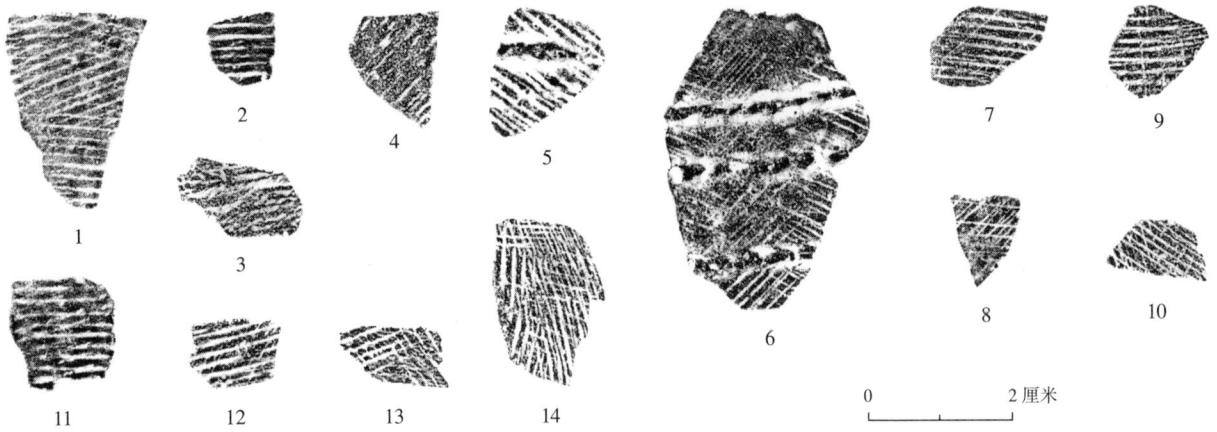

图九　99T2⑩出土陶器纹饰拓片

1. 交错细绳纹（T2⑩：17）　2. 绳纹（T2⑩：18）　3. 绳纹（T2⑩：22）　4. 细绳纹（T2⑩：30）　5. 附件堆纹＋细绳纹（T2⑩：23）
6. 附加堆纹＋网格纹（T2⑩：24）　7. 细绳纹（T2⑩：28）　8. 细绳纹（T2⑩：29）　9. 细绳纹（T2⑩：27）　10. 绳纹（T2⑩：19）
11. 绳纹（T2⑩：26）　12. 绳纹（T2⑩：20）　13. 交错绳纹（T2⑩：21）

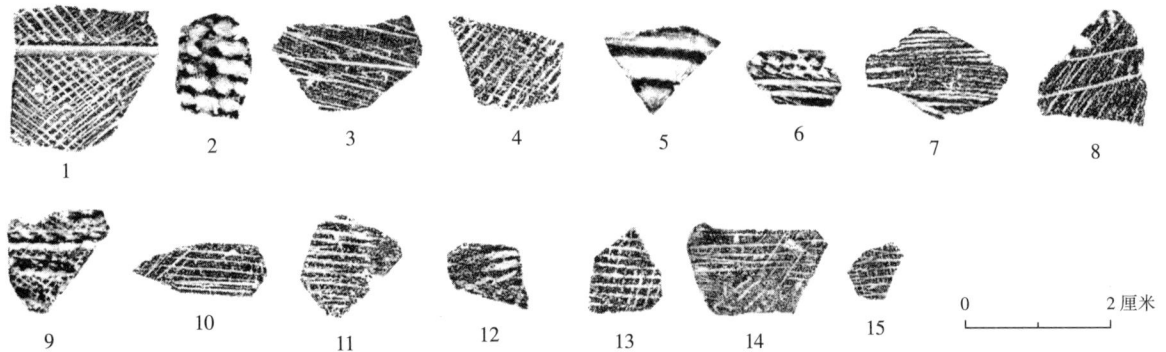

图一〇　99T2⑨出土陶器纹饰拓片

1. 网格纹＋凹弦纹（T2⑨：8）　2. 篮纹（T2⑨：10）　3. 划纹（T2⑨：11）　4. 网格纹（T2⑨：12）　5. 凹弦纹（T2⑨：13）　6.
绳纹（T2⑨：14）　7. 线纹（T2⑨：15）　8. 凹弦纹＋划纹（T2⑨：16）　9. 附加堆纹＋网格纹（T2⑨：17）　10. 划纹（T2⑨：18）
11. 线纹（T2⑨：19）　12. 绳纹（T2⑨：23）　13. 网格纹（T2⑨：21）　14. 线纹（T2⑨：22）　15. 网格纹（T2⑨：20）

　　从器物的制法和造型来看，罗家坝遗址新石器时代陶器大部分为手制，轮制陶器基本不见。粗砂陶一般不经过打磨，因此很多陶器的内壁可见明显的泥条盘筑的痕迹，细砂陶一般都经过打磨，内壁比较光滑。此外，有相当一部分夹砂陶的口沿经过加厚处理，并在唇部压出花边、短线或凹槽。器形主要是平底器，还有少量的圈足器，主要包括折沿罐、直口罐、喇叭口罐、钵、圈足器等。

　　折沿罐　57件。依据唇部是否饰有花边，可分为两型。

　　A型　30件。唇部饰有花边。除99T1⑥：1外，其余均为口沿。标本99T1⑥：1，夹砂红褐陶，方唇，侈口，斜深腹，平底。沿下饰一圈附加堆纹，腹上部有四道凹弦纹，弦纹

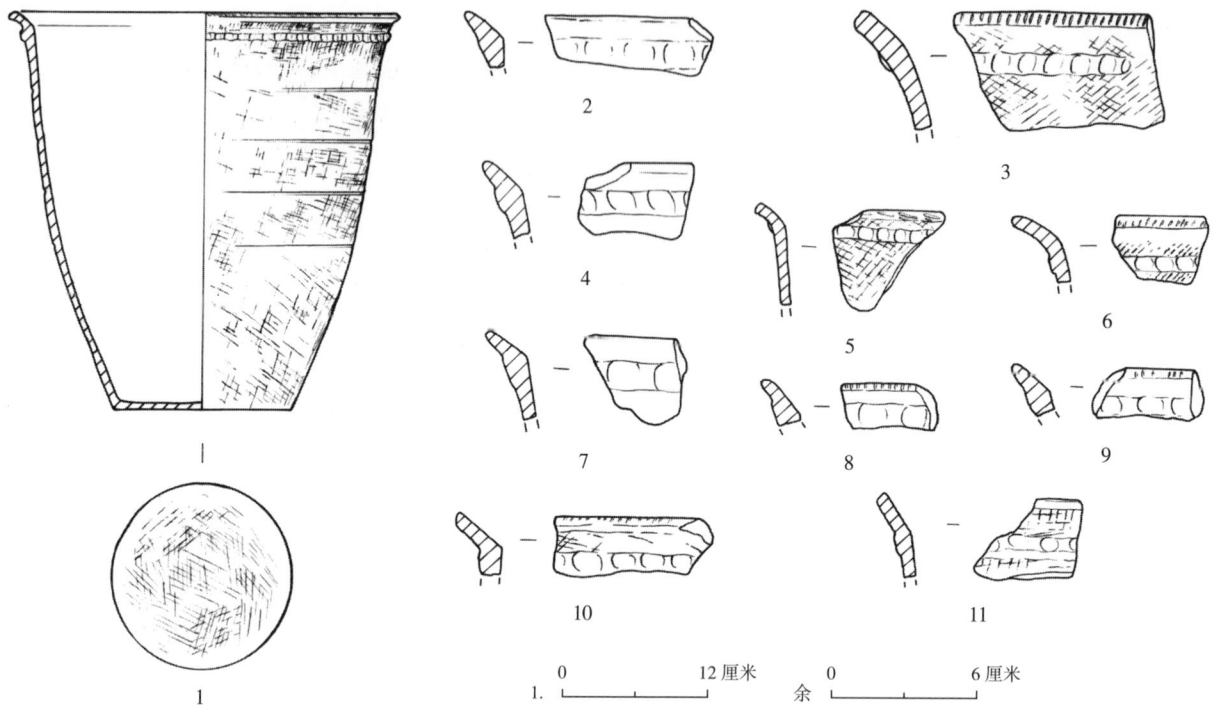

图一一　A型折沿罐

1. 99T1 ⑥：1　2. 99T1 ⑦：3　3. 99T2 ⑩：1　4. 99T1 ⑦：4　5. 99T2 ⑨：2　6. 99T1 ⑦：7　7. 99T1 ⑦：5　8. 99T1 ⑦：6　9. 99T ⑧：1　10. 99T2 ⑩：2　11. 99T2 ⑪：4

之间拍印有交错细绳纹，腹下部和底部拍印有交错细绳纹。口径31、通高30.8、底径14厘米（图一一：1；图版五：1）。标本99T1 ⑦：4，夹砂灰褐陶，圆唇，侈口，斜腹。腹下部残。沿下饰一圈附加堆纹。残高3厘米（图一一：4）。标本99T2 ⑩：1，夹砂灰褐陶，方唇，侈口，斜腹。腹下部残。沿下饰一圈附加堆纹，沿部以下饰交错细绳纹。残高4.3厘米（图一一：3）。标本99T2 ⑩：2，夹砂红褐陶，方唇，侈口，斜腹，腹下部残。沿下饰一圈附加堆纹，沿部以下饰交错细绳纹。残高2.1厘米（图一一：10）。标本99T1 ⑦：3，夹砂红褐陶，尖圆唇，侈口，斜腹。腹下部残。沿下饰一圈附加堆纹。残高2.2厘米（图一一：2）。标本99T1 ⑦：7，夹砂红褐陶，圆唇，斜腹。腹下部残。沿下饰一圈附加堆纹，沿部以下饰交错细绳纹。残高2.8厘米（图一一：6）。标本99T1 ⑦：5，夹砂红褐陶，圆唇，侈口，斜腹，腹下部残。沿下饰一圈附加堆纹。残高3.7厘米（图一一：7）。标本99T1 ⑦：6，夹砂红褐陶，圆唇，侈口，沿下部残。沿下饰一圈附加堆纹。残高1.8厘米（图一一：8）。标本99T1 ⑧：1，夹砂红褐陶，圆唇，沿下部残。沿下饰一圈附加堆纹。残高2厘米（图一一：9）。标本99T2 ⑨：2，夹砂灰褐陶，方唇，侈口，斜腹，腹下部残。颈部以下饰交错细绳纹。残高4厘米（图一一：5）。标本99T2 ⑪：4，夹砂红褐陶，方唇，侈口，斜折沿，斜腹，腹下部残。沿下饰一圈附加堆纹，颈部以下饰交错细绳纹。残高3.1厘米（图一一：11）。标本99T1 ⑥：3，夹砂红褐陶，方唇，侈口，斜折沿，深腹，釜部残缺。唇部戳印有花边，口沿下饰一圈附加堆纹，颈部饰戳印文，颈部以下饰横向绳纹，口径38.4、残高8厘米（图一二：1）。T7331⑨：9，夹砂红褐陶，仅存唇部，为圆唇。唇部有戳刺的花边。残高1.8厘米（图一二：2）。T7331⑨：7，夹砂红褐陶，方唇，折沿，直口。唇部饰有绳纹按压的花边，沿下饰有一周附加堆纹，颈部及以下饰交错绳纹。残高3.6厘米（图一二：3）。T7431⑨：6，夹砂红褐陶，方唇，宽平沿。唇部饰有戳刺的花边，沿下饰纵向绳纹。残高1.9厘米（图一二：4）。T7431⑩：8，夹砂红褐陶，唇部残，斜折沿。唇部戳刺有花边，沿下饰一周附加堆纹，颈部饰横向绳纹。残高3.4厘米（图一二：5）。T7431⑨：9，夹砂红褐陶，仅存唇部。唇部饰有按压呈波浪状的花边。残高1.6厘米（图一二：6）。T7430⑪：2，夹

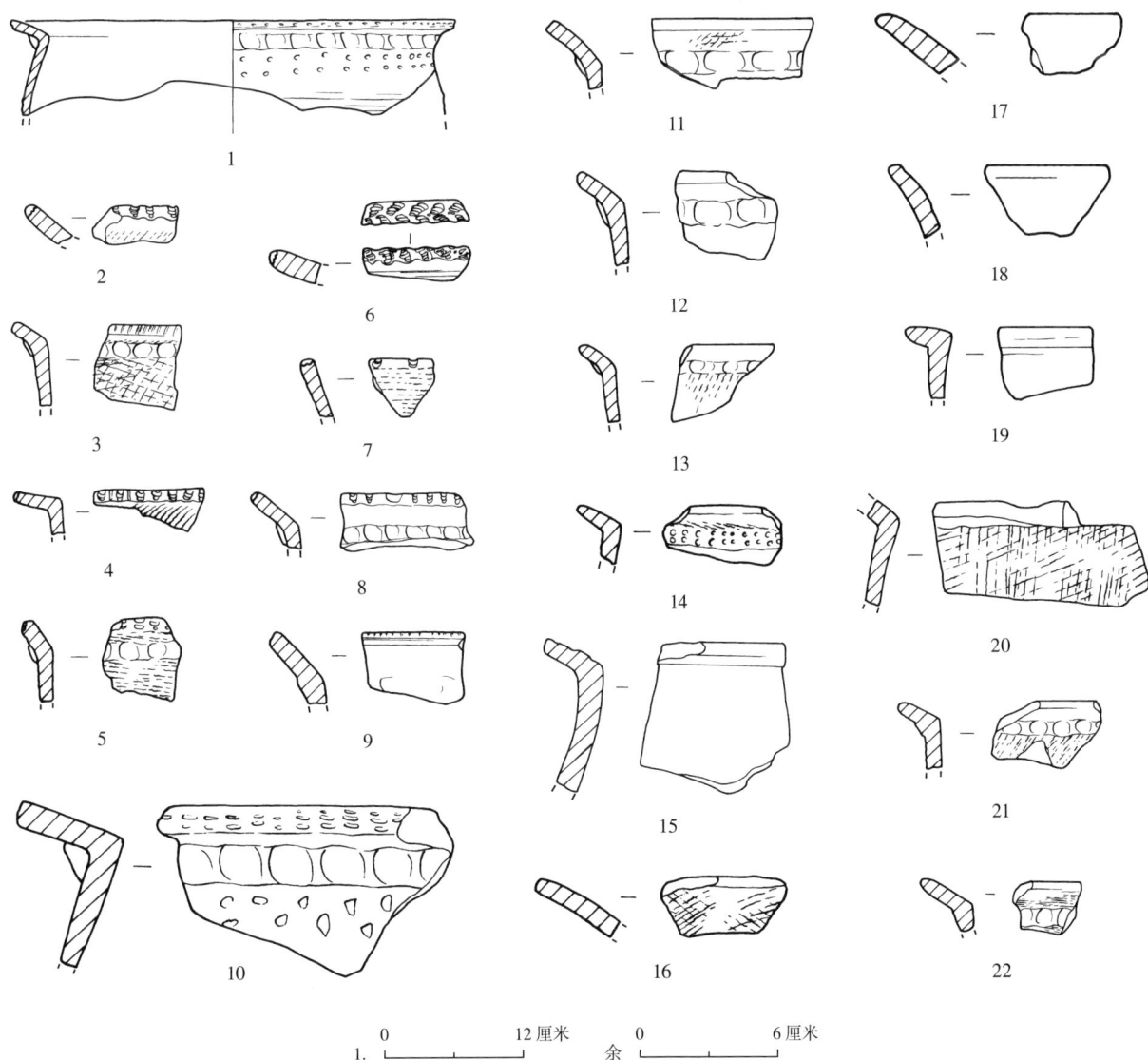

图一二　A型、B型折沿罐

1~10. A型折沿罐（99T1⑥：3、T7331⑨：9、T7331⑨：7、T7431⑨：6、T7431⑩：8、T7431⑨：9、T7430⑪：2、T7331⑨：11、T7431⑩：28、99T1⑥：5）　11~22. B型（T7431⑩：29、T7431⑨：7、T7431⑩：7、99T2⑨：4、T7331⑨：5、99T2⑩：3、99T1④：2、99T⑥：3、T7725⑩：1、T7430⑨：1、T7331⑨：3、T7331⑨：2）

砂红褐陶，仅存沿部，圆唇。唇部饰有戳刺的花边，唇部以下饰横向绳纹。残高 2.4 厘米（图一二：7）。T7331 ⑨：11，夹砂红褐陶，方唇，宽斜沿。唇部饰有戳刺的花边，口沿下饰有一周附加堆纹。残高 2.5 厘米（图一二：8）。T7431 ⑩：28，夹砂红褐陶，圆唇，宽斜沿。唇部戳刺有呈锯齿状的花边，残高 3 厘米（图一二：9）。标本 99T1 ⑥：5，夹砂红褐陶，方唇，宽斜沿。唇部戳刺有呈点状的花边，沿下饰有附加堆纹一周，残高 7 厘米（图一二：10）。

　　B 型　27 件。唇部无戳刺的花边。

　　标本 T7431 ⑩：29，夹砂红褐陶，方唇，宽斜沿。沿下是一周附加堆纹和纵向绳纹。残高 3 厘米（图一二：11）。T7431 ⑨：7，夹砂红褐陶，方唇，宽斜沿。沿下饰一周附加堆纹。残高 3.8 厘米（图一二：12）。T7431 ⑩：7，夹砂红褐陶，窄斜沿。沿下饰一周附加堆纹，颈部饰纵向绳纹。残高 3.2 厘米（图一二：13）。标本 99T2 ⑨：4，夹砂红褐陶。沿下有一周附加堆纹和细绳纹。残高 2.4 厘米（图一二：14）。T7331 ⑨：5，夹砂红褐陶，方唇，宽斜沿，沿面有凹槽。残高 6.4 厘米（图一二：15）。标本 99T2 ⑩：3，夹砂红褐陶，沿下饰有交错细绳纹。残高 2.4 厘米（图一二：16）。标本 99T1 ④：2，夹砂红褐陶。残高 2.3 厘米（图一二：17）。99T2 ⑥：3，夹砂红褐陶。残高 3 厘米（图一二：18）。T7725 ⑩：1，夹砂红褐陶，圆唇，窄平沿。素面。残高 3 厘米（图一二：19）。T7430 ⑨：1，夹砂红褐陶，折沿，口沿下饰交错绳纹。残高 4.2 厘米（图一二：20）。T7331 ⑨：3，夹砂红褐陶，圆唇，宽斜沿。沿下饰一周附加堆纹，颈部饰纵向绳纹。残高 2.8 厘米（图一二：21）。T7331：2，夹砂红褐陶，圆唇，宽斜沿。沿下饰一周附加堆纹。残高 2.2 厘米（图一二：22）。

　　喇叭口罐　29 件。圆唇。标本 99T1 ⑥：2，夹砂红褐陶。颈部饰有篦点纹和指甲纹。口径 31、残高 5.2 厘米（图一三：1）。标本 99T2 ⑪：6，夹砂红褐陶，圆唇。素面。残高 3.2 厘米（图一三：8）。标本 99T1 ④：1，夹砂灰陶，圆唇，颈部有一穿孔。高 4.8、孔径 0.8 厘米（图一三：12）。标本 99T2 ⑨：5，夹砂红褐陶，圆唇。唇部饰有戳印的花边。残高 1.6 厘米（图一三：10）。标本 99T2 ⑨：9，夹砂红褐陶，圆唇。残高 2.6 厘米（图一三：13）。T7827 ⑨：1，夹砂红褐陶。颈部饰有篦点纹和指甲纹。口径 19.4、残高 4 厘米（图一三：2）。T7431 ⑩：27，夹砂褐陶，颈部较高。素面。口径 19.4、残高 9 厘米（图一三：3）。T7431 ⑨：11，夹砂红褐陶。素面。残高 2.4 厘米（图一三：4）。T7431 ⑨：14，夹砂红褐陶。残高 2.1 厘米（图一三：5）。T7431 ⑨：8，夹砂红褐陶。残高 2.2 厘米（图一三：6）。T7431 ⑨：18，夹砂红褐陶。残高 2.3 厘米（图一三：7）。T7430 ⑪：1，夹砂红褐陶。残高 1.6 厘米（图一三：9）。T7431 ⑪：8，夹砂红褐陶。颈部及其以下饰细绳纹。口径 12.4、残高 4 厘米（图一三：11）。

　　直口罐　8 件。标本 99T2 ⑧：2，夹砂红褐陶，圆唇，直腹，呈筒状。腹部饰交错细绳纹。残高 4.8 厘米（图一四：2）。标本 99T2 ⑪：5，夹砂红褐陶，圆唇。素面。残高 3.8 厘米（图一四：6）。T7331 ⑨：4，夹砂红褐陶，圆唇。唇部饰有锯齿状花边，沿下饰有附加堆纹一周，颈部饰纵向绳纹。残高 4 厘米（图一四：1）。T7431 ⑨：5，夹砂红褐陶，方唇。唇部饰有

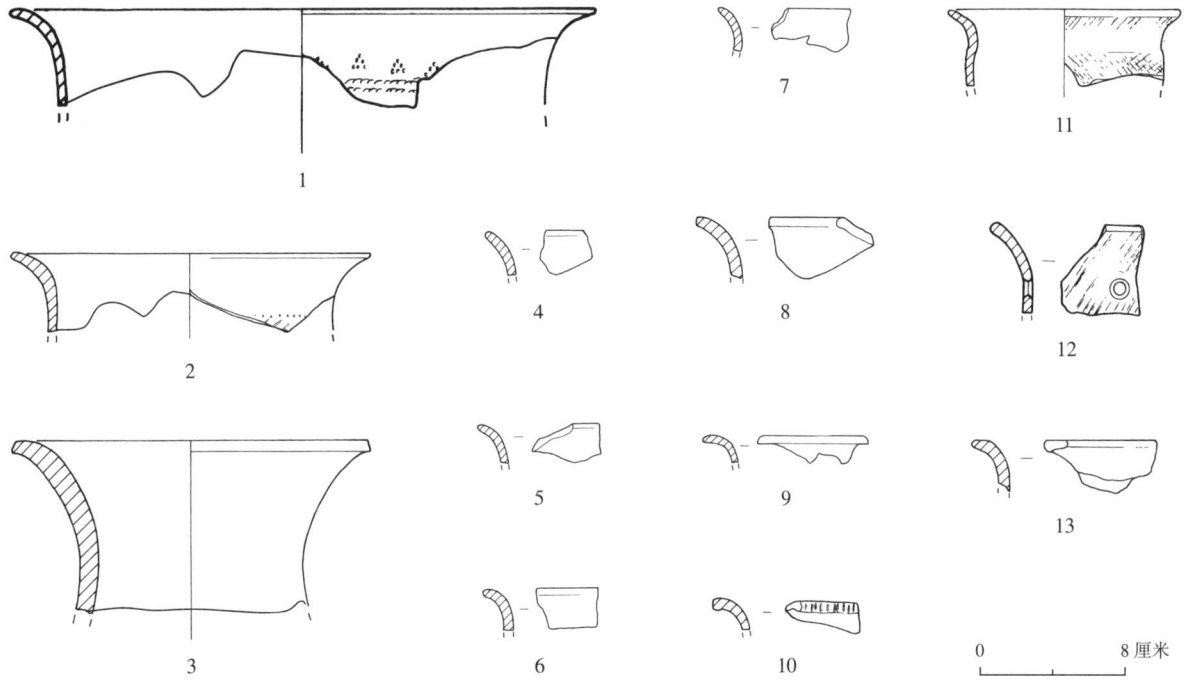

图一三　喇叭口罐

1. 99T1⑥：2　2. T7827⑨：1　3. T7431⑩：27　4. T7431⑨：11　5. T7431⑨：14　6. T7431⑨：8　7. T7431⑨：18　8. 99T2⑪：6
9. T7430⑪：1　10. 99T2⑨：5　11. T7431⑪：8　12. 99T1④：1　13. 99T1⑨：9

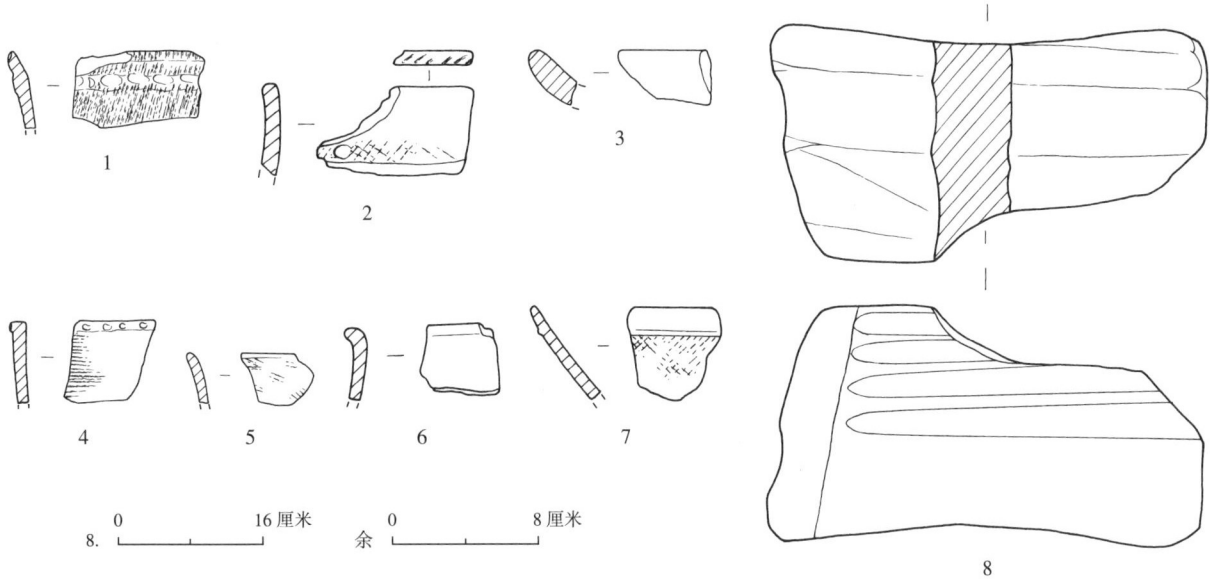

图一四　陶器和石器

1、2、4~6. 陶直口罐（T7331⑨：4、99T2⑧：2、T7431⑨：5、T7331⑨：10、T2⑪：5）　3、7. 陶钵（T7826⑨：1、T1⑧：2）　8. 砺石
（99T2⑪：4）

戳刺的花边口，口沿下饰横向绳纹。残高4.6厘米（图一四：4）。T7331⑨：10，夹砂红褐陶，圆唇，口为侈。素面。残高2.8厘米（图一四：5）。

钵 2件。标本99T1⑧：2，夹砂红褐陶，圆唇，敞口，斜直腹。沿下饰一周凹弦纹，其下饰交错细绳纹。残高5厘米（图一四：7）。T7826⑨：1，夹砂红褐陶，圆唇，敞口。残高3厘米（图一四：3）。

平底器 25件。仅存底部。T7431⑨：13，夹砂红褐陶，斜直腹。腹下部饰有交错绳纹。残高3厘米（图一五：1）。T7431⑨：15，红褐陶，斜直腹。腹下部饰纵向绳纹，底部内外均饰有交错绳纹。底径8、残高3厘米（图一五：2）。T7331⑩：1，夹砂红褐陶，斜腹，平底。下腹饰有交错绳纹。底径13.6、残高5.2厘米（图一五：3）。T7331⑨：1，夹砂红褐陶，斜直腹。腹下部和底部均饰有交错绳纹。底径9.6、残高4厘米（图一五：4）。T7431⑨：10，夹砂红褐陶，斜腹。素面。残高3厘米（图一五：5）。T7431⑨：17，夹砂红褐陶，斜直腹。腹下部和底部均饰有交错绳纹。残高3厘米（图一五：6）。T7431⑨：12，夹砂红褐陶，斜腹。腹下部和底部均饰有绳纹。残高1.6厘米（图一五：7）。T7431⑩：20，夹砂红褐陶，斜直腹。腹下部和底部均饰有绳纹。残高3.6厘米（图一五：8）。T7431⑪：11，夹砂红褐陶，斜直腹。底部和腹下部均饰有交错绳纹。残高3.6厘米（图

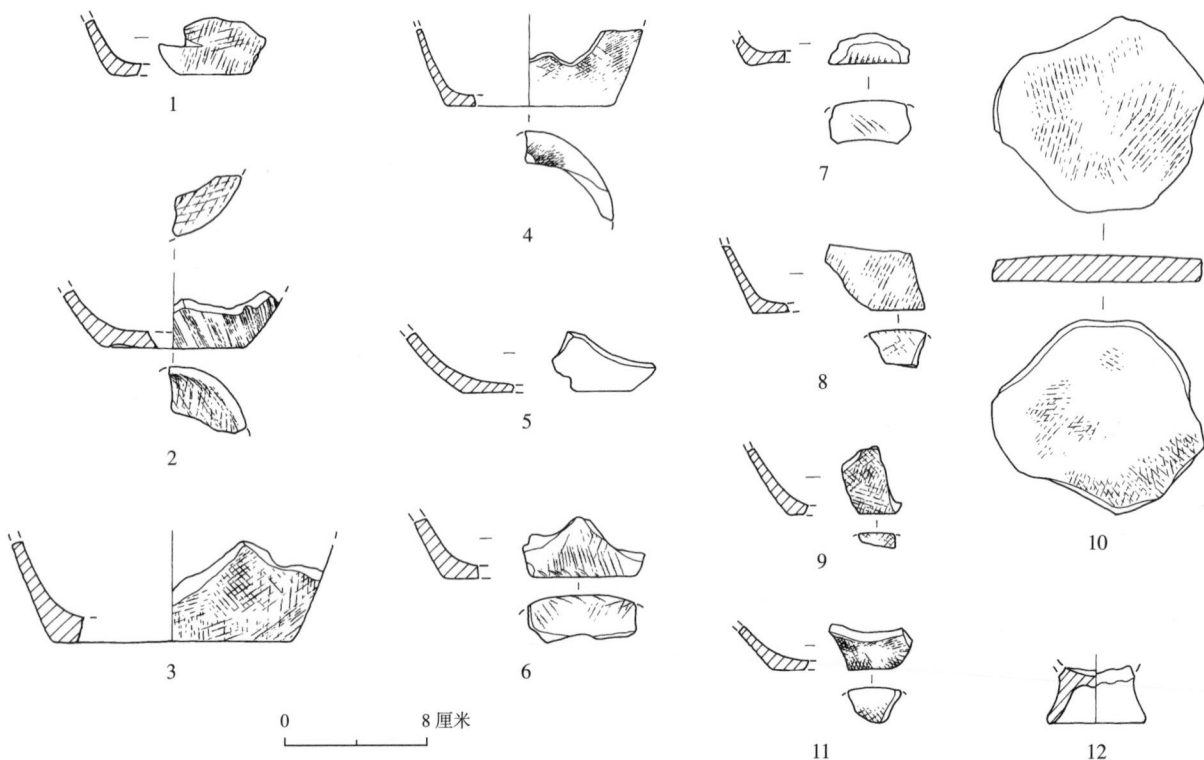

图一五 平底器

1~11.平底器（T7431⑨：13、T7431⑨：15、T7331⑩：1、T7331⑨：1、T7431⑨：10、T7431⑨：17、T7431⑨：12、T7431⑩：20、T7431⑪0：11、T7430⑨：2、T7431⑪：9） 12.圈足（T7431⑪：10）

一五：9）。T7430⑨：2，夹砂红褐陶，仅存平底部。底部内外均饰有绳纹。残长11.6厘米（图一五：10）。T7431⑪：9，夹砂红褐陶，斜腹。腹下部饰有交错绳纹。残高2.4厘米（图一五：11）。标本99T1⑥：1，夹砂红褐陶，斜直腹。素面。残高6.2厘米（图一六：1）。标本99T1⑥：3，夹砂红褐陶，斜腹。素面。底径16、残高9.2厘米（图一六：2）。标本99T2⑩：1，夹细砂灰陶，斜直腹。外饰交错细绳纹。残高3.8厘米（图一六：5）。标本99T1⑦：8，夹砂红褐陶，斜直腹，器表及其底部饰交错绳纹。底径8.6、残高1.4厘米（图一六：4）。标本99T2⑧：4，夹砂红褐陶，斜腹。腹下部和底部均饰交错绳纹。残高2.1厘米（图一六：11）。标本99T1⑧：3，夹砂红褐陶，斜直腹。腹下部和底部均饰交错绳纹。残高1.6厘米（图一六：7）。标本99T1⑦：1，夹细砂红褐陶，斜腹，斜直腹。腹下部饰交错细绳纹。残高3.2厘米（图一六：3）。标本99T1⑧：4，夹砂红褐陶，斜直腹。腹下部饰交错绳纹。残高2.6厘米（图一六：8）。标本99T2⑥：1，夹细砂灰陶。外饰细绳纹。残高1.9厘米（图一六：10）。标本99T1⑦：2，夹砂红褐陶，斜腹，器底微内凹。腹下部和底部均饰交错绳纹。底径13.2、残高1.6厘米（图一六：9）。

　　圈足　2件。标本99T2⑨：3，夹砂灰褐陶，残高2.4厘米（图一六：6）。T7431⑪：10，夹砂红褐陶，喇叭状圈足。圈足径5.2、残高3厘米（图一五：12）。

　　砺石　1件。标本99T2⑪：7，体呈不规则椭圆形，一面中部可见明显的磨痕凹槽，其他几面保持原有的自然砺石面。长48、宽25.2、厚9厘米（图一四：8；图版五：2）。

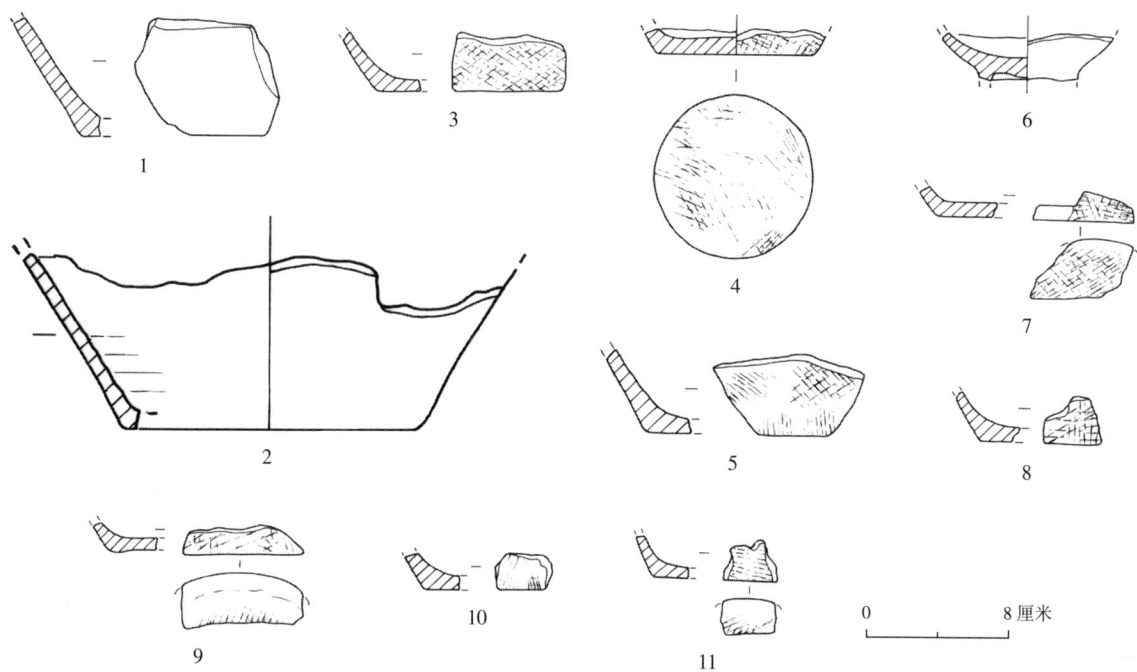

图一六　平底器

1~5、7~9. 平底器（99T1⑥：1、99T1⑥：3、99T1⑦：1、99T1⑦：8、99T2⑩：1、99T1⑧：3、99T1⑧：4、99T1⑦：2、99T2⑥：1、99T2⑧：4）　6. 圈足器（99T2⑨：3）

第三节　年代与周边文化的关系

一　年代

从目前钻探和发掘的情况来看，罗家坝遗址新石器时代遗存集中分布在罗家坝外坝的西南部，分布面积约 1 万多平方米，遗迹较少，仅见部分灰坑和 1 处石堆遗存。从发掘来看，早期遗存以 1999 年发掘的 T2、2003 年发掘的 T7429 等 6 个探方的第④、⑤层和 H24、H30、H31 为代表。出土的陶片以夹细砂红褐陶为主，夹细砂灰褐陶、夹砂灰黑陶和泥质黑皮陶次之，泥质黑陶和泥质红陶较少。纹饰丰富，主要有绳纹（竖向、交错、平行等）、网格纹、附加堆纹、戳印纹、篦点纹、弦纹、篮纹等。陶器火候较高，近似硬陶。器型以平底器为主，少量圈足器，主要包括折沿罐、喇叭口罐、直口罐、钵和圈足器等。出土的陶器中，折沿罐与忠县哨棚嘴遗址一期出土的花边口折沿瘦腹罐[1]相似，亦与陕南李家村遗址 60W3：2 出土的罐[2]相似。从总体上来看，罗家坝新石器时代遗存与三峡西部地区新石器时代晚期的出土的器物接近，属于一个大的文化系统。

同时从送检的木炭标本来看，T7331 第⑤层木炭标本的测试年代为距今 3955±40 年，校正后年代为距今 4500±115 年[3]，时间为新石器时代晚期。该层位为 2003 年发掘统一后之第⑩层，为新石器时代晚期堆积，层内出土标本与测试年代相符合。从出土器物和木炭的测年来看，宣汉罗家坝早期遗存的年代约在距今 4500 年左右。

二　罗家坝遗址新石器时代遗存的特点

罗家坝遗址的三次考古发掘，其中前两次均揭露出新石器时代晚期的遗存，这为认识罗家坝新石器时代文化的基本特征提供了重要资料。罗家坝新石器时代文化特征主要表现在陶器上，虽然出土时绝大多数已成为碎片，但通过复原统计，我们基本上可以了解其主要特征，现总结如下。

从陶质上看，罗家坝新石器时代陶器主要为夹砂陶，占 82%；少量的泥质陶，占 18%。夹砂陶又可分为夹细砂和夹粗砂两种，夹粗砂陶器的胎壁上有颗粒状白色石英或云母，有些因砂粒脱落致使表面粗糙不平，出现很多坑点。细砂陶夹有粉末状同类物质，器表相对细腻。陶色以红褐陶为主，灰褐陶次之，灰黑陶、灰陶、黑衣陶较少。有些夹砂陶因火候不均匀，致使器表颜色不一，局部泛黑或灰。陶器除少量为素面外，绝大多数有纹饰。其中以细绳纹为主，占 55.2%；还有部分附加堆纹、戳印纹、瓦棱纹。绳纹一般印痕较深，纹理清楚，

[1] 北京大学考古学研究中心等：《忠县哨棚嘴遗址发掘报告》，《重庆库区考古报告集（1999 卷）》，科学出版社，2006 年。
[2] 陕西省考古研究所：《陕西西乡李家村新石器时代遗址》，《考古》1961 年第 7 期。
[3] 本数据为北京大学加速器质谱实验室和第四纪年测定实验室检测，所用碳十四半衰期为 5568 年，测年数据并未进行校正。

分横向、竖向、斜向和交错四种。根据口沿、器腹和器底残片观察，这类纹饰通体施印，且往往一器多纹饰，附加堆纹和绳纹组合较为常见。在其他的纹饰中，网格纹、三角形纹、太阳纹等均为刻划而成。

从器物的制法和造型来看，罗家坝遗址新石器时代陶器大部分为手制，轮制陶器基本不见。粗砂陶一般不经过打磨，因此很多陶器的内壁可见明显的泥条盘筑的痕迹，细砂陶一般都经过打磨，内壁比较光滑。此外，有相当一部分夹砂陶的口沿经过加厚处理，并在唇部压出花边、短线或凹槽。器形主要是平底器，还有少量的圈足器，主要包括折沿罐、直口罐、喇叭口罐、钵、圈足器等。

三 与周围遗存之间的关系

1. 与川东北地区新石器时代晚期遗存的关系

川北地区新石器时代遗存主要包括绵阳边堆山[1]、广元中子铺[2]、张家坡[3]、邓家坪遗址[4]和巴中月亮岩[5]、通江擂鼓寨[6]等。这些遗存中，广元中子铺和绵阳边堆山出土了大量的细石器和以罐、钵为主的陶器，而广元张家坡、邓家坪、通江擂鼓寨、巴中月亮岩等遗址的考古学文化面貌和特征比较相近，应是地区不同或存在时代差异的同一考古学文化系统，而这一考古学文化更多的体现了与四川盆地土著的史前文化联系。罗家坝遗址新石器时代晚期出土的喇叭口罐、折沿罐与通江的擂鼓寨遗址和巴中月亮岩遗址相似，且两处遗址的陶器在陶质、陶色、纹饰、制法、器形等方面趋于一致，文化内涵亦基本相似。

2. 与三峡地区新石器时代晚期遗存的关系

三峡地区目前发现的新石器时代文化遗存数量较多，从目前的考古资料来看，三峡地区的新石器时代遗存以瞿塘峡为界，可分为瞿塘峡以西和瞿塘峡以东[7]两个地区。两地区的新石器时代文化既有区别，又有联系，其中瞿塘峡以西地区的新石器时代文化序列为鱼复遗址—玉溪坪遗址—哨棚嘴一期文化—哨棚嘴二、三期文化。瞿塘峡以东地区的新石器时代文化序列为城头山文化—大溪文化—屈家岭文化—石家河文化。而罗家坝遗址新石器时代文化与瞿塘峡以西地区的新石器时代文化较为接近。从目前发表的资料来看，罗家坝遗址出土的大量折沿罐、喇叭口罐、平底器等与瞿塘峡以西的哨棚嘴一期文化出土的器物较为接近，两地这一时期均流行夹砂红褐陶，纹饰以细绳纹、附加堆纹、篮纹为主，表明两地之间在新石

[1] 中国社会科学院考古研究所四川工作队：《四川绵阳市边堆山新石器时代遗址调查简报》，《考古》1990年第4期。

[2] 中国社会科学院考古研究所四川工作队、四川广元市文物管理所：《四川广元市中子铺细石器遗存》，《考古》1991年第4期。

[3] 中国社会科学院考古研究所四川工作队、四川广元市文物管理所：《四川广元市张家坡新石器时代遗址的调查与试掘》，《考古》1991年第9期。

[4] 中国考古学会编：《中国考古学年鉴（1991年）》，文物出版社，1992年。

[5] 四川省文物考古研究院等：《通江县擂鼓寨遗址试掘报告》，《四川考古论文集》，文物出版社，1998年。

[6] 雷雨、陈德安：《巴中月亮岩和通江擂鼓寨遗址调查简报》，《四川文物》1991年第6期。

[7] 杨华：《三峡远古时代考古学文化》，重庆出版集团，2007年。

器时代有较大的交流。

3．与川西平原宝墩文化的关系

川西平原地区的新石器时代晚期文化主要是宝墩文化，包括三星堆一期[1]、宝墩古城[2]、郫县古城[3]、温江县鱼凫古城[4]、都江堰市芒城古城[5]、崇州市双河古城[6]、紫竹古城[7]、大邑盐点古城[8]等，出土的陶器以花边口绳纹深腹罐、喇叭口高领罐、圈足尊、宽沿尊、壶、镂空圈足豆为主。而罗家坝遗址出土的折沿罐、喇叭口罐与宝墩文化的花边口绳纹深腹罐、高领罐相似，说明两者之间有一定的联系。作为连接长江和川西平原地区的重要节点的嘉陵江流域，其史前文化与两地相似，这为进一步探讨史前文化的交流提供了线索。

4．与陕南地区新石器时代文化的关系

陕南地区的新石器时代文化主要包括西乡李家村遗址[9]、勉县杨寨遗址[10]、城固县单家咀遗址[11]、西乡何家湾遗址[12]、西乡水东遗址[13]等文化，其内涵上也较为接近。而罗家坝遗址处于川陕的交汇地带，文化面貌与陕南地区的文化面貌亦较为接近。特别是出土的折沿罐与陕南地区的新石器时代文化较为接近，同时纹饰上亦可看出两地文化之间的一致性。

通过以上的论述我们可以看出，罗家坝遗址处于嘉陵江流域的重要支流——渠江流域，其文化与嘉陵江中上游地区的文化和三峡地区的文化较为接近；同时其又处于川陕的交汇地区，亦必然带有陕南地区的文化因素。这对于进一步探讨新石器时代晚期人类的迁徙和文化变迁具有重要作用。

四　小结

罗家坝遗址新石器时代晚期遗存的分布主要集中在罗家坝外坝的西南部。该遗存的发现对研究川东地区新石器时代文化具有重要的作用，填补了川东地区新石器时代文化的空白。罗家坝遗址新石器时代晚期遗存具有自身特点，主要表现为：以夹砂红褐陶为主，夹细砂灰褐陶和泥质黑皮陶次之；细绳纹尤其发达，细绳纹和附加堆纹的组合是常见组合；器形主要

[1] 四川省文物考古研究所等：《三星堆祭祀坑》，文物出版社，1999年。

[2] 成都文物考古研究所、四川大学历史系考古教研室等：《宝墩遗址》，日本阿普有限公司，2000年。

[3] 成都文物考古研究所：《郫县古城发掘取得重大收获》，《中国文物报》1998年3月18日。

[4] 成都文物考古研究所：《四川省温江县鱼凫村遗址调查和试掘》，《文物》1998年第12期。

[5] 成都文物考古研究所等：《四处都江堰芒城遗址调查和试掘》，《考古》1997年第7期。

[6] 成都文物考古研究所：《成都史前城址发掘又或重要收获》，《中国文物报》1997年1月19日。

[7] 成都文物考古研究所：《成都史前城址发掘又或重要收获》，《中国文物报》1997年1月19日。

[8] 资料现存成都文物考古研究所。

[9] 陕西省考古研究所：《陕西西乡李家村新石器时代遗址》，《考古》1961年第7期；陕西省考古研究所：《陕西西乡李家村新石器时代遗址一九六一年发掘简报》，《考古》1962年第6期。

[10] 中国科学院考古研究所汉水队：《陕西汉中专区考古调查简报》，《考古》1963年第6期。

[11] 唐金裕：《汉中地区新石器时代遗址调查报告》，《考古与文物》1981年第1期。

[12] 魏京武、孙中：《汉水上游的几处新石器时代遗址》，《考古与文物》1960年第2期。

[13] 唐金裕：《汉中地区新石器时代遗址调查报告》，《考古与文物》1981年第1期。

以沿下附加堆纹的罐为主。这种文化特征与三峡地区的新石器晚期的文化特征相似，说明在新石器时代晚期就形成了以三峡地区为中心的川东地区的新石器时代文化的特色。同时，作为连接三峡地区和成都平原的嘉陵江流域，其文化表现出与这两处文化较为接近的文化因素，这对进一步探讨两地的早期文化的起源与交流具有重要意义。

伍　东周遗存

东周遗存是罗家坝遗址中最主要的遗存，虽然在遗址中残留的东周地层堆积较多，但地层包含器物较少；而遗迹异常丰富，特别是墓葬众多，是构成罗家坝遗址的主体。三次发掘共发现这一时期的各类遗迹 82 座，其中房屋基址 2 座、灰坑 15 座、墓葬 65 座（图一七～二一）。

第一节　遗　迹

一　房址

共清理东周时期房址 2 座。

F1　位于 99T2 的中部，开口于④层下，该房址大部分叠压在 T2 之外，从暴露的情况来看，有一段长 50、宽 12 厘米的红烧土堆积，在红烧土堆积的西部有一灶坑，直径 100、深 12 厘米，内有大量的炭屑、红烧土等，土色发红，土质坚硬。柱洞主要分布在红烧土堆积的东部，但分布无规律，现存 7 个，直径 15~20 厘米，由南向北依次编号为 D1、D2、D3、D4、D5、D6、D7。其中 D1 平面呈圆形，直径 16、深 10 厘米；D2 平面呈圆形，直径 18、深 8 厘米；D3 平面呈圆形，直径 15、深 12 厘米；D4 平面呈长方形，直径 18、深 10 厘米；D5 平面呈圆形，直径 16、深 12 厘米；D6 平面呈圆形，直径 18、深 10 厘米；D7 平面呈圆形，直径 20、深 16 厘米。在房址内部堆积有大量的陶片、铜碎屑和石块等物，出土器物主要有铜印章和陶尖底盏、罐、瓮、网坠等（图二二）。

F2　位于 T7331 和 T7431 内（图二三），形制不明，柱洞分布无规律可寻，在 T7331 内发现红烧土堆积一处，呈长方形，长 175、宽 70~150、高 30 厘米，同时在该探方的西部分布着一道红褐色土，且与周边堆积差异较大，应是与房屋有关。两个探方内分布着 37 个可能是柱洞的遗存，其中 T7331 内 22 个、T7431 内 15 个（表三）。

二　灰坑

共清理东周时期的灰坑 15 座（表四）。现择主要的灰坑介绍如下。

99H10　位于 99T2 的东部，部分叠压于 T2 的东隔梁和南壁下，开口于⑤层下，打破⑥、⑦、⑧、⑨层和 99H15、99H16，同时又被 99H5 打破，平面呈不规则长方形，长 212、宽 62、

M49

M46

M48

M41

H51

M45

M43

H52

T5628

T5528

H55

H54

H60

H53

T5729

T5629

T5529

M42

T5730

T5630

T5530

M32

M33

T5531

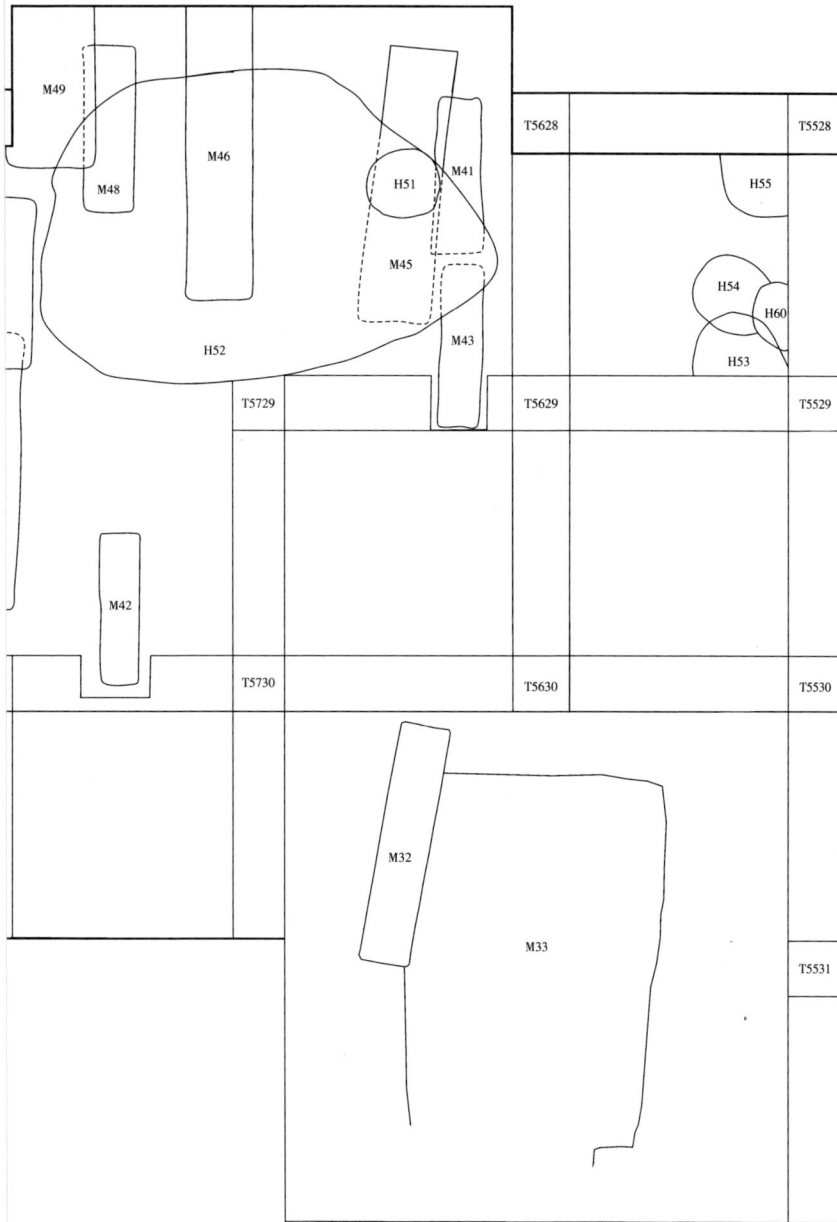

~5631、T5728~5730、T5828~5830、T5929~5930 平面图

表三　T7331 和 T7431 内柱洞统计表

位置	编号	形制	尺寸	填土	备注
T7331	D1	圆形	直径 16、深 12 厘米	黄褐色沙土	
	D2	近圆形	直径 10、深 4 厘米	黄褐色沙土	
	D3	近圆形	直径 13、深 6 厘米	黄褐色沙土	
	D4	近圆形	直径 11、深 6 厘米	黄褐色沙土	
	D5	近圆形	直径 17、深 6 厘米	黄褐色沙土	
	D6	椭圆形	径 13~17、深 8 厘米	黄褐色沙土	
	D7	椭圆形	径 11~16、深 88 厘米	黄褐色沙土	
	D8	不规则圆形	直径 12、深 10 厘米	黄褐色沙土	
	D9	圆形	直径 11、深 6 厘米	黄褐色沙土	
	D10	圆形	直径 45、深 20 厘米	黄褐色沙土	
	D11	椭圆形	径 10~28、深 4 厘米	黄色细沙	
	D12	圆形	直径 20、深 7 厘米	黄色细沙	
	D13	圆形	直径 19、深 6 厘米	黄褐色细沙	内含石块、陶片
	D14	圆形	直径 25、深 7 厘米	黄色细沙	内含石块
	D15	椭圆形	径 16~25、深 6 厘米	黄色细沙	
	D16	圆形	直径 21、深 5 厘米	黄色细沙	
	D17	圆形	直径 17、深 5 厘米	黄褐色沙土	
	D18	圆形	直径 28、深 9 厘米	黄褐色沙土	
	D19	圆形	直径 55、深 25 厘米	黄色沙土	
	D20	圆形	直径 23、深 5 厘米	灰色沙土	
	D21	圆形	直径 14、深 5 厘米	黄色细沙	
	D22	圆形	直径 41、深 32 厘米	黄色沙土	
T7431	D23	圆形	直径 16、深 23 厘米	褐色黏土	
	D24	椭圆形	径 15~25、深 25 厘米	黄色沙土	内含石块、陶片
	D25	圆形	直径 20、深 21 厘米	黄色沙土	
	D26	圆形	直径 25、深 32 厘米	黄色沙土	内含石块
	D27	圆形	直径 20、深 24 厘米	灰褐色沙土	
	D28	圆形	直径 22、深 25 厘米	灰褐色沙土	
	D29	圆形	直径 26、深 27 厘米	灰褐色沙土	内含石块、陶片
	D30	圆形	直径 28、深 25 厘米	黑灰色沙土	内含石块、陶片
	D31	圆形	直径 24、深 30 厘米	黄色沙土	
	D32	圆形	直径 18、深 22 厘米	黄褐色沙土	内含陶片
	D33	圆形	直径 16、深 14 厘米	黄褐色沙土	内含陶片
	D34	圆形	直径 18、深 28 厘米	灰褐色沙土	
	D35	圆形	直径 16、深 20 厘米	黑灰色沙土	内含陶片、骨头
	D36	圆形	直径 26、深 35 厘米	黑灰色沙土	内含石块、陶片
	D37	椭圆形	径 21~32、深 35 厘米	黑灰色沙土	内含石块、陶片

深80厘米（图二四：1）。坑内填土为黄褐色黏土，包含有少量的炭屑、石块和陶片。陶片以夹砂红褐陶、泥质灰陶为主，还有部分夹砂灰陶。纹饰主要有绳纹、戳印纹、篮纹等。器形主要有罐、钵等。

99H17　位于99T2的东部，部分叠压于T2的南壁下，开口于⑦层下，打破⑧、⑨、⑩、⑪层。平面呈不规则长方形，长218、宽66、深102~120厘米（图二四：2）。坑内填土为黄褐色黏土，包含有少量的炭屑和陶片。陶片以夹砂红褐陶、泥质灰陶为主，还有部分夹砂灰陶。纹饰主要有绳纹、戳印纹、篮纹等。器形主要有罐等。

H5　位于T7429的东南部，部分叠压于该探方的西壁下，开口于③层下，打破④、⑤层，

表四　东周时期灰坑登记表

编号	位置	层位	形状与结构			尺寸
			平面形制	坑底	填土及包含物	
99H10	T2 东部	⑤下	不规则长方形	平底	黄褐色土,包含少量的陶片、石块	长212、宽62、深80厘米
99H13	T2 中部	⑤下	不规则长方形	平底	黄褐色土,包含少量的陶片、石块	长120、宽100、深40厘米
99H15	T2 东部	⑤下	近圆形	圜底	褐色土,含有少量的陶片和炭屑	直径100、深30厘米
99H16	T2 东部	⑦下	不规则椭圆形	圜底	黄褐色土,含有少量的陶片和炭屑	长径170、短径50、深88厘米
99H17	T2 东部	⑦下	不规则长方形	平底	黄褐色土,含有少量的陶片和炭屑	长218、宽66、深102~120厘米
H5	T7429 南部	③下	不规则长方形	锅底状	灰黑土,包含大量陶片,以网坠居多	长81、宽63、深10~28厘米
H22	T7429 南部	③下	不规则椭圆形	圜底	黄褐色土,包含有少量的陶片和炭屑	长径140、短径110、深88厘米
H23	T7727 东南部	⑥下	不规则椭圆形	圜底	黄褐色土,包含有少量的陶片和炭屑	长径80、短径65、深40厘米
H24	T7431 中部	④下	不规则椭圆形	平底	黄褐色图,包含少量陶片和炭屑	长径98、短径65、深22厘米
H25	T7825 东北部	⑥下	不规则椭圆形	圜底	黄褐色土,包含有少量的陶片和炭屑	长径175、短径90、深30厘米
H26	T7330 西北部	④下	不规则椭圆形	圜底	黄褐色土,包含有少量的陶片和炭屑	长径118、短径104、深56~62厘米
H27	T7329 东北部	④下	近圆形	圜底	黄褐色土,包含有少量的陶片和炭屑	直径50、深35厘米
H28	T7431 南部	③下	不规则椭圆形	圜底	灰黑色土,包含少量陶片	长径160、短径135、深20厘米
H29	T7726 东南	⑥下	近圆形	圜底	黄褐色土,包含有少量的陶片和炭屑	直径70、深25厘米
H60	T5528 东部	⑦下	圆形	锅底状	灰黑色土,包含少量的陶片、石块	直径124、深48厘米

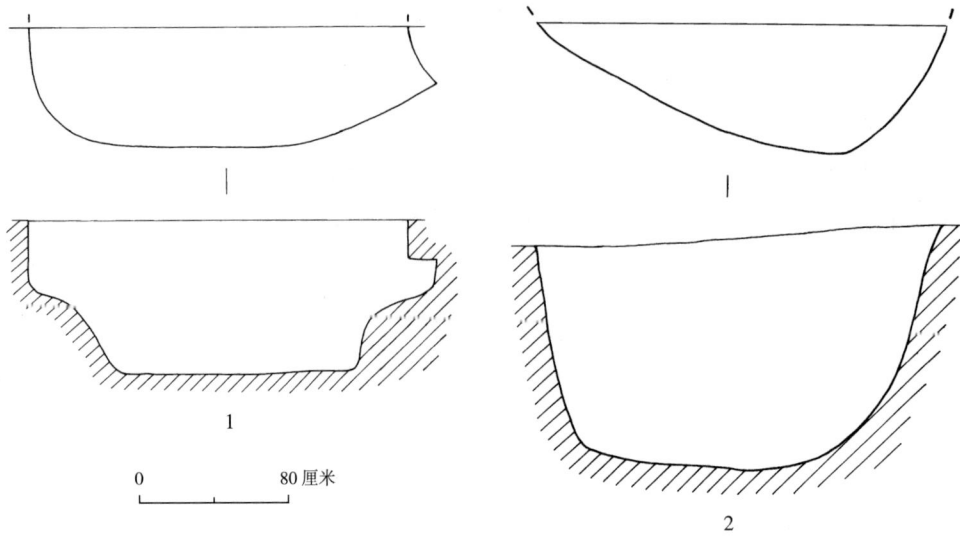

图二四　灰坑

1.99H10 平、剖面图　2.99H17 平、剖面图

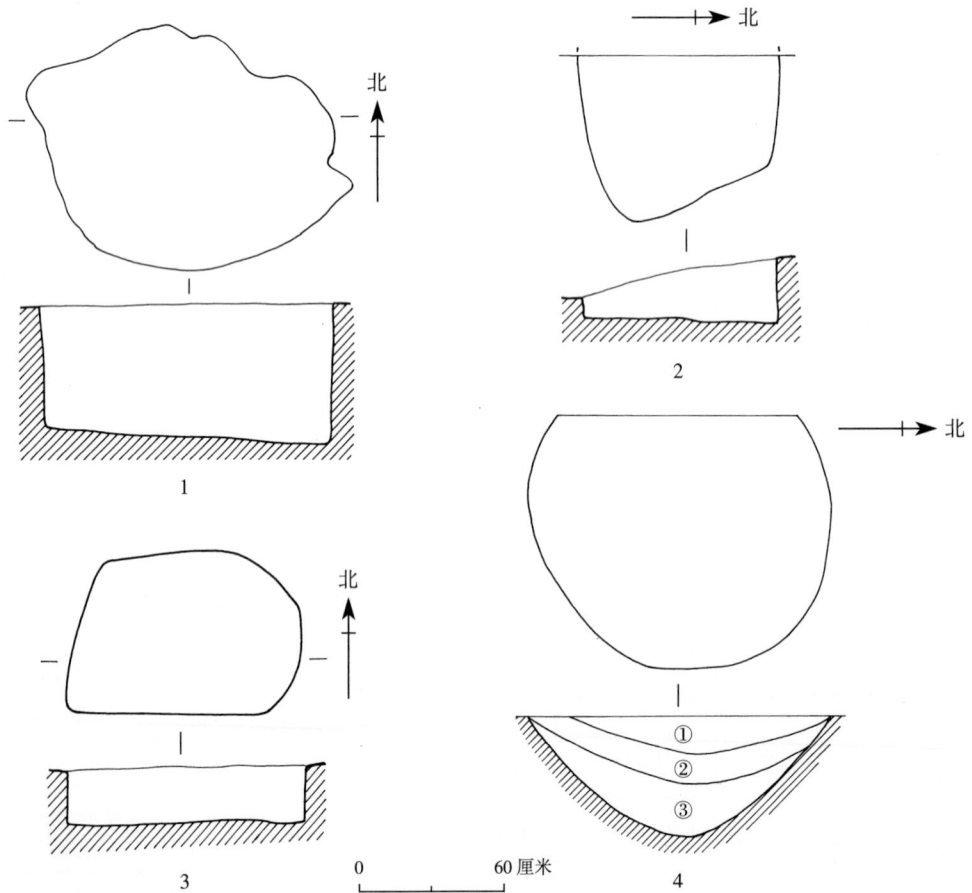

图二五　灰坑

1. H26 平、剖面图　2. H5 平、剖面图　3. H24 平、剖面图　4. H60 平、剖面图

被近现代灰坑 H3 打破。平面呈不规则长方形，长 81、宽 63、深 10~28 厘米（图二五：2）。填土为灰黑土，含有大量的炭屑。出土器物主要包括大量的网坠和少量的陶器。陶器以夹砂红褐陶为主，夹砂灰褐陶次之，还有少量的泥质灰陶、夹砂灰黑陶和夹砂黑皮褐胎陶。器形主要包括豆、圜底罐、器盖、釜、钵、瓮等。

H24　位于 T7429 南部，部分叠压在该探方的南壁下，被近现代灰坑 H4 和 H7 打破，开口于③层，打破④、⑤层，平面不规则椭圆形，长径 98、短径 65、深 22 厘米（图二五：3）。坑内填土为红褐色黏土，土质较疏松，包含有少量的陶片和炭屑。陶片以夹砂红褐陶为主，有部分夹砂灰黑陶和夹砂灰黑陶。纹饰有绳纹、刻划纹、方格纹、戳印纹等。器形主要有釜、圜底罐等。

H26　位于 T7330 的西北部，开口于④层下，打破⑤、⑥层，平面呈不规则椭圆形，长径 118、短径 104、深 56~62 厘米（图二五：1）。坑内填土为黄褐色黏土，包含有少量的炭屑和陶片。陶片以夹砂红褐陶和夹砂灰褐陶为主，还有部分泥质灰陶和夹砂黑皮灰胎陶。纹饰主要有绳纹、凸棱纹等。器形主要有瓮等。

H60　位于 T5928 的东部，开口于⑦层下，平面呈圆形，底部呈锅底状，上部口径 124、深 48 厘米。坑内填土可分为三层。第①层：红褐色黏土，土质较硬，包含有少量的木炭，厚 15 厘米。第②层：灰黑色土，土质松软，包含大量的炭屑和陶片，厚 10 厘米。第③层：灰白色土，土质较硬，包含少量红烧土和炭屑，厚 23 厘米。陶片以夹砂红褐陶为主，纹饰主要是绳纹，器形主要包括罐等（图二五：4）。

第二节　遗　物

东周时期的遗物除墓葬外，灰坑、房址和地层出土器物极少且残损严重，这应与该区域在同时期亦作为墓地有着直接的关系。出土器物主要包括陶器、铜器和石器，其中以陶器数量最多，亦最有代表性。现将陶器的特征概括如下。

从陶质、陶色和纹饰上看，罗家坝东周时期的陶器主要为夹砂陶，泥质陶极少，夹砂陶又可分为夹细砂和夹粗砂两种。以夹砂灰陶为主，褐陶次之，夹砂黑陶、泥质灰陶数量较少。有些夹砂陶因火候不均匀，致使器表颜色不一，局部泛黑或灰。纹饰以绳纹为主，还有少量的凹弦纹、附加堆纹、箆点纹、方格纹等。绳纹一般印痕较深较粗（图二六、二七）。根据口沿、器腹和器底残片观察，绳纹一般饰于肩部以下。

从器物的制法和造型来看，罗家坝遗址东周陶器可分为手制和轮制，手制陶器主要见于大型器物，如釜、瓮、圜底罐等，内壁可见泥条盘筑的痕迹，并使用了慢轮修整技术，使得器物表面较为光滑。轮制陶主要用于一些小型器物，如豆、尖底盏等，内壁可见轮制的痕迹。陶器烧造的温度较高，且部分陶器因烧造而出现口部严重变形。器形主要是圜底器，还有少量的圈足器和平底器，主要包括喇叭口罐、圜底罐、釜、豆、钵、尖底盏、高领罐、网坠等。

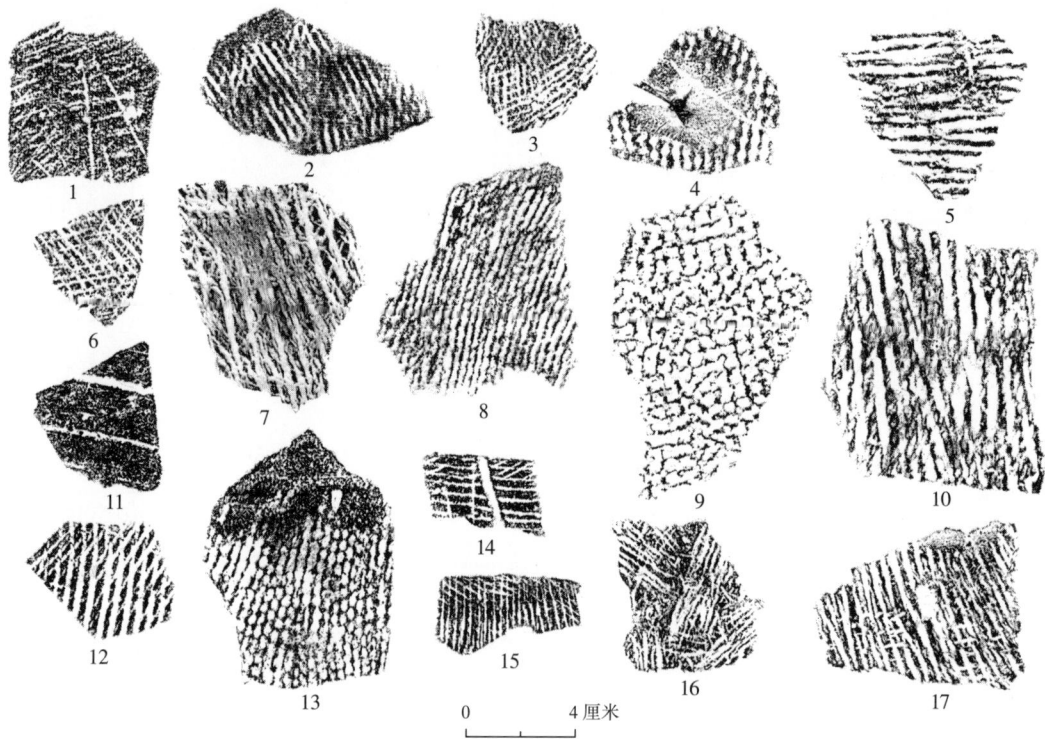

图二六　东周陶片纹饰拓片

1. 细绳纹＋刻划纹（F1：26）　2. 细绳纹（F1：25）　3. 交错细绳纹（F1：23）　4. 乳钉纹＋绳纹（F1：19）　5. 横向绳纹（M33填土：85）　6. 交错细绳纹（H60：12）　7. 梳刷纹（H60：11）　8. 细绳纹（H60：9）　9. 绳纹（M33填土：67）　10. 绳纹（M33填土：81）　11. 弦纹（M33填土：61）　12. 交错细绳纹（M33填土：89）　13. 绳纹（M33填土：86）　14. 细绳纹＋刻划纹（M33填土：64）　15. 交错细绳纹（M33填土：65）　16. 交错细绳纹（M33填土：72）　17. 梳刷纹（M33填土：79）

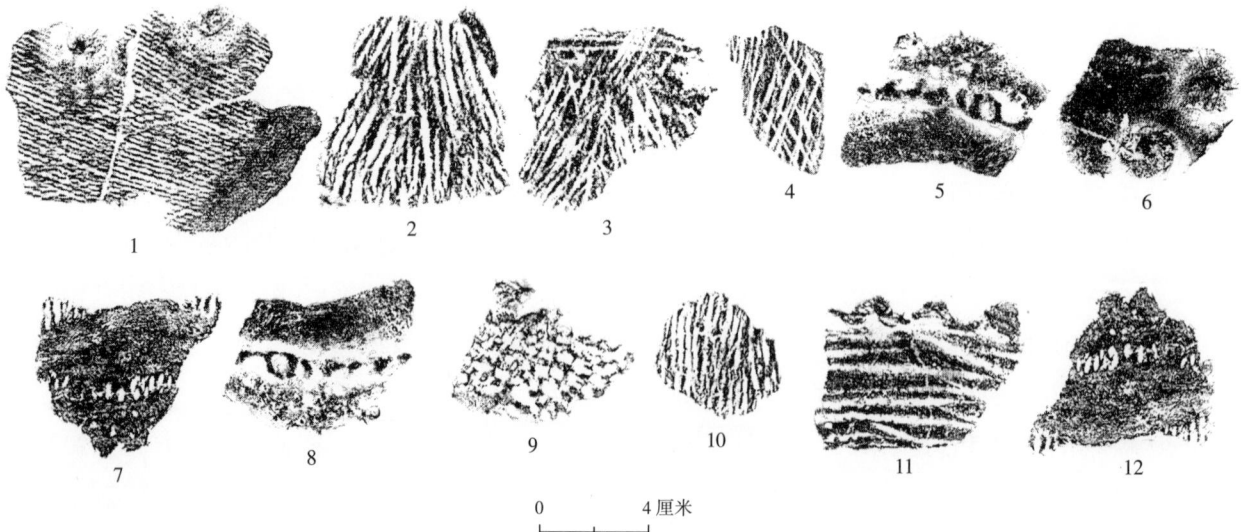

图二七　东周陶片纹饰拓片

1. 绳纹＋刻划纹（M33填土：62）　2. 梳刷纹（M33填土：73）　3. 梳刷纹（M33填土：74）　4. 交错细绳纹（M61填土：22）　5. 附加堆纹（M33填土：92）　6. 乳钉纹（M33填土：63）　7. 篦点纹（M33填土：91）　8. 附加堆纹（M33填土：92）　9. 方格纹（M61填土：29）　10. 梳刷纹（M61填土：32）　11. 横向绳纹（M61填土：8）　12. 篦点纹（M33填土：91）

铜器数量较少，主要包括剑、钺和箭镞等。现将地层、灰坑、房址和墓葬填土中的部分器物介绍如下。

一　陶器

共 164 件，主要包括圜底罐、釜、喇叭口罐、豆、钵、尖底盏、高领罐、网坠等。

圜底罐　44 件。依据形制的不同可分为三型。

A 型　15 件。花边口。M61 填土：6，夹砂灰褐陶，圆唇，束颈，花边口较浅。肩部以下饰绳纹。残高 6.4 厘米（图二八：1）。M61 填土：7，夹砂红褐陶，圆唇，颈部微束，花边口较浅。素面。残高 6.8 厘米（图二八：2）。M61 填土：12，夹砂灰褐陶，束颈。肩部饰方格纹。残高 6.8 厘米（图二八：3）。M61 填土：10，夹砂红褐陶，束颈，花边口按压较深。颈部饰有细绳纹。残高 5.6 厘米（图二八：4）。M61 填土：9，夹砂红褐陶，束颈，花边口按压较深。颈部饰有细绳纹。残高 5.2 厘米（图二八：5）。M61 填土：8，夹砂红褐陶，束颈，花边口按压较深。颈部饰有细绳纹。残高 6 厘米（图二八：6）。F1：10，夹砂灰陶，花边口按压较浅。素面。残高 4.2 厘米（图二八：7）。H60：19，夹砂灰褐陶，束颈，花边口按压较浅。残高 4.5 厘米（图二八：12）。T7827 ⑧：1，夹砂红褐陶，束颈，花边

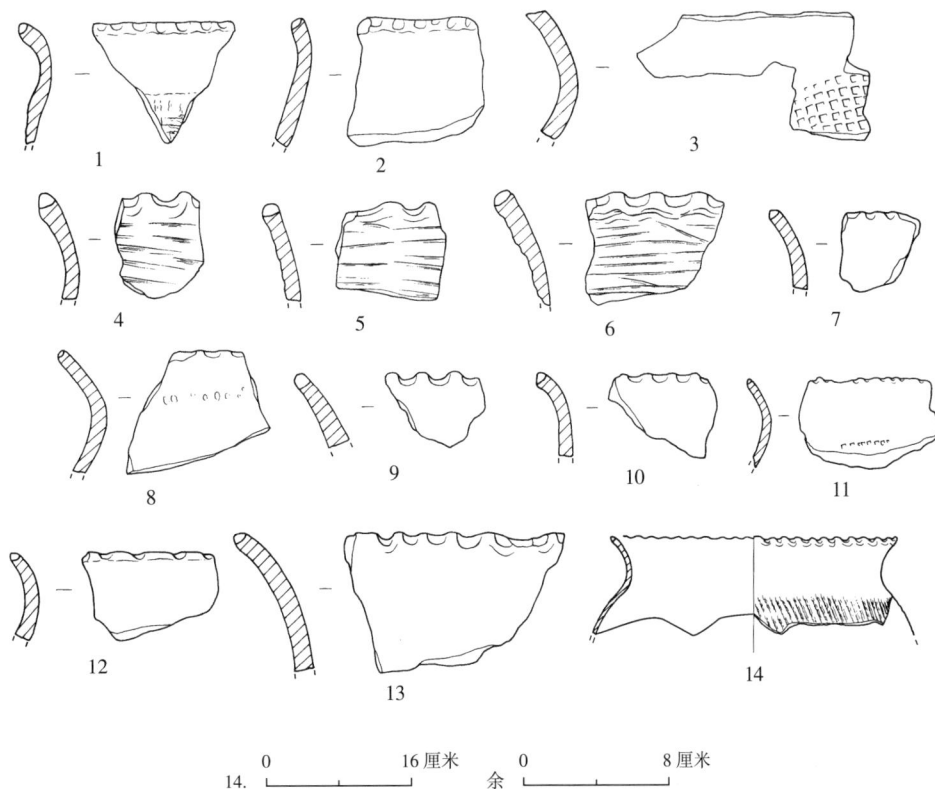

图二八　A 型圜底罐

1. M61 填土：6　2. M61 填土：7　3. M61 填土：12　4. M61 填土：10　5. M61 填土：9　6. M61 填土：8　7. F1：10　8. T7827 ⑧：1　9. T7727 ⑤：2　10. M33 填土：40　11. T7727 ⑤：1　12. H60：19　13. M33 填土：43　14. H27：1

口按压较浅。颈部饰有戳印文，残高6.6厘米（图二八：8）。M33填土：40，夹砂红褐陶，花边口按压较深。素面。残高4.4厘米（图二八：10）。M33填土：43，夹砂红褐陶，花边口按压较深。素面。残高7.4厘米（图二八：13）。H27：1，夹细砂红褐陶，圆唇，侈口，束颈，溜肩，鼓腹，腹部残。肩部以下饰绳纹。口径32、残高10厘米（图二八：14）。T7727⑤：2，夹细砂灰陶，花边口按压较深。残高4厘米（图二八：9）。T7727⑤：1，夹细砂红褐陶，花边口呈锯齿状。肩部饰有戳印文。残高5厘米（图二八：11）。

B型　11件。圆唇，侈口。肩部以下饰绳纹。F1：1，夹砂红褐陶，束颈，溜肩。残高7.4厘米（图二九：1）。F1：2，夹砂红褐陶，束颈，弧肩。残高6.8厘米（图二九：2）。H60：2，夹砂灰褐陶，束颈，广肩。残高6.6厘米（图二九：3）。99T2⑥：2，夹砂红褐陶。残高4.1厘米（图二九：4）。T7727④：2，夹砂灰褐陶。残高5厘米（图二九：5）。T7727④：3，夹砂灰褐陶。口沿下饰细绳纹。残高5厘米（图二九：6）。H60：18，夹砂灰褐陶。口下部饰细绳纹。残高5厘米（图二九：7）。T7329③：1，夹砂红褐陶。口下部饰绳纹。残高7.6厘米（图二九：8）。T7727④：1，夹砂灰褐陶。口径16、残高5.2厘米（图二九：9）。H60：1，夹砂红褐陶。口径22.8、残高6厘米（图二九：10）。

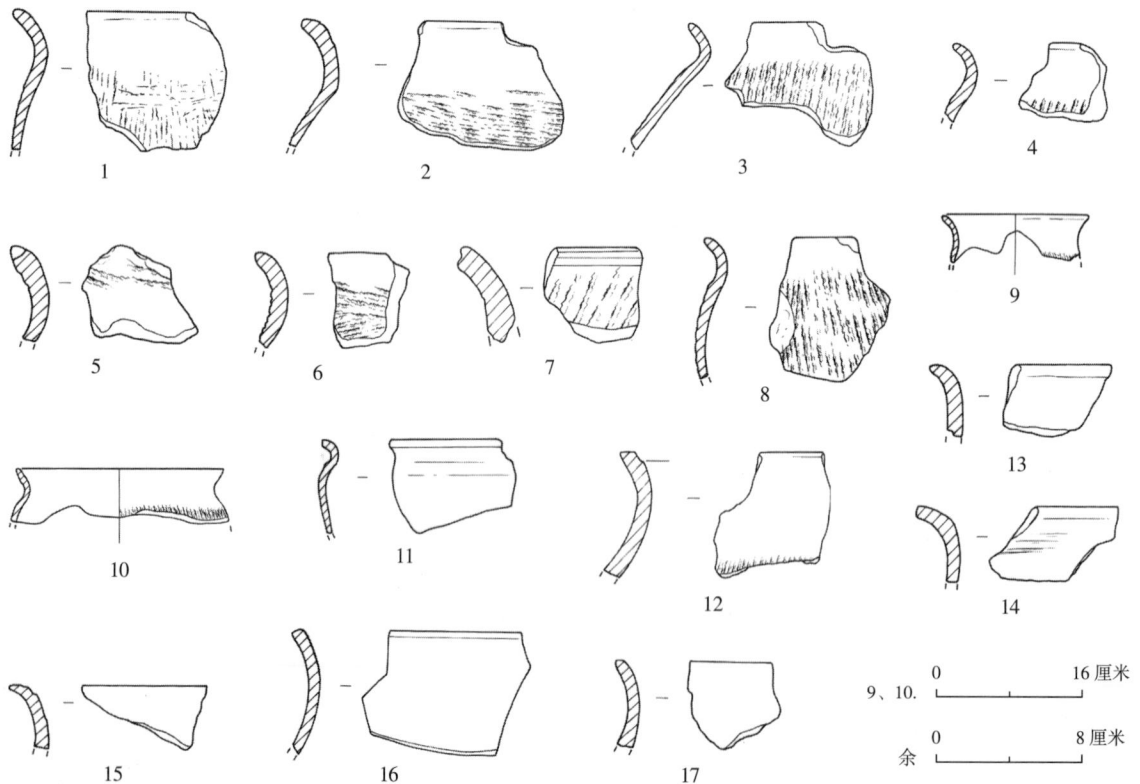

图二九　B型、C型圜底罐

1~11.B型（F1：1、F1：2、H60：2、99T2⑥：2、T7727④：2、T7727④：3、H60：18、T7329③：1、T7727④：1、H60：1、T7826⑧：1）　12~17.C型（M61填土：15、M33填土：28、M33填土：36、F1：9、M4填土：2、F1：13）

T7826⑧：1，夹砂灰褐陶，束颈，溜肩。残高5厘米（图二九：11）。

C型 18件。圆唇，侈口。M61填土：15，夹砂灰褐陶。肩部以下饰绳纹。残高6.6厘米（图二九：12）。M4填土：2，夹砂灰褐陶，圆唇，颈部较长。残高6.4厘米（图二九：16）。M33填土：28，夹砂红褐陶。残高4厘米（图二九：13）。M33填土：36，夹砂红褐陶。残高4厘米（图二九：14）。F1：9，夹砂灰陶，颈部略束。残高3.4厘米（图二九：15）。F1：13，夹砂灰陶，束颈。残高4.6厘米（图二九：17）。

喇叭口罐 11件。厚方唇。M61填土：1，夹细砂灰褐陶。残高9厘米（图三〇：1）。M33填土：57，夹细砂红褐陶，唇部较短。残高8厘米（图三〇：2）。M33填土：56，夹细砂红褐陶。肩部以下饰绳纹。口径31.2、残高13.2厘米（图三〇：3）。M61填土：2，夹细砂灰褐陶，残高4.2厘米（图三〇：4）。M33填土：60，夹细砂红褐陶。残高4厘米（图三〇：5）。M33填土：93，夹细砂红褐陶。肩部以下饰绳纹。口径30.4、残高13.2厘米（图三〇：7）。M33填土：59，夹细砂红褐陶。残高3.8厘米（图三〇：9）。T7330⑧：3，夹细砂灰褐陶。残高3.7厘米（图三〇：8）。M4填土：1，夹细砂红褐陶，长颈，颈部以下残。唇部饰有三道凸棱。口径24、残高6.8厘米（图三〇：10）。T7330⑧：8，夹细砂黑褐陶。唇部饰有三道凸棱。残高3厘米（图三〇：6）。

高领罐 5件。平折沿，高领，鼓腹。T7725⑤：1，夹细砂灰褐陶，尖圆唇，肩部略折，圆鼓腹，平底内凹。肩部以下饰绳纹。口径15.2、底径12.4、最大腹径25.2、通高22厘米（图三一：1；图版五：3）。99H16：1，夹细砂灰陶，圆唇，广肩，圆鼓腹，平底内凹。肩部以下饰绳纹。口径12、底径9.6、最大腹径19.2、通高16.2厘米（图三一：2）。T7727⑤：3，夹细砂灰

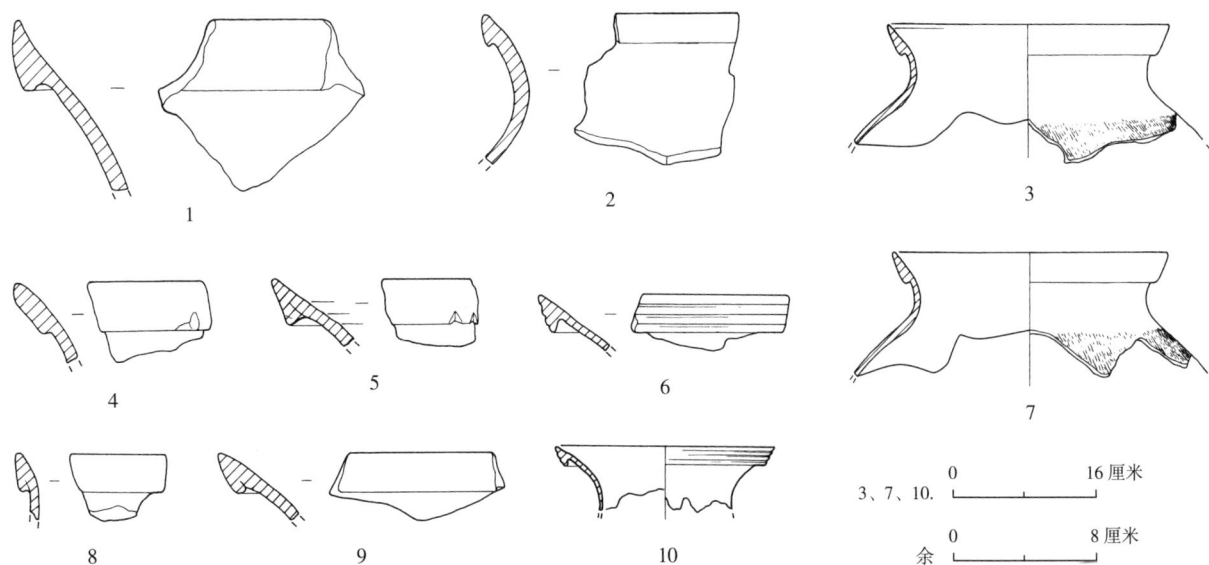

图三〇 喇叭口罐

1. M61填土：1 2. M33填土：57 3. M33填土：56 4. M61填土：2 5. M33填土：60 6. T7330⑧：8 7. M33填土：93
8. T7330⑧：3 9. M33填土：59 10. M4填土：1

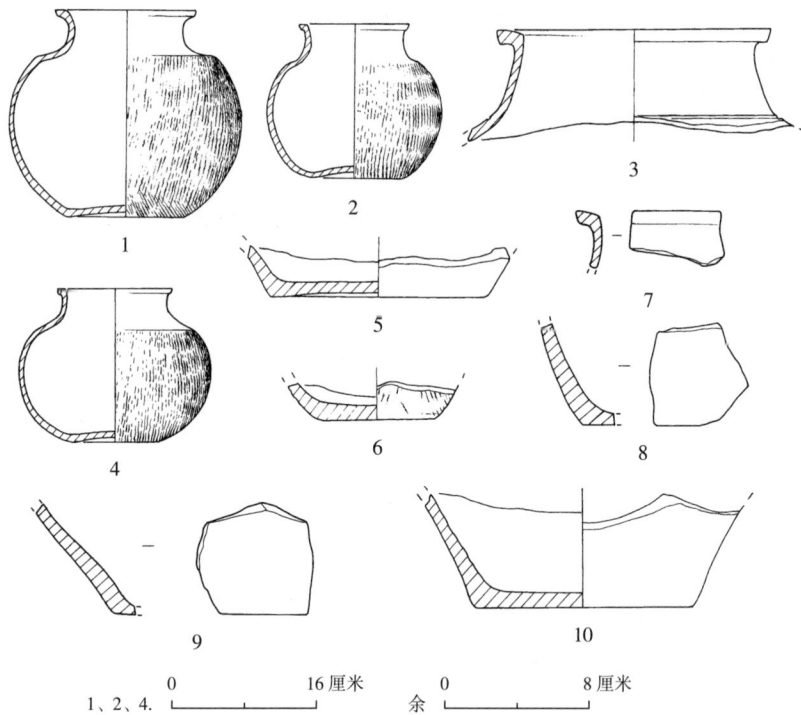

图三一　高领罐、平底器

1~4、7.高领罐（T7725⑤：1、99H16：1、H60：3、99H16：4、T7727⑤：3）　5、6、8~10.平底器（M61填土：16、H60：7、T7826⑦：1、99T2⑤：1、H60：8）

陶，方唇。残高3厘米（图三一：7）。H60：3，方唇，平沿，肩部以下残。肩部饰绳纹。口径15、残高6厘米（图三一：3）。99H16：4，夹细砂灰陶，方唇，直口，肩部略折，圆鼓腹，平底内凹。肩部以下饰绳纹。口径12.4、底径9、通高16.4厘米（图三一：4）。

平底器　5件。T7826⑦：1，夹砂灰褐陶，下腹微弧。残高5.4厘米（图三一：8）。M61填土：16，夹砂红褐陶，斜直腹，平底微内凹。底径12、残高2.7厘米（图三一：5）。H60：7，夹砂红褐陶，下腹微弧，平底。下腹饰绳纹。底径6.8、残高2厘米（图三一：6）。99T2⑤：1，夹砂红褐陶，斜直腹。残高6厘米（图三一：9）。H60：8，夹砂灰褐陶，斜直腹，平底。底径12.2、残高6厘米（图三一：10）。

钵　9件。依据形制的不同可分为四型。

A型　3件。斜直腹。M33填土：11，夹细砂红褐陶，敞口，圆唇，浅腹，

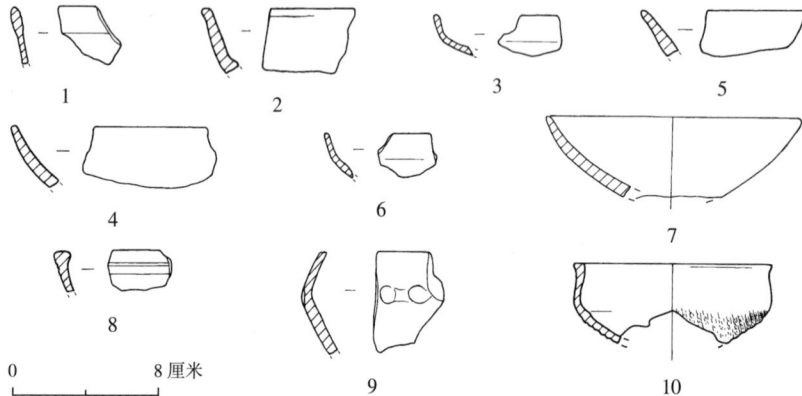

图三二　钵

1、2、5.A型（99T2④：1、M33填：11、M33填：20）　3、6、10.B型（99T2④：3、99T2④：4、H16：5）　4、7.C型（M61填土：5、M61填土：4）　9.D型（99T2④：2）

底部残。残高3.4厘米（图三二：2）。M33填土：20，夹细砂红褐陶，敞口，圆唇，底部残。残高2.6厘米（图三二：5）。99T2④：1，夹细砂灰褐陶，敞口，厚方唇，器体较薄。残高3厘米（图三二：1）。

B型 3件。折腹。99T2④：3，夹细砂灰陶，敞口，圆唇，浅腹。残高2.2厘米（图三二：3）。99T2④：4，夹细砂灰陶，敞口，圆唇，浅腹。残高2.4厘米（图三二：6）。99H16：5，夹细砂灰褐陶，敞口，方唇，直口。腹下部饰绳纹。口径10.8、残高4.2厘米（图三二：10）。

C型 2件。弧腹。M61填土：5，夹细砂灰褐陶，敞口，圆唇，腹较深，底部残。残高3.2厘米（图三二：4）。M61填土：4，夹细砂灰褐陶，敞口，圆唇，深腹，底部残。口径14、残高4.3厘米（图三二：7）。

D型 1件。敛口，折腹。99T2④：2，夹细砂灰陶，方唇，腹较深，折腹明显。折腹处饰一周附加堆纹。残高5.4厘米（图三二：9）。

豆 5件。T7431⑧：1，夹细砂灰褐陶，盘部残，斜直腹，喇叭状圈足较高。底径7.6、残高6厘米（图三三：5）。H60：5，夹细砂灰陶，圆唇，直口，窄斜沿，弧腹，腹部以下残。残高4.2厘米（图三三：1）。H60：4，夹细砂灰陶，圆唇，直口，窄斜沿，弧腹，腹部以下残。口径14、残高5.2厘米（图三三：2）。99H16：2，夹砂灰褐陶，尖圆唇，窄平沿，直口，弧腹，喇叭状圈足。口径16.4、底径7.4、通高8.2厘米（图三三：3；图版五：4）。99H16：5，圆唇，窄斜沿，口微敛，斜直腹，喇叭状圈足。口径15.4、底径7.2、通高8厘米（图三三：4；图版六：1）。

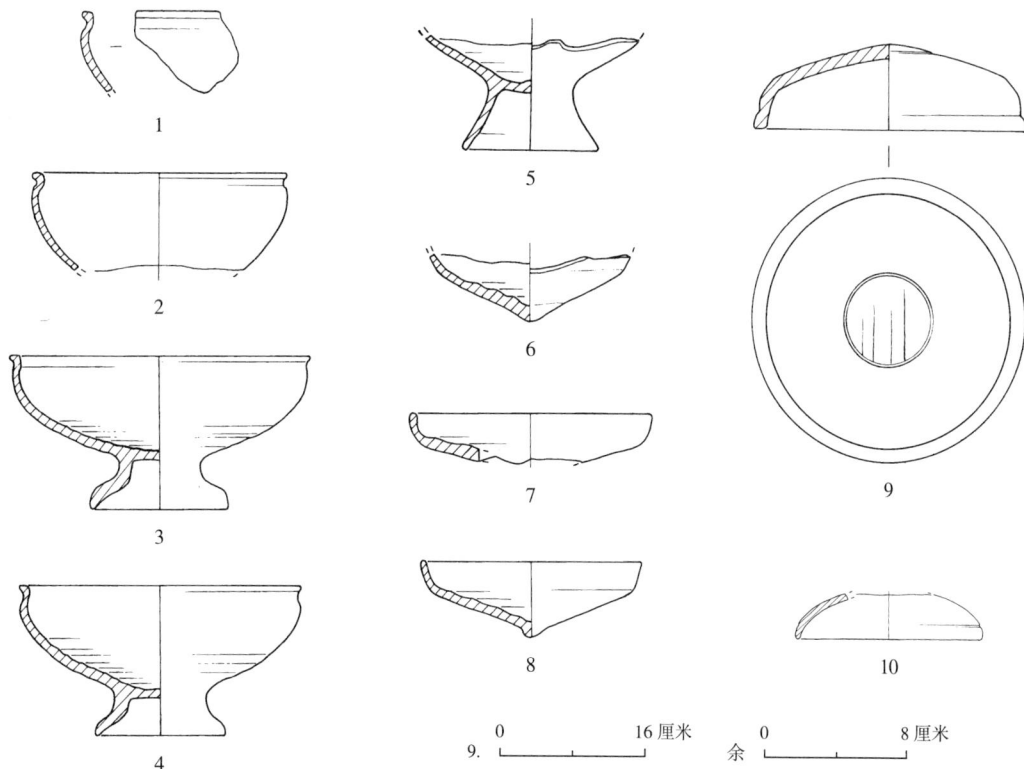

图三三 豆、尖底盏、器盖

1~5. 豆（H60：5、H60：4、99H16：2、99H16：5、T7431⑧：1） 6~8. 尖底盏（M33填土：50、46、52） 9、10. 器盖（99T2③：3、M33填土：45）

器盖　2件。M33填土：45，夹砂红褐陶，圆唇，弧顶，顶部残。口径20.4、残高4.7厘米（图三三：10）。99T2③：3，夹细砂灰陶，方唇，弧顶，无钮。盖底内部戳印有四道弦纹。口径30、通高9.6厘米（图三三：9）。

尖底盏　3件。M33填土：50，夹砂红褐陶，口部残，腹较深。残高3.6厘米（图三三：6）。M33填土：46，夹砂红褐陶，直口微敛，折腹，腹部较浅，底部残。口径13.2、残高2.6厘米（图三三：7）。M33填土：52，夹砂灰褐陶，直口，折腹，腹部较深。口径12、通高4厘米（图三三：8）。

釜　4件。依据形制的不同可分为两型。

A型　3件。弧腹，腹较浅。M33填土：23，夹砂红胎黑皮陶，尖圆唇，斜沿，弧腹。肩部以下饰绳纹。残高3.6厘米（图三四：1）。M33填土：21，夹砂红胎黑皮陶，尖圆唇，斜沿，弧腹。肩部以下饰绳纹。残高4.2厘米（图三四：2）。M33填土：22，夹砂红胎黑皮陶，尖圆唇，斜沿，弧腹。腹部以下饰方格纹。残高4厘米（图三四：3）。

B型　1件。折肩，腹较深。99T1⑤：37，夹砂灰陶，方唇，宽斜沿，圜底近平。素面。口径13.8、腹径15.4、通高8厘米（图三四：5；图版六：2）。

纺轮　1件。M33填土：4，夹细砂灰黑陶，梯形。直径0.8~3.5、孔径0.4、通高2厘米（图三四：4）。

网坠　75件。大部分为M33填土和H5出土，椭圆形或略呈菱形，中空（表五；图三四：6~23，图三五~三七）。

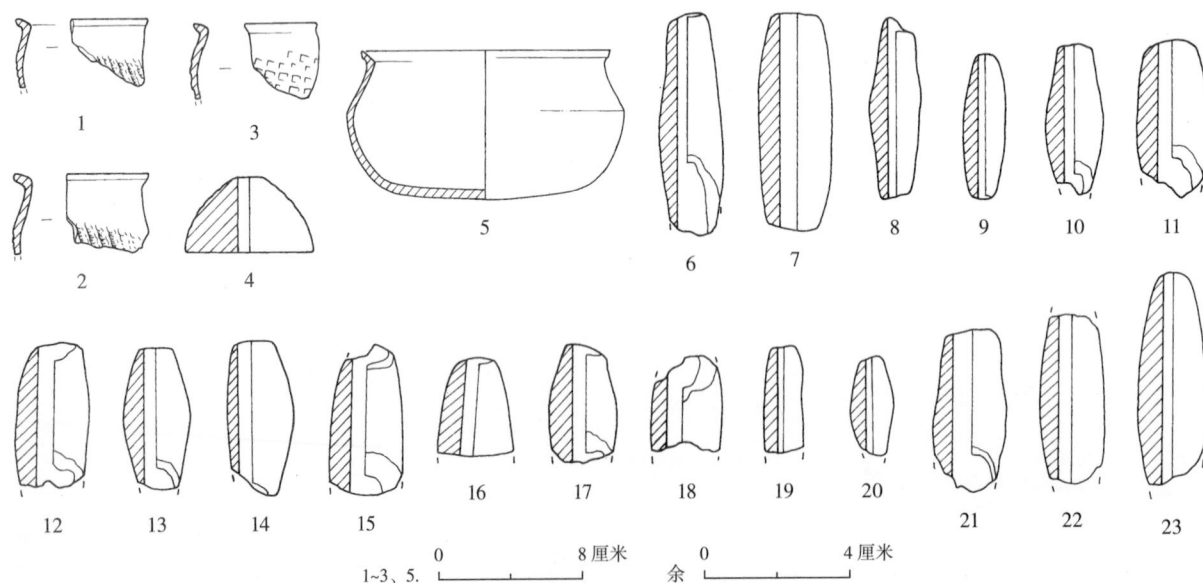

图三四　釜、纺轮、网坠

1~3、5. 釜（M33填土：23、21、22、T1⑤：37）　4. 纺轮（M33填土：4）　6~23. 网坠（M33填土：5、12、10、9、6、2、11、13、14、7、8、16、15、99T2④：6、99T2④：1、M33填土：17、T7330③：1，99T2④：7）

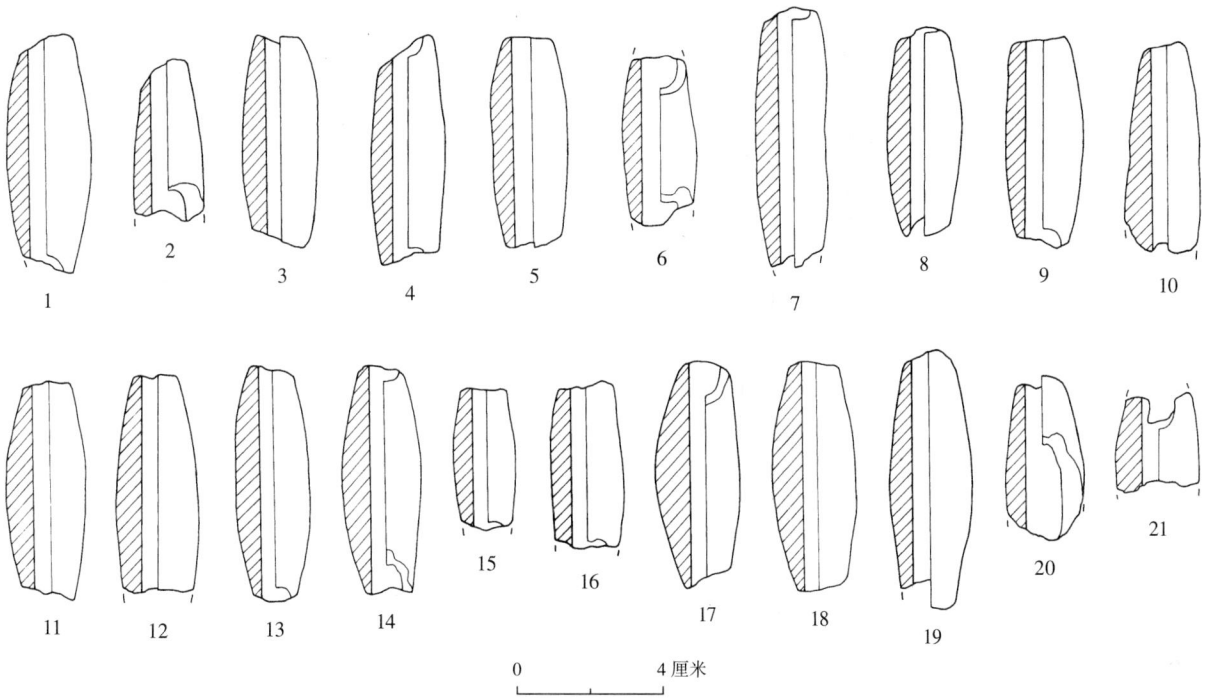

图三五 H5 出土网坠

1. H5：24 2. H5：53 3. H5：10 4. H5：8 5. H5：9 6. H5：21 7. H5：12 8. H5：18 9. H5：37 10. H5：45
11. H5：7 12. H5：32 13. H5：2 14. H5：3 15. H5：46 16. H5：17 17. H5：35 18. H5：27 19. H5：34 20.
H5：5 21. H5：4

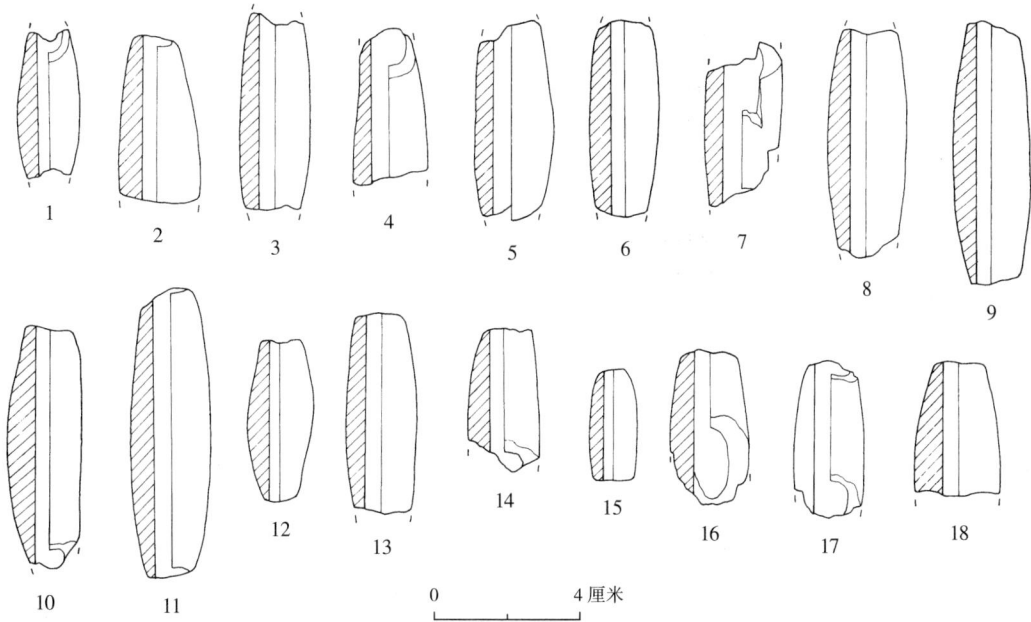

图三六 H5 出土网坠

1. H5：55 2. H5：16 3. H5：59 4. H5：20 5. H5：50 6. H5：19 7. H5：6 8. H5：13 9. H5：22 10. H5：38
11. H5：58 12. H5：61 13. H5：36 14. H5：15 15. H5：62 16. H5：11 17. H5：54 18. H5：56

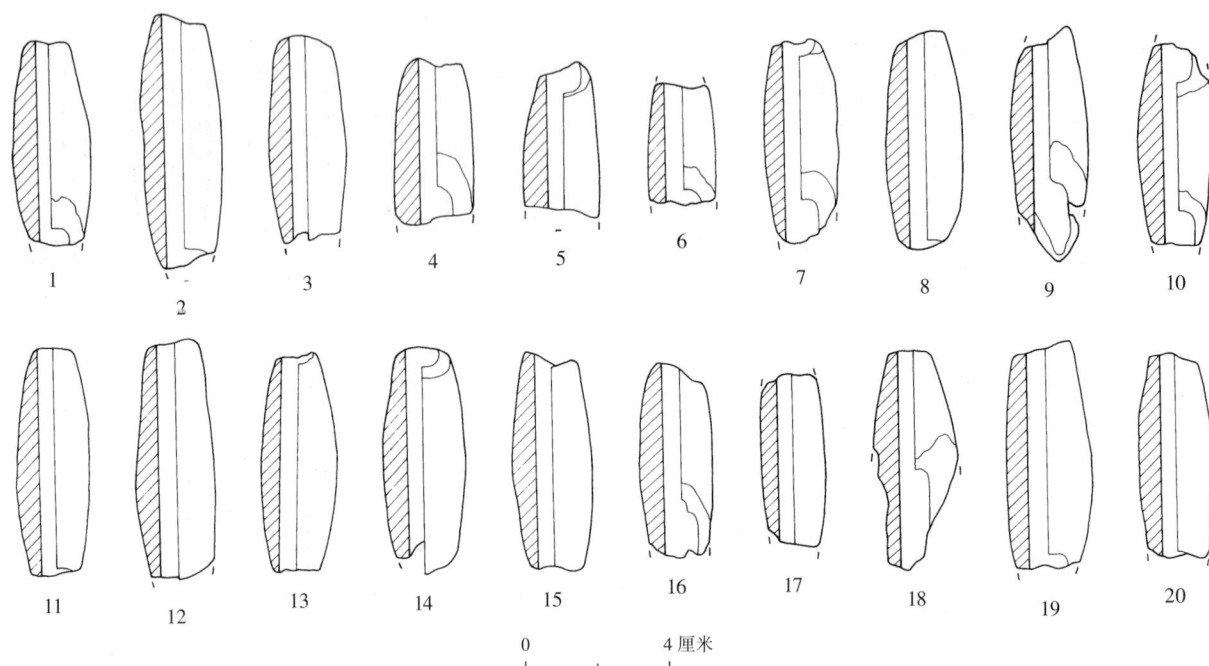

图三七　H5 出土网坠

1. H5：52　2. H5：23　3. H5：25　4. H5：29　5. H5：41　6. H5：48　7. H5：49　8. H5：42　9. H5：51　10. H5：14
11. H5：57　12. H5：28　13. H5：26　14. H5：31　15. H5：43　16. H5：40　17. H5：47　18. H5：33　19. H5：44
20. H5：30

表五　罗家坝遗址出土网坠统计表

单位：厘米

编号	陶质陶色	形制	长	直径	孔径	图号
M33 填土：2	夹砂灰褐陶	椭圆形	4.2	1~2	0.8	图三四：11
M33 填土：5	夹砂灰褐陶	椭圆形	5.8	1~1.8	0.8	图三四：6
M33 填土：6	夹砂灰褐陶	椭圆形	4	0.8~1.6	0.6	图三四：10
M33 填土：7	夹砂灰陶	椭圆形	4	1.2~2.2	0.8	图三四：15
M33 填土：8	夹砂灰陶	椭圆形	2.6	0.6~2	0.8	图三四：16
M33 填土：9	夹砂灰陶	椭圆形	3.9	0.6~1.2	0.4	图三四：9
M33 填土：10	夹砂灰陶	略呈菱形	4.8	0.8~1.3	0.6	图三四：8
M33 填土：11	夹砂灰陶	椭圆形	3.8	1.3~2	0.8	图三四：12
M33 填土：12	夹砂灰褐陶	椭圆形	6	1.4~2	1	图三四：7
M33 填土：13	夹砂红褐陶	椭圆形	3.8	0.8~1.8	0.8	图三四：13
M33 填土：14	夹砂灰褐陶	椭圆形	4.2	1~1.8	0.8	图三四：14
M33 填土：15	夹砂灰褐陶	椭圆形	2.5	1~2	0.9	图三四：18
M33 填土：16	夹砂红褐陶	椭圆形	3.2	0.8~1.9	0.8	图三四：17
M33 填土：17	夹砂灰褐陶	椭圆形	4.4	1.2~2	1	图三四：21
99T2 ④：6	夹砂灰陶	椭圆形	2.8	0.8~1.1	0.6	图三四：19

续表五

编号	陶质陶色	形制	长	直径	孔径	图号
99T2④：1	夹砂灰陶	椭圆形	2.6	0.6~1.2	0.5	图三四：20
T7330③：1	夹砂灰陶	椭圆形	4.5	1~1.8	1	图三四：22
99T2④：7	夹砂灰陶	椭圆形	5.7	0.8~1.9	0.6	图三四：23
H5：2	夹砂灰褐陶	椭圆形	6.3	1.2~2	0.8	图三五：13
H5：3	夹砂灰褐陶	椭圆形	6	1.4~2.2	0.8	图三五：14
H5：4	夹砂灰陶	椭圆形	6.1	1.4~2	1	图三五：4
H5：5	夹砂灰褐陶	椭圆形	4.4	1.3~2.2	0.8	图三五：20
H5：6	夹砂灰褐陶	椭圆形	4.4	1~2.2	1	图三六：7
H5：7	夹砂灰褐陶	椭圆形	5.8	1.3~2.2	1	图三五：11
H5：8	夹砂灰褐陶	椭圆形	6.2	1.5~2	0.8	图三五：4
H5：9	夹砂灰褐陶	椭圆形	5.6	1.6~2	0.8	图三五：5
H5：10	夹砂灰陶	椭圆形	5.7	1~2.2	0.8	图三五：3
H5：11	夹砂灰陶	椭圆形	4.2	1.5~2.2	0.8	图三六：16
H5：12	夹砂灰褐陶	椭圆形	7	1.4~2	1	图三五：7
H5：13	夹砂灰褐陶	椭圆形	6.1	1~2.2	0.8	图三六：8
H5：14	夹砂灰陶	椭圆形	5.4	1.2~2.2	0.8	图三七：10
H5：15	夹砂灰褐陶	椭圆形	3.8	1.4~2	0.8	图三六：14
H5：16	夹砂灰褐陶	椭圆形	4.4	1~2.2	0.8	图三六：2
H5：17	夹砂灰陶	椭圆形	4.4	1.5~2	0.8	图三五：16
H5：18	夹砂灰褐陶	椭圆形	5.6	1.5~2.1	0.8	图三五：8
H5：19	夹砂灰褐陶	椭圆形	5.2	1.4~2	0.8	图三六：6
H5：20	夹砂灰陶	椭圆形	4.4	1~2	1	图三六：4
H5：21	夹砂灰褐陶	椭圆形	4.6	1.2~2	1	图三五：6
H5：22	夹砂灰褐陶	椭圆形	7	1.4~2.2	0.8	图三六：9
H5：23	夹砂灰褐陶	椭圆形	6.8	1.2~2.2	1	图三七：2
H5：24	夹砂灰褐陶	椭圆形	6.4	1.5~2.3	0.8	图三五：1
H5：25	夹砂灰褐陶	椭圆形	5.5	1~2.2	0.8	图三七：3
H5：26	夹砂灰陶	椭圆形	5.8	1~2.2	0.9	图三七：13
H5：27	夹砂灰褐陶	椭圆形	6.2	1.2~2.4	0.8	图三五：18
H5：28	夹砂灰陶	椭圆形	6.4	1.4~2.2	1	图三七：12
H5：29	夹砂灰褐陶	椭圆形	4.4	1.5~2.2	0.8	图三七：4
H5：30	夹砂灰褐陶	椭圆形	5.4	1.2~2	0.8	图三七：20
H5：31	夹砂灰褐陶	椭圆形	6	1.4~2.3	0.8	图三七：14
H5：32	夹砂灰褐陶	椭圆形	5.8	1.2~2.2	0.9	图三五：12
H5：33	夹砂灰陶	椭圆形	5.8	1.2~2.3	0.8	图三七：18
H5：34	夹砂灰褐陶	椭圆形	6.9	1.2~2.3	0.8	图三五：19

续表五

编号	陶质陶色	形制	长	直径	孔径	图号
H5：35	夹砂灰褐陶	椭圆形	6	1.3~2.3	0.8	图三五：17
H5：36	夹砂灰陶	椭圆形	5.4	1.3~2	0.8	图三六：13
H5：37	夹砂灰褐陶	椭圆形	5.6	1.4~2.2	1	图三五：9
H5：38	夹砂灰陶	椭圆形	6.4	0.8~2	0.8	图三六：10
H5：40	夹砂灰褐陶	椭圆形	5.2	1.4~2	0.9	图三七：16
H5：41	夹砂灰褐陶	椭圆形	4.2	1.2~2.1	1	图三七：5
H5：42	夹砂灰褐陶	椭圆形	5.8	1~2.1	1	图三七：8
H5：43	夹砂灰褐陶	椭圆形	5.8	1.4~2.2	1	图三七：15
H5：44	夹砂灰褐陶	椭圆形	6	1.6~2.4	1	图三七：19
H5：45	夹砂灰褐陶	椭圆形	5.6	1.2~2	0.9	图三五：10
H5：46	夹砂灰陶	椭圆形	3.8	1.2~1.8	0.8	图三五：15
H5：47	夹砂灰褐陶	椭圆形	4.6	1.4~1.8	0.8	图三七：17
H5：48	夹砂灰褐陶	椭圆形	3.2	1.4~1.8	0.8	图三七：6
H5：49	夹砂灰褐陶	椭圆形	5.4	1.2~2	0.9	图三七：7
H5：50	夹砂灰褐陶	椭圆形	5.3	1.2~2.2	1	图三六：5
H5：51	夹砂灰陶	椭圆形	6.2	1.2~2.2	1	图三七：9
H5：52	夹砂灰褐陶	椭圆形	5.4	1.2~2.2	0.8	图三七：1
H5：53	夹砂灰陶	椭圆形	4.4	0.8~2	1	图三五：2
H5：54	夹砂灰褐陶	椭圆形	4.2	1.2~2	1	图三六：17
H5：55	夹砂红褐陶	椭圆形	4	1~1.7	1	图三六：1
H5：56	夹砂灰陶	椭圆形	3.6	1.4~2.4	1	图三六：18
H5：57	夹砂灰褐陶	椭圆形	6	1~2	0.8	图三七：11
H5：58	夹砂灰陶	椭圆形	7.8	1~2.2	0.8	图三六：11
H5：59	夹砂灰褐陶	椭圆形	5.2	1.2~2	1	图三六：3
H5：61	夹砂灰褐陶	椭圆形	4.4	1~1.8	0.6	图三六：12
H5：62	夹砂灰褐陶	椭圆形	3	0.6~1.3	0.6	图三六：15

二 铜器

出土数量极少，仅见剑、钺、箭镞和印章，部分为晚期人类活动扰动早期墓葬所出。

剑 1件。T7725③：1，刃部略有残缺，体呈柳叶形，茎部极短，茎上有一圆穿，剑体较窄，隆脊。通长33、剑宽3厘米，茎长3、宽2厘米（图三八：1）。

钺 1件。T7725④：2，銎部残，椭圆形銎，直腰，弧刃。銎口外饰两道凸棱。銎口径4、通长10厘米（图三八：2）。

箭镞 1件。T7826⑤：1，体呈三角形，双翼，一翼残，长铤，镞身中脊隆起，两面各有凹槽。残长3.2厘米（图三八：3）。

印章　1件。F1：39，长方体，钮残缺。长1.8、宽1、残高0.8厘米（图三八：4；图版六：3）。

第三节　小　结

罗家坝东周时期的遗存以遗址的⑤、⑥、⑦、⑧层为代表。但遗址地层和灰坑中出土器物极少，这使我们很难推断各层的年代。现仅依靠出土物进行初步推断。我们将罗家坝遗址东周遗存分为四期。

第一期：以M33填土为代表，出土的尖底器、圜底罐、釜等与M33[1]较为相似，而M33的年代推断为春秋晚期至战国早期，故M33填土的年代亦应在这一时期。

第二期：以H5为代表。H5出土的釜、罐等器物与墓地中战国中期的年代相似，推断其年代应在战国中期。

第三期：以F1、H60和遗址的⑦、⑧层为代表，F1出土的圜底罐、釜、印章等与墓地战国中晚期相似，H60出土的器物中豆与罗家坝东周墓地战国中晚期出土的豆相似，推测其年代应在战国中晚期。

第四期：以99H16、M60填土和⑤、⑥层为代表，⑤层出土的剑、铍等与成都平原战国晚期出土的器物相似，其年代应在战国晚期至西汉初；99H16出土的高领罐和豆与M32出土的高领罐和豆相似，而M32出土大量的铁器和汉印，其年代应在西汉中期，由此推断本期的年代应在战国晚期至西汉中期。

罗家坝遗址东周时期地层中出土器物极少，这与这一时期作为墓地有着直接的关系，这一时期的遗迹主要是灰坑和房址，灰坑中除H5外，其他灰坑出土器物极少，房址仅能看出分布的大量柱洞，且毫无规律可循，说明其可能是临时性建筑。H5中出土了大量的网坠，说明其可能与渔猎有关，进而推断房址可能亦与渔猎有关。同时第⑤层中出土的完整的高领罐和铜剑、铜铍等器物，可能是墓葬中的器物，亦说明西汉中期以后本区域不再作为墓地使用。

出土器物较多的应属于墓葬填土，而墓葬填土中的陶片与墓葬的随葬品较为接近，说明在埋葬过程中举行了某种祭祀活动。

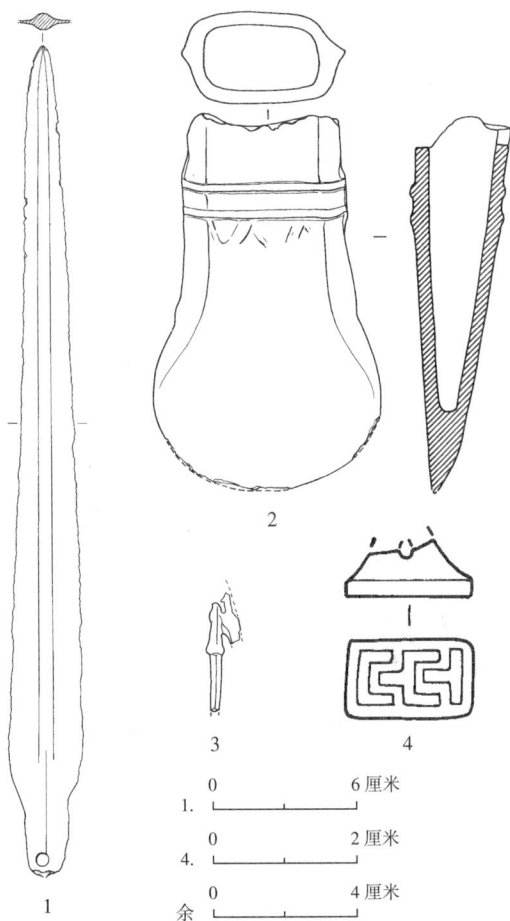

图三八　铜器

1. 剑（T7725③：1）　2. 铍（T7725④：2）　3. 箭镞（T7826⑤：1）　4. 印章（F1：39）

---

[1]　本节所涉及的墓葬材料见下文"东周墓葬"部分。

陆　东周墓葬

　　罗家坝遗址东周墓地共清理 65 座墓葬，处于罗家坝外坝的西南部，紧靠中河，排列较为整齐，分布密集而有序，墓葬与墓葬之间的距离较近，但叠压打破关系较少（图三九 A~E），墓葬形制以狭长方形竖穴土坑墓为主，仅 1 座墓葬形制呈曲尺状。方向基本上为南北向，头向南。基本不用葬具，仅少量的墓葬有木棺或船棺。葬式以仰身直肢葬为主，少量屈肢葬。65 座墓葬中，除 7 座空墓外，其余均有随葬品。数量从 1 至 200 余件不等。

　　为保持资料的完整性，我们对所发掘的墓葬（不含 M7、M9、M11、M15、M43、M47、M49 等 7 座墓葬）先逐一进行介绍，同时为保证随葬品描述的完整性，避免作者的主观性，在介绍墓葬的过程中不对随葬品进行分型分式的描述，所有分型分式在本章节最后做统一介绍。

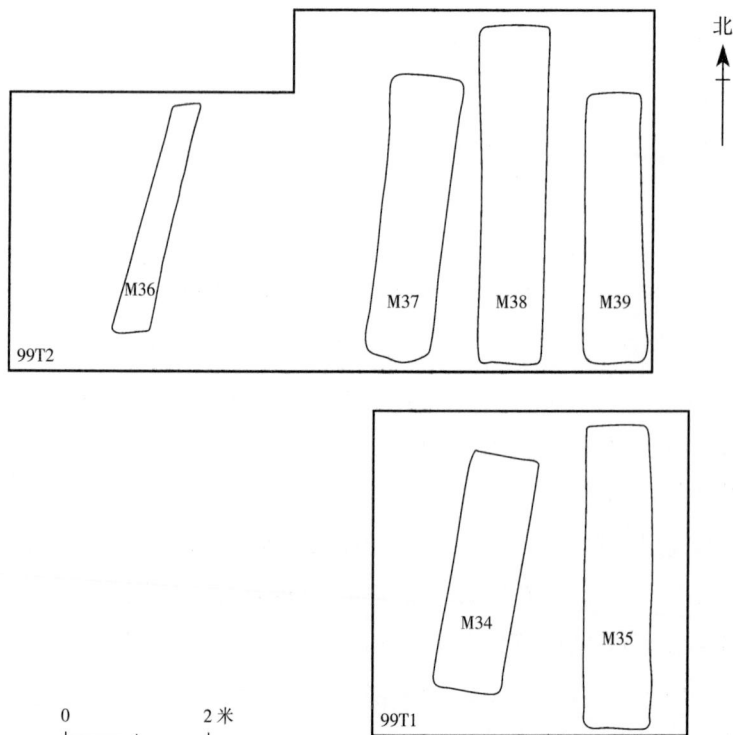

图三九 A　1999 年发掘墓葬分布图

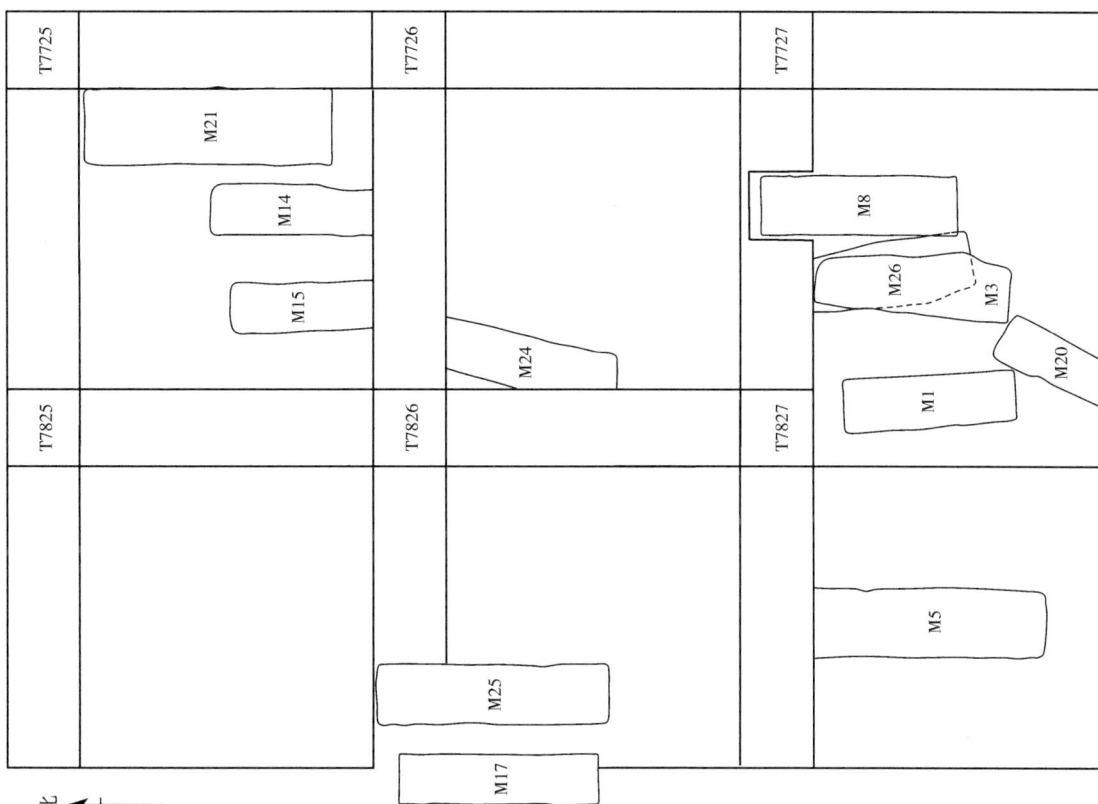

图三九 C　T7725~7727、T7825~7827 平面图

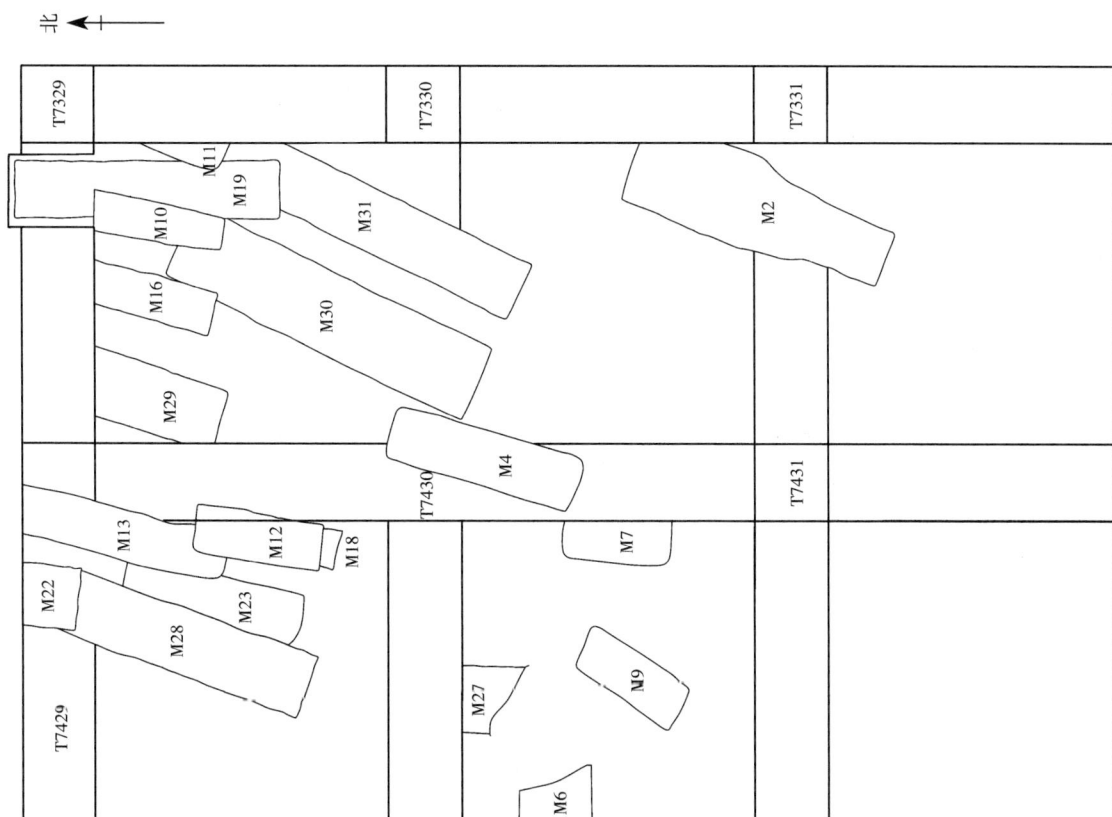

图三九 B　T7329~7331、T7429~7431 平面图

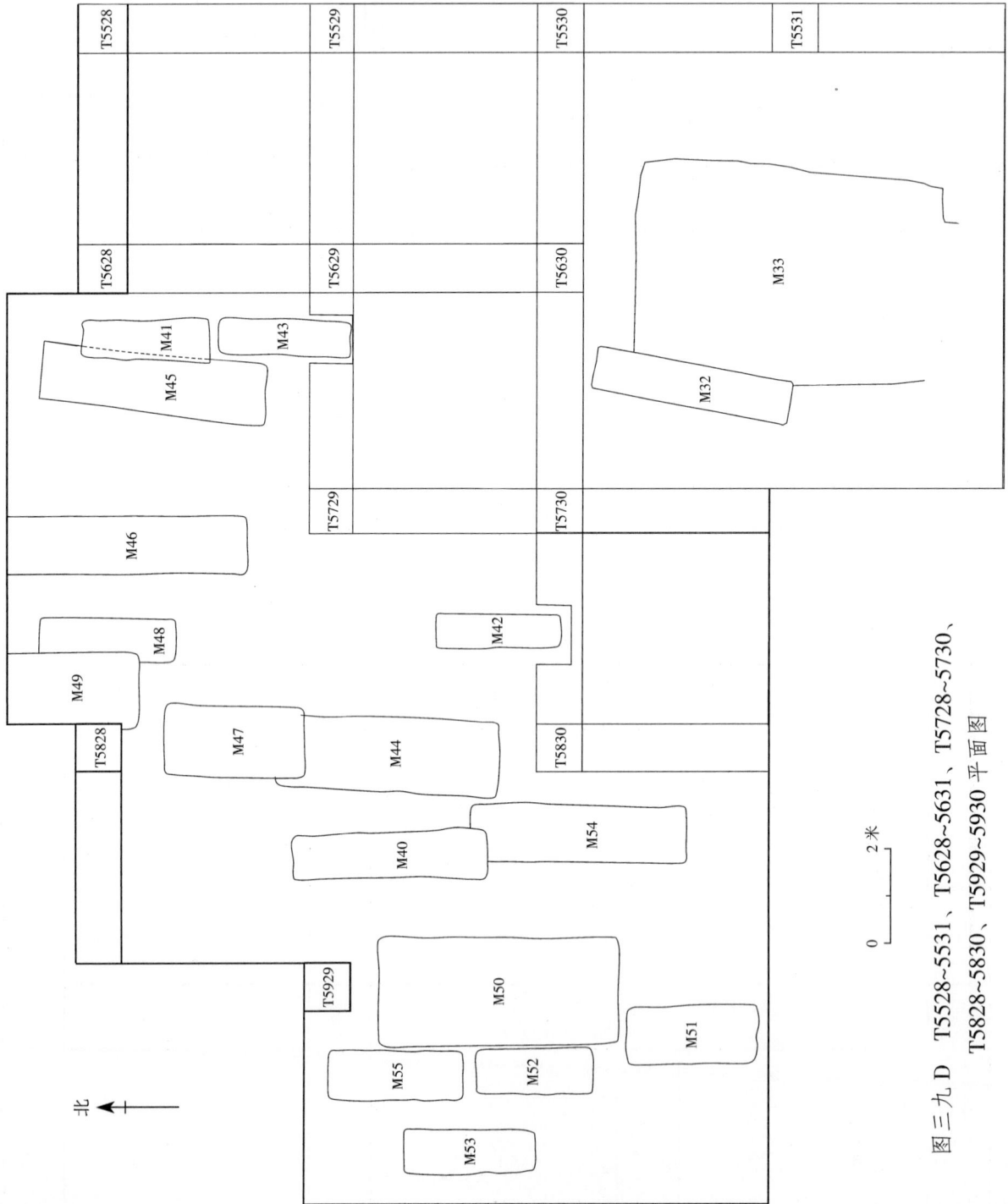

图三九 D T5528~5531、T5628~5631、T5728~5730、T5828~5830、T5929~5930 平面图

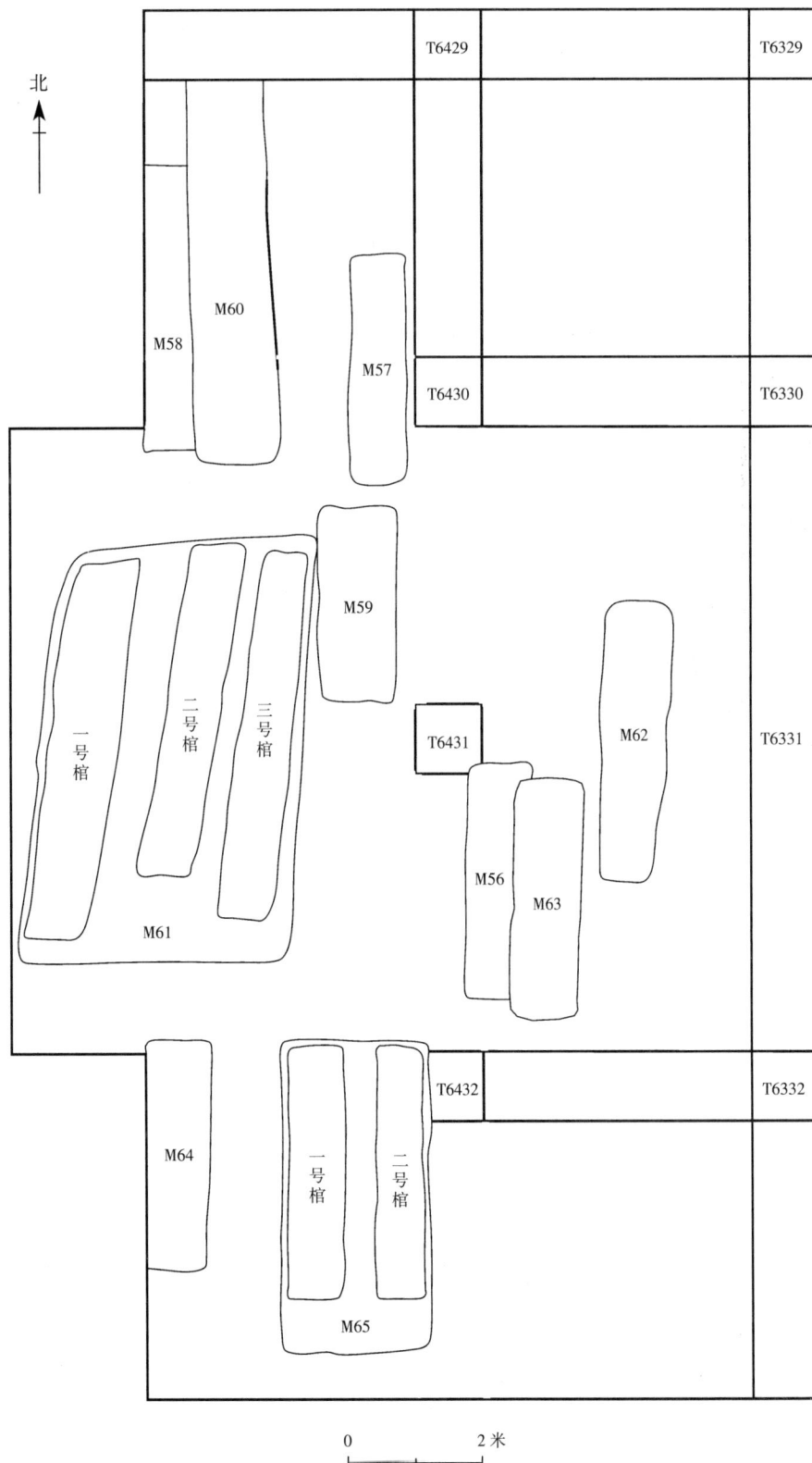

图三九 E T6329~6332、T6429~6432 平面图

第一节 墓葬分述

一 M1

位于 T7727 的西部，叠压在 T7827 东隔梁下，开口于⑥层下，打破⑦层下，上部被 H6 打破。

（一）墓葬形制

长方形竖穴土坑墓，方向 173°，墓壁较直，墓底南高北低。长 238、宽 68~72、深 28~36 厘米（图四〇）。填土为黄褐色沙土，土质较硬，包含有极少量的木炭。

（二）葬式葬具

未发现葬具，亦未发现葬具朽痕。墓中人骨架保存极差，仅存部分上肢骨和下肢骨朽痕，从残存的上肢骨和下肢骨朽痕判断为仰身直肢葬，头向南，性别、年龄不详。

（三）随葬品

随葬品 9 件。主要为陶器。包括陶平底罐 1、陶高领罐 1、陶釜甑 1、陶釜 2、铜箭镞 3、铜矛 1。随葬品主要放置在墓主人的胸部和脚下，其中陶器全部放在墓主人脚下，箭镞和铜矛放置在墓主人的胸部。

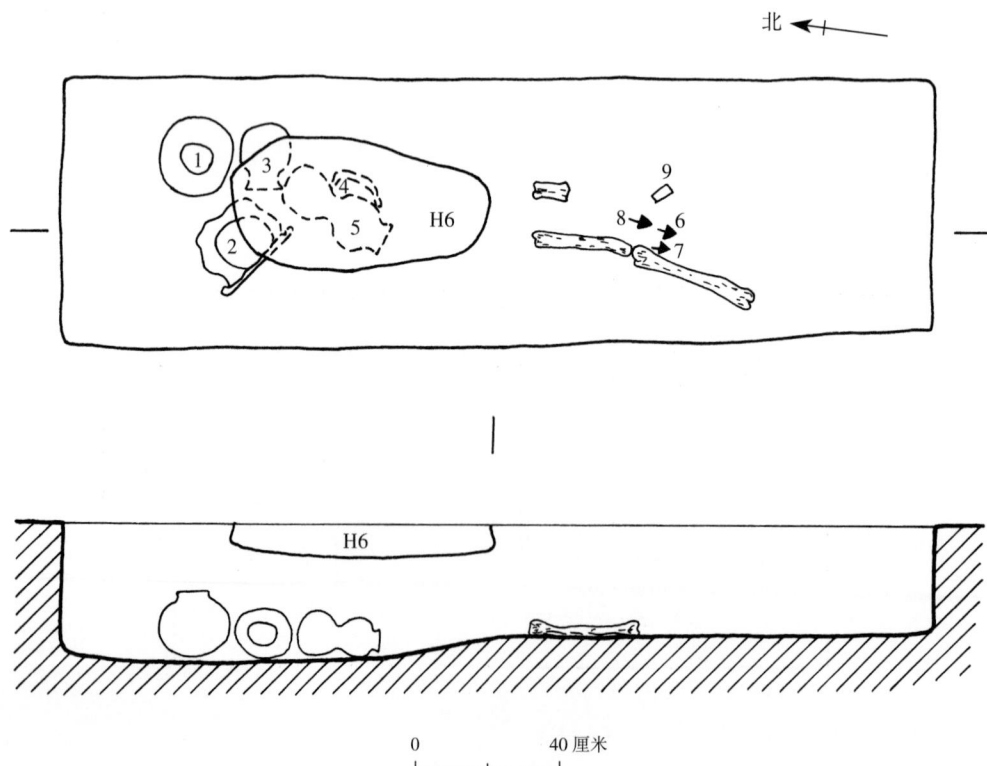

图四〇　M1 平、剖面图

1. 陶高领罐　2、3. 陶罐　4. 陶平底罐　5. 陶釜甑　6、7、8. 铜箭镞　9. 铜矛

1. 陶器

5 件。计有平底罐 1、高领罐 1、釜甑 1、釜 2。

高领罐　1 件。M1：1，夹砂红胎黑皮陶，方唇，窄平沿，口微侈，高领，广肩，鼓腹，腹下部残。肩部戳刺一周凹弦纹和 "X" 纹。口径 14.2、残高 12 厘米（图四一：1）。

平底罐　1 件。M1：4，夹砂红胎黑皮陶，圆唇，直口微侈，广肩，斜直腹，最大腹径在肩部。肩部戳印一周 "X" 纹，腹上部饰有四个对称的乳丁纹，乳钉纹周围戳刺四个 "X" 纹。口径 15.6、底径 12、通高 14 厘米（图四一：2；图版六：4）。

釜甑　1 件。M1：5，夹砂红褐陶，残，为一连体釜甑，甑为圆唇，侈口，腹微鼓，釜腹微鼓，圜底。肩部以下饰横向细绳纹。口径 15.2 厘米（图四一：3）。

釜　2 件。M1：2、3，夹砂红胎黑皮陶，残损严重，形制不清。

2. 铜器

4 件。计有箭镞 3、铜矛 1。

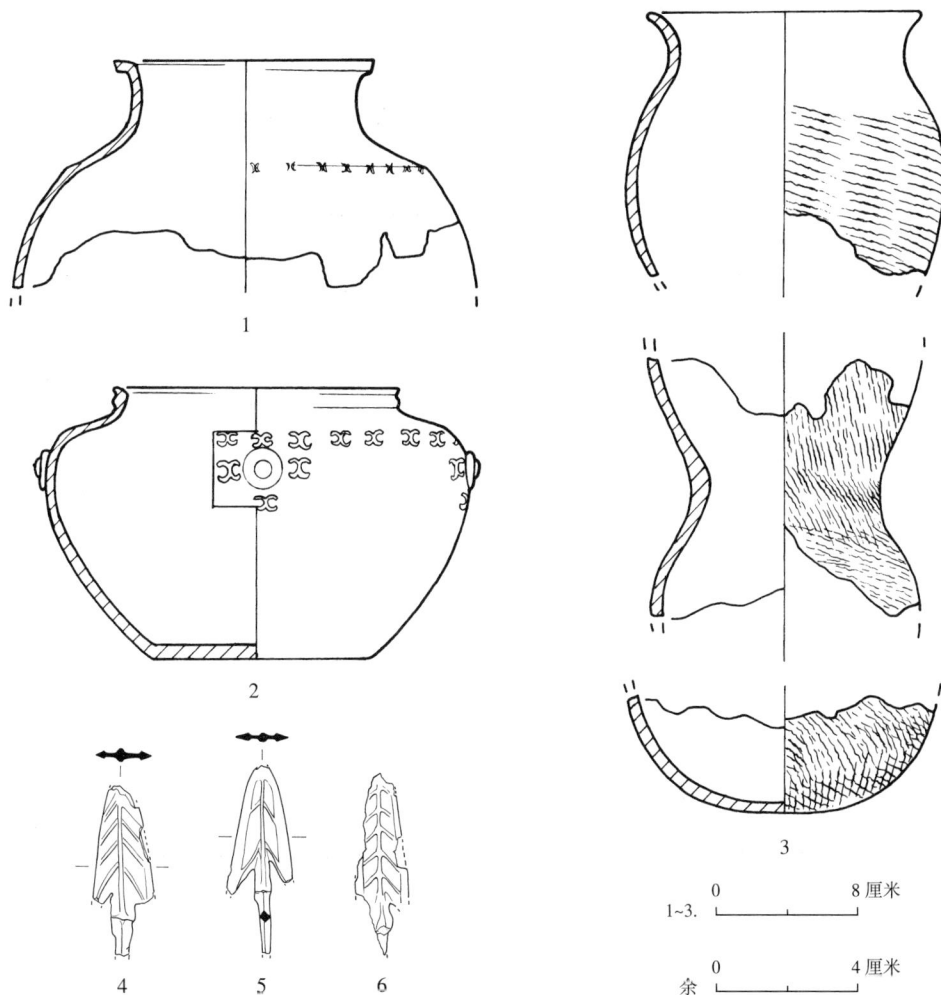

图四一　M1 出土器物

1. 陶高领罐（M1：1）　2. 陶平底罐（M1：4）　3. 陶釜甑（M1：5）　4~6. 铜箭镞（M1：6、7、8）

箭镞　3件。均双翼，体呈三角形，长铤式，镞身中脊隆起，两面各有凹槽，双翼呈倒刺状。M1：6，双翼和铤部残，两面各有6个凹槽。残长4.5、残宽1.7厘米，铤残长1、宽0.5厘米（图四一：4）。M1：7，铤部及双翼残，两面各有4个凹槽残。长5、残宽1.7厘米，铤残长1.6、宽0.3厘米（图四一：5）。M1：8，双翼和铤部残，两面各有10个凹槽。残长4.7、残宽1.6厘米，铤残长0.5、宽0.2厘米（图四一：6）。

矛　1件。M1：9，残甚。为短骹，叶较宽。

二　M2

位于T7331北隔梁下，T7330的南部，开口于③层下，打破④、⑤层。

（一）墓葬形制

不规则长方形竖穴土坑墓，方向15°，墓壁较直，墓底较平，北部较宽，南部较窄。长294、宽60~100、深28~48厘米（图四二；图版七：1）。填土为黄褐色沙土，土质较硬，包含有少量的木炭、石块、陶片等物。

（二）葬式葬具

清理过程中，在墓室中部暴露略呈长方形的木质朽痕，推断应为长方形木棺，但腐朽严

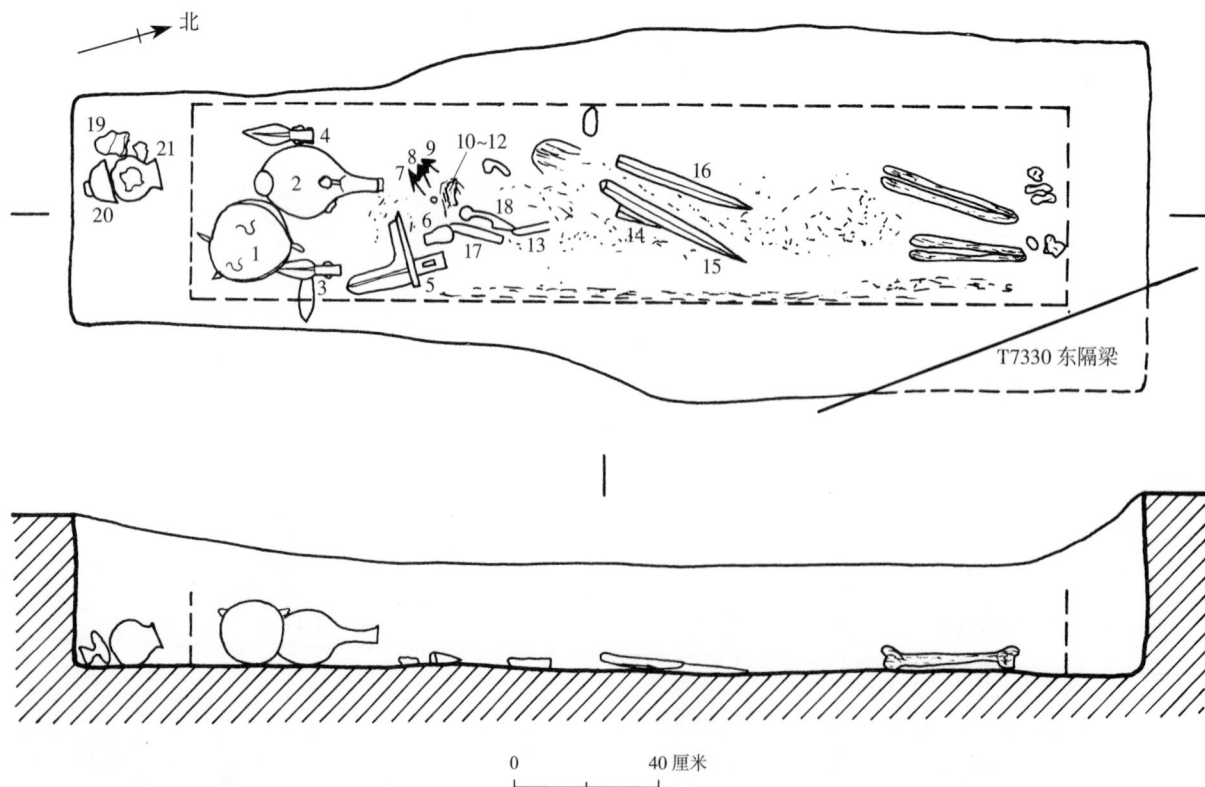

图四二　M2平、剖面图

1.铜敦　2.铜壶　3、4.铜矛　5.铜戈　6.铜钺　7~12.铜箭镞　13、17.铜凿　14.铜刻刀　15、16.铜剑　18.铜削刀　19.陶圈底罐　20.陶豆　21.陶釜

重，形制不清，长 180、宽 40、残高 30 厘米。墓中人骨架保存极差，仅存部分下肢骨和朽痕，从朽痕推断为仰身直肢葬，头向北，性别、年龄不详。墓主人的身下铺有一层朱砂。

（三）随葬品

随葬品 21 件。主要为铜器。包括铜敦 1、铜壶 1、铜矛 2、铜戈 1、铜剑 2、铜箭镞 6、铜钺 1、铜削刀 1、铜刻刀 1、铜凿 2、陶圜底罐 1、陶豆 1、陶釜 1。随葬品主要放置在墓主人头上部和身上，其中陶器放置于棺外南端，铜容器和 2 件铜矛置于棺内南端，铜戈、削刀、钺、刻刀、箭镞、凿等铜兵器和生产工具置于墓主人的下肢骨上，铜剑置于墓主人腰间（图版七：2）。

1. 陶器

3 件。计有圜底罐 1、釜 1、豆 1。

圜底罐　1 件。M2：19，夹砂灰褐陶，圆唇，侈口，束颈，溜肩，圆鼓腹，圜底。肩部以下饰纵向绳纹。口径 12.4、腹径 13.7、通高 13 厘米（图四三：1；图版八：1）。

釜　1 件。M2：21，夹砂红胎黑皮陶，方唇，窄斜沿，矮领，肩部微折，鼓腹，腹较深，圜底，素面。口径 19.2、腹径 21.6、通高 12.8 厘米（图四三：3；图版八：2）。

豆　1 件。M2：20，夹砂红褐陶，方唇，直口，鼓肩，斜腹，圈足残，口下部饰有一周凹弦纹。口径 13、残高 6.4 厘米（图四三：2；图版八：3）。

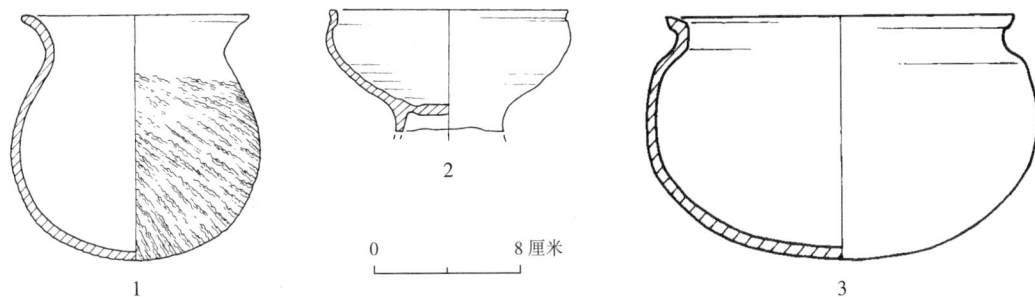

图四三　M2 出土陶器

1. 圜底罐（M2：19）　2. 豆（M2：20）　3. 釜（M2：21）

2. 铜器

18 件。计有敦 1、壶 1、矛 2、戈 1、剑 2、箭镞 6、钺 1、削刀 1、刻刀 1、凿 2。

敦　1 件。M2：1，由器盖和器身上下扣合而成，器身与器盖相同。器身呈椭圆形，下接 3 个兽形足钮，口沿下有两个对称的环形钮，盖的口沿处有三个卡边。通高 24.7、口径 18 厘米（图四四；图版八：4）。

壶　1 件。M2：2，方唇，口微侈，长颈，溜肩，鼓腹略垂，圈足。肩部两铺首衔环耳，环上饰有卷云纹。壶身均饰有纹饰，主要分布在口下部、颈中部、腹部和圈足上，其中口下部饰有一周卷云纹；颈中部饰有四组垂叶纹，垂叶纹中饰有两背向的兽纹；颈下部饰有两道

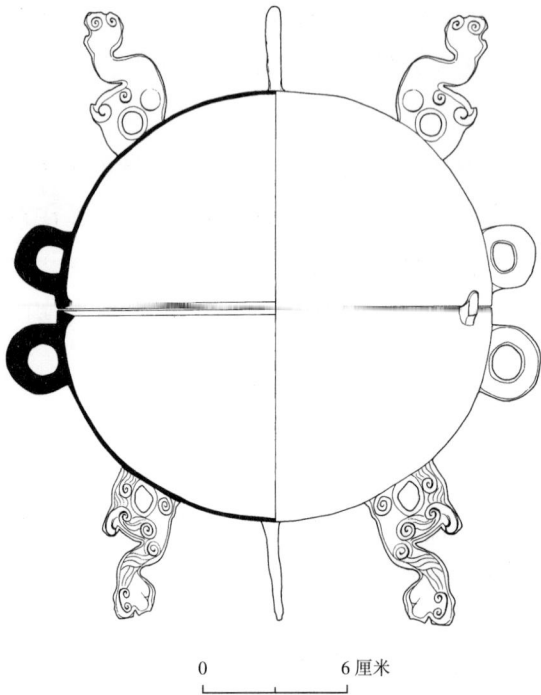

图四四　M2 出土铜敦（M2：1）

图四五　M2 出土铜壶（M2：2）

凹弦纹，两道凹弦纹之间用卷云纹填充；腹部上、下各饰有四组相同纹饰，中间用花卉纹和棱形纹隔开，腹上部铸刻有

奔兽、鹿和人组成的狩猎纹图像，下部亦铸刻有奔兽、鹿和人组成的狩猎纹，其中中间一人左手持矛、右手持戈，作追砍奔兽状；圈足上饰一圈间隔的菱形纹。口径 5、底径 10.4、腹径 19.7、通高 33.5 厘米（图四五；图版九，图版一〇：1、2）。

矛　2 件。依据形制的不同分两种类型。

第一种　1 件。M2：3，圆形骹口，短骹，直折刃，整个矛叶呈菱形。双弧形耳附在叶的下端。通长 21.1、叶最宽 4.4 厘米，骹长 6、直径 2.8 厘米（图四六：4；图版一一：1）。

第二种　1 件。M2：4，圆形骹口，长骹，窄叶，双弓形耳附在骹下端。骹上铸刻有纹饰，弥漫不清，似有一手心纹。通长 21.3、叶宽 2.4 厘米，骹长 10、骹口径 2.2 厘米（图四六：5；图版一一：2）。

戈　1 件。M2：5，中长胡，援较长，隆脊，有阑，阑下出齿，长方形内，援上刃内弧，阑侧四穿，内上一穿。援本饰一浮雕的小虎纹。通长 26.5、援长 18.5 厘米，内长 8、内宽 4 厘米（图四七：1、2；图版一一：3）。

剑　2 件。形制相似。体呈柳叶形，茎部较长，茎上有两不对称圆穿，剑体较窄，隆脊。素面。M2：15，茎部略残，通长 34、宽 2.8 厘米，茎长 6、宽 1.8 厘米（图四八：2）。

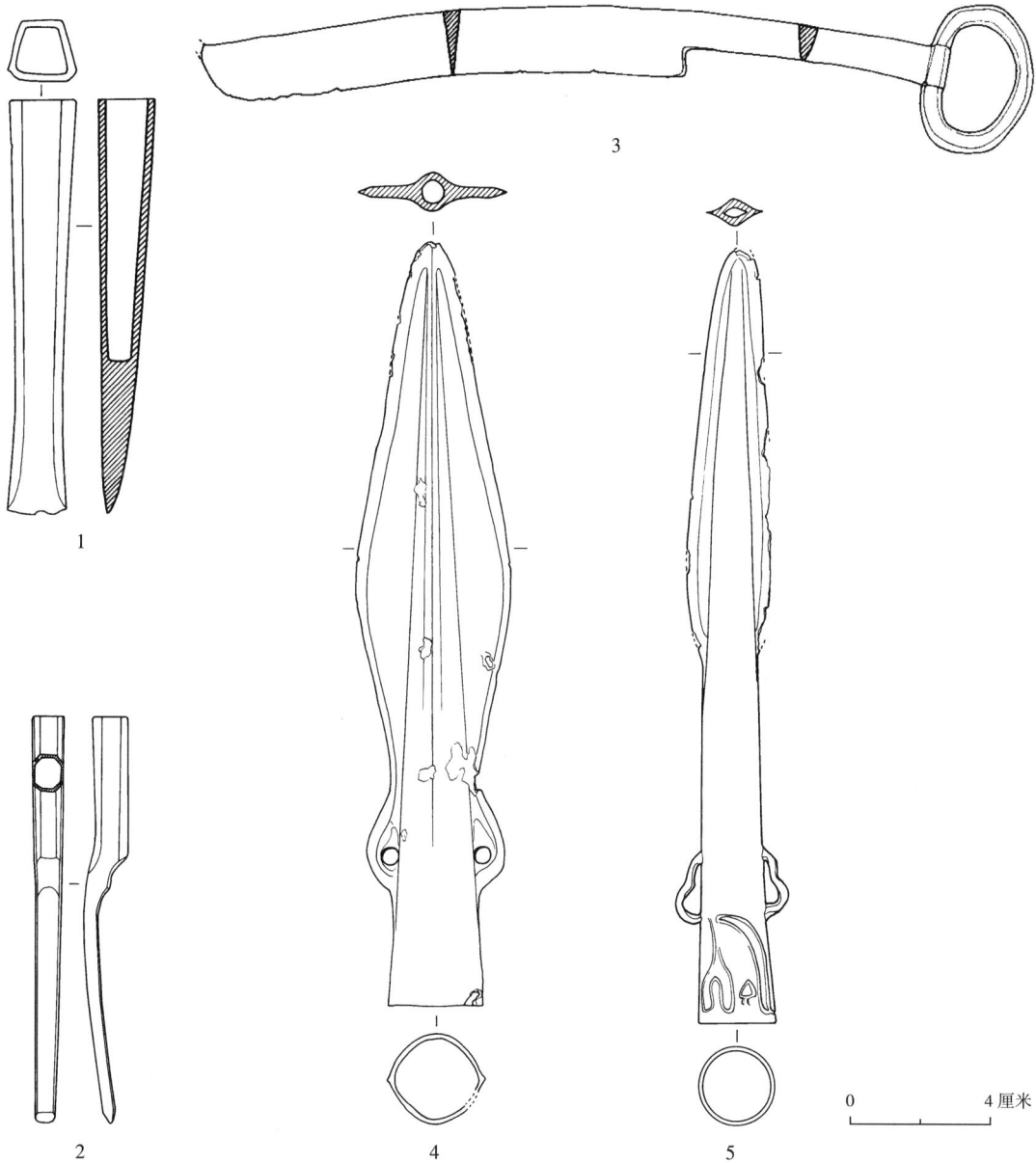

图四六　M2 出土铜器

1.凿（M2：17）　2.凿（M2：13）　3.削刀（M2：18）　4、5.矛（M2：3、4）

M2：16，茎部略残，通长 39、宽 3.4 厘米，茎长 7.8、宽 2.5 厘米（图四八：3）。

凿　2 件，依据形制的不同可分为两种类型。

第一种　1 件。M2：17，梯形銎口，长方形器身，弧刃，刃尖微上翘。通长 11.5、宽 1.8 厘米，銎口长 1.2~2、宽 1.7 厘米（图四六：1）。

第二种　1 件。M2：13，銎口呈八棱形，器身上部弯曲，双面弧刃。通长 11、刃宽 0.5 厘米，銎口径 0.8 厘米（图四六：2；图版一一：4）。

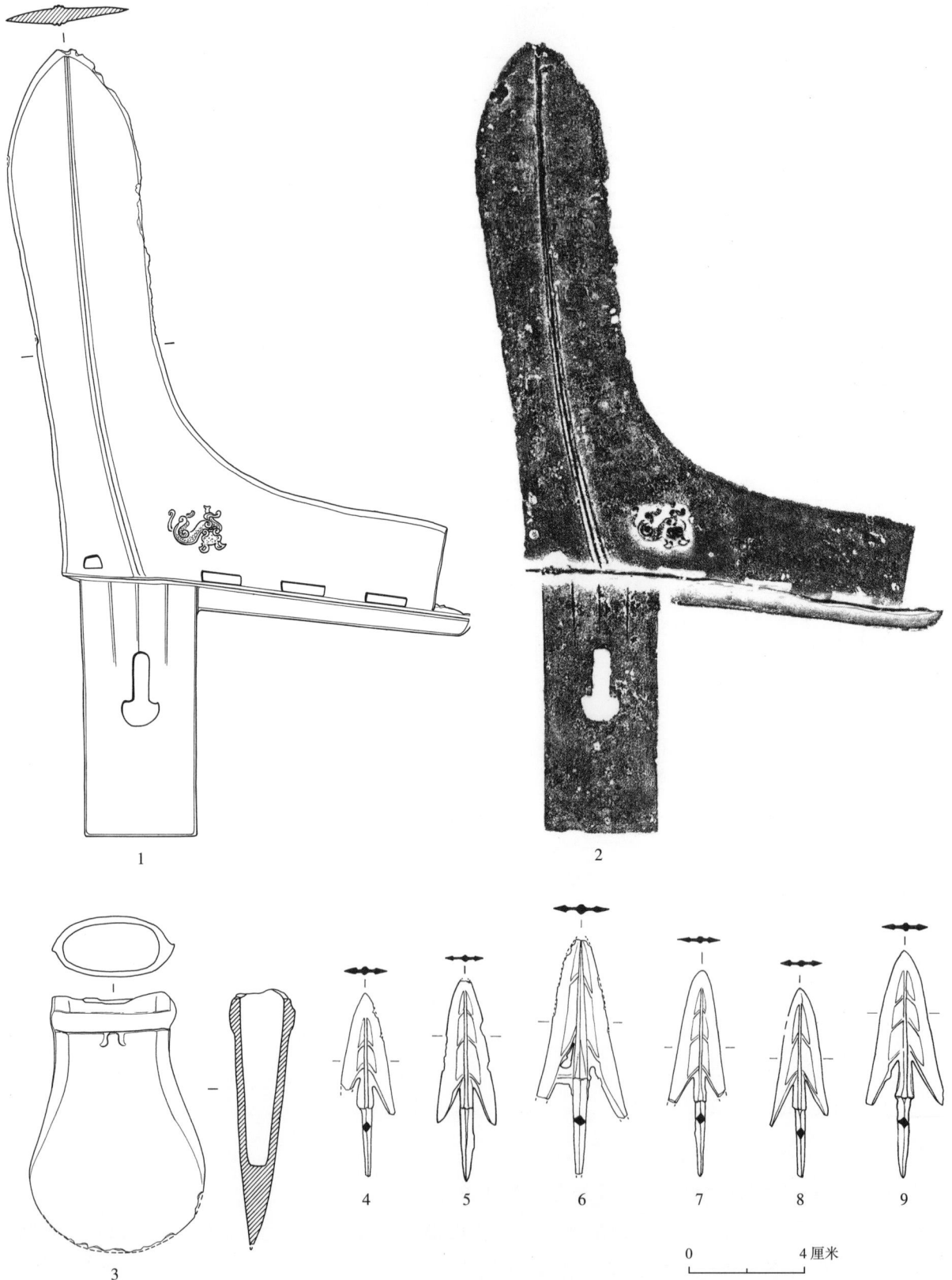

图四七　M2 出土铜器

1.戈（M2：5）　2.戈拓片（M2：5）　3.钺（M2：6）　4~9.箭镞（M2：7、8、9、10、11、12）

钺　1件。M2：6，銎口略残，椭圆形銎口，束腰，圆形刃。銎口外饰一道凸棱，凸棱中下部饰一"八"字形纹。通长8.5、刃宽6.2厘米，銎口长径4.2、短径2厘米（图四七：3；图版一一：5）。

削刀　1件。M2：18，器体较长。椭圆形圜首和长直柄分铸后，扣合而成，弧背，凹刃。通长23.7、圜首径3.1~4.3厘米，柄长7、宽1厘米，刃长14、宽1.4~2厘米（图四六：3）。

刻刀　1件。M2：14，出土时背部有木质痕迹，体呈圭状，背部隆起，腹部内凹。长15.2、宽2.2厘米（图四八：1）。

箭镞　6件。形制相似。双翼，体呈三角形，长铤式，镞身中脊隆起，两面各有6个凹槽，双翼呈倒刺状。M2：9，铤部和一翼略残，长8、宽3.5厘米，铤长3.4、宽0.3厘米（图四七：6）。M2：7，一翼残，长6.2、宽2厘米，铤长2.4、宽0.3厘米（图四七：4）。M2：11，一翼残，长6.4、宽2厘米，铤长2、宽0.4厘米（图四七：8）。M2：10，双翼残，长6.8、宽2厘米，铤长2.5、宽0.4厘米（图四七：7）。M2：12，长7.6、宽2.6厘米，铤长2.6、宽0.4厘米（图四七：9）。M2：8，长6.8、宽2厘米，铤长2.5、宽0.4厘米（图四七：5）。

三　M3

位于T7727的中部，开口于⑥层下，打破⑦层。

（一）墓葬形制

不规则长方形竖穴土坑墓，方向183°，墓壁较直，墓室中部偏南处向外凸出，推测可能系墓室垮塌形成。墓底南北两侧下陷明显，亦可能与雨水长期侵泡有关。长280、宽60~91、深15~18厘米（图四九）。填土为黄褐色沙土，土质较硬，包含有极少量的木炭。

（二）葬式葬具

未发现葬具，亦未发现葬具朽痕。墓中人骨架保存极差，仅存部分脊椎骨和下肢骨，从脊椎骨和下肢

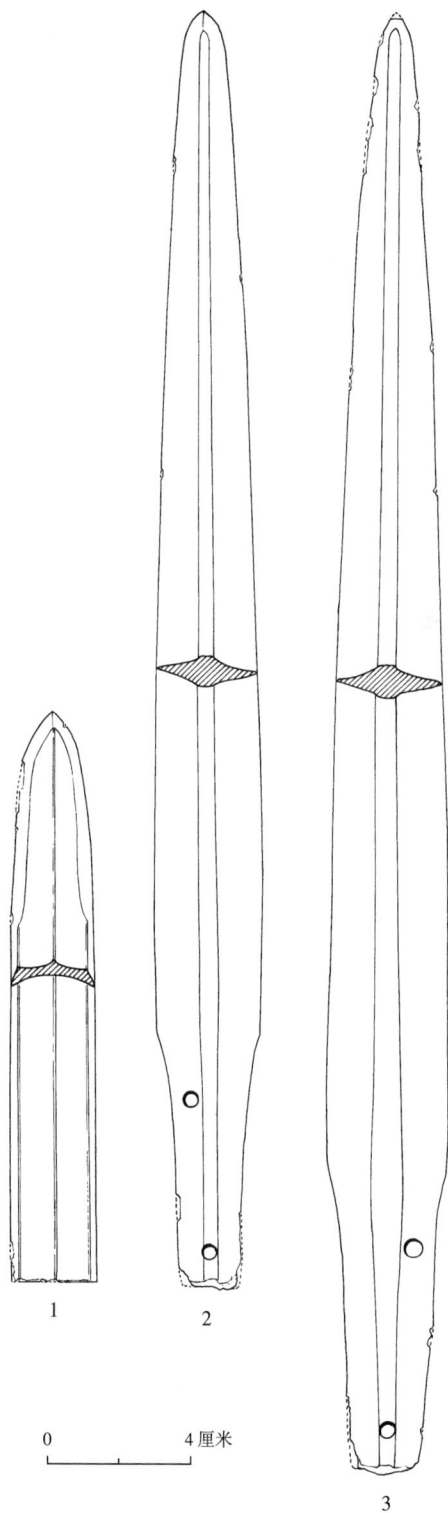

图四八　M2出土铜器

1.刻刀（M2：14）　2、3.剑（M2：15、16）

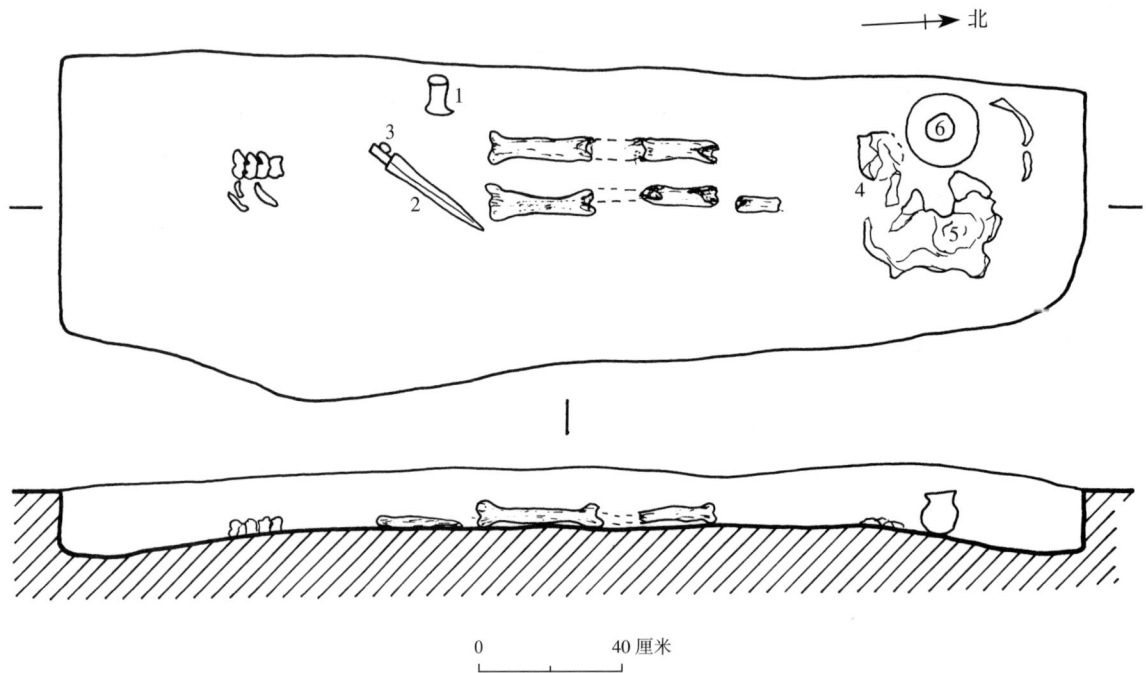

图四九　M3 平、剖面图

1. 铜钺　2. 铜剑　3. 铜削刀　4. 陶器盖　5. 陶圜底罐　6. 陶釜甑

骨的摆放推断墓主人为仰身直肢葬，头向南，性别、年龄、面向不详。

（三）随葬品

随葬品 6 件。主要为陶器和铜器，包括铜剑 1、铜钺 1、铜削刀 1、陶器盖 1、陶釜甑 1、陶圜底罐 1。随葬品主要放置在墓主人脚下和身上，其中陶器全部置于在墓主人的脚下，铜剑和铜削刀置于墓主人的腰间，铜钺置于墓主人的左手旁。

1. 陶器

3 件。计有圜底罐 1、釜甑 1、器盖 1。

圜底罐　1 件。M3：5，夹砂红褐陶，圆唇，侈口，束颈，溜肩，腹微鼓，圜底。肩部以下饰斜向细绳纹。口径 18、通高 16.4 厘米（图五〇：2；图版一二：1）。

釜甑　1 件。M3：6，残，夹砂红褐陶，为连体釜甑。

器盖　1 件。M3：4，泥质褐陶，圆唇，唇上卷，平口，直壁，弧形拱顶，盖钮残缺。盖面由"X"形纹、乳钉纹和凹弦纹构成，其中盖面上部戳刺有一周"X"形纹；盖面中部饰有四个对称的乳钉纹，乳钉纹外饰一圈"X"形纹；盖面下部饰有 4 个乳钉纹，乳钉纹下饰凹弦纹三周。盖口径 16.8、高 4 厘米（图五〇：3、4；图版一二：2）。

2. 铜器

3 件。主要为剑 1、钺 1、削刀 1。

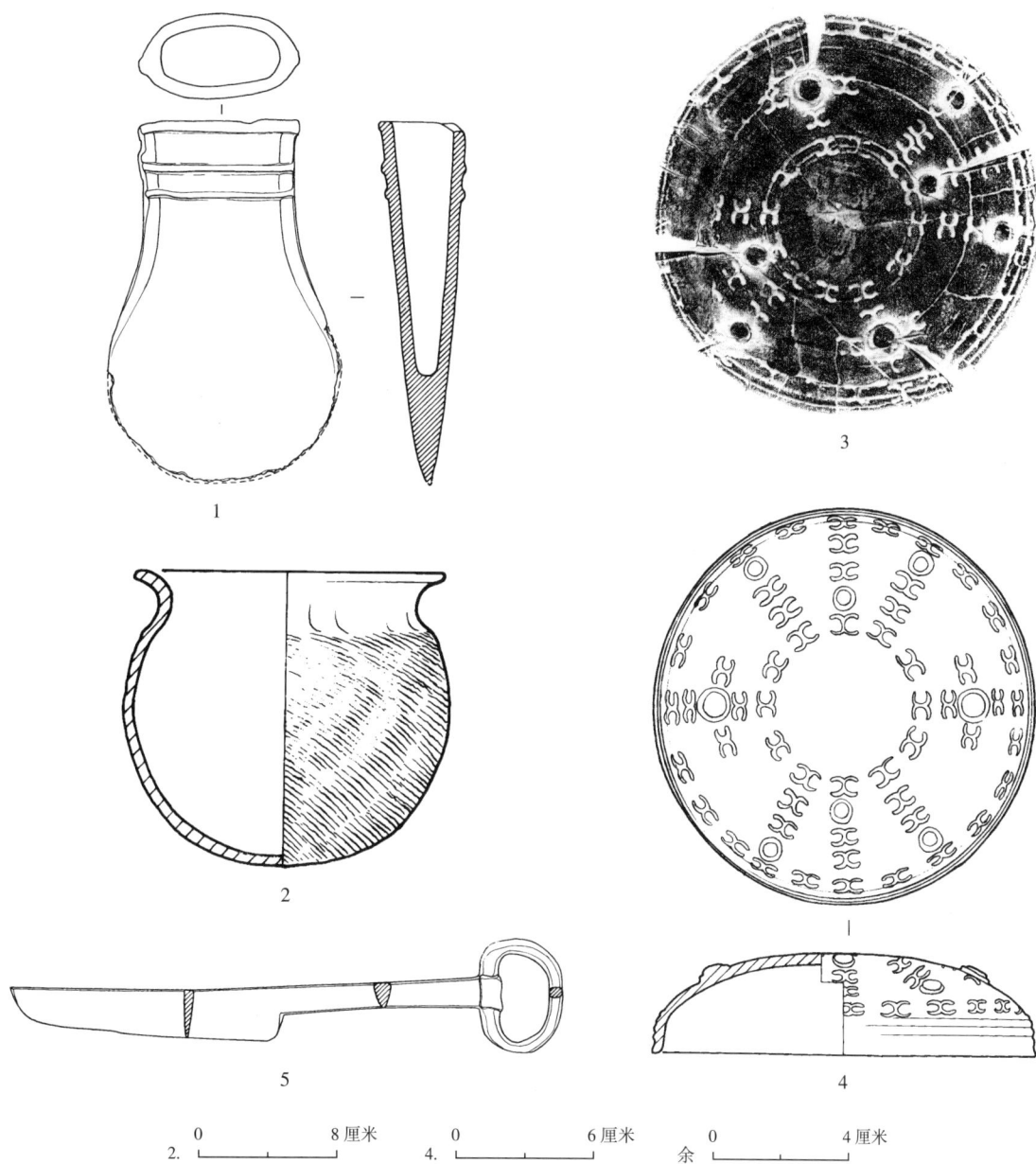

图五〇　M3 出土器物

1. 铜钺（M3：1）　2. 陶圜底罐（M3：5）　3. 陶器盖拓片（M3：4）　4. 陶器盖（M3：4）　5. 铜削刀（M3：3）

剑　1 件。M3：2，体呈柳叶形，残损严重。

钺　1 件。M3：1，椭圆形銎口，腰微束，圆形刃。銎口外两道凸棱。通长 10.2、刃宽 6.7 厘米，銎口长径 4.4、短径 2.5 厘米（图五〇：1；图版一二：3）。

削刀　1 件。M3：3，椭圆形圜首和长直柄分铸后扣合而成，直背，凸刃，刃尖略上翘。通长 16、刃宽 1.3 厘米，圜首长径 3.2、短径 2.5 厘米，柄长 5.5、宽 0.5 厘米（图五〇：5；图版一二：4）。

四　M4

位于 T7330 的西北角，叠压于 T7330 北隔梁和 T7430 东隔梁下，开口于③层下，打破④、⑤层和 H12。

（一）墓葬形制

长方形竖穴土坑墓，方向 192°，直壁，墓底较平。长 215、宽 58、深 31 厘米（图五一）。填土为黄褐色沙土，填土中包含有少量的木炭、陶片等物。

（二）葬式葬具

未发现葬具，亦未发现葬具朽痕。在墓室北部发现部分股骨和胫骨，在墓室的南部发现 3 枚牙齿，其中有 2 枚臼齿，1 枚门齿，3 枚牙齿均为乳齿，推测可能系儿童。性别不详，头向、面向、葬式不明。

（三）随葬品

随葬品共 5 件。包括陶豆 2、陶圜底罐 1、铜手镯 1、铜鍪 1。随葬品主要集中在墓室北部和中南部，其中陶器和铜容器置于墓室的北端，铜手镯置于墓室的中南部，可能系墓主人左手佩戴之物。

1. 陶器

3 件。计有豆 2、圜底罐 1。

豆　2 件。依据腹部的不同可分为两种类型。

第一种　1 件。M4：2，夹砂红胎黑皮陶，圆唇，窄平沿，敛口，鼓肩，斜直腹，圈足残。沿下部饰有一周凹弦纹。口径 16、残高 7 厘米（图五二：3）。

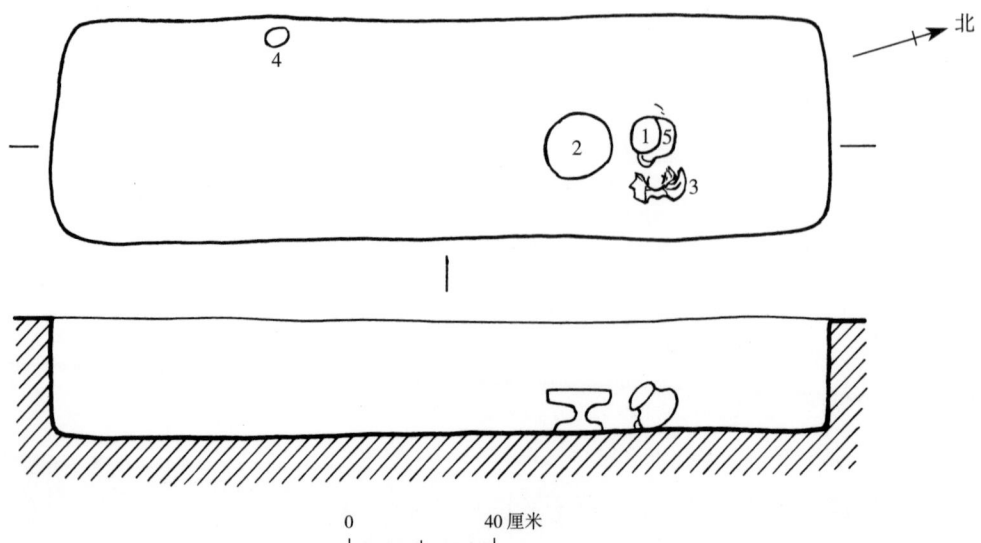

图五一　M4 平、剖面图

1. 铜鍪　2、5. 陶豆　3. 陶圜底罐　4. 铜手镯

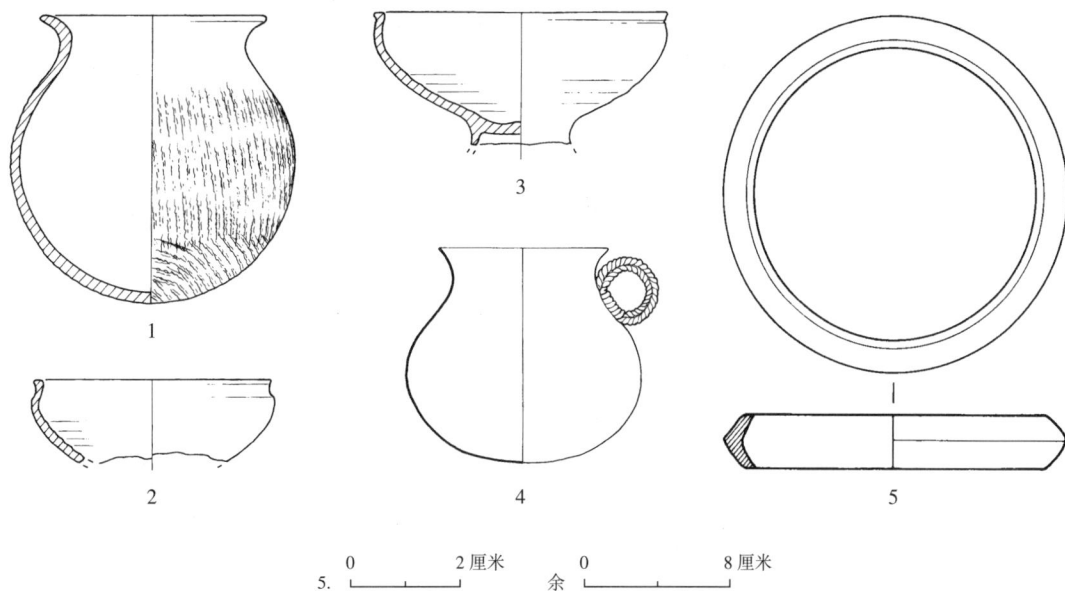

图五二　M4 出土器物

1.陶圜底罐（M4：3）　2、3.陶豆（M4：5、2）　4.铜鍪（M4：1）　5.铜手镯（M4：4）

第二种　1件。M4：5，夹砂红胎黑皮陶，圆唇，窄平沿，敛口，弧腹，圈足残。口下部饰有一周凹弦纹。口径13、残高4.4厘米（图五二：2）。

圜底罐　1件。M4：3，夹砂红褐陶，圆唇，侈口，束颈，溜肩，圆鼓腹，圜底，肩部以下饰纵向绳纹。口径12.4、高15.2厘米（图五二：1；图版一二：5）。

2. 铜器

2件。计有手镯1、鍪1。

手镯　1件。M4：4，器体较宽，圆形，系用铜条弯曲而成，镯面外凸。直径6.4、宽1厘米（图五二：5）。

鍪　1件。M4：1，侈口，束颈，溜肩，圆鼓腹，圜底，肩颈之间饰一辫索纹竖环耳。口径9、通高11.4、最大腹径12.8厘米（图五二：4）。

五　M5

位于T7827的中北部，部分叠压于该探方的北隔梁下，因墓葬暴露较为完整，未进行扩方发掘，开口于⑥层下，打破⑦层。

（一）墓葬形制

长方形竖穴土坑墓，方向180°，墓壁较直，墓底南高北低。长334、宽90~95、深10~20厘米（图五三；图版一三：1）。填土为黄褐色沙土，土质较硬，包含有极少量的木炭、石块、陶片等物。

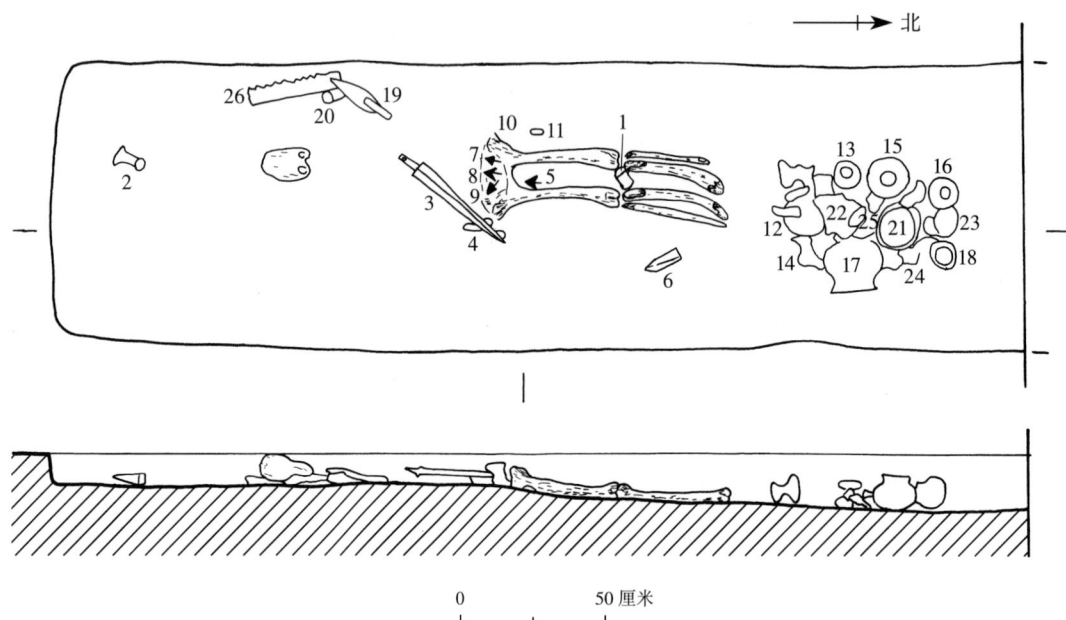

图五三　M5平、剖面图

1、2. 铜钺　3. 铜剑　4. 铜斤　5、7~9、28、29. 铜箭镞　6. 铜刻刀　10、11. 管珠　12~14、16、22、24、25、27. 陶豆　15. 铜鍪
17. 陶釜甑　18. 陶釜　19. 铜矛　20. 铜凿　21. 陶高领罐　23. 陶圜底罐　26. 铜锯　30. 珠

（二）葬式葬具

未发现葬具，亦未发现葬具朽痕。墓内人骨架保存极差，仅存头骨和下肢骨。从头骨和下肢骨摆放位置推断墓主人为仰身直肢葬，头向南，面向上，性别、年龄不详。墓主人盆骨和股骨上发现6枚箭镞，股骨上的箭镞直接插入骨头中，推测墓主人可能系箭镞所伤。

（三）随葬品

随葬品30件。包括陶豆8、陶釜1、陶圜底罐1、陶高领罐1、陶釜甑1、铜鍪1、铜矛1、铜剑1、铜钺2、铜刻刀1、铜锯1、铜斤1、铜凿1、铜箭镞6、珠3。随葬品主要集中在墓主人脚下和身上，其中陶器和铜鍪置于墓主人脚下，铜剑和铜斤置于墓主人腰间，铜箭镞置于墓主人盆骨上，铜矛、铜锯、铜凿置于墓主人头骨左侧，铜钺置于墓主人头骨上方。

1. 陶器

12件。计有豆8、釜1、圜底罐1、高领罐1、釜甑1（图版一三：2）。

豆　8件。依据形制的不同可分为三种类型。

第一种　3件。矮柄，弧腹。M5：13，夹砂灰陶，圆唇，窄平沿，直口，弧肩，矮柄，喇叭状圈足。素面。口径13.6、足径6.6、通高7厘米（图五四：13；图版一四：1）。M5：12，夹砂灰褐陶，圆唇，窄平沿，直口，喇叭状圈足。素面。口径15、足径8、通高7.2厘米（图五四：15；图版一四：2）。M5：16，夹细砂红褐陶，方唇，直口，弧肩，矮柄，喇叭状圈足。口径13.6、足径7、通高6.5厘米（图五四：9；图版一四：3）。

第二种　4件。矮柄，斜直腹。M5：25，夹砂灰褐陶，尖唇，窄斜沿，敛口，喇叭状圈足。

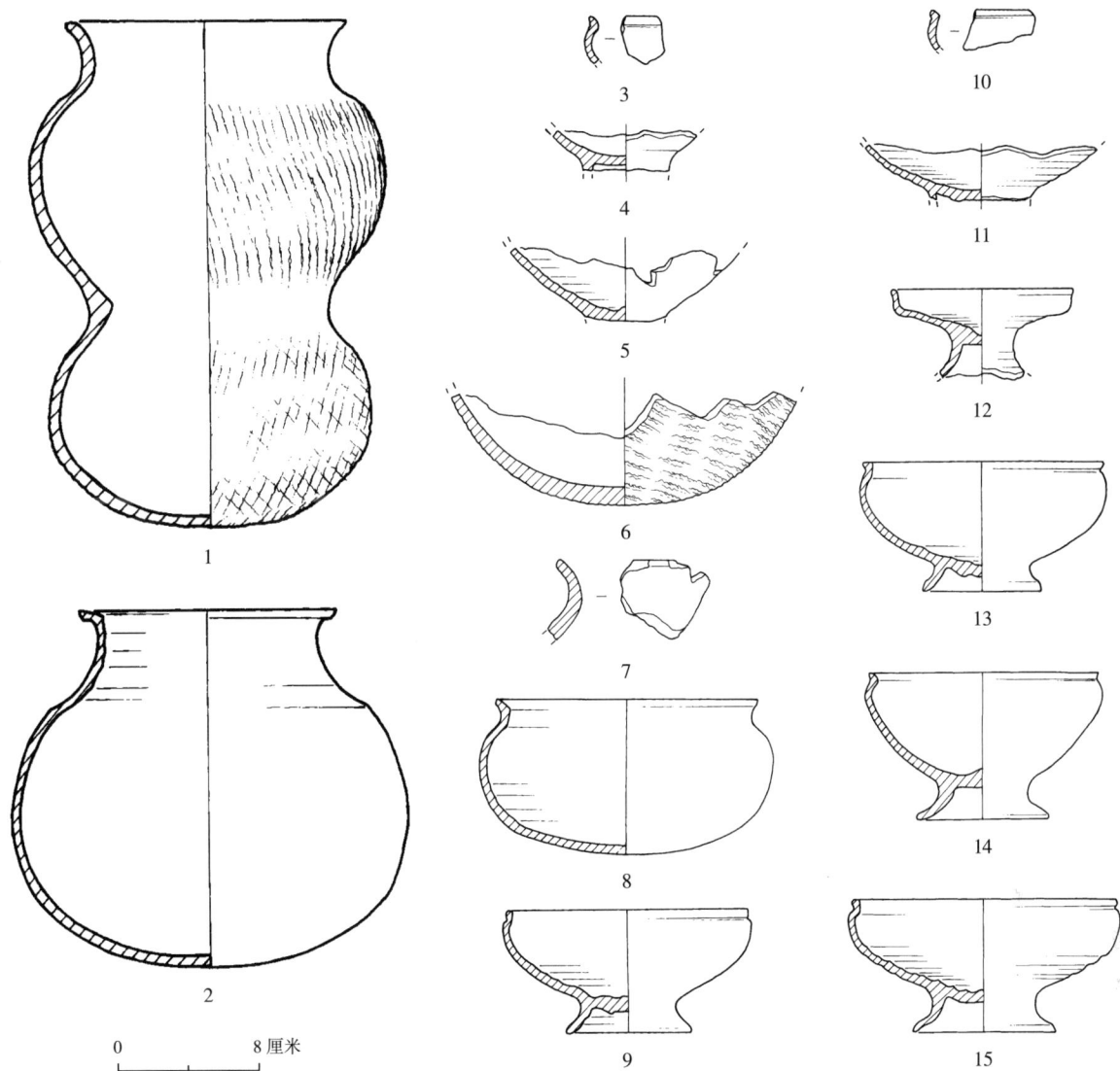

图五四　M5 出土陶器

1. 釜甑（M5：17）　2. 高领罐（M5：21）　3、4. 豆（M5：14）　5. 豆（M5：24）　6、7. 圜底罐（M5：23）　8. 釜（M5：18）
9. 豆（M5：16）　10、11. 豆（M5：22）　12~15. 豆（M5：27、13、25、12）

素面。口径 13、圈足径 7.4、通高 8 厘米（图五四：14；图版一四：4）。M5：14，残，泥
质红陶，圆唇，窄斜沿，敛口，喇叭状圈足。残高 3 厘米（图五四：3、4）。M5：22，残，
夹砂红胎黑皮陶，圆唇，窄斜沿，敛口。残高 4 厘米（图五四：10、11）。M5：24，夹砂
红胎黑皮陶，仅存盘下部。残高 3.8 厘米（图五四：5）。

　　第三种　1件。中柄豆。M5：27，夹细砂灰褐陶，圆唇，直口微侈，盘底内壁尖状下凹，
整个豆盘似一陶尖底盏。柄部较直，柄部以下残。口径 10.2、残高 4.8 厘米（图五四：12；
图版一四：5）。

　　高领罐　1件。M5：21，夹砂红胎黑皮陶，尖圆唇，宽平沿，直口微侈，高领，肩部略折，

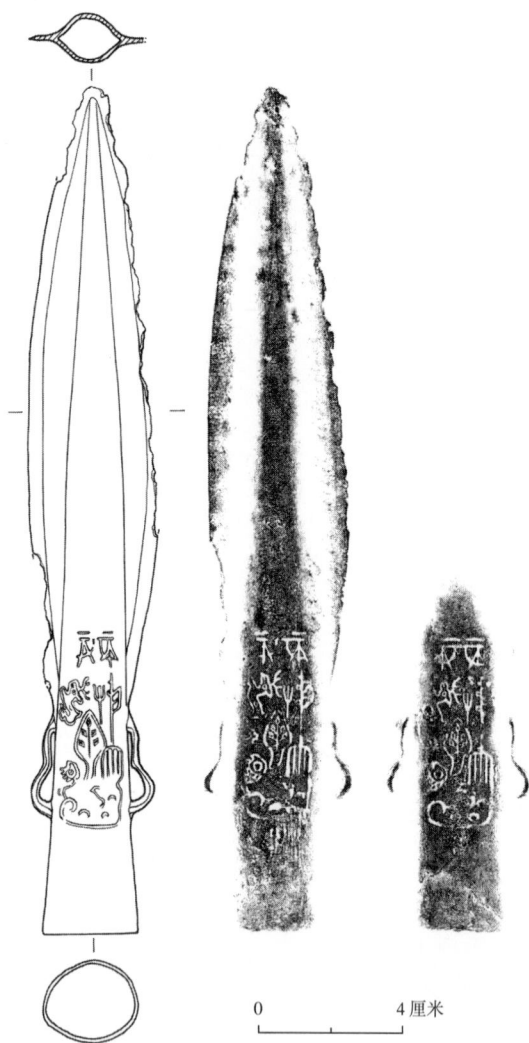

图五五　M5 出土铜矛（M5：19）

圆鼓腹，圜底。领部有一周凹弦纹。口径 14.4、通高 19.4 厘米（图五四：2；图版一四：6）。

圜底罐　1 件。M5：23，夹砂红陶，圆唇，侈口，束颈，腹部残缺，圜底。底部饰有斜向绳纹。残高 6 厘米（图五四：6、7）。

釜　1 件。M5：18，夹细砂褐陶，方唇，斜沿，矮领，弧肩，鼓腹，圜底。素面。口径 14.6、腹径 16.6、通高 8.4 厘米（图五四：8；图版一五：1）。

釜甑　1 件。M5：17，夹砂红褐陶，釜甑联体，釜小甑大，甑部为圆唇，侈口，束颈，圆鼓腹；釜部为扁鼓腹，圜底。肩部以下饰纵向绳纹。口径 15.6、通高 27.4 厘米（图五四：1；图版一五：2）。

2. 铜器

15 件。计有鍪 1、矛 1、剑 1、刻刀 1、钺 2、锯 1、斤 1、凿 1、箭镞 6。

矛　1 件。M5：19，叶部残，短骸，椭圆形骸口，宽叶，双弓形耳附于叶的下端。骸部两面均铸刻有纹饰，两面纹饰相同，均为手心花蒂纹与巴蜀符号组合的复合纹饰，其中下部为手心花蒂和一眼形纹，上部左侧为一鹿纹，右侧和上部为巴蜀符号。通长 22.5、叶最宽 3.6 厘米，骸口径 2.6、长 6 厘米（图五五；图版一五：3、4、5）。

剑　1 件。M5：3，体呈柳叶形，茎部较长，茎上有两不对称圆穿，身柄分界不明显，隆脊，两从处有血槽。器身下端两面铸刻有纹饰，一面为手心花蒂和虎头纹，另一面为虎纹和巴蜀符号。通长 45、宽 4 厘米，茎长 8、宽 1.4~3.6 厘米（图五六；图版一六：1）。

刻刀　1 件。M5：6，残，体呈圭状，背部隆起，腹部内凹。残长 14.2、宽 2.8 厘米（图五七：5；图版一六：2）。

钺　2 件。依据形制的不同可分为两种类型。

第一种　1 件。M5：1，銎口较短，椭圆形銎口，圆形刃，腰微束。銎口外铸有一道凸棱，凸棱下饰有三个连续的三角形纹。通长 9、刃宽 6 厘米，銎口长径 4、短径 2.2 厘米（图五七：1；图版一六：3）。

第二种　1 件。M5：2，銎口较长，椭圆形銎口，束腰，舌形刃。銎口外铸有两道凸棱。通长 10、腰宽 4、刃宽 6.5 厘米，銎口长径 4.4、短径 2.4 厘米（图五七：2；图版一六：4）。

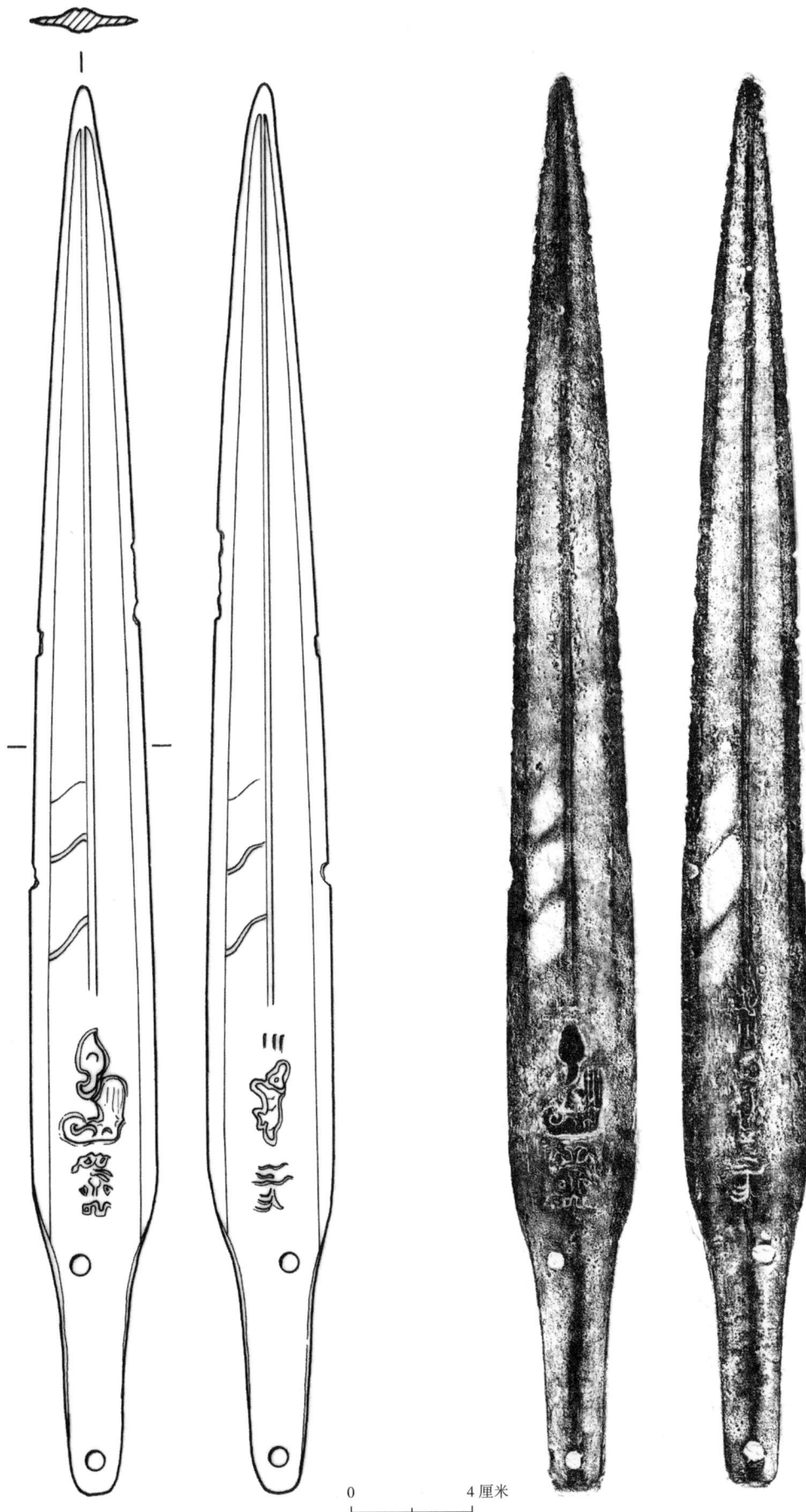

图五六 M5 出土铜剑及拓片（M5 : 3）

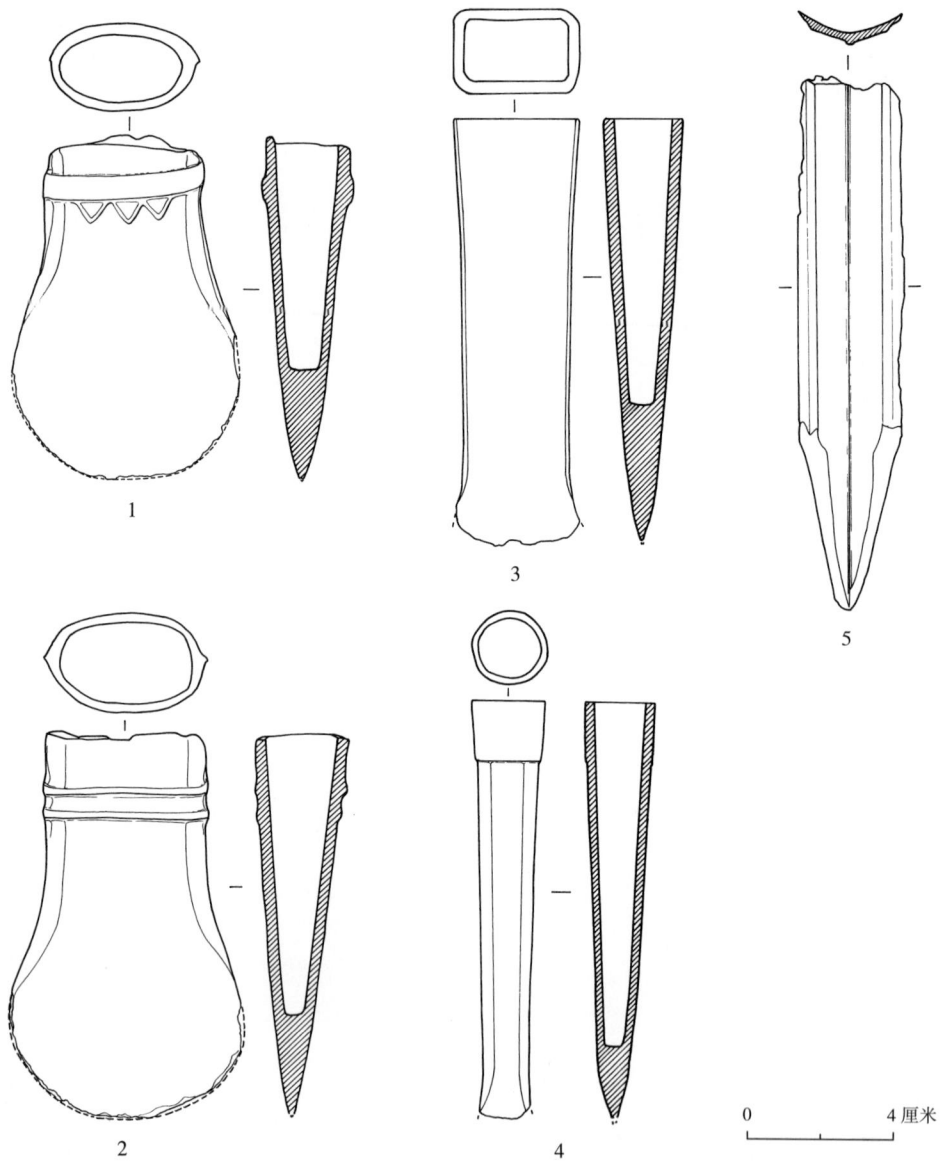

图五七　M5 出土铜器

1、2.钺（M5：1、2）　3.斤（M5：4）　4.凿（M5：20）　5.刻刀（M5：6）

锯　1件。M5：26。残甚，长方形，单面刃。

斤　1件。M5：4。体呈长方形，长方形銎口，弧刃。通长 11.5 厘米，銎口长 3.5、宽 2.2 厘米（图五七：3）。

凿　1件。M5：20，刃部略残，圆形銎口，銎口出沿，六棱形器身，弧刃。通长 11.4、刃宽 1.4 厘米，銎口径 2 厘米（图五七：4）。

箭镞　6枚。形制相似。双翼，体呈三角形，长铤式，镞身中脊隆起，两面各有四个凹槽，双翼呈倒刺状。M5：5，双翼略残，长 5.8、残宽 1.6 厘米，铤长 2.8、宽 0.3 厘米（图五八：1）。

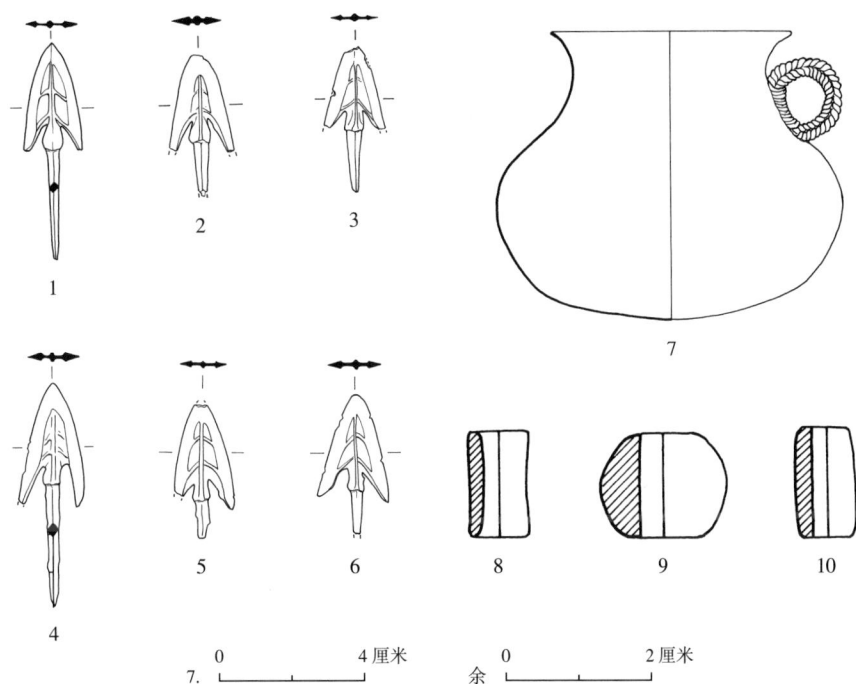

图五八　M5 出土器物

1~6. 铜箭镞（M5：5、8、9、7、28、29）　7. 铜鍪（M5：15）　8、10. 管珠（M5：11、10）
9. 陶珠（M5：30）

M5：7，双翼略残。长 6、残宽 1.7 厘米，铤长 3.2、宽 0.3 厘米（图五八：4）。M5：8，
铤略残，长 3.6、宽 1.6 厘米，铤长 1.4、宽 0.3 厘米（图五八：2）。M5：9，铤略残，长 3.8、
宽 1.7 厘米，铤长 1.5、宽 0.3 厘米（图五八：3）。M5：29，铤略残，长 3.6、宽 2 厘米，
铤长 1、宽 0.3 厘米（图五八：6）。M5：28，铤部和一翼残，长 3.5、宽 1.6 厘米，铤长 1、
宽 0.3 厘米（图五八：5）。

　　鍪　1件。M5：15，侈口，束颈，广肩，扁圆鼓腹，圜底近平，肩颈间饰有一辫索纹竖环耳。
口径 13.4、通高 15.2、最大腹径 19.2 厘米（图五八：7）。

　　3. 珠

　　3 件。计有管珠 2、陶珠 1。

　　管珠　2件。整体呈浅绿色，圆柱形，中空。M5：10，长 1.5、直径 0.8、孔径 0.4 厘米（图
五八：10）。M5：11，长 1.4、直径 0.8、孔径 0.4 厘米（图五八：8）。

　　陶珠　1件。球形。M5：30，泥质黑陶，球形体，中空。长 1.4、直径 1.8、孔径 0.6 厘米（图
五八：9）。

六　M6

位于 T7430 的西北部，墓葬南部被近现代田坎破坏，部分叠压于该探方的西壁下，开口

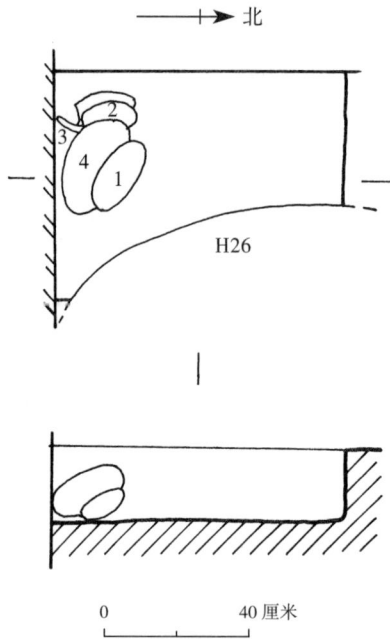

图五九　M6平、剖面图
1.陶釜　2.陶钵　3.铜削　4.铜剑

于⑥层下，被H26打破，并打破⑦层。

（一）墓葬形制

长方形竖穴土坑墓，方向180°，四壁较直，墓底较平。残长80、残宽61、深20厘米（图五九）。填土为黄褐色沙土，土质较硬，包含有少量的木炭。

（二）葬式葬具

未发现葬具，亦未发现葬具朽痕。墓中人骨架所在区域已被近现代改田改土完全破坏，故在墓室未发现墓主人骨架或朽痕。性别、年龄不详，头向、面向、葬式不明。

（三）随葬品

随葬品4件。包括陶釜1、陶钵1、铜剑1、铜削刀1。所有出土器物均置于墓室北端。

1. 陶器

2件。计有釜1、钵1。

釜　1件。M6：1，夹砂灰陶，尖圆唇，宽折沿，溜肩，鼓腹略垂，腹部较深。肩部以下饰纵向绳纹。口径20、通高14.6厘米（图六○：3；图版一七：1）。

钵　1件。M6：2，夹细砂褐陶，方唇，直口，鼓腹，圜底。腹下部及底饰纵向绳纹。口径12.2、通高5.6厘米（图六○：2；图版一七：2）。

2. 铜器

2件。计有削刀1、剑1。

削刀　1件。M6：3，椭圆形镂空圜首，直柄较短，弧背，凸刃，刃尖上翘，柄上铸刻有纹饰，锈蚀严重，不可辨识。通长18.5、刃宽1.3厘米，圜首长2.6、宽1.5厘米，柄长5、宽0.8厘米（图六○：4；图版一七：3）。

剑　1件。M6：4，残，仅存剑尖端。呈狭长条形，残长6.3、宽1.2厘米（图六○：1）。

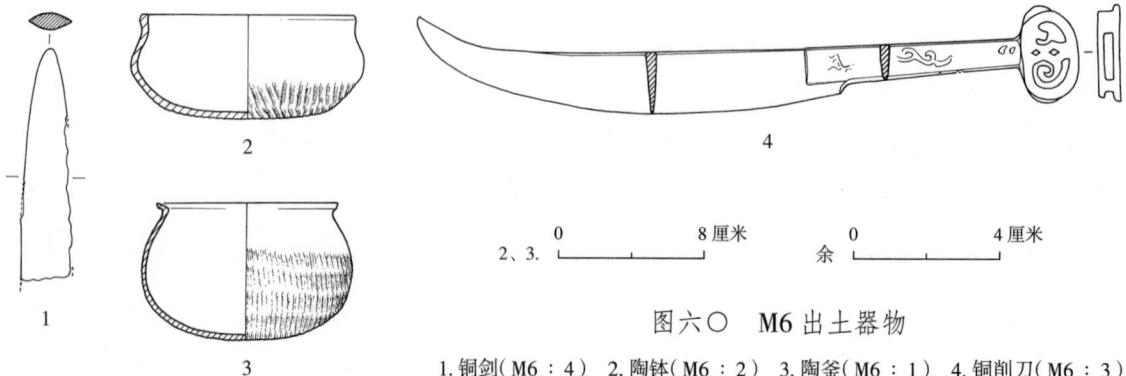

图六○　M6出土器物
1.铜剑（M6：4）　2.陶钵（M6：2）　3.陶釜（M6：1）　4.铜削刀（M6：3）

七　M8

位于 T7727 的中北部，部分叠压在该探方的北隔梁下，开口于⑥层下，打破⑦、⑧层。

（一）墓葬形制

长方形竖穴土坑墓，方向 180°，墓壁较直，墓底较平。长 277、宽 80、深 47 厘米（图六一）。填土为黄褐色沙土，填土中包含少量的木炭。

（二）葬式葬具

未发现葬具，亦未发现葬具朽痕。墓中人骨架保存极差，仅残存头骨和部分上肢骨，从头骨、上肢骨和随葬品相对位置推断，推断应为侧身直肢葬，且墓主人双手上举交于胸前。头向南，面向右，性别、年龄不详。

（三）随葬品

随葬品 12 件。包括陶豆 2、陶圜底罐 4、陶钵 1、铜矛 1、珠 4。随葬品主要集中在墓主人身上和脚下，其中陶器均置于墓主人脚下，珠置于墓室中部西侧，可能系墓主人腰间佩戴之物，墓主人头下部置有一铜矛。

1. 陶器

7 件。计有豆 2、圜底罐 4、钵 1（图版一七：4）。

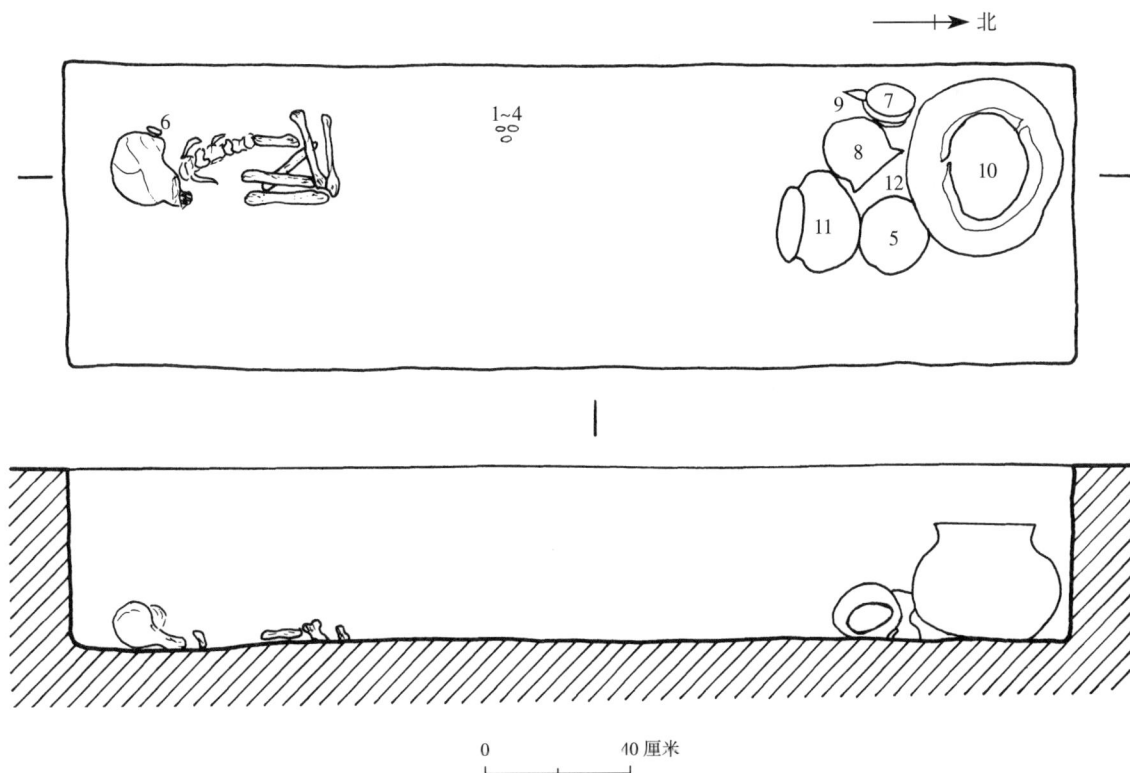

图六一　M8 平、剖面图

1~4. 管珠　5、8、10、11. 陶圜底罐　6. 铜矛　7、9. 陶豆　12. 钵

豆　2件。依据腹部的不同可分为两种类型。

第一种　1件。弧腹。M8：7，夹砂褐陶，尖圆唇，窄斜沿，敛口，喇叭状圈足。沿下饰有一周凹弦纹。口径13.6、底径7.8、通高6.8厘米（图六二：5；图版一八：1）。

第二种　1件。斜直腹。M8：9，夹砂红褐陶，尖圆唇，窄平沿，敛口，鼓肩，柄部及以下残。肩部有两道凹弦纹。口径14.2、残高5.8厘米（图六二：4）。

圜底罐　4件。依据口部的不同可分为三种类型。

第一种　1件。口部戳刺有浅花边。M8：5，夹砂灰褐陶，圆唇，侈口，束颈，溜肩，圆鼓腹，圜底。肩部以下饰斜向绳纹。口径20、通高20.4厘米（图六二：6；图版一八：2）。

第二种　1件。口部无戳刺的花边。M8：8，夹砂红褐陶，圆唇，侈口，束颈，溜肩，鼓腹，圜底。肩部以下饰交错绳纹。口径12、通高13.8厘米（图六二：2；图版一八：3）。

第三种　2件。M8：11，夹砂红胎黑皮陶，圆唇，侈口，颈部较长，折肩，扁圆鼓腹，圜底。肩部以下饰纵向绳纹。口径13、通高15厘米（图六二：1；图版一八：4）。M8：10，残，夹砂红胎黑皮陶，圆唇，侈口。

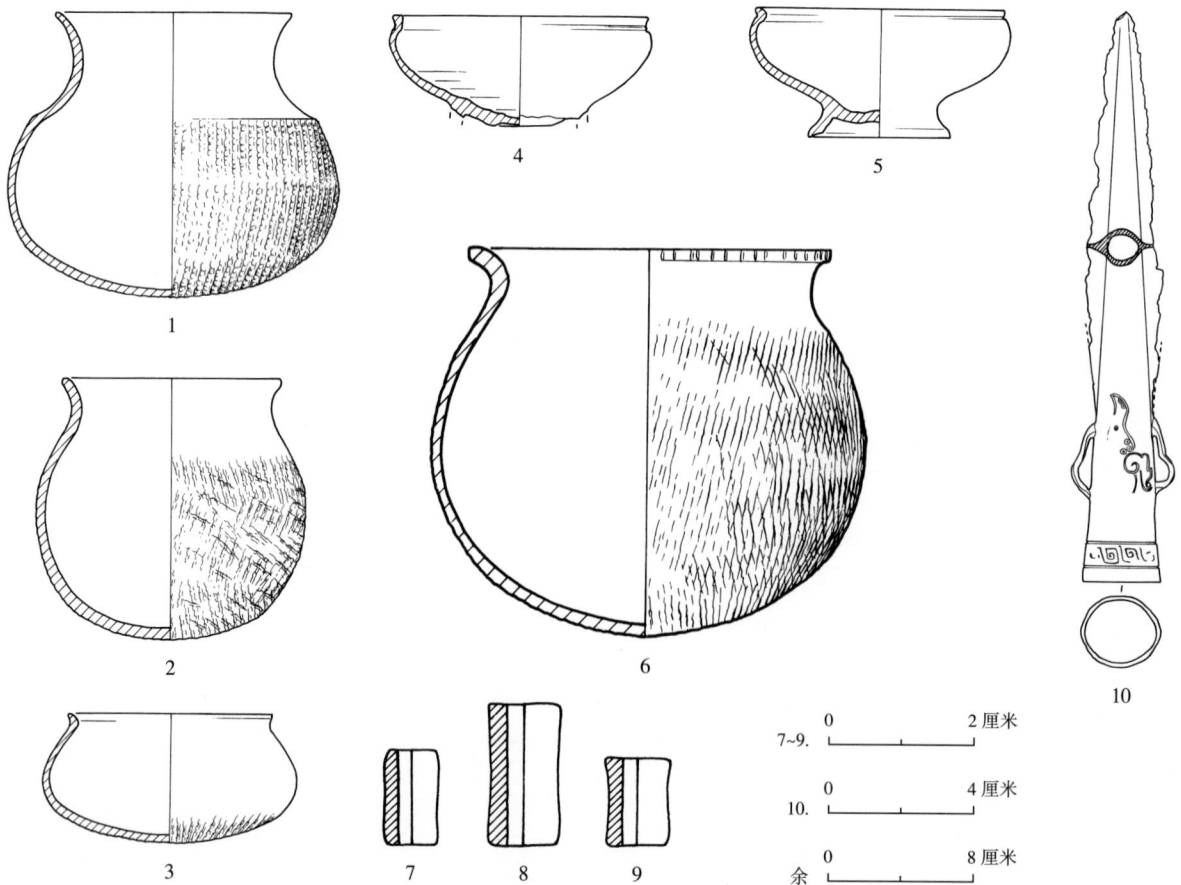

图六二　M8出土器物

1、2、6.陶圜底罐（M8：11、8、5）　3.陶钵（M8：12）　4、5.陶豆（M8：9、7）　7~9.管珠（M8：1、2、3）　10.铜矛（M8：6）

钵　1件。M8：12，泥质红陶，尖圆唇，窄斜沿，敛口，扁鼓腹，圜底，底部饰斜向绳纹。口径11.2、通高6.8厘米（图六二：3；图版一八：5）。

2. 铜器

1件。计有矛1。

矛　1件。M8：6，叶部残，短骹，圆形骹口，宽叶，双弓形耳附于叶的下端。骹两面均铸刻有纹饰，纹饰不清，似为手心纹，骹口处有一周云雷纹。通长15.3厘米，骹长4.3、口径2厘米（图六二：10；图版一八：6）。

3. 珠

4件。圆柱形，整体呈浅绿色，中空。M8：1，长1.2、直径0.8、孔径0.4厘米（图六二：7）。M8：2，长1.9、直径1、孔径0.4厘米（图六二：8）。M8：3，长1.2、直径0.8、孔径0.4厘米（图六二：9）。M8：4，残损较为严重。

八　M10

位于T7329的北部，部分叠压在该探方的北隔梁下，未进行扩方发掘，开口于③层下，打破④、⑤层和M19。

（一）墓葬形制

长方形竖穴土坑墓。方向190°，南窄北宽，墓壁较直，墓底较平。长191、宽40~55、深10厘米（图六三）。填土为黄褐色沙土，土质较硬。

（二）葬式葬具

未发现葬具，亦未发现葬具朽痕。墓中人骨架腐朽无存，墓室的北部仅残存几枚牙齿。

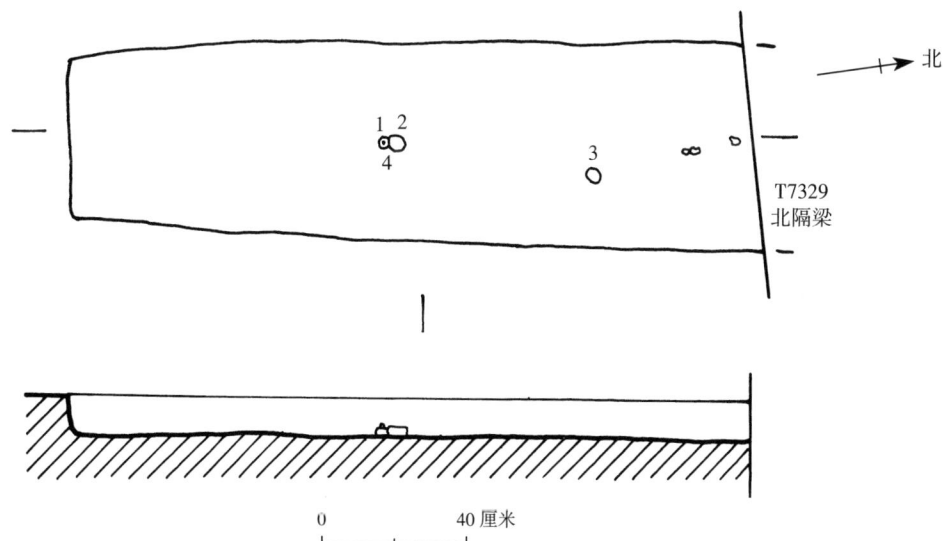

图六三　M10平、剖面图
1、4.铜印章　2.铜手镯　3.陶纺轮

性别、年龄不详，头向、面向、葬式不明。

（三）随葬品

随葬品4件。包括陶纺轮1、铜印章2、铜手镯1，随葬品主要集中在墓室北部和中部，其中陶纺轮置于墓室的北部，铜手镯和铜印章置于墓室中部。

1. 陶器

1件。计纺轮1。

纺轮　1件。M10：3，泥质红陶，塔形，中有一孔。素面。直径1.4~3.4、通高1.7、孔径0.8厘米（图六四：4）。

2. 铜器

3件。计有印章2、手镯1。

印章　2件。依据形制的不同可分为两种类型。

第一种　圆形印。M10：1，圆形，周边有残缺。桥形钮，阴文。印面由花蒂、山、甬钟等巴蜀符号构成。直径2、高0.7厘米（图六四：3；图版一九：1、2）。

第二种　覆斗型。M10：4，上小下大呈覆斗状，阴文。印面仅铸刻一"王"字。直径1.2、高1.4厘米（图六四：2；图版一九：3、4）。

手镯　1件。M10：2，圆形，镯面微外凸。素面。直径6.8、宽0.4厘米（图六四：1）。

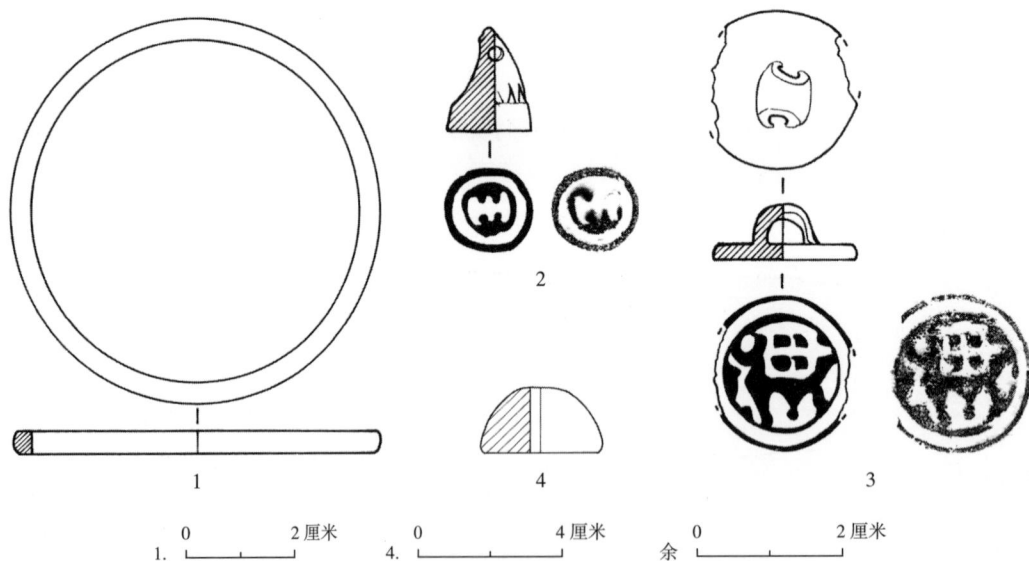

图六四　M10出土器物

1.铜手镯（M10：2）　2、3.铜印章及拓片（M10：4、1）　4.陶纺轮（M10：3）

九　M12

位于T7429的东南部，开口于③层下，打破④层、M13、M18，被H4叠压。

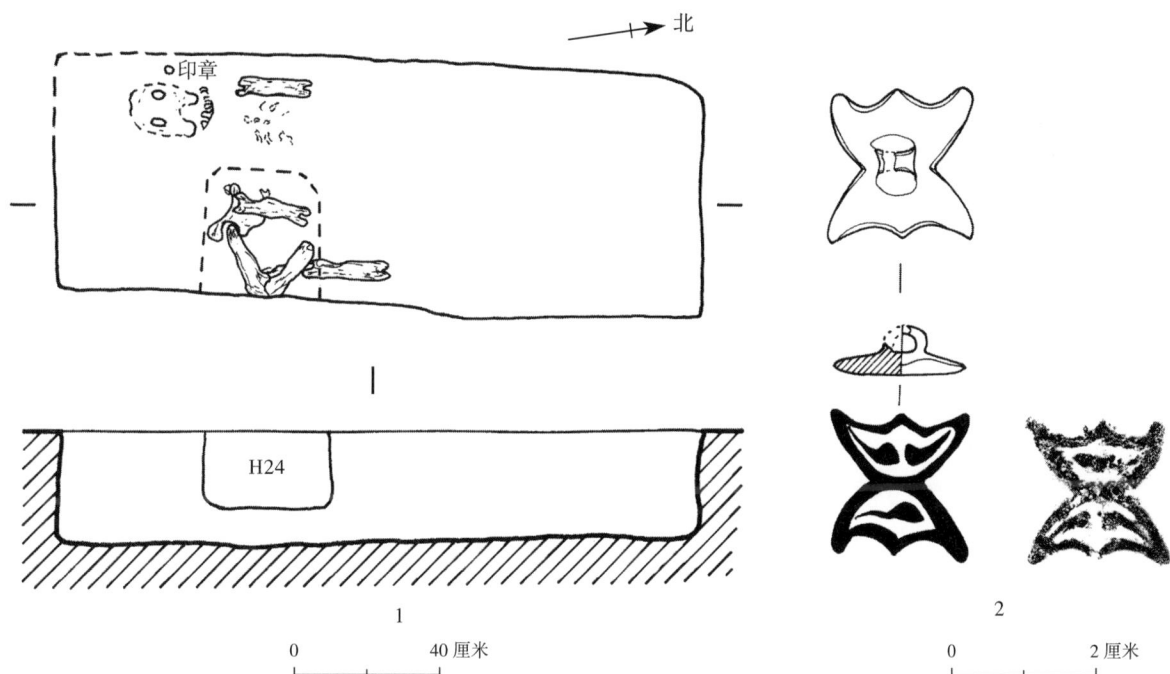

图六五　M12 平、剖面图及出土器物

1. 平、剖面图　2. 铜印章（M12：1）

（一）墓葬形制

长方形竖穴土坑墓，方向 190°，墓壁较直，墓底较平。残长 175、宽 62~68、深 29 厘米（图六五：1）。填土为黄褐色沙土，土质较硬。

（二）葬式葬具

未发现葬具，亦未发现葬具朽痕。墓中人骨架保存极差，仅残存头骨和部分下肢骨，下肢骨置于墓主人上肢骨的右侧，且摆放极为凌乱，推测可能为二次葬。头向南，面向上，性别、年龄不详。

（三）随葬品

随葬品 1 件。为铜印章，放置在墓主人头骨左侧。

印章　1 件。M12：1，呈蝶形，桥形钮。印面铸刻有巴蜀符号。长 2、宽 2、通高 0.6 厘米（图六五：2）。

一〇　M13

位于 T7429 的东部，部分叠压于该探方的北隔梁下，因墓葬暴露比较完整，未扩方发掘，被 H4 叠压，打破④层，并被 M12 打破。

（一）墓葬形制

不规则长方形竖穴土坑墓，墓室南端呈弧形凸出，东西两侧亦不规整，墓底亦不平整，

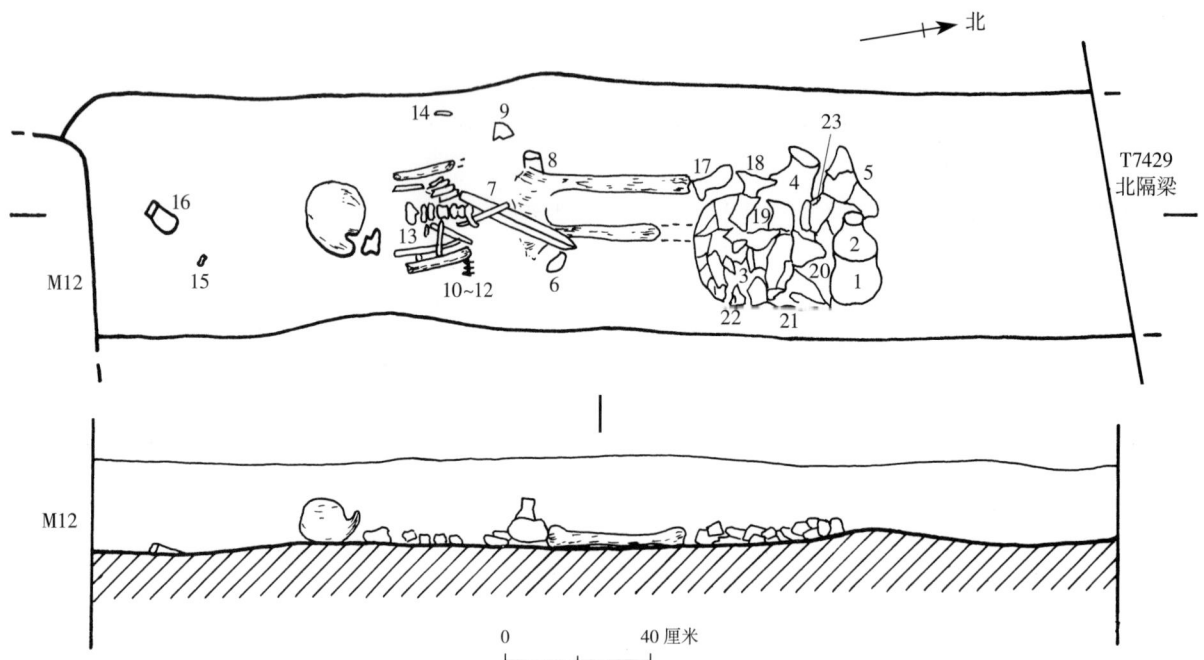

图六六　M13平、剖面图

1.铜鍪　2、4、16、17、20.陶高领罐　3.陶平底罐　5、19.陶豆　6.陶网坠　7.铜剑　8.铜斧　9.石锛　10~12.铜箭镞　13、14.铜削刀　15.磨石　18、21、22.陶钵　23.陶纺轮

可能系长期雨水冲刷形成，方向190°。长281、宽58~65、深17~25厘米（图六六；图版二〇：1）。填土为黄褐色沙土，土质较硬，包含少量的木炭。

（二）葬式葬具

未发现葬具，亦未发现葬具朽痕。墓中人骨架保存较差。为仰身直肢葬，头向南，面向右，性别、年龄不详。墓中人骨架表现异常，表现在铜斧砍入左侧髋骨内；铜剑从左侧软肋插入斜向下穿透身体直达右腿大腿根部，墓主人双臂肱骨近肩处被利器砍断，头骨下颈、肩部分骨骼不见，推测墓主人死于剑斧之下。

（三）随葬品

随葬品23件。包括陶豆2、陶圜底罐5、陶钵3、陶平底罐1、陶网坠1、陶纺轮1、铜剑1、铜斧1、铜削刀2、铜箭镞3、铜鍪1、石锛1、磨石1。随葬品主要集中在墓主人身上和脚下，其中2件陶钵口沿置于墓主人头骨下，1件圜底罐口沿置于墓主人左股骨下。这3件陶器残片均置于墓主人伤口下，是否有祈望墓主人恢复身体的意义？其他随葬品的放置方式为：圜底罐和磨石置于墓主人头骨上方，箭镞置于墓主人上肢骨右侧，削刀置于墓主人胸部和上肢骨左侧，铜斧砍入左侧髋骨内；铜剑从左侧软肋插入斜向下穿透身体直达右腿大腿根部，陶器和铜鍪置于墓主人脚下。

1.陶器

13件。计有豆2、钵3、圜底罐5、平底罐1、网坠1、纺轮1（图版二〇：2）。

豆　2件。形制相似。M13：5，夹细砂灰褐陶，方唇，敛口，鼓肩，斜直腹，喇叭形圈足。素面。口径12.8、足径7.2、通高7.4厘米（图六七：2；图版二一：1）。M13：19，夹细砂灰褐陶，尖圆唇，窄斜沿，鼓肩，斜直腹。素面。口径12.8、足径6.8、通高7.2厘米（图六七：1；图版二一：2）。

圜底罐　5件。依据口部的不同可分为三种类型。

第一种　2件。唇部饰有按压的花边。M13：17，夹砂红褐陶，圆唇，侈口，束颈，溜肩，圆鼓腹，圜底，肩部以下饰斜向绳纹。口径10.8、通高13.8厘米（图六七：11；图版二一：

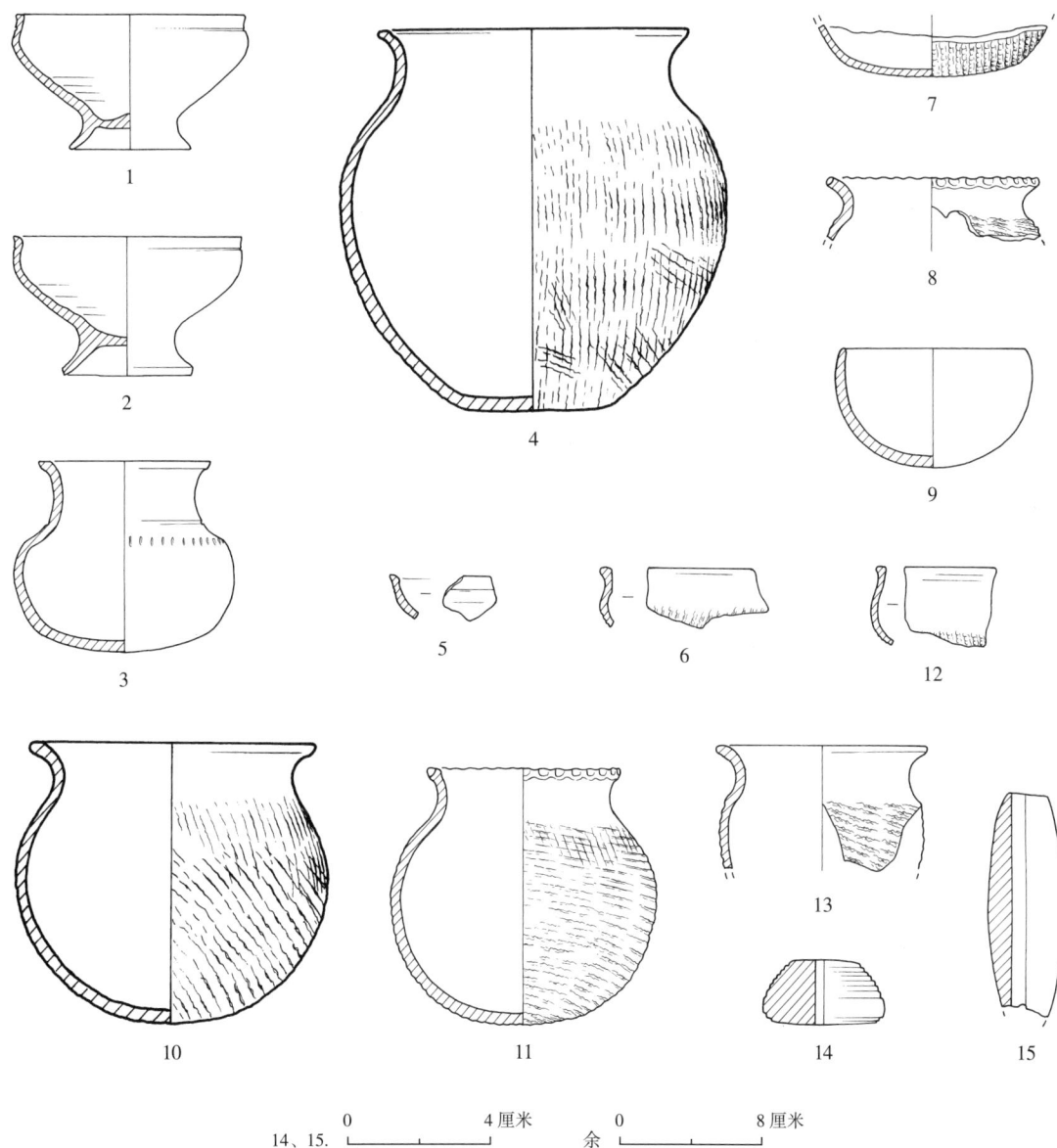

图六七　M13出土陶器

1、2.豆（M13：19、5）　3、8、10、11、13.圜底罐（M13：2、20、4、17、16）　4.平底罐（M13：3）　5~7、9、12钵（M13：22-1、22-2、22-3、18、21）　14.纺轮（M13：23）　15.网坠（M13：6）

3）。M13：20，夹粗砂红褐陶，圆唇，侈口，束颈，溜肩，肩部以下残。肩部饰有斜向绳纹。口径 12、残高 3.4 厘米（图六七：8）。

第二种　2 件。唇部无花边。M13：4，夹砂红褐陶，圆唇，侈口，束颈，溜肩，鼓腹，圜底。肩部以下是斜向绳纹。口径 16、通高 15 厘米（图六七：10；图版二一：4）。M13：16，夹砂红褐陶，圆唇，侈口，溜肩，腹部以下残。肩部以下是斜向绳纹。口径 12、残高 6.6 厘米（图六七：13）。

第三种　1 件。M13：2，夹细砂红胎黑皮陶，尖圆唇，窄平沿，侈口，长颈，溜肩，扁圆腹，圜底。颈下部饰有一道凹弦纹，肩部有一周戳刺纹。口径 9.6、通高 10.2 厘米（图六七：3；图版二一：5）。

钵　3 件。依据形制的不同可分为两种类型。

第一种　1 件。M13：18，泥质褐陶，手制，圆唇，敛口，腹较深，圜底。素面。口径 10.4、通高 6.4 厘米（图六七：9；图版二一：6）。

第二种　2 件。形制相似。M13：21，夹砂灰陶，方唇，口微敛，折腹。腹下腹饰有粗绳纹。残高 4.2 厘米（图六七：12）。M13：22，泥质灰陶，方唇，直口，圜底近平。底部饰粗绳纹，残高 2.8 厘米（图六七：5、6、7）。

平底罐　1 件。M13：3，夹砂红褐陶，圆唇，侈口，束颈，溜肩，鼓腹，平底。肩以下及其底部饰纵向绳纹。口径 17.4、底径 8.8、通高 21.2 厘米（图六七：4；图版二二：1）。

网坠　1 件。M13：6，夹砂灰褐陶，体呈椭圆形，中空，一端残。残长 6、宽 1.1~2.1、孔径 0.8 厘米（图六七：15）。

纺轮　1 件。M13：23，泥质黑陶，塔形。上有八周弦纹。直径 1.9~3.5、高 1.8、孔径 0.6 厘米（图六七：14）。

2. 铜器

8 件。计有剑 1、斧 1、削刀 2、箭镞 3、錾 1。

剑　1 件。M13：7，体呈柳叶形，短茎，茎上下各有一不对称的圆穿，器身扁平，隆脊，两从有血槽。器身铸刻有虎斑纹，但纹饰较浅。器身下端一面铸刻有手心花蒂纹。通长 33.8、宽 3.2 厘米，茎长 7、宽 1.6~3 厘米（图六八：9；图版二二：2）。

斧　1 件。M13：8，銎口略残，长方形銎口，喇叭形器身，弧形刃，刃尖上翘。銎口外饰一道凸棱。通长 8、刃宽 6 厘米，銎口长 4.2、宽 2 厘米（图六八：2；图版二二：3）。

削刀　2 件。形制相似。M13：14，残断，仅残存少量刃部，弯背凸刃。残长 3.5、残宽 0.7 厘米（图六八：5）。M13：13，残断，仅残存少量刃部，直背，凸刃。残长 5、残宽 1.8 厘米（图六八：6）。

箭镞　3 件。形制相似。双翼，三角形，长铤式。镞身中脊隆起，两面各有四个凹槽，双翼呈倒刺状。M13：11，双翼残，残长 5.5、残宽 1.8 厘米，铤长 3、宽 0.3 厘米（图六八：3）。M13：12，双翼残，长 5.6、宽 2 厘米，铤长 3、宽 0.3 厘米（图六八：4）。

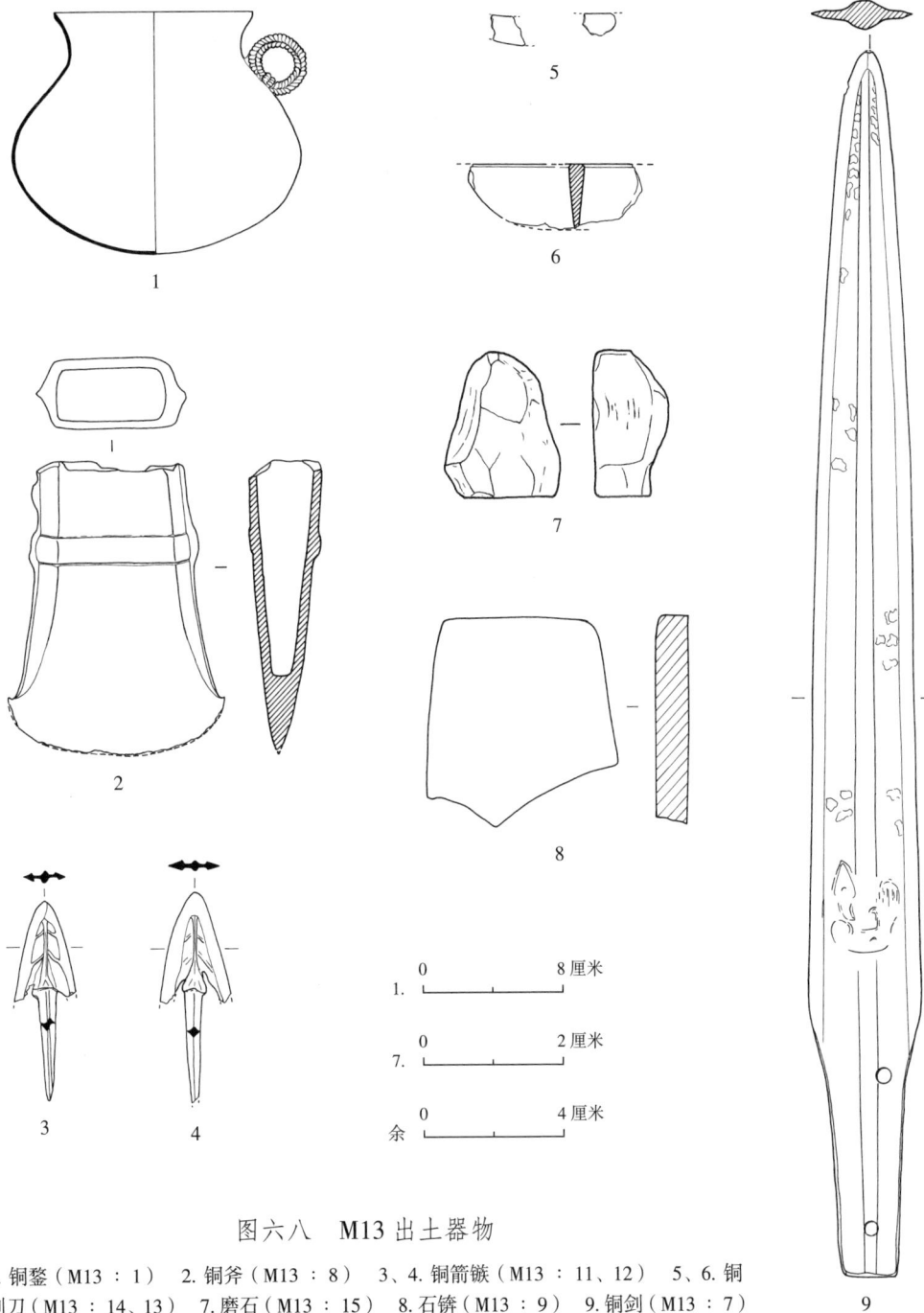

图六八　M13 出土器物

1. 铜鍪（M13：1）　2. 铜斧（M13：8）　3、4. 铜箭镞（M13：11、12）　5、6. 铜
削刀（M13：14、13）　7. 磨石（M13：15）　8. 石锛（M13：9）　9. 铜剑（M13：7）

M13：10，残甚。

鍪　1件。M13：1，侈口，束颈，溜肩，圆鼓腹，圜底。肩部饰有一辫索纹竖环耳。
口径 11.2、通高 13.2、最大腹径 16.2 厘米（图六八：1）。

3. 石器

2件。计有锛1、磨石1。

锛　1件。M13：9，砂石，残断，体呈梯形。残长5.7、宽4.2~5.4、厚1厘米（图六八：8）。

磨石　1件。M13：15，形体较小，体呈椭圆形。长2、宽1.6、厚1.1厘米（图六八：7）。

—— M14

位于T7725的南部，部分叠压于该探方的南壁下，未进行扩方发掘。开口于⑥层下，打破⑦层。

（一）墓葬形制

长方形竖穴土坑墓，方向180°，墓壁较直，墓底较平。长220、宽60~68、深30厘米（图六九；图版二三：1）。填土为黄褐色沙土，土质较硬。

（二）葬式葬具

未发现葬具，亦未发现葬具朽痕。墓中人骨架保存极差，仅存左下肢的胫骨。推测为仰身直肢葬，头向南，性别、年龄、面向不详。墓主人左下肢右侧有一道木质的痕迹，性质不明。

（三）随葬品

随葬品8件。全部为陶器。计有陶圜底罐2、陶器盖2、陶豆1、陶釜1、陶瓮1、陶盂1。其中陶豆和陶器盖放置在墓主人下肢骨的右侧，其余陶器均置于墓主人的脚下（图版二三：2）。

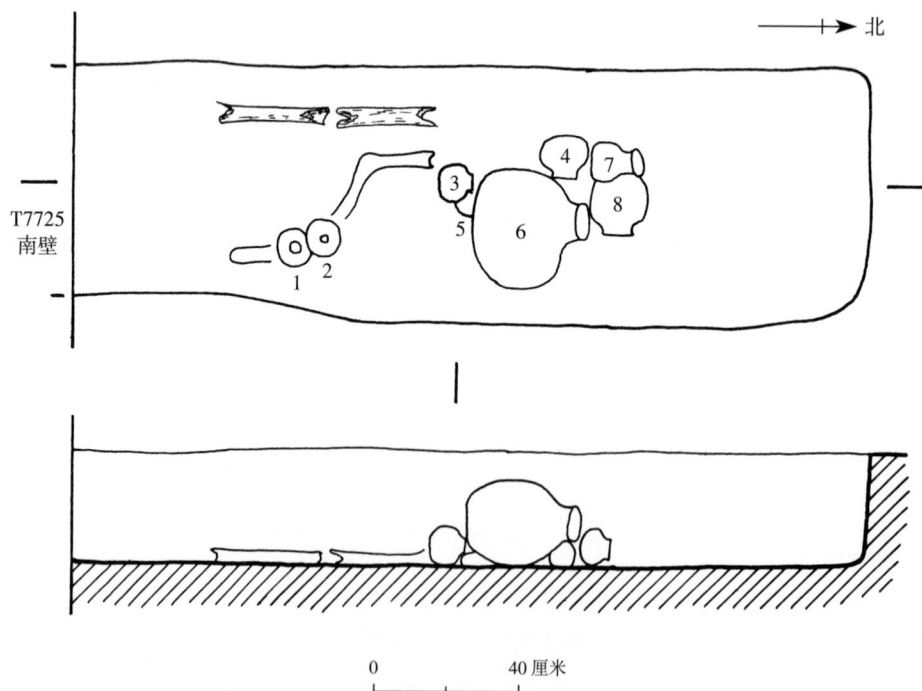

图六九　M14平、剖面图

1.陶豆　2、5.陶器盖　3.陶盂　4、7.陶圜底罐　6.陶高领罐　8.陶釜

圜底罐　2 件。依据形制的不同可分为两种类型。

第一种　1 件。M14：7，夹砂红褐陶，圆唇，侈口，束颈，溜肩，圆鼓腹，圜底。肩部以下饰纵向绳纹。口径 10.4、通高 12.4 厘米（图七〇：6；图版二四：1）。

第二种　1 件。M14：4，夹砂灰褐陶，圆唇，侈口，颈部较长，溜肩，圆鼓腹，圜底。肩部饰有一道凹弦纹，其下饰纵向绳纹。口径 12.4、通高 18.2 厘米（图七〇：7；图版二四：2）。

釜　1 件。M14：8，泥质红陶，尖圆唇，宽斜沿，侈口，束颈，弧肩，腹微鼓，圜底。素面。口径 16.6、通高 10.2 厘米（图七〇：5；图版二四：3）。

器盖　2 件。形制相似。M14：2，泥质红褐陶，方唇，直口，弧顶，钮部残，整个器形形似一陶尖底盏。口径 12.6、通高 4.8 厘米（图七〇：2）。M14：5，泥质红褐陶，方唇，口微侈，深盘，弧顶，顶中部有一钮。顶部以钮为中心向周边饰有六行戳刺的篦点纹。口径 12.6、通高 6.4、钮高 1.6 厘米（图七〇：3；图版二四：4）。

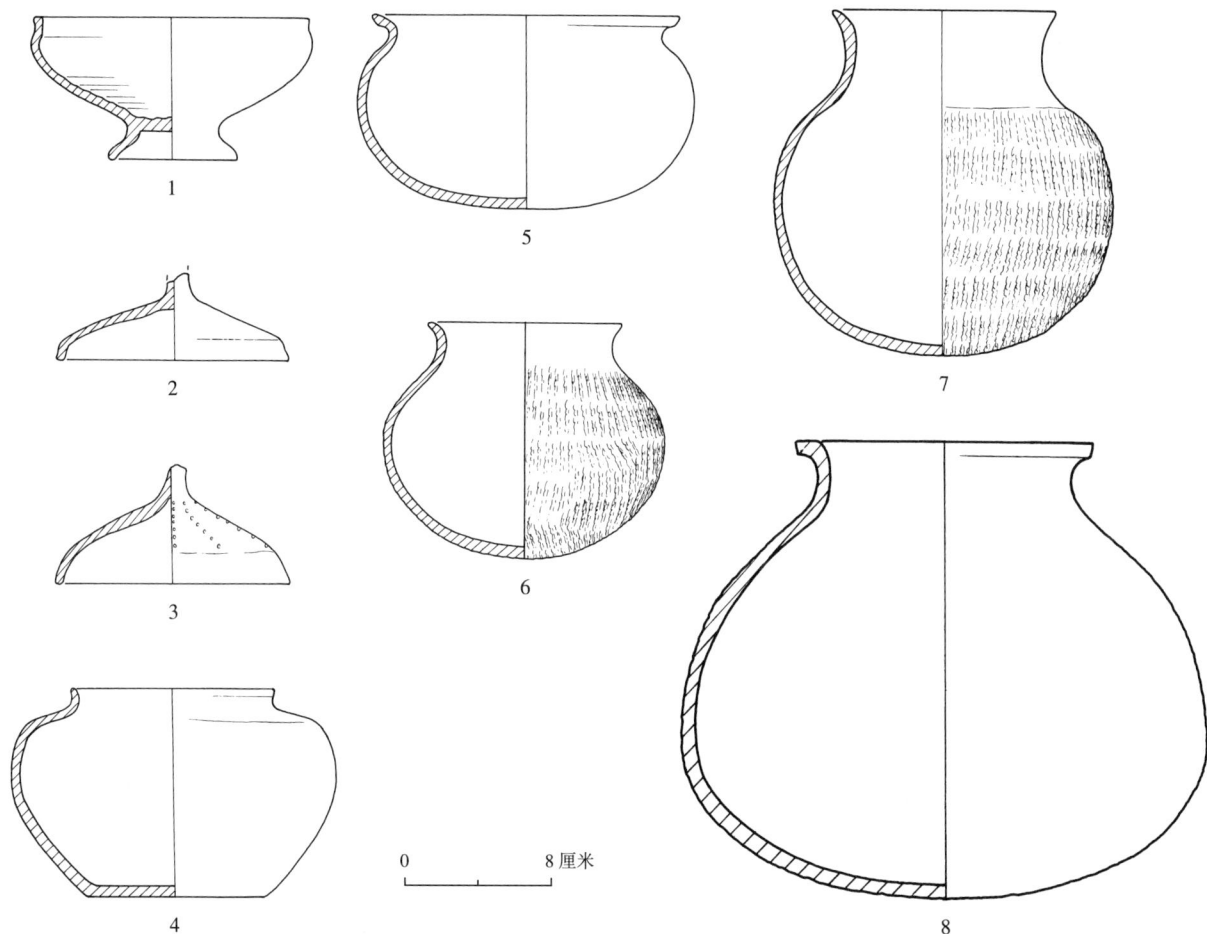

图七〇　M14 出土陶器

1.豆（M14：1）　2、3.器盖（M14：2、5）　4.盂（M14：3）　5.釜（M14：8）　6、7.圜底罐（M14：7、4）　8.高领罐（M14：6）

豆 1件。M14：1，泥质灰陶，方沿，直口微敛，斜直腹，喇叭形圈足。口径15、足径7.2、通高7.5厘米（图七〇：1）。

高领罐 1件。M14：6，夹砂红胎黑衣陶，方唇，窄平沿，颈部较长，溜肩，鼓腹略垂，圜底。素面。口径16.4、通高24厘米（图七〇：8；图版二四：5）。

盂 1件。M14：3，泥质红胎灰皮陶，尖圆唇，直口微侈，广肩，鼓腹，下腹斜直，平底。素面。口径11.2、底径9.8、通高11厘米（图七〇：4）。

一二 M16

位于T7329的中北部，部分叠压于该探方的北隔梁下，未进行扩方发掘。开口于③层下，打破④层。

（一）墓葬形制

长方形竖穴土坑墓，方向195°，墓壁较直，墓底较平。长180、宽60、深30厘米（图七一）。填土为黄褐色沙土。

（二）葬式葬具

未发现葬具，亦未发现葬具朽痕。墓中人骨架腐朽无存，仅在墓室的北部发现几颗牙齿。性别、年龄不详，头向、面向、葬式不明。

（三）随葬品

随葬品8件。包括陶豆1、陶纺轮1、陶网坠2、铜削刀1、珠3。陶豆、陶纺轮和陶网坠置于墓室中部，珠、铜削刀置于墓室北部。

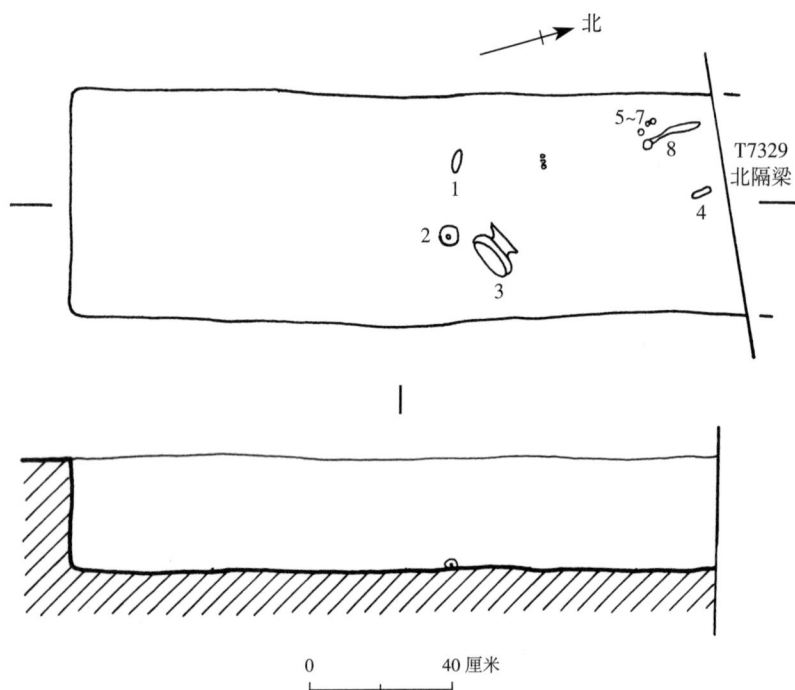

图七一 M16平、剖面图

1.陶纺轮 2、4.陶网坠 3.陶豆 5~7.珠 8.铜削刀

1. 陶器

4件。计有豆1、纺轮1、网坠2。

豆 1件。M16：3，泥质红陶，方唇，直口，斜直腹，深盘，喇叭形圈足。素面。口径12.8、足径7.6、通高7.6厘米（图七二：1）。

纺轮 1件。M16：1，泥质灰陶，剖面呈菱形。素面。高3.8、直径2~5.6厘米（图七二：4）。

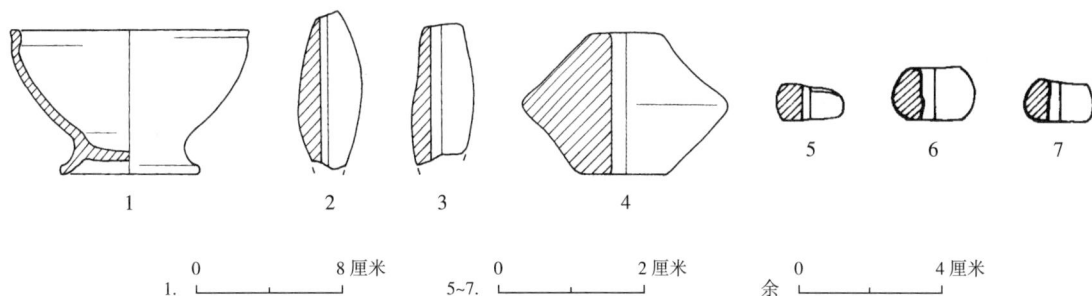

图七二　M16 出土陶器及珠

1.豆（M16：3）　2、3.网坠（M16：4、2）　4.纺轮（M16：1）　5~7.珠（M16：7、5、6）

网坠　2件。形制相似。体呈椭圆形，中空。M16：2，泥质红陶，残。长3.8、宽1~1.6、孔径0.6厘米（图七二：3）。M16：4，泥质红陶，残。长4.2、宽0.8~1.8、孔径0.4厘米（图七二：2）。

2. 铜器

1件。计有削刀1。

削刀　1件。M16：8，椭圆形圜首，长直柄，背微弧，短刃。通长14.4、刃长6、宽0.6~1.5厘米，圜首长径4、短径2.8厘米，柄长6.4、宽0.9厘米。

3. 珠

3件。形制相似，仅大小不同。扁圆形，中空。M16：5，长0.7、直径1.2、孔径0.4厘米（图七二：6）。M16：6，长0.6、直径1、孔径0.2厘米（图七二：7）。M16：7，长0.5、直径1、孔径0.2厘米（图七二：5）。

一三　M17

位于T7826的西壁下，因暴雨垮塌暴露，遂予以清理。开口于⑥层下，打破⑦层。

（一）墓葬形制

长方形竖穴土坑墓，方向180°，墓壁较直，墓底较平。四壁较直。长280、宽68、深40厘米（图七三；图版二五：1）。填土为黄褐色沙土，填土中包含少量木炭。

（二）葬式葬具

未发现葬具，亦未发现葬具朽痕。人骨保存较差，为仰身直肢葬，头向南，面向右，双手平放于身体左右两侧。性别、年龄不详。

（三）随葬品

随葬品16件。包括陶豆2、陶高领罐2、陶网坠8、铜鍪1、铜剑1、铜手镯、铁器1。铁器置于墓主人头骨左侧，网坠置于墓主人右侧肩胛骨上，铜剑置于墓主人右臂上，铜手镯戴于墓主人的左手上，陶器和铜鍪均置于墓主人脚下。

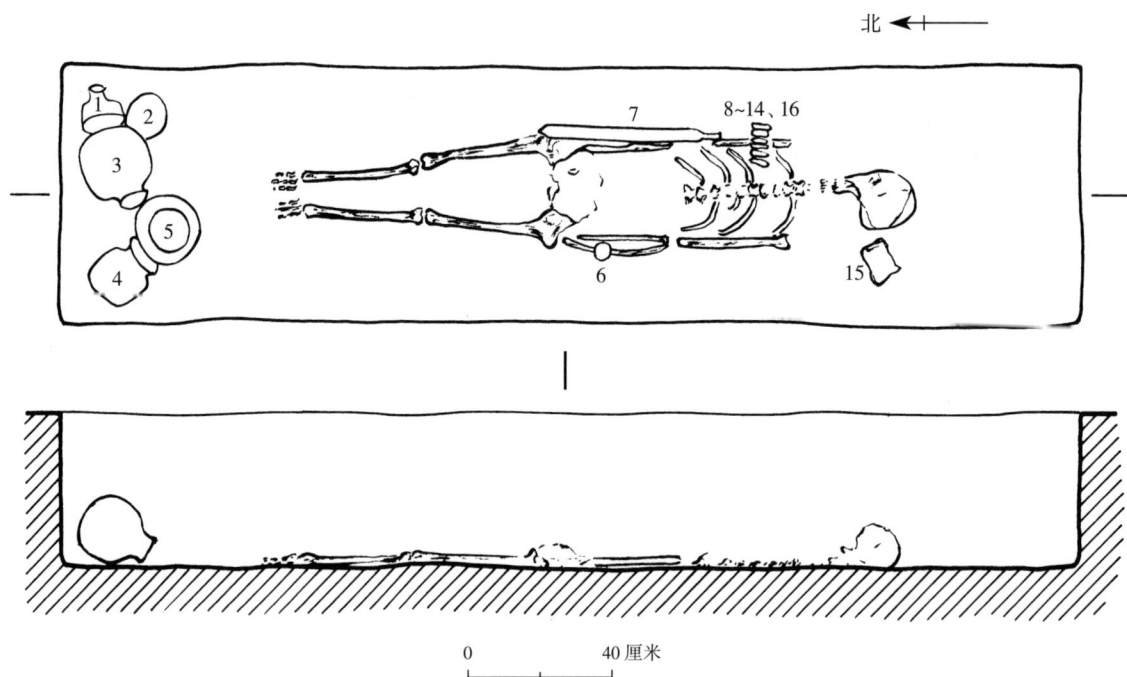

图七三　M17 平、剖面图

1、2.陶豆　3、4.陶高领罐　5.铜鍪　6.铜手镯　7.铜剑　8~14、16.陶网坠　15.铁器

1. 陶器

12 件。计有豆 2、高领罐 2、网坠 8（图版二五：2）。

豆　2 件。形制相似。M17：1，泥质灰陶，圆唇，窄平沿，口部因烧造严重变形，直口微敛，斜直腹，喇叭形圈足。素面。口径 15.2、足径 7.2、通高 7.6 厘米（图七四：1；图版二六：1）。M17：2，泥质灰陶，尖圆唇，窄平沿，口部略微变形，侈口，弧腹，喇叭形圈足。口径 14.8、足径 7.4、通高 7.2 厘米（图七四：2）。

高领罐　2 件。依据形制的不同可分为两种类型。

第一种　1 件。M17：3，泥质灰褐陶，尖唇，窄平沿，直口，矮领，广肩，圆鼓腹，圜底。素面。口径 10.6、通高 18、腹径 21.4 厘米（图七四：4；图版二六：2）。

第二种　1 件。M17：4，夹砂黑褐陶，圆唇，侈口，长颈，溜肩，鼓腹，圜底。肩部以下饰纵向绳纹。口径 12.8、通高 15.6、腹径 15 厘米（图七四：3；图版二六：3）。

网坠　8 件。陶质、陶色及形制相似。泥质黑灰陶，体呈椭圆形，中空。M17：8，长 2.8、直径 0.4~1、孔径 0.3 厘米（图七四：5）。M17：9，长 3.4、直径 0.4~0.8、孔径 0.3 厘米（图七四：8）。M17：10，长 3、直径 0.5~0.9、孔径 0.3 厘米（图七四：11）。M17：11，长 3、直径 0.4~1、孔径 0.3 厘米（图七四：6）。M17：12，长 2.8、直径 0.5~1、孔径 0.3 厘米（图七四：9）。M17：13，长 2.4、直径 0.4~1、孔径 0.3 厘米（图七四：12）。M17：14，残长 1.9、直径 1、孔径 0.3 厘米（图七四：7）。M17：16，长 4.4、直径 0.8~1.3、孔径 0.5 厘米（图

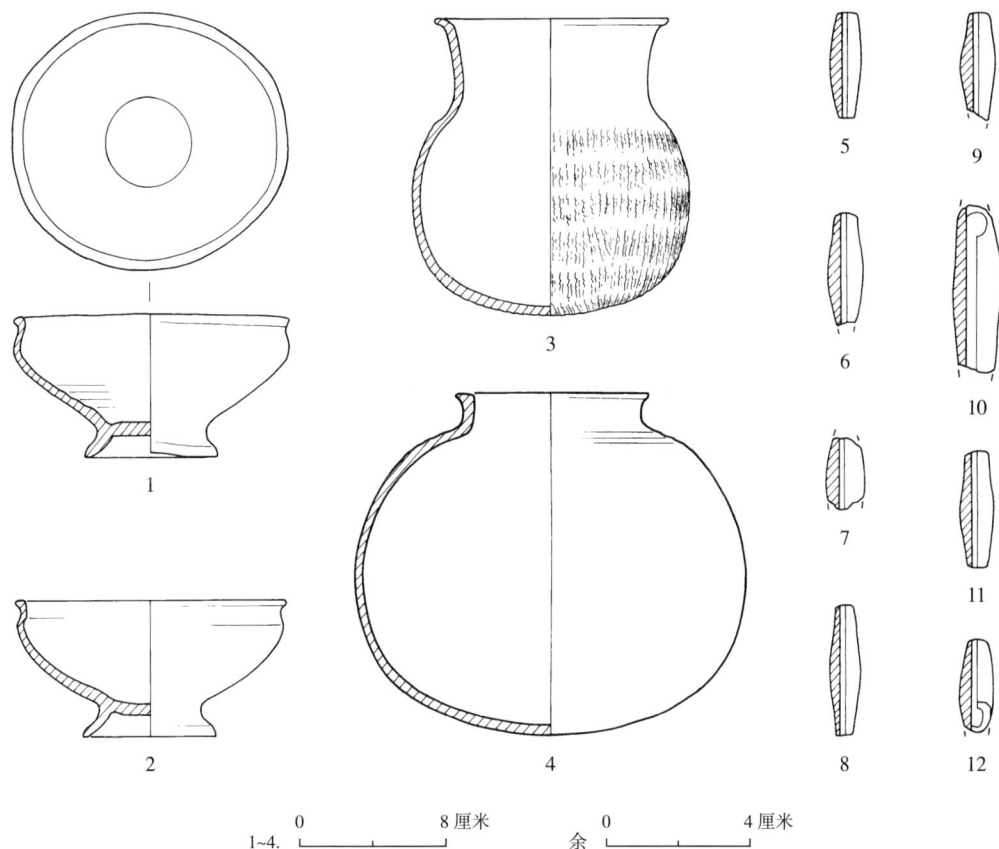

图七四　M17 出土陶器

1、2.豆（M17：1、2）　3、4.高领罐（M17：4、3）　5~12.网坠（M17：8、11、14、9、12、16、10、13）

七四：10）。

2. 铜器

3 件。计有鍪 1、剑 1、手镯 1。

鍪　1 件。M17：5，侈口，长颈，溜肩，鼓腹，圜底。肩颈间饰有一辫索纹竖环耳，肩部饰有一道凹弦纹。口径 12.4、通高 17、最大腹径 17 厘米（图七五：1）。

剑　1 件。M17：7，出土时剑体周边有木质痕迹，可能系木匣。体呈柳叶形，短茎，茎上无穿，身与柄分界明显，两从有血槽。器身铸有虎斑纹，器身下端两面均铸刻有纹饰，一面为手心花蒂纹，另一面为虎纹和巴蜀符号。通长 39.2、宽 3.4 厘米，茎长 6.2、宽 1.1~2.5 厘米（图七五：3，图七六；图版二六：4）。

手镯　1 件。M17：6，圆形，镯面外凸。素面。直径 7.2、宽 0.3 厘米（图七五：2）。

3. 铁器

1 件。M17：15，器类不明。

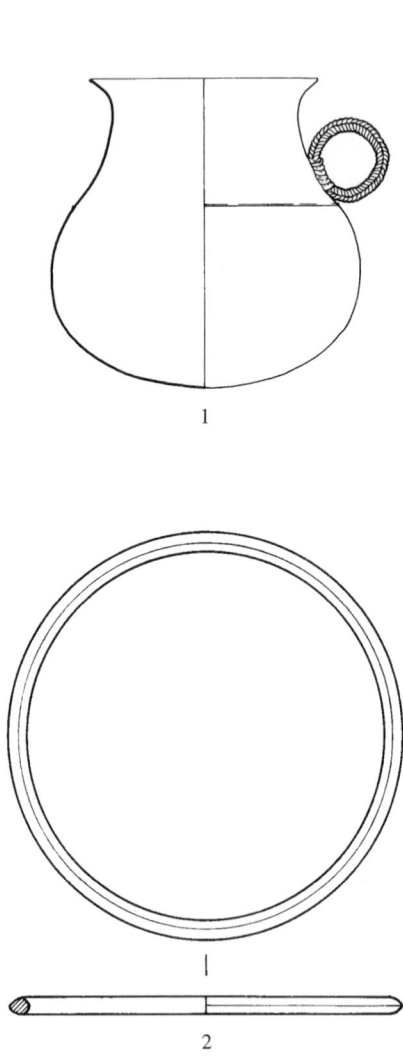

0　　　　　　8厘米
1. ├──┴──┴──┴──┤

0　　　2厘米
2. ├──┴──┤

0　　　　4厘米
3. ├──┴──┤

0　　　　4厘米
├──┴──┤

图七五　M17 出土铜器

1. 鍪（M17：5）　2. 手镯（M17：6）　3. 剑（M17：7）

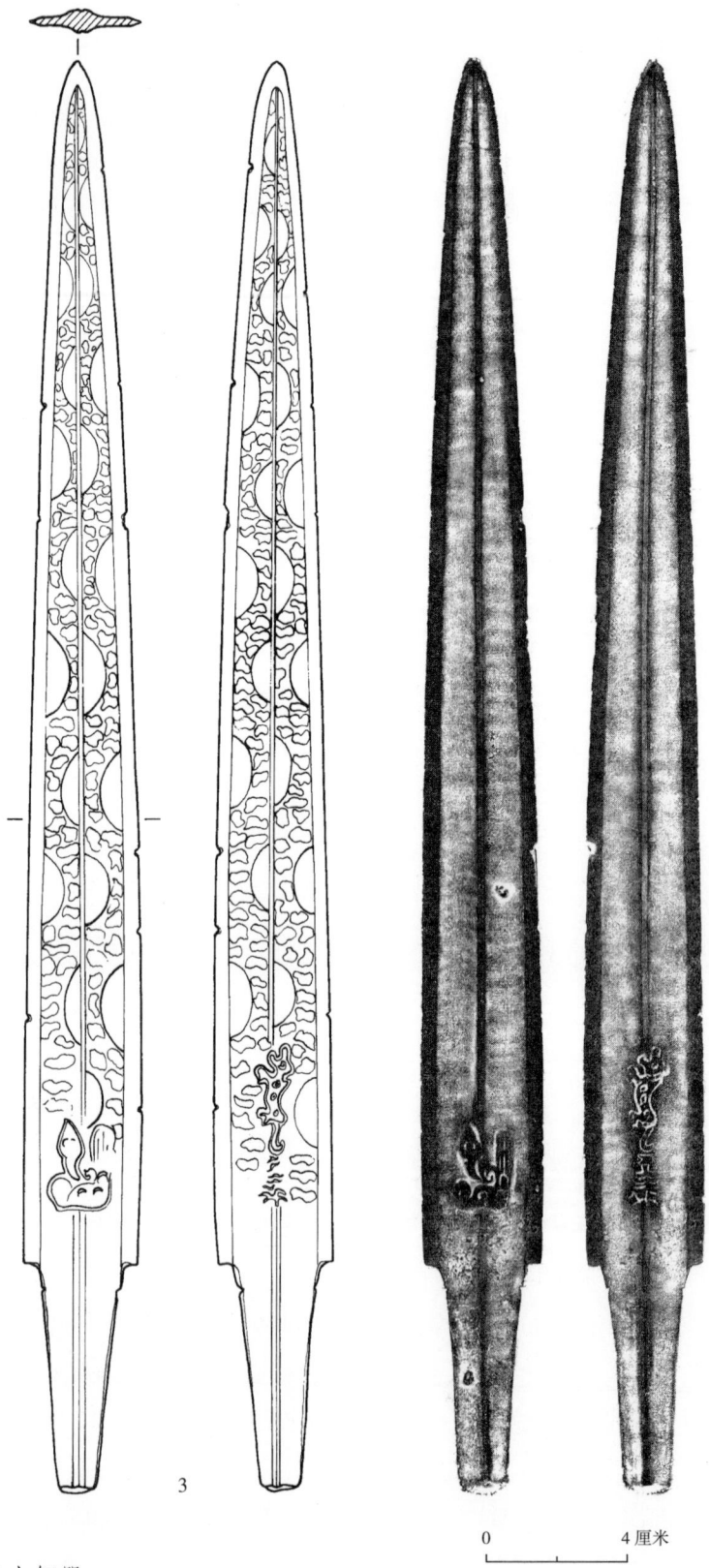

图七六　M17 出土铜剑拓片
（M17：7）

一四　M18

位于 T7429 东南部，被 H4 叠压，打破④、⑤层，并被 M12、H7、H22 打破。

（一）墓葬形制

长方形竖穴土坑墓，方向 187°，墓壁较直，墓底较平。残长 73、残宽 61、深 12 厘米（图七七）。填土为黄褐色沙土。

（二）葬式葬具

未发现葬具，亦未发现葬具朽痕。墓中人骨架保存极差，仅残存头骨和部分上肢骨，推测可能为仰身直肢葬，头向南，面向上，性别、年龄不详。

（三）随葬品

随葬品 6 件。包括铜钺 1、石滑轮 2、珠 3。其中一件石滑轮置于墓主人头骨下，另一件石滑轮置于墓主人口内，珠置于胸部，铜钺置于墓主人上肢骨右侧。

1. 铜器

1 件。计有钺 1。

钺　M18：4，銎口部残，椭圆形銎口，亚腰，弧刃。銎口外饰一道凸棱。残长 9、刃宽 6.6 厘米，銎口长径 4.5、短径 2.5 厘米（图七八：6；图版二六：5）。

2. 石器

2 件。计有滑轮 2。

滑轮　2 件。形制相似。平面呈圆形，剖面呈亚腰形。磨制。M18：3，直径 3、通高 1.1

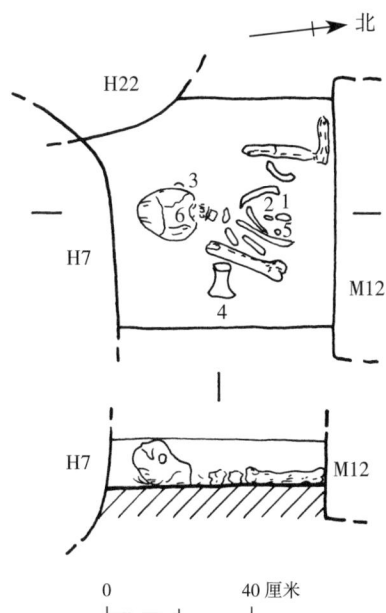

图七七　M18 平、剖面图

1、2、5.珠　3、6.石滑轮　4.铜钺

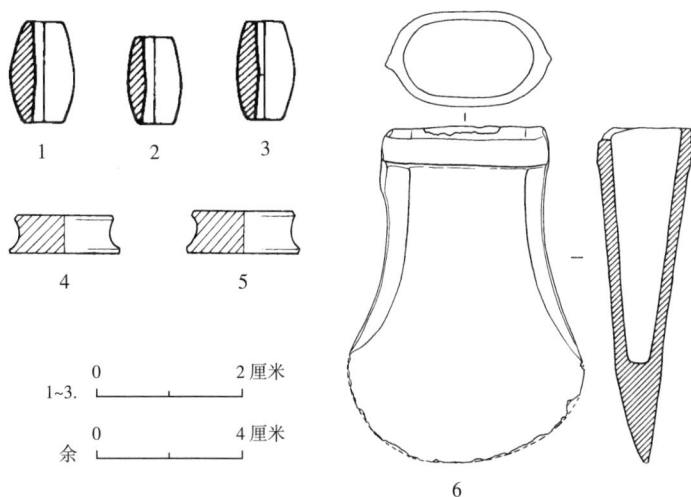

图七八　M18 出土器物

1~3.珠（M18：5、2、1）　4、5.石滑轮（M18：6、3）　6.铜钺（M18：4）

厘米（图七八：5）。M18：6，直径3.1、通高1.1厘米（图七八：4）。

3. 珠

3件。形制相似。角质，通体黑色，体呈椭圆形，中空。M18：1，长1.3、直径0.8、孔径0.2厘米（图七八：3）。M18：2，长1.2、直径0.7、孔径0.2厘米（图七八：2）。M18：5，长1.4、直径0.9、孔径0.2厘米（图七八：1）。

一五　M19

位于T7329东北部，部分叠压于该探方的北隔梁下，开口于③层下，被M10和空墓M11打破，并打破④层和M30、M31。

（一）墓葬形制

长方形竖穴土坑墓，方向180°，墓壁较直，墓底北高南低。长370、宽77、深26~42厘米（图七九）。填土为黄褐色沙土。

（二）葬式葬具

未发现葬具，亦未发现葬具朽痕。墓中人骨架腐朽无存，性别、年龄不详，头向、面向、葬式不明。

（三）随葬品

随葬品11件。全部为陶器。包括陶豆6、陶高领罐1、陶釜1、陶圈底罐1、陶壶1、

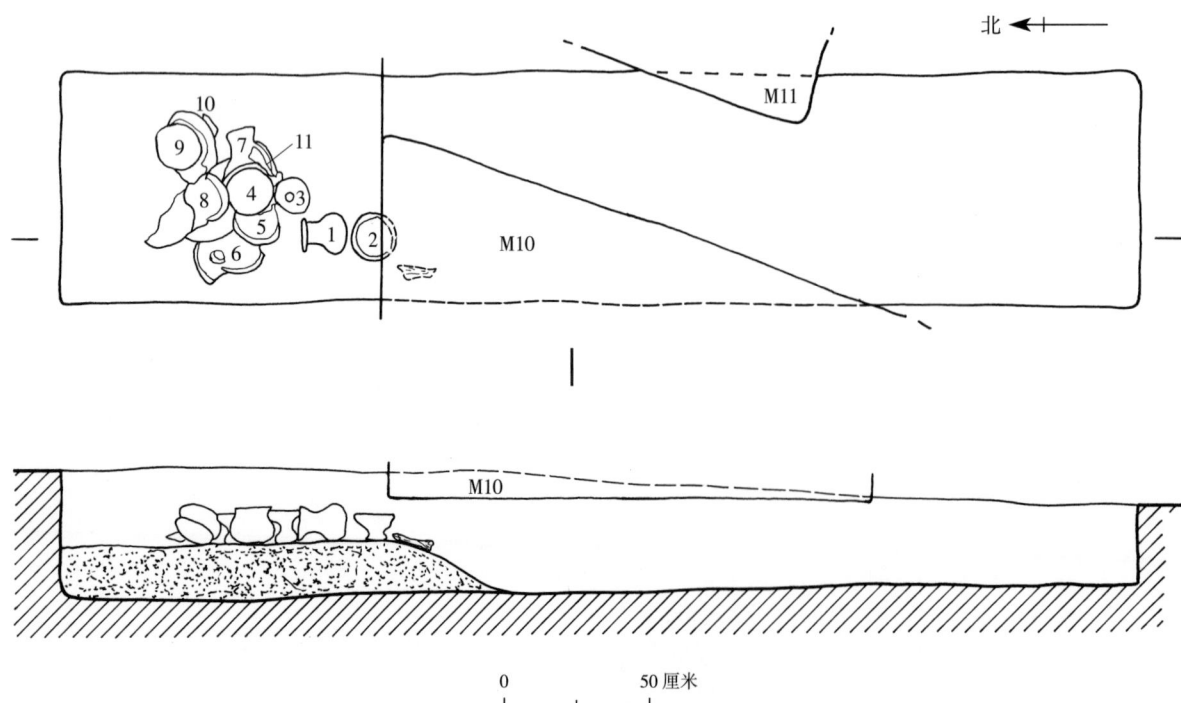

图七九　M19平、剖面图

1.陶壶　2~4、6、9、10.陶豆　5.陶釜　8.陶高领罐　7.陶圈底罐　11.陶网坠

陶网坠 1（图版二七：1）。所有陶器集中在墓室北端。

豆　6 件。依据形制的不同可分为两种类型。

第一种　5 件。斜直腹。M19：2，夹砂红褐陶，圆唇，直口，鼓肩，喇叭状圈足。口下一周凹弦纹。口径 15、底径 7.4、通高 7.4 厘米（图八〇：7；图版二七：2）。M19：3，夹砂红褐陶，圆唇，直口，鼓肩，喇叭状圈足。口下饰一周凹弦纹。口径 14.8、底径 7.4、通高 7.4 厘米（图八〇：1）。M19：4，夹砂灰褐陶，圆唇，口微敛，鼓肩，圈足残。沿下一周凹弦纹。口径 14.6、残高 6.4 厘米（图八〇：6）。M19：6，夹砂褐陶，尖圆唇，窄斜沿，口微侈，圈足残。口径 15.4、残高 6 厘米（图八〇：8）。M19：9，夹砂褐陶，方唇，直口，鼓肩，喇叭状圈足。口径 14.2、足径 7.6、通高 7 厘米（图八〇：5；

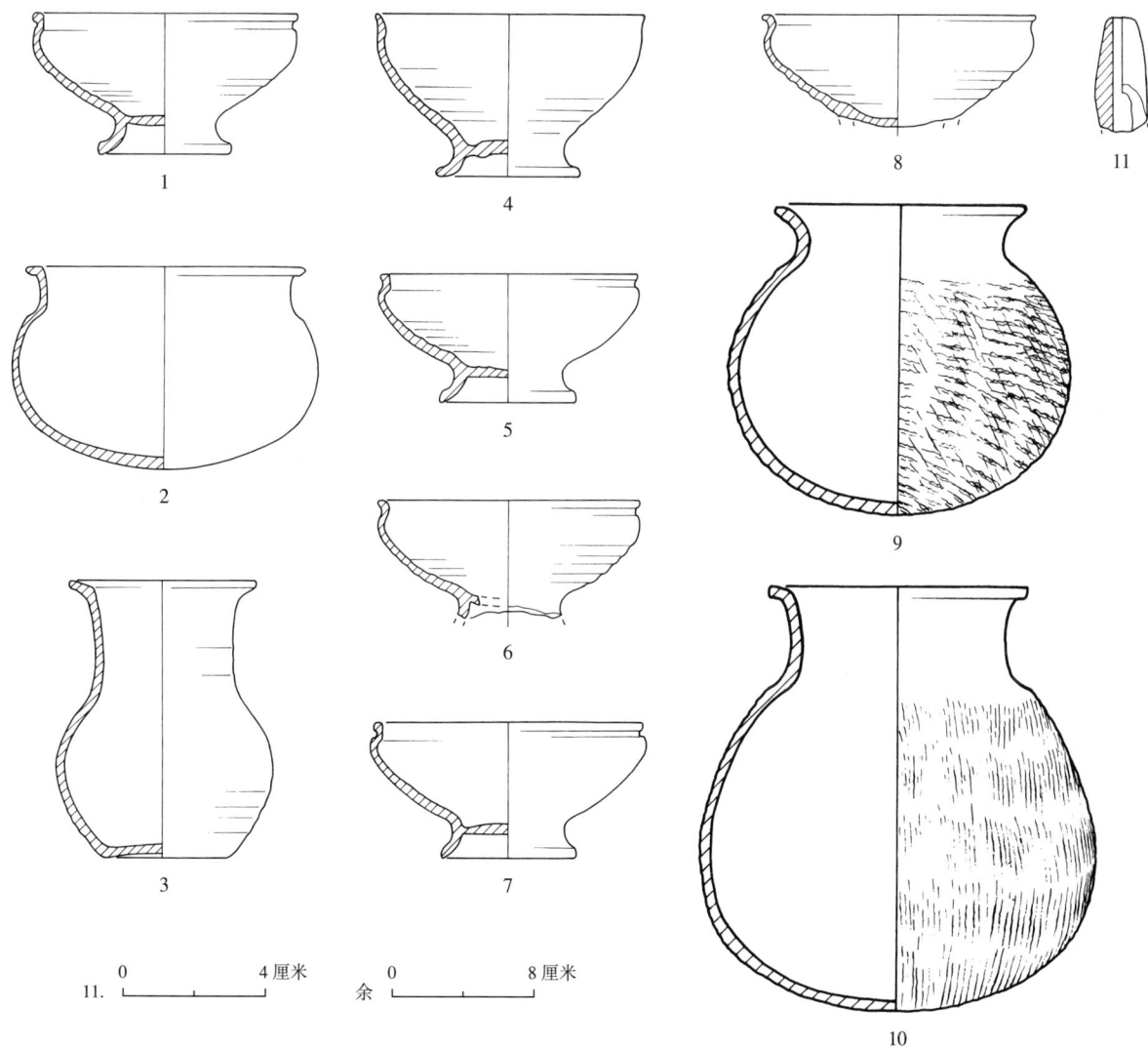

图八〇　M19 出土陶器

1、4~8.豆（M19：3、10、9、4、2、6）　2.釜（M19：5）　3.壶（M19：1）　9.圜底罐（M19：7）　10.高领罐（M19：8）
11.网坠（M19：11）

图版二七：3）。

第二种　1件。弧腹。M19：10，夹砂褐陶，尖唇，侈口，弧腹，深盘，喇叭形圈足。素面。口径15、足径8、通高8.6厘米（图八〇：4；图版二八：1）。

釜　1件。M19：5，泥质褐陶，圆唇，平沿，口微侈，高领，溜肩，鼓腹，圜底。素面。口径15.6、腹径16.8、通高11厘米（图八〇：2；图版二八：2）。

圜底罐　1件。M19：7，夹砂灰褐陶，圆唇，侈口，束颈，广肩，圆鼓腹，圜底。肩部以下饰交错粗绳纹。口径14.2、通高16.8、腹径19.2厘米（图八〇：9；图版二八：3）。

壶　1件。M19：1，夹砂红褐陶，圆唇，宽斜沿，侈口，长颈，溜肩，鼓腹，平底内凹。口径10.4、底径7、通高15厘米（图八〇：3；图版二八：4）。

高领罐　1件。M19：8，泥质褐陶，方唇，窄斜沿，侈口，高领，溜肩，鼓腹略垂，圜底。肩部以下饰纵向绳纹。口径14.6、腹径22.4、通高23厘米（图八〇：10；图版二八：5）。

网坠　1件。M19：11，夹砂黑陶，残，体呈椭圆形。长3、宽0.8~1.4、孔径0.6厘米（图八〇：11）。

一六　M20

位于T7727西南部，部分叠压于该探方的南壁下，未进行扩方发掘。开口于⑥层下，打破⑦、⑧层。

（一）墓葬形制

不规则长方形竖穴土坑墓，方向195°，北部较宽，南部较窄，墓壁较直，墓底较平。长170~184、宽70~80、深60厘米（图八一）。填土为黄褐色沙土，包含少量的木炭。

（二）葬式葬具

未发现葬具，亦未发现葬具朽痕。墓中人骨架腐朽无存。在该墓葬的开口处放置有一堆脊椎动物的骨骼和一件残铜矛，可能是在墓葬掩埋过程中的一种仪式。

（三）随葬品

随葬品16件。主要是陶器，包括陶豆10、陶尖底盏2、陶釜1、陶钵1、铜矛1、铜鍪1。铜鍪和所有陶器置于墓室的南端。

1. 陶器

14件。计有豆10、尖底盏2、釜1、钵1（图版二九：1）。

豆　10件。依据形制的不同可分为两种类型。

第一种　4件。中柄豆，形制相似。出土时两两相扣合，均为尖唇，直口微敛，浅腹，盘形似一尖底盏，中柄，喇叭状圈足。M20：1，夹砂灰陶。口径10、底径7.2、通高6.2厘米（图八二：1；图版二九：2）。M20：2，夹砂红褐陶。口径10.4、底径6.4、通高4.8厘米（图八二：2；图版二九：3）。M20：5，夹砂红胎黑皮陶。口径10.6、底径7.4、通高5.6厘米（图八二：11；图版二九：4）。M20：6，夹砂红胎黑皮陶，圈足残。口径10.4、残高4厘米（图八二：5）。

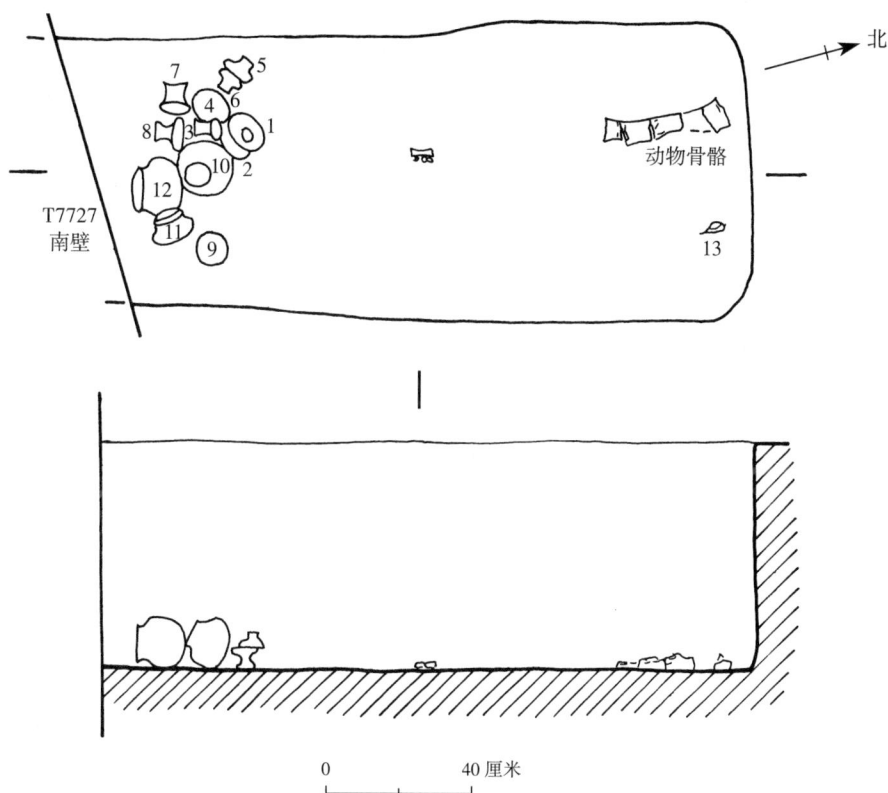

图八一　M20平、剖面图

1~8、15、16. 陶豆　9、14. 陶尖底盏　10. 铜鍪　11. 陶钵　12. 陶釜　13. 铜矛

第二种　6件。矮柄豆，形制相似。方唇，敛口，弧腹，喇叭状圈足。M20：3，夹砂红胎黑皮陶，圈足残。口下部有两道凹弦纹。口径12、残高5厘米（图八二：3）。M20：4，夹砂红胎黑皮陶，口下部有两道凹弦纹。口径11.4、底径7.6、通高6厘米（图八二：4；图版二九：5）。M20：7，夹砂红胎黑皮陶，口下部有两道凹弦纹。口径12、底径7、通高7.6厘米（图八二：6；图版三〇：1）。M20：8，夹砂红胎黑皮陶，口下部有两道凹弦纹。口径10.8、底径6.8、通高6厘米（图八二：7）。M20：15，夹砂红胎黑皮陶，口部残。底径8、残高5.6厘米（图八二：9）。M20：16，残甚，夹砂红胎黑皮陶。

尖底盏　2件。形制相似。圆唇，直口，腹极浅。M20：9，夹砂红胎黑皮陶，口径11、通高3.4厘米（图八二：8）。M20：14，夹砂红胎黑皮陶。口径10.6、通高2.8厘米（图八二：12）。

钵　1件。M20：11，夹砂褐陶，尖唇，窄平沿，直口微侈，溜肩，腹微鼓，圜底。底部饰绳纹。口径12、通高6.2厘米（图八二：10；图版三〇：2）。

釜　1件。M20：12，夹砂褐陶，尖圆唇，宽斜沿，束颈，溜肩，鼓腹。口径14.8、通高9.6厘米（图八二：13；图版三〇：3）。

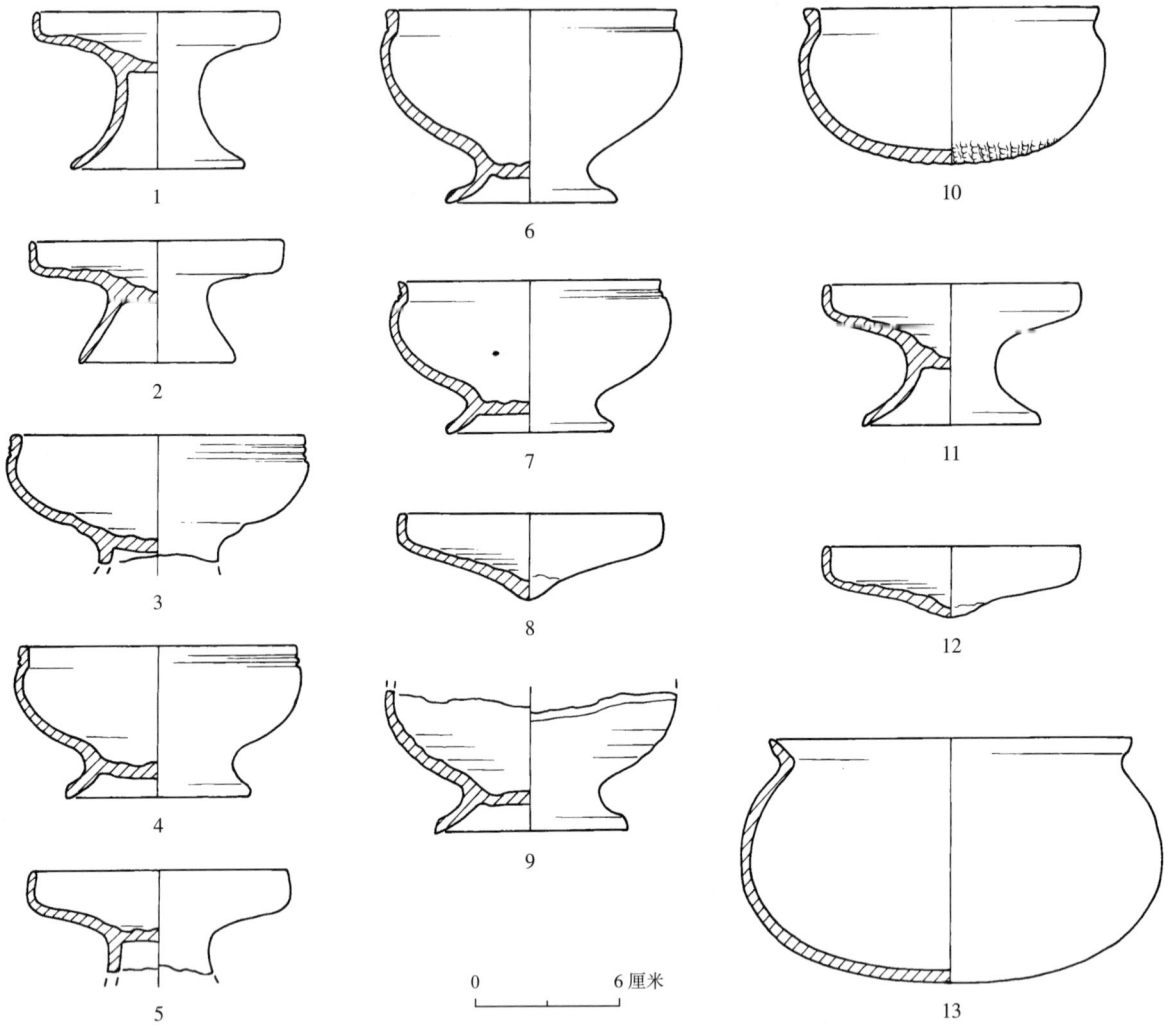

图八二　M20 出土陶器

1～7、9、11.豆（M20：1、2、3、4、6、7、8、15、5）　8、12.尖底盏（M20：9、14）　10.钵（M20：11）　13.釜（M20：12）

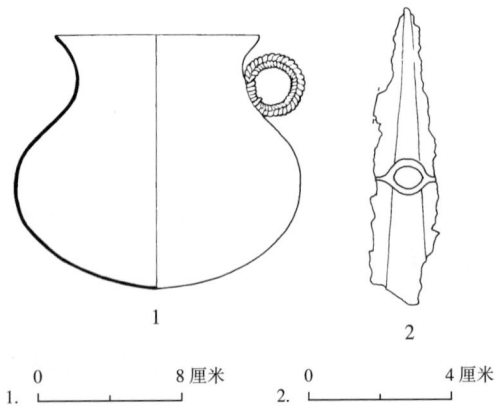

图八三　M20 出土铜器

1.鍪（M20：10）　2.矛（M20：13）

2. 铜器

2 件。计有鍪 1、矛 1。

矛　1 件。M20：13，残，仅存矛尖部分，宽叶。残长 7.8、刃宽 1.8 厘米（图八三：2）。

鍪　1 件。M20：10，侈口，束颈，溜肩，圆鼓腹，圜底，肩颈之间饰有一辫索纹竖环耳。口径 11.2、通高 13.4、最大腹径 15.8 厘米（图八三：1）。

一七　M21

位于 T7725 东北部，开口于⑥层下，打破⑦层。

（一）墓葬形制

长方形竖穴土坑墓，方向 180°。长 266、宽 80、深 42 厘米（图八四）。填土为黄褐色沙土。

（二）葬式葬具

未发现葬具，亦未发现葬具朽痕。人骨保存极差，仅存头骨和部分肢骨，推测可能为仰身直肢葬，头向南，面向上，性别、年龄不详。

（三）随葬品

随葬品 6 件。主要是铜器和陶器，包括陶平底罐 1、陶钵 1、铜印章 1、铜箭镞 2、铁器 1。铁器置于墓主人头骨上方，箭镞置于墓主人胸部，陶平底罐和陶钵置于下肢骨右侧，印章置于左侧下肢骨旁。

1. 陶器

2 件。计有平底罐 1、钵 1。

平底罐　1 件。M21：2，夹细砂灰胎黑皮陶，残，仅存底部，斜腹，平底。素面。底径 8.2、残高 2 厘米（图八五：5）。

钵　1 件。M21：3，夹细砂褐陶，腹以上残，鼓腹，圜底。腹以下饰纵向绳纹。腹

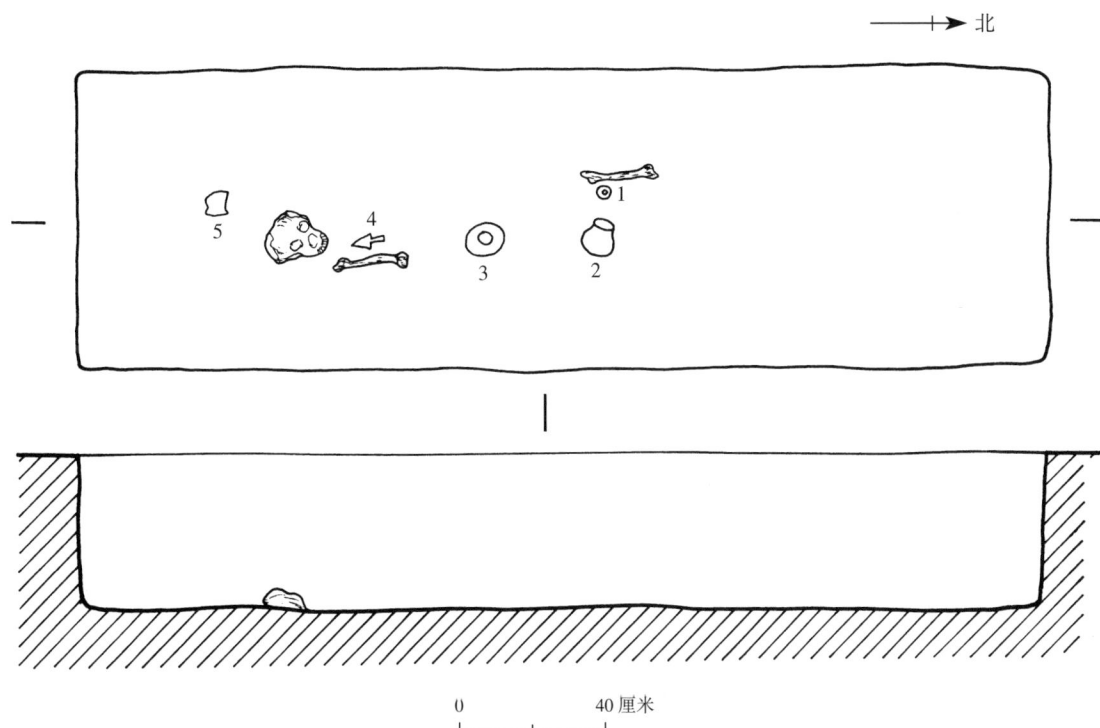

图八四　M21 平、剖面图

1. 铜印章　2. 陶平底罐　3. 陶钵　4、6. 铜箭镞　5. 铁器

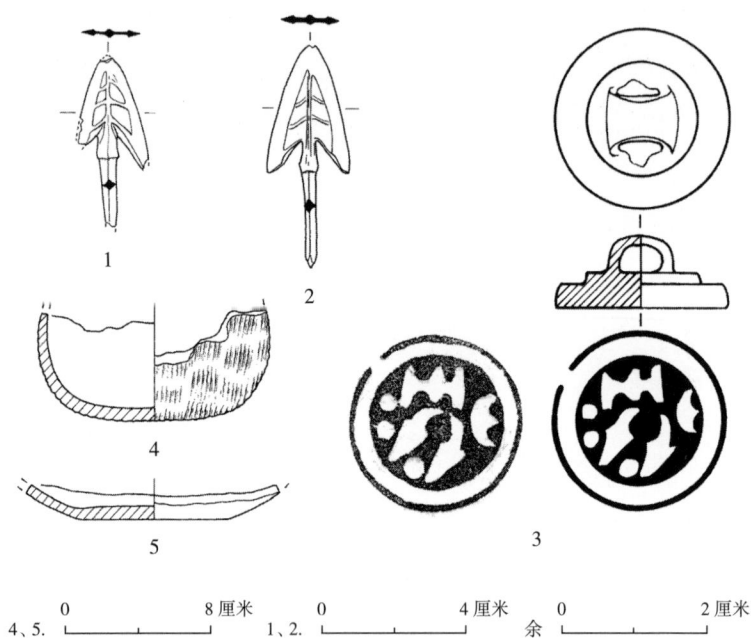

图八五　M21 出土器物

1、2. 铜箭镞（M21：6、4）　3. 铜印章（M21：1）　4. 陶钵（M21：3）　5. 陶平底罐（M21：2）

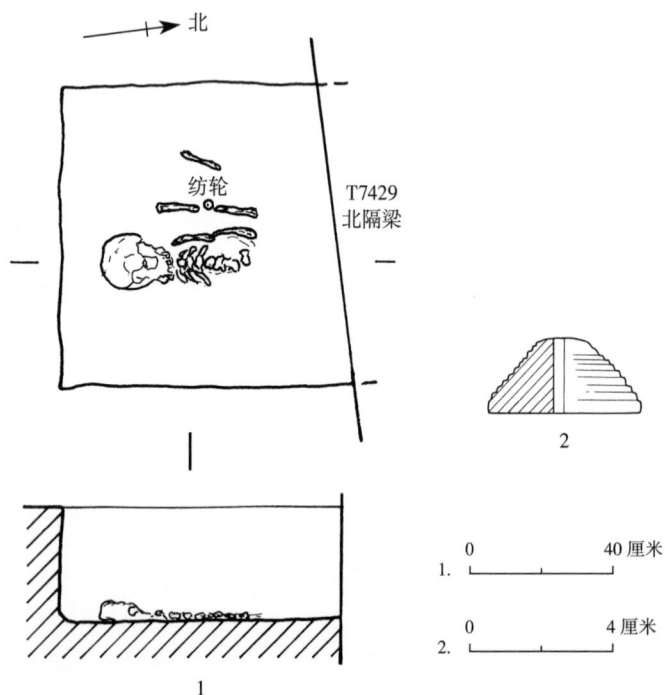

图八六　M22 平、剖面图及出土器物

1. 平、剖面图　2. 陶纺轮（M22：1）

径 12.6、残高 5.8 厘米（图八五：4）。

2. 铜器

3 件。计有印章 1、箭镞 2。

印章　1 件。M21：1，圆形，桥形钮，阴文。印面由花蒂、"王"、月亮等巴蜀符号构成。直径 2.4、高 1 厘米（图八五：3；图版三〇：4、5）。

箭镞　2 件。形制相似。双翼，体呈三角形，长铤式。镞身中脊隆起，两面各有 4 个凹槽，双翼呈倒刺状。M21：4，铤部略残，长 6、宽 2.2 厘米，铤长 2.6、宽 0.4 厘米（图八五：2）。M21：6，双翼和铤部略残，残长 4.5、宽 2 厘米，铤长 1.8、宽 0.4 厘米（图八五：1）。

3. 铁器

1 件。M21：5，锈蚀严重，形制不清。

一八　M22

位于 T7429 北部，开口于③层下，被 H4 叠压，并打破④层、M28。

（一）墓葬形制

长方形竖穴土坑墓。方向 190°，墓壁较直，墓底较平。残长 80、宽 80、深 30 厘米（图八六：1）。填土为黄褐色沙土，土质较硬。

（二）葬式葬具

未发现葬具，亦未发现葬具朽痕。人骨保存极差，仅存头部和部分上肢骨，从头骨和上肢骨摆放位置推断可能为侧身葬，头向南，面向右。

（三）随葬品

随葬品 1 件。为陶纺轮。置于墓主人的左上肢旁。

纺轮　1 件。M22：1，泥质灰褐陶，剖面呈梯形。上有弦纹八周。直径 1~4.2、孔径 0.6、通高 2 厘米（图八六：2）。

一九　M23

位于 T7429 中东部，被 H4 叠压，打破④层，并被 M28 和 H22 打破。

（一）墓葬形制

不规则长方形竖穴土坑墓，方向 187°，墓室南部较宽，可能与灰坑打破有关，墓壁较直，墓底较平。长 250、宽 64~78、深 34 厘米（图八七；图版三一：1）。填土为黄褐色沙土。

（二）葬式葬具

未发现葬具，亦未发现葬具朽痕。人骨保存较差，为仰身直肢葬，双手平放于身体的左右两侧，头向南，面向上，性别、年龄不详。

（三）随葬品

随葬品 3 件。包括陶纺轮 1、铜钺 1、铜削刀 1。铜削刀置于墓主人右手旁，陶纺轮和

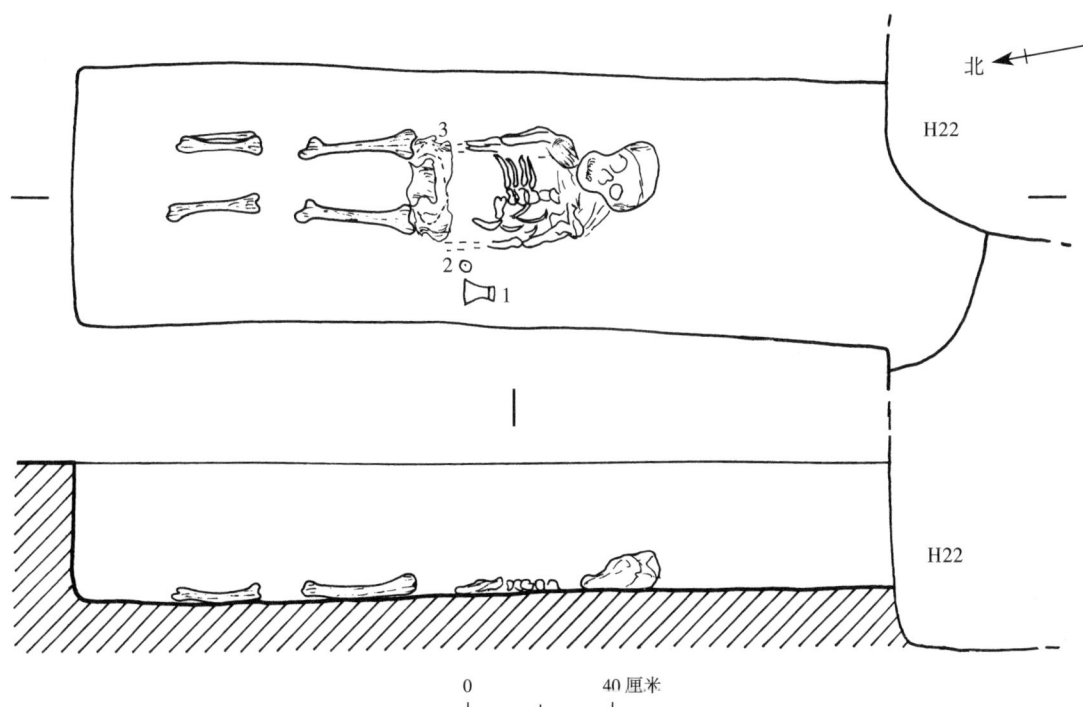

图八七　M23 平、剖面图

1.铜钺　2.陶纺轮　3.铜削刀

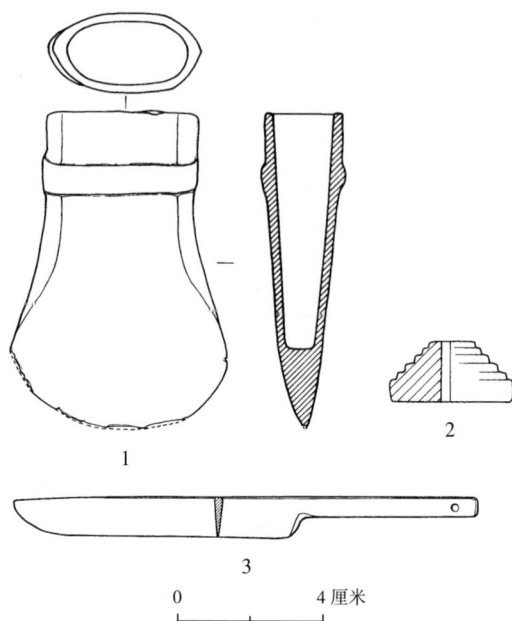

图八八　M23 出土器物

1. 铜钺（M23：1）　2. 陶纺轮（M23：2）　3. 铜削刀
（M23：3）

铜钺置于墓主人左手旁。

1. 陶器

1 件。计有纺轮 1。

纺轮　M23：2，泥质灰褐陶，塔形。上有弦纹八周。直径 1.2~3.4、孔径 0.6、通高 1.6 厘米（图八八：2）。

2. 铜器

2 件。计有钺 1、削刀 1。

钺　1 件。M23：1，椭圆形銎口，喇叭形器身，弧刃。銎口外有一凸棱，凸棱较宽。通长 8.3，刃宽 6 厘米，銎口长径 4.2、短径 2 厘米（图八八：1；图版三一：2）。

削刀　1 件。M23：3，直柄，直背，直刃。柄下端有一圆穿。通长 12.8 厘米，柄长 4.8、宽 0.5 厘米，刃长 8、宽 1 厘米（图八八：3；图版三一：3）。

二〇　M24

位于 T7726 西部，部分叠压于该探方的北壁和 T7725 的东隔梁下，未进行扩方发掘。开口于⑥层下。

（一）墓葬形制

不规则长方形竖穴土坑墓，方向 190°，墓壁较直，墓底较平。长 250、宽 73、深 42 厘米（图八九；图版三二：1）。填土为黄褐色沙土，填土中包含少量的木炭。

（二）葬式葬具

在墓室的西部发现有一道木质炭化的痕迹，推测可能存在木棺。墓中人骨架基本不存，仅存少量的下肢骨。从下肢骨所处位置和其他墓葬情况推断，墓主人头向南，葬式不清，性别、年龄、面向不详。

（三）随葬品

随葬品 20 件。主要是陶器，包括陶豆 6、陶圜底罐 3、陶纺轮 1、铜钺 1、铜印章 3、铜釜甑 1、珠 5。印章、陶纺轮和珠置于墓室南端，应为墓主人头骨所在区域；铜钺置于墓室中部西侧，应为墓主人左手所在；铜釜甑、铜鍪和所有的陶器置于墓主人脚下。

1. 陶器

10 件。计有豆 6、圜底罐 3、纺轮 1（图版三二：2）。

豆　6 件。依据腹部的不同可分为两种类型。

第一种　2 件。斜直腹。M24：14，夹砂灰陶，口部因烧造变形严重，圆唇，窄斜沿，敛口，

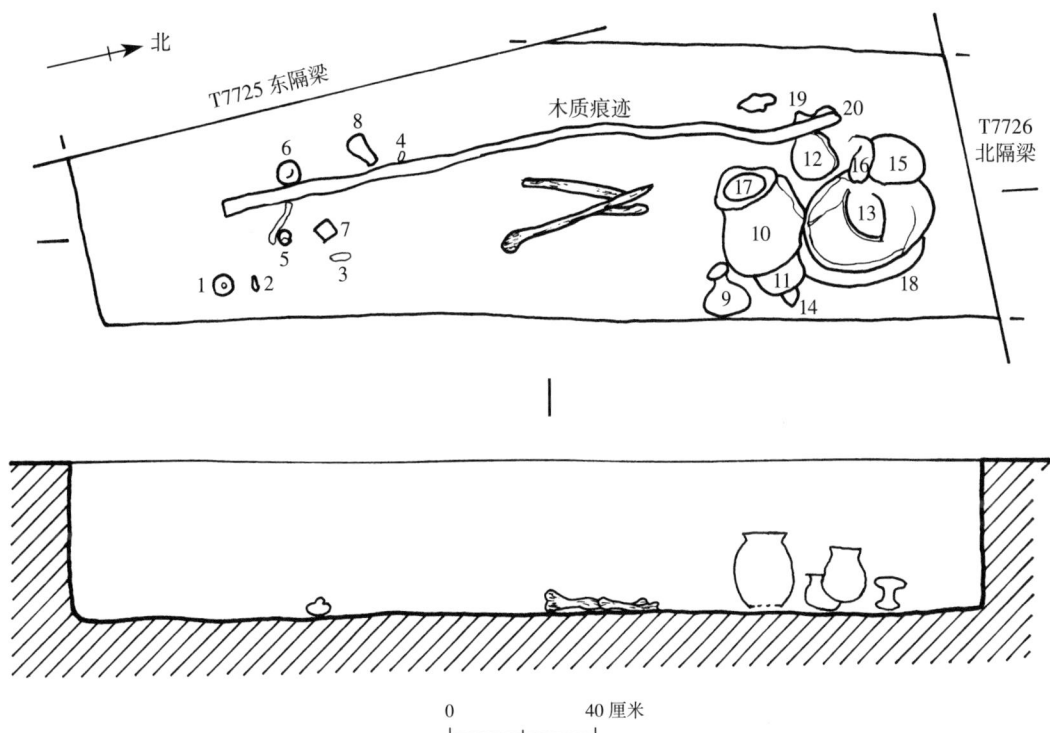

图八九　M24 平、剖面图

1.陶纺轮　2、3、4、19、20.珠　5~7.铜印章　8.铜钺　9、11、12、14~16.陶豆　10、13、17.陶圜底罐　18.铜釜甑

鼓肩，喇叭状圈足，圈足下部略残。口径 13.8、残高 8.2 厘米（图九〇：5）。M24：15，夹砂灰陶，尖圆唇，窄平沿，鼓肩，圈足残。口径 14.4、残高 5.8 厘米（图九〇：8）。

第二种　4件。弧腹。M24：9，夹砂红胎黑皮陶，口部残，喇叭状圈足。底径 7.8、通高 7.4 厘米（图九〇：7）。M24：11，夹砂红胎黑皮陶，圆唇，窄斜沿，腹以下残。口下部有一道凹弦纹。残高 2.4 厘米（图九〇：9）。M24：12，夹砂褐陶，尖圆唇，窄斜沿，敛口，喇叭状圈足。口下部有三道凹弦纹。口径 12.6、底径 7.6、通高 7.2 厘米（图九〇：4；图版三三：1）。M24：16，夹砂红胎黑皮陶，尖圆唇，窄斜沿，敛口，圈足残。口径 15.2、通高 6.4 厘米（图九〇：6）。

圜底罐　3件。依据形制的不同可分为两种类型。

第一种　2件。圆鼓腹。形制相似。M24：17，夹砂红褐陶，圆唇，侈口，束颈，广肩，圜底。肩部以下饰横向粗绳纹。口径 12、通高 15.8 厘米（图九〇：1；图版三三：2）。M24：10，夹砂红褐陶，圆唇，侈口，束颈，广肩，圜底。肩部以下是横向粗绳纹。口径 11.2、通高 22 厘米（图九〇：3）。

第二种　1件。扁圆鼓腹。M24：13，夹砂红褐陶，尖圆唇，侈口，束颈，弧肩，圜底。口下部有戳印纹，肩部以下饰横向绳纹。口径 15.6、腹径 24.4、通高 24.4 厘米（图九〇：2；图版三三：3）。

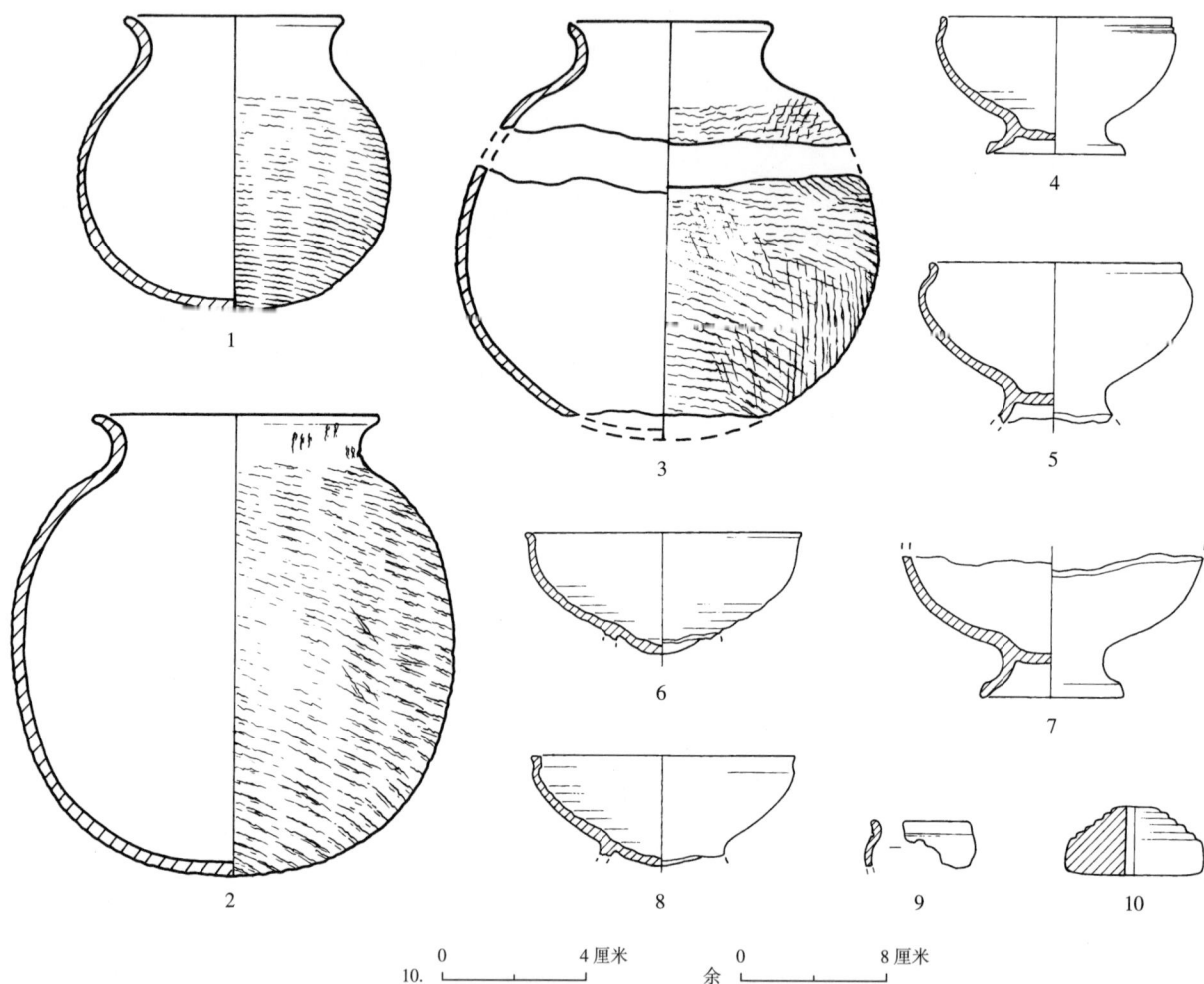

图九〇　M24 出土陶器

1~3.圜底罐（M24：17、13、10）　4~9.豆（M24：12、14、16、9、15、11）　10.纺轮（M24：1）

纺轮　M24：1，泥质褐陶，剖面呈梯形。上有弦纹六周。直径 1.2~3.8、孔径 0.6、通高 1.8 厘米（图九〇：10）。

2. 铜器

5 件。计有钺 1、釜甑 1、印章 3。

钺　1 件。M24：8，銎口略残，椭圆形銎口，直腰，圆形刃。銎口外有一道凸棱，凸棱饰下有三角形纹。通长 9、刃宽 6.2 厘米，銎口长径 4、短径 2 厘米（图九一：1；图版三三：4）。

釜甑　1 件。M24：18，出土时底部烟炱痕迹明显。为釜、甑分铸后再由甑底圈足和釜口圈足相套合而成，甑部为斜立沿，鼓腹，肩部饰有两瓣索纹竖环耳，甑底有呈放射状的箅孔。甑部为圆鼓腹，圜底近平，下有三小足，肩部亦饰有两个瓣索纹竖环耳。口径 25.4、通高 34.8 厘米（图九一：2）。

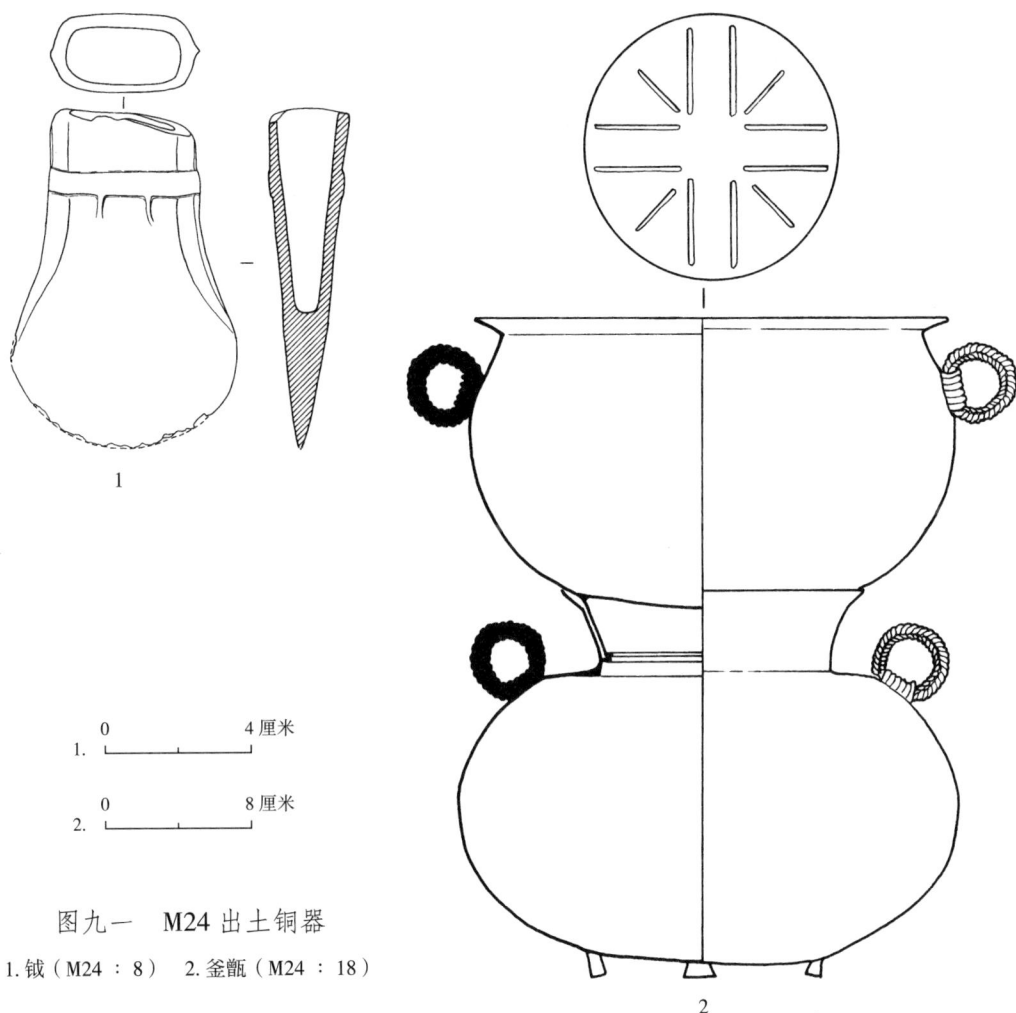

图九一　M24 出土铜器

1.钺（M24∶8）　2.釜甑（M24∶18）

印章　3 件。依据印面的不同可分为两种类型。

第一种　2 件。圆形印章。M24∶5，圆形，桥形钮，阳文。印面由花蒂、山、"王"等构成。直径 3.8、通高 1 厘米（图九二∶1；图版三三∶5）。M24∶6，圆形，桥形钮，阳文。印面由云纹等巴蜀符号构成。直径 3.2、通高 1 厘米（图九二∶3；图版三三∶6）。

第二种　1 件。方形印章。M24∶7，方形，桥形钮，阳文。印面由人物、手心和星等巴蜀符号构成。长 2.8、宽 2.8、通高 1 厘米（图九二∶2；图版三三∶7）。

3. 珠

5 件。计有角珠 3、玉珠 1、陶珠 1。

角珠　3 件。形制相似。黑色，圆形，中空。M24∶2，残损严重。M24∶3，长 1.5、直径 0.8、孔径 0.2 厘米（图九二∶6）。M24∶4，长 2.1、直径 1.2、孔径 0.4 厘米（图九二∶5）。

玉珠　1 件。M24∶19，体呈浅绿色，圆柱形，中空。长 1.4、直径 0.8、孔径 0.4 厘米（图九二∶4）。

陶珠　1 件。M24∶20，扁球形，中有一圆穿，整体为绿色，上有 12 个深绿色不规则圆点，

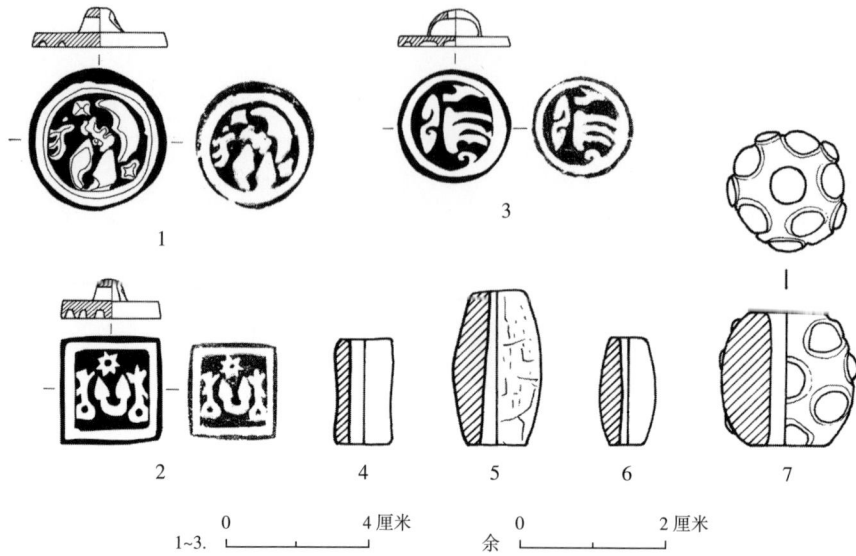

图九二　M24 出土铜印章及珠

1~3. 铜印章（M24：5、7、6）　4~7. 珠（M24：19、4、3、20）

其外均有一周黄褐色圆圈。直径 1.8、孔径 0.4、高 1.8 厘米（图九二：7）。

二一　M25

位于 T7826 西北部，部分叠压于该探方的北隔梁下，开口于⑥层下，打破⑦层。

（一）墓葬形制

长方形竖穴土坑墓，方向 180°，墓壁较直，墓底略平。长 320、宽 80、深 42 厘米（图九三；图版三四：1）。填土为黄褐色沙土，土质较硬，含少量的木炭。

（二）葬式葬具

未发现葬具，亦未发现葬具朽痕。墓中人骨架保存较差，为侧身直肢葬，头向南，面向左，双手平放于身体的左右两侧，性别、年龄不详。

（三）随葬品

随葬品 21 件。主要是陶器和铜器。包括陶豆 4、陶瓮 1、陶盂 2、陶器盖 1、铜鍪 1、铜剑 1、铜矛 1、铜钺 1、铜釜甑 1、铜印章 1、铜箭镞 5、玉片 1、料珠 1。铜器中的剑、钺、箭镞周围可见木质炭化痕迹，推测可能有木制的包装物或木柄。玉片置于墓主人口部，铜矛置于墓主人左上肢骨旁，铜剑佩戴于腰间，印章和箭镞分别置于盆骨左右两侧，铜鍪、铜釜甑和所有陶器均置于脚下。

1. 陶器

8 件。豆 4、瓮 1、盂 2、器盖 1（图版三四：2）。

豆　4 件。依据腹部的不同可分为两种类型。

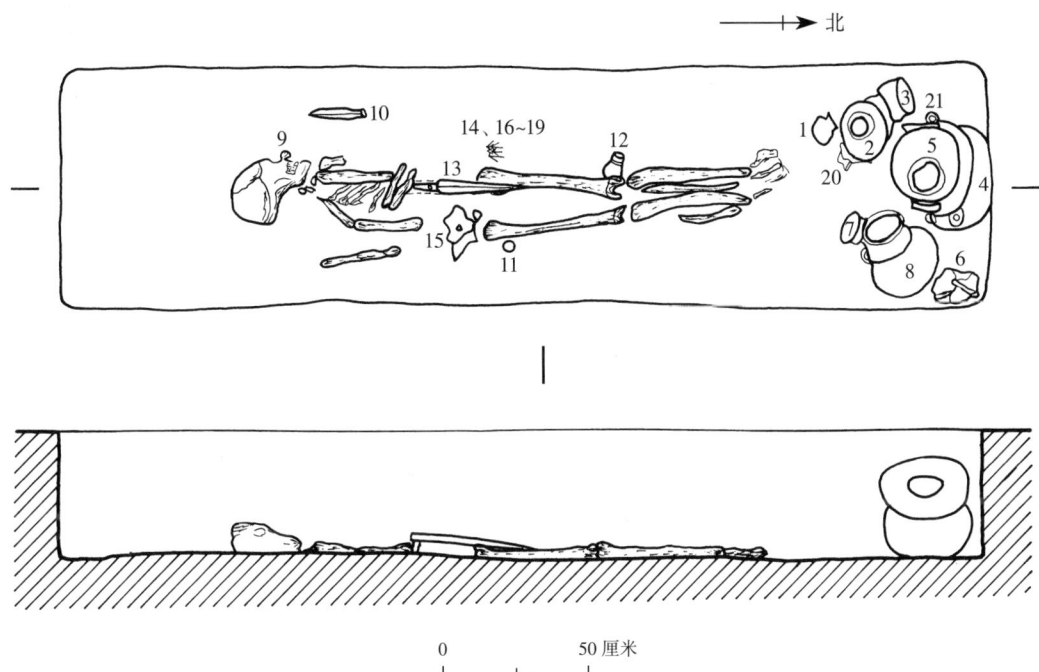

图九三　M25 平、剖面图

1.铜鍪　2~5.陶豆　6、7.陶盂　8.铜釜甑　9.玉片　10.铜矛　11.铜印章　12.铜钺　13.铜剑　14、16~19.铜箭镞　15.珠　20.陶器盖　21.陶瓮

第一种　2件。斜腹直。形制基本相似。M25：3，泥质灰陶，圆唇，窄斜沿，敛口，喇叭形圈足。口径14.2、底径7.4、通高7.6厘米（图九四：3；图版三五：1）。M25：4，泥质红褐陶，圆唇，窄平沿，直口，内壁轮制痕迹明显。口径15、底径7.8、通高8厘米（图九四：2；图版三五：2）。

第二种　2件。弧腹。M25：2，泥质灰陶，圆唇，窄斜沿，内壁轮制痕迹明显。口径14、底径7、通高7.2厘米（图九四：1；图版三五：3）。M25：5，残，夹砂红胎黑皮陶，窄斜沿，敛口，圈足较小。残高3.4厘米（图九四：5、6）。

瓮　1件。M25：21，夹砂红褐陶，圆唇，侈口，束颈，溜肩，圆鼓腹。腹下部残。肩部以下饰绳纹，腹上部饰有五道弦纹，中间两道弦纹之间戳印有一周连续三角形纹。口径14、残高22.8厘米（图九四：4）。

盂　2件。依据形制的不同可分为两种类型。

第一种　1件。鼓肩。M25：6，夹砂灰陶，尖圆唇，侈口，鼓肩，斜直腹，平底。素面。口径9.4、底径9、通高10.6厘米（图九四：7；图版三五：4）。

第二种　1件。鼓腹。M25：7，泥质灰陶，方唇，直口，肩部略折，圆鼓腹，平底。素面。口径14.4、底径9.6、通高12厘米（图九四：9；图版三五：5）。

器盖　1件。M25：20，夹砂褐陶，方唇，斜直腹，饼形钮，内壁可见轮制痕迹。口径15.6、钮径4.4、通高3.8厘米（图九四：8；图版三五：6）。

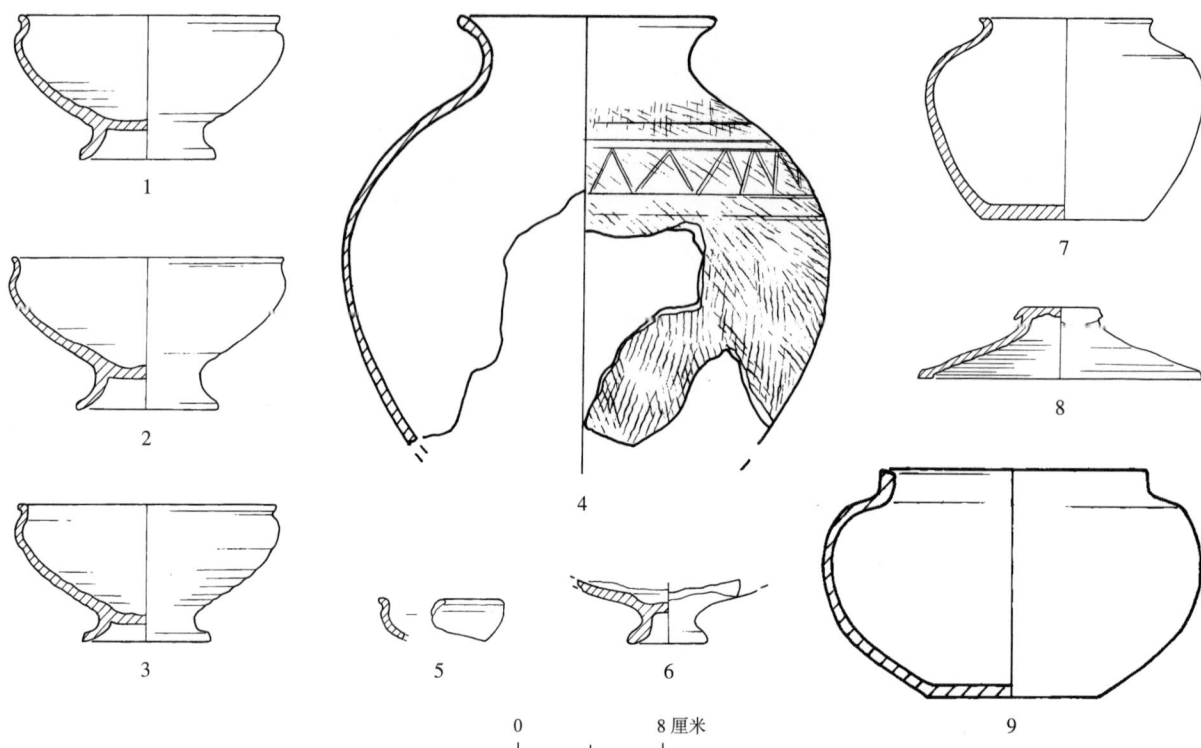

图九四　M25 出土陶器

1~3、5、6.豆（M25：2、4、3、5-1、5-2）　4.瓮（M25：21）　7、9.盂（M25：6、7）　8.器盖（M25：20）

2. 铜器

11 件。计有鍪 1、剑 1、矛 1、钺 1、釜甑 1、印章 1、箭镞 5。

鍪　1 件。M25：1，侈口，束颈，溜肩，圆鼓腹，圜底。肩部有一辫索纹竖环耳。口径 12.4、通高 15.2、最大腹径 17.2 厘米（图九六：10）。

剑　1 件。M25：13，呈柳叶形，器身分界不明显，短茎，茎上下各有一不对称圆穿，器身扁平，隆脊。素面。通长 33、宽 2.8 厘米，茎长 6、宽 1.9 厘米（图九五：1；图版三六：1）。

矛　1 件。M25：10，叶部略残，短骹，宽叶，双弓形耳位于叶的下部，骹口呈圆形。骹部两面铸刻有纹饰，一面为手心花蒂纹，另一面为虎纹和一组巴蜀符号。通长 17.6、叶最宽 3 厘米，骹口径 2.4、长 5 厘米（图九五：2，图九六：1；图版三六：2）。

钺　1 件。M25：12，椭圆形銎口，腰身微束，圆刃。銎口外饰一道凸棱。通长 10、刃宽 6 厘米，銎口长径 4、短径 2.6 厘米（图九五：3；图版三六：3）。

釜甑　1 件。M25：8，出土时底部烟炱痕迹明显。甑、釜分铸后再连接而成，中间设箅。甑为侈口，斜立沿，束颈，扁圆腹，口下附辫索纹竖环耳两个，甑底下有细长箅孔，中间 4 孔呈对称曲尺状，外圈 8 孔为放射状条形，甑底以下加一斜壁圈足状套口。釜部残。口径 26.5、残高 19.4 厘米（图九五：4）。

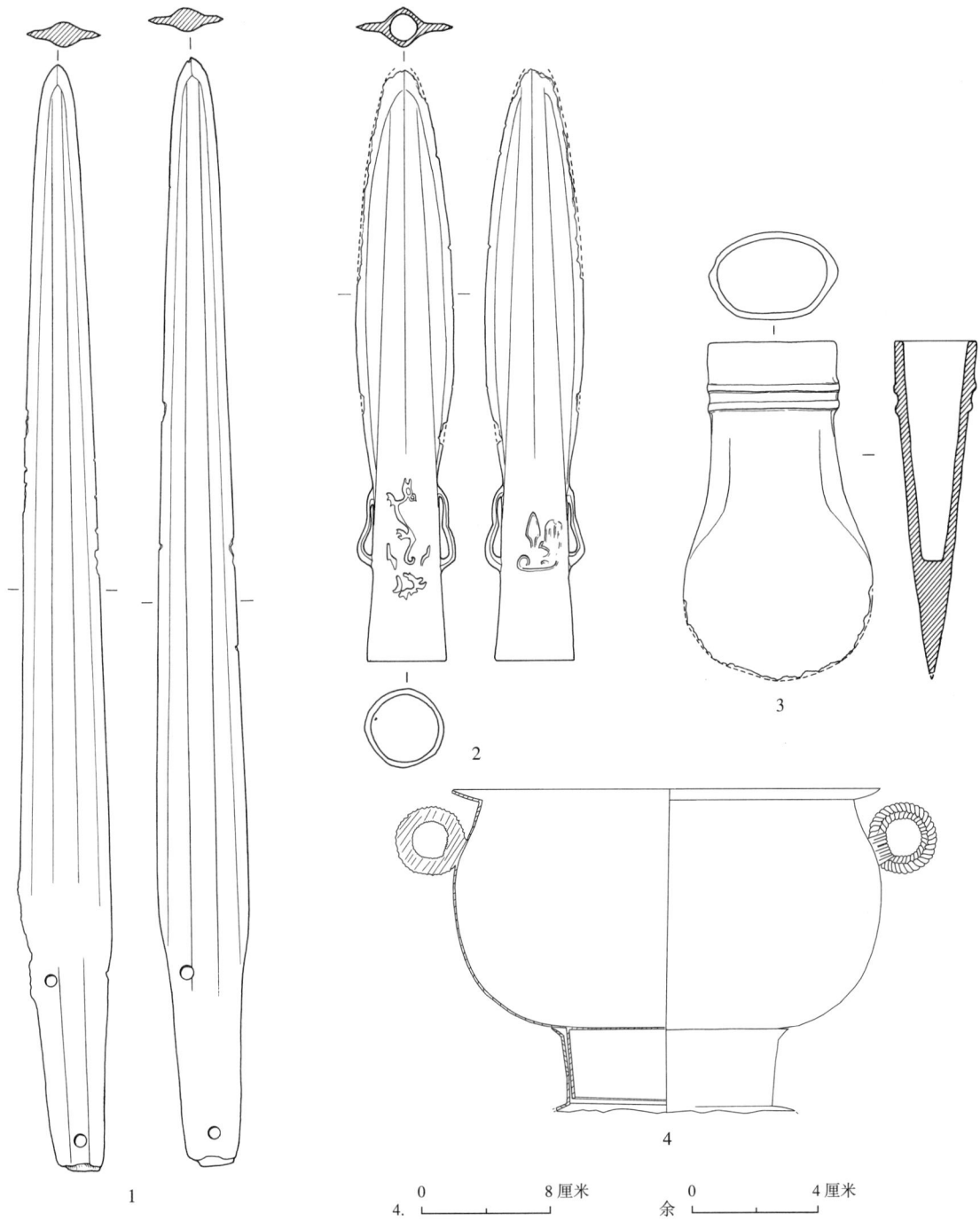

图九五　M25 出土铜器

1. 剑（M25：13）　2. 矛（M25：10）　3. 钺（M25：12）　4. 釜甑（M25：8）

　　印章　1 件。M25：11，圆形，桥形钮，阳文。印面由星、月、山等巴蜀符号构成。直径 3.6、通高 0.8 厘米（图九六：2；图版三六：4）。

　　箭镞　5 件。出土时周边有木质痕迹，推测可能有木匣。依据形制的不同可分为两种类型。

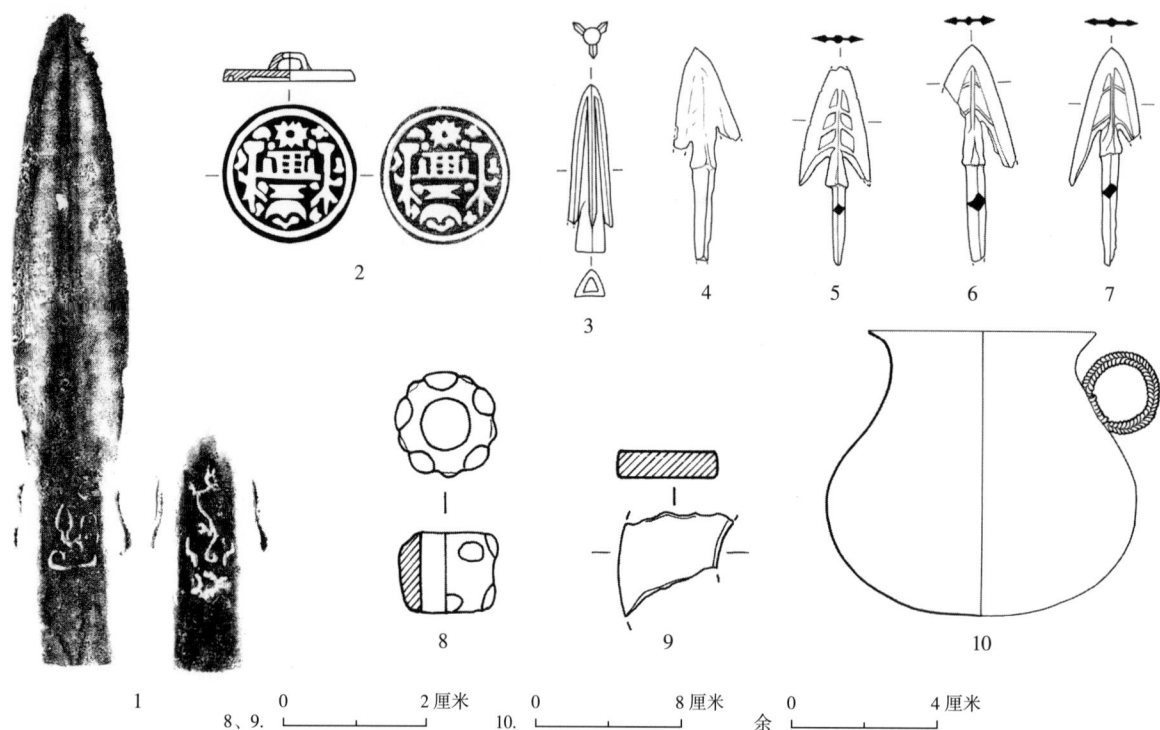

图九六　M25 出土器物

1.铜矛拓片（M25：10）　2.铜印章（M25：11）　3~7.铜箭镞（M25：17、16、14、18、19）　8.珠（M25：15）　9.玉片（M25：9）
10.铜鍪（M25：1）

　　第一种　4件。形制相似。为双翼，体呈三角形，长铤式。镞身中脊隆起，两面各有凹槽，双翼呈倒刺状。M25：14，一翼略残。长5.3、宽2厘米，铤长2.1、宽0.4厘米（图九六：5）。M25：16，双翼和铤部残，器表腐蚀较为严重。残长5.6、残宽1.8厘米，铤长2.5、宽0.4厘米（图九六：4）。M25：18，双翼残。长5.7、残宽2厘米，铤长2.5、宽0.5厘米（图九六：6）。M25：19，一翼残。长5.8、宽1.9厘米，铤长3、宽0.4厘米（图九六：7）。

　　第二种　1件。体呈三棱形，空关。关部呈三角形。M25：17，长4.4、宽1.2厘米（图九六：3）。

　　3.玉器和珠

　　2件。计有玉片1、料珠1。

　　玉片　1件。M25：9，残断。呈半圆形，白色。残长1.5、宽1.4、厚0.3厘米（图九六：9）。

　　料珠　1件。M25：15，扁球形，中有一圆穿，整体为绿色，上有12个深绿色不规则圆点，其外均有一周黄褐色圆圈。直径1.4、孔径0.6、高1.1厘米（图九六：8）。

二二　M26

　　位于T7727南部，部分叠压在该探方的北壁下，开口于⑦层下，被M3叠压。

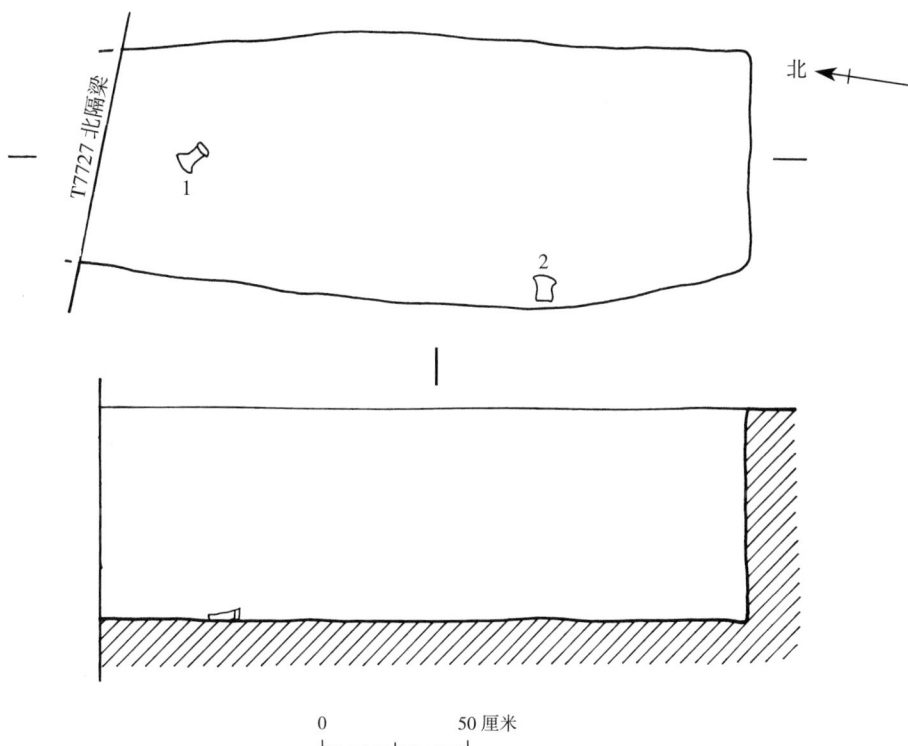

图九七　M26 平、剖面图

1. 铜斧　2. 石锛

（一）墓葬形制

长方形竖穴土坑墓，方向 170°，墓壁西部垮塌向外凸出，墓底平整。长 230、宽 70~88、深 70 厘米（图九七）。填土为黄褐色沙土。

（二）葬式葬具

未发现葬具或葬具痕迹。墓内人骨架腐朽无存。性别、年龄不详，头向、面向、葬式不明。

（三）随葬品

随葬品 2 件。包括铜斧 1、石锛 1。铜斧置于墓室南部，石锛置于墓室东侧。

1. 铜器

1 件。计有斧 1。

斧　1 件。M26：1，銎口略残，长方形銎口，喇叭形器身，弧形刃，刃尖上翘。銎口外饰有一道凸棱。通长 7.8、刃宽 5.5 厘米，銎口长 4、宽 1.8 厘米（图

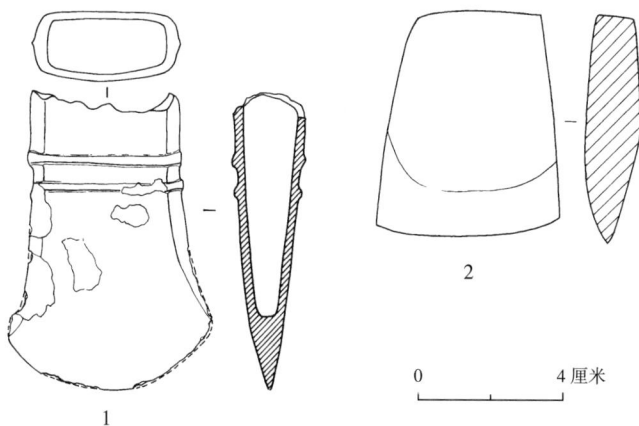

图九八　M26 出土器物

1. 铜斧（M26：1）　2. 石锛（M26：2）

九八：1；图版三六：5）。

2. 石器

1件。计有石锛1。

石锛　1件。M26：2，体呈梯形，单面弧刃。通体磨制。长6、宽3.4~5、厚1.6厘米（图九八：2）。

二二　M27

位于T7430北部，部分叠压在在探方的北隔梁下，开口于⑥层下，被H26打破。

（一）墓葬形制

墓葬大部分被H26破坏，残存部分为长方形竖穴土坑墓，方向180°，墓壁较直，墓底较平。残长30~71、宽72、深22厘米（图九九）。填土为黄褐色沙土。

（二）葬式葬具

未发现葬具，亦未发现葬具朽痕。墓内人骨架部分被H26破坏，墓主人性别、年龄不详，头向、面向、葬式不明。

（三）随葬品

随葬品2件。全部为陶器。计有豆1、圜底罐1（图版三七：1）。均放置在墓室的北端。

豆　1件。M27：1，夹砂灰陶，火候较高，口部因烧造严重变形，方唇，敛口，斜直腹，喇叭状圈足。沿下饰一周凹弦纹。口径14.8、底径8.6、通高8厘米（图一〇〇：1；图版三七：2）。

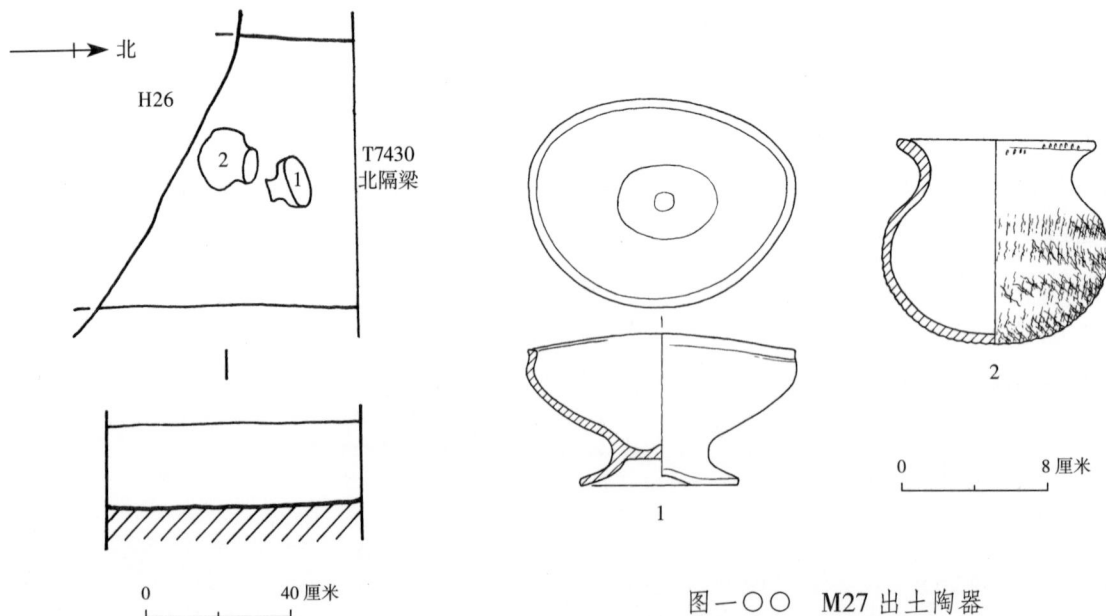

图九九　M27平、剖面图
1.陶豆　2.陶圜底罐

图一〇〇　M27出土陶器
1.豆（M27：1）　2.圜底罐（M27：2）

圜底罐　1 件。M27：2，夹砂灰陶，圆唇，侈口，束颈，溜肩，圆鼓腹，圜底。唇部戳刺有较浅的花边，肩部以下饰交错绳纹。口径 10.8、通高 10.8 厘米（图一〇〇：2；图版三七：3）。

二四　M28

位于 T7429 北部，被 H4 叠压，并被 M22 打破，打破 M23。

（一）墓葬形制

长方形竖穴土坑墓，方向 199°，墓壁较直，墓底较平。长 360、宽 86、深 50 厘米（图一〇一；图版三八：1）。填土为黄褐色沙土。

（二）葬式葬具

长方形木棺，仅存朽痕。从残存的朽痕判断，长 300、宽 74 厘米，木棺的构筑情况不明。墓内人骨架保存极差，仅存下肢骨和头骨朽痕，从下肢骨的摆放情况推断墓主人应为仰身直肢葬，头向南，面向不详，性别、年龄不明。

（三）随葬品

随葬品 40 件。主要是陶器。包括陶豆 16、陶钵 1、陶瓮 1、陶圜底罐 1、陶网坠 1、铜釜 1、铜釜甑 1、铜剑 2、铜盆 1、铜矛 1、铜箭镞 5、珠 9。所有器物均置于木棺内，其中铜盆（内放置有 3 件陶豆）、铜釜甑、铜釜和所有陶器置于墓主人脚下（图版三八：2），铜剑、铜箭镞和装饰品均置于墓主人腰间，铜矛置于头上部。

1. 陶器

20 件。计有豆 16、钵 1、瓮 1、圜底罐 1、网坠 1（图版三九：1）。

豆　16 件。依据腹部的不同可分为三种类型。

第一种　11 件。斜直腹。M28：2，夹砂红陶黑皮陶，尖唇，窄平沿，直口，喇叭状圈足。沿下有一周凹弦纹，器内有朱砂残留。口径 15.6、底径 9.2、通高 8 厘米（图一〇二：1；图版三九：2）。M28：5，夹砂红胎黑皮陶，方唇，直口，鼓肩，圈足残。口下部一周凹弦纹。口径 12.4、残高 7.2 厘米（图一〇三：3）。M28：7，夹砂灰陶，器口变形，尖唇，窄平沿，直口，喇叭状圈足。沿下一周凹弦纹。口径 14.6、底径 7.4、通高 7.2 厘米（图一〇三：5；图版三九：3）。M28：9，夹砂红胎褐皮陶，尖唇，窄平沿，敛口，喇叭状圈足。沿下有三道凹弦纹。口径 14.6、底径 8.8、通高 7.8 厘米（图一〇二：3；图版三九：4）。M28：12，夹砂褐陶，方唇，直口，鼓肩，喇叭状圈足。轮制。口下部一周凹弦纹。口径 15.6、底径 8、通高 7.6 厘米（图一〇二：5；图版三九：5）。M28：13，夹砂灰褐陶，方唇，直口微侈，鼓肩，喇叭状圈足。口下部一周凹弦纹。口径 14、底径 8.8、通高 7.2 厘米（图一〇二：8；图版四〇：1）。M28：14，夹砂灰陶，器口变形，方唇，直口，鼓肩，喇叭状圈足。口下部一周凹弦纹。口径 14、底径 7、通高 7.5 厘米（图一〇二：6；图版四〇：2）。M28：32，夹砂红胎黑皮陶，方唇，直口，鼓肩，喇叭状圈足。口下部一周凹弦纹。口径 14.8、底径 8.8、通高 7.4 厘米（图一〇三：1；图版四〇：3）。M28：35，夹砂红胎黑皮

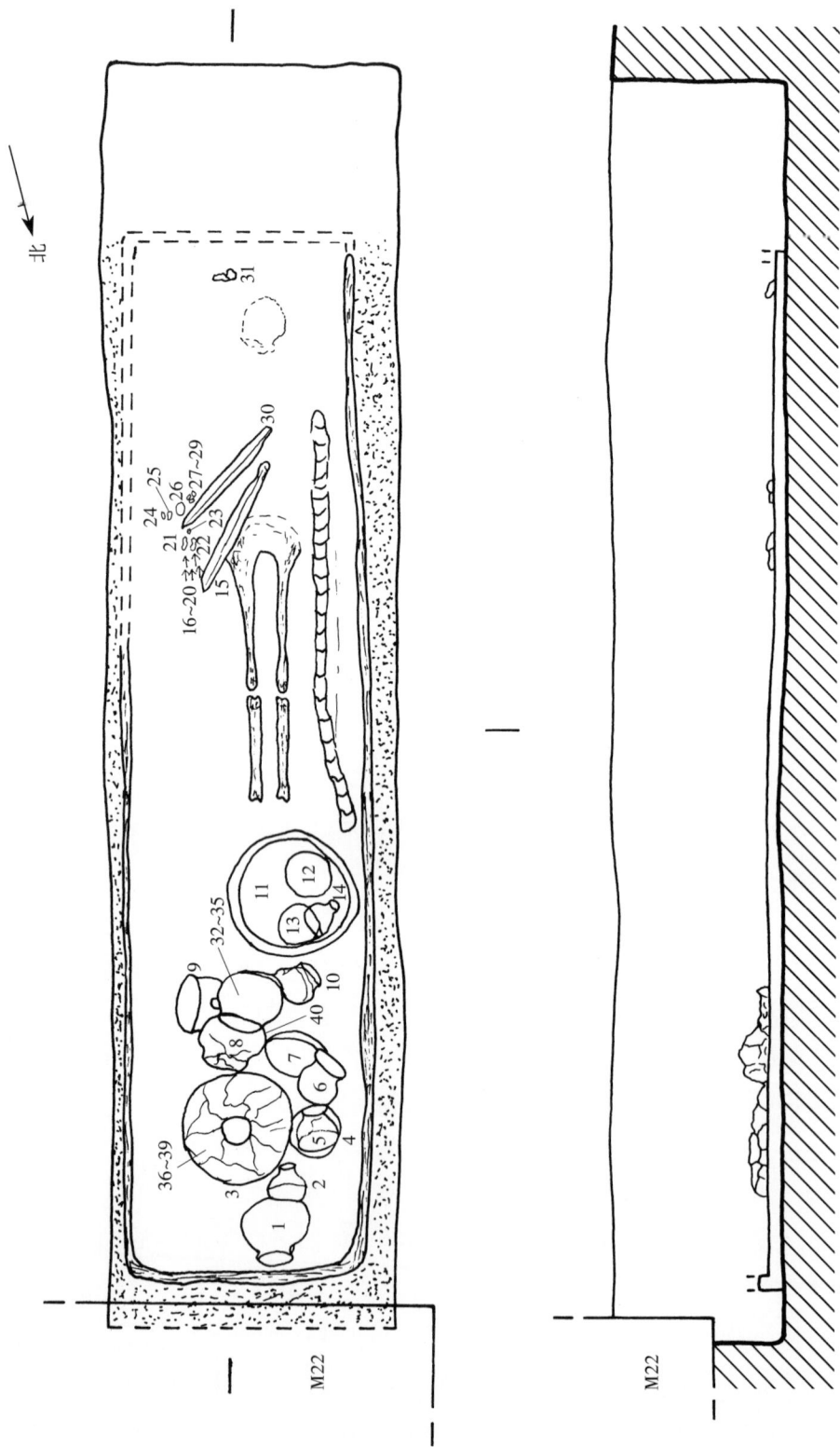

图一〇一 M28 平、剖面图

1. 铜釜 2、4、5、7、9、12~14、32~39. 陶豆 3. 陶瓮 6. 陶圈底罐 8. 铜釜甑 10. 陶杯 11. 陶盆 15、30. 铜剑 16~20. 铜箭镞 21~23. 珠 31. 铜矛 40. 陶网坠

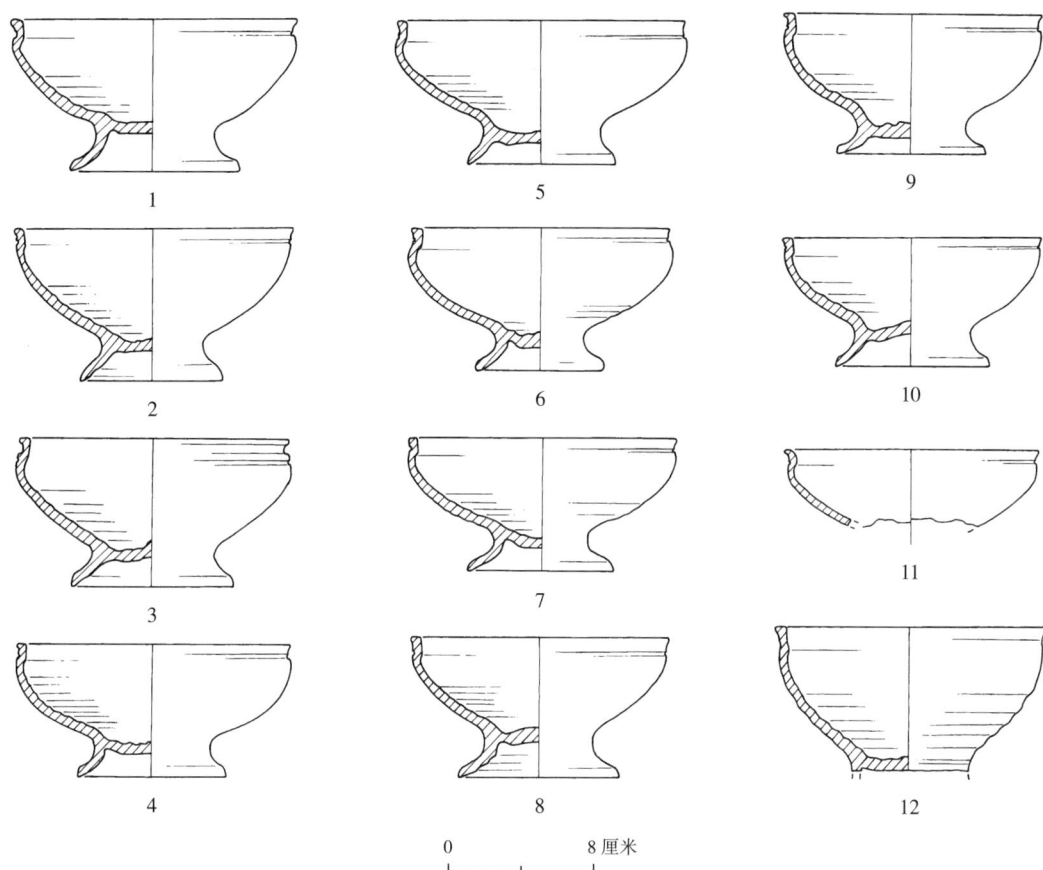

图一〇二　M28 出土陶豆

1. M28：2　2. M28：35　3. M28：9　4. M28：36　5. M28：12　6. M28：14　7. M28：38　8. M28：13　9. M28：33
10. M28：37　11. M28：39　12. M28：4

陶，方唇，直口，喇叭状圈足。口下部有一道凹弦纹。口径 15.2、底径 7.8、通高 8 厘米（图
一〇二：2；图版四〇：4）。M28：38，轮制，夹砂褐陶，方唇，直口，鼓肩，喇叭状圈
足。轮制。口下部一周凹弦纹。口径 14.6、底径 8、通高 7 厘米（图一〇二：7；图版四〇：
5）。M28：39，夹砂红陶黑皮陶，尖唇，窄斜沿，斜腹，腹以下残。沿下一周凹弦纹。口
径 14、残高 4 厘米（图一〇二：11）。

第二种　4 件。弧腹。M28：33，夹砂褐陶，尖唇，窄平沿，直口，喇叭状圈足。沿
下有一道凹弦纹。口径 14.2、底径 8.2、通高 7.4 厘米（图一〇二：9；图版四〇：6）。
M28：34，夹砂褐陶，方唇，直口，喇叭状圈足。口下部一周凹弦纹。口径 14.4、底径 7.4、
通高 6.9 厘米（图一〇三：4；图版四一：1）。M28：36，夹砂褐陶，方唇，直口，喇叭状圈足。
口径 15、底径 8、通高 7 厘米（图一〇二：4；图版四一：2）。M28：37，夹砂褐胎黑皮陶，
表面色泽不一，方唇，直口，喇叭状圈足。沿下一周凹弦纹。口径 14.2、底径 8.4、通高 6.8
厘米（图一〇二：10；图版四一：3）。

第三种　1 件。深盘。M28：4，夹砂红褐陶，方唇，侈口，弧腹，圈足残。器内轮制

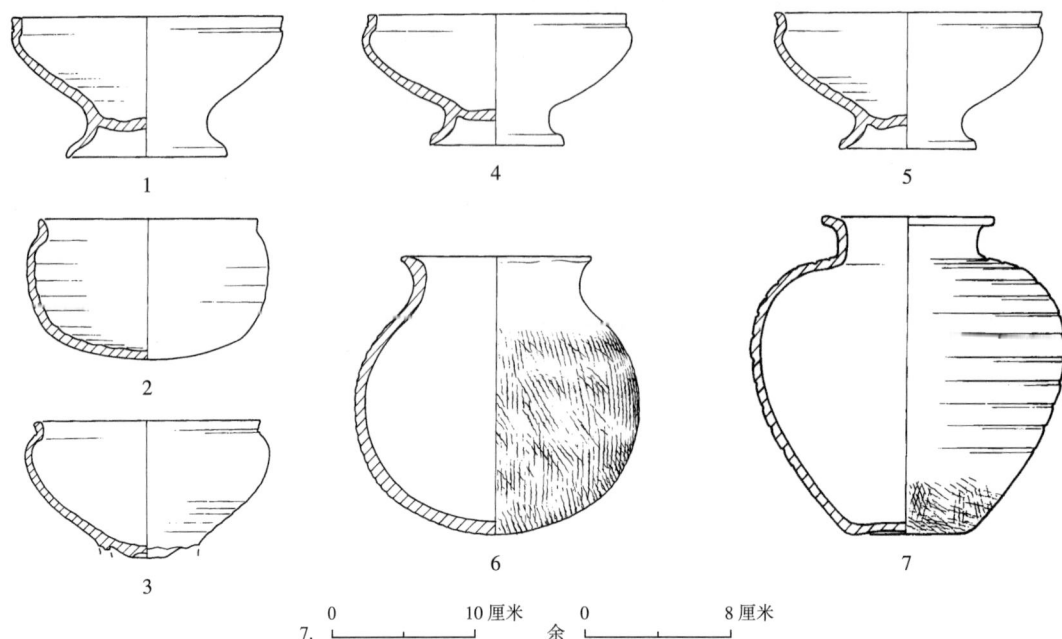

图一〇三　M28 出土陶器

1、3~5.豆（M28：32、5、34、7）　2.钵（M28：10）　6.圜底罐（M28：6）　7.瓮（M28：3）

痕迹明显。口径 15、通高 7.6 厘米（图一〇二：12；图版四一：4）。

钵　1件。M28：10，夹砂褐陶，尖圆唇，口微侈，溜肩，腹微鼓，圜底。器内轮制痕迹明显。口径 12、通高 7.4 厘米（图一〇三：2；图版四一：5）。

瓮　1件。M28：3，泥质褐陶，方唇，平沿，直口，矮领，广肩，鼓腹，平底略内凹。肩部和腹部饰有凹弦纹，腹下部饰有交错绳纹。口径 12.4、底径 9、通高 22.4 厘米（图一〇三：7；图版四一：6）。

圜底罐　1件。M28：6，夹砂红褐陶，尖圆唇，侈口，束颈，圆鼓腹，圜底。肩部以下饰交错绳纹。口径 10.4、通高 14.6 厘米（图一〇三：6；图版四一：7）。

网坠　1件。M28：40，残损严重。

2. 铜器

11 件。计有釜 1、釜甑 1、剑 2、盆 1、矛 1、箭镞 5。

釜　1件。M28：1，宽斜沿，束颈，溜肩，圆鼓腹，圜底，肩部饰有一辫索纹竖环耳（另一耳残）。口径 24、通高 13.6、最大腹径 25.4 厘米（图一〇四：2）。

釜甑　1件。M28：8，为釜、甑分铸后再由甑底圈足和釜口圈足相套合而成，甑部为斜立沿，鼓腹，肩部饰有两辫索纹竖环耳，底部设有呈放射状的箅孔。甑部为圆鼓腹，平底略内凹，肩部亦饰有两个辫索纹竖环耳。口径 20、通高 28 厘米（图一〇四：1）。

盆　1件。M28：11，残损严重，为斜立沿，侈口。

剑　2件。形制相似。体呈柳叶形，身柄分界较为明显，扁茎，茎上有两不对称圆穿，

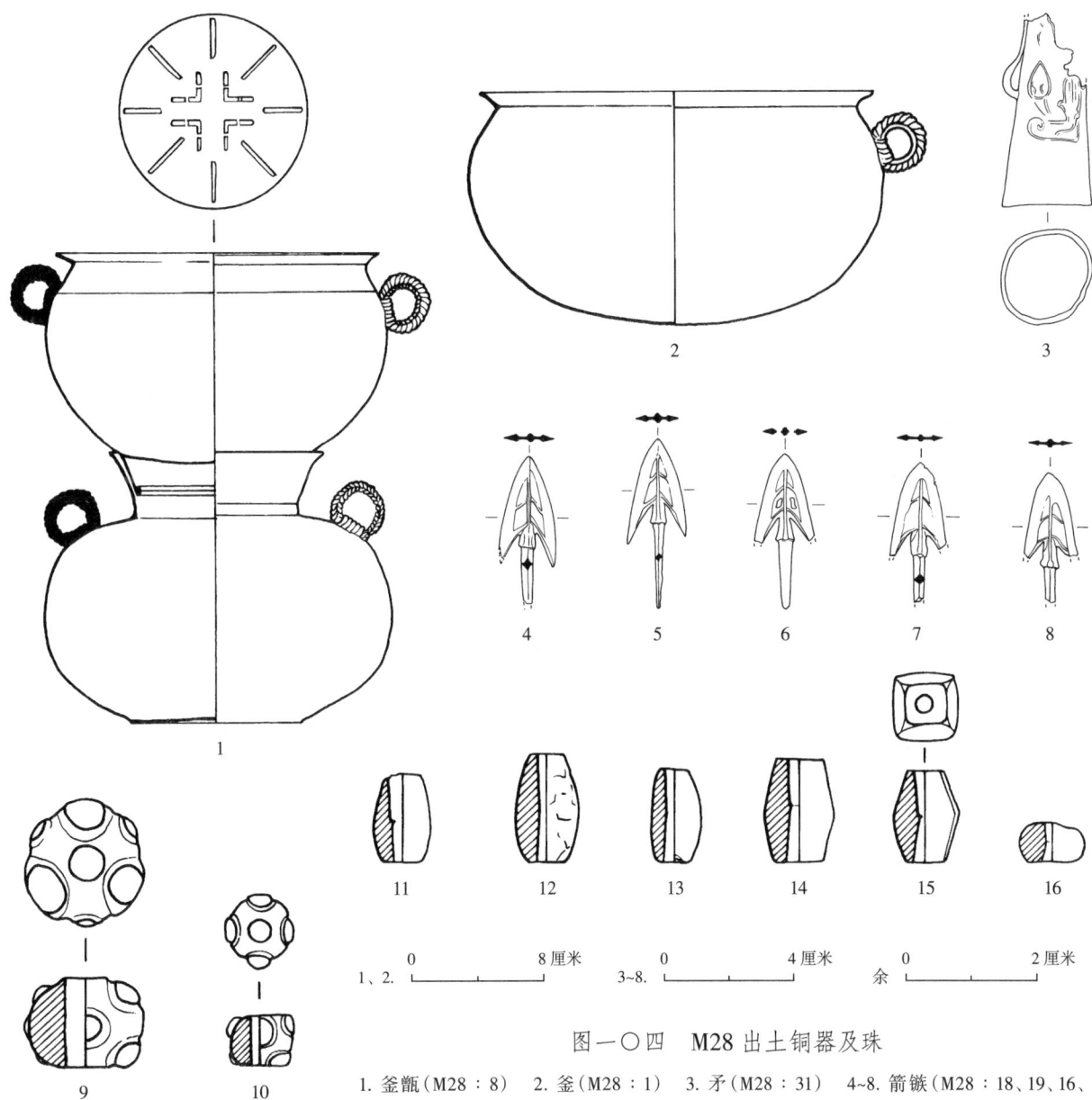

图一〇四　M28 出土铜器及珠

1. 釜甑（M28：8）　2. 釜（M28：1）　3. 矛（M28：31）　4~8. 箭镞（M28：18、19、16、17、20）　9~16. 珠（M28：26、28、21、22、25、29、24、27）

器身较窄，隆脊。M28：30，器身铸有虎斑纹，剑身下端两面均铸刻有纹饰，一面为手心花蒂，另一面为虎纹。通长 40.6、宽 4.2 厘米，茎长 7.5、宽 1.5~3.5 厘米（图一〇五：1，图一〇六：2；图版四二：1）。M28：15，器身铸有虎斑纹，剑身下端两面均铸刻有纹饰，一面为手心，另一面为虎纹和巴蜀符号。通长 38.6、宽 4 厘米，茎长 7、宽 1.5~3 厘米（图一〇五：2，图一〇六：1；图版四二：2、3）。

矛　1件。M28：31，残，仅残存骹部，椭圆形銎口，弓形耳附于叶下端，骹部两面均铸刻有手心花蒂纹。残长 5.6、銎口径 2.6 厘米（图一〇四：3）。

箭镞　5件。形制相似。为双翼，体呈三角形，长铤式，镞身中脊隆起，两面各有凹槽，

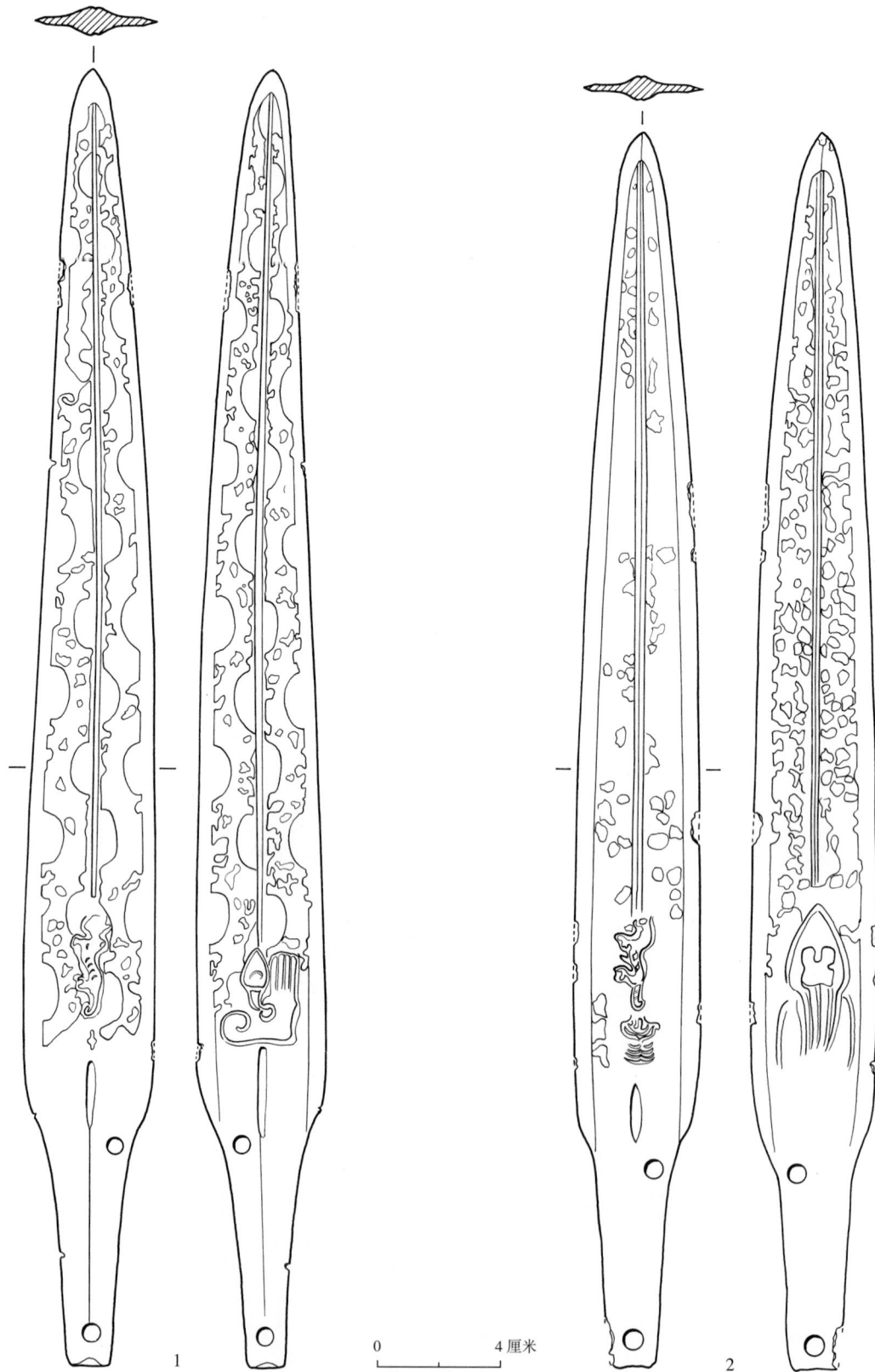

图一〇五　M28 出土铜剑
1. M28：30　2. M28：15

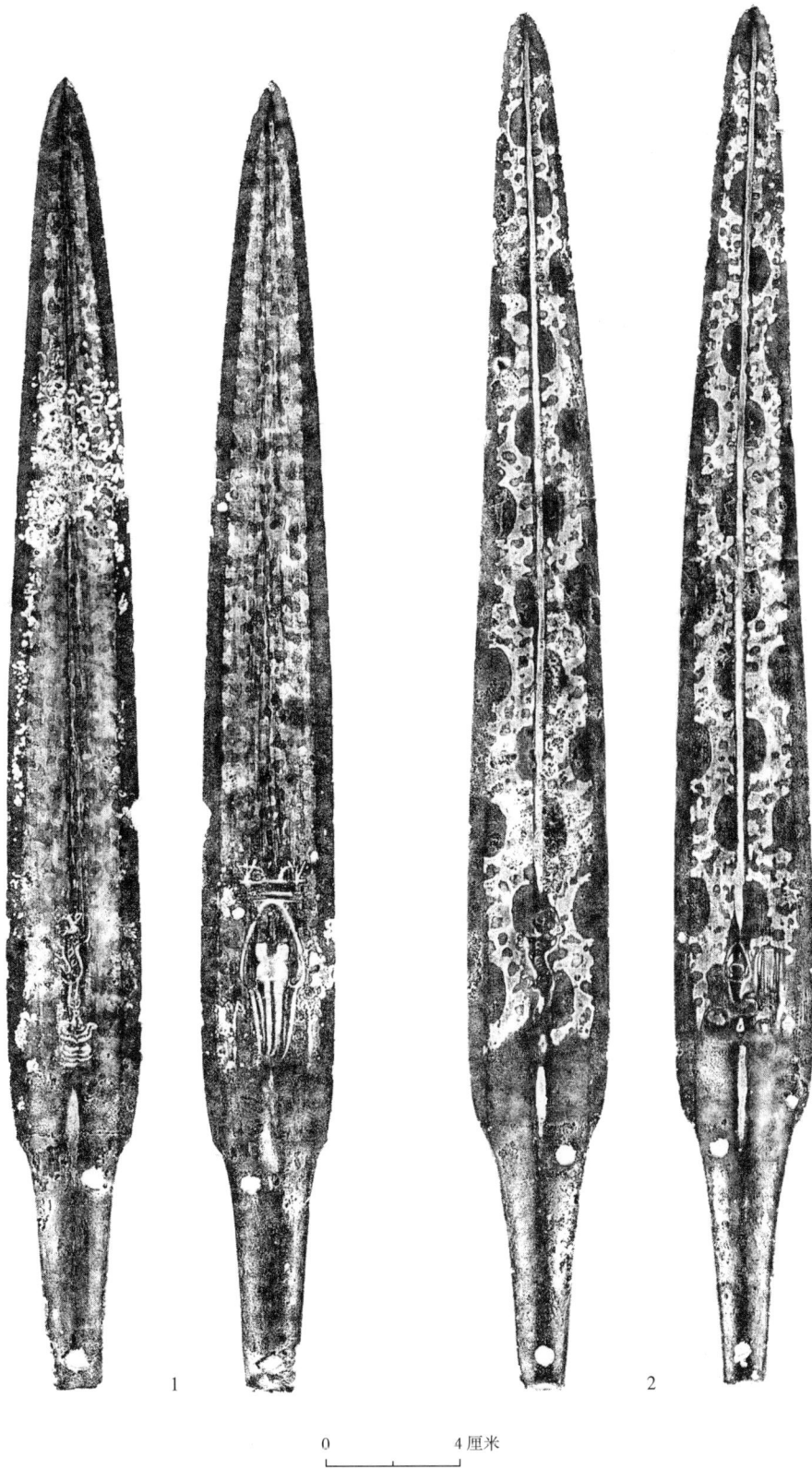

图一〇六　M28 出土铜剑拓片

1. M28：15　2. M28：30

双翼呈倒刺状。M28：16，双翼略残。长 4.6、宽 1.8 厘米，铤长 2.1、宽 0.3 厘米（图一〇四：6）。M28：17，铤部和一翼残。残长 4、宽 1.8 厘米，铤残长 1.4、宽 0.3 厘米（图一〇四：7）。M28：18，铤部残。残长 4.3、宽 1.8 厘米，铤长 1.6、宽 0.3 厘米（图一〇四：4）。M28：19，铤部较细。长 5、宽 1.8 厘米，铤长 2.4、宽 0.2 厘米（图一〇四：5）。M28：20，铤部和双翼残。残长 3.8、宽 1.6 厘米，铤残长 1、宽 0.3 厘米（图一〇四：8）。

3. 珠

9 件。计有管珠 4、水晶珠 2、料珠 2、玉珠 1（图版四二：4）。

管珠　4 件。整体呈浅绿色，圆形，中空。M28：21，长 1.3、直径 0.8、孔径 0.2 厘米（图一〇四：11）。M28：22，长 1.6、直径 1、孔径 0.2 厘米（图一〇四：12）。M28：25，长 1.4、直径 0.8、孔径 0.2 厘米（图一〇四：13）。M28：23，残损严重。

水晶珠　2 件。圆柱形，中空。M28：24，长 1.3、直径 1、孔径 0.3 厘米（图一〇四：15）。M28：29，长 1.5、直径 1、孔径 0.2 厘米（图一〇四：14）。

料珠　2 件。扁球形，中有一圆穿，整体为绿色，上有 12 个深绿色不规则圆点，其外均有一周黄褐色圆圈。M28：26，直径 1.8、孔径 0.6、高 1.3 厘米（图一〇四：9）。M28：28，直径 1、孔径 0.3、高 0.7 厘米（图一〇四：10）。

玉珠　1 件。M28：27，扁圆形，中空。长 0.6、直径 1、孔径 0.2 厘米（图一〇四：16）。

二五　M29

位于 T7329 西北部，开口于③层下，被 H4 叠压。

（一）墓葬形制

长方形竖穴土坑墓，方向 197°，墓壁较直，墓底较平。长 216~255、宽 110、深 30 厘米（图一〇七：1）。填土为黄褐色沙土。

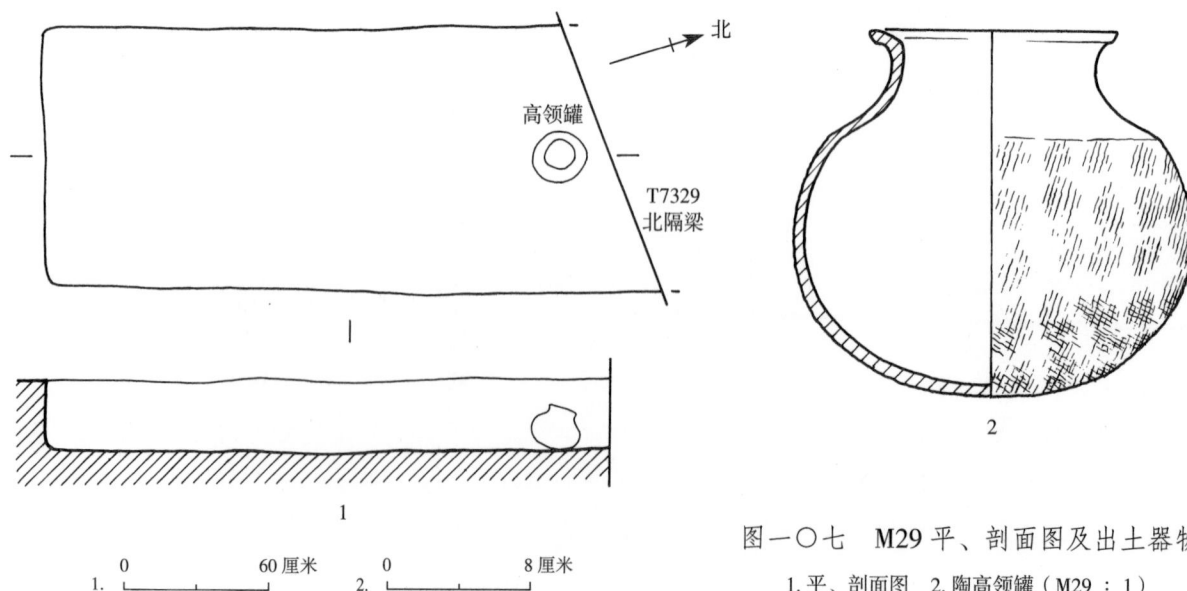

图一〇七　M29 平、剖面图及出土器物
1. 平、剖面图　2. 陶高领罐（M29：1）

（二）葬式葬具

未发现葬具，亦未发现葬具朽痕。墓中人骨架腐朽无存。

（三）随葬品

仅随葬陶高领罐 1 件。放置于墓室北部。

高领罐　1 件。M29 : 1，夹砂灰褐陶，圆唇，侈口，束颈，肩部略折，圆鼓腹，圜底。肩以下饰交错绳纹。口径 13.4、通高 19.4 厘米（图一〇七：2；图版四三：1）。

二六　M30

位于 T7329 中南部，部分叠压于该探方的南壁下，未进行扩方发掘。开口于③层下，打破④、⑤层，并被 M10 和 M19 打破。

（一）墓葬形制

长方形竖穴土坑墓，方向 206°，墓壁较直，墓底较平。长 440、宽 102、深 48~52 厘米（图一〇八）。填土为黄褐色沙土，填土中包含少量的木炭。

（二）葬式葬具

未发现葬具，亦未发现葬具朽痕。墓中人骨架腐朽无存，仅在墓室南部发现几枚牙齿，根据其他墓葬的埋葬方式，推测其可能头向南。性别、年龄不详，面向、葬式不明。

（三）随葬品

随葬品 37 件。主要是陶器和铜器，包括陶釜 4、陶豆 3、陶鼎 1、陶釜甑 1、陶器盖 1、陶高领罐 1、陶平底罐 2、残陶罐 1、陶纺轮 2、铜矛 1 件、铜鍪 1 件、铜钺 1 件、铜手镯 5、珠 13。墓室北端空无一物，所有陶器和铜鍪置于墓室中部，铜矛、铜钺、铜手镯和珠放置在墓室南部（图版四三：2、3）。

1. 陶器

16 件。计有釜 4、豆 3、鼎 1、釜甑 1、器盖 1、高领罐 1、平底罐 2、罐 1、纺轮 2（图版四四：1）。

釜　4 件。依据腹部的不同可分为两种类型。

第一种　3 件。扁腹。形制基本相似。M30 : 1，夹细砂红褐陶，尖唇，窄斜沿，直口微敛，矮领，溜肩，鼓腹，圜底近平。素面。口径 15.6、通高 7 厘米（图一〇九：6；图版四四：2）。M30 : 12，夹细砂红胎黑衣陶，尖唇，宽斜沿，敛口，束颈，肩部略折，圜底。口径 14、通高 7.4 厘米（图一〇九：5；图版四四：3）。M30 : 20，夹细砂灰褐陶，尖唇，窄斜沿，敛口，束颈，弧肩，圆鼓腹，圜底。口径 14、通高 7.6 厘米（图一〇九：7；图版四五：1）。

第二种　1 件。圆鼓腹。M30 : 2，夹细砂红陶，尖圆唇，宽斜沿，束颈，圆鼓腹，圜底。肩以下饰粗绳纹。口径 19.6、通高 12 厘米（图一〇九：8；图版四五：2）。

豆　3 件。依据腹部的不同可分为三种类型。

第一种　1 件。弧腹。M30 : 15，夹细砂红褐陶，尖圆唇，窄平沿，直口微敛，深盘，

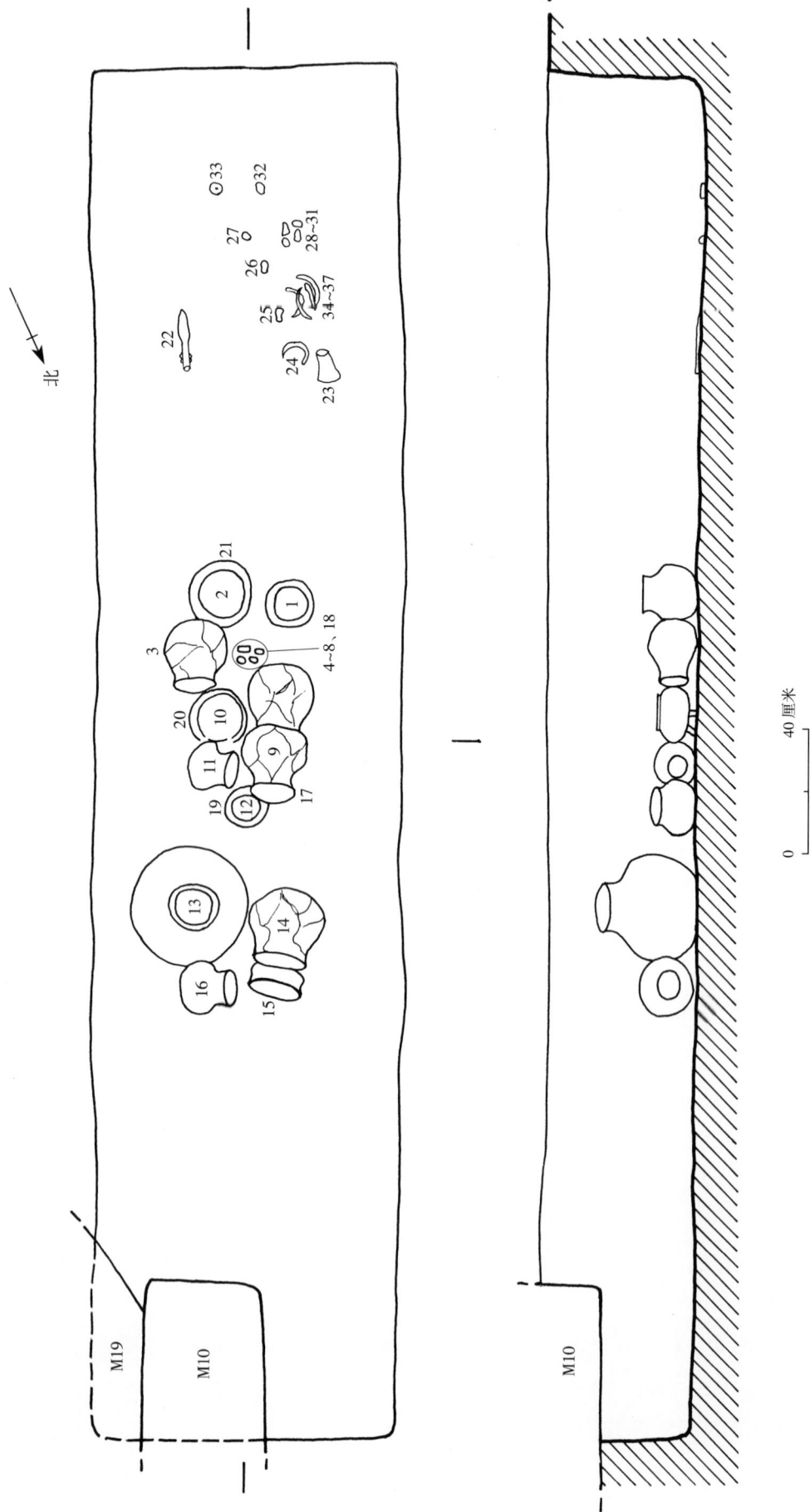

图一〇八 M30 平、剖面图

1、2、12、20. 陶釜 3. 陶罐 4~8、18、26~32. 珠 9. 陶釜甑 10. 陶鼎 11、14. 陶平底罐 13. 陶高领罐 15、19、21. 陶豆 16. 铜鍪 17. 陶器盖 22. 铜矛 23. 铜钺 24、34~37. 铜手
镯 25、33. 陶纺轮

北

M19

M10

M10

0   40厘米

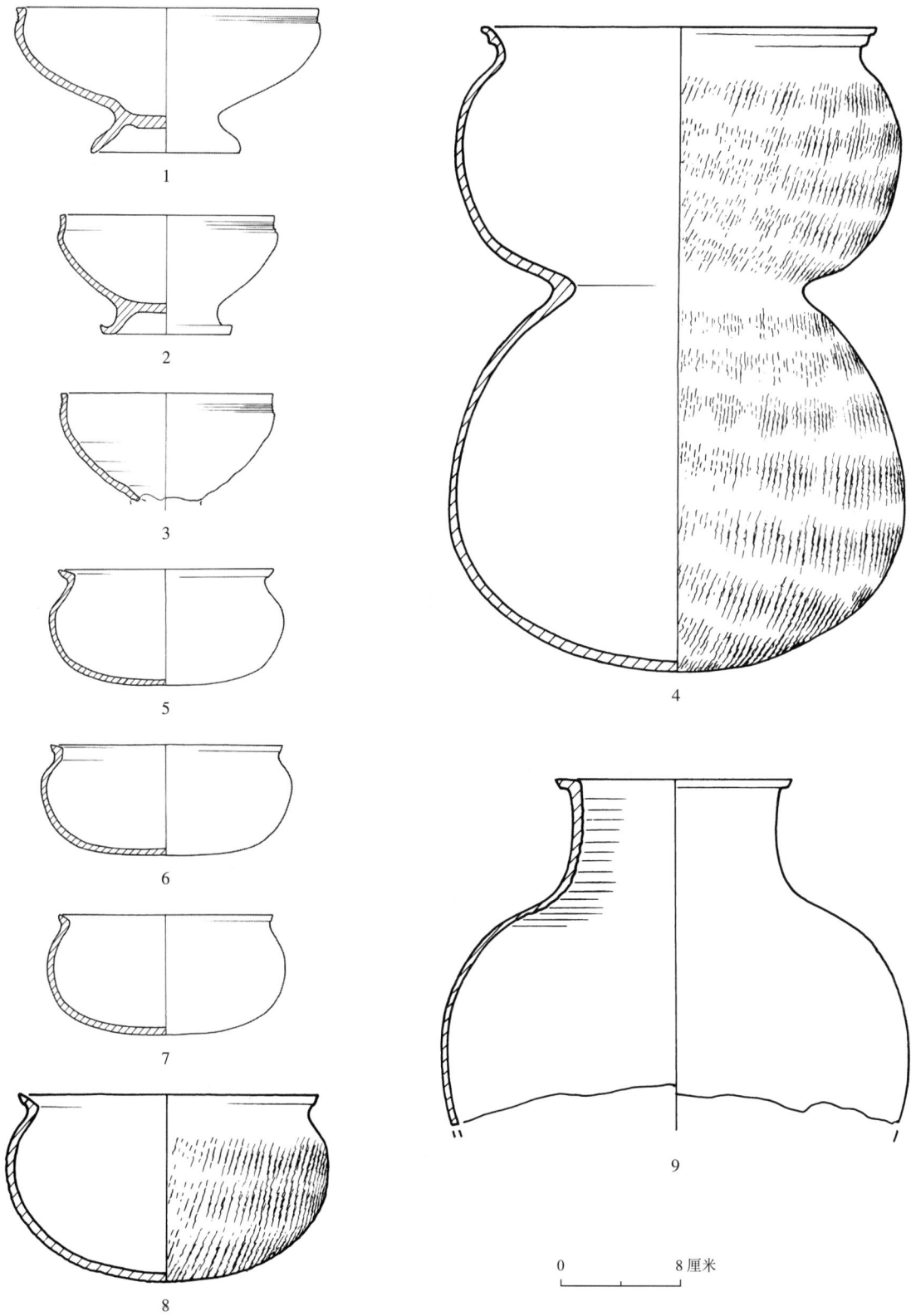

图一〇九　M30 出土陶器

1~3.豆（M30：15、21、19）　4.釜甑（M30：9）　5~8.釜（M30：12、1、20、2）　9.高领罐（M30：13）

矮柄，喇叭状圈足。口下部饰有两道凹弦纹。口径 20、底径 9.8、通高 9.2 厘米（图一〇九：1；图版四五：3）。

第二种　1件。斜直腹。M30：21，夹细砂灰陶，方唇，直口微敛，矮柄，喇叭状圈足外折。口下部有两道凹弦纹。口径 14、底径 8.6、通高 7.6 厘米（图一〇九：2；图版四五：4）。

第三种　1件。深腹。M30：19，夹细砂褐陶，方唇，口微敛，弧腹，盘以下残。口下部饰有两道凹弦纹。口径 14、残高 7 厘米（图一〇九：3）。

鼎　1件。M30：10，釜形鼎，夹细砂灰褐陶，圆唇，宽窄沿，弧肩，圆鼓腹，圜底，下置三柱状足，足较矮，下端外翻卷。素面。口径 14、腹径 15.2、足高 2.4、通高 10 厘米（图一一〇：1；图版四五：5）。

釜甑　1件。M30：9，夹细砂灰陶，为一连体釜甑，甑部方唇，宽斜沿，沿面内凹，圆鼓腹，釜腹略垂，圜底。甑部及釜肩部以下遍饰纵向绳纹。口径 26、通高 41.5 厘米（图一〇九：4；图版四六：1）。

器盖　1件。M30：17，夹细砂红胎黑衣陶，弧顶，顶上部残。素面。残高 1.2 厘米（图一一〇：3）。

高领罐　1件。M30：13，夹细砂褐陶，方唇，宽平沿，直口，高领，广肩，鼓腹。腹下部残。器内轮制痕迹明显。口径 15.6、残高 22 厘米（图一〇九：9）。

平底罐　2件。依据形制的不同可分为两种类型。

第一种　1件。M30：11，夹细砂红褐陶，圆唇，窄平沿，侈口，颈微束，腹微鼓，平底内凹。颈部有戳刺的条状纹，肩部饰有两道凹弦纹，其下饰有一周戳刺的"S"纹，腹下部有两道凹弦纹，其下及其底部均饰绳纹。口径 13.2、底径 6、通高 11.6 厘米（图一一〇：2；图版四六：2）。

第二种　1件。M30：14，夹粗砂红陶，上部残，斜直腹，平底。腹下部饰纵向绳纹。底径 11、残高 10 厘米（图一一〇：6）。

纺轮　2件。形制相似。为塔形。M30：25，夹细砂红陶，上有五周弦纹。直径 0.6~2.6、通高 1.5 厘米（图一一〇：4）。M30：33，夹细砂红陶，上有五周弦纹。直径 0.8~4、通高 2

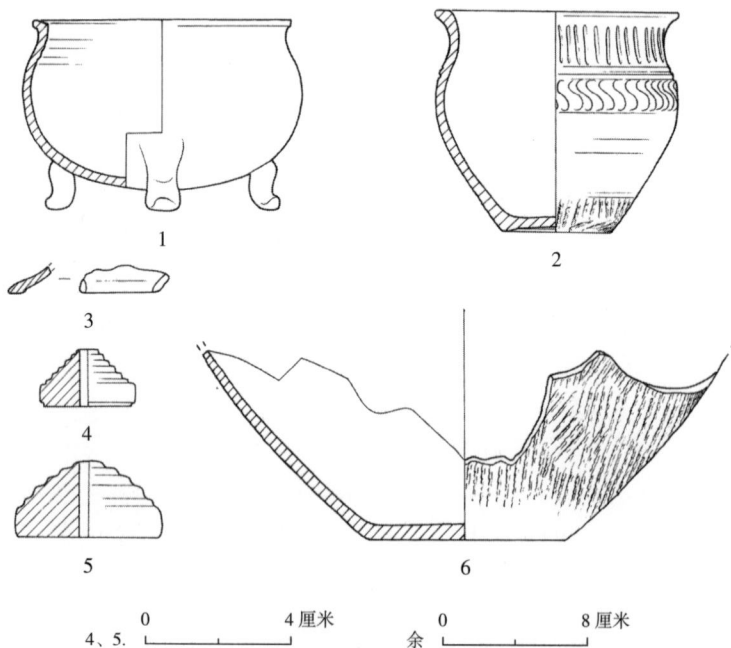

图一一〇　M30 出土陶器

1. 鼎（M30：10）　2、6. 平底罐（M30：11、14）　3. 器盖（M30：17）　4、5. 纺轮（M30：25、33）

厘米（图一一〇：5）。

另有罐1，M30：3，夹细砂红褐陶，器形无法辨别。

2. 铜器

8件。计有矛1、鍪1、钺1、手镯5。

矛　1件。M30：22，叶部和骹口部略残，短骹，宽叶，双弓形耳附于叶下端。骹中部两面均铸刻有纹饰，一面铸刻有巴蜀符号和手心花蒂纹，另一面上部铸刻有巴蜀符号和虎纹。通长27.4、叶最宽4厘米，骹口径3、长7厘米（图一一一：1，图一一二；图版四六：3）。

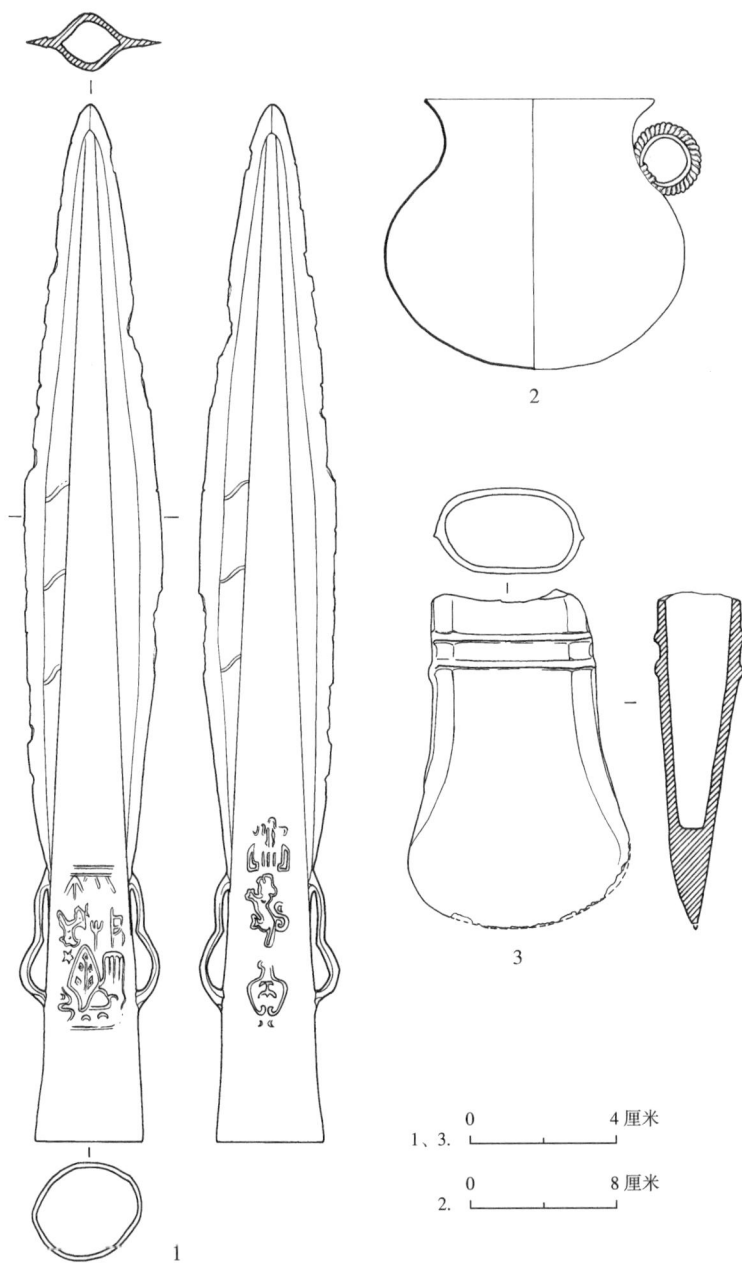

图一一一　M30 出土铜器

1.矛（M30：22）　2.鍪（M30：16）　3.钺（M30：23）

图一一二　M30 出土铜矛拓片
（M30：22）

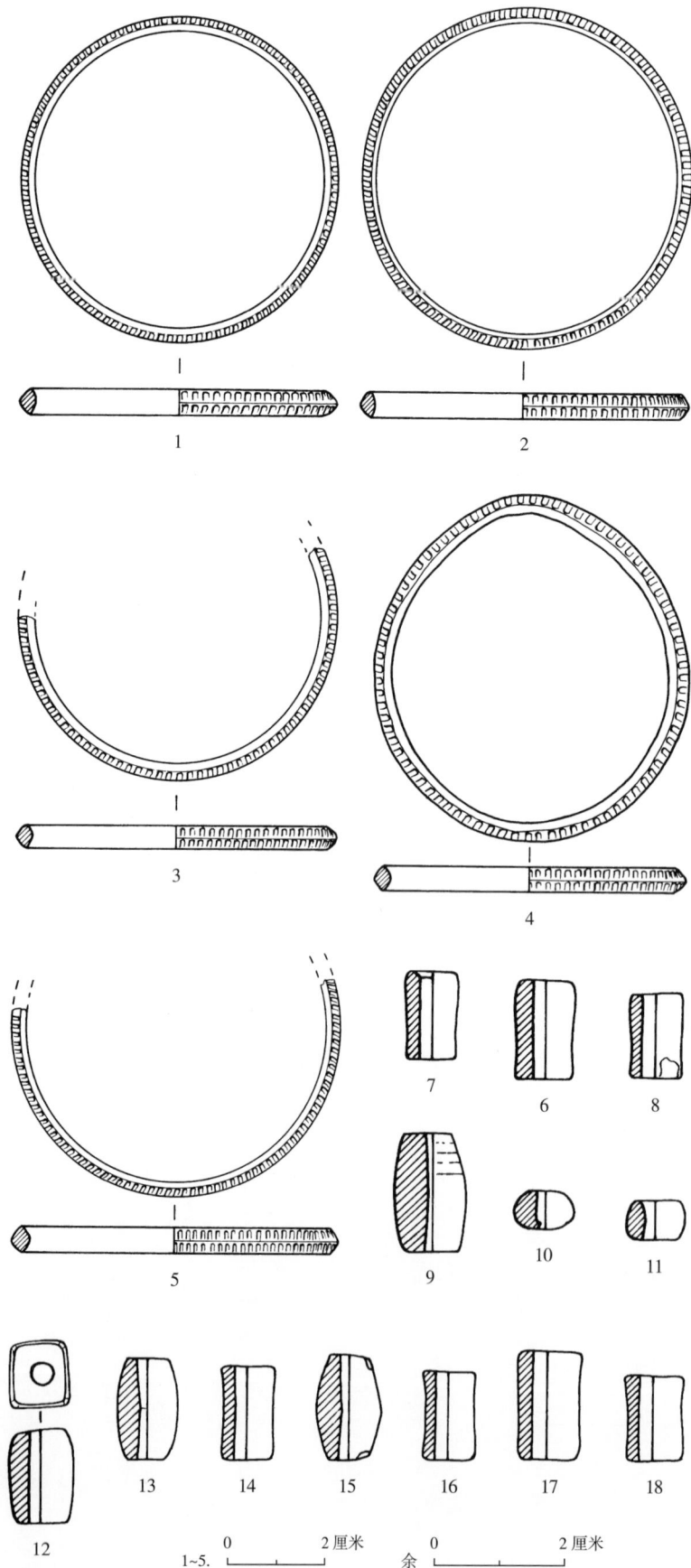

鍪 1件。M30：16，侈口，束颈，溜肩，圆鼓腹，圜底，肩部饰有一辫索纹竖环耳。口径12.4、通高14.4、最大腹径16.4厘米（图一一一：2）。

钺 1件。M30：23，椭圆形銎口，喇叭形器身，弧形刃，銎口外饰有一道凸棱。通长9、刃宽6厘米，銎口长径4、短径2.4厘米（图一一一：3；图版四六：4）。

手镯 5件。形制相似。均为圆形，系用铜条盘卷而成。内壁平整，外壁微向外凸。镯面有铸刻的短线纹。M30：24，直径6.4、宽0.4厘米（图一一三：1）。M30：34，变形严重。直径6.3、宽0.5厘米（图一一三：4）。M30：35，残断。直径6.6、宽0.5厘米（图一一三：5）。M30：36，残断。直径6.4、宽0.4厘米（图一一三：3）。M30：37，直径6.6、宽0.5厘米（图一一三：2）。

图一一三 M30出土铜手镯及珠

1~5.铜手镯（M30：24、37、36、34、35）
6~18.珠（M30：18、6、7、32、30、27、31、28、8、26、5、29、4）

3. 珠

13 件。计有管珠 6、角珠 7。

管珠　6 件。整体呈浅绿色，圆柱形，中空。M30：4，长 1.3、直径 0.9、孔径 0.4 厘米（图一一三：18）。M30：5，长 1.3、直径 0.8、孔径 0.4 厘米（图一一三：16）。M30：6，长 1.3、直径 0.8、孔径 0.4 厘米（图一一三：7）。M30：7，长 1.2、直径 0.8、孔径 0.4 厘米（图一一三：8）。M30：8，长 1.4、直径 0.8、孔径 0.4 厘米（图一一三：14）。M30：18，长 1.5、直径 1、孔径 0.4 厘米（图一一三：6）。

角珠　7 件。整体呈黑色，圆形或扁圆形或圆柱形，中空。M30：26，圆形。长 1.5、直径 1、孔径 0.2 厘米（图一一三：15）。M30：27，扁圆形。长 0.6、直径 0.9、孔径 0.2 厘米（图一一三：11）。M30：28，圆形。长 1.5、直径 1、孔径 0.2 厘米（图一一三：13）。M30：29，圆柱形。长 1.6、直径 0.8、孔径 0.4 厘米（图一一三：17）。M30：30，扁圆形。长 0.6、直径 0.9、孔径 0.2 厘米（图一一三：10）。M30：31，圆柱形。长 1.4、直径 1、孔径 0.4 厘米（图一一三：12）。M30：32，圆形。长 1.7、直径 1.1、孔径 0.2 厘米（图一一三：9）。

二七　M31

位于 T7329 东南部，开口于③层下。打破④、⑤层，并被 M19 和空墓 M11 打破。

（一）墓葬形制

长方形竖穴土坑墓，方向 210°，墓壁较直，墓底较平。长 460、宽 82、深 73 厘米（图一一四）。填土为黄褐色沙土，填土中包含少量的木炭。

（二）葬式葬具

未发现葬具，亦未发现葬具朽痕。墓中人骨架腐朽严重，仅存朽痕，从朽痕判断为仰身直肢葬，头向南，性别、年龄、面向不详。

（三）随葬品

随葬品 37 件。主要是陶器和铜器。包括陶豆 6、陶鼎 1、陶盂 1、陶器盖 1、陶高领罐 1、陶釜 1、铜鍪 1、铜钺 1、铜釜甑 1、铜练 2、铜斤 1、铜剑 1、铜璜 1、铜锯 1、铜箭镞 9、铜削刀 1、铜凿 1、铜戈 1、铜矛 2、珠 3。铜釜甑、铜鍪和大量陶器放置在墓主人脚下，铜戈、铜剑放置在墓主人身上，铜矛（矛的下端有一道木质炭化的痕迹，推测可能是矛木质柄）、铜锯、铜钺、铜削刀、铜箭镞等放置在墓主人左手旁，陶盂和铜箭镞置于右手旁，铜练和珠置于墓主人头下，墓主人头上侧放一陶平底罐（图版四七：1）。

1. 陶器

11 件。计有豆 6、鼎 1、盂 1、器盖 1、高领罐 1、釜 1（图版四七：2）。

豆　6 件。依据腹部的不同可分为两种类型。

第一种　4 件。斜直腹。M31：2，夹砂灰褐陶，圆唇，侈口，矮柄，喇叭状圈足。沿下部和腹部有凹弦纹。口径 15、底径 8.4、通高 7.5 厘米（图一一五：4；图版四八：1）。M31：3，夹砂灰褐陶，圆唇，侈口，矮柄，喇叭状圈足。沿下部和腹部有凹弦纹。口径

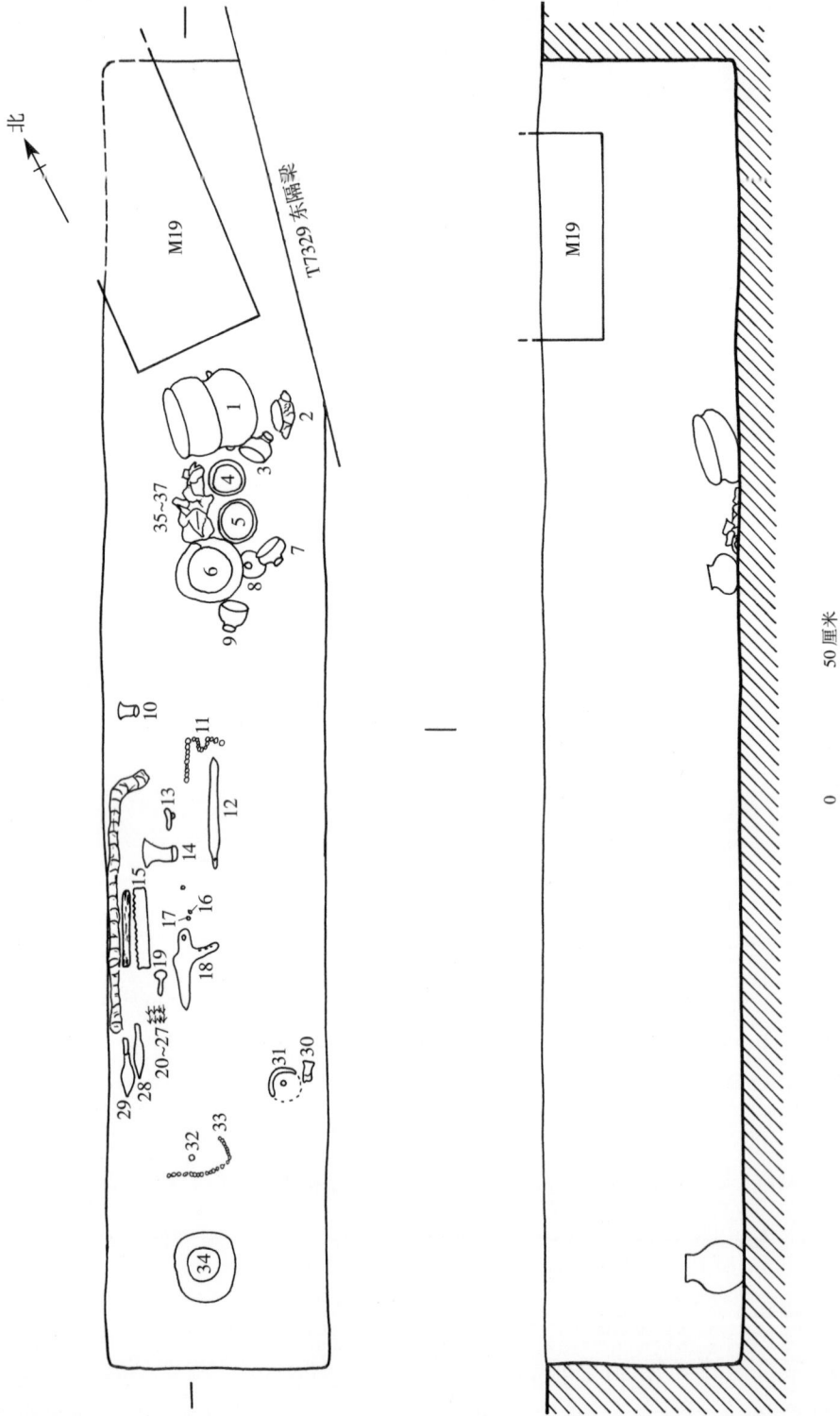

图一一四 M31 平、剖面图

1. 铜釜甑 2~5、7、9. 陶豆 6. 铜鍪 8. 陶器盖 10. 铜钺 11、32. 陶器盖 12. 铜剑 13. 铜练 14. 铜斤 15. 铜锯 16、17、33. 珠 18. 铜戈 19. 铜削刀 20~27、31. 铜箭镞 28、29. 铜矛 30. 陶盂 34. 陶高领罐 35. 陶鼎 36. 陶釜 37. 铜凿

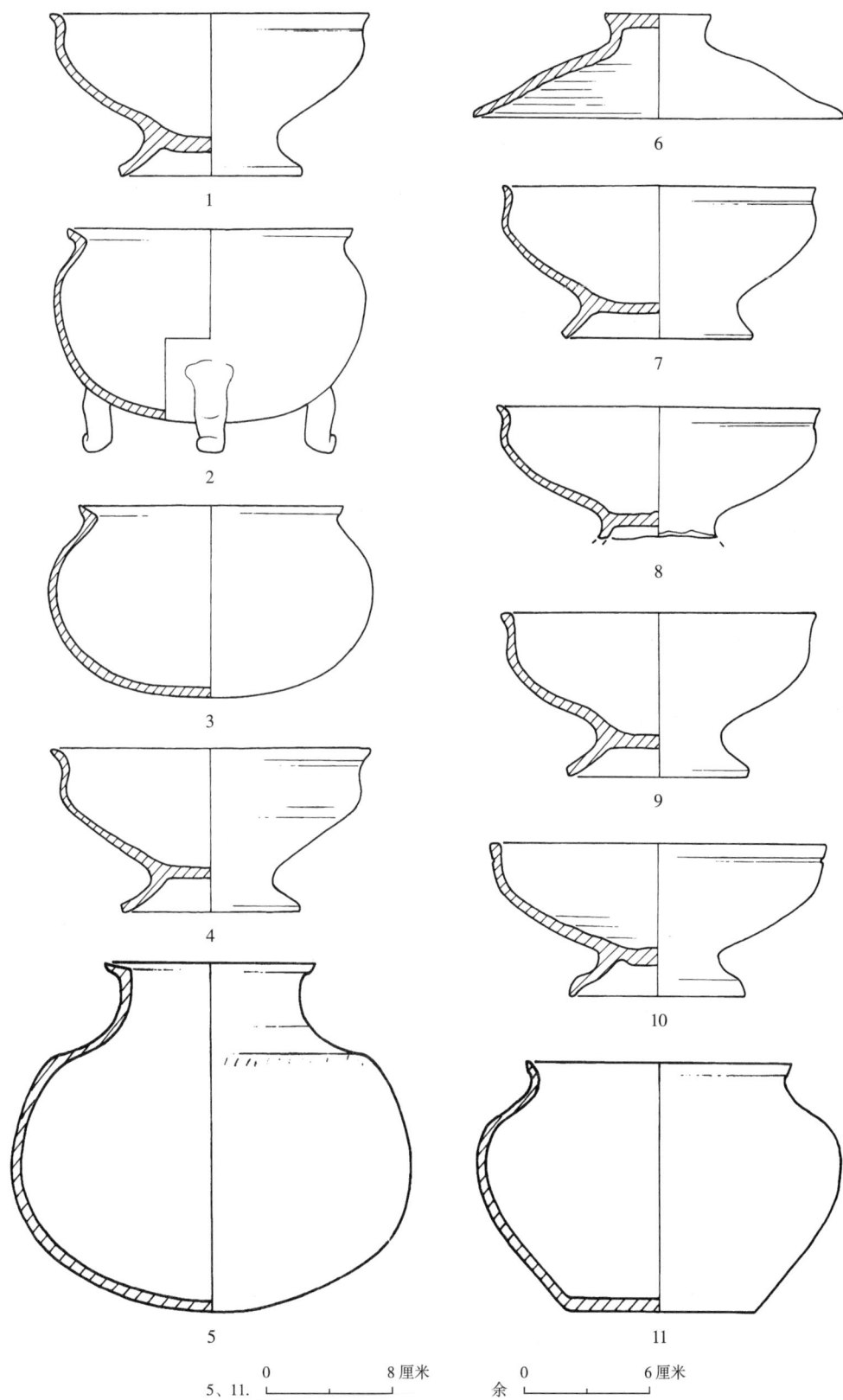

图一一五　M31 出土陶器

1、4、7~10.豆（M31：3、2、5、9、7、4）　2.鼎（M31：35）　3.釜（M31：36）　5.高领罐（M31：34）　6.器盖（M31：8）
11.盂（M31：30）

15、底径 8.6、通高 7.5 厘米（图一一五：1）。M31：5，夹砂灰陶，圆唇，侈口，矮柄，喇叭状圈足。沿下部有两道凹弦纹。口径 15、底径 9.2、通高 7 厘米（图一一五：7；图版四八：2）。M31：9，夹砂灰褐陶，圆唇，侈口，矮柄，柄下部残。沿下有两周凹弦纹。口径 15.4、残高 6 厘米（图一一五：8）。

第二种　2件。弧腹。M31：4，夹砂红胎黑衣陶，圆唇，直口，盘较深，喇叭形圈足内折。口下部有两道凹弦纹。口径 16、底径 8.4、通高 7 厘米（图一一五：10；图版四八：3）。M31：7，夹砂灰陶，圆唇，直口，盘较深，矮柄，喇叭状圈足。沿下部有两道凹弦纹。口径 15、底径 8.6、通高 7.5 厘米（图一一五：9；图版四八：4）。

鼎　1件。M31：35，夹细砂红胎黑衣陶，釜形鼎，尖唇，窄斜沿，溜肩，圆鼓腹，圜底，下置三柱状矮足，足下端向外翻卷。素面。口径 13.6、通高 10.2 厘米（图一一五：2）。

釜　1件。M31：36，夹细砂红胎黑衣陶，尖唇，窄斜沿，敛口，束颈，弧肩，圆鼓腹，圜底。口径 12.4、通高 8.8 厘米（图一一五：3）。

器盖　1件。M31：8，夹砂红胎黑皮陶，钮部隆起，直腹微曲。口径 17.6、钮径 5、通高 4.8 厘米（图一一五：6）。

盂　1件。M31：30，夹砂灰陶，圆唇，侈口，束颈，广肩，鼓腹，平底。肩部有一周凹弦纹。口径 16.8、底径 12、通高 15.2 厘米（图一一五：11；图版四八：5）。

高领罐　1件。M31：34，夹砂褐陶，方唇，平沿，折肩，鼓腹略垂，圜底。领部有一周凹弦纹，肩部饰有一周戳印的点纹。口径 13.2、通高 21.2 厘米（图一一五：5；图版四八：6）。

2. 铜器

23 件。计有鍪 1、钺 1、釜甑 1、练 2、斤 1、剑 1、璜 1、锯 1、箭镞 9、削刀 1、凿 1、戈 1、矛 2。

剑　1件。M31：12，柳叶形，短茎，茎上下各有一不对称的圆穿，隆脊，两从有血槽。器身铸刻有虎斑纹，器身下端两面均铸刻有纹饰，一面为虎纹和巴蜀符号，另一面为花卉、网纹和巴蜀符号。通长 38.4、宽 3.6 厘米，茎长 6.6、宽 1.3~2.6 厘米（图一一六；图版四九：1、2）。

戈　1件。M31：18，为中胡二穿戈，直援，中起脊，有阑，胡末端向后凸出一牙，援本有两长方形穿，长方形内，上有一圆穿。援本和内部饰有虎纹，其中援本铸刻有一浮雕的虎头，内部为线刻的虎身。通长 23.4、援长 16.6 厘米，内长 6.5、宽 4.8 厘米（图一一七；图版四九：3）。

矛　2件。形制相似。短骹，宽叶，双弓形耳附于叶的下部，最宽处在叶的中部，骹口呈圆形。M31：28，叶部略残。骹部两面均铸刻有纹饰，一面为手心花蒂和巴蜀符号，另一面为虎和巴蜀符号，骹底部饰有一周云雷纹。通长 16.5、叶最宽 3.6 厘米，骹口径 2.2、长 4.2 厘米（图一一八：1，图一一九：1；图版四九：4）。M31：29，骹部两面均铸刻有纹饰，纹饰相同，均为手心花蒂、虎纹和巴蜀符号，骹底部饰有一周云雷纹。通长 17.3、叶最宽 3.4 厘米，骹口径 2、长 5 厘米（图一一八：2，图一一九：2；图版四九：5、6）。

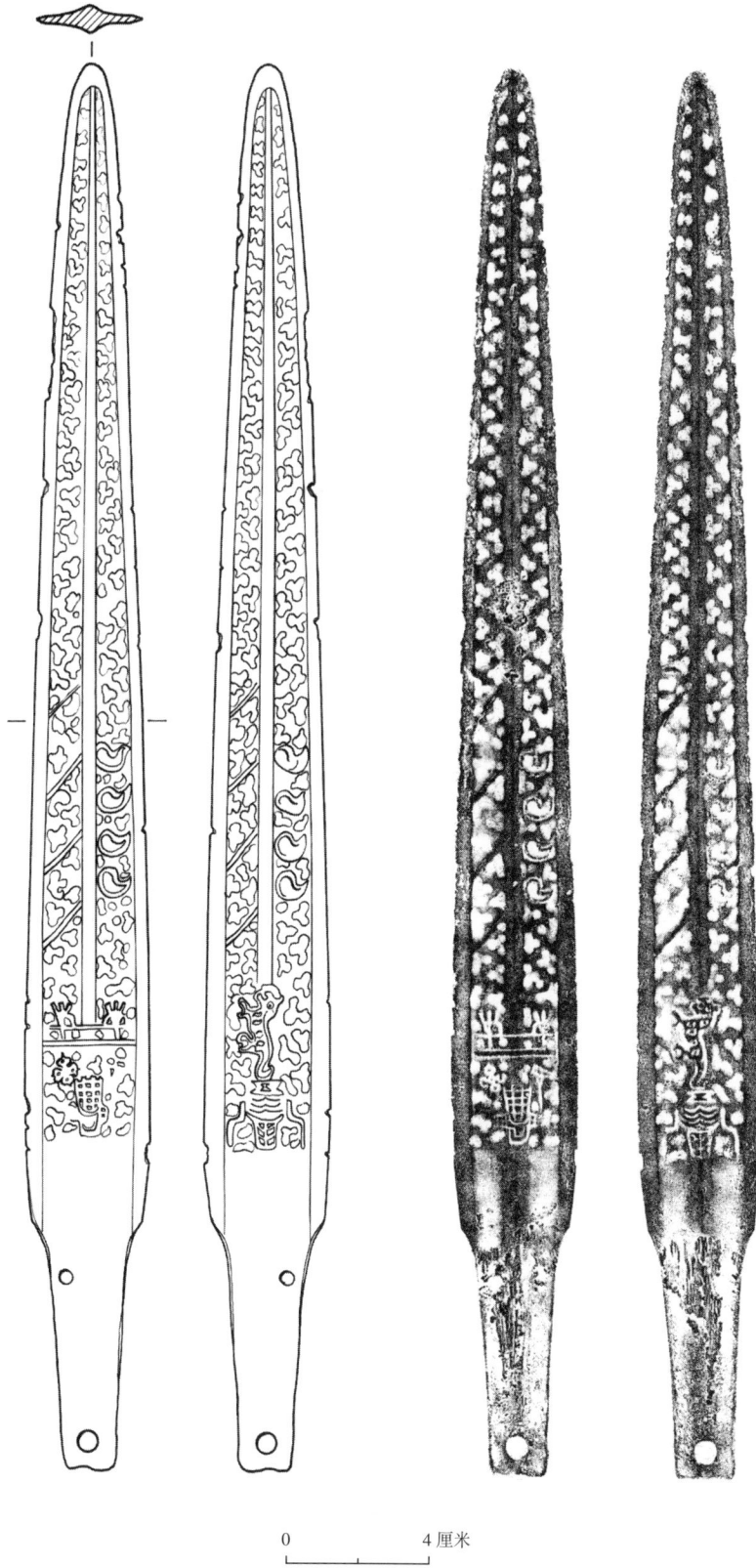

0　　　　4厘米

图一一六　M31 出土铜剑及拓片（M31：12）

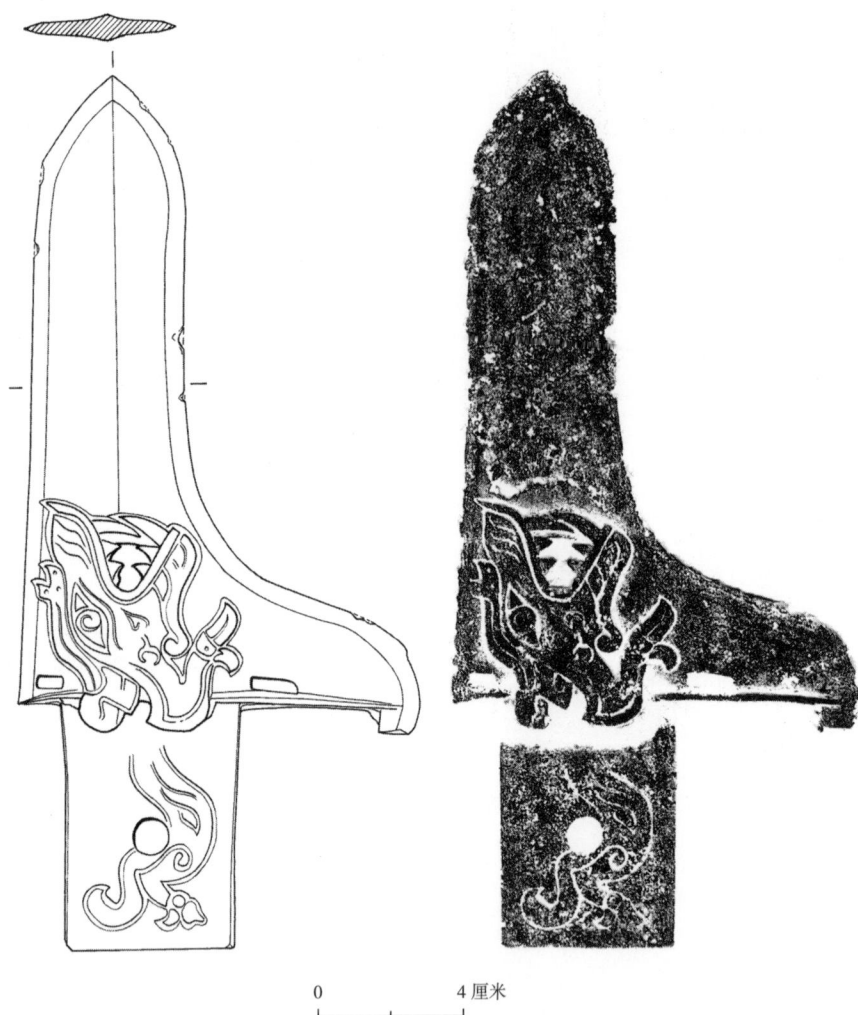

0   4 厘米

图一一七　M31 出土铜戈及拓片（M31 ： 18）

　　钺　1 件。M31 ： 10，椭圆形銎口，腰身微束，圆形刃，銎口外饰有一道凸棱。通长 9.1、刃宽 6.8 厘米，銎口长径 4.6、短径 2.1 厘米（图一二〇：1；图版五〇：1）。

　　斤　1 件。M31 ： 14，长方形銎口，喇叭形器身，宽弧刃，刃尖上翘。銎口外饰一道凸棱，其下饰有三角形纹饰。通长 11、刃宽 7.4 厘米，銎口长 4.2、宽 3 厘米（图一二〇：2；图版五〇：2）。

　　锯　1 件。M31 ： 15，残断，为单面刃。

　　削刀　1 件。M31 ： 19，残断，仅存圜首和柄。椭圆形圜首，长直柄。残长 9.4 厘米，圜首长径 4、短径 2.5 厘米，柄残长 7.3、宽 1 厘米（图一二〇：4）。

　　凿　1 件。M31 ： 37，出于 M31 ： 30 陶盂内，圆形銎口，銎口出沿，器身呈长方形，直刃。銎口径 1.8、通长 9.4 厘米（图一二〇：3）。

　　铜练　2 件。形制相似，系用铜丝盘卷成小铜环，铜环与铜环相互扣合而成。M31 ： 32，

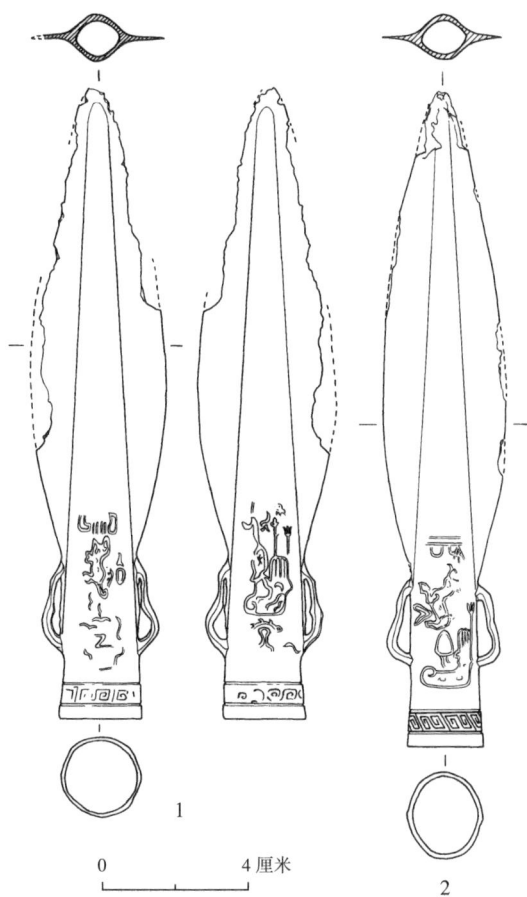

图一一八　M31 出土铜矛

1. M31：28　2. M31：29

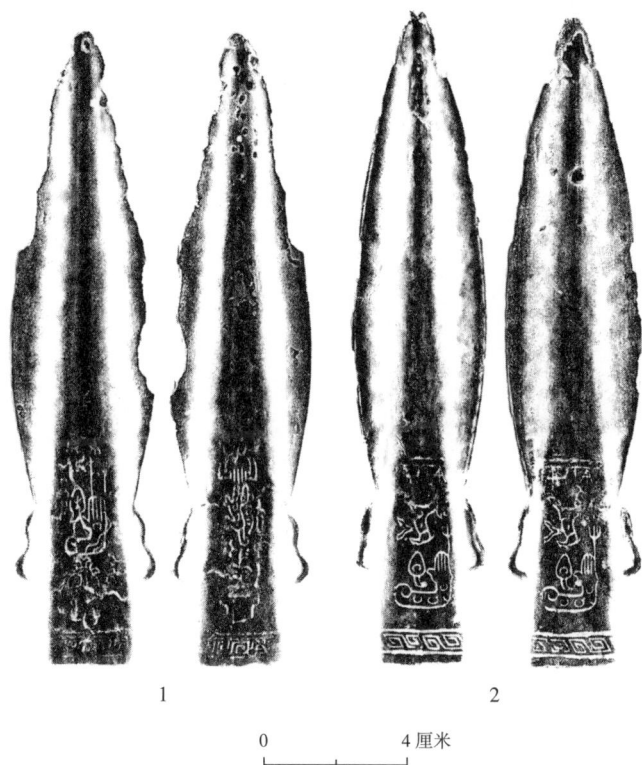

图一一九　M31 出土铜矛拓片

1. M31：28　2. M31：29

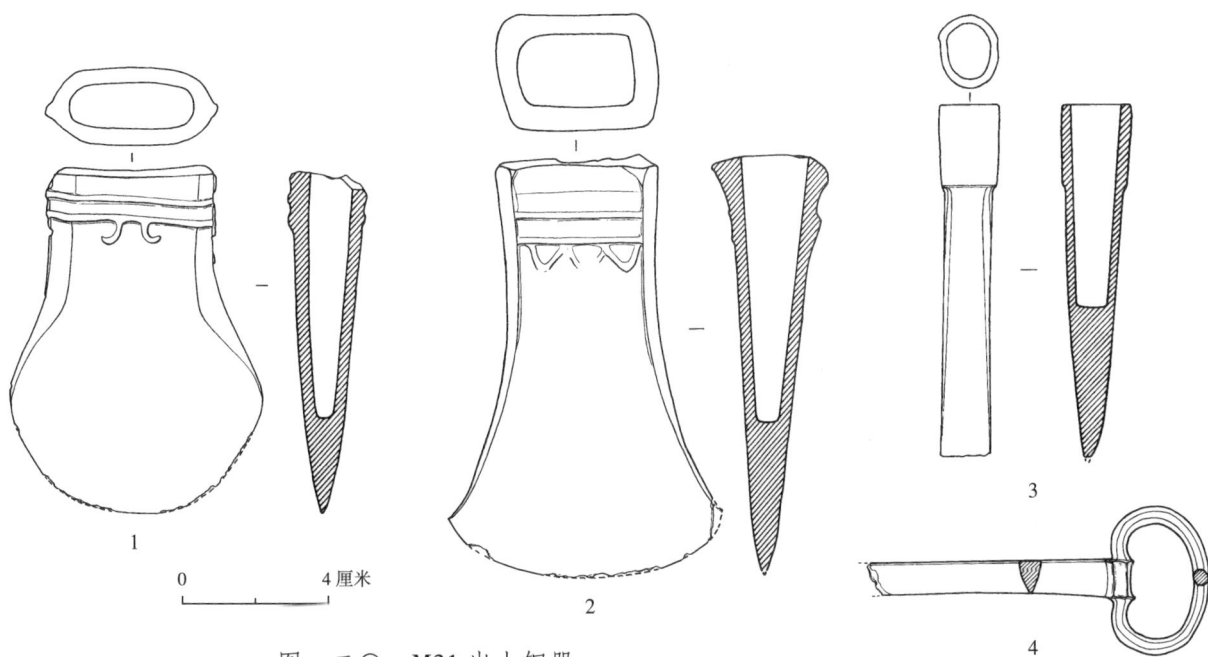

图一二〇　M31 出土铜器

1. 钺（M31：10）　2. 斤（M31：14）　3. 凿（M31：37）　4. 削刀（M31：19）

铜环直径 0.9、残长 11.8 厘米（图一二一：3；图版五〇：3）。 M31：11，铜环直径 0.8、残长 5 厘米。

箭镞　9 件。形制相似。双翼，体呈三角形，长铤式。铤部略残，镞身中脊隆起，两面各有两个凹槽，双翼呈倒刺状。M31：20，长 6.8、宽 2 厘米，铤长 3.7、宽 0.4 厘米（图一二一：4）。M31：21，长 5.6、宽 2 厘米，铤长 3、宽 0.3 厘米（图一二一：9）。M31：22，一翼残。长 5.6、宽 1.9 厘米，铤长 2.8、宽 0.3 厘米（图一二一：12）。M31：23，

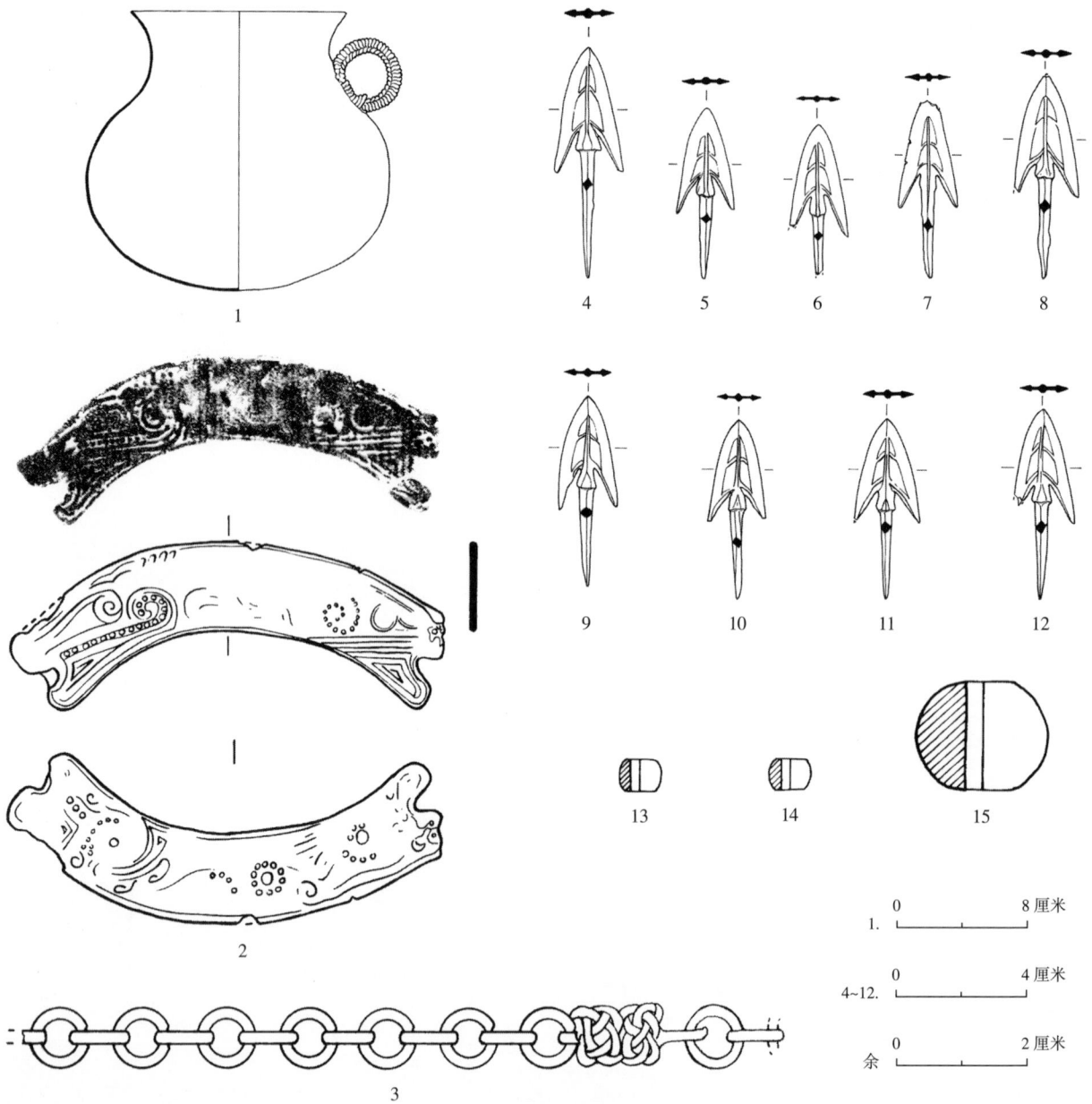

图一二一　M31 出土铜器及珠

1.鍪（M31：6）　2.璜（M31：13）　3.练（M31：32）　4~12.箭镞（M31：20、23、26、24、25、21、31、27、22）　13~15.珠（M31：16、17、33）

一翼残。长 5、宽 1.8 厘米，铤长 2.4、宽 0.4 厘米（图一二一：5）。M31：24，长 5.2、宽 1.9 厘米，铤长 2.6、宽 0.4 厘米（图一二一：7）。M31：25，一翼残。长 6、宽 2 厘米，铤长 2.9、宽 0.4 厘米（图一二一：8）。M31：26，铤部残。长 4.4、宽 1.8 厘米，铤长 1.7、宽 0.3 厘米（图一二一：6）。M31：27，双翼残。长 5.3、宽 2 厘米，铤长 2.6、宽 0.3 厘米（图一二一：11）。M31：31，双翼残。长 5.4、宽 1.8 厘米，铤长 3、宽 0.3 厘米（图一二一：10）。

璜　1 件。M31：13，体呈弧形，两面铸刻有浅浮雕虎，虎头朝外。长 6.5、宽 1.2 厘米（图一二一：2；图版五〇：4）。

鍪　1 件。M31：6，侈口，束颈，溜肩，圆鼓腹，圜底，肩部饰有一辫索纹竖环耳。口径 13.2、通高 16.4、最大腹径 18.6 厘米（图一二一：1）。

釜甑　1 件。M31：1，连体釜甑，为釜、甑分铸后由釜口连接甑底合铸而成，中间设箅。甑部为宽沿，敛口，圆鼓腹。肩部有两辫索纹竖环耳。釜部为溜肩，圆鼓腹，圜底。箅部与甑部各有一环形钮，两两相扣合而成。口径 26.8、通高 19.6、箅径 13.6 厘米。

3. 珠

3 件。计有玉珠 2、料珠 1。

玉珠　2 颗。扁圆形，极小。M31：16，长 0.5、直径 0.7、孔径 0.2 厘米（图一二一：13）。M31：17，长 0.5、直径 0.7、孔径 0.2 厘米（图一二一：14）。

料珠　1 颗。M31：33，球形体，中空。长 1.6、直径 2、孔径 0.6 厘米（图一二一：15）。

二八　M32

位于 T5630 中部，开口于②层下，打破 M33。

（一）墓葬形制

长方形竖穴土坑墓，方向 186°。墓壁较直，墓底北高南低，北端设有一二层台，长 430、宽 90、深 62~91 厘米（图一二二；图版五一：1）。填土为黄褐色沙土，填土中包含大量的木炭、陶片等物。

（二）葬式葬具

未发现葬具，亦未发现葬具朽痕。墓中人骨架保存较差。墓主人为仰身直肢葬，头向南，面向左，墓主人左手放于胸部、右手上举，性别、年龄不详。

（三）随葬品

随葬品 19 件。主要是陶器和铁器。包括陶高领罐 2、陶豆 2、陶盂 2、陶盆 1、铜鍪 1、铜带钩 1、铜印章 1、铜矛 1、铜箭镞 2、铜圜首铁刀 1 件、铜柄铁剑 1、铁器 4。墓室的最北端二层台上放置有 2 件陶高领罐，其余所有陶器均放置在墓主人脚下，带钩和箭镞紧挨墓主人左脚，铜柄铁削刀和铜柄铁剑分置于墓主人腰间左右两侧，铁器散置于头骨上下（图版五一：2，图版五二：1）。

1. 陶器

7 件。计有高领罐 2、豆 2、盂 2、盆 1（图版五二：2）。

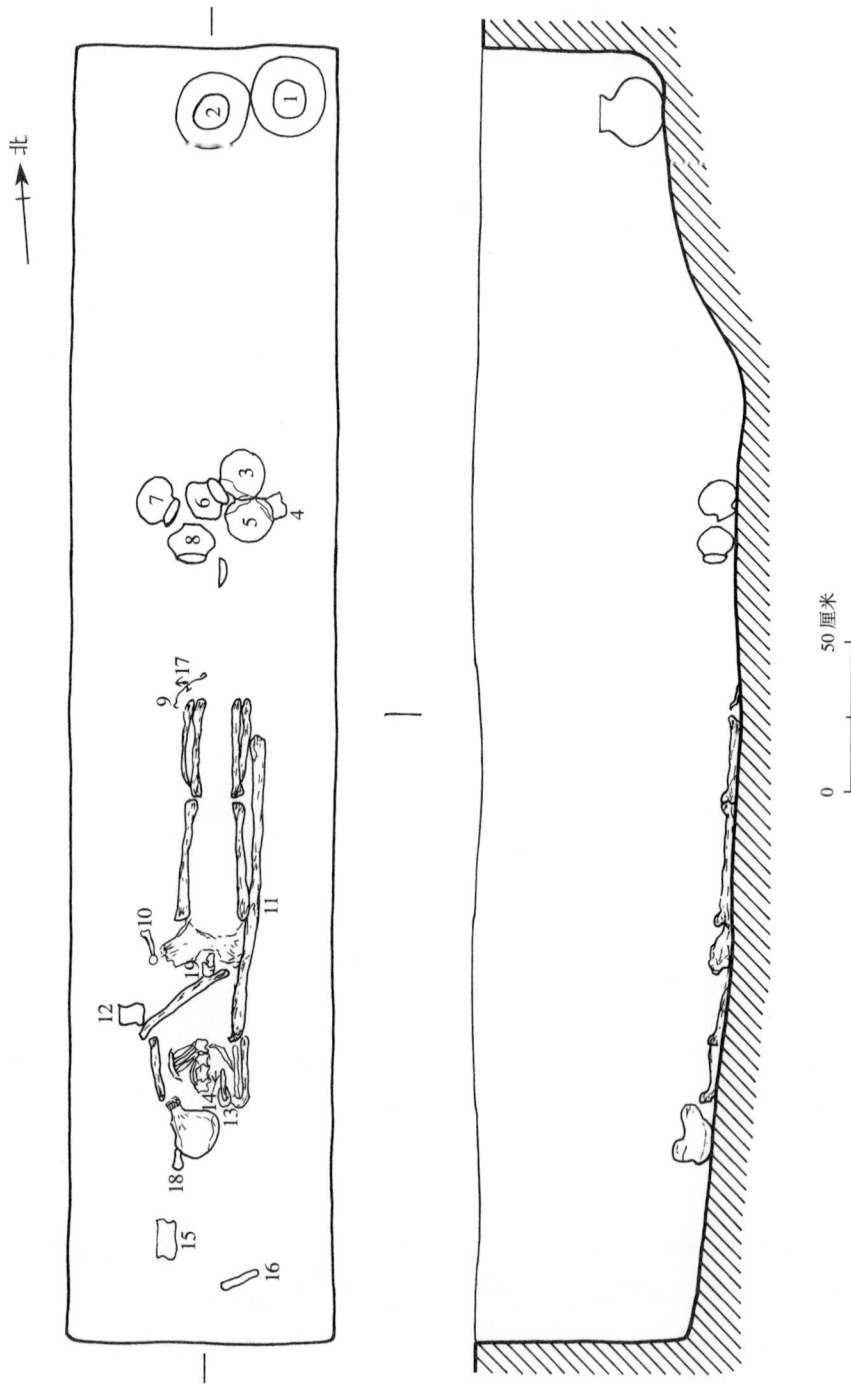

图一二二　M32 平、剖面图

1、2. 陶高领罐　3、4. 陶豆　5. 铜錾　6、8. 陶盂　7. 陶盆　9. 铜带钩　10. 铜圆首铁刀　11. 铜柄铁剑　12、15、16、18. 铁器　13. 铜矛　14、17. 铜箭镞　19. 铜印章

高领罐　2件。形制相似。圆唇，平沿，直口，高领，广肩，鼓腹，平底内凹。肩部以下饰纵向绳纹。M32：1，夹细砂灰陶。口径 13.4、底径 11.6、通高 24.6 厘米（图一二三：2；图版五三：1）。M32：2，夹细砂灰陶。口径 16、底径 9.6、通高 22.8 厘米（图一二三：1；图版五三：2）。

豆　2件。形制相似。方唇，直口，弧腹，深盘，喇叭形圈足内折，器内可见明显的轮制痕迹。素面。M32：3，夹细砂灰陶。口径 16.2、底径 7.4、通高 8 厘米（图一二三：4；图版五三：3）。M32：4，夹细砂灰褐陶。口径 16.4、底径 7、通高 7.8 厘米（图一二三：3；图版五三：4）。

盂　2件。M32：6，夹细砂褐陶，方唇，直口，弧肩，鼓腹，平底。素面。口径 9.4、底径 7、通高 10.4 厘米（图一二三：7；图版五三：5）。M32：8，夹细砂褐陶，方唇，直口，

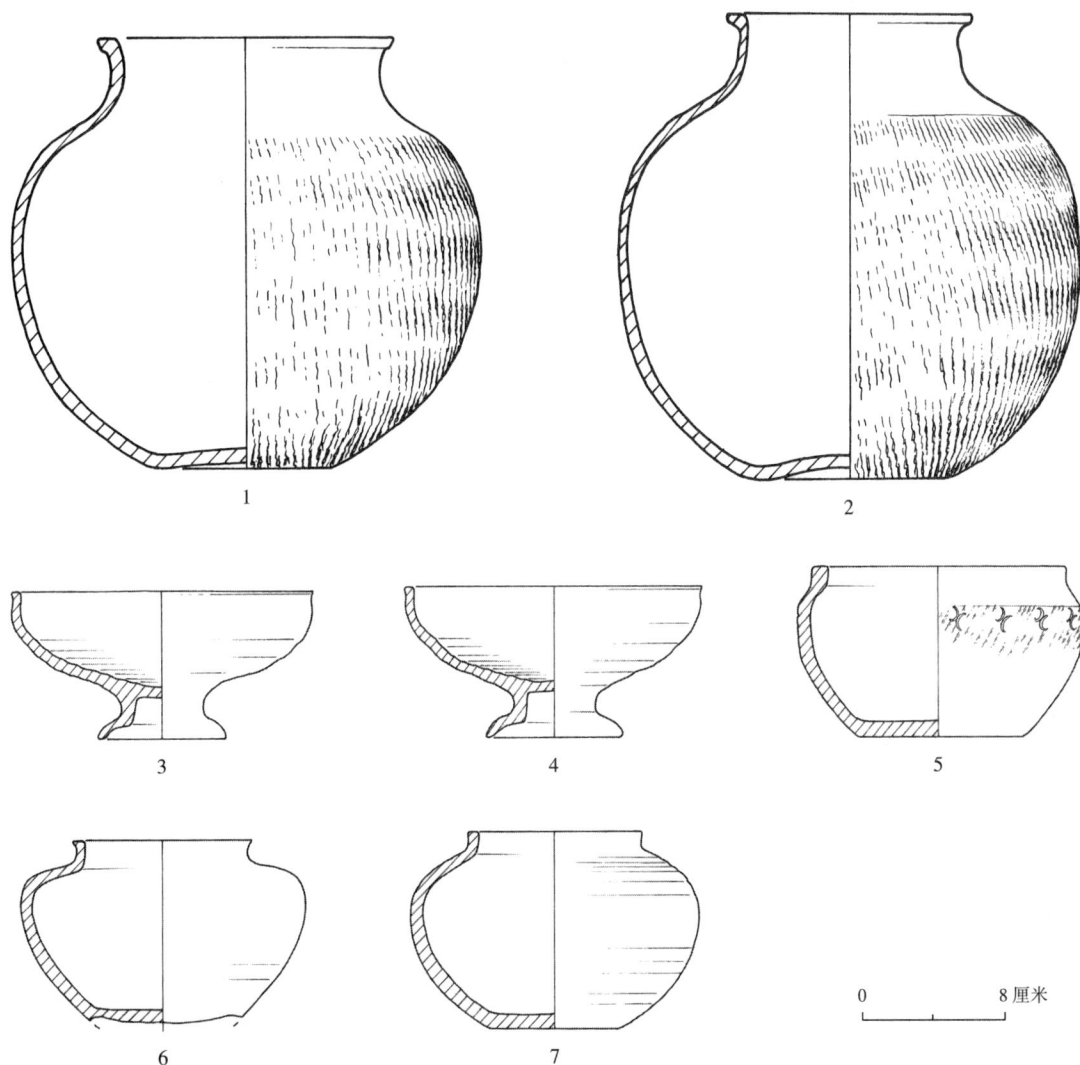

图一二三　M32 出土陶器

1、2.高领罐（M32：2、1）　3、4.豆（M32：4、3）　5.盆（M32：7）　6、7.盂（M32：8、6）

矮领，鼓肩，斜直腹，平底。口径9.6、残高9.6厘米（图一二三：6；图版五四：1）。

盆 1件。M32：7，夹细砂褐陶，方唇，直口微敛，腹部微鼓，平底。肩部有拍印并经涂抹的细绳纹，其上戳刺一周"X"纹。口径14、底径10、通高9厘米（图一二三：5；图版五四：2）。

2. 铜器

6件。计有鍪1、带钩1、印章1、矛1、箭镞2。

鍪 1件。M32：5，侈口，长颈，溜肩，圆鼓腹，圜底，肩部饰有一辫索纹竖环耳。口径12.4、通高16.4、最大腹径18厘米（图一二四：1）。

带钩 1件。M32：9，体呈条柱状，上铸刻有"X"纹和圆圈纹。体长13.5、腹宽0.8厘米（图一二四：3）。

印章 1件。M32：19，呈长方形，桥形钮。印面阳刻有"事敬"。长1.5、宽0.8、通高1.2厘米（图一二四：2；图版五四：3、4）。

矛 1件。M32：13，上部残，长骹，骹口呈椭圆形，宽叶，叶部最宽处于叶的近下端。双弓形耳附于骹的下端。素面。残长16、叶宽2.5~3.8厘米，骹长9、长径2.3、短径1.8厘米（图

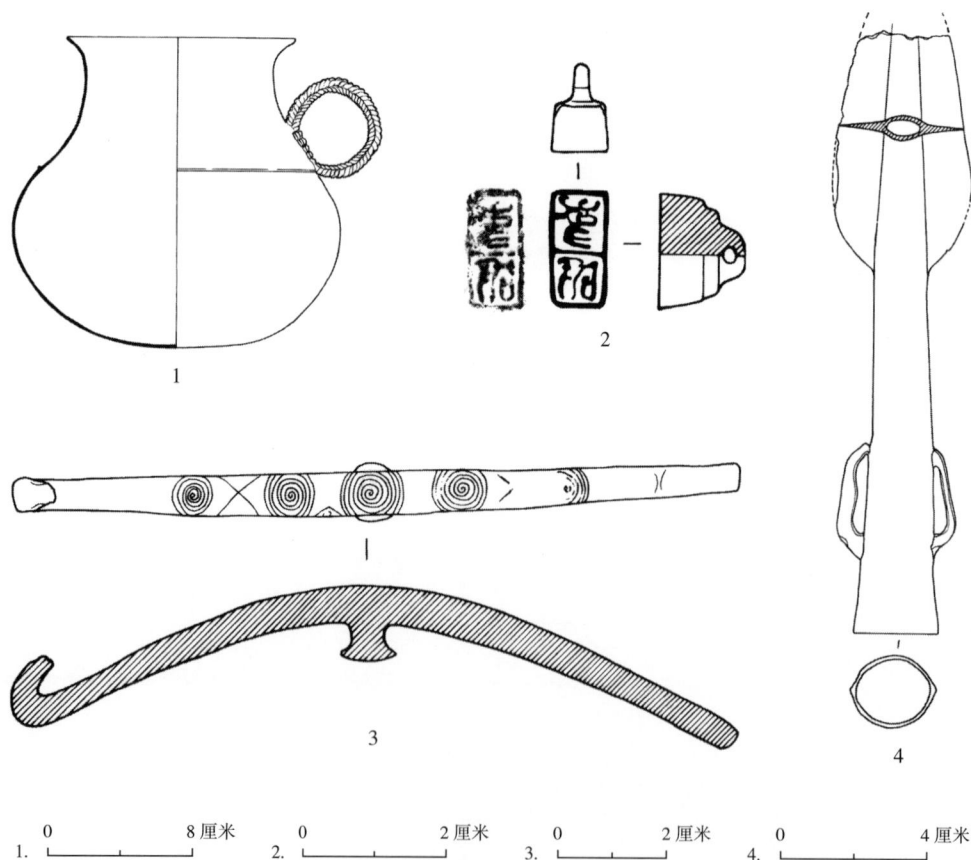

图一二四　M32出土铜器

1. 鍪（M32：5）　2. 印章（M32：19）　3. 带钩（M32：9）　4. 矛（M32：13）

一二四：4；图版五四：5）。

箭镞　2件。M32：17，双翼，三棱，长方形短铤，镞身中部隆起，两面各有四个凹槽，双翼展开呈倒刺状。长5.5、双翼宽2.2厘米。

3. 铁器

4件。器形不明。M32：16和M32：15，两件器物均呈长方形，锈蚀严重，推测可能是铁斧。M32：12和M32：18，锈蚀严重，器形难辨。

4. 铜铁合器

2件。计有铜圜首铁刀1件、铜柄铁剑1件。

铜圜首铁刀　1件。M32：10，锈蚀严重，椭圆形圜首，短直柄，铁刃部残缺。

铜柄铁剑　1件。M32：11，出土时周边可见大量的炭化痕迹，可能系木匣，锈蚀严重，器形难辨。

二九　M33

位于T5530、T5531、T5630、T5631内，开口于②层下，因盗掘遂进行抢救性发掘[1]，西北部被M32打破，南部被近现代改田改土破坏，该墓发掘以后，底部铺沙进行保护性回填。

（一）墓葬形制

平面形状略呈不规则"曲尺形"，方向180°，北宽南窄，在西壁南部折而向东内收再折向南，其南壁被改田改土破坏。坑口南北残长593~662、东西宽320~460、深100厘米（图一二五；图版五五：1）。墓内填土可分两层，第①层为含有木炭屑的黄、褐二色黏土混杂的含沙质五花土，此层的东部木炭含量极重，西部和南部木炭含量较少，厚60~80厘米。该层包含有较多陶器残片、烧骨、铜渣、石片等物，并发现至少有3个个体的动物肢骨（可能为牛、马等有蹄类动物）和较多的鱼骨，同时本层中还包含有较多的植物果核（出土了1件可能是杏核）。第②层为黄、褐二色黏土混杂的黏土（亦为五花土，但不含沙质），厚20~40厘米。墓壁较直，墓底西高东低。

从埋藏学的角度来分析，该坑在挖好后，在底部先铺垫了一层厚20~40厘米的黄褐色黏土，东部铺垫较少，西部铺垫较多；其后，在此层的层面上陈放尸体和随葬品，然后再将其掩埋；在掩埋之前或掩埋的过程中，可能还举行过类似祭祀之类的仪式，从而形成的很多木炭与挖坑出来的堆土混杂在一起，由此形成东部第①层填土中含大量木炭之现象，同时在掩埋的过程中，还向坑内抛掷（或放置）了一些动物肢体、鱼、陶器和果实等，这种现象可能与某种仪式的仪轨有关。

---

[1] 2003年5月5日，考古队发现罗家坝遗址外坝西南部有一处墓葬被盗（后编号为M33），遂予以报警，6月18日，案件侦破完毕，并抓获相关涉案人员，所盗的7件青铜器（鼎1件、缶2件、瓿1件、盒2件、罍1件）全部追回。墓葬平面图中的5件青铜器，是按照青铜器被盗掘后留下的痕迹进行复原的，其余2件青铜器已无法弄清其原有的位置。

（二）葬式葬具

未发现葬具，亦未发现葬具朽痕。墓中发现3具人骨架，这3具人骨架放置从东向西逐渐增高。为叙述方便，将这3具人骨从东向西依次编号为一号骨架、二号骨架和三号骨架。一号骨架位于三副骨架的东边，紧靠东部的器物群，人骨保存较好，为仰身直肢葬，头向南，面向上，右手上举，左手平放于胸前。在其脚部放置有一堆动物骨骼，性别、年龄不详。二号骨骼，处于其他两幅骨架中间，人骨保存较好，为仰身直肢葬，头向南，面向上，双手平放于胸前、其右腿胫骨向上错位近10厘米，而腓骨却无任何位移，性别、年龄不详。三号骨骼，处于最西部，人骨保存较好，为仰身直肢葬，头向南，面向上，右手上举，左手平放于胸前。在骨架的下肢骨旁放置有一堆禽类骨骼，性别、年龄不详（图版五五：2）。

（三）随葬品

随葬品203件，主要是铜器和陶器。包括陶盘口罐3、陶平底罐3、陶喇叭口罐4、陶钵5、陶釜3、陶杯9、陶尖底盏4、陶网坠2、铜鼎1、铜缶2、铜簠1、铜甗1、铜敦2、铜罍1、铜豆2、铜鉴1、铜匜1、铜容器1、铜镂空器座1、铜鸟头状饰件1、铜鍪1、铜釜1、铜尖底盒3、铜戈24、铜矛8、铜镦9、铜钺4、铜剑5、铜双剑及剑鞘1、铜斤4、铜锯4、刀11、铜箭镞2、铜凿16、铜锥7、铜勺2、铜匕3、铜刻刀4、铜长条形饰件4、铜环2、磨石2、野猪獠牙8、珠29。大量的随葬品被放置在墓室的东部，其放置的方式为：南部主要放置大量青铜兵器及少量陶器，其北放置青铜礼器、生活用具及生产工具，最北端放置2件彩绘陶器（由南向北随葬品的摆放顺序依次为：青铜矛→青铜戈→青铜剑→青铜钺→生产工具→青铜礼器→彩绘陶罐）。在墓室近北壁中部放置彩绘陶器、镂空铜器座及8枚野猪獠牙，墓室南中部放置少量陶器（图版五六：1、2，图版五七：1、2）。

1. 陶器

33件。计有盘口罐3、平底罐3、喇叭口罐4、钵5、釜3、杯9、尖底盏4、网坠2（图版五八：1）。

喇叭口罐 4件。形制相近。夹细砂灰褐陶，尖圆唇，侈口，束颈，溜肩，鼓腹，平底。沿部饰有两道彩绘，两道彩绘中间饰有彩绘“<”符号一周，肩部饰有两道凹弦纹，外施彩绘，两道弦纹中间饰有一周彩绘的横向“S”纹，腹部中间左右各有一组三个乳钉，乳钉外彩绘一周圆圈。在左右两组乳钉中间彩绘6个卷云纹。M33：2，口径25.6、底径12.2、腹径22、通高20厘米（图一二六：3）。M33：4，口径26、底径12、腹径23、通高20厘米（图一二六：1；图版五八：2）。M33：5，口径25.6、底径12、腹径23、通高20.4厘米（图一二六：4）。M33：16，口径25.6、底径12.2、腹径22、通高20.2厘米（图一二六：2）。

盘口罐 3件。形制相近。夹细砂灰褐陶，圆唇，盘口，束颈，溜肩，鼓腹，平底。口外部饰有两道彩绘纹，两道彩绘中间彩绘有“<”纹一周，肩部有两道凹弦纹，外施彩绘，两道弦纹中间彩绘一周横向“S”纹，腹部中间左右各有一组三个乳钉，乳钉外彩绘圆圈纹。在左右两组乳钉中间有6个彩绘云纹。M33：1，口径18.4、底径13.4、腹径26、通高

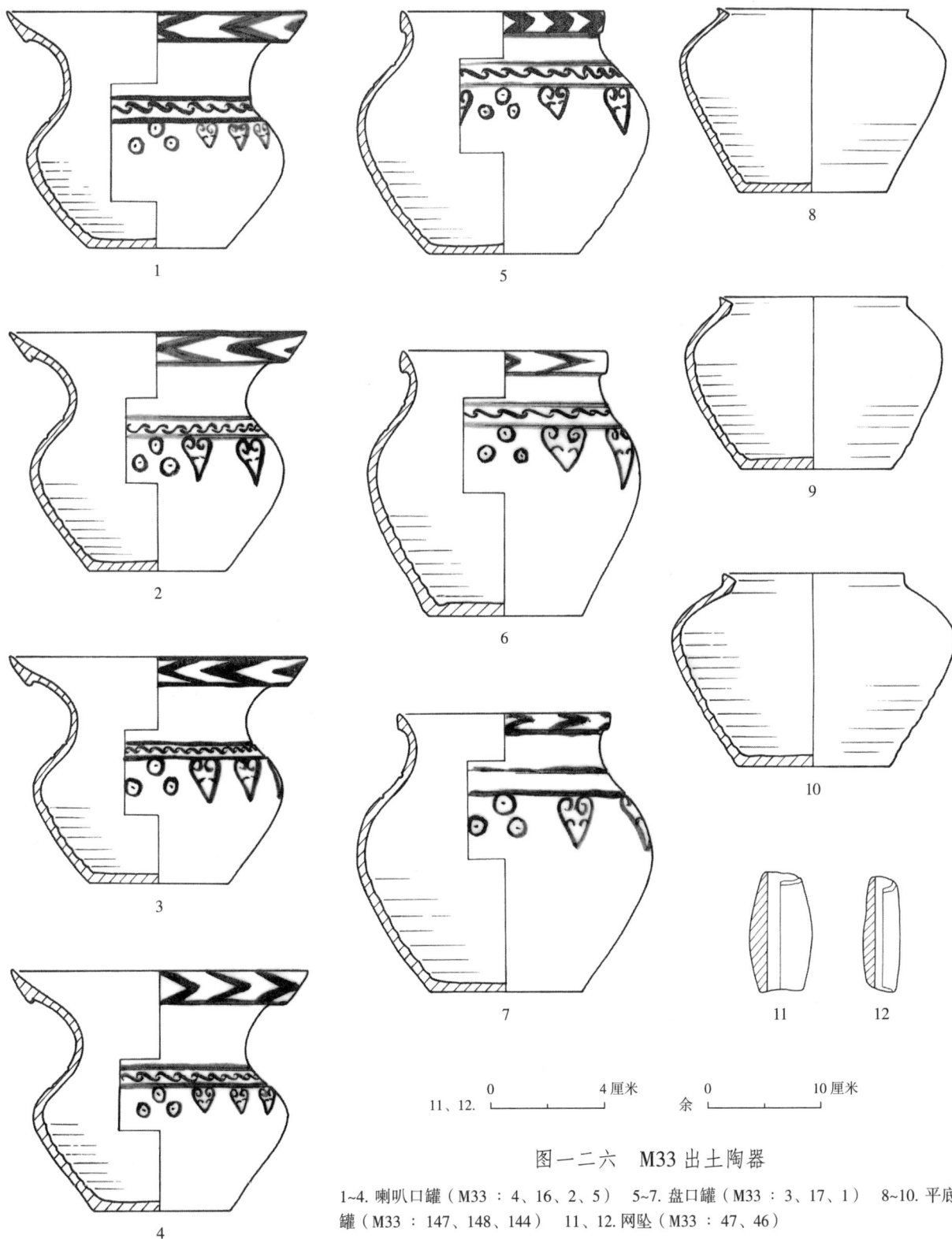

图一二六　M33 出土陶器

1~4. 喇叭口罐（M33：4、16、2、5）　5~7. 盘口罐（M33：3、17、1）　8~10. 平底罐（M33：147、148、144）　11、12. 网坠（M33：47、46）

23.6 厘米（图一二六：7）。M33：3，口径 17.6、底径 13.2、腹径 25.2、通高 20.6 厘米（图一二六：5；图版五八：3）。M33：17，口径 18、底径 13.6、腹径 24、通高 22.2 厘米（图一二六：6）。

　　平底罐　3 件，形制相似。夹细砂灰陶，尖唇，窄斜沿，敛口，耸肩，斜直腹，平底。M33：144，口径 16、底径 13.6、腹径 23.4、通高 16.4 厘米（图一二六：10）。M33：147，口径 16.8、底径 13.2、腹径 23.2、通高 15.6 厘米（图一二六：8）。M33：148，口径 16.4、底径 13.3、腹径 22.5、通高 14.4 厘米（图一二六：9；图版五九：1）。

　　釜　3 件。形制相似。圆唇，斜沿，束颈，腹微鼓，圜底。肩部以下饰粗绳纹。M33：145，夹砂红胎黑皮陶，口径 17、通高 7 厘米（图一二七：18；图版五九：2）。M33：146，夹砂红胎黑皮陶。口径 17.7、通高 7 厘米（图一二七：19）。M33：143，腹上部残，圜底。腹部饰粗绳纹。残高 3.6 厘米（图一二七：20）。

　　钵　5 件。均手制。形制相似。圆唇，弧腹，平底或圜底。M33：49，夹砂褐陶，平底，

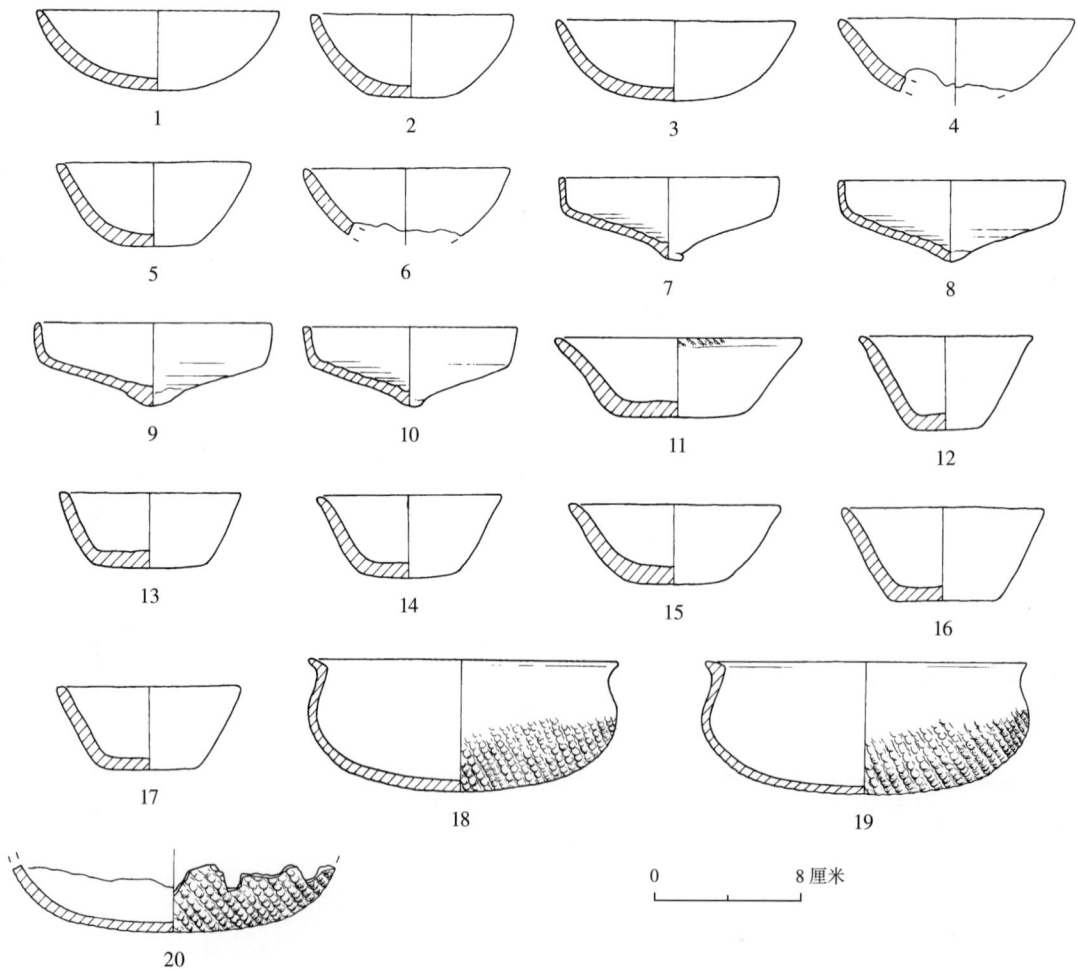

图一二七　M33 出土陶器

1、3、4、6、11. 钵（M33：123、130、140、139、49）　7~10. 尖底盏（M33：206、205、156、155）　2、5、12~17. 杯（M33：129、141、166、48、142、131、137、138）　18~20. 釜（M33：145、146、143）

口径 13.4、底径 7、通高 4.2 厘米（图一二七：11；图版五九：3）。M33：123，夹砂褐陶，圜底。素面。口径 13.2、通高 4.2 厘米（图一二七：1）。M33：130，夹砂褐陶，圜底。口径 13、通高 4.3 厘米（图一二七：3）。M33：140，夹砂褐陶。口径 13、残高 3.8 厘米（图五：4）。M33：139，夹砂褐陶。口径 13.4、残高 3.8 厘米（图一二七：6）。

杯　9 件。均手制，形制相似。圆唇，斜直腹，平底，手制，素面。M33：129，夹细砂红陶，弧腹。口径 11.2、底径 5、通高 4.4 厘米（图一二七：2）。M33：131，夹砂红胎黑衣陶。口径 11.5、底径 5.2、通高 4.2 厘米（图一二七：15）。M33：141，夹砂红胎黑衣陶。口径 10.6、底径 4.4、通高 4.4 厘米（图一二七：5）。M33：137，夹砂红胎黑衣陶。口径 11.1、底径 6、通高 5 厘米（图一二七：16）。M33：138，夹砂红胎黑衣陶。口径 10、底径 5.2、通高 4.4 厘米（图一二七：17）。M33：166，夹砂红胎黑衣陶。口径 9.4、底径 4.2、通高 5.2 厘米（图一二七：12；图版五九：4）。M33：48，夹砂红褐陶。口径 9.8、底径 6、通高 4 厘米（图一二七：13）。M33：142，夹砂红褐陶。口径 10.6、底径 4.8、通高 4.4 厘米（图一二七：14）。M33：149，夹砂红褐陶，残损严重。

尖底盏　4 件。出土时两两扣合，分别放置于铜兵器两侧，形制相似。夹砂红胎黑衣陶，圆唇，直口，圆折腹较深。腹部有两周凹弦纹。M33：205，口径 12.4、通高 4.3 厘米（图一二七：8）。M33：206，口径 12、通高 4.4 厘米（图一二七：7；图版五九：5）。M33：155，口径 11.8、通高 4.2 厘米（图一二七：10）。M33：156，口径 13、通高 4.4 厘米（图一二七：9）。

网坠　2 件。形制相似。椭圆形。M33：46，残，泥制红陶。长 3.9、宽 1.3、孔径 0.6 厘米（图一二六：12）。M33：47，残，泥制褐陶。长 4.1、宽 2.2、孔径 1 厘米（图一二六：11）。

2. 铜器

131 件。计有鼎 1、缶 2、簠 1、瓹 1、敦 1、罍 1、豆 2、鉴 1、匜 1、容器 1、镂空器座 1、鸟头状饰件 1、鍪 1、釜 1、尖底盒 3、戈 24、矛 8、镦 9、钺 4、剑 5、双剑及剑鞘 1、斤 4、锯 4、刀 11、箭镞 2、凿 16、锥 7、勺 2、匕 3、刻刀 4、长条形饰件 4、环 2。

鼎　1 件。M33：197，方唇，敛口，口下饰一凸棱，形成子口，深弧腹，圜底，腹下置三兽形足，口下部附有两桥形双立耳。耳部饰有蟠虺纹，腹部铸有一道凸棱，凸棱上下饰有繁缛的窃曲纹，柱足上部饰兽面纹。口径 26、通高 28.6 厘米（图一二八；图版六〇：1）。

缶　2 件。形制相似，仅大小不同。由盖和器身两部分组成，器身为子母口内敛，长颈内束，广肩，鼓腹，矮圈足。肩部附有四个对称的环形耳。盖隆起，盖面亦附有四个对称的环形耳。M33：198，素面。通高 33.2、口径 14.8、底径 15 厘米（图一二九：2；图版六〇：2）。M33：200，盖中部饰有一圆圈纹，其内饰有云纹和小圆圈纹，腹上部饰有四个等距的圆圈纹，其内饰有云纹和小圆圈纹。通高 47、口径 18.4、底径 17.6 厘米（图一二九：1；图版六〇：3）。

簠　1 件。M33：19，全器分作上下对称的器身和器盖两部分。器身和器盖均大口，直沿，

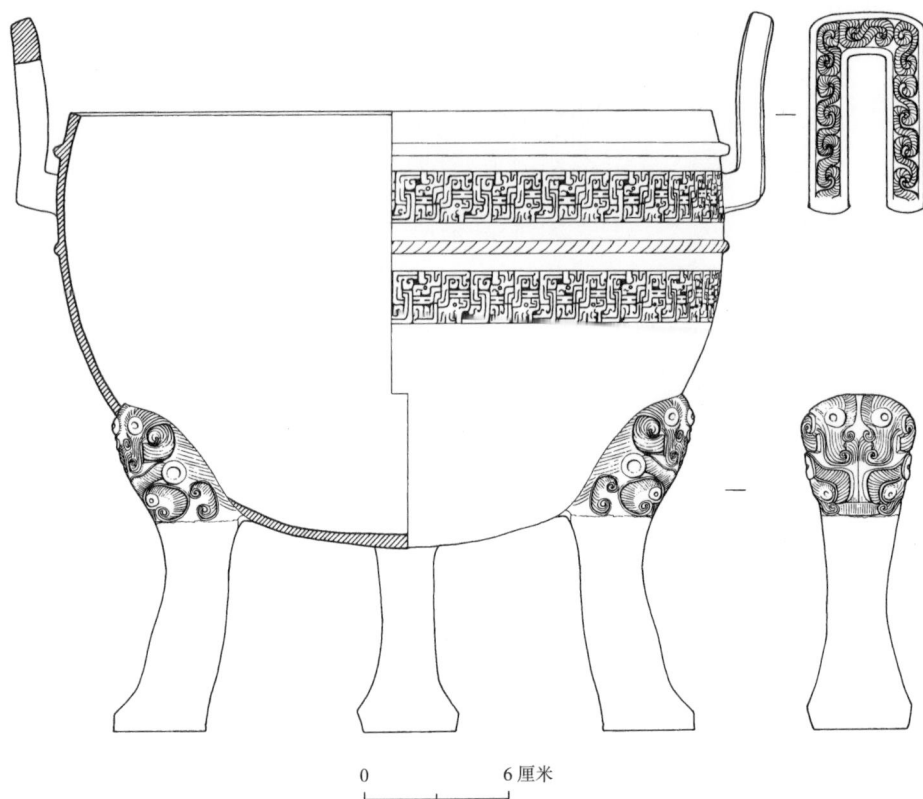

图一二八　M33 出土铜鼎（M33：197）

斜腹，平底。簋盖口沿四边正中各置有对称兽首形边卡一个，以使盖于器身时不致滑落。盖、器身两端附竖环耳一个，耳残。盖、身平底的四角附四只对称的蹼形足。足作内凹弧形外撇，在四足之间形成扁桃形空挡。器表及盖顶均饰繁缛的蟠虺纹。口长 30.4、宽 22.8、通高 21.5 厘米（图一三〇；图版六〇：4）。

　　甗　1 件。M33：199，为甑、鬲分体甗。甑部为方唇，平折沿，口微侈，弧腹，底部设有呈放射状的长条形箅孔，圈底套于鬲口上，口沿下附有两桥形外撇耳。甑口沿下部及腹部饰有繁缛的夔龙纹，腹中部饰一道凸棱，凸棱上戳刺有短线纹。鬲部为敛口，肩部有双衔环耳，鼓腹，连裆，三粗矮蹄足，中空。环耳上饰有两菱形纹。口径 32、通高 43.2 厘米（图一三一；图版六一：1、2）。

　　敦　2 件。形制相似。由盖、身上下扣合而成，器身与器盖相同。器身呈椭圆形，下接三个兽形足钮，口沿下有两个对称的环形钮，环钮上饰窃曲纹。盖的口沿处有三个兽形卡边。M33：50，通高 20.5、口径 19 厘米（图一三二：1；图版六二：1）。M33：125，通高 20.5、口径 19 厘米（图一三二：2；图版六二：2）。

　　罍　1 件。M33：201，由盖和罍两部分组成。盖呈圆形，平顶，顶中部内凹，中央有四夔龙纹绕成的圆形捉手。罍为厚方唇，矮直颈，广肩，圆鼓腹，下腹内收，底内凹，矮圈足。肩腹部附有两个对称的兽首耳衔。圆形捉手饰蟠龙纹，盘绕的蟠龙上饰蟠螭纹，盖面内凹部

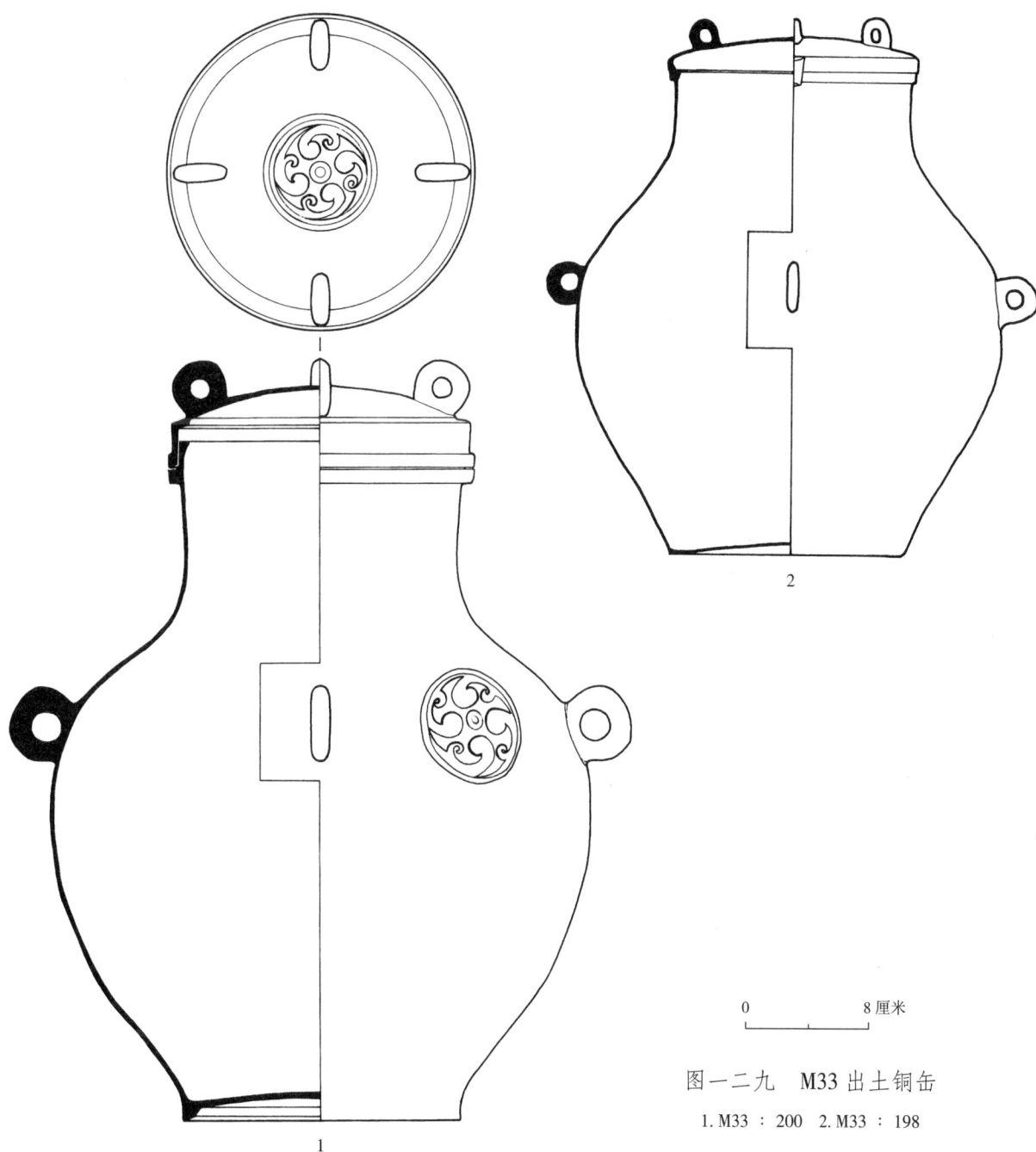

图一二九　M33 出土铜缶

1. M33：200　2. M33：198

分由内向外饰凹漩纹、两周绚索纹、三角形纹和蟠虺纹。盖缘一周有六个大小相同、间距相等的椭圆形圆柄状凸钮，凸钮内凹。盖面中央饰涡漩纹，四周及凸钮间饰蟠螭纹。盖口沿有一周宽凸棱，腹中部一周有八个大小相同、间距相等的椭圆形圆柄状凸钮，圆柄中央饰圆圈纹，钮面及钮间饰蟠螭纹，肩部及下腹各饰蟠螭纹一周。兽首耳由浮雕的夔龙组成双角，双眉弯曲，两眼圆睁，口鼻突出，显得威猛而自然。口径 24、底径 22、通高 25.3、盖径 26.2 厘米（图一三三；图版六二：3）。

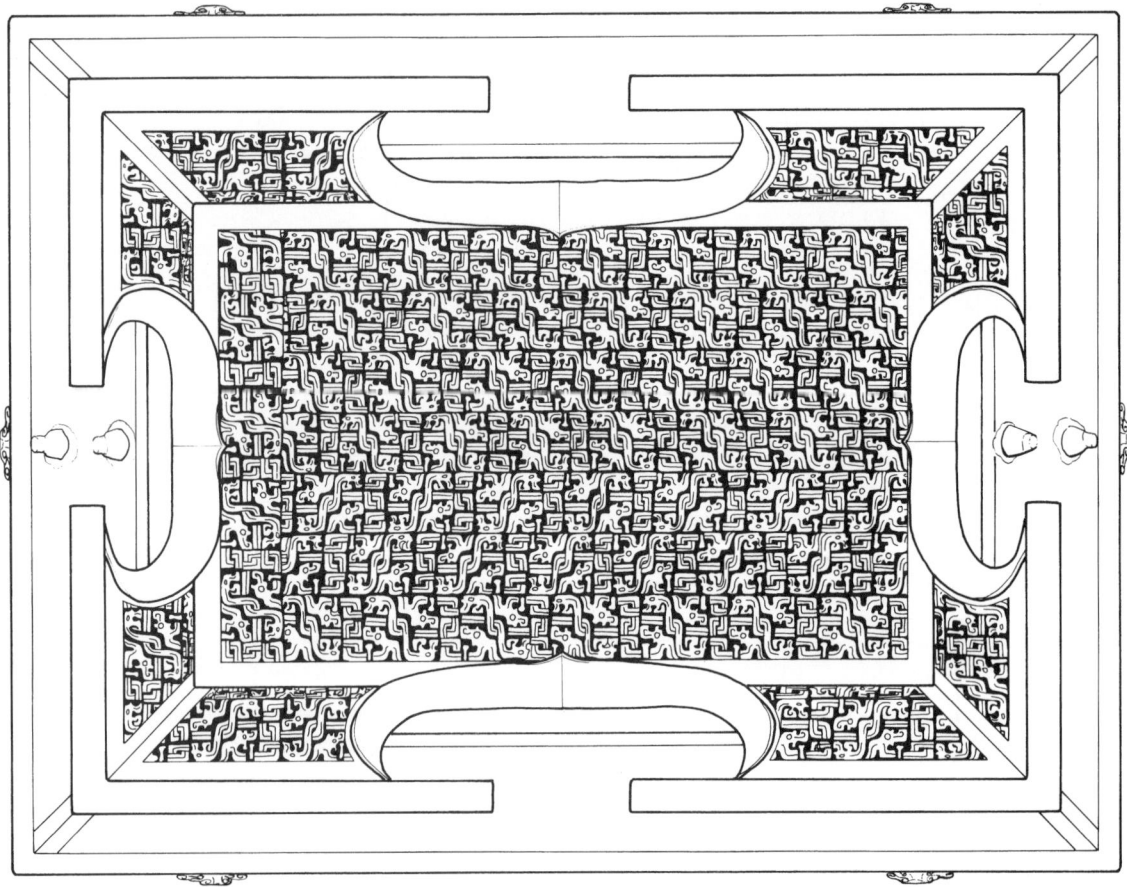

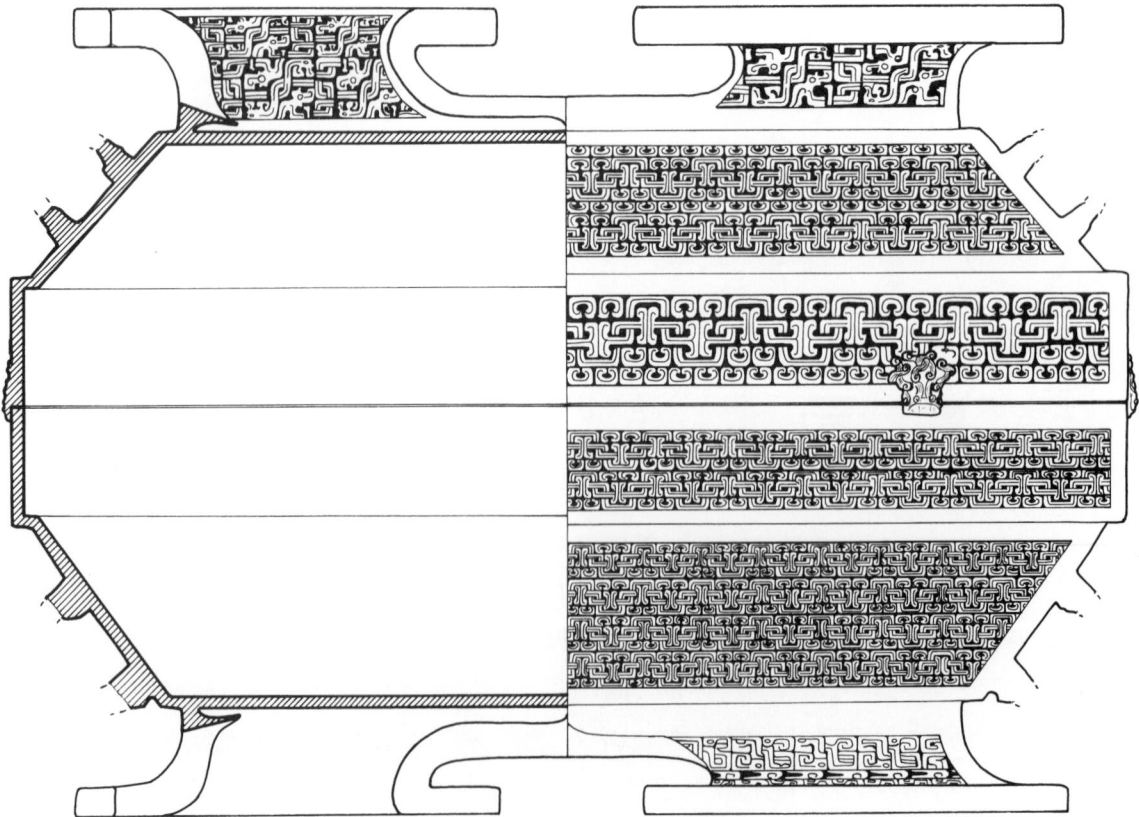

0   4 厘米

图一三〇　M33 出土铜簠（M33：19）

0　　　　　6厘米

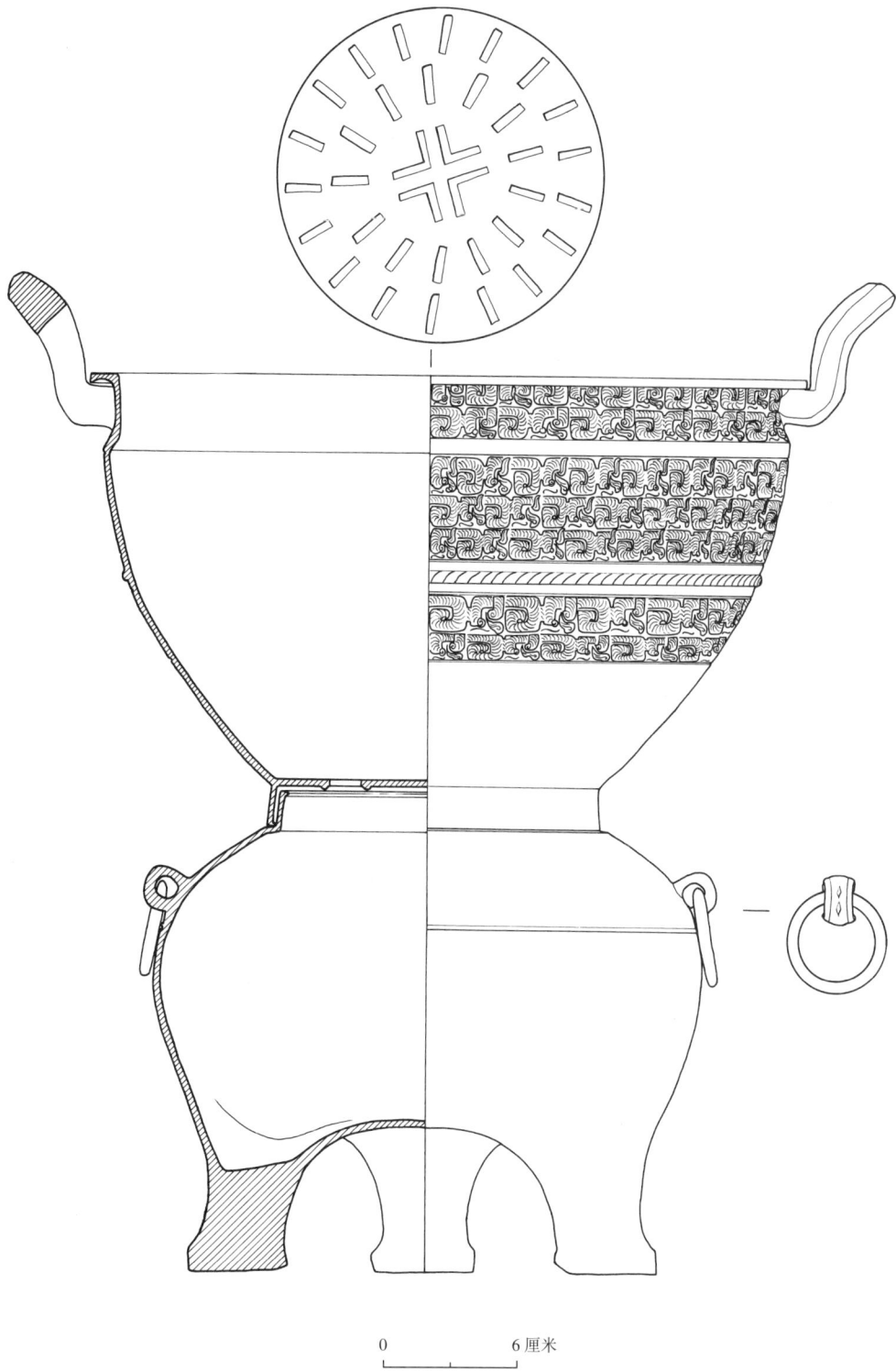

图一三一　M33 出土铜甗（ M33 ： 199 ）

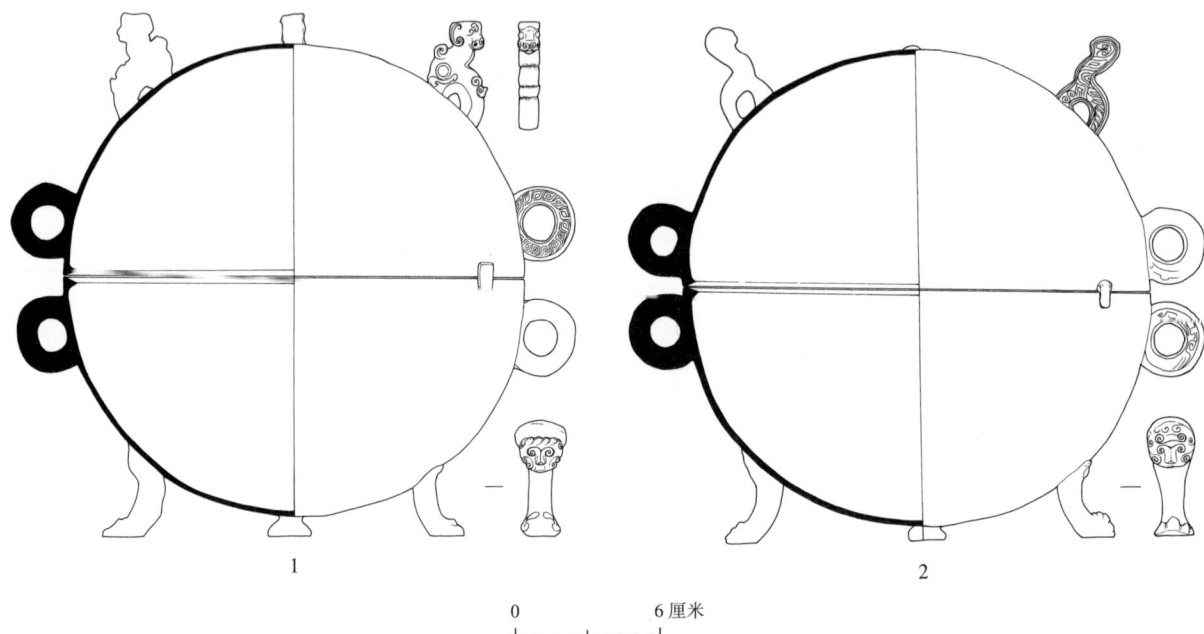

0　　　　　　6 厘米

图一三二　　M33 出土铜敦

1. M33：50　2. M33：125

豆　2 件。依据形制的不同可分为两种类型。

第一种　矮柄豆。1 件。M33：18，由盖和豆两部分组成，盖为直口微侈，弧腹，圆形捉手。豆为直口微敛，下收成子口，弧腹，喇叭形圈足，圈足下端内折。盖和豆上布满了用铅类矿物质错成的图案。口径 17.4、底径 10.4、通高 20.4 厘米（图一三四；图版六三：1）。现按照图案所处位置分别介绍如下。

盖部：盖面圆形捉手上以一人为核心，左右两侧各 4 兽。盖下部铸刻有两两对称的四组纹饰，主要是宴乐、武舞和弋射图。其中左边为宴乐图，有楼房一幢，并铸刻出两檐和两柱，楼上 6 人，皆腰佩短剑，左侧柱外一人，似双手持物，两柱之间 4 人，中间设一台座，上似挂一弓，台座左侧 2 人，右侧之人双手持物面向左侧一人。台座右侧 2 人，似双手持物面向左侧，右侧柱外亦立有一人。楼下，左右两侧各刻一鸟，中间左边悬挂编钟一组 4 个，右边悬挂编磬一组 5 个，下有 5 人，皆踞坐，其中 3 人双手高举，各执一桴，左边一人击钟，右边 2 人击磬，另 2 人似吹笙。其右侧 2 人，双手各执一桴，分别击打鼓和丁宁。中间为武舞图，左侧刻有两鸟，右侧 4 人，皆左手持矛，右手长舞，作武舞状。右边为弋射图。空中有一行向右飞翔的鸟群，共七只，其中已中箭者 5 只，下有 3 人，皆以缯缴弋射，旁各有舣收线。

腹部：腹部铸刻有两两对称的四组纹饰，主要是水陆攻战图和攻城图。其中左侧为水陆攻战图，可分上下两层，其中上层为陆上攻击，双方共 9 人，左侧一人击鼓，右侧 8 人分左右两组进行交战，中间一人已被砍倒，左右两侧或持矛或持戈进行交战。下层为水上攻击，双方共 9 人，左边舟上 3 人，用力摇桨右冲，一人已落水，舟前一人涉水，一手持剑，另一

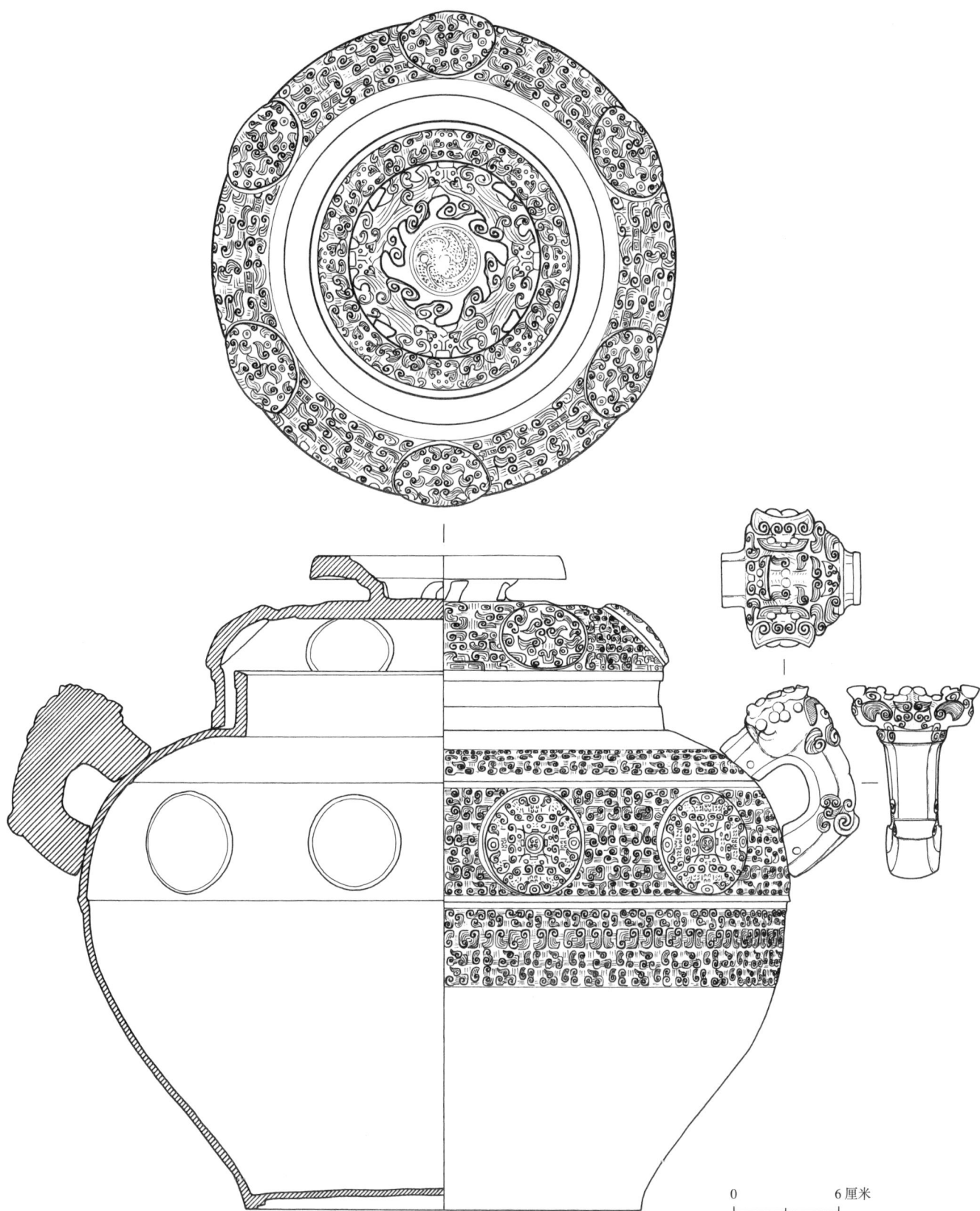

图一三三　M33 出土铜罍（M33：201）

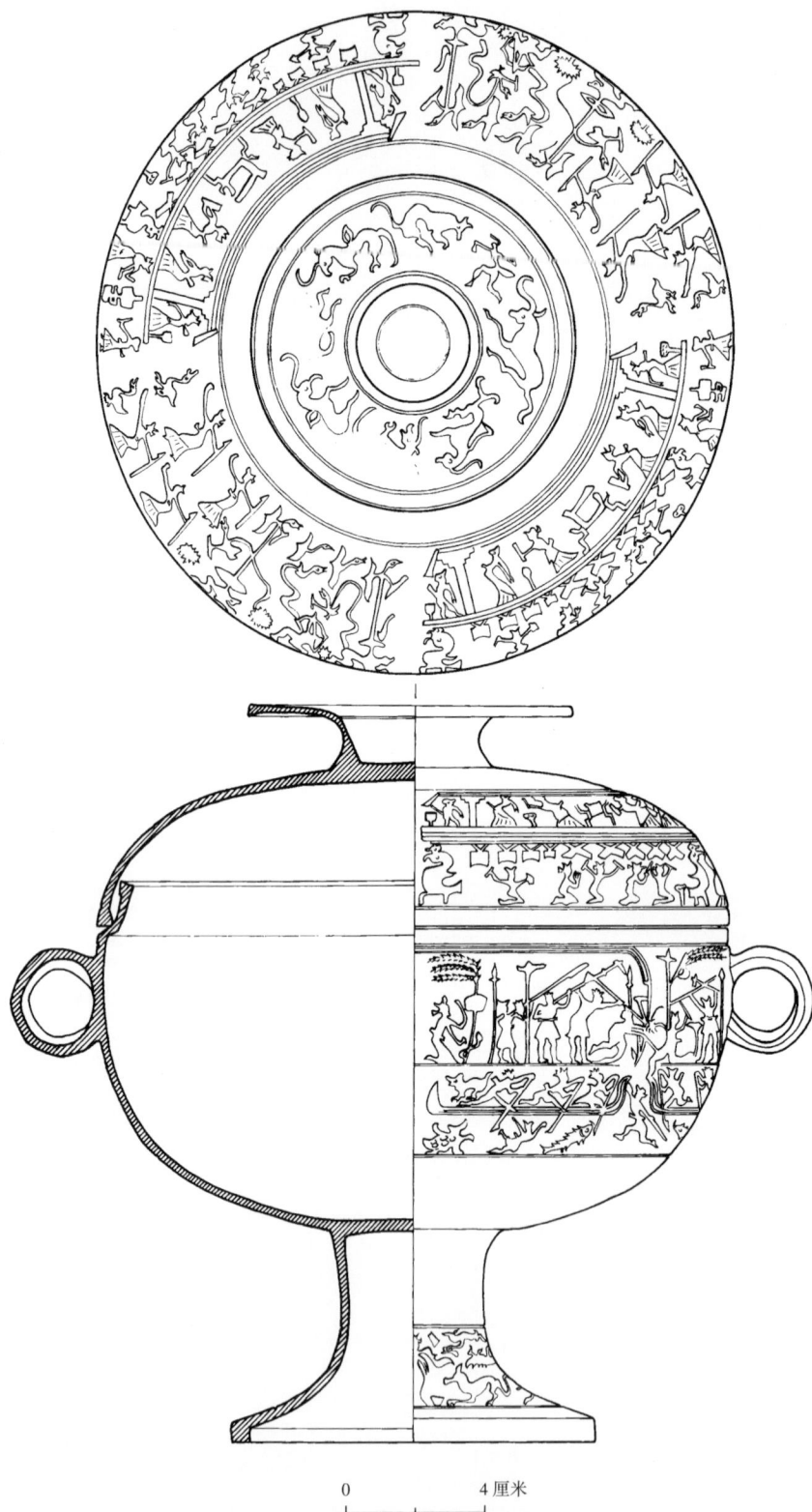

0   4 厘米

图一三四　M33 出土铜豆（M33：18）

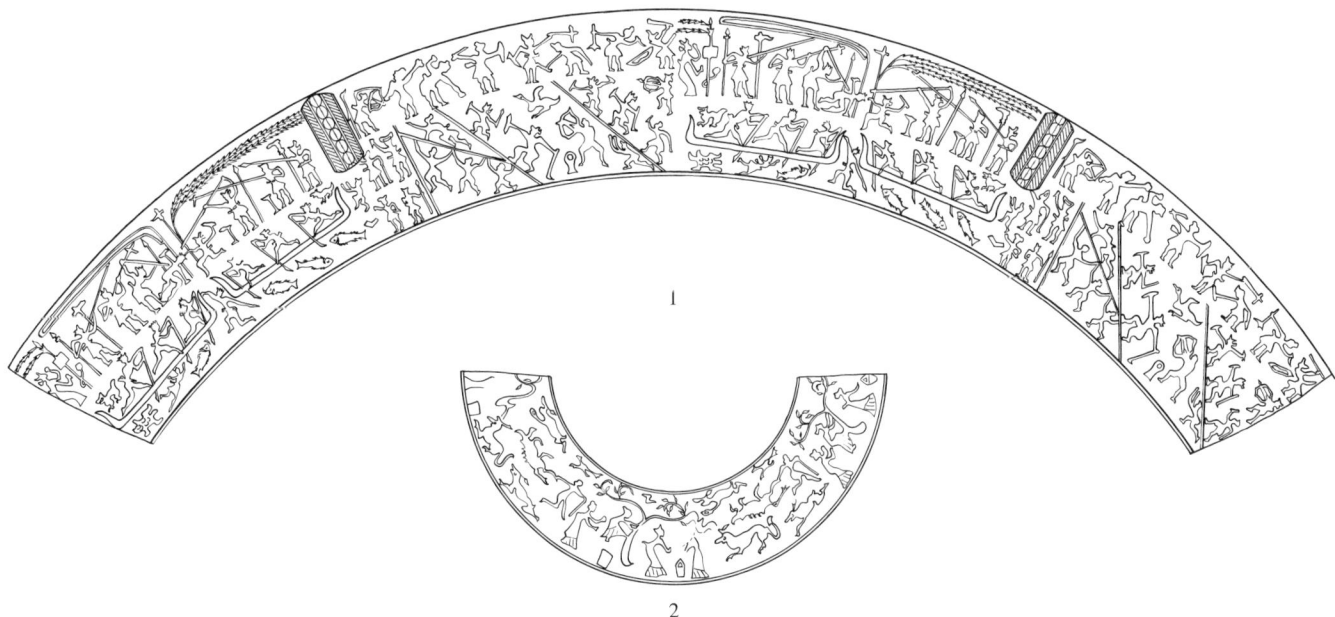

图一三五　M33 出土铜豆纹饰展开图（M33：18）
1. 腹部纹饰　2. 柄部纹饰

手正用力阻推左侧前进之船；而右边舟上 3 人，奋力摇桨向左冲，舟后一人已落水；每个舟下均铸刻 3 条鱼，代表在水中。右侧为攻城图，可分上下两层，上层共 8 人，分别持戈、矛、剑、弓、盾等武器，分三组进行格斗。下层共 16 人，左边一竖线可能代表城墙一类的防御措施，以示内守外攻，竖线左侧 4 人持盾、矛、剑等武器作防御状，右边三斜线表示仰攻中所使用的云梯，其中左侧 3 人持梯，上一人正作爬梯状；中间 3 人，两人正左手持盾，右手持矛，作登梯状，后一人作拉弓状；右侧 4 人，一人在梯下，3 人正持兵器登梯。（图一三五，1；图版六三：2）。

圈足：为狩猎采桑图。可分为左右两组，其中左侧为狩猎图，有兽 5 头，作奔跑状，中间一头正被一人持腿拖走，为狩猎回家的场景。右侧为采桑图，中部有桑树一株，树下四人，一人作采桑状，其下有篮；一人作爬树状；另两人作用篮运桑状（图一三五：2）。

第二种　高柄豆。1 件。M33：26，出土时盘与柄分离，从分离的痕迹上看，系豆盘与豆柄分铸后焊接而成。直口微敛，下收成子口，深腹，高柄，喇叭口圈足，圈足下端内折。豆盘、柄部和圈足上饰有三组纹饰，较浅，漫漶不清。盘上部铸刻有 6 头兽，下部为云纹；柄上部铸刻有四个垂叶纹，下部铸刻有两组三角形纹，中部饰有一周云纹，下部饰有 “S” 形纹。通高 34.6、口径 14.2、圈足径 11.8 厘米（图一三六；图版六四：1、2）。

匜　1 件。M33：128，器身略呈椭圆形，弧腹，平底，一端有长方形流，另一端有环状钮。素面。口径 10.6~13.3、底径 5~7.7、通高 4.8 厘米，流长 2.5、宽 3.8 厘米（图一三七：3；图版六四：3）。

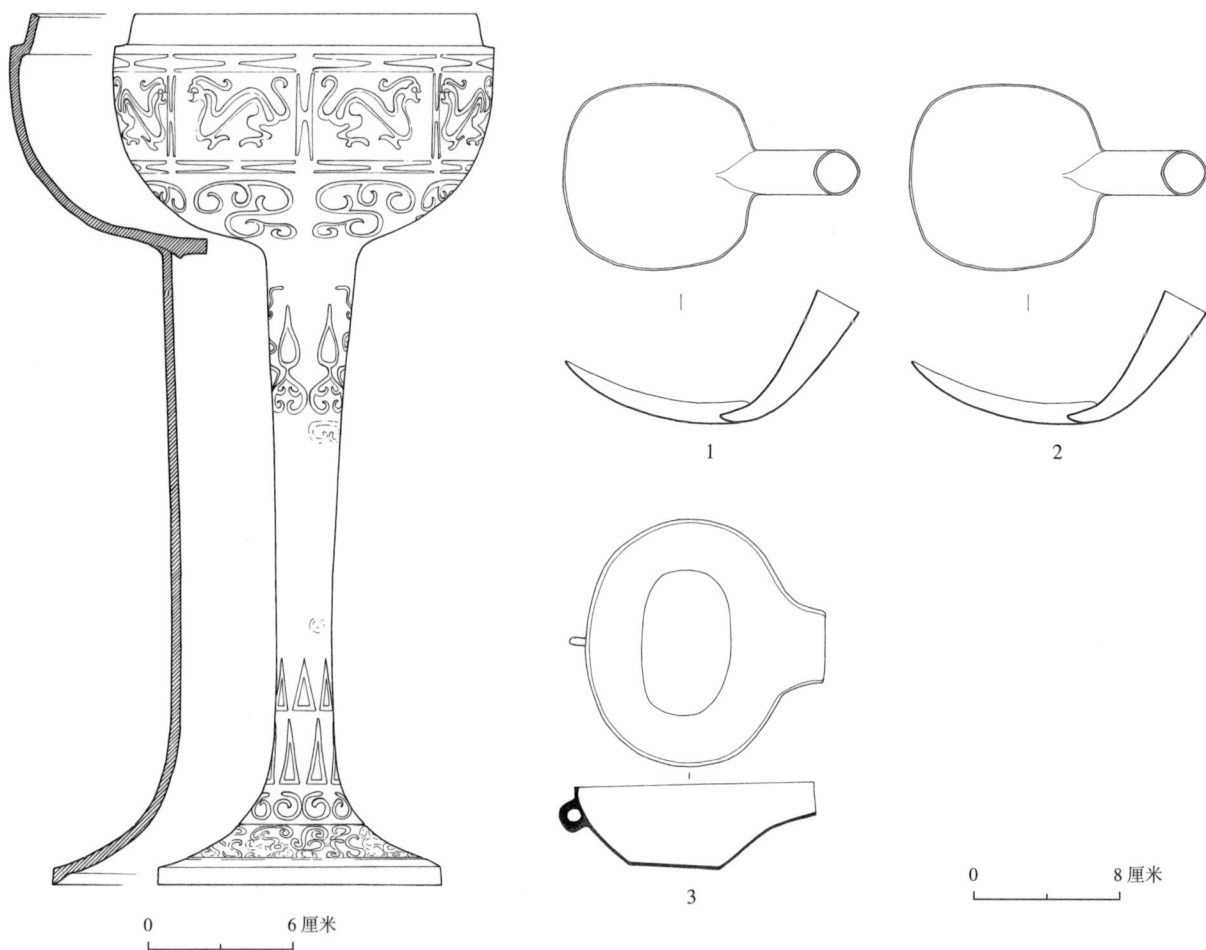

图一三六　M33 出土铜豆（M33：26）

图一三七　M33 出土铜器

1、2. 勺（M33：177、178）　3. 匜（M33：128）

　　镂空器座　1 件。M33：12，上部残，器座为圆形，全器中空。中部镂饰浮雕的龙纹，底径 11.9、柄径 3.8、残高 6.7 厘米（图一三八：1；图版六四：4）。

　　鸟头状饰件　1 件。M33：15，体呈长方形，中空，器身整体浮雕成鸟头状，似为某器物的构件。口径 1.2、通高 5.8 厘米（图一三八：3；图版六四：5）。

　　鍪　1 件。M33：22，尖圆唇，侈口，束颈，溜肩，圆鼓腹微垂，圜底。肩部饰有一竖环耳。口径 10.3、通高 15.2 厘米（图一三八：2；图版六四：6）。

　　釜　1 件。M33：21，斜折沿，敛口，弧肩，球形深腹，圜底，肩部饰有两竖环耳。口径 22.8、通高 19 厘米（图一三八：4；图版六五：1）。

　　尖底盒　3 件。形制相似。器口近直，矮沿，弧腹较坦，尖底。盖亦为尖顶，弧背，像一倒置的尖底盏。M33：127，口径 11、通高 8.7 厘米（图一三九：2）。M33：202，口径 11.2、通高 9 厘米（图一三九：1）。M33：203，敛口，平沿，盖上部饰勾连雷纹。器身腹部饰垂叶纹和"S"形纹。口径 11.6、通高 9.7 厘米（图一三九：3；图版六五：2）。

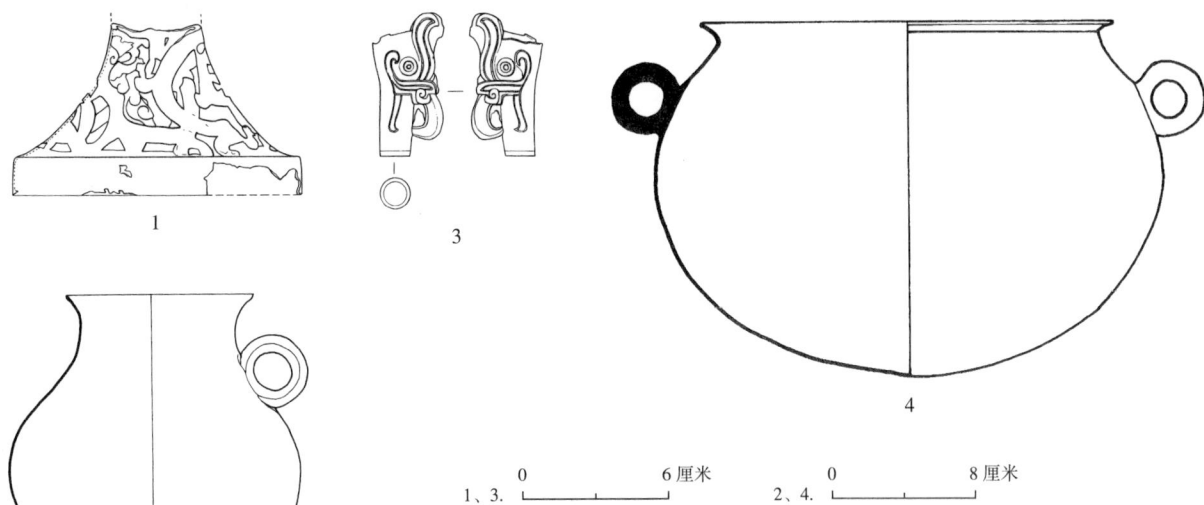

图一三八　M33 出土铜器

1. 镂空器座（M33：12）　2. 鋻（M33：22）　3. 鸟头状饰件（M33：15）　4. 釜（M33：21）

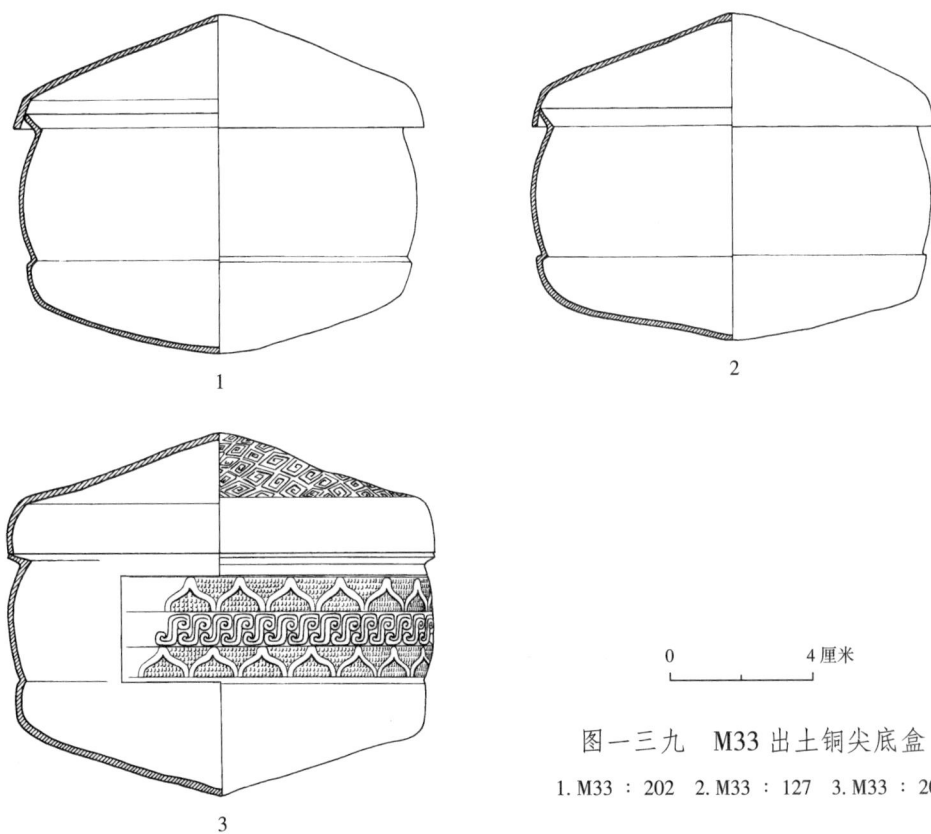

图一三九　M33 出土铜尖底盒

1. M33：202　2. M33：127　3. M33：203

容器　1 件。M33：133，出土时已腐朽，无法修复，形制不清。

鉴　1 件。M33：25，出土时已腐朽，无法修复，形制不清。

戈　24 件。出土时均带有较长的木柄，依据形制的不同可分为五种类型。

第一种　10件。形制相似。无胡，无阑，援略呈等腰三角形，近援本处均有一圆穿（或方形穿），援本有两长方形穿，长方形内，内上有一圆穿。M33：109，器表编织物包裹的痕迹明显。通长21.5、援长14.5、内长7、内宽5厘米（图一四○：2）。M33：106，近援本处的圆穿处周围可见浅浮雕的虎纹。器表编织物包裹的痕迹明显。通长21.2、援长14.4、内长6.8、内宽5厘米（图一四○：1）。M33：102，刃部残。近援本处的圆穿处周围可见浮雕的俯视的虎头纹。器表可见编织物包裹的痕迹。残长21、援长14、内长7、内宽5厘米（图一四○：3；图一四五：2；图版六五：3）。M33：98，近援本处的圆穿处周围可见浮雕的俯视的虎头纹。通长21、援长14、内长7、内宽4.8厘米（图一四一：1；图一四七：1）。M33：111，刃部略残，近援本处的圆穿处周围可见浮雕的侧视的虎头纹。残长20.5、援长14、内长6.5、内宽4.2厘米（图一四一：2、图一四六：1）。M33：108，近援本处的圆穿较大。棱形内穿。通长24.5、援长17、内长7.5、内宽5.5厘米（图一四一：4；图版六五：4）。M33：161，近援本处的圆穿较大。棱形内穿。

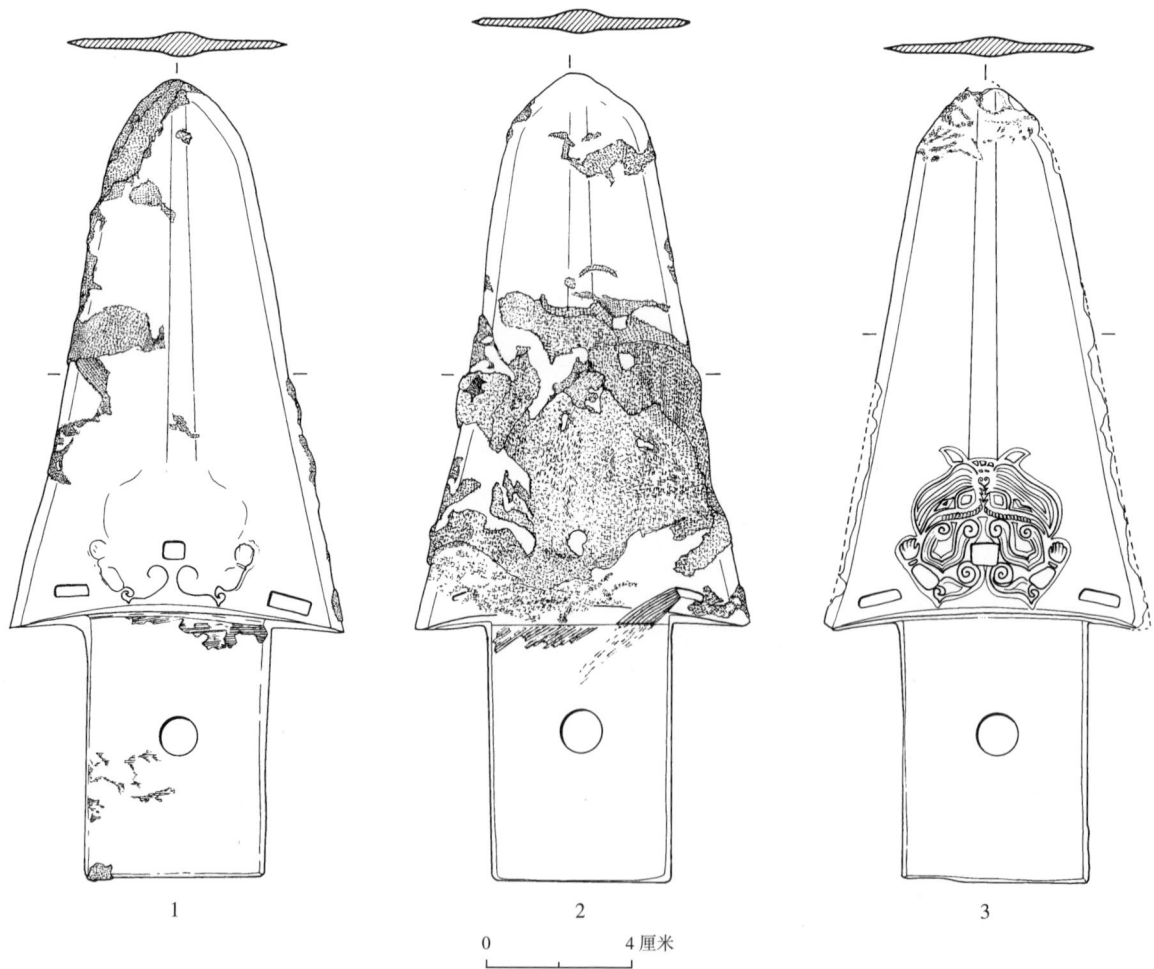

图一四○　M33出土铜戈

1. M33：106　2. M33：109　3. M33：102

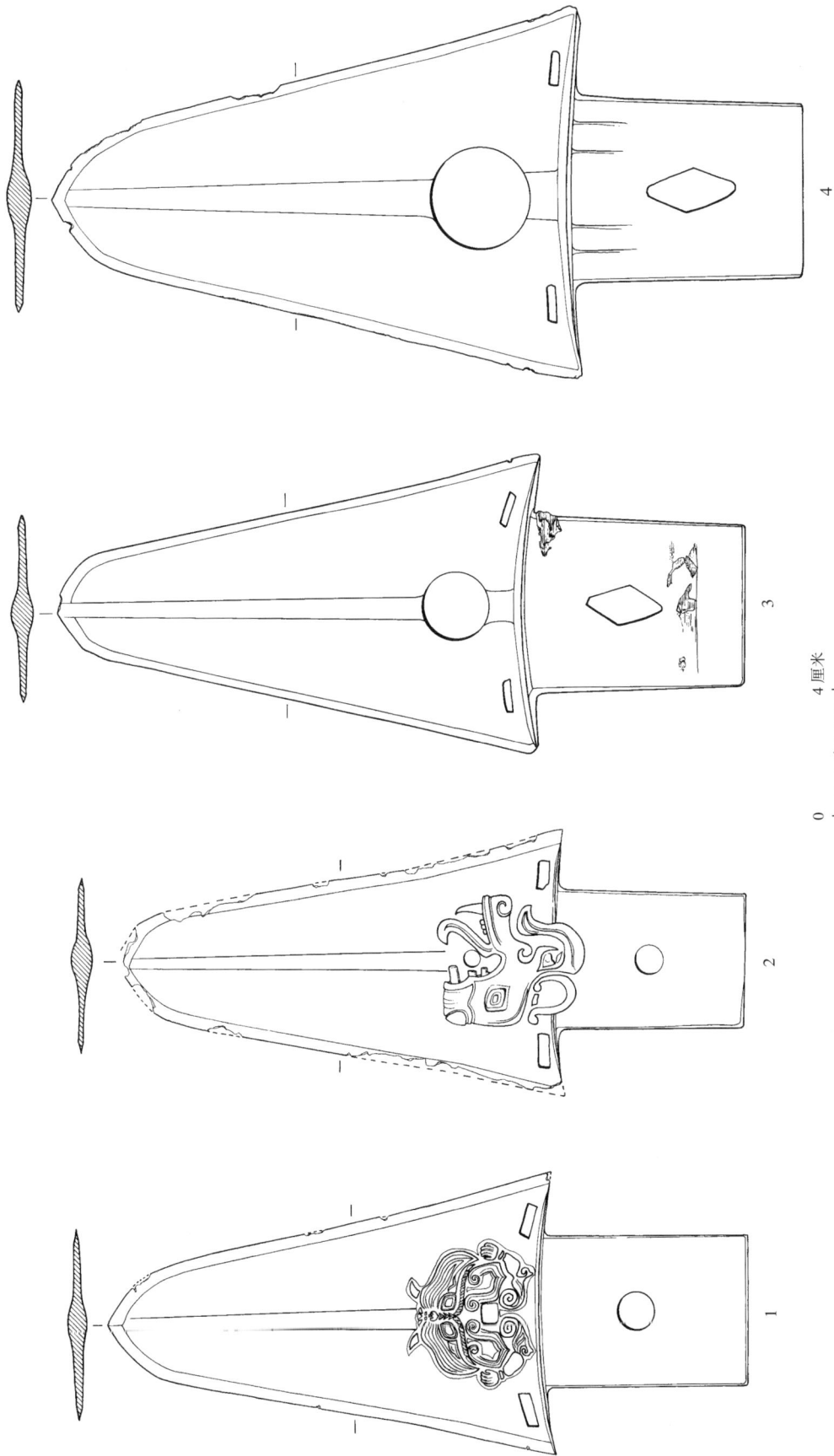

图一四一　M33 出土铜戈

1. M33 : 98　2. M33 : 111　3. M33 : 161　4. M33 : 108

内上可见包裹物的痕迹。通长 22.5、援长 15.5、内长 7、内宽 5 厘米（图一四一：3）。
M33：107，近援本处的圆穿较大。棱形内穿。通长 23、援长 15.5、内长 7、内宽 6 厘米
（图一四二：3）。M33：154，近援本处的圆穿较大。不规则三角形内穿。通长 23.3、援
长 16、内长 7、内宽 6.5 厘米（图一四二：2）。M33：110，锋部残，器表可见编织物包
裹的痕迹。近援本处的圆穿处周围可见浮雕的俯视的虎头纹。残长 19.5、援长 13.5、内长 6、
内宽 4.5 厘米（图一四二：1；图一四五：1）。

　　第二种　2 件。形制相似。无胡，无阑，援略呈等腰三角形，近援本处均有一圆穿，援
本有两长方形穿，山字形内，内上有一不规则三角形穿。M33：116，援部略弯曲。援上两
面铸刻有纹饰，两面纹饰相同，其中在援本处铸刻有兽面纹，其上为三角形纹，其内填有
夔龙纹，内上部亦铸刻有纹饰。通长 25、援长 17、内长 8、内宽 5 厘米（图一四三：1，图
一四七：2；图版六六：1）。M33：158，通长 24.3、援长 16.3、内长 8、内宽 5.4 厘米（图

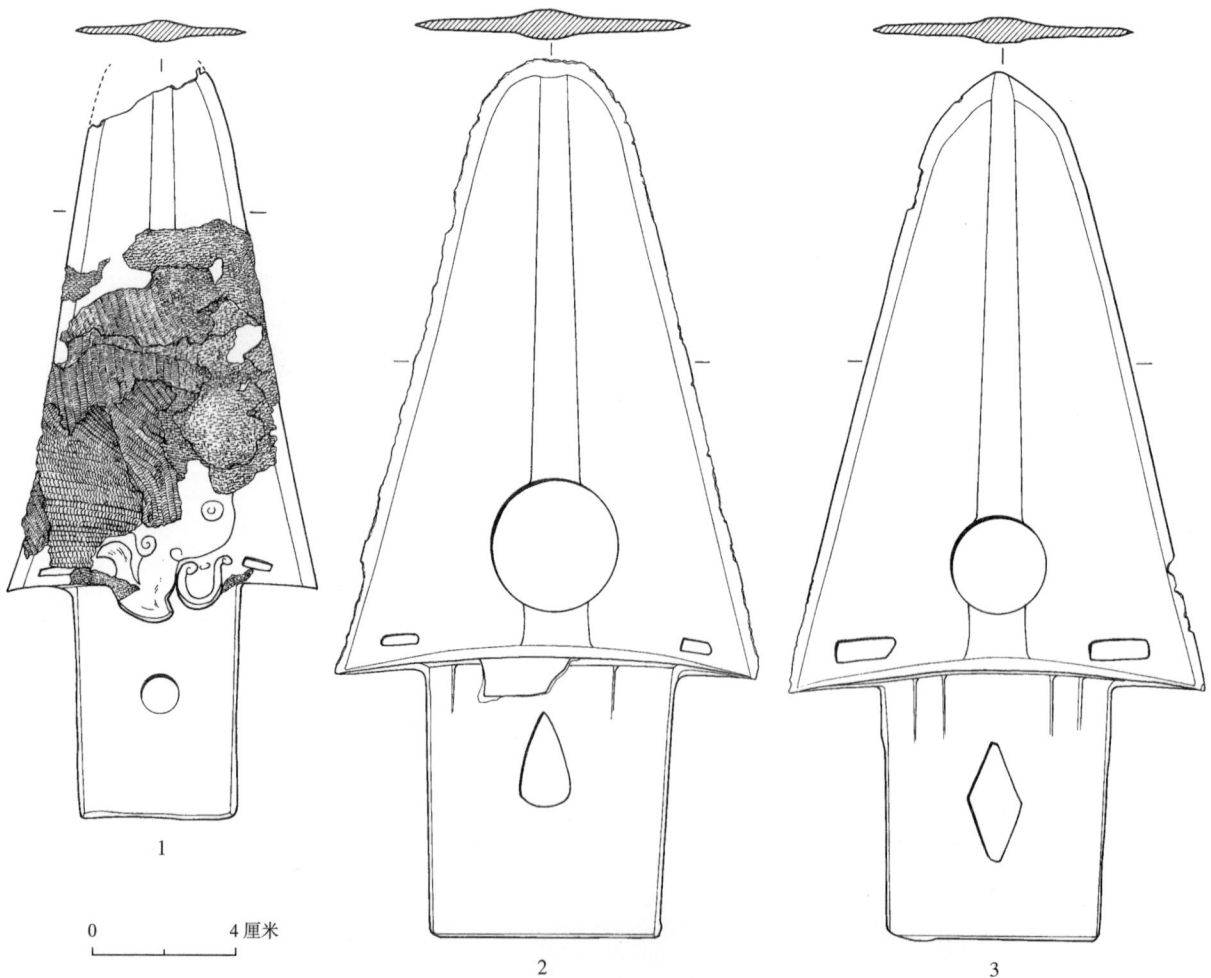

0　　　　　4 厘米

图一四二　M33 出土铜戈

1. M33：110　M33：154　M33：107

图一四四 M33 出土铜戈

1. M33 : 103　2. M33 : 97

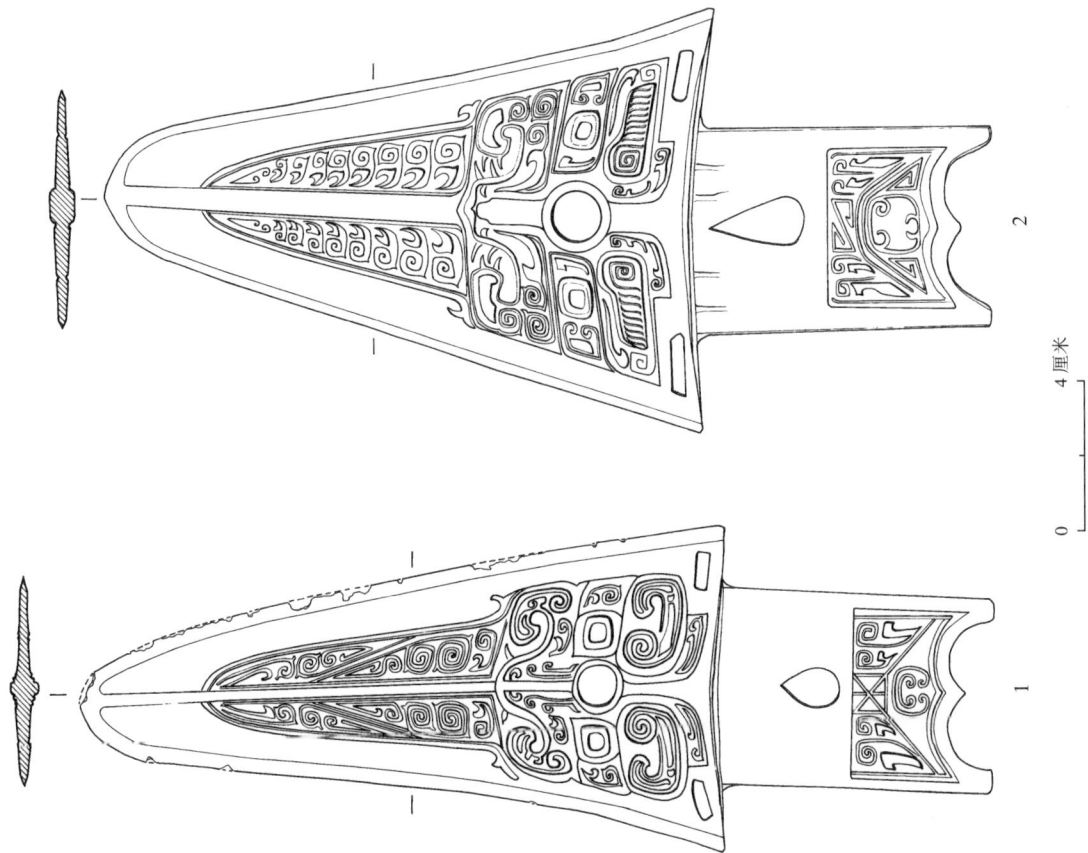

图一四三 M33 出土铜戈

1. M33 : 116　2. M33 : 158

图一四六　M33 出土铜戈拓片

1. M33∶111　2. M33∶158

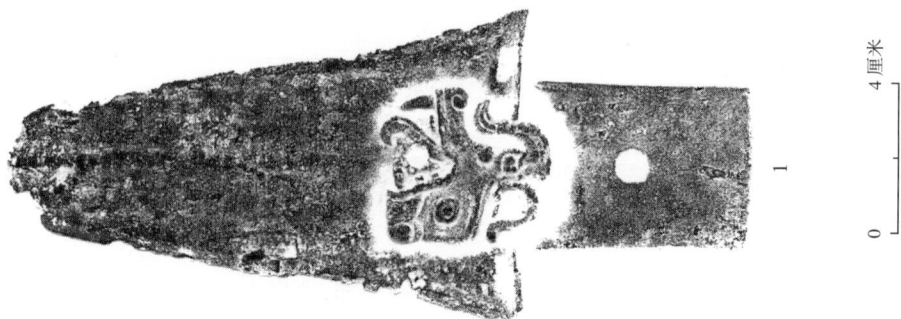

图一四五　M33 出土铜戈拓片

1. M33∶110　2. M33∶102

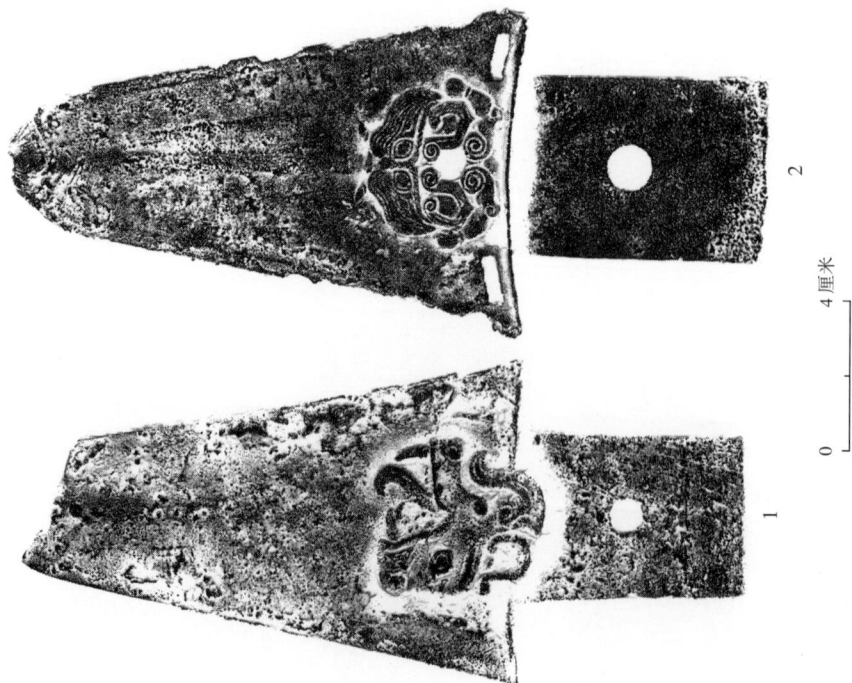

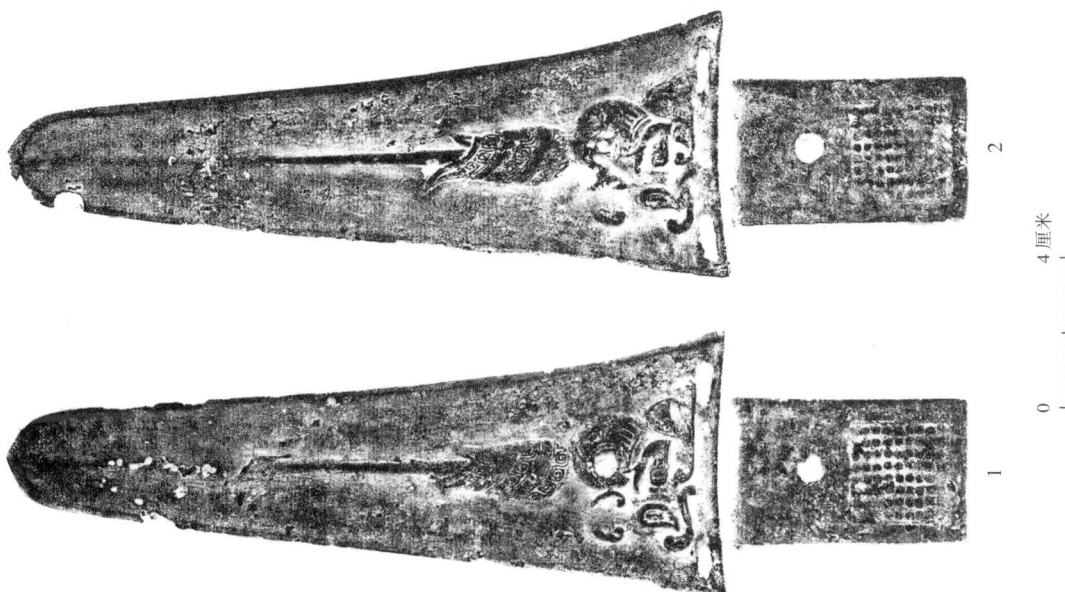

图一四八　M33 出土铜戈拓片
1. M33：103　2. M33：97

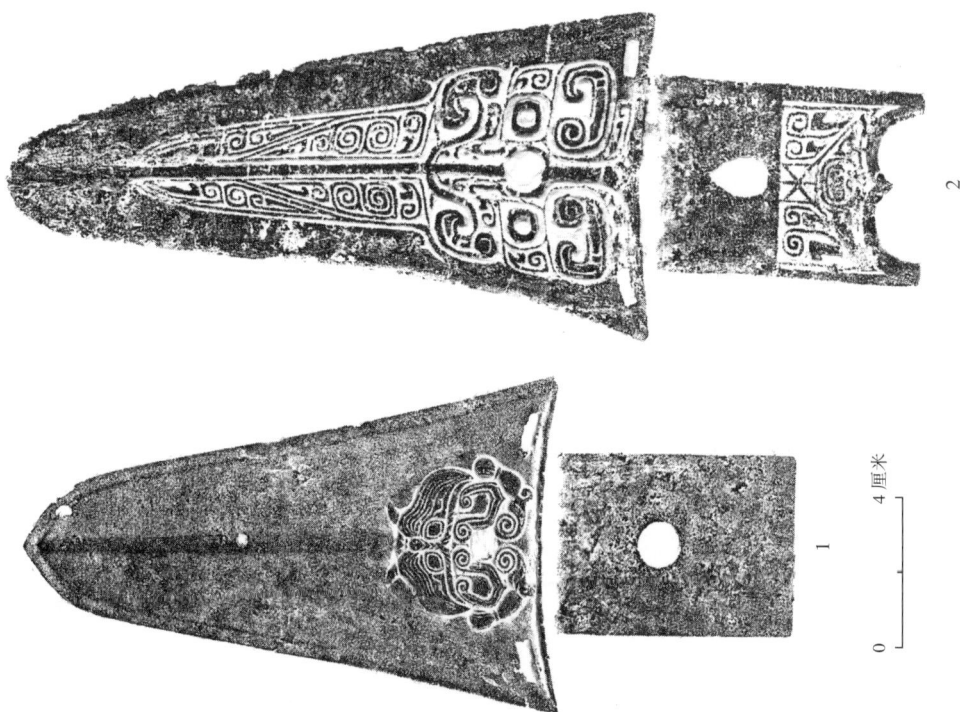

图一四七　M33 出土铜戈拓片
1. M33：98　2. M33：：116

一四三：2；图一四六：2；图版六六：2）。

第三种　2件。形制相似。援部较窄，呈等腰三角形，近援本处均有一圆穿，援本有两长方形穿，长方形内，内上有一圆穿。M33：103，援部略弯曲。援上两面铸刻有纹饰，两面纹饰相同。在援本处铸刻有抽象的长喙的动物纹饰，内上部铸刻有长方形纹饰，并填有小圆圈纹。通长26.2、援长19.2、内长7、内宽3.8厘米（图一四四：1；图一四八：1；图版六六：3）。M33：97，通长26.1、援长19.1、内长7、内宽3.8厘米（图一四四：2；图一四八：1；图版六六：4）。

第四种　6件。形制相似。直援，中起脊，中胡，有阑，援本有三长方形穿，长方形内，上有一圆穿。M33：101，援本饰有浮雕虎头纹，胡末端向后凸出一牙，内上铸刻有巴蜀符号。通长24.5、援长16.5、内长8、内宽4.5厘米（图一四九：2；图一五二：2；图版六七：1）。

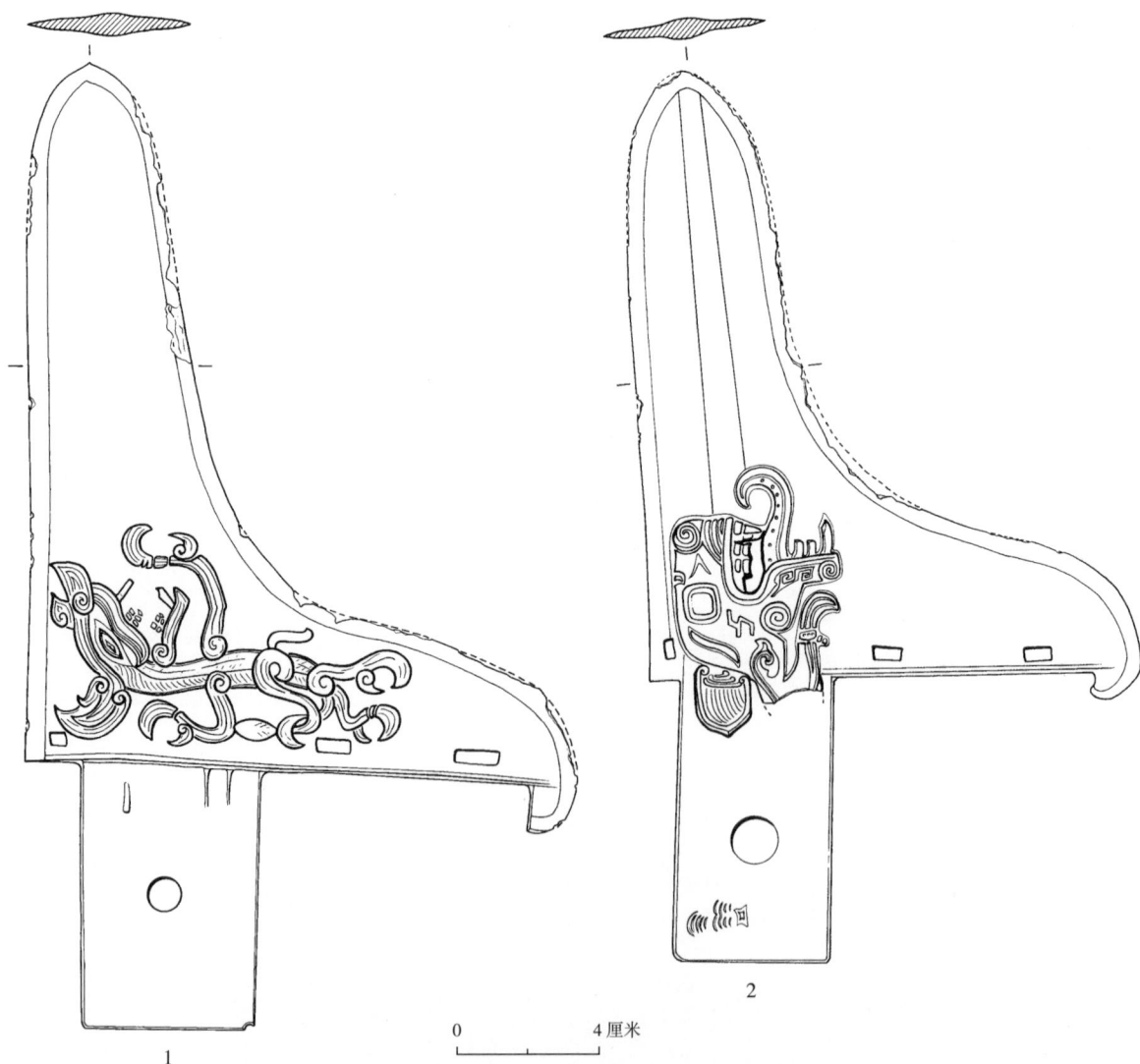

0　　　　　4厘米

图一四九　M33出土铜戈

1. M33：100　2. M33：101

M33：100，胡末端向后凸出一牙，援本饰有虎纹。通长 26、援长 18.8、内长 7.3、内宽 5 厘米（图一四九：1；图一五二：1；图版六七：2）。M33：167，援部铸刻有虎斑纹。通长 20.5、援长 14.5、内长 6、内宽 3.4 厘米（图一五〇：4；图版六七：3）。M33：113，胡末端向前凸出一牙。通长 26、援长 18.5、内长 7.5、内宽 4 厘米（图一五〇：3）。M33：99，胡末端向前凸出一牙。通长 26、援长 18.5、内长 7.5、内宽 4 厘米（图一五〇：1）。M33：115，胡末端向前凸出一牙。通长 26、援长 18.5、内长 7.5、内宽 4 厘米（图一五〇：2；图版六七：4）。

第五种　4件。形制相似。长直援，双短胡，锋呈弧状三角形，援本有一圆穿，上下胡各有一长方形穿，长方形内，内上有一菱形穿。M33：153，刃部略残。通长 22.3、援长 16、内长 6.3、内宽 4 厘米（图一五一：1）。M33：112，锋部略残。通长 22、援长 16、内长 6、内宽 4 厘米（图一五一：2；图版六八：1）。M33：114，援上可见包裹的痕迹。通长 22、

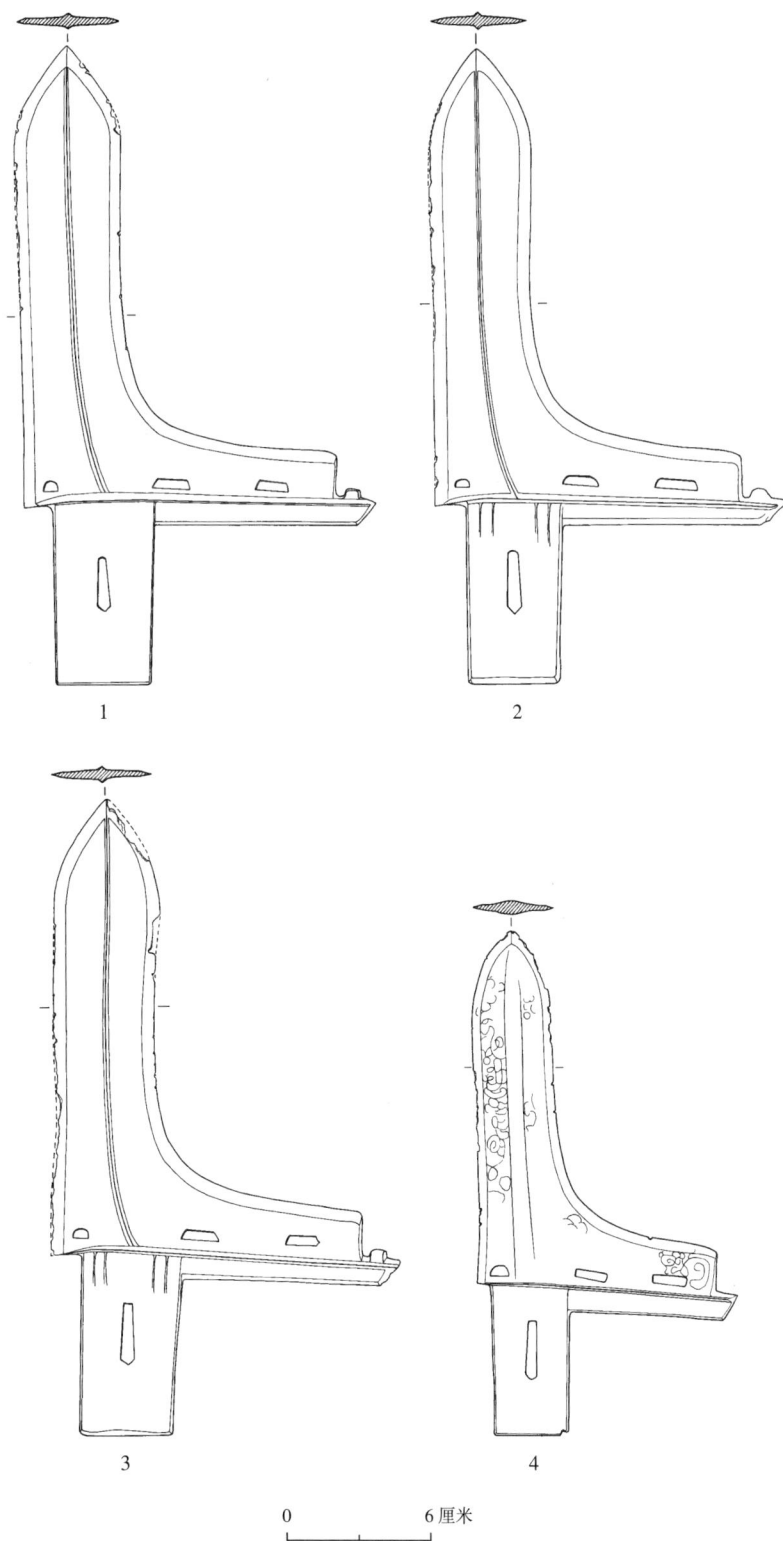

图一五〇　M33 出土铜戈
1. M33：99　2. M33：115　3. M33：113　4. M33：167

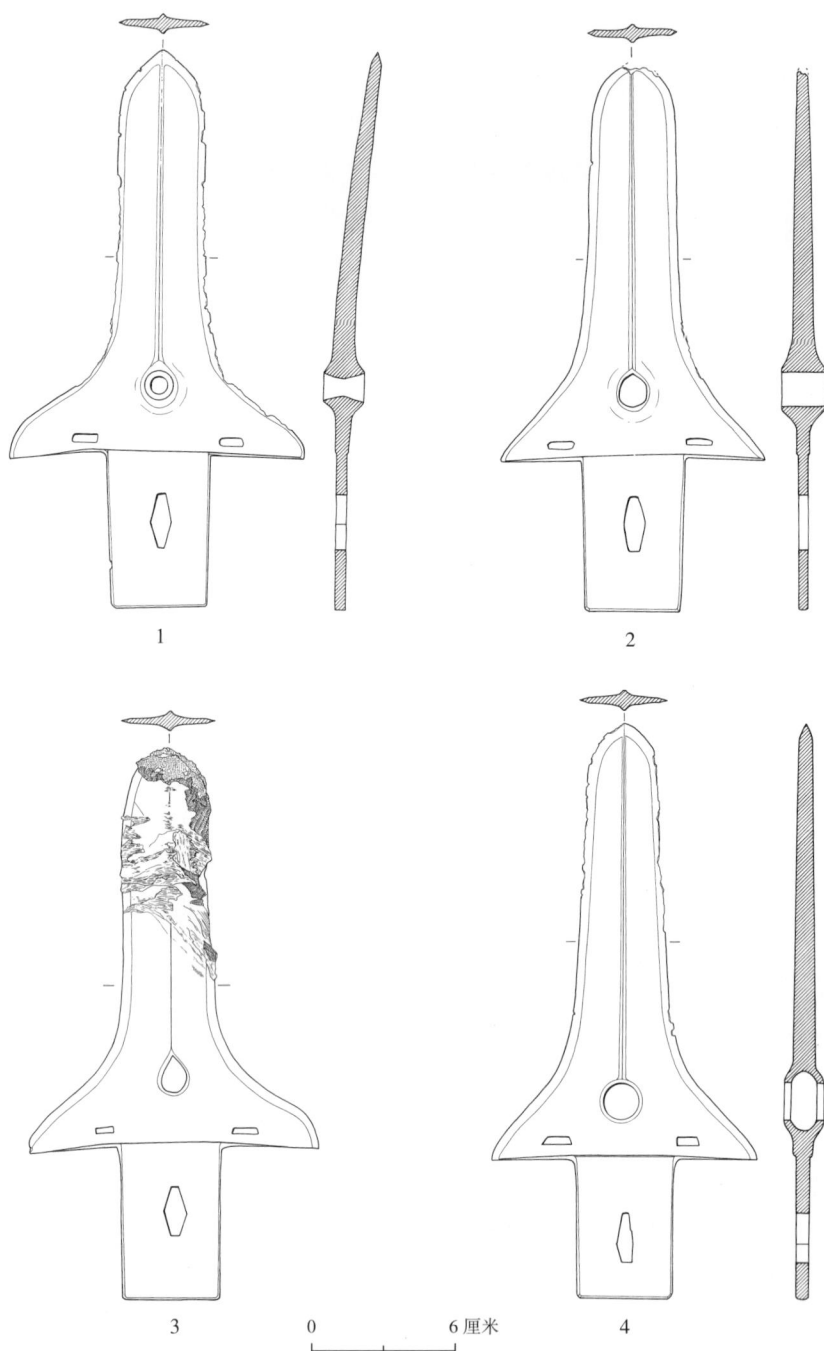

图一五一　M33 出土铜戈

1. M33：153　2. M33：112　3. M33：114　4. M33：157

援长 16、内长 6、内宽 4 厘米（图一五一：3；图版六八：2）。M33：157，刃部略残。通长 22.7、援长 17、内长 5.7、内宽 4 厘米（图一五一：4）。

　　矛　8 件。出土时均带有较长的木柄，且与镦相互配套，部分木柄长度可达 2 米。依据形制的不同可分为两种类型。

1　　　　　　　　　　　　2

0　　　　　　　　4厘米

图一五二　M33 出土铜戈拓片
1. M33：100　2. M33：101

第一种　7件。形制相似。长骹，窄叶，双弓形耳附于骹下端，圆形骹口。
M33：104，耳残断。骹部铸刻有纹饰，似两个云纹。通长 23.8、叶宽 2.8 厘米，骹长 12、
骹径 2.5 厘米（图一五三：5；图一五四：2）。M33：105，素面。通长 20、叶宽 2.8 厘
米，骹长 10、骹径 2.3 厘米（图一五三：6）。M33：96，双弓形耳下部在骹部缠绕成一
圈，骹中间有一圆圈纹。通长 29、叶宽 3 厘米，骹长 14、骹径 2.8 厘米（图一五三：1）。
M33：95，骹部铸刻有纹饰，为手心纹。通长 29、叶宽 3 厘米，骹长 13.6、骹径 2.8 厘米
（图一五三：2）。M33：92，双弓形耳下部在骹部缠绕成一圈，骹中间有一圆圈纹，骹
下端饰有 "S" 形纹。通长 25.6、叶宽 2.8 厘米，骹长 13、骹径 2.4 厘米（图一五三：3；图
一五四：1；图版六八：3）。M33：91，骹中间有一圆圈纹。通长 23.5、叶宽 2.8 厘米，骹

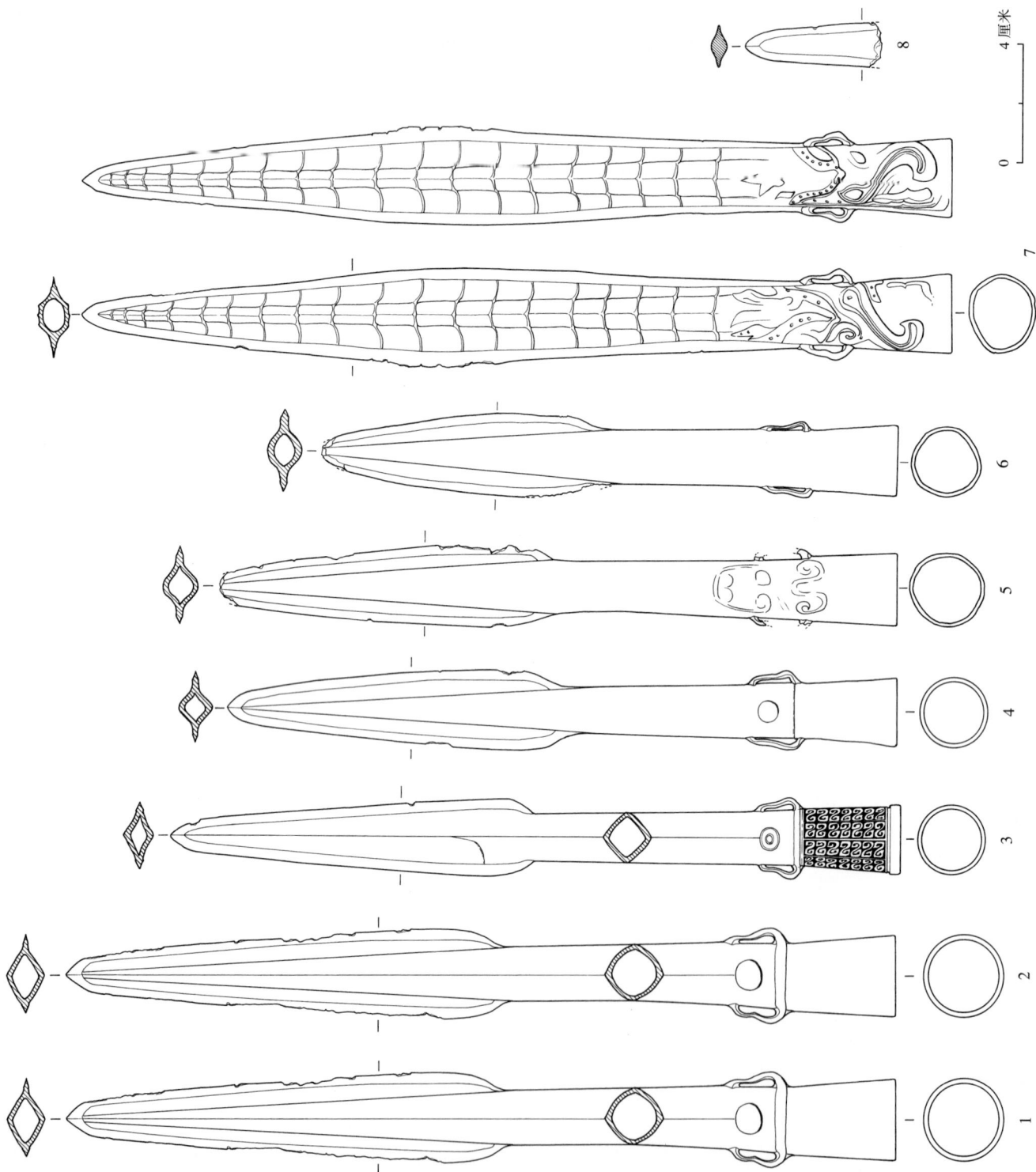

图一五三 M33 出土铜矛

1. M33：96 2. M33：95 3. M33：92 4. M33：91 5. M33：104 6. M33：105 7. M33：93 8. M33：94

长 11、骹径 2.4 厘米（图一五三：4）。M33：94，残端，仅存矛端。残长 4.8、宽 1.4 厘米（图一五三：8）。

第二种　1 件。M33：93，短骹，叶较宽，竹节状。双弓形耳附于叶下端。骹部两面均铸刻有纹饰，两面纹饰相同，均为鸟和五角星纹。通长 30.5、叶宽 3.3 厘米，骹长 5、骹径 2.5 厘米（图一五三：7；图一五五；图版六八：4）。

剑　5 件。狭长方形。依据剑身的不同可分为三种类型。

第一种　2 件。形制相似。均器身扁平，矮脊。茎部有不对称的圆穿。素面。M33：151，

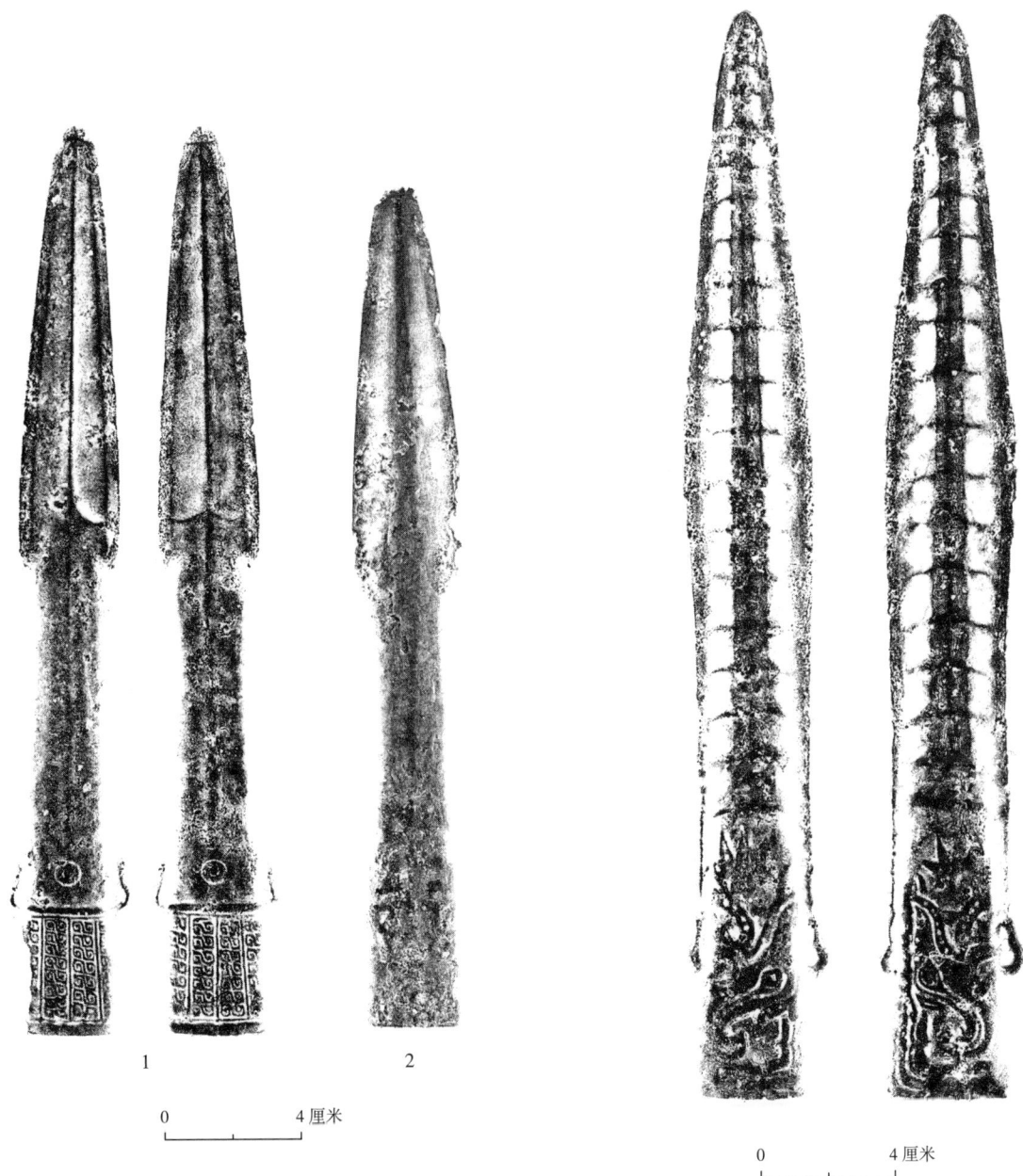

图一五四　M33 出土铜矛拓片

1. M33：92　2. M33：104

图一五五　M33 出土铜矛拓片（M33：93）

通长 30.8、宽 2.8 厘米，茎长 6、宽 1.7~2.5 厘米（图一五六：3）。M33：159，通长 28.8、宽 2.8 厘米，茎长 6、宽 1.7~2.5 厘米（图一五六：2；图版六八：5）。

　　第二种　2 件。形制相似。两从带有血槽，茎部有不对称的圆穿。素面。M33：77，通长 34、宽 3 厘米，茎长 6、宽 1.8~2.5 厘米（图一五六：4）。M33：117，通长 35.5、宽 3 厘米，茎长 6、宽 1.5~2.3 厘米（图一五六：5）。

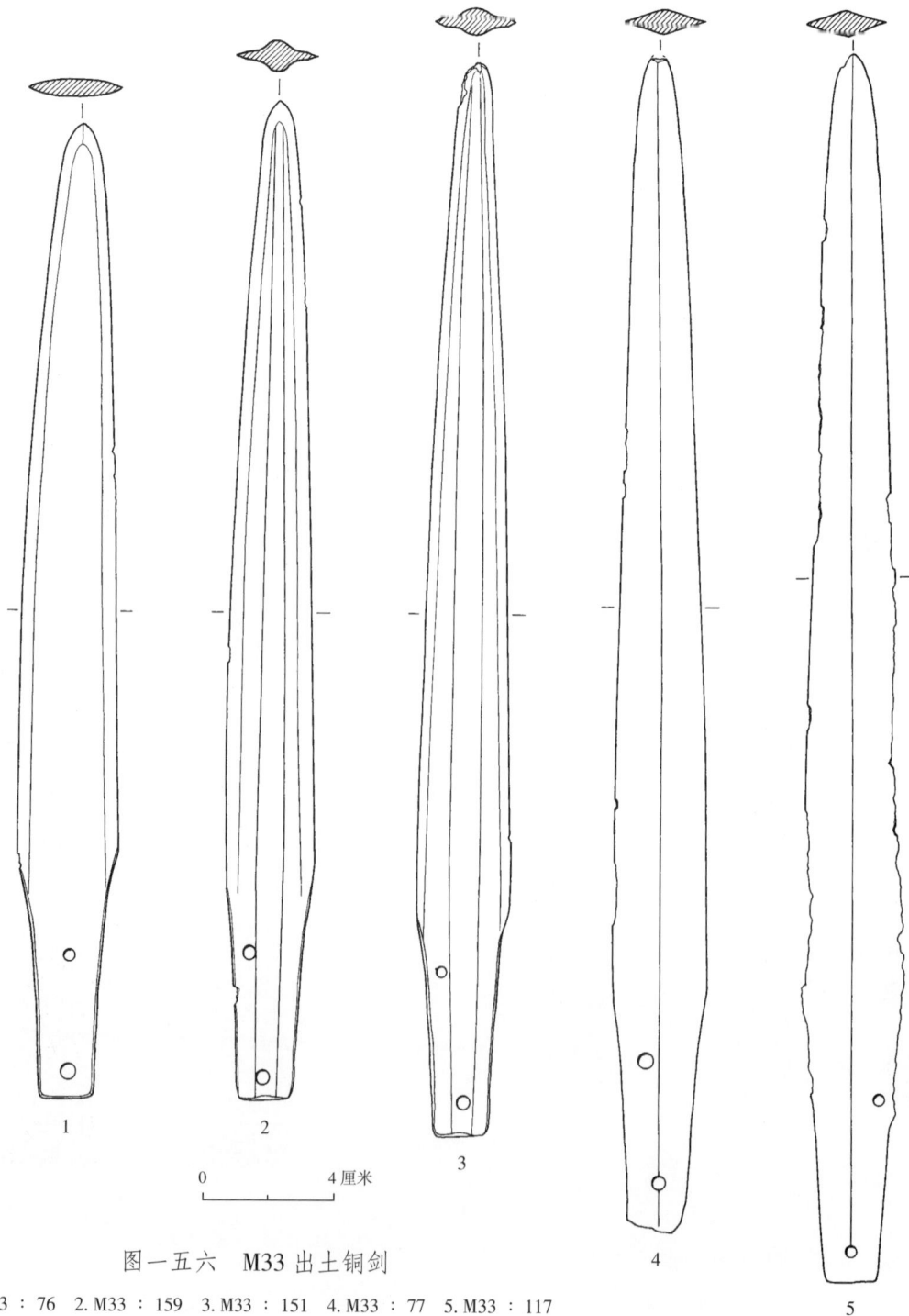

图一五六　M33 出土铜剑

1. M33：76　2. M33：159　3. M33：151　4. M33：77　5. M33：117

第三种　1件。器身扁平，无脊。茎部有对称的圆穿。素面。M33：76，通长28.2、宽3厘米，茎长6.6、宽1.6~2.8厘米（图一五六：1；图版六八：6）。

双剑和剑鞘　1件。M33：150，袋状，侧附双耳，中以凹槽将其分为两个剑室以容双剑。双耳饰有虎纹，面饰较为抽象的虎纹。出土时两把铜剑均在鞘内。长25、宽5.6~13.5厘米。铜剑出于剑鞘内，剑身呈狭长条形，较宽，扁平，细窄，无脊，两刃平直，身柄分界较明显。茎部有两对称圆穿，近茎处饰蝉纹。M33：150-1，通长27.4、身宽3.2厘米，茎长4.8、宽1.8厘米（图一五七，图一五八；图版六九：1）。

铖　4件。形制相似。直腰，弧刃，折肩，椭圆形銎。M33：67，刃部略有残缺。通高14.5、刃宽7厘米，銎口长径4.6、短径3.8厘米（图一五九：3）。M33：69，刃部略有残

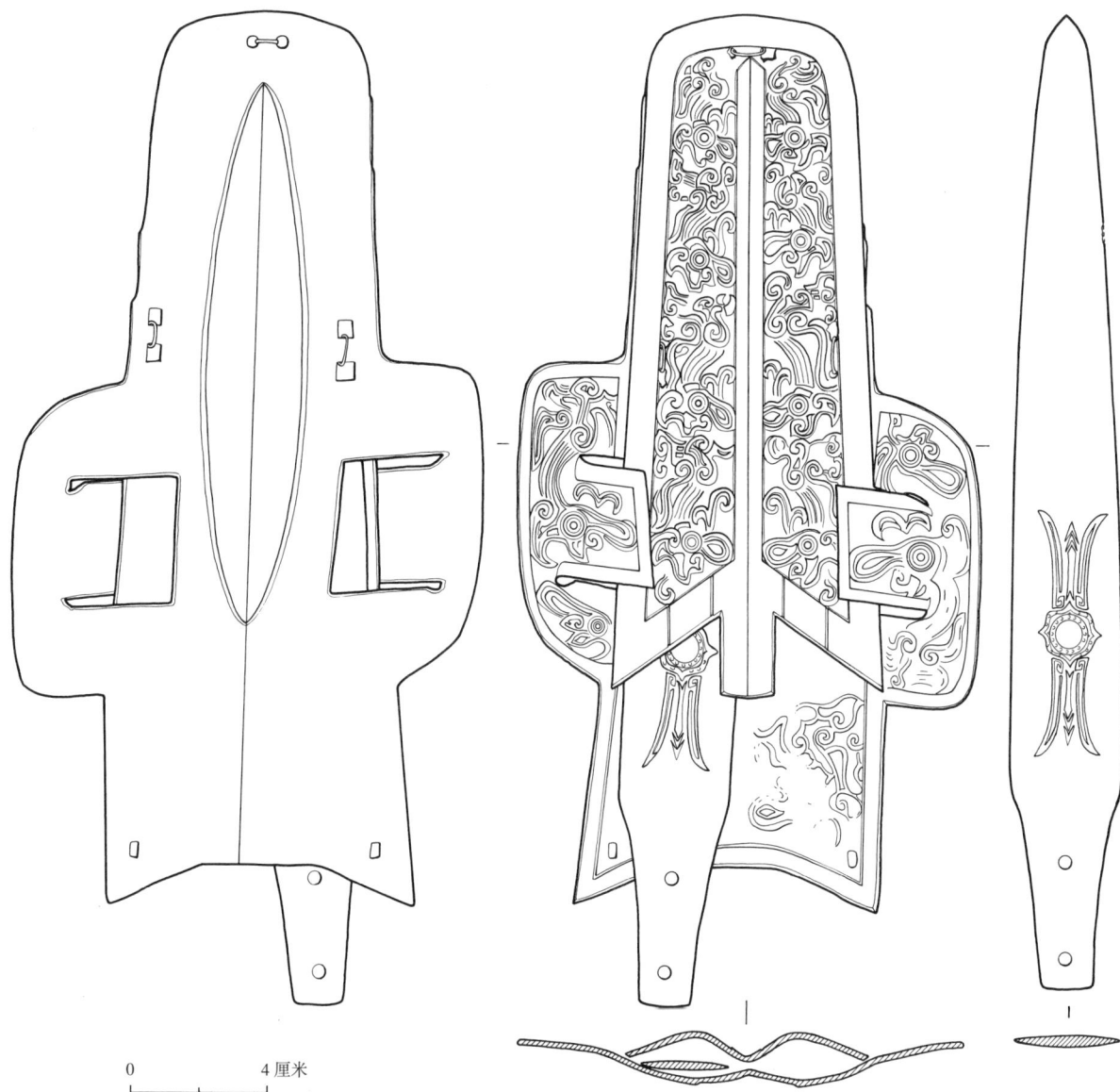

0　　　　　4厘米

图一五七　M33出土铜双剑（M33：150）

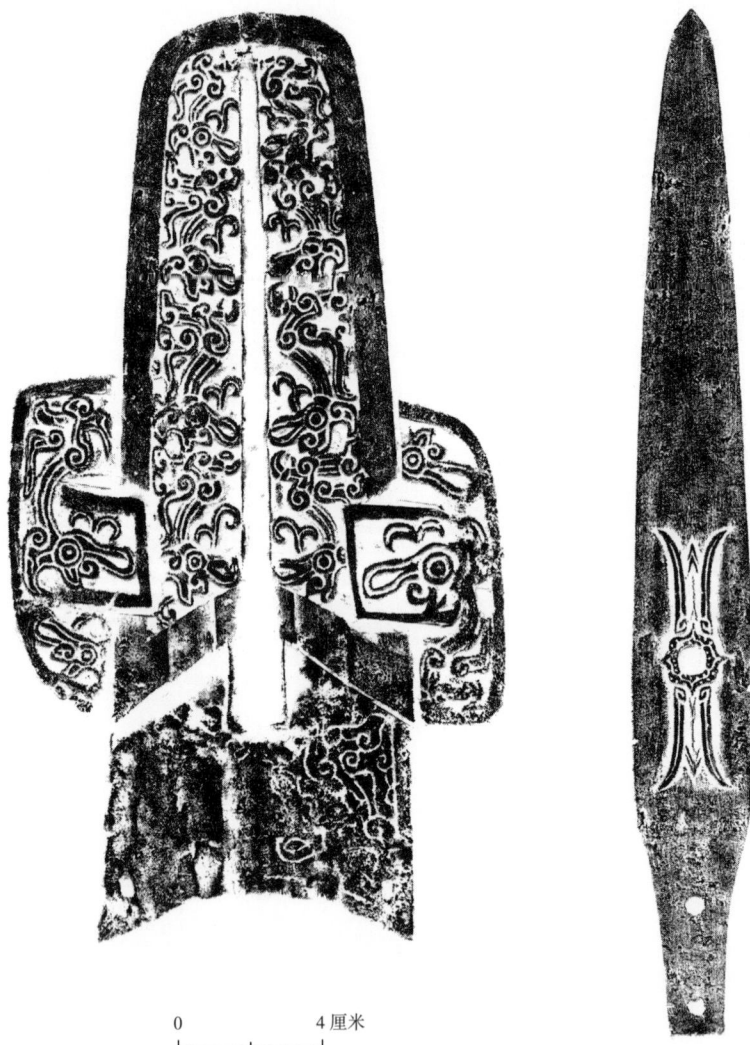

0　　　　　　　4厘米

图一五八　M33 出土铜双剑及剑鞘拓片（M33：150）

缺。通高 14.8、刃宽 7 厘米，銎口长径 4.8、短径 3.6 厘米（图一五九：1）。M33：66，通高 15、刃宽 7 厘米，銎口长径 4.6、短径 3.6 厘米（图一五九：4）。M33：68，刃部略有残缺。通高 14.6、刃宽 7.5 厘米，銎口长径 4.6、短径 3.9 厘米（图一五九：2；图版六九：2）。

斤　4件。形制相似。长方形器身，方形銎口，喇叭形器身，刃尖外撇。銎口外有銎箍。M33：64，通长 18、刃宽 5、銎口径 2.8 厘米（图一六〇：1）。M33：65，通长 19.1、刃宽 5.5、銎口径 3 厘米（图一六〇：4）。M33：169，刃部有残缺。通长 19.6、刃宽 5.8、銎口径 3 厘米（图一六〇：2）。M33：168，通长 19.2、刃宽 5.6、銎口径 3 厘米（图一六〇：3）。

凿　16件。依据形制的不同可分为五种类型。

第一种　4件。形制相似。长方形器身，圆形銎口，弧刃。M33：173，銎口径 2、深 5.6 厘米，通长 13.8 厘米（图一六一：6）。M33：171，銎口径 2、深 7.6 厘米，通长 14.6 厘

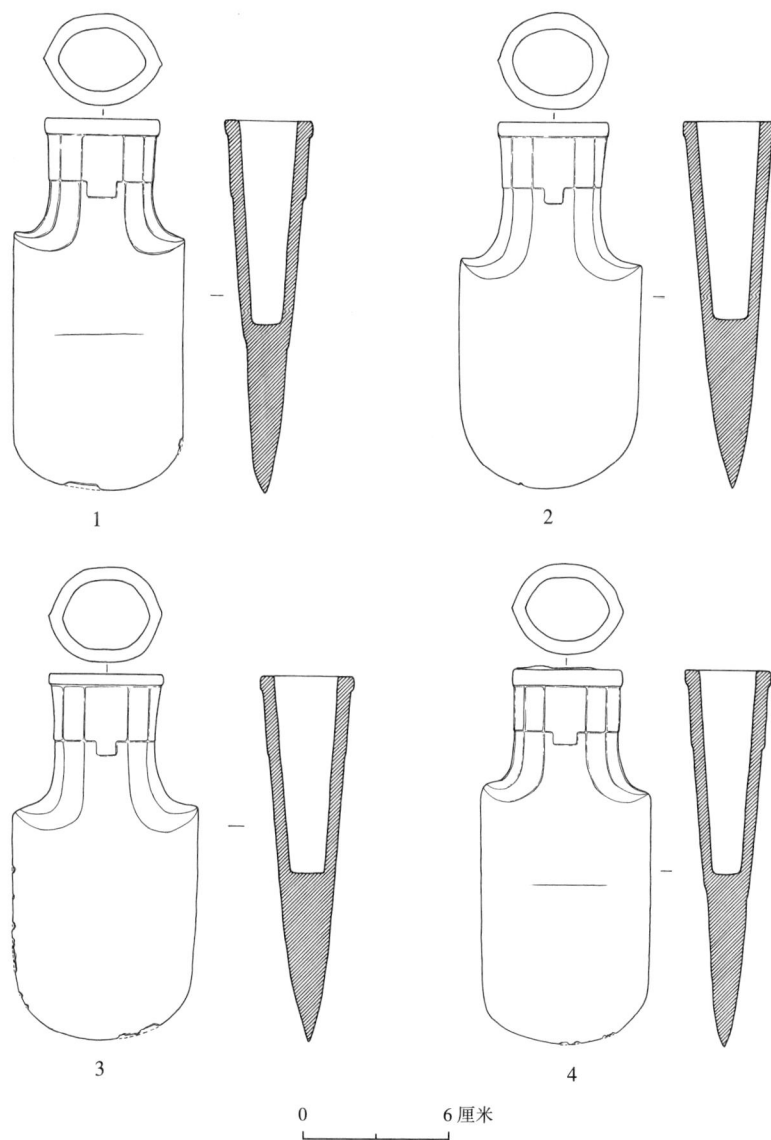

图一五九　M33 出土铜钺

1. M33：69　2. M33：68　3. M33：67　4. M33：66

米（图一六一：3）。M33：172，銎口径2、深5.5厘米，通长13.6厘米（图一六一：7）。M33：170，銎口径2、深5.7厘米，通长13.7厘米（图一六一：8）。

第二种　3件。形制相似。方形銎口。弯形。M33：56，銎口径1.8、深6.2厘米，通长17厘米（图一六一：14）。M33：54，銎口径1.7、深6.2厘米，通长17厘米（图一六一：15）。M33：55，銎口径1.8、深6.2厘米，通长17厘米（图一六一：16）。

第三种　3件。形制相似。圆形銎口，狭长方形身。M33：52，銎口径2、深6.7厘米，通长18.4厘米（图一六一：9）。M33：53，銎口径2、深6.7厘米，通长18.2厘米（图一六一：10）。M33：51，銎口径2、深6.7厘米，通长18.4厘米（图一六一：11）。

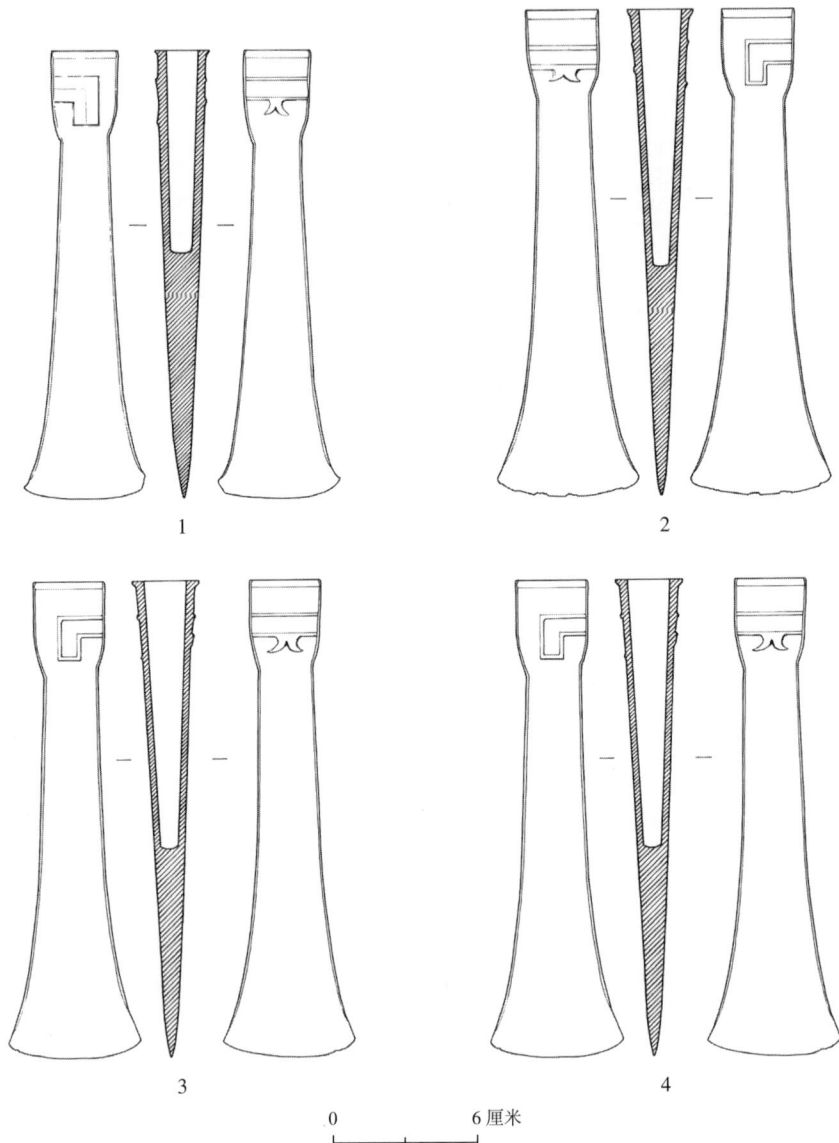

图一六〇 M33 出土铜斤

1. M33：64 2. M33：169 3. M33：168 4. M33：65

　　第四种 5件。形制相似。圆形銎口，长方形身，弧刃。銎口外有銎箍。M33：174，銎口径2、深8.5厘米，通长21厘米（图一六一：13）。M33：57，銎口径1.2、深5.8厘米，通长16.3厘米（图一六一：4）。M33：176，銎口径1.5、深5.6厘米，通长15.8厘米（图一六一：1；图版六九：3）。M33：175，刃部残。銎口径2.5、深10.8厘米，通长22厘米（图一六一：12）。M33：120，刃部残。銎口径1.5、深5.2厘米，残长13厘米（图一六一：2）。

　　第五种 1件。M33：194，狭长方形，圆形銎口，銎与身在同一直线上，刃部较短、略残。銎口径1.2、深7.2厘米，通长12厘米（图一六一：5）。

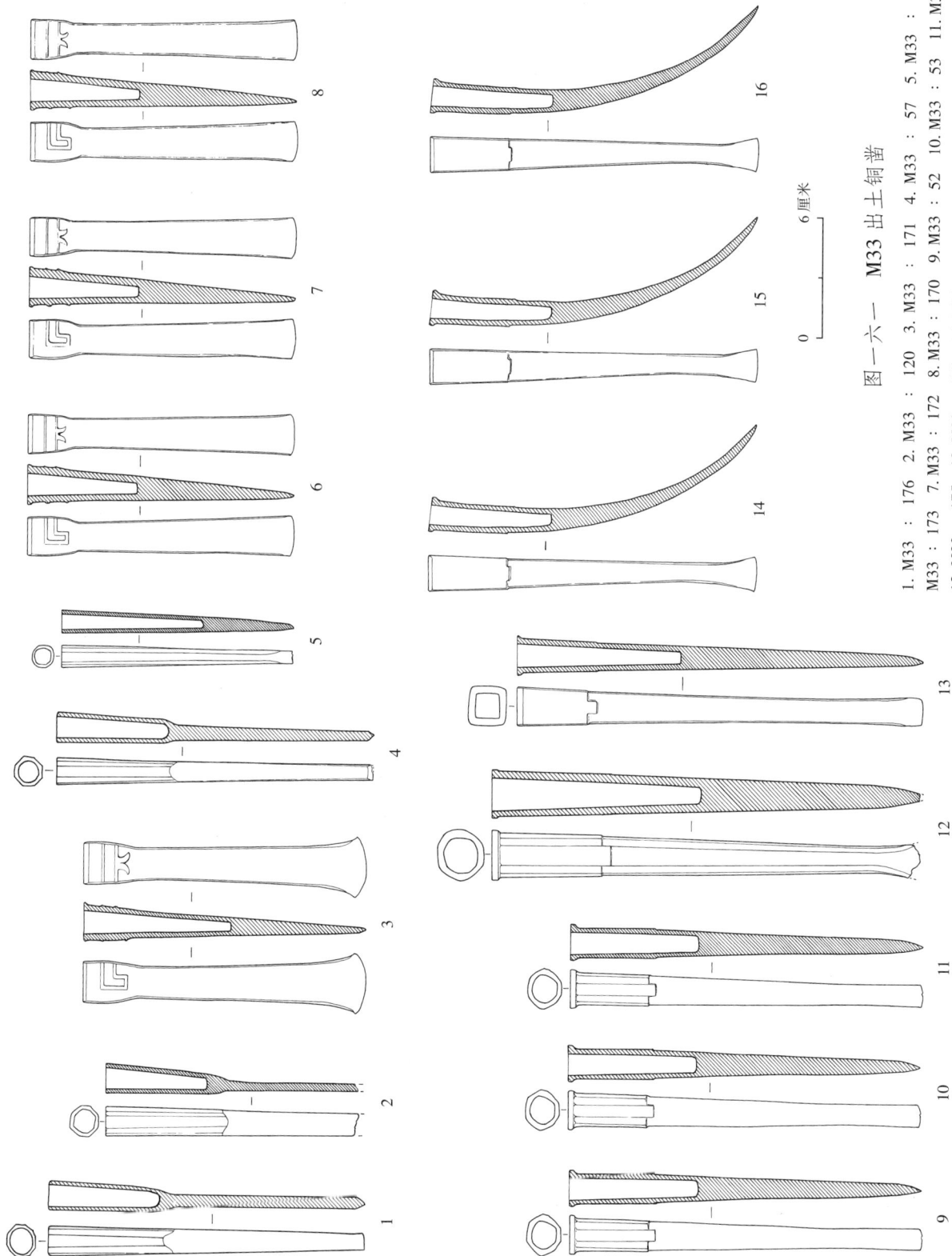

图一六一　M33 出土铜凿

1. M33：176　2. M33：120　3. M33：171　4. M33：57　5. M33：194　6.
M33：173　7. M33：172　8. M33：170　9. M33：52　10. M33：53　11. M33：51
12. M33：175　13. M33：174　14. M33：56　15. M33：54　16. M33：55

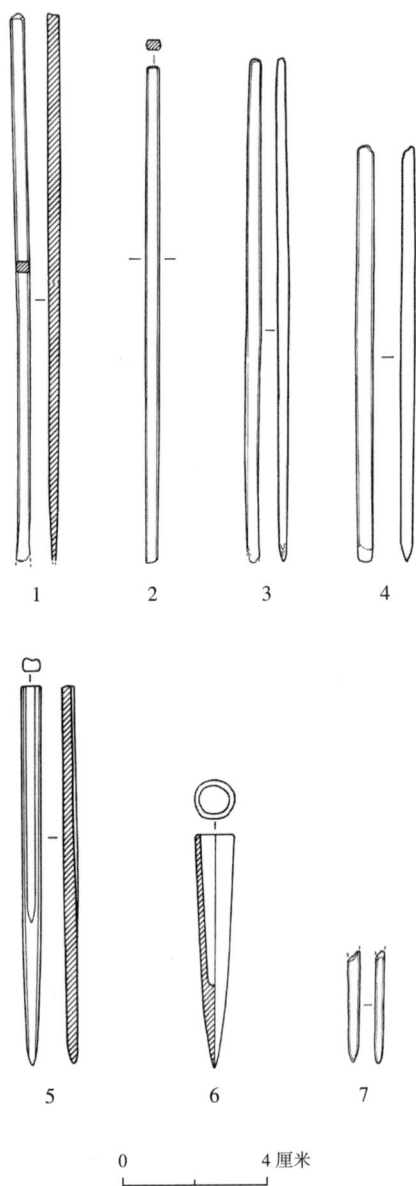

图一六二   M33 出土铜锥

1. M33：61   2. M33：193   3. M33：192
4. M33：132   5. M33：58   6. M33：179
7. M33：196

锥   7件。依据形制的不同可分为两种类型。

第 一 种   6件。 形制相似。 长条形， 弧刃。M33：196，上端残。残长3、宽0.4厘米（图一六二：7）。M33：132，长11、宽0.4厘米（图一六二：4）。M33：192，长13.4、宽0.3厘米（图一六二：3）。M33：61，刃部残，残长14.5、宽0.3厘米（图一六二：1）。M33：58，长10、宽0.4厘米（图一六二：5；图版六九：4）。M33：193，刃部残，残长13、宽0.4厘米（图一六二：2）。

第二种   1件。圆形銎口，锥形。M33：179，通长6.2、銎口直径1.1厘米（图一六二：6；图版六九：5）。

刀   11件。依据形制的不同可分为五种类型。

第一种   2件。近方形圜首，直柄，曲背，凸刃，刃尖外撇。M33：28，通长39.6、刃宽3.6厘米，圜首长3.6、宽3厘米，柄长10、宽2厘米（图一六三：1；图版七〇：1）。M33：29。通长39、刃宽3.2厘米，圜首长4、宽3.2厘米，柄长9.4、宽1.6厘米（图一六三：2）。

第二种   2件。近方形圜首，直柄，刃微凸。M33：27，通长42、刃宽3.6厘米，圜首长3.8、宽3厘米，柄长9、宽2厘米（图一六三：3）。M33：124，通长39、刃宽3.2厘米，圜首长3.6、宽3.2厘米，柄长8.8、宽2厘米（图一六三：4）。

第三种   2件。体呈长方形，长柄，三角形刃，刃部较宽。M33：182，通长25.4、柄长21.4、柄宽1厘米（图一六四：3）。M33：183，长20.8、柄长17、柄宽0.8厘米（图一六四：2）。

第 四 种   2件。 直柄， 直刃， 刃尖外撇。M33：74， 通长30.1、 柄长10、 柄宽0.9厘米（图一六四：4；图版七〇：2）。M33：190，残。残长18.4、刃宽0.8厘米，柄长5、宽0.6厘米（图一六四：1）。

第五种   3件。刃部较宽。M33：181，柄部较宽，通长22、柄长5.6、柄宽1.2厘米（图一六四：5）。M33：180，残。残长20.4、柄长5.2、柄宽1.2厘米（图一六四：6）。M33：184，柄部较宽。通长21.9、柄长7.5、柄宽1.2厘米（图一六四：7）。

勺   2件。圆首簸箕形，勺柄为圆形，中空。M33：177，长16.4、高7.2、柄径2.2厘米（图

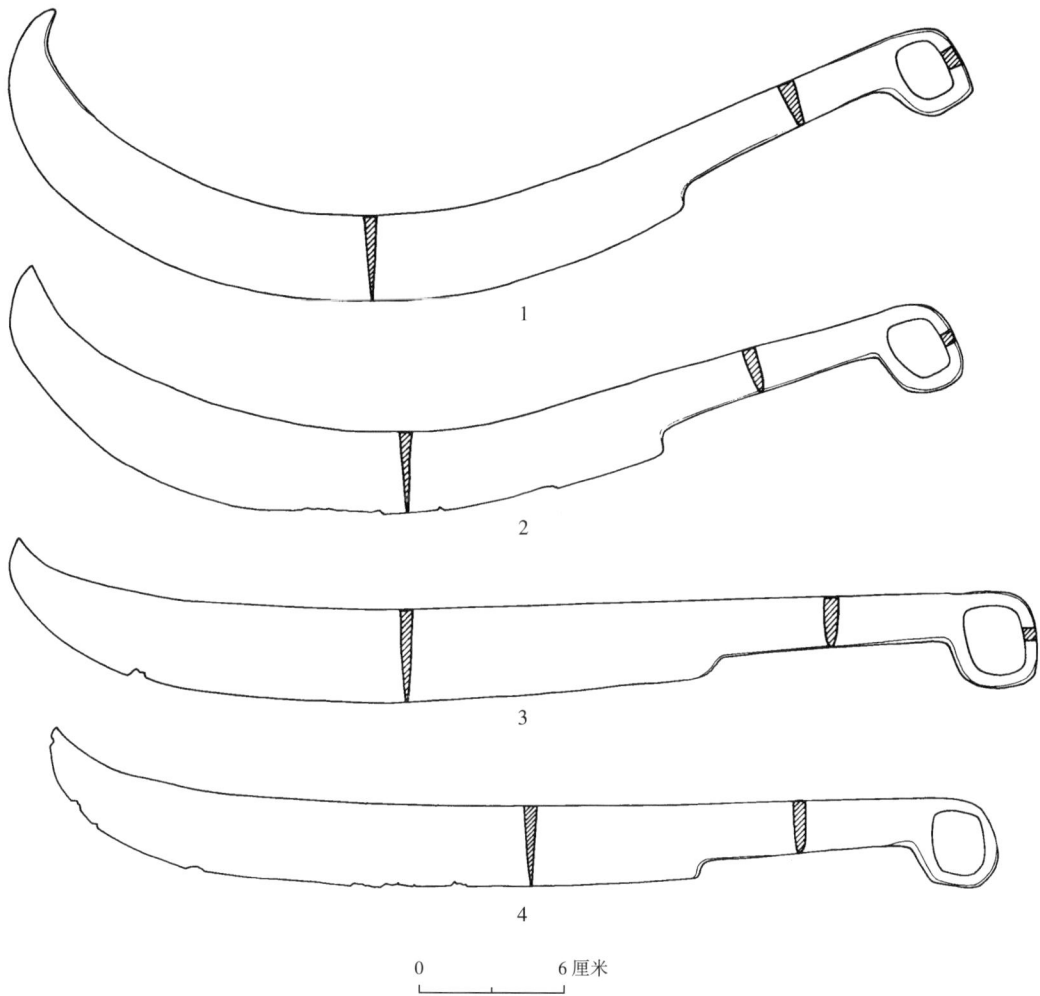

0　　　　　　6厘米

图一六三　M33 出土铜削刀

1. M33：28　2. M33：29　3. M33：27　4. M33：124

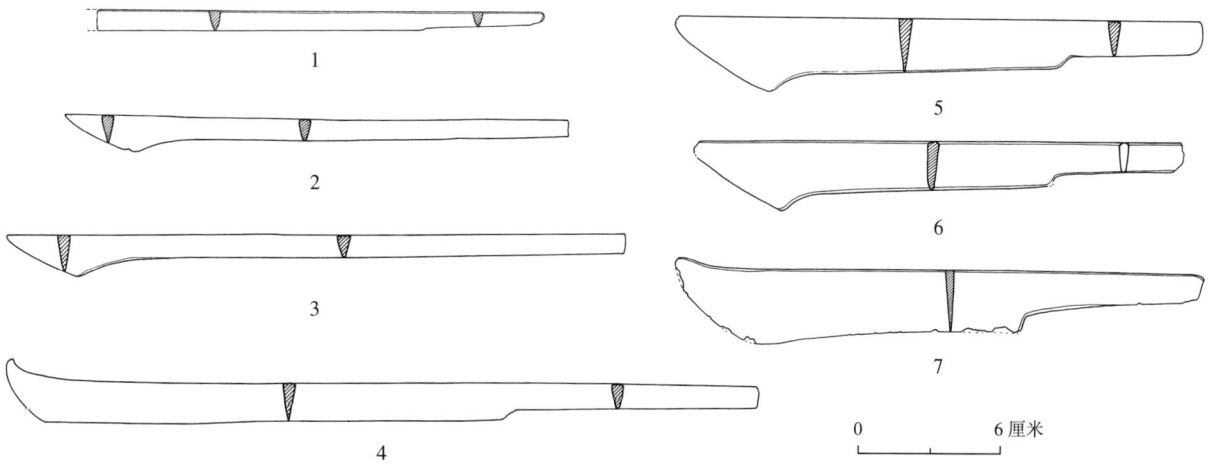

0　　　　　　6厘米

图一六四　M33 出土铜刀

1. M33：190　2. M33：183　3. M33：182　4. M33：74　5. M33：181　6. M33：180　7. M33：184

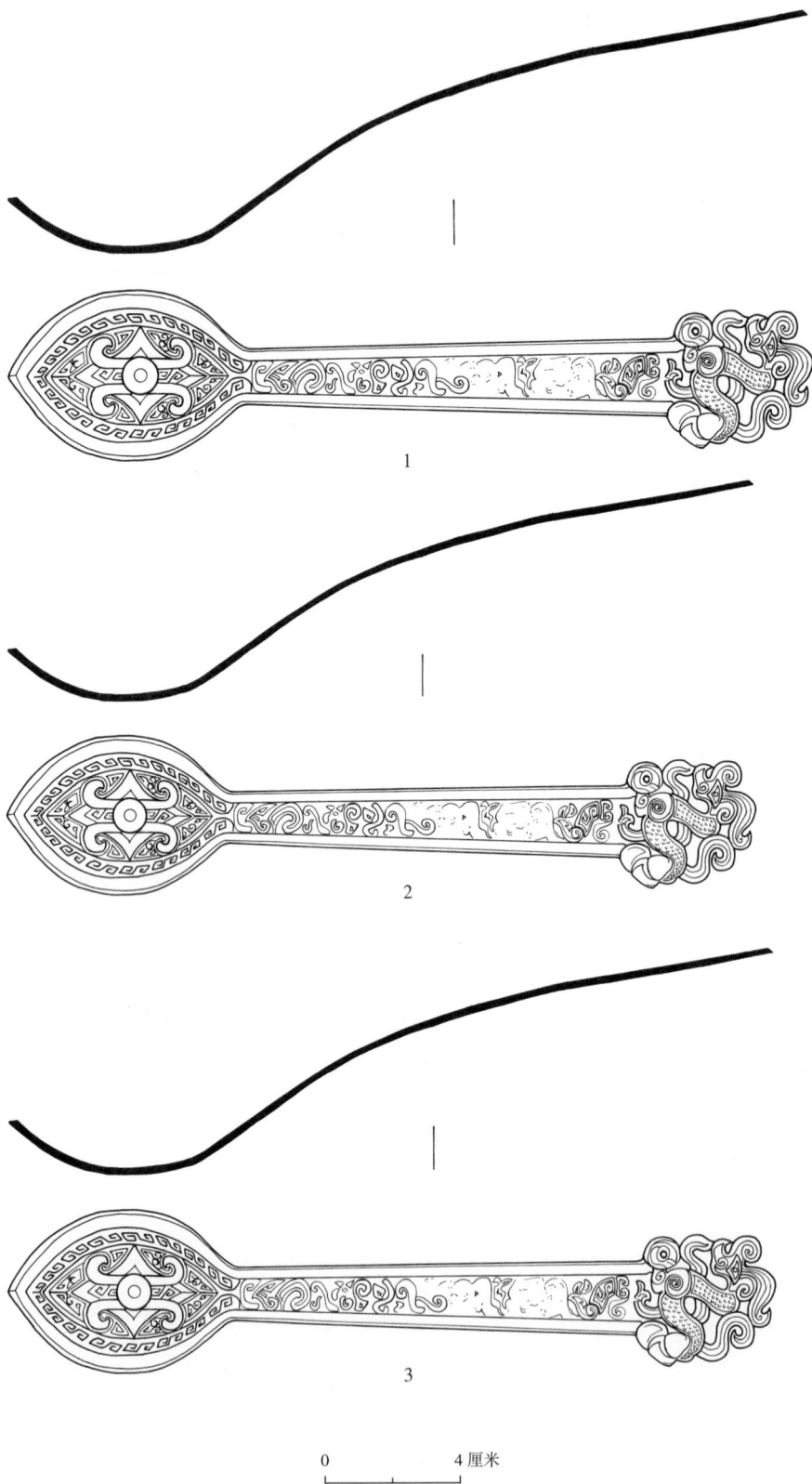

图一六五　**M33** 出土铜匕

1. M33：126　2. M33：121　3. M33：122

一三七：1）。M33：178，长 16.2、高 7.2、柄径 2.4 厘米（图一三七：2；图版七〇：3）。

匕 3件。匕身为椭圆形，长条形柄部弧拱、扁平、柄端略宽。柄端正面饰兽面纹。匕身饰繁缛的勾连云纹。M33：126，通长 237、身长 6.9、最宽 4.9 厘米，柄长 16.8、宽 1.6~2.2 厘米（图一六五：1）。M33：121，通长 22、身长 6.5、最宽 4.5 厘米，柄长 15.5、宽 1.4~2 厘米（图一六五：2；图版七〇：4）。M33：122，通长 22.6、身长 6.5、最宽 4.5 厘米，柄长 16.1、宽 1.5~2.1 厘米（图一六五：3）。

长条形饰件 4件。依据形制的不同可分为两种类型。

第一种 2件。形制相似。M33：195，体呈长方形，中空。残，一面铸刻有"S"形纹，一面铸刻有心纹。长 10、宽 1.8、厚 0.8 厘米（图一六六：1）。M33：134，体呈狭长方形，一端无凸棱，残，两面均铸刻有回形纹。长 31、宽 1.2 厘米（图一六六：3）。

第二种 2件。形制相似。体呈狭长方形，一端有两个凸棱。M33：135，长 33.4、宽 1.4 厘米（图一六六：2）。M33：136，长 37、宽 1.6 厘米（图一六六：4）。

环 2件。在两个大铜环中间用两个辫索纹铜环相扣而成，大铜环上部铸刻有菱形纹，小铜环上铸刻有"S"形纹和勾连云纹。可能系铜罍上的环。M33：185，大铜环直径 10、辫索耳铜环直径 2.9、长 8.2 厘米（图一六七：1）。M33：186，大铜环直径 10、辫索耳铜环直径 2.9、长 8.2 厘米（图一六七：2）。

锯 4件。均残，形制相似。器体很薄，体呈长方形，单面刃，锯两端各有 1 个长方形穿孔。M33：187，残断，残长 19.3、宽 5.3、孔长 2.6、宽 0.4 厘米（图一六八：1）。

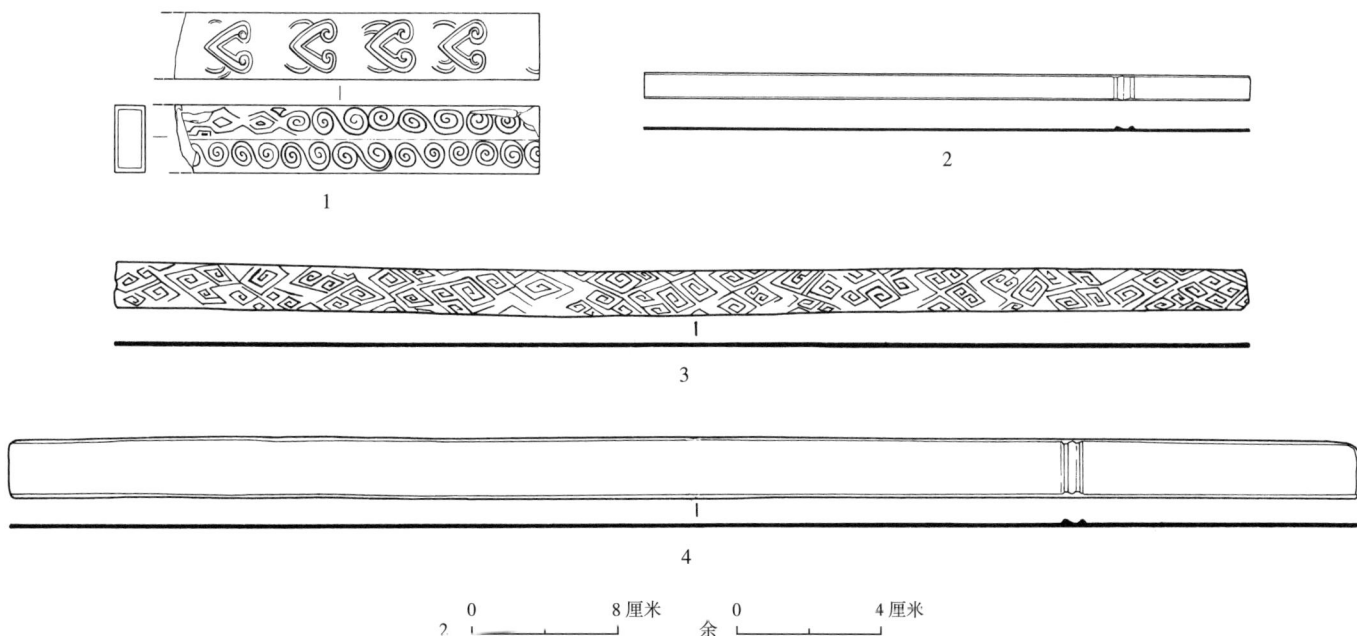

图一六六 M33 出土铜长条形饰件

1. M33：195 2. M33：135 3. M33：134 4. M33：136

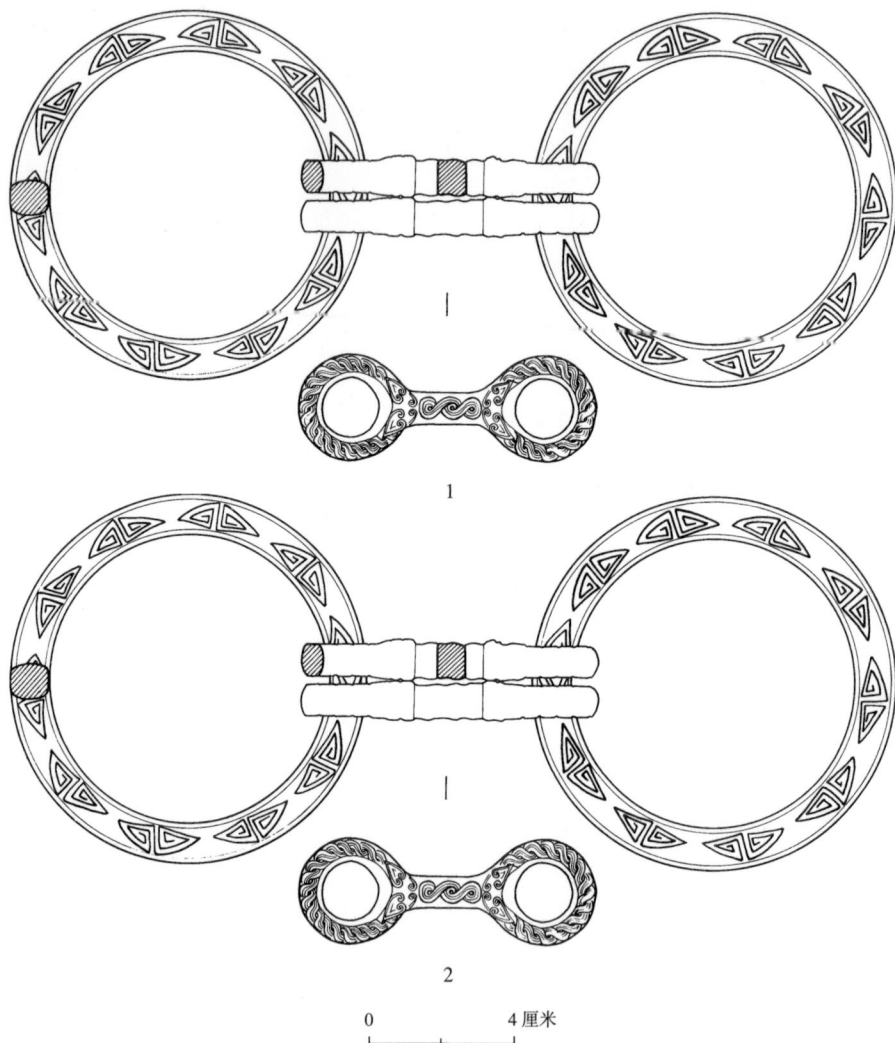

图一六七　M33 出土铜环

1. M33：185　2. M33：186

刻刀　4 件。形制相似。圭形体，器身狭长，背部隆起，腹部内凹，三角形刃。M33：152，器身一端可见编织物包裹痕迹。长 18.8、宽 2.5 厘米（图一六八：6）。M33：118，器身可见编织物包裹痕迹。长 15.1、宽 2.6 厘米（图一六八：4）。M33：160，长 15.7、宽 2.4 厘米（图一六八：5；图版七〇：5）。

箭镞　2 件。依据形制的不同，可分为两种类型。

第一种　1 件。M33：60，三角形，双翼，残断。残长 4.5、宽 1.2 厘米（图一六八：3）。

第二种　1 件。M33：62，体呈三棱形，短铤，短关。长 5.5、宽 1 厘米，铤长 1.7、宽 0.3 厘米（图一六八：2）。

镦　9 件。依据形制的不同可分为两种类型。

第一种　6 件。形制相似。体呈圆柱状，形体较矮，外有一籀。镦上部残留有木柲。

M33：78，口径3、底径3.2、
通高2.6厘米（图一六九：7）。

M33：119，口径2.8、底径2、
通高2.6厘米（图一六九：9）。

M33：71，镦上部残留有木
柲。口径2.8、底径3、通高
2.8厘米（图一六九：5）。

M33：72，口径2.7、底径3、
通高2.4厘米（图一六九：8）。

M33：73，口径3、底径3.2、
通高2.6厘米（图一六九：6）。

M33：70，口径2.4、底径2.7、
通高4厘米（图一六九：4）。

第二种　3件。形制相
似。体呈圆柱状，形体较长，
上部有一圆孔，镦上部残留
有木柲。M33：23，口径2.3、
底径1.8、通高5厘米（图
一六九：1）。M33：24，
口径2.3、底径2、通高5
厘米（图一六九：3）。
M33：20，口径2.2、底径2、
通高5厘米（图一六九：2）。

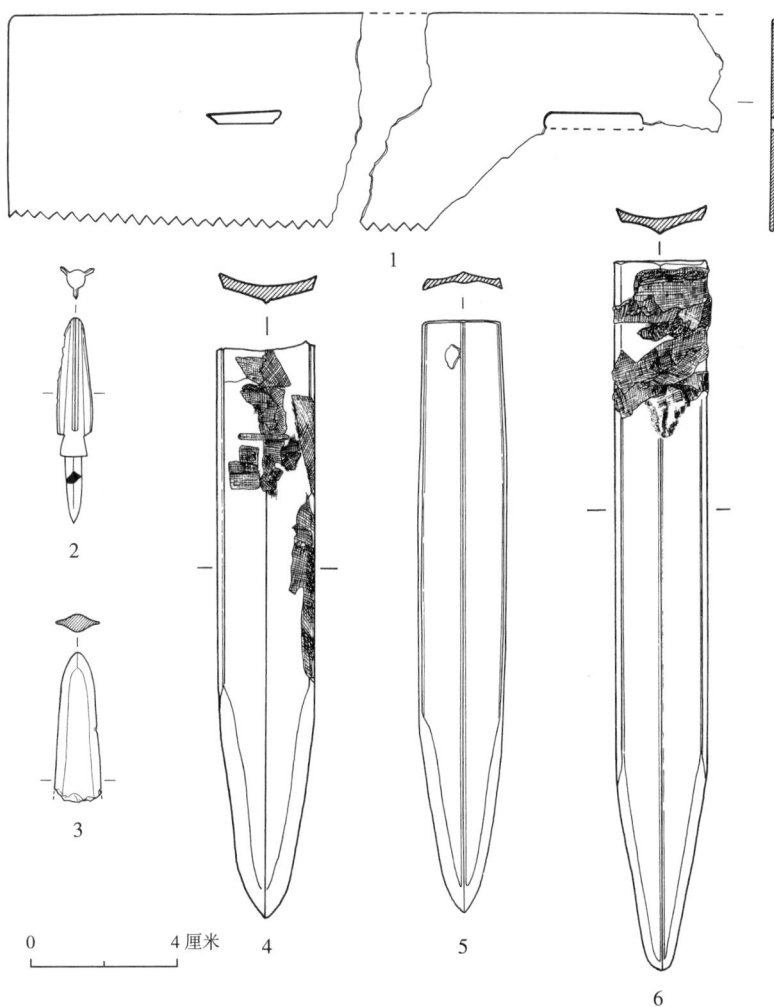

图一六八　M33出土部分铜器

1. 锯（M33：187）　2、3. 箭镞（M33：62、60）　4~6. 刻刀（M33：118、160、152）

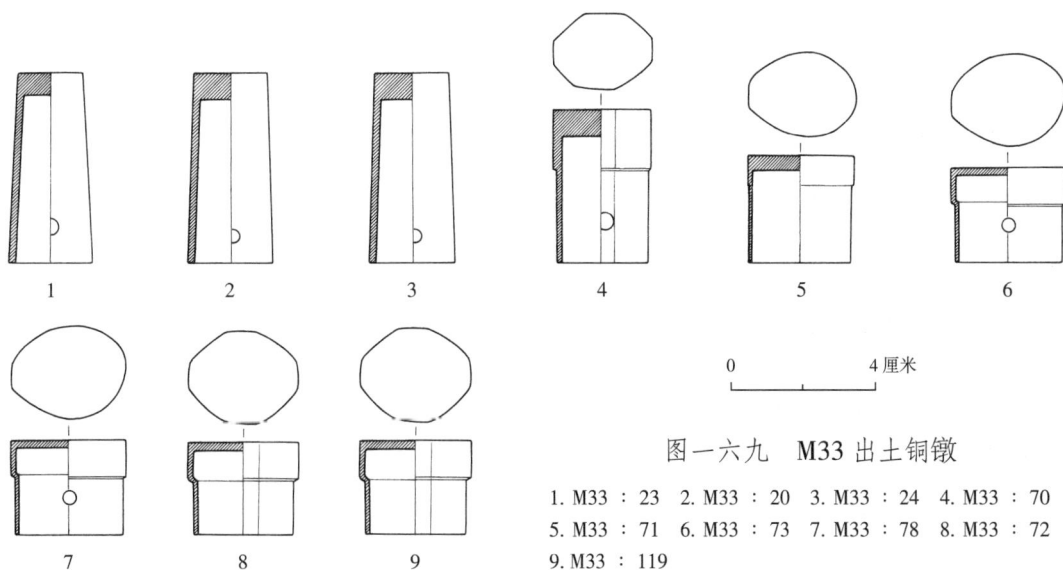

图一六九　M33出土铜镦

1. M33：23　2. M33：20　3. M33：24　4. M33：70
5. M33：71　6. M33：73　7. M33：78　8. M33：72
9. M33：119

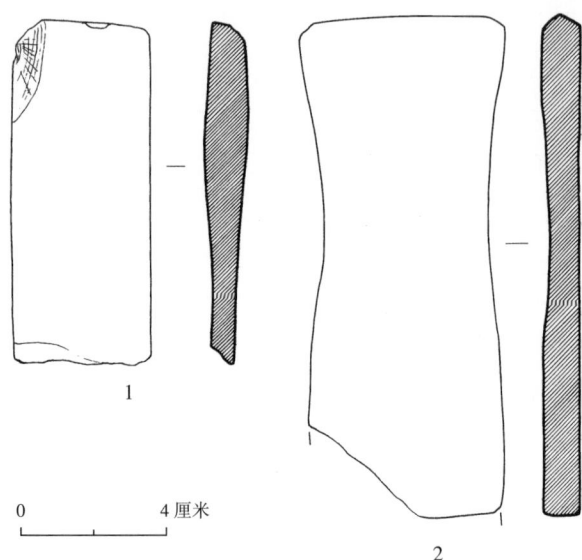

图一七〇　M33 出土磨石

1. M33：204　2. M33：44

3. 石器

2 件。计有磨石 2。

磨石　2 件。形制相似。M33：44（与 M33：45 合为一件），残，体呈亚腰形，中间可见明显的使用痕迹。长 13.3、宽 5.6、厚 1 厘米（图一七〇：2）。M33：204，残，体呈长方形，一端可见明显的使用痕迹。长 9、宽 3.7、厚 1.2 厘米（图一七〇：1）。

4. 牙器

8 件。均为野猪獠牙，弯形，长约 10 厘米，出土时已破损。

5. 珠

29 件。计有玛瑙珠 9、骨珠 4、珠饰 2、长条形骨饰 14（表六；图一七一）。其中长条形骨饰件均放置磨石之上，磨石上可见零星朱砂痕迹（图版七一：1），长 1~1.9、宽 0.5~0.8、厚 0.2~0.4 厘米（图版七一：2）。其他珠均放置兵器上，可能是兵器的装饰品（图版七一：3）。

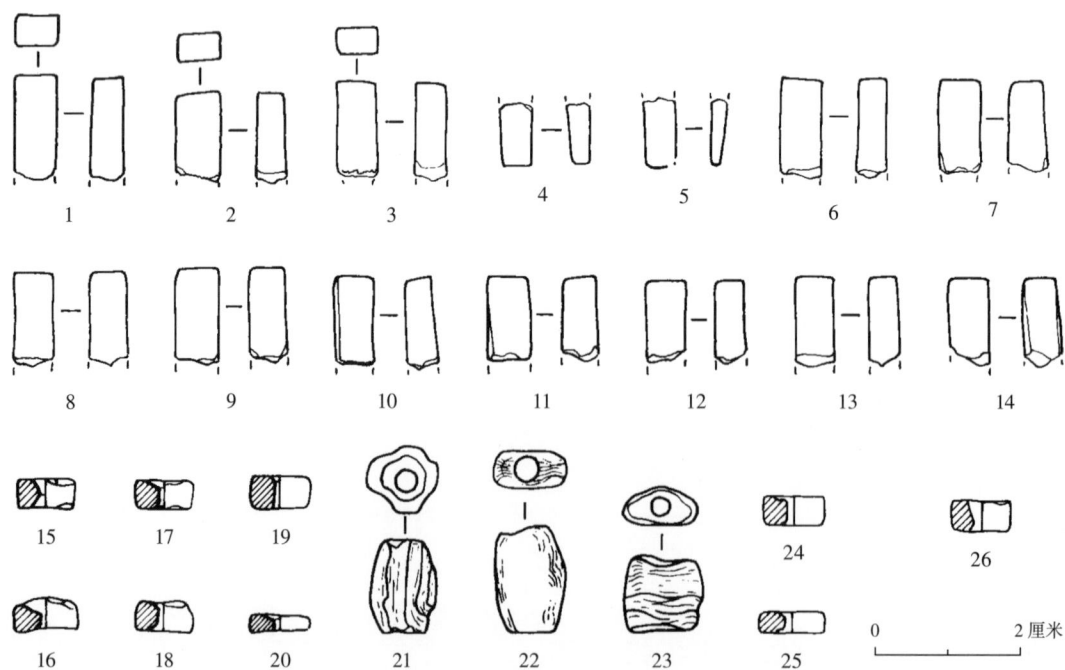

图一七一　M33 出土珠

1~14. 长方形骨饰（M33：30~43）　15~20、24~26. 玛瑙珠（M33：162、81、84、90、80、163、83、85、82）　21~23. 骨珠（M33：88、86、87）

表六　M33 出土珠饰统计表

单位：厘米

编号	形制	质地	长	宽 / 直径	孔径 / 厚	图号
M33：30	长条形	骨	1.4	0.6	0.4	图一七一：1
M33：31	长条形	骨	1.1	0.6	0.4	图一七一：2
M33：32	长条形	骨	1.2	0.6	0.4	图一七一：3
M33：33	长条形	骨	0.8	0.5	0.3	图一七一：4
M33：34	长条形	骨	0.9	0.4	0.2	图一七一：5
M33：35	长条形	骨	1.3	0.6	0.4	图一七一：6
M33：36	长条形	骨	1.2	0.6	0.5	图一七一：7
M33：37	长条形	骨	1.1	0.6	0.5	图一七一：8
M33：38	长条形	骨	1.3	0.7	0.5	图一七一：9
M33：39	长条形	骨	1.1	0.5	0.4	图一七一：10
M33：40	长条形	骨	1	0.6	0.5	图一七一：11
M33：41	长条形	骨	1	0.5	0.3	图一七一：12
M33：42	长条形	骨	1.2	0.5	0.4	图一七一：13
M33：43	长条形	骨	1.1	0.6	0.5	图一七一：14
M33：80	扁圆形	玛瑙	0.4	0.8	0.2	图一七一：19
M33：81	扁圆形	玛瑙	0.4	1	0.3	图一七一：16
M33：82	扁圆形	玛瑙	0.4	0.8	0.2	图一七一：26
M33：83	扁圆形	玛瑙	0.4	0.8	0.2	图一七一：24
M33：84	扁圆形	玛瑙	0.4	0.8	0.2	图一七一：17
M33：85	扁圆形	玛瑙	0.3	0.9	0.2	图一七一：25
M33：86	椭圆形	骨	1.4	1	0.3	图一七一：22
M33：87	椭圆形	骨	1	1	0.2	图一七一：23
M33：88	椭圆形	骨	1.2	0.9	0.2	图一七一：21
M33：90	扁圆形	玛瑙	0.4	0.8	0.2	图一七一：18
M33：162	扁圆形	玛瑙	0.4	0.3	0.2	图一七一：15
M33：163	扁圆形	玛瑙	0.25	0.8	0.2	图一七一：20

注：M33：89、164、165 残损严重

三〇　M34

位于 99T1 的东部，开口于④层下。

（一）墓葬形制

长方形竖穴土坑墓。方向 190°，墓壁较直，墓底较平。长 210、宽 62、深 30 厘米（图一七二）。填土为黄褐色沙土，土质较硬。

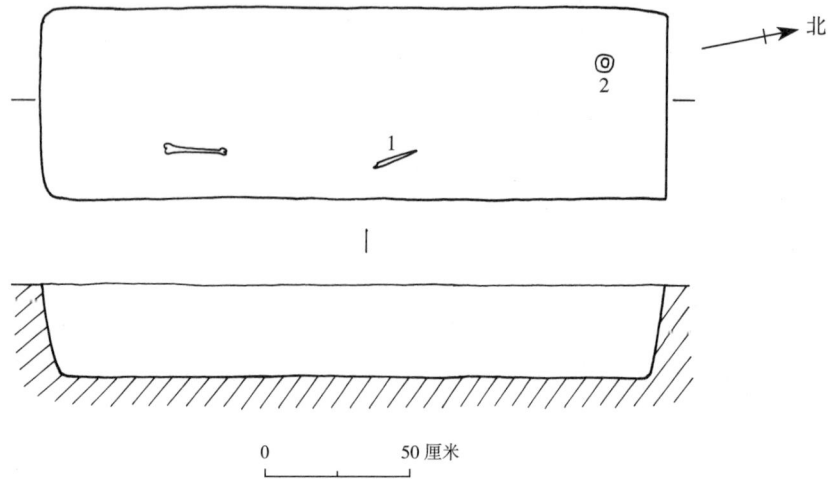

0　　　　50厘米

图一七二　M34 平、剖面图

1.铜剑　2.陶圜底罐

（二）葬式葬具

未发现葬具，亦未发现葬具朽痕。保存极差，仅存一节上肢骨，性别、年龄不详，头向、面向、葬式不明。

（三）随葬品

随葬品 2 件。包括铜剑 1、陶圜底罐 1。圜底罐置于墓室北端，铜剑置于墓室中部。

1.陶器

1 件。计有圜底罐 1。

圜底罐　1 件。M34：2，夹粗砂灰褐陶，侈口，唇部戳刺成为花边口，领部较高，圆鼓腹，圜底。肩部以下饰竖向粗绳纹。口径 13、通高 22、腹径 21.4 厘米（图一七三：2；图版七二：1）。

2.铜器

1 件。计有剑 1。

剑　1 件。M34：1。柳叶形，短茎，隆脊，茎两端各有一个圆穿孔，其中近端处者居中，近剑身者偏于脊的一侧。体长 36.2、宽 3.4厘米，茎长 7、宽 2~3 厘米，孔径 0.4 厘米（图一七三：1；图版七二：2）。

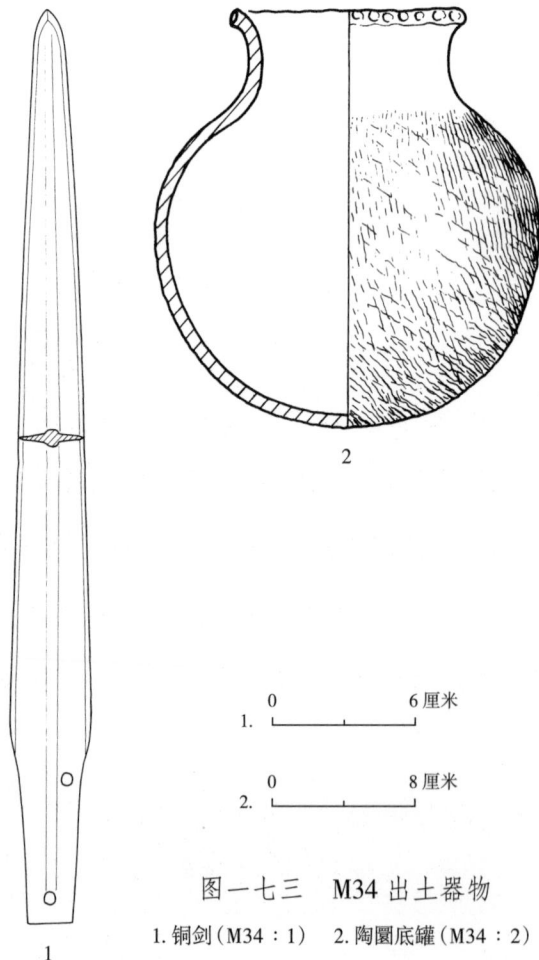

1. ├────┤ 0　　6厘米

2. ├────┤ 0　　8厘米

图一七三　M34 出土器物

1.铜剑（M34：1）　2.陶圜底罐（M34：2）

三一　M35

位于 99T1 的西部，开口于④层下。

（一）墓葬形制

长方形竖穴土坑墓，方向 180°，墓壁较直，墓底南高北低。长 252、宽 58、深 8~20 厘米（图一七四）。填土为黄褐色沙土。墓室底部有零星的朱砂痕迹。

（二）葬式葬具

未发现葬具，亦未发现葬具朽痕。墓中人骨架保存极差，为仰身直肢葬，头向南，面向上，性别、年龄不详。

（三）随葬品

随葬品 10 件。包括陶豆 1、铜斧 1、铜削刀 1、珠 7。陶豆置于墓主人头上部，胸部放置有 6 颗珠，应做项链用，铜削刀和铜斧分置于腰间左右两侧。

1. 陶器

1 件。计有豆 1。

豆　M35：1，夹砂红胎黑皮陶，方唇，直口，斜直腹，喇叭状圈足较大。肩部有两道凹弦纹。口径 12.8、底径 8.2、通高 6 厘米（图一七五：3）。

2. 铜器

2 件。计有斧 1、削刀 1。

斧　1 件。M35：2，长方形銎口，无肩，直腰，弧刃，銎部饰有两道凸棱。通长 9、刃宽 6.6

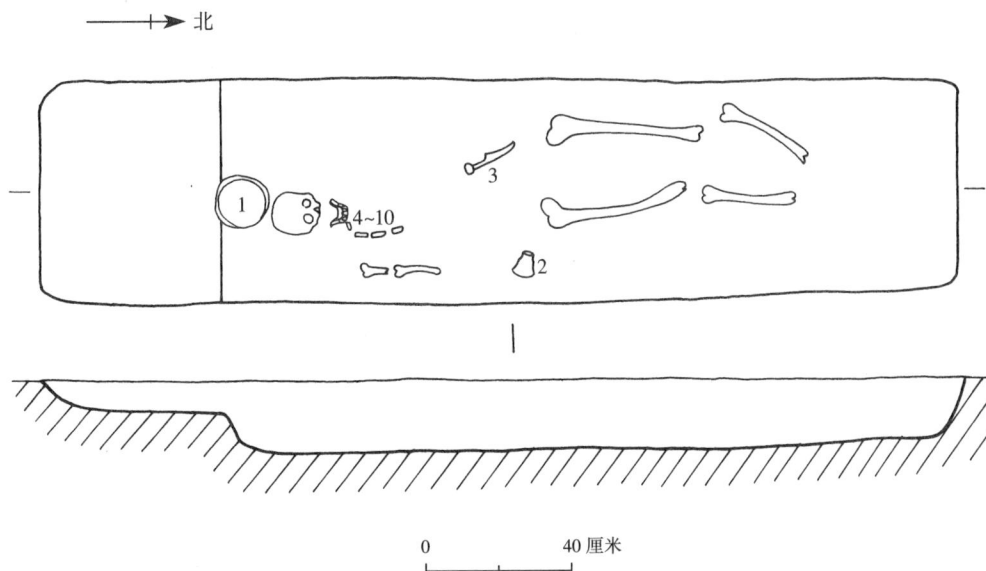

图一七四　M35 平、剖面图

1. 陶豆　2. 铜斧　3. 铜削刀　4~10. 珠

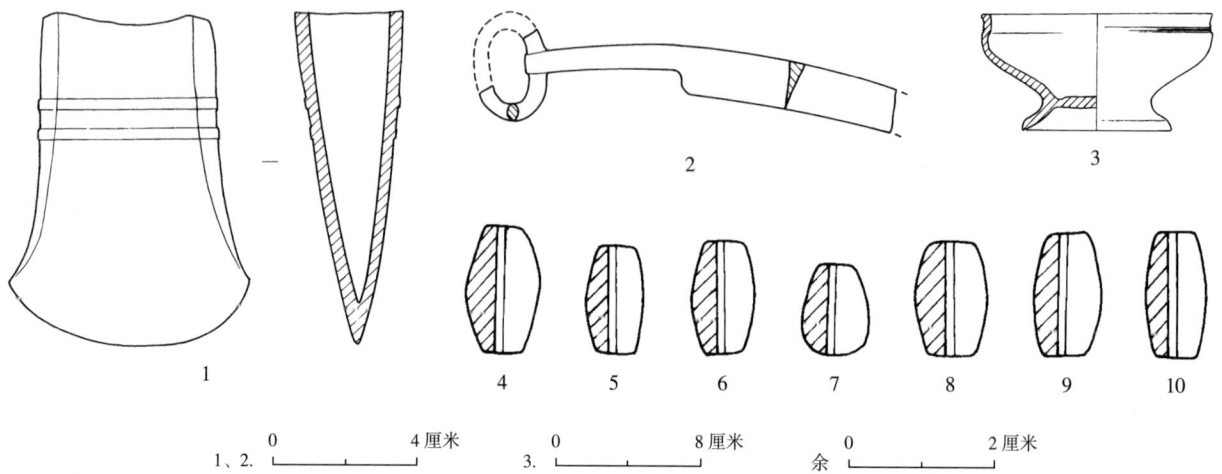

图一七五　M35 出土器物

1. 铜钺（M35：2）　2. 铜削刀（M35：3）　3. 陶豆（M35：1）　4~10.珠（M35：4、5、6、7、8、9、10）

厘米，銎口径 4.8、宽 3 厘米（图一七五：1；图版七二：3）。

削刀　1件。M35：3，残，椭圆形圜首，弓背厚，三棱形直柄，凹曲刃。残长 11.7、刃宽 1.4、刃长 6 厘米（图一七五：2）。

珠　7颗。形制相似。角质，体呈椭圆形，黑色，中空（图版七二：4）。M35：4，长 1.7、宽 1、孔径 0.3 厘米（图一七五：4）。M35：5，长 1.4、宽 0.8、孔径 0.3 厘米（图一七五：5）。M35：6，长 1.5、宽 0.8、孔径 0.3 厘米（图一七五：6）。M35：7，长 1.2、宽 1、孔径 0.3 厘米（图一七五：7）。M35：8，长 1.5、宽 1、孔径 0.3 厘米（图一七五：8）。M35：9，长 1.6、宽 0.9、孔径 0.3 厘米（图一七五：9）。M35：10，长 1.7、宽 0.8、孔径 0.3 厘米（图一七五：10）。

三二　M36

墓葬位于 99T2 的西南部，开口于③层下。

（一）墓葬形制

不规则长方形竖穴土坑墓，墓室极窄，方向 206°，墓壁较直，墓底较平。长 286、宽 35~48、深 17 厘米（图一七六）。填土为黄褐色沙土。

（二）葬式葬具

未发现葬具，亦未发现葬具朽痕。墓中人骨架保存极差，从朽痕上判断为侧身直肢葬，头向南，面向左，性别、年龄不清。在墓主人头部和胸部下发现有大量的朱砂。

（三）随葬品

随葬品 8 件。主要是铜器。包括铜钺 1、铜带钩 3、铜削刀 3、玉璜 1。墓室南端较长却未放置任何器物，墓室北端为墓主人，铜钺和铜削刀分别置于墓主人腰间左右两侧，带钩、

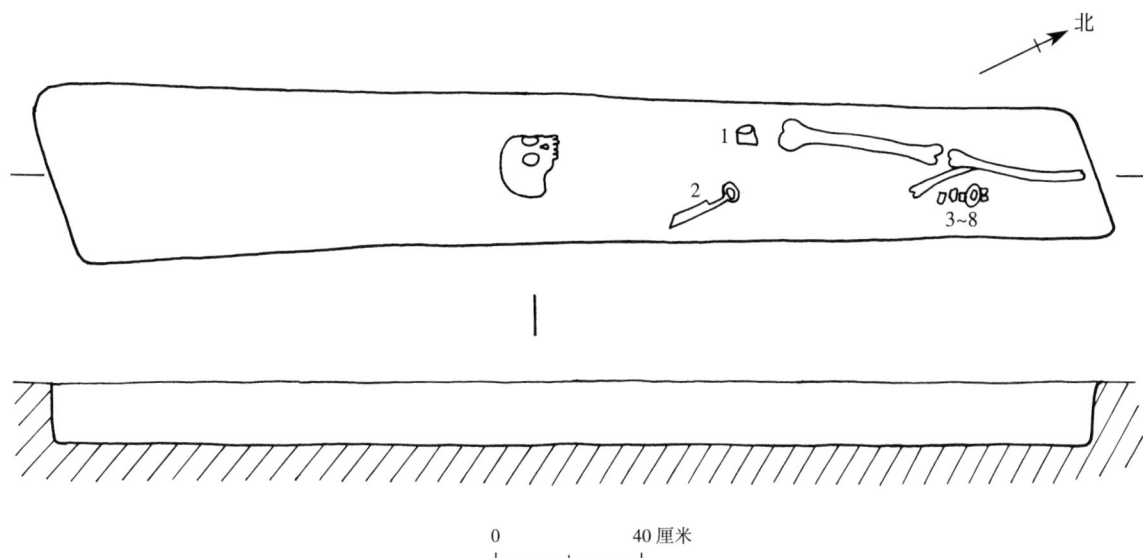

图一七六　M36 平、剖面图

1. 铜钺　2、5、6. 削刀　3、7、8. 带钩　4. 玉璜

玉璜和削刀置于股骨与胫骨之间。

1. 铜器

7 件。计有钺 1、带钩 3、削刀 3。

钺　1 件。M36：1，椭圆形銎口，銎口残，无肩，直腰，弧刃。銎口部饰有一道凸棱。通长 6.8、刃宽 5.4 厘米，銎口径 4、宽 2.5 厘米（图一七七：1；图版七三：1）。

带钩　3 件。依据形制的不同可分为两种类型。

第一种　1 件。M36：3，兽形带钩，似一站立的大象，两端残。残长 2.5、宽 1.6 厘米（图一七七：6；图版七三：2）。

第二种　2 件。形制相似。M36：7，体呈琵琶形。上有刻划的蝉纹。长 5、宽 0.4~1.1 厘米（图一七七：2）。M36：8，体呈"S"形。长 5.2、宽 0.9 厘米（图一七七：3）。

削刀　3 件。形制相似。M36：2，椭圆形圜首，直柄，凹曲刃，刃部残。长 15.4、刃宽 1.2 厘米，圜首径 3、宽 1.8 厘米（图一七七：8；图版七三：3）。M36：5，残，仅保存有椭圆形圜首。残长 2.5、圜首长径 3 厘米（图一七七：4）。M36：6，残，仅保存部分柄和刃，直柄。残长 4、宽 1 厘米（图一七七：7）。

2. 玉器

1 件。计有玉璜 1。

玉璜　1 件。M36：4，灰黑色，残剩三分之一环，一端有穿孔，边缘经过打磨，打磨痕迹明显，剖面成楔形。残长 2.8、宽 1.1 厘米（图一七七：5；图版七三：4）。

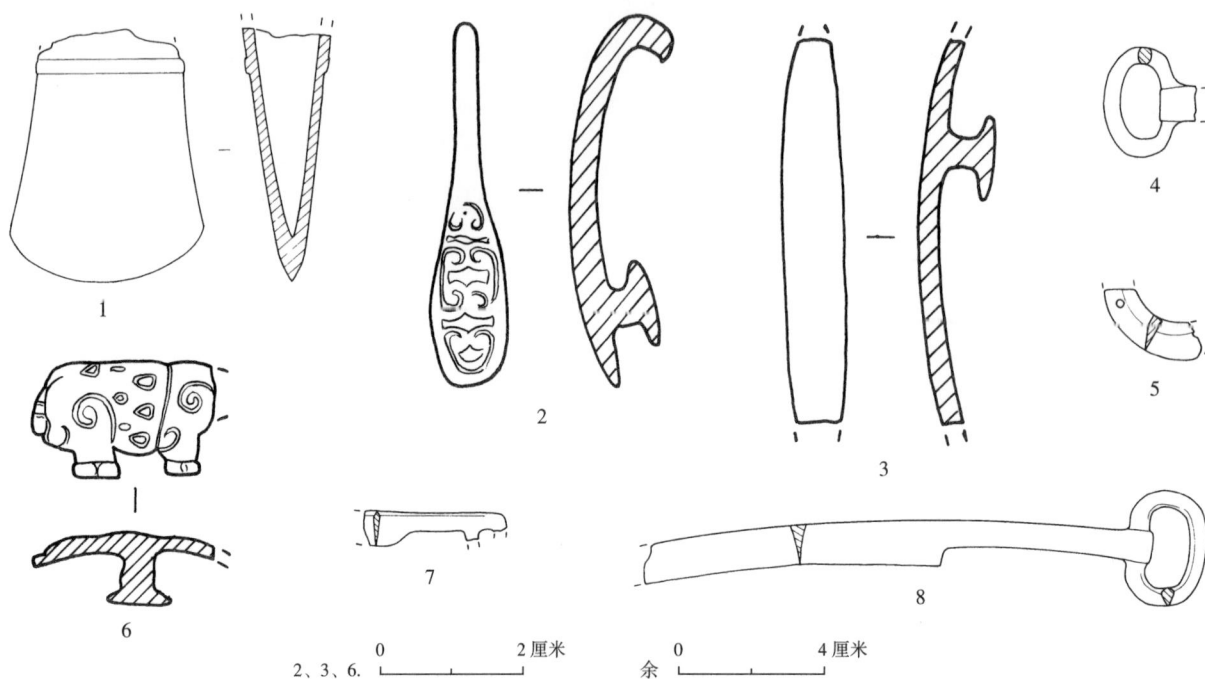

图一七七　M36 出土铜器及玉璜

1.钺（M36：1）　2、3.带钩（M36：7、8）　4、7、8.削刀（M36：5、6、2）　5.玉璜（M36：4）　6.带钩（M36：3）

三三　M37

位于 99T2 的东部，开口于④层下。

（一）墓葬形制

长方形竖穴土坑墓，方向 183°，墓壁较直，墓底较平。长 290~305、宽 70~80、深 34 厘米（图一七八）。填土为黄褐色沙土。

（二）葬式葬具

未发现葬具，亦未发现葬具朽痕。墓中人骨架腐朽无存，性别、年龄不清，头向、面向、葬式不明。

（三）随葬品

随葬品 23 件。主要是陶器和铜器，包括陶豆 2、陶圜底罐 1、陶器盖 1、陶纺轮 1、铜钺 1、铜削刀 1、铜挂饰 1、铜手镯 3、玉玦 1、珠 11。在墓室的北部放置所有的陶器，墓室南部放置有铜钺、削刀、手镯和珠等物。

1. 陶器

5 件。计有豆 2、圜底罐 1、器盖 1、纺轮 1。

豆　2 件。形制相似。M37：7，轮制，夹砂红胎黑皮陶，尖唇，直口，浅盘，矮柄，喇叭状圈足。素面。口径 9.6、底径 7.2、通高 4.4 厘米（图一七九：2；图版七四：1）。
M37：9，夹砂红胎黑皮陶，尖唇，窄沿，直口，浅盘，柄较高，喇叭状圈足。沿下有三道

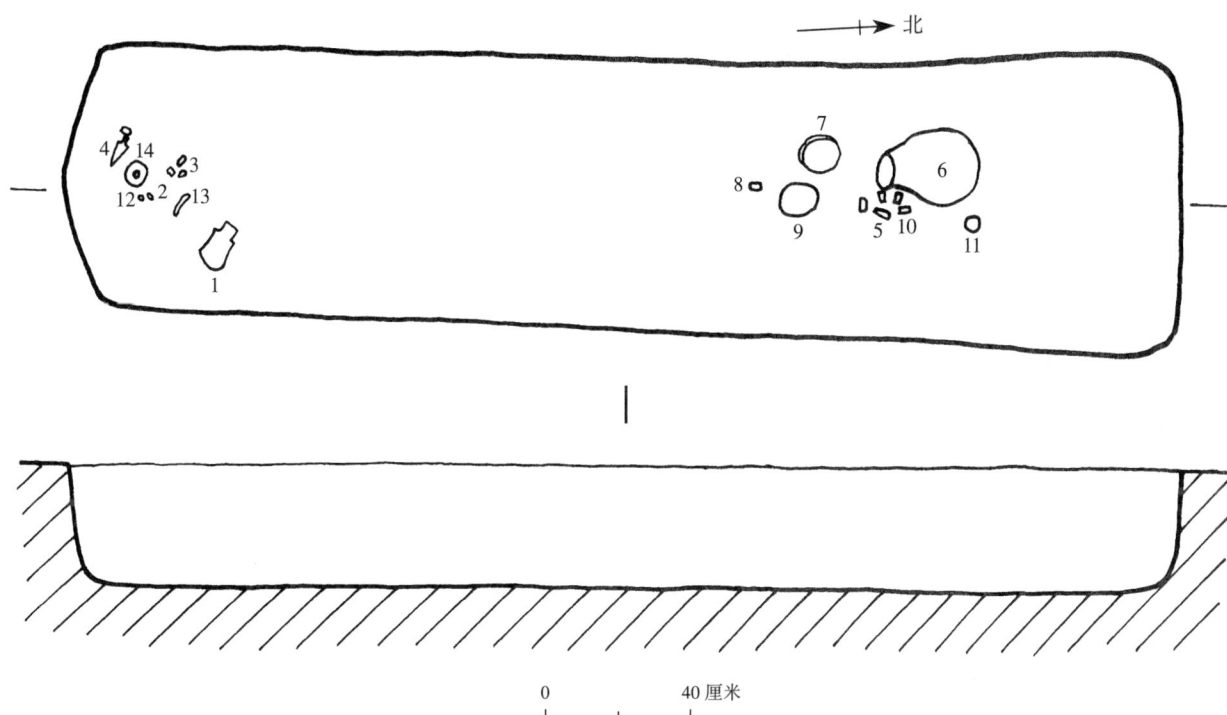

图一七八　M37 平、剖面图

1.铜钺　2、5、12.珠　3.玉玦　4.铜削刀　6.陶圜底罐　7、9.陶豆　8.陶器盖　10.挂饰　11.陶纺轮　13、14.手镯

凹弦纹。口径 10.8、底径 7.8、通高 6 厘米（图
一七九：3）。

　　圜底罐　1件。M37：6，夹砂红褐陶，
圆唇，侈口，束颈，溜肩，圆鼓腹，圜底。
肩部以下饰粗绳纹。口径 9.6、通高 13.8 厘
米（图一七九：4；图版七四：2）。

　　器盖　1件。M37：8，夹砂褐陶，方
唇，弧顶，饼形钮惨。顶部有一周弦纹。口
径 14.6、通高 3.6 厘米（图一七九：1）。

　　纺轮　1件。M37：11，泥质黑褐陶，
体呈塔形，上有六周弦纹。直径 1~2.3、通
高 1.6 厘米（图一七九：5）。

　　2. 铜器

　　6件。计有钺 1、削刀 1、挂饰 1、手镯 3。

　　钺　1件。M37：1，长方形圆角銎口，
折肩，亚腰，弧刃。銎口部饰有一道凸棱。

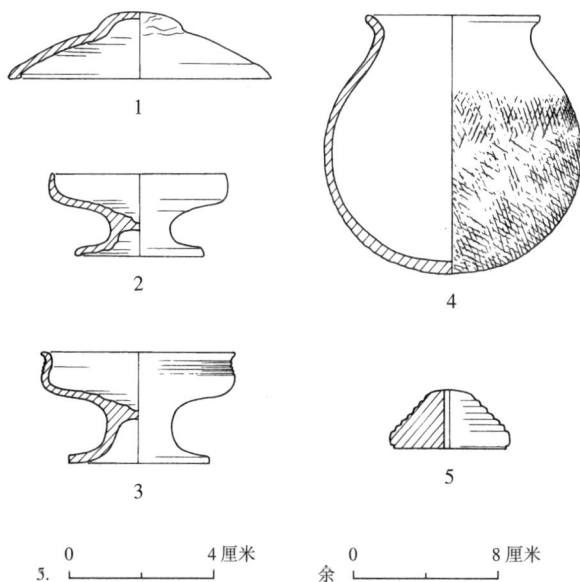

图一七九　M37 出土陶器

1.器盖（M37：8）　2、3.豆（M37：7、9）　4.圜底罐（M37：6）
5.纺轮（M37：11）

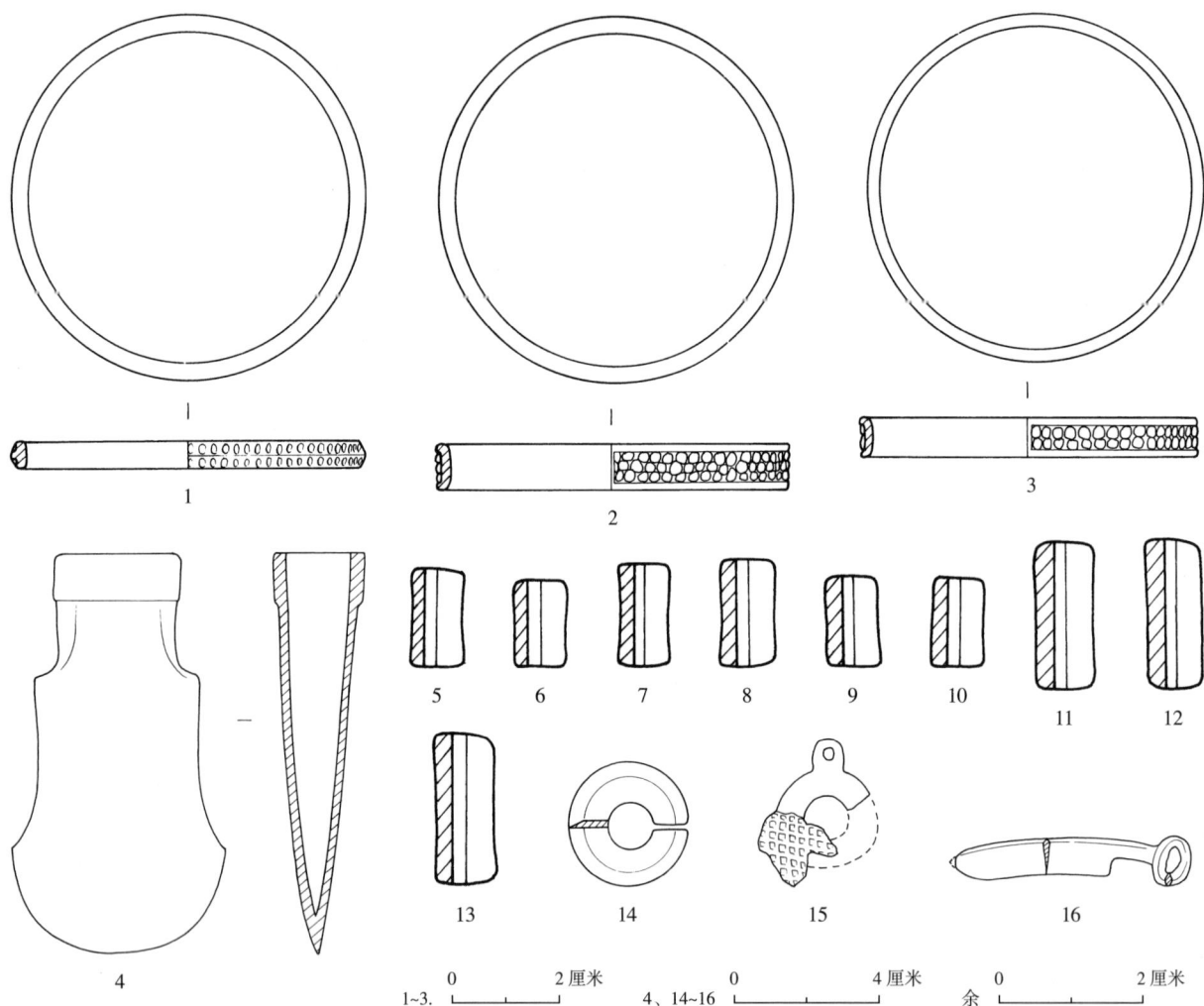

图一八〇　M37 出土器物

1~3.铜手镯（M37：13、14-1、14-2）　4.铜钺（M37：1）　5~13.珠（M37：5-1~9）　14.玉玦（M37：3）　15.铜挂饰（M37：10）
16.铜削刀（M37：4）

通长 10.7、刃宽 6 厘米，銎口长 3.5、宽 2.4 厘米（图一八〇：4；图版七四：3）。

　　削刀　1件。M37：4，形体极小。圆形圆首，短柄，凹曲刃。残长 6.5、刃宽 1 厘米（图一八〇：16；图版七四：4）。

　　挂饰　1件。M37：10，体呈环状，上有一孔，两面可见方格纹。残长 4 厘米（图一八〇：15）。

　　手镯　3件。形制相似（图版七四：5）。M37：13，圆形，内壁光滑，外以横向中央凸棱为界，上下各有一周戳印纹。外径 6.5、内径 5.8、宽 0.5 厘米（图一八〇：1）。M37：14，圆形，内壁光滑，外以对称的竖棱为界分为左右两栏，中间镶嵌有绿松石，部分已脱落。M37：14-1，外径 6.5、内径 6、高 0.8 厘米（图一八〇：2）。M37：14-2，外径 6.2、内径 5.6、高 0.7 厘米（图一八〇：3）。

3. 玉石角器

12 件。计有管珠 11、玦 1。

管珠　11 件。浅绿色，圆柱体，中空（图版七四：6）。M37：2，长 1.4、宽 0.6、孔径 0.3 厘米。M37：5-1，长 1.3、宽 0.8、孔径 0.3 厘米（图一八〇：5）。M37：5-2，长 1.2、宽 0.7、孔径 0.3 厘米（图一八〇：6）。M37：5-3，长 1.4、宽 0.7、孔径 0.3 厘米（图一八〇：7）。M37：5-4，长 1.5、宽 0.8、孔径 0.3 厘米（图一八〇：8）。M37：5-5，长 1.2、宽 0.7、孔径 0.3 厘米（图一八〇：9）。M37：5-6，长 1.2、宽 0.8、孔径 0.3 厘米（图一八〇：10）。M37：5-7，长 2、宽 0.8、孔径 0.3 厘米（图一八〇：11）。M37：5-8，长 2、宽 0.8、孔径 0.3 厘米（图一八〇：12）。M37：5-9，长 2、宽 0.8、孔径 0.3 厘米（图一八〇：13）。M37：2、5，残损严重。

玉玦　M37：3，灰白色，圆形。直径 3.4、孔径 1.4 厘米（图一八〇：14；图版七四：7）。

三四　M38

墓葬位于 99T2 的东部，开口于④层下。

（一）墓葬形制

长方形竖穴土坑墓，方向 180°，墓壁较直，墓底较平。长 292、宽 56~62、深 16~29 厘米（图一八一）。填土为黄褐色沙土。

（二）葬式葬具

未发现葬具，亦未发现葬具朽痕。保存较差，仅发现头骨和部分上肢骨，从尸骨的摆放位置和随葬品的关系判断墓主人为仰身直肢葬，头向南，面向上，墓主人左臂弯曲上举，右

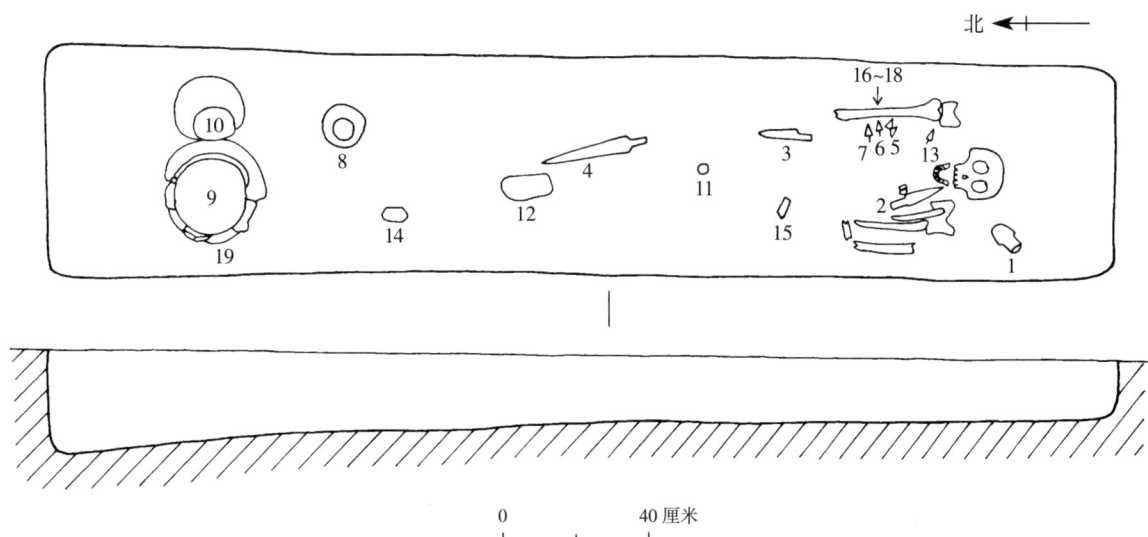

图一八一　M38 平、剖面图

1. 铜钺　2. 铜矛　3. 铜刻刀　4. 铜剑　5~7、13、16~18. 铜箭镞　8. 陶尖底盏　9. 陶釜　10. 陶圈底罐　11. 铜挂饰　12、14. 磨石　15. 铜削刀　19. 陶豆

上臂残断，性别、年龄不详。墓主人身下铺有一层朱砂。

（三）随葬品

随葬品 18 件。主要是陶器和铜器，包括陶釜 1、陶圜底罐 1、陶尖底盏 1、陶豆 1、铜剑 1、铜钺 1、铜矛 1、铜刻刀 1、铜削刀 1、铜箭镞 7、石挂饰 1、磨石 1。陶尖底盏置于墓主人头骨下，铜钺置于头骨左侧，箭镞置于右上臂处，剑置于腰间左侧，石坠饰置于腹部，磨石和其他陶器均置于墓主人脚下（图版七五：1）。

1. 陶器

4 件。计有釜 1、罐 1、尖底盏 1、豆 1（图版七五：2）。

釜　1 件。M38：9，夹砂黑褐陶，尖唇，宽斜沿，敛口，束颈，圆鼓腹，圜底。肩部以下饰纵向绳纹。口径 20.4、通高 15 厘米（图一八二：1；图版七六：1）。

圜底罐　1 件。M38：10，夹砂黑陶，圆唇，侈口，长颈，溜肩，扁鼓腹。肩部以下饰纵向绳纹。口径 11.6、通高 13.6 厘米（图一八二：2；图版七六：2）。

尖底盏　1 件。M38：8，夹砂黑陶，圆唇，直口，浅腹。口径 10.8、通高 4.2 厘米（图一八二：3）。

豆　1 件。M38：19，泥质红褐陶，方唇，直口。深腹，圈足残。口径 14.4、残高 6.4 厘米（图一八二：4）。

2. 铜器

12 件。计有剑 1、钺 1、矛 1、刻刀 1、削刀 1、箭镞 7。

剑　1 件。M38：4，柳叶形，短茎，茎两端各有一个穿孔，其中近端处者居中，近

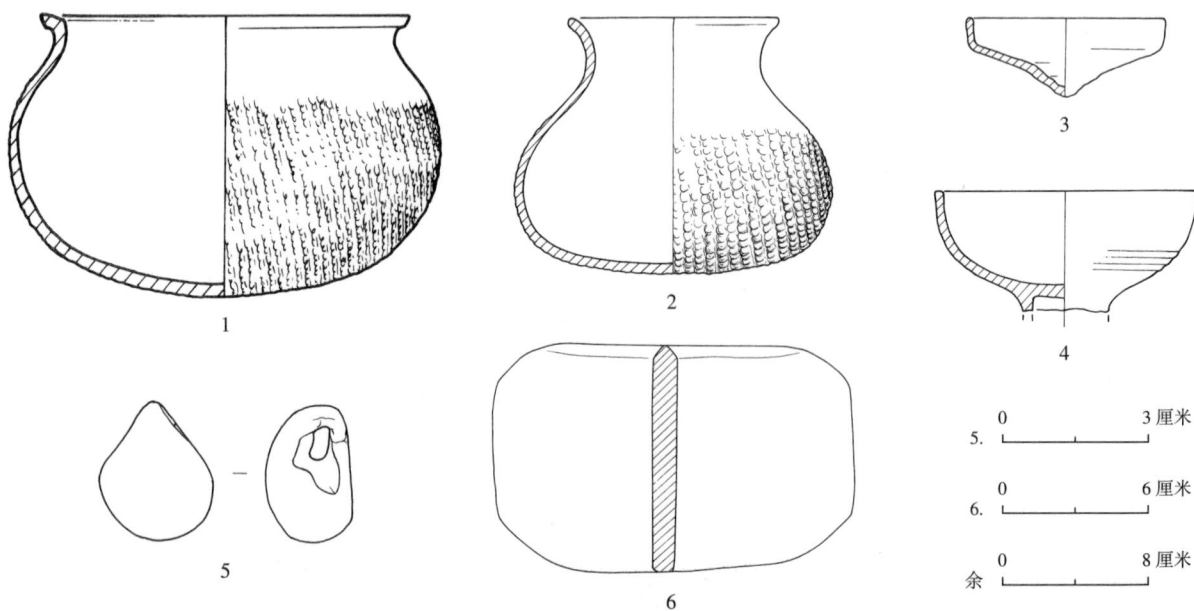

图一八二　M38 出土器物

1. 陶釜（M38：9）　2. 陶圜底罐（M38：10）　3. 陶尖底盏（M38：8）　4. 陶豆（M38：19）　5. 石挂饰（M38：11）　6. 磨石（M38：12、14）

剑身者偏于脊的一侧。长 35.8、宽 3.7 厘米，茎长 7.5、宽 1.5~3 厘米（图一八三：1；图版七六：3）。

　　铖　1 件。M38：1，椭圆形銎口，束腰，圆弧刃。銎口处有一周凸棱，下有三角形符号。通长 9.2、刃宽 5.5 厘米，銎口径 3.6、宽 1.9 厘米（图一八三：3；图版七六：4）。

　　矛　1 件。M38：2，短骹，宽叶，双弓形耳，圆形骹口。一面刻有手心花蒂纹饰。通

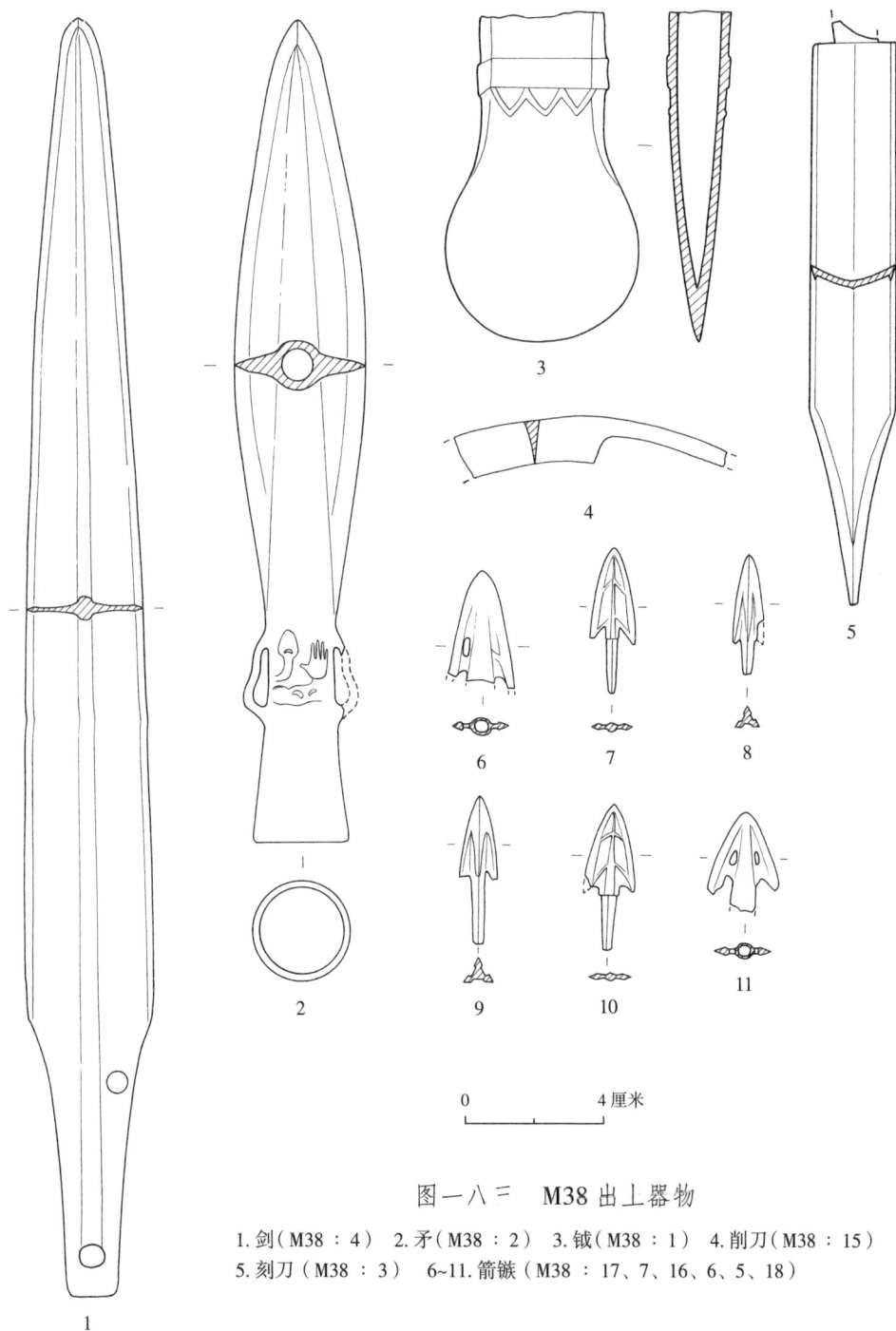

図一八三　M38 出土器物

1. 剑（M38：4）　2. 矛（M38：2）　3. 铖（M38：1）　4. 削刀（M38：15）
5. 刻刀（M38：3）　6~11. 箭镞（M38：17、7、16、6、5、18）

长 23、叶宽 3.8 厘米，骹长 6、径 2.9 厘米（图一八三：2；图版七六：5）。

刻刀 1 件。M38：3，圭形体，锋部呈等腰三角形，背部微隆起脊，后部内凹，剖面略呈弧形。素面。长 16.4、宽 2.4、厚 0.2 厘米（图一八三：5；图版七六：6）。

削刀 1 件。M38：15，长直柄，凹刃。长 8、刃宽 1.4 厘米（图一八三：4）。

箭镞 7 件。出土时周边木质痕迹明显，可能系包裹物残痕。依据形制的不同可分为三种类型。

第一种 3 件。形制相似。体呈三角形，双翼，长实铤。镞身中脊隆起，两面各有四个凹槽，双翼展开呈倒刺状，铤呈菱形锥状。M38：5，一翼残。长 4.1、宽 1.6 厘米（图一八三：10）。M38：7，一翼残。长 4.1、宽 1.4 厘米（图一八三：7）。M38：13，残损严重。

第二种 2 件。形制相似。扁平状三角形，空铤，双翼。M38：17，一翼镂空，铤部残。长 3.3、宽 2 厘米（图一八三：6）。M38：18，双翼镂空。长 2.8、宽 2.2 厘米（图一八三：11）。

第三种 2 件。形制相似。体呈三棱形，无翼，长铤。M38：6，长 4.2、宽 1.1 厘米（图一八三：9）。M38：16，铤部残。长 3.3、宽 0.8 厘米（图一八三：8）。

3. 玉石器

2 件。计有挂饰 1、磨石 1。

挂饰 1 件。M38：11，体呈不规则三角形，石料选自天然彩色纹卵石，顶端采用两边加工钻磨形形成一圆孔。长 2.8、宽 2.5 厘米（图一八二：5；图版七八：7）。

磨石 1 件。M38：12，与 M38：14 合并，砂石制成，平面呈圆角长方形。长 15.2、宽 9、厚 1 厘米（图一八二：6）。

三五　M39

位于 99T2 的东部，开口于④层下，被 99H2 打破。

（一）墓葬形制

长方形竖穴土坑墓，南部略宽于北部，方向 180°，墓壁较直，墓底北低南高。长 285、宽 60~72、深 28~36 厘米（图一八四；图版七七：1）。填土为黄褐色沙土。

（二）葬式葬具

未发现葬具，亦未发现葬具朽痕。墓中人骨架腐朽严重，基本不存，仅存一节上肢骨，性别、年龄不详，头向、面向、葬式不明。

（三）随葬品

随葬品 9 件。主要为陶器，包括陶圜底罐 2、陶釜 2、陶豆 1、陶钵 1、陶纺轮 1、陶尖底盏 1、磨石 1。所有陶器均置于墓室北端，磨石置于墓室南部。

1. 陶器

8 件。计有圜底罐 2、釜 2、豆 1、钵 1、纺轮 1、尖底盏 1（图版七七：2）。

圜底罐 2 件。形制相似。M39：1，夹砂红褐陶，圆唇，喇叭口，束颈，溜肩，圆鼓腹。

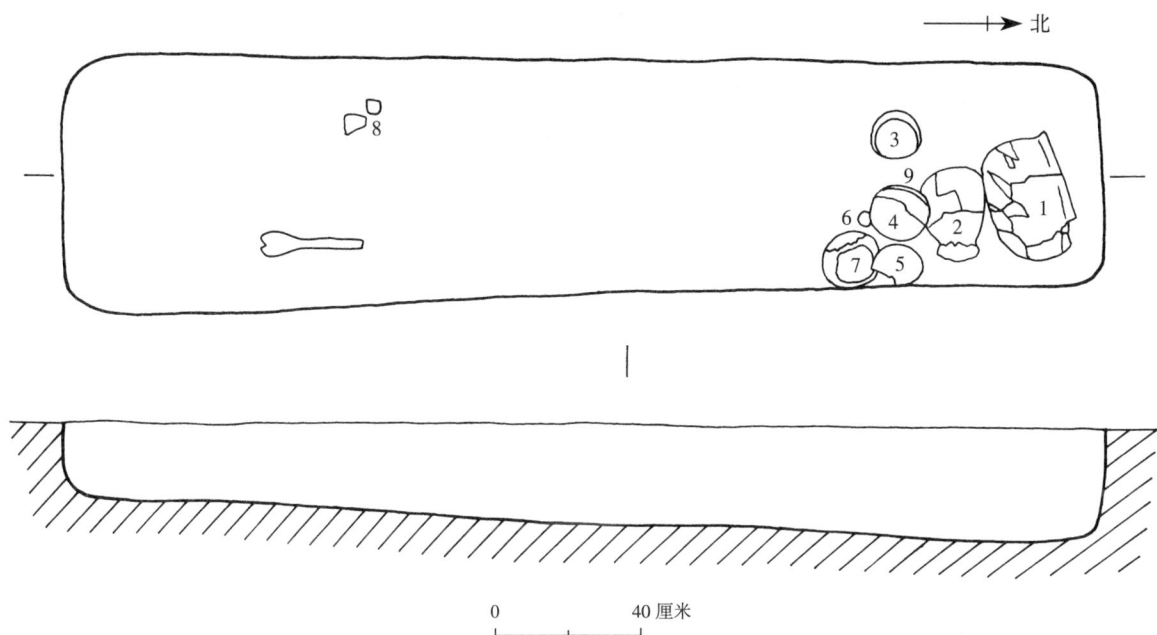

图一八四　M39 平、剖面图

1、2.陶圜底罐　3.陶钵　4、7.陶釜　5.陶豆　6.陶纺轮　8.磨石　9.陶尖底盏

肩部以下饰交错粗绳纹。口径 12.8、腹径 14.4、通高 15.2 厘米（图一八五：4；图版七八：1）。M39：2，夹砂褐陶，圆唇，喇叭口，束颈，溜肩，圆鼓腹略垂，圜底。口下部遍饰交错细绳纹。口径 15、腹径 20.4、通高 19 厘米（图一八五：3；图版七八：2）。

釜　2 件。依据形制的不同可分为两种类型。

第一种　1 件。M39：7，夹砂红陶，尖圆唇，斜沿，溜肩，圆鼓腹，圜底。肩部以下饰竖向粗绳纹。口径 22、腹径 27.6、通高 17.6 厘米（图一八五：1；图版七八：3）。

第二种　1 件。M39：4。泥质褐陶，方唇，窄斜沿，溜肩，鼓腹，圜底。手制。口径 12.8、通高 9 厘米（图一八五：2；图版七八：4）。

钵　1 件。M39：3，夹砂灰褐陶，方唇，直口，扁腹，圜底。腹下部及底饰粗绳纹。口径 11.6、通高 5 厘米（图一八五：6；图版七八：5）。

豆　1 件。M39：5，泥质灰陶，方唇，直口，深腹，中柄，喇叭形圈足。器内可见明显的轮制痕迹，火候较高。口径 14.4、底径 10.6、通高 11 厘米（图一八五：9；图版七八：6）。

尖底盏　1 件。M39：9，夹砂红陶，尖唇，直口，折腹较浅。手制。口径 12、通高 4.5 厘米（图一八五：7；图版七七：7）。

纺轮　1 件。M39：6，泥质黑陶，体呈圆形。尚有三周弦纹。直径 4、孔径 0.6、通高 1.6 厘米（图一八五：8）。

2. 石器

1 件。计有磨石 1。

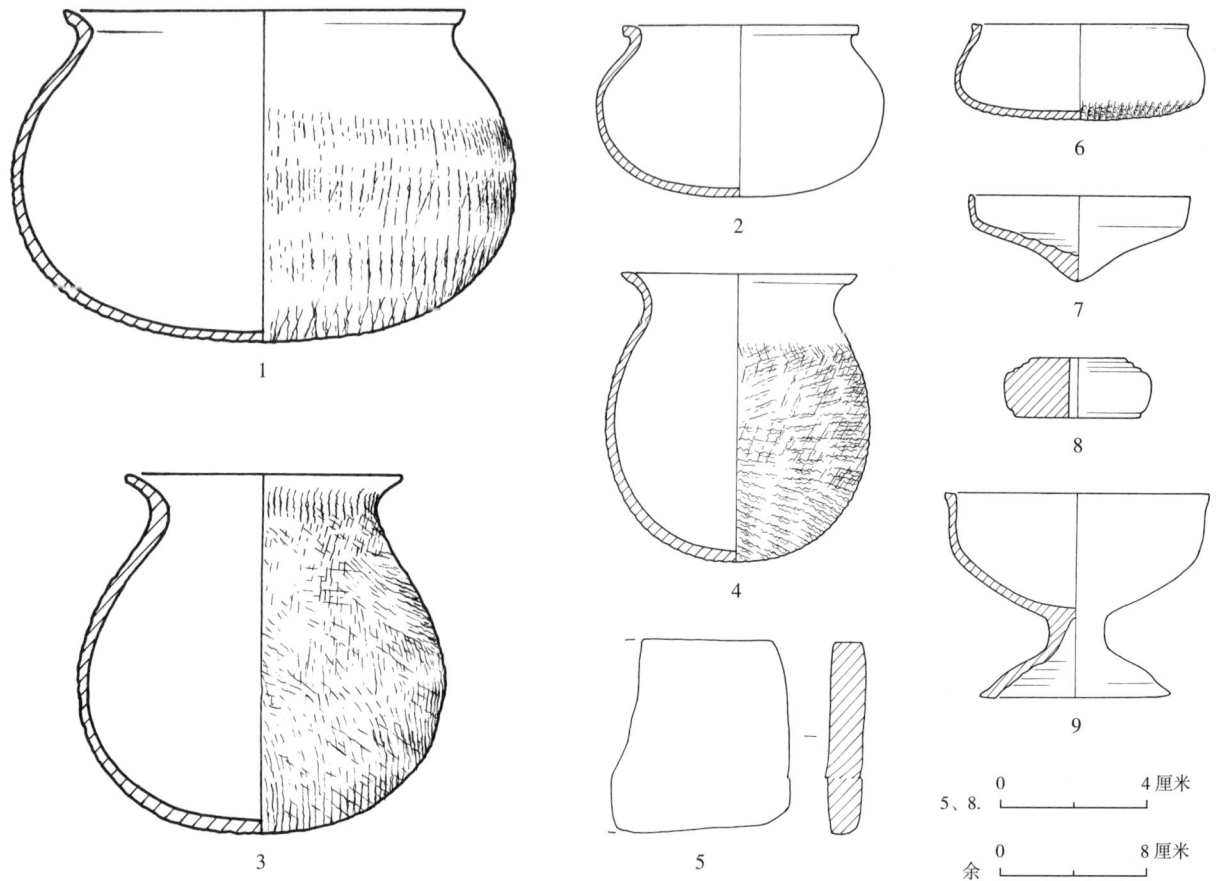

图一八五　M39 出土器物

1、2.陶釜(M39：7、4)　3、4.陶圜底罐(M39：2、1)　5.磨石(M39：8)　6.陶钵(M39：3)　7.陶尖底盏(M39：9)　8.陶纺轮(M39：6)
9.陶豆(M39：5)

磨石　1件。M39：8，残断，体呈长方形，为褐色砂石制成。残长5、宽5.3、厚1厘米（图
一八五：5）。

三六　M40

位于 T5829 的中部，部分叠压于该探方的北隔梁下，开口于①层下。

（二）墓葬形制

长方形竖穴土坑墓。方向 170°，墓壁较直，墓底高低不平，南部高于北部。长 416、宽
92~108、深 60~80 厘米（图一八六；图版七九：1）。填土为黄褐色沙土，土质较硬，包含
有少量的动物骨骼、木炭和陶片。

（二）葬式葬具

长方形木棺，腐朽较为严重，构造不清。长 400、宽 100、高 20、厚 2 厘米。棺内人骨
架保存极差，从痕迹上判断，墓主人为仰身直肢葬，头向南，面向右，性别、年龄不详。

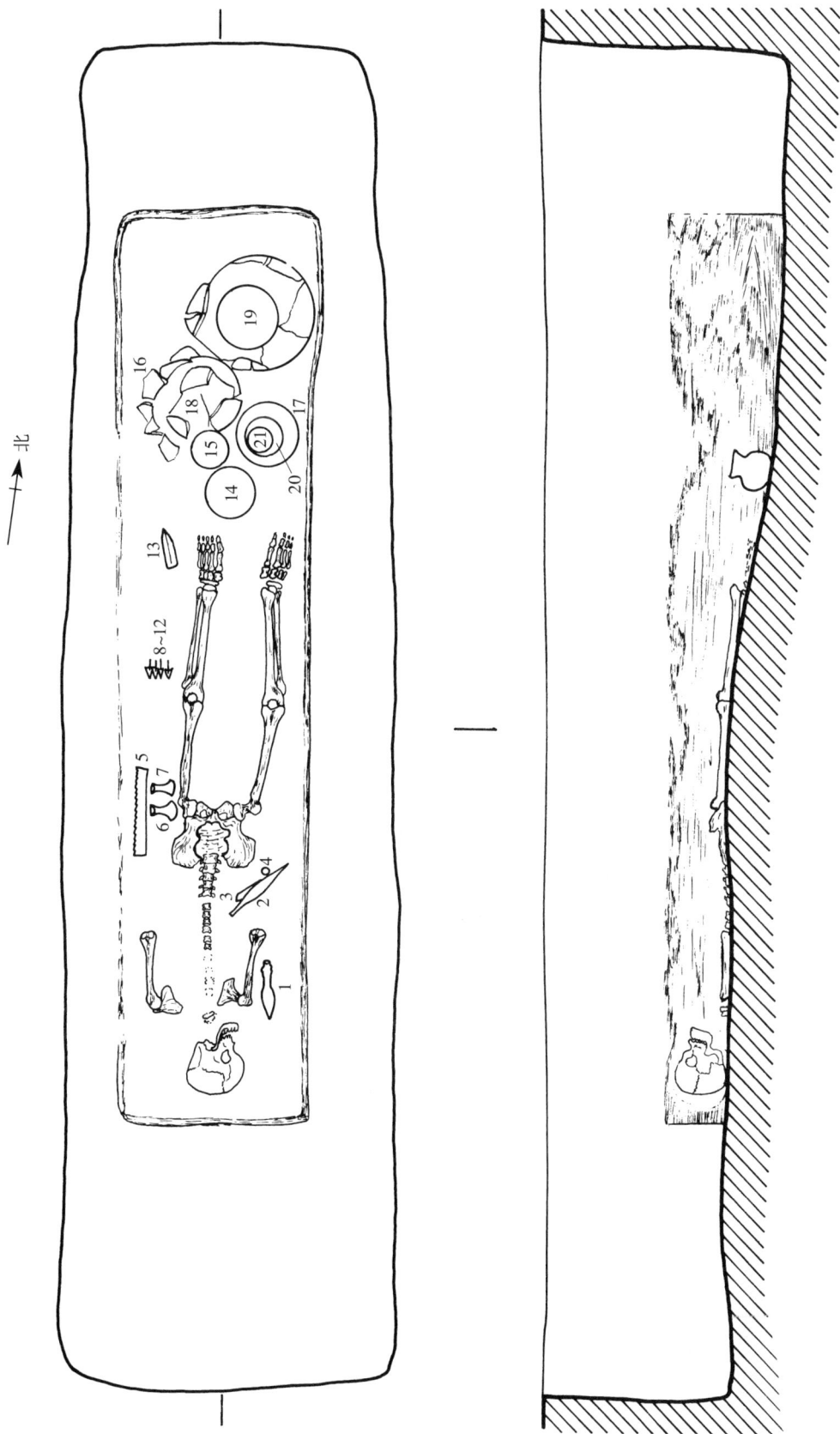

图一八六　M40 平、剖面图

1. 铜矛　2. 铜剑　3. 铜削刀　4、23、24. 珠　5. 铜锯　6、7. 铜铰　8~12. 铜箭镞　13. 铜刻刀　14、16、17、22. 陶豆　15、18、20、21. 陶釜　19. 陶平底罐

（三）随葬品

随葬品 24 件。主要是铜器和陶器，包括陶平底罐 1、陶釜 4、陶豆 4、铜矛 1、铜剑 1、铜钺 2、铜削刀 1、铜刻刀 1、铜锯 1、铜箭镞 5、珠 3。所有陶器均出土于棺内，其中铜矛置于墓主人右上肢骨右侧，铜剑和铜削刀置于墓主人腰间，铜钺和铜锯置于墓主人腰部左侧，箭镞置于左侧下肢骨旁，刻刀置于左踝骨处，陶器均置于脚下。

1. 陶器

9 件。计有平底罐 1、釜 4、豆 4（图版七九：2）。

平底罐 1 件。M40：19，夹砂红褐陶，圆唇，侈口，束颈，肩部微鼓，下腹斜直，平底。肩部及其腹部遍饰纵向绳纹。口径 26.6、腹最大径 27、底径 11.5、通高 23 厘米（图一八七：1；图版八〇：1）。

釜 4 件。依据形制的不同可分为两种类型。

第一种 2 件。形制相似。方唇，斜折沿，短束颈，鼓腹，圜底。M40：15，夹砂灰陶。颈部以下遍饰纵向绳纹。口径 20.6、腹最大径 23.4、通高 13.6 厘米（图一八七：5；图版八〇：2）。M40：20，残，夹砂黑褐陶。肩部以下饰粗绳纹。口径 12、残高 4 厘米。

第二种 2 件。形制相似。尖唇，斜折沿，矮领，折肩，扁弧腹，最大径在肩部，圜底。M40：18，夹砂黑褐陶。腹部饰有梳刷纹。口径 16.4、腹最大径 17.6、通高 7.8 厘米（图一八七：2；图版八〇：3）。M40：21，夹砂黑褐陶。腹部饰有梳刷纹。口径 16、腹最大径 17.4、通高 7.6 厘米（图一八七：3；图版八〇：4）。

豆 4 件。依据形制的不同可分为三种类型。

第一种 1 件。斜直腹，最大径在肩部。M40：14，夹砂红胎黑皮陶，圆唇，直口，深盘，盘以下残。沿下饰一周凹弦纹。口径 15.6、盘深 5、残高 5.3 厘米（图一八七：8）。

第二种 3 件。弧腹。M40：16，夹砂灰陶，形状不甚规整，圆唇，敛口，深盘，矮柄，圈足。沿下饰两周凹弦纹。口径 14.8、盘深 6、底径 7.8、通高 7.4 厘米（图一八七：4；图版八〇：5）。M40：17，夹砂红褐陶，尖唇，侈口，沿略卷，深盘，矮柄，圈足。沿下饰一周凹弦纹。口径 15、盘深 5、底径 9.2、通高 7 厘米（图一八七：7；图版八一：1）。M40：22，夹砂红胎黑皮陶，方唇，直口，深盘，矮柄，圈足。沿下饰两周凹弦纹。口径 15.3、盘深 5、底径 8、通高 6.8 厘米（图一八七：6；图版八一：2）。

2. 铜器

12 件。计有矛 1、剑 1、钺 2、削刀 1、刻刀 1、锯 1、箭镞 5。

矛 1 件。M40：1，短骹，圆形骹口，弧刃，两弓形耳附于叶下端。骹上一面饰手心花蒂纹和巴蜀符号，另一面饰有一虎纹。通长 20.1、叶宽 3.3 厘米，骹长 6、直径 2.4 厘米（图一八八：5，图一八九：2；图版八一：3）。

剑 1 件。M40：2，柳叶形，短细茎，脊微隆，茎上下两端各有一圆形穿孔，身柄分界较为明显。剑身下部两面均铸刻有纹饰，一面为三角形纹、两人（身部为手心纹）合围一花蒂；另一面上部为一披头散发的人形，其左右两侧各有一"L"纹相对，其下为两组巴蜀符号。

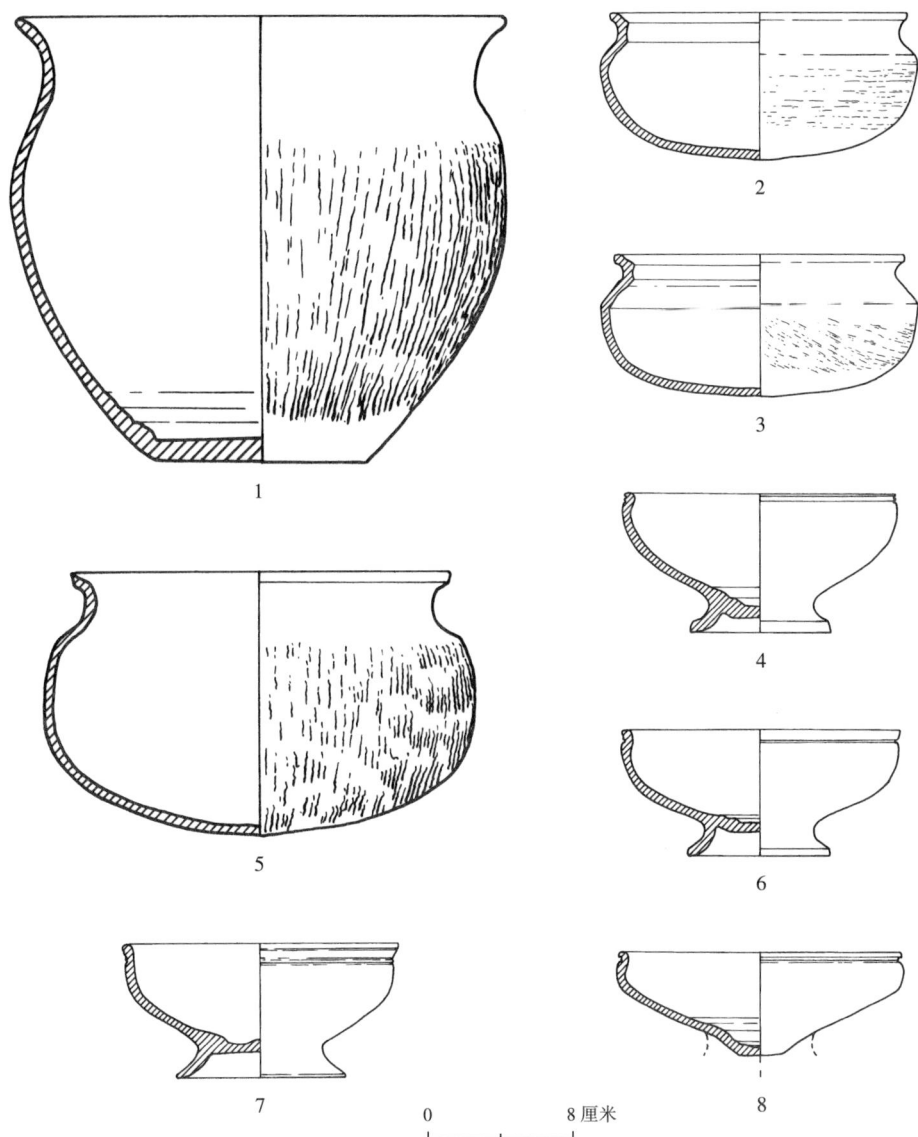

图一八七　M40 出土陶器

1.平底罐（M40：19）　2、3.釜（M40：18、21）　4.豆（M40：16）　5.釜（M40：15）　6~8.豆（M40：22、17、14）

通长 35、宽 3.8 厘米，茎长 7、宽 1.3~3 厘米，孔径 0.6 厘米（图一八八：1，图一八九：1；图版八一：4、5）。

钺　2 件。依据形制的不同可分为两种类型。

第一种　1 件。M40：7，椭圆形銎（内有木柄痕迹），无肩，束腰，弧刃。銎外饰两道凸棱。体长 10.4、刃宽 7 厘米，銎口长径 4.8、短径 2.9 厘米（图一八八：3；图版八二：1）。

第二种　1 件。M40：6，平面呈亚腰形，椭圆形銎（内有木柄痕迹），平肩，腰微束，弧刃。体长 10.2、刃宽 5.5 厘米，銎口长径 3.7、短径 3 厘米（图一八八：4；图版八二：2）。

削刀　1 件。M40：3，椭圆形圜首和长直柄分铸后扣合而成，直刃，柄与刃部的剖面

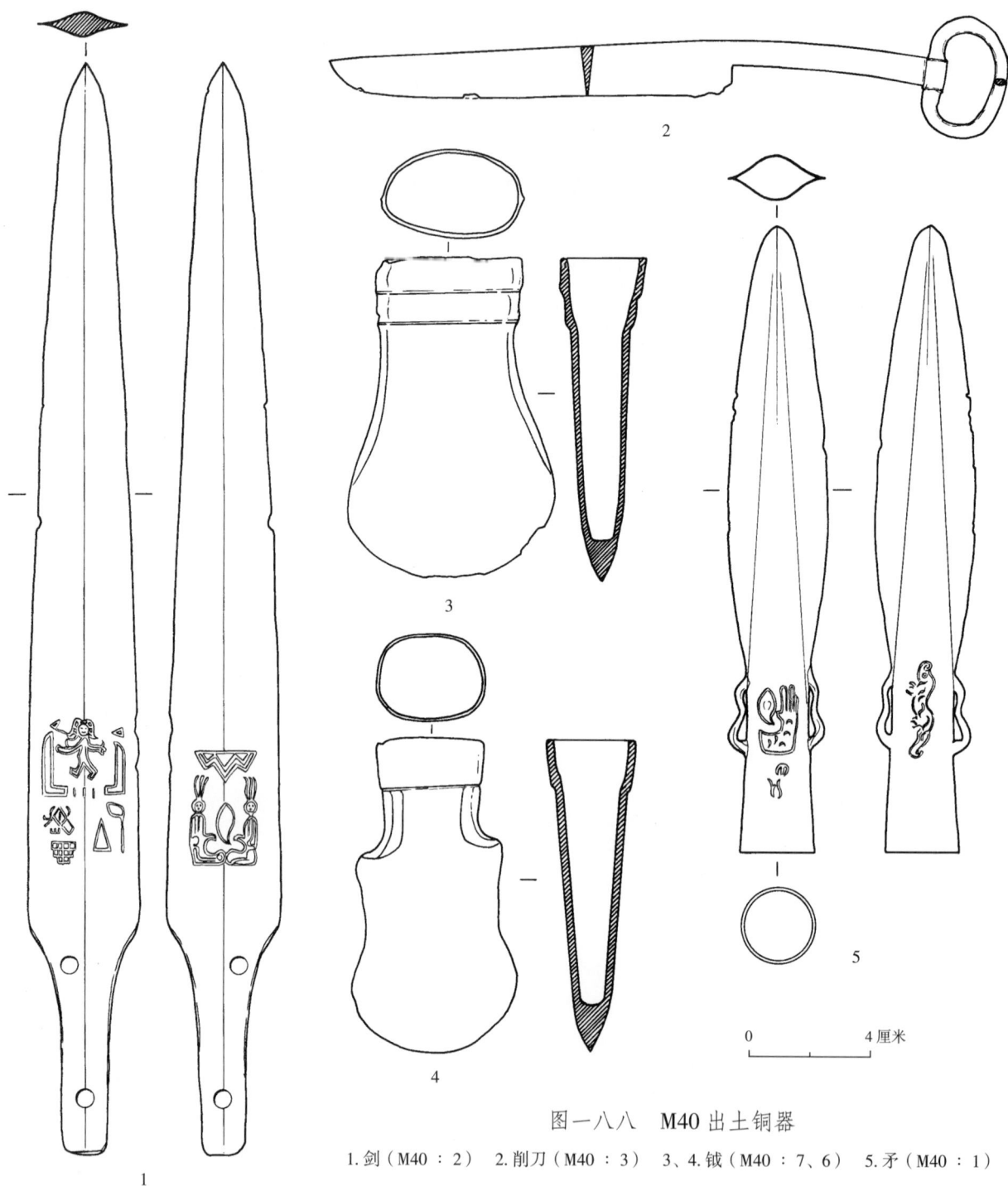

图一八八　M40 出土铜器

1.剑（M40：2）　2.削刀（M40：3）　3、4.钺（M40：7、6）　5.矛（M40：1）

呈楔形。素面。通长 22.5、刃宽 1.8 厘米，圜首长径 4、短径 2.6 厘米，柄长 6.2、宽 1 厘米（图
一八八：2；图版八二：3）。

　　刻刀　1 件。M40：13，出土时背部有木质痕迹，残，圭形体，锋部呈等腰三角形，背
部微隆起脊，后部内凹，剖面略呈弧形。长 13、宽 0.6~2.6、厚 0.2 厘米。

　　锯　1 件。M40：5，出土时周边有木质痕迹，可能系木匣。残断，体呈长方形，单面齿，两侧各有一长方形穿。素面。长 23.3、宽 3.6 厘米。

箭镞　5 件。除 1 件残碎不明（M40：12），其余均可辨器形。三角形，双翼，长实铤，器身中脊隆起，两面各有四个凹槽，双翼展开呈倒刺状，铤呈菱形锥状。M40：11，通长 5、宽 1.8、铤长 3 厘米。M40：9，通长 4.2、宽 1.1、铤长 2.4 厘米。M40：10，通长 5、宽 1.1、铤长 2.5 厘米。M40：8，镞锋与铤残缺，残长 3.9、宽 2.7、铤长 3.3 厘米。

3. 珠

3 件。计有管珠 2、料珠 1。

管珠　2 件。浅绿色，圆柱形，中有一圆穿。M40：23，直径 0.7、孔径 0.4、通高 0.5 厘米。M40：24，直径 0.8、孔径 0.4、通高 0.6 厘米。

料珠　1 件。M40：4，扁球形，中有一圆穿，整体为绿色，上有 12 个深绿色凸点，其外均有一圈白色圆圈。通高 1.2、直径 1.5、孔径 0.7 厘米。

三七　M41

位于 T5628 的东北部，部分叠压于该探方的北隔梁下，开口于①层下，上部被 H52 打破，打破 M45。

（一）墓葬形制

长方形竖穴土坑墓，方向 180°，墓壁较直，墓底较平。长 274、宽 80、深 60 厘米（图一九〇；图版八三：1）。填土为黄褐色沙土，土质较硬，包含有少量的动物骨骼、木炭和陶片。

图一八九　M40 出土铜剑、铜矛拓片

1. 剑（M40：2）　2. 矛（M40：1）

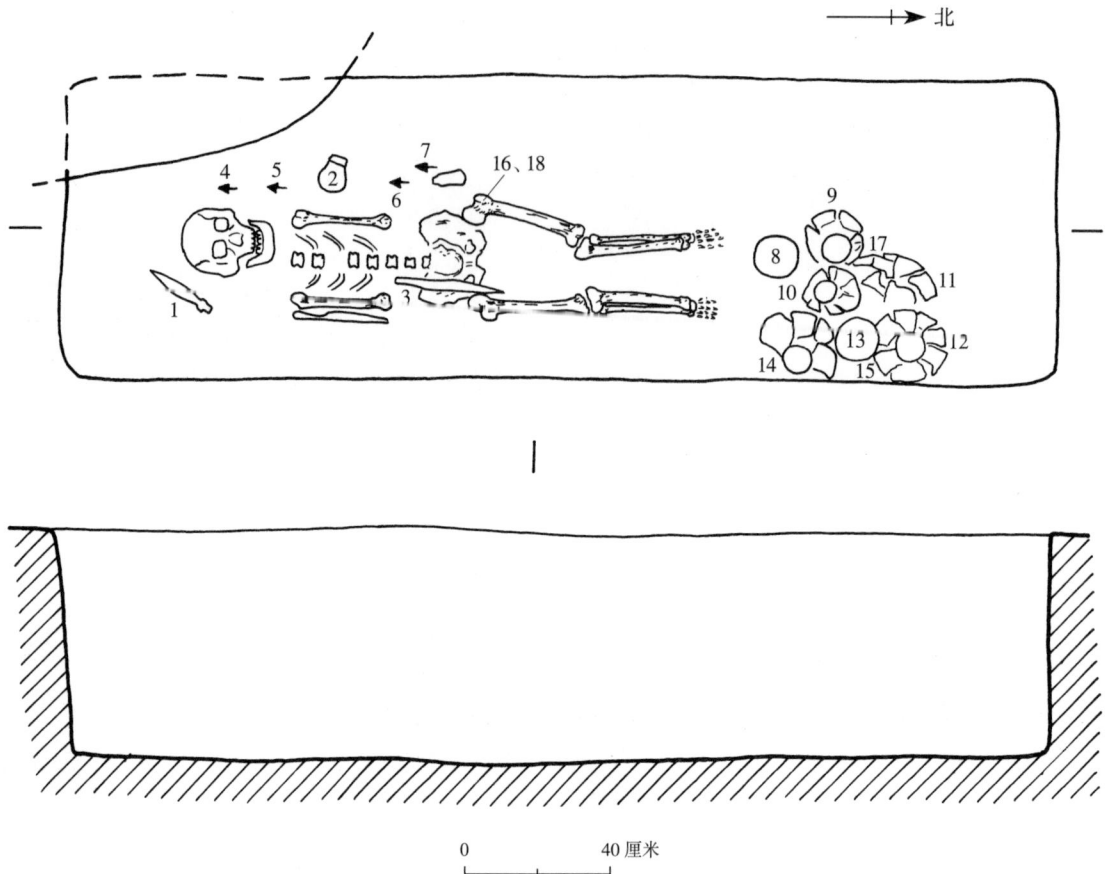

图一九〇　M41 平、剖面图

1.铜矛　2.铜钺　3.铜剑　4~7、16、18.铜箭镞　8.铜刻刀　9~11、17.陶豆　12.陶圈底罐　13、15.陶釜　14.陶尖底盏

（二）葬式葬具

未发现葬具，亦未发现葬具朽痕。墓中人骨架保存较差，墓主人为仰身直肢葬，头向南，面向上，年龄、性别不详。

（三）随葬品

随葬品18件。包括陶豆4、陶釜2、陶圈底罐1、陶尖底盏1、铜矛1、铜钺1、铜剑1、铜刻刀1、铜箭镞6。铜矛置于墓主人头骨左侧，剑和钺、刻刀、箭镞分置于左右手处，陶器均放置于墓主人脚下（图版八三：2）。

1.陶器

8件。计有豆4、釜2、圈底罐1、尖底盏1（图版八四：1）。

豆　4件。依据形制的不同可分为两种类型。

第一种　3件。形制相似。方唇，直口微敛，深盘，矮柄。M41：11，夹砂灰褐陶，沿下有一周凹弦纹。口径12.8、盘深4.4、底径7.5、通高7厘米（图一九一：2；图版八四：2）。M41：17，夹砂灰褐陶，圈足残。沿下有一周凹弦纹。口径12.6、盘深4.5、残高5厘米（图

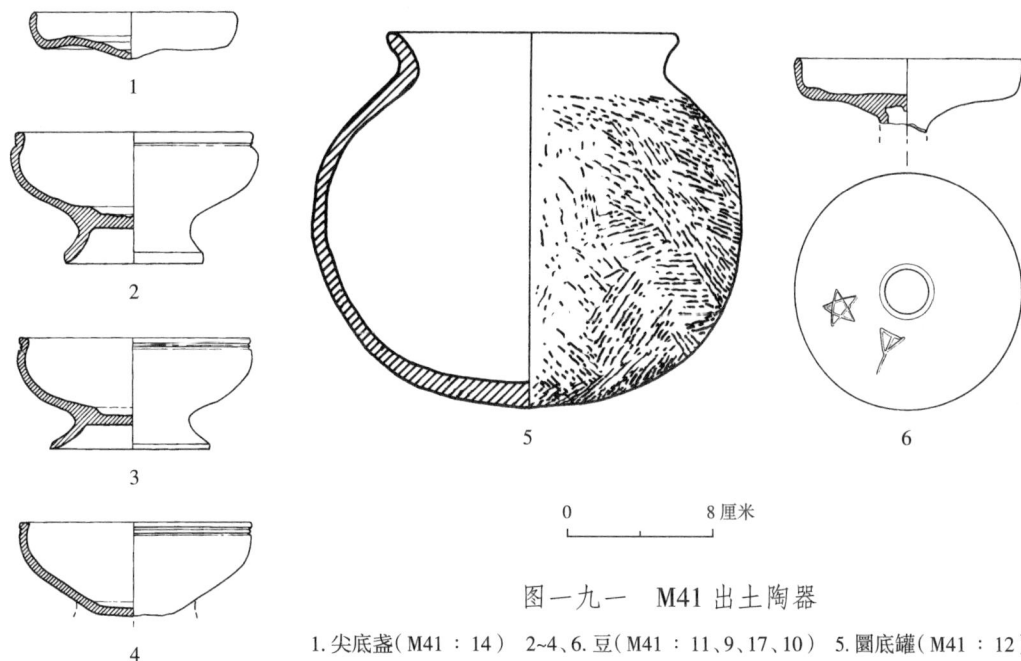

图一九一　M41 出土陶器

1.尖底盏（M41∶14）　2~4、6.豆（M41∶11、9、17、10）　5.圜底罐（M41∶12）

一九一∶4）。M41∶9，夹砂黑褐陶。沿下有两周凹弦纹。口径 12.6、盘深 4.2、底径 8.6、通高 6 厘米（图一九一∶3）。

第二种　1件。M41∶10，夹砂红胎黑皮陶，制作不规整，圆唇，直口，浅盘，柄以下残。盘底部刻划有"五角星"和"竖线三角形"纹。口径 12.4、盘深 2、残高 3.5 厘米（图一九一∶6）。

圜底罐　1件。M41∶12，夹砂红陶，圆唇，侈口，束颈，球形腹，圜底。颈部以下饰纵向绳纹。口径 16、通高 20、最大径 23.2 厘米（图一九一∶5；图版八四∶3）。

尖底盏　1件。M41∶14，夹砂红褐陶，圆唇，直口，腹部近平直，尖底呈钮状。口径 11.2、通高 2.4 厘米（图一九一∶1；图版八五∶1）。

釜　2件。M41∶13 和 M41∶15，均残损严重。夹砂红胎黑衣陶，方唇，斜折沿，形制不清。

2. 铜器

10 件。计有矛 1、钺 1、剑 1、刻刀 1、箭镞 6。

矛　1件。M41∶1，残损严重，弧刃，短骹，骹部两侧有两弓形耳。骹上一侧饰手心花蒂纹，另一侧饰有虎纹。通长 20、叶宽 3.2 厘米，骹长 7、直径 2.4 厘米。

钺　1件。M41∶2，体呈舌形，弧刃，无肩，圆角长方形銎，外饰两周凸弦纹，其上一侧饰连续的三角形纹。体长 10、刃宽 6.8 厘米，銎口长径 4，短径 2.5 厘米（图一九二∶3；图版八五∶2）。

剑　1件。M41∶3，残断。柳叶形，短茎，隆脊。茎上下两端各有一个穿孔，其中近端处者居中，近剑身者偏于脊的一侧。剑身与茎之间的脊部有一道凹槽。剑身两面均铸出虎

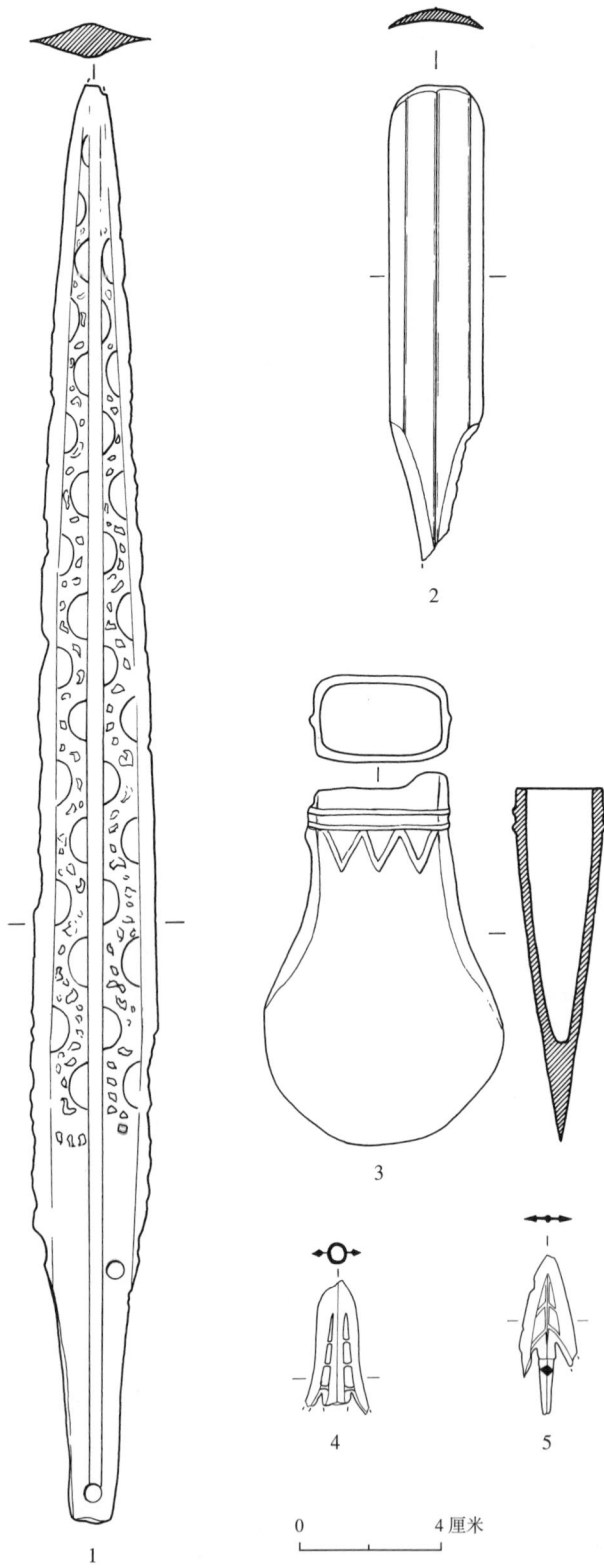

图一九二　M41 出土铜器

1. 剑（M41：3）　2. 刻刀（M41：8）　3. 钺（M41：2）　4、5. 箭镞（M41：6、16）

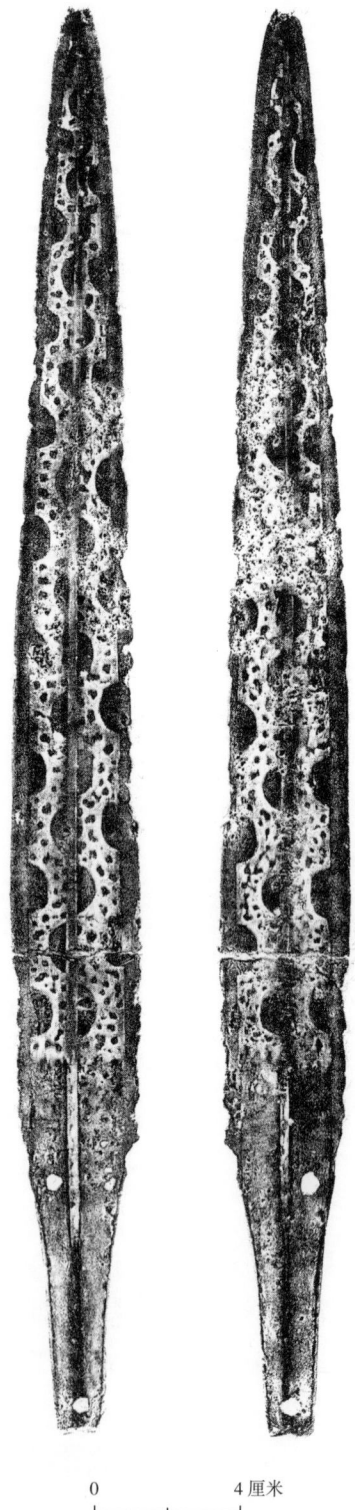

图一九三　M41 出土铜剑拓片

（M41：3）

斑纹。通长 38.6、宽 3.4 厘米，茎长 7.1、宽 1.3~3.4 厘米，孔径 0.6 厘米（图一九二：1；图一九三；图版八五：3）。

刻刀　1 件。M41：8，圭形体，锋部呈等腰三角形，背部微隆起脊，后部内凹，剖面略呈弧形。素面。锋尖略残。长 12.5、宽 2.7、厚 0.4 厘米（图一九二：2；图版八五：4）。

箭镞　6 件。可分为两种类型。

第一种　5 件。三角形，双翼，长实铤。镞身中脊隆起，两面各有四个凹槽，双翼展开呈倒刺状，铤呈菱形锥状。M41：16，两翼尾部略残。长 4.2、宽 1.7 厘米，铤长 1.4、宽 0.4 厘米（图一九二：5）。M41：18，长 3.8、宽 1.9 厘米，铤长 1.7、宽 0.6 厘米。M41：7，镞断裂，锋与一翼皆残。残长 4.2、残宽 1.6 厘米，铤长 3.1、宽 0.8 厘米。M41：4 和M41：5，残损严重。

第二种　1 件。M41：6，镞身略呈三角形，较长，两翼外撇，镞身中脊隆起，两面各有六个凹槽，空铤，较短。长 3.6、宽 1.7 厘米（图一九二：4）。

三八　M42

位于 T5729 的西南部，部分叠压于该探方的南壁下，开口于①层下。

（一）墓葬形制

不规则长方形竖穴土坑墓，方向 180°。北窄南宽，墓壁较直，墓底较平。长 372、宽 60~100、深 50 厘米（图一九四；图版八六：1）。填土为黄褐色沙土，土质较硬，包含有极

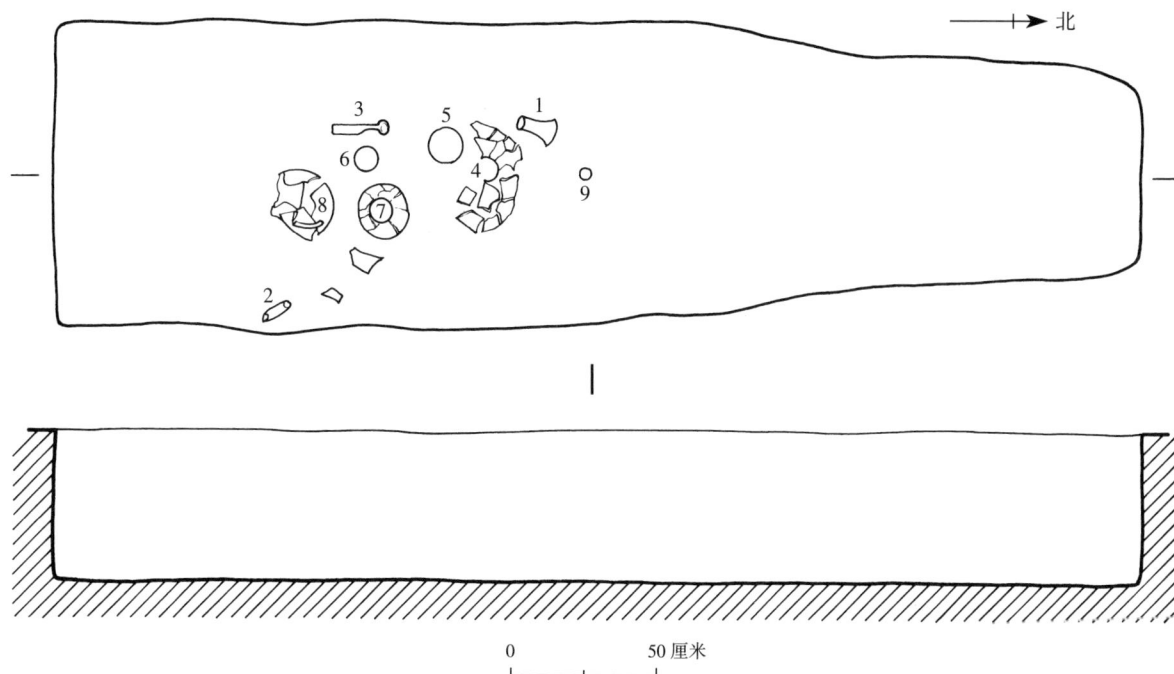

图一九四　M42 平、剖面图

1.铜钺　2.陶网坠　3.铜削刀　4.陶豆　5、6.陶钵　7、8.陶圜底罐　9.陶纺轮

少量的动物骨骼、木炭和陶片。

　　（二）葬式葬具

　　未发现葬具，亦未发现葬具朽痕，墓中人骨架腐朽无存，性别、年龄不详，头向、面向、葬式不明。

　　（三）随葬品

　　随葬品9件。主要是陶器。包括陶钵2、陶圜底罐2、陶尖底盏1、陶网坠1、陶纺轮1、铜钺1、铜削刀1。所有出土器物集中在墓室南端。

　　1. 陶器

　　7件。计有钵2、圜底罐2、尖底盏1、网坠1、纺轮1。

　　钵　2件。直口微侈，方唇，颈微束，弧肩，鼓腹，圜底。底部饰纵向绳纹。M42：5，夹细砂红褐陶。口径12.4、通高6.2、腹径14厘米（图一九五：3；图版八六：2）。M42：6，夹细砂灰褐陶。口径12.5、通高6.4、腹径14.2厘米（图一九五：2；图版八六：3）。

　　圜底罐　2件。依据形制的不同可分为两种类型。

　　第一种　1件。M42：7，夹砂灰褐陶，侈口，圆唇，长束颈，溜肩，球腹略扁，圜底。颈部以下遍饰竖向粗绳纹。口径11、通高16、腹径18厘米（图一九五：1；图版八六：4）。

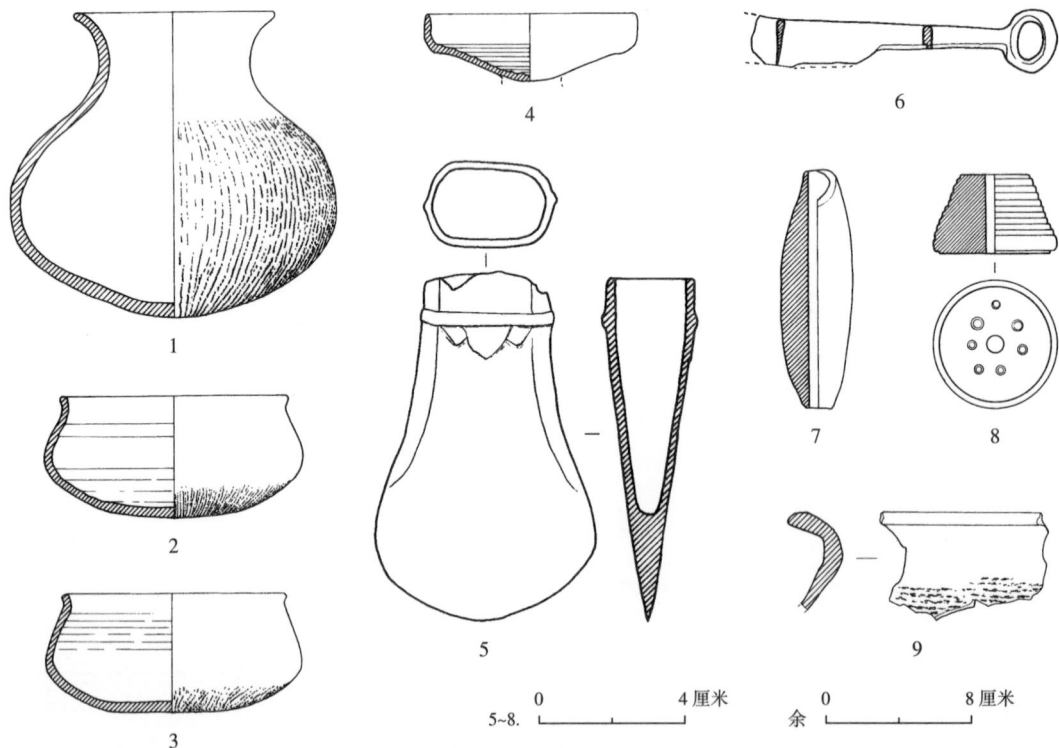

图一九五　M42 出土器物

1、9.陶圜底罐（M42：7、8）　2、3.陶钵（M42：6、5）　4.陶豆（M42：4）　5.铜钺（M42：1）　6.铜削刀（M42：3）　7.陶网坠（M42：2）　8.陶纺轮（M42：9）

第二种　1件。M42∶8，残。夹砂红褐陶，侈口，束颈。颈部以下饰横向细绳纹。残高 5.8 厘米（图一九五∶9）。

豆　1件。M42∶4，夹细砂灰褐陶，圆唇，直口微敛，腹部斜直，圈足残。口径 11.6、残高 3.7 厘米（图一九五∶4）。

纺轮　1件。M42∶9，夹细砂红褐陶，剖面呈等腰梯形，中有一圆形穿孔。轮身上部有数道凹弦纹，近底处有一道弦纹。底面围绕穿孔刻划有七个圆圈纹。直径 1.9~3.3、通高 2、孔径 0.5 厘米（图一九五∶8；图版八六∶5）。

网坠　1件。M42∶2，夹细砂灰褐陶，椭圆形，两端处有一穿孔。长 6.2、最大径 2、孔径 0.5 厘米（图一九五∶7）。

2. 铜器

2 件。计有钺 1、削刀 1。

钺　1件。M42∶1，舌形，弧刃，圆角长方形銎，无肩。剖面呈楔形。銎外有一周凸棱。长 9.5、刃宽 6.1 厘米，銎口长径 3.8、短径 2.5 厘米（图一九五∶5；图版八六∶6）。

削刀　1件。M42∶3，残，椭圆形圜首，长直柄，直刃，柄与刃部的剖面皆呈楔形，柄一侧有一凹槽。素面。残长 8.5、宽 1.3 厘米，圜首长径 1.8、短径 1.3 厘米（图一九五∶6）。

三九　M44

位于 T5829 的东部，部分叠压于该探方的东隔梁下，开口于①层下。

（一）墓葬形制

长方形竖穴土坑墓，方向 182°，墓壁较直，墓底较平。长 400、宽 120、深 125 厘米（图一九六；图版八七∶1）。填土为黄褐色沙土，土质较硬，包含有较多的动物骨骼残片、木炭和陶片。

（二）葬式葬具

在该墓室的东部暴露了一段长 162、宽 14 厘米的木质痕迹，可能存在木棺，但其具体的形制不清。墓中人骨架腐朽严重，从朽痕上判断墓主人呈仰身直肢葬，头向南，面向上，性别、年龄不详。同时在墓主人的东北部，有一具人骨架和墓主人脚下的陶器和青铜容器杂处在一起，其中下肢骨压在陶器和青铜容器下，且呈侧身屈肢葬，面向墓主人，推测可能是殉人（图版八七∶2）。性别、年龄不详。

（三）随葬品

随葬品 56 件。主要是铜器，包括陶豆 5、陶釜 4、陶圜底罐 1、陶瓮 1、陶器盖 1、铜矛 2、铜剑 3、铜削刀 1、铜锯 1、铜钺 3、铜斧 1、铜刻刀 1、铜箭镞 19、铜盆 1、铜釜甑 1、铜凿 2、铜戈 1、铜斤 1、骨器 1、磨石 2、珠 3、玉鱼 1。在墓主人头骨上部放置有铜盆、箭镞、铜戈等物，墓主人上身左侧放置有矛、刻刀、凿、骨器、钺、锯（可能有木匣）、斤等，铜器周边均可见木质痕迹，推测可能存在包裹物（图版八八∶1）；墓主人右侧放置有钺、刻刀；腰间佩一把青铜剑，其下放置有一把削刀，右下肢骨处放置有一件铜钺；殉人头骨上部放置

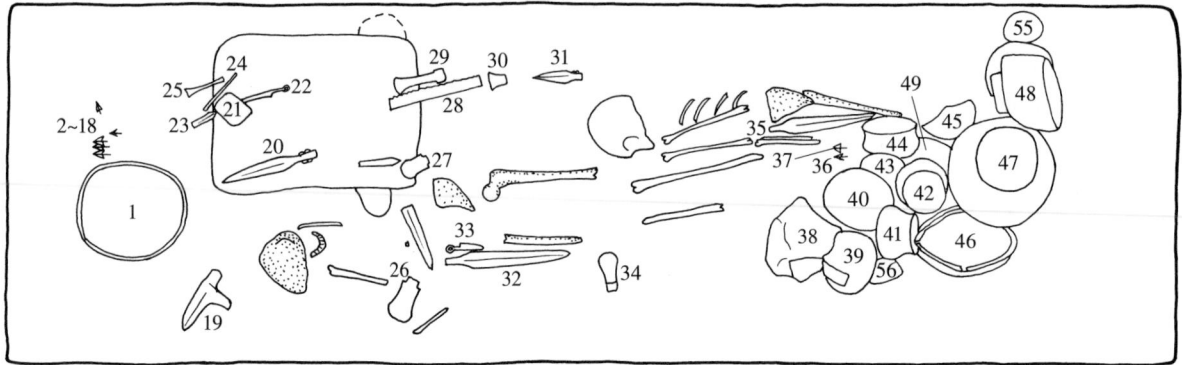

上层

下层

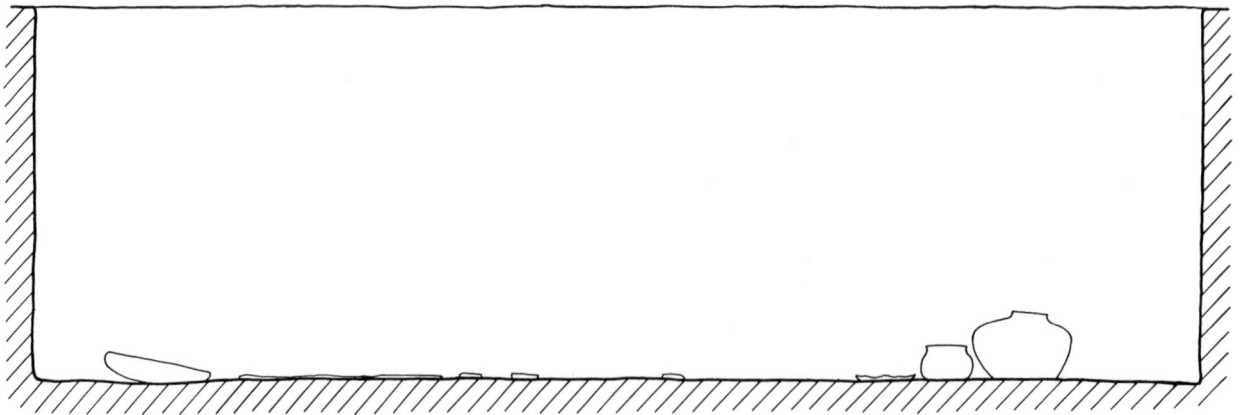

0　　　　50厘米

图一九六　M44 平、剖面图

1. 铜盆　2~18、36、37. 铜箭镞　19. 铜戈　20、31. 铜矛　21. 磨石　22、25. 铜凿　23. 铜刻刀　24. 骨器　26、27、34. 铜钺　28. 铜锯　29. 铜斤　30. 铜斧　32、35、52. 铜剑　33. 铜削刀　38、39、43、45、49. 陶豆　40、42、44、56. 陶釜　41. 陶圜底罐　46. 铜釜　47. 陶瓮　48. 铜釜甑　50、51、54. 珠　53. 玉鱼　55. 陶器盖

有铜钺、铜矛；腰间佩一把青铜剑，其旁放置有 2 枚箭镞。墓主人脚下放置有陶器和铜釜、铜釜甑等。同时墓主人背面放置有一把铜剑、玉鱼、陶珠等，其中玉鱼和陶珠可能系腰间装饰品。

1. 陶器

12 件。计有豆 5、釜 4、圜底罐 1、瓮 1、器盖 1（图版八八：2）。

釜　4 件。形制相似。M44：40，夹砂红胎黑皮陶，尖唇，斜沿，直口，溜肩，鼓腹，圜底。口径 16.4、通高 9.2 厘米（图一九七：2）。M44：44，夹细砂黑陶。腹部可见梳刷纹，口径 14.1、通高 7.8 厘米（图一九七：3）。M44：42，夹细砂黑灰陶。腹部可见梳刷纹，口径 15.4、通高 8.4 厘米（图一九七：5；图版八八：3）。M44：56，夹砂红胎黑皮陶，残甚，仅存圜底。

豆　5 件。均轮制，依据形制的不同可分为两种类型。

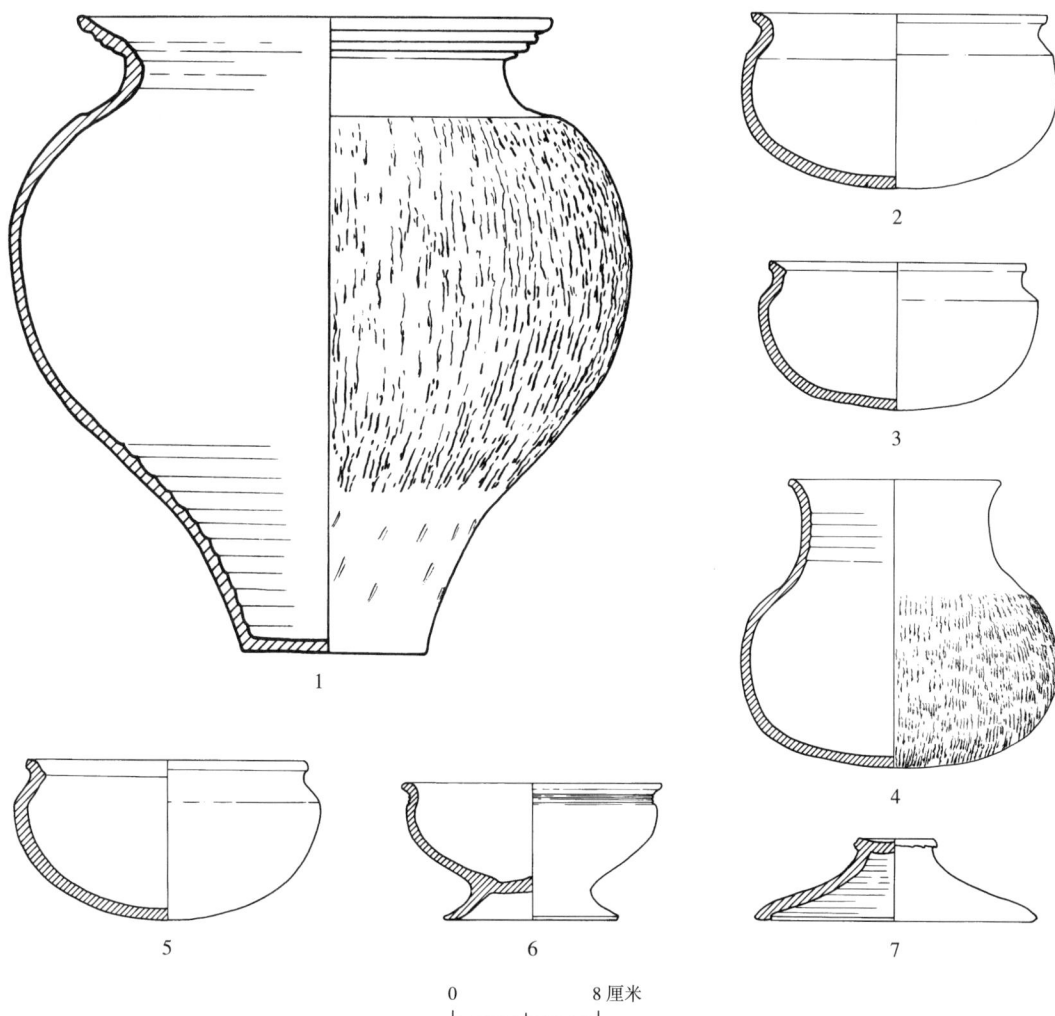

图一九七　M44 出土陶器

1. 瓮（M44：47）　　2、3、5. 釜（M44：40、44、42）　　4. 圜底罐（M44：41）　　6. 豆（M44：43）　　7. 器盖（M44：55）

第一种　2件。弧腹。M44：45，夹细砂灰褐陶，圆唇，卷沿，敛口，喇叭状圈足较大。沿下有一周凹弦纹。口径14.8、底径8.8、通高7.4厘米（图一九八：1；图版八八：4）。M44：43，夹细砂灰陶。圆唇，卷沿，侈口，喇叭状圈足较大。沿下有两周凹弦纹。口径14.2、底径9.4、通高7.2厘米（图一九七：6）。

第二种　3件。斜直腹。M44：39，夹砂红胎黑皮陶，方唇，口微敛，斜腹，圈足边缘内折。口下两周凹弦纹。口径14、底径6.8、通高7厘米（图一九八：3）。M44：49，夹细砂灰陶，圆唇，直口，喇叭状圈足。沿下有一周凹弦纹。口径15.3、底径7.8、通高6.8厘米（图一九八：2）。M44：38，夹砂灰褐陶，圆唇，卷沿，侈口，圈足残。口径15.4、残高6.8厘米（图一九八：4）。

器盖　1件。M44：55，夹细砂红胎黑皮陶，弧顶，纽形捉手。口径15.6、纽径4.5、通高4.2厘米（图一九七：7）。

圜底罐　1件。M44：41，夹细砂黑陶，圆唇，侈口，长颈，溜肩，圆鼓腹，圜底。肩部以下饰纵向绳纹。口径11.8、通高15.4厘米（图一九七：4；图版八九：1）。

瓮　1件。M44：47，圆唇，侈口，束颈，广肩，腹上部圆鼓，下腹斜直，小平底。肩

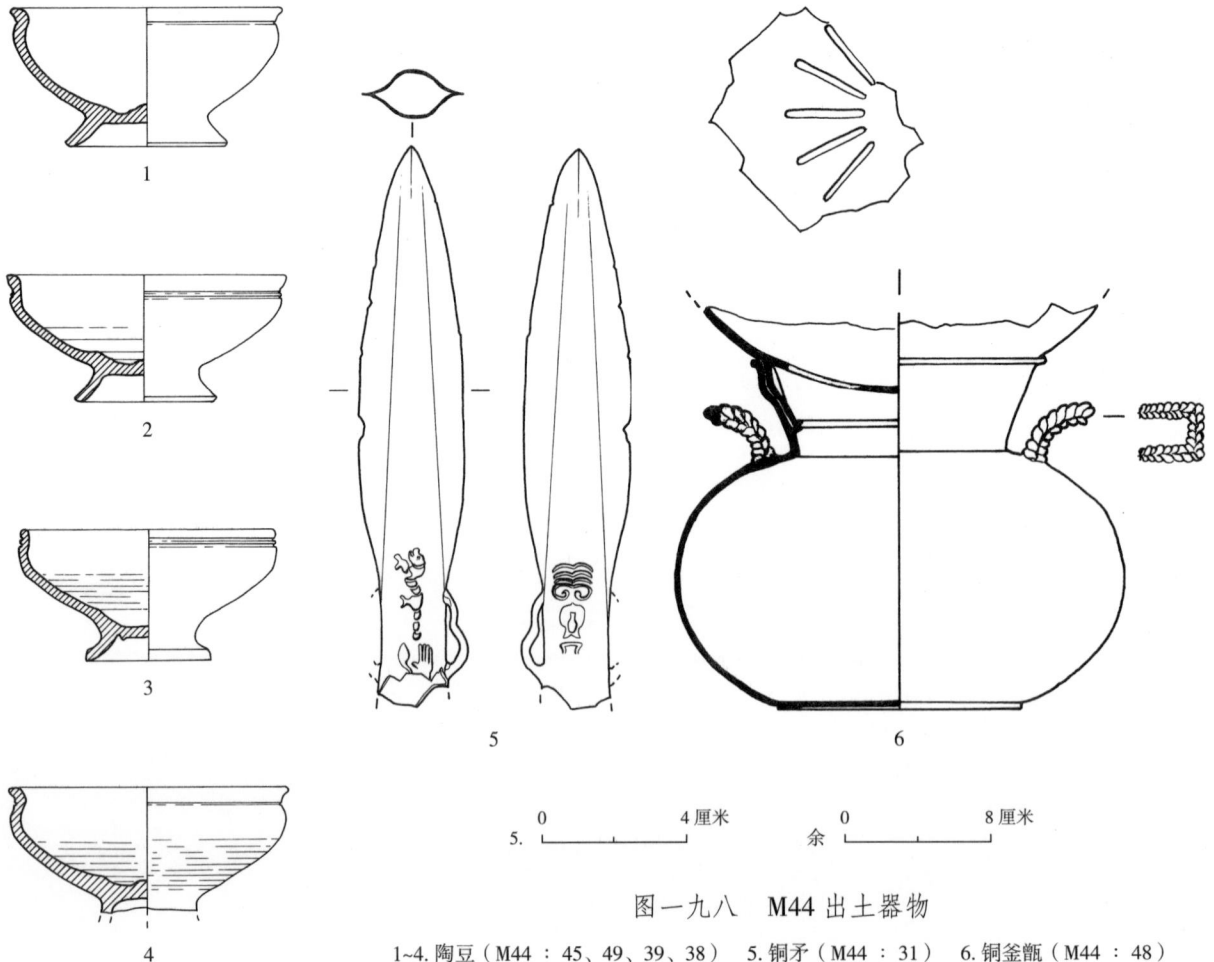

图一九八　M44 出土器物

1~4. 陶豆（M44：45、49、39、38）　5. 铜矛（M44：31）　6. 铜釜甑（M44：48）

部以下饰纵向绳纹。口径 26、底径 10.4、通高 33.8、最大腹径 34 厘米（图一九七：1；**图版八九：2**）。

2. 铜器

37 件。计有矛 2、剑 3、削刀 1、锯 1、钺 3、斧 1、刻刀 1、箭镞 19、盆 1、釜甑 1、凿 2、戈 1、斤 1。

盆　1 件。M44：1，出土时已破碎，为窄平沿，深腹。

釜　1 件。M44：46，宽斜沿，束颈，弧肩，鼓腹，圜底。口径 23.4、通高 14 厘米（图二○二：2）。

釜甑　1 件。M44：48，釜甑分体，甑部残，仅存底部，底凸起如圈足，甑底设有放射状长条形孔箅。釜为子母口，尖唇，高领，广肩，鼓腹，平底。肩部有两对称的辫索纹圜耳，底部有较厚的烟炱。底径 13.6、残高 21.4 厘米（图一九八：6；图版八九：3）。

戈　1 件。残断。M44：19，直援，中起脊，中长胡三穿，有阑，援近本处有一穿（处于虎口中），胡部残，长方形内，上有一圆穿。援本及内上饰有浮雕虎纹，其中援本的虎头为高浮雕，内上的虎身为阴刻。通长 25、援长 17.6、内长 7、内宽 4.2 厘米（图一九九：1；图二○一：1；图版八九：4）

矛　2 件。形制相似，仅大小不一。M44：20，残，短骹，宽叶，弧刃，骹部两侧有两弓形耳。叶部一侧铸有半月形纹四个。长 27.7、叶宽 4 厘米，骹残长 7.6、直径 3 厘米（图一九九：2）。M44：31，残。骹部一面有浮雕的虎纹和手心花蒂纹，另一面可见一组巴蜀符号或纹饰。残长 15、叶宽 3 厘米，骹残长 3、直径 2 厘米（图一九八：5）。

剑　3 件。依据形制的不同可分为两种类型。

第一种　2 件。形制相似。体呈柳叶形，身柄分界较为明显，短茎，茎上下两端各有一圆穿，其中近端处者居中，近剑身者偏于脊的一侧，隆脊。M44：52，剑身两面铸出浅虎斑纹，剑身下一面饰浮雕虎纹和钲纹，另一面饰浮雕虎纹。通长 36.2、宽 3.5 厘米，茎长 7.2、宽 1.3~3.4 厘米，孔径 0.5 厘米（图二○○：1，图二○一：3；图版八九：5）。M44：35，通长 37、宽 3 厘米，茎长 6.4、宽 1.3~2.5 厘米，孔径 0.4 厘米（图二○○：2）。

第二种　1 件。身柄分界不明显，短茎，器形较短小。M44：32，菱形隆脊。器身铸出虎斑纹。通长 31.4、宽 3.2 厘米，茎残长 5.4、宽 1.4~2.5 厘米，孔径 0.4 厘米（图二○○：3，图二○一：2）。

钺　3 件。依据形制的不同可分为两种类型。

第一种　1 件。M44：27，平面呈扇形，椭圆形銎（内有木柄痕迹），无肩，直腰，弧刃。銎外饰两道凸弦纹。体长 9.6、刃宽 6.6 厘米，銎长径 3.8、短径 2.4 厘米，深 8.4 厘米（图二○二：3）。

第二种　2 件。M44：26，平面呈亚腰形，椭圆形銎（内有木柄痕迹），平肩，弧刃。体长 9.2、刃宽 5.2 厘米，銎口长径 3.6、短径 2.5 厘米（图二○三：5）。M44：34，形体较大。体长 14.7、刃宽 7.8 厘米，銎口长径 5、短径 4 厘米（图二○二：4；图版九○：1）。

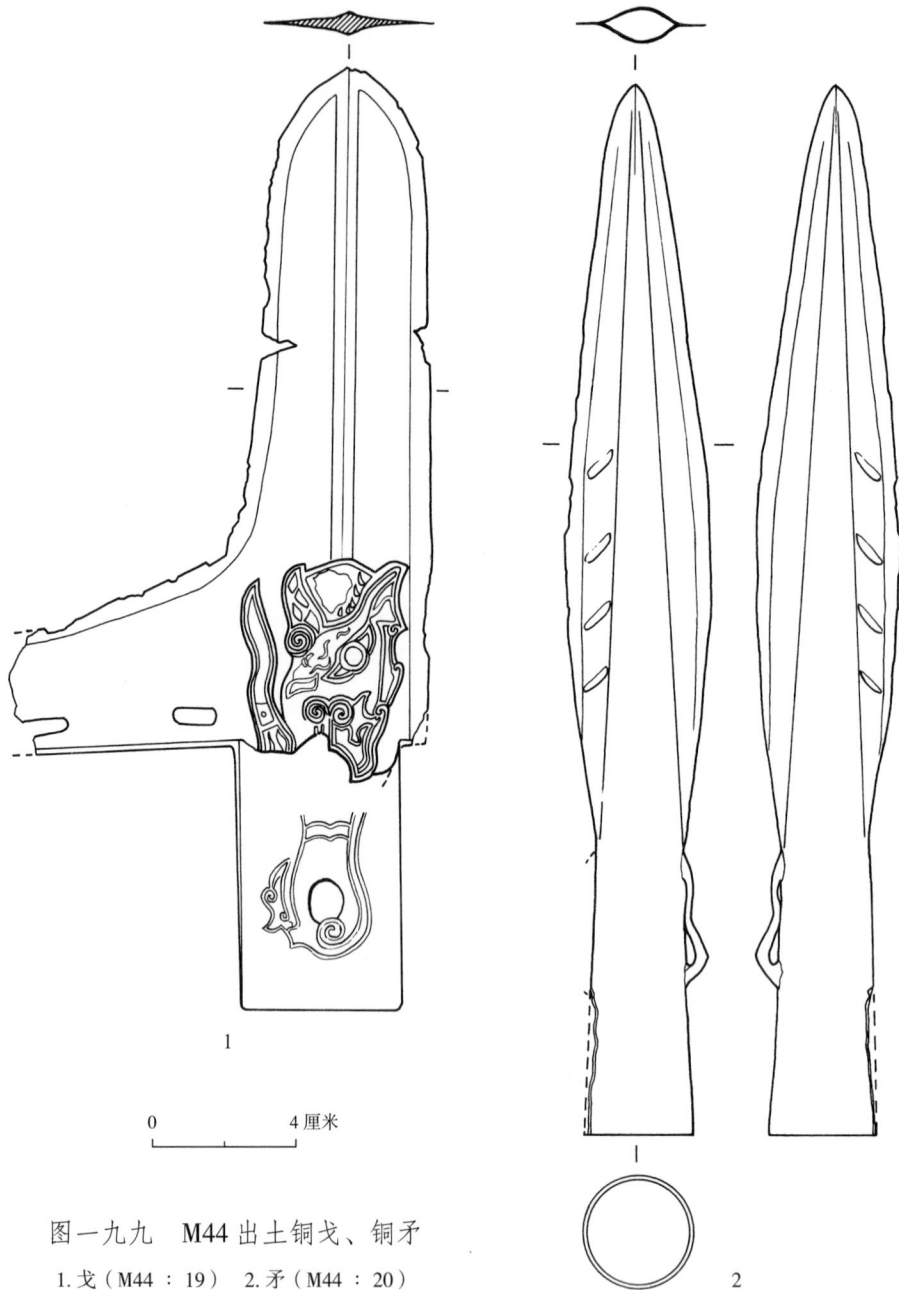

图一九九　M44 出土铜戈、铜矛

1. 戈（M44：19）　2. 矛（M44：20）

斧　1件。M44：30，平面呈扇形，椭圆形銎（内有木柄痕迹），无肩，直腰，不对称弧刃，刃尖上翘。銎外饰两道凸棱。体长 7.2、刃宽 5.5 厘米，銎长径 4.1、短径 1.9 厘米（图二○三：4；图版九○：2）。

凿　2件。依据形制的不同可分为两种类型。

第一种　1件。M44：22，镂空铃形首，凿体短而厚实，圆柱形长颈，身部为方体，弧刃。通长 12.6 厘米（图二○三：10；图版九○：3）。

第二种　1件。M44：25，圆銎，凿身器表呈八棱形，弧刃。通长 14.3、刃宽 1.8、銎

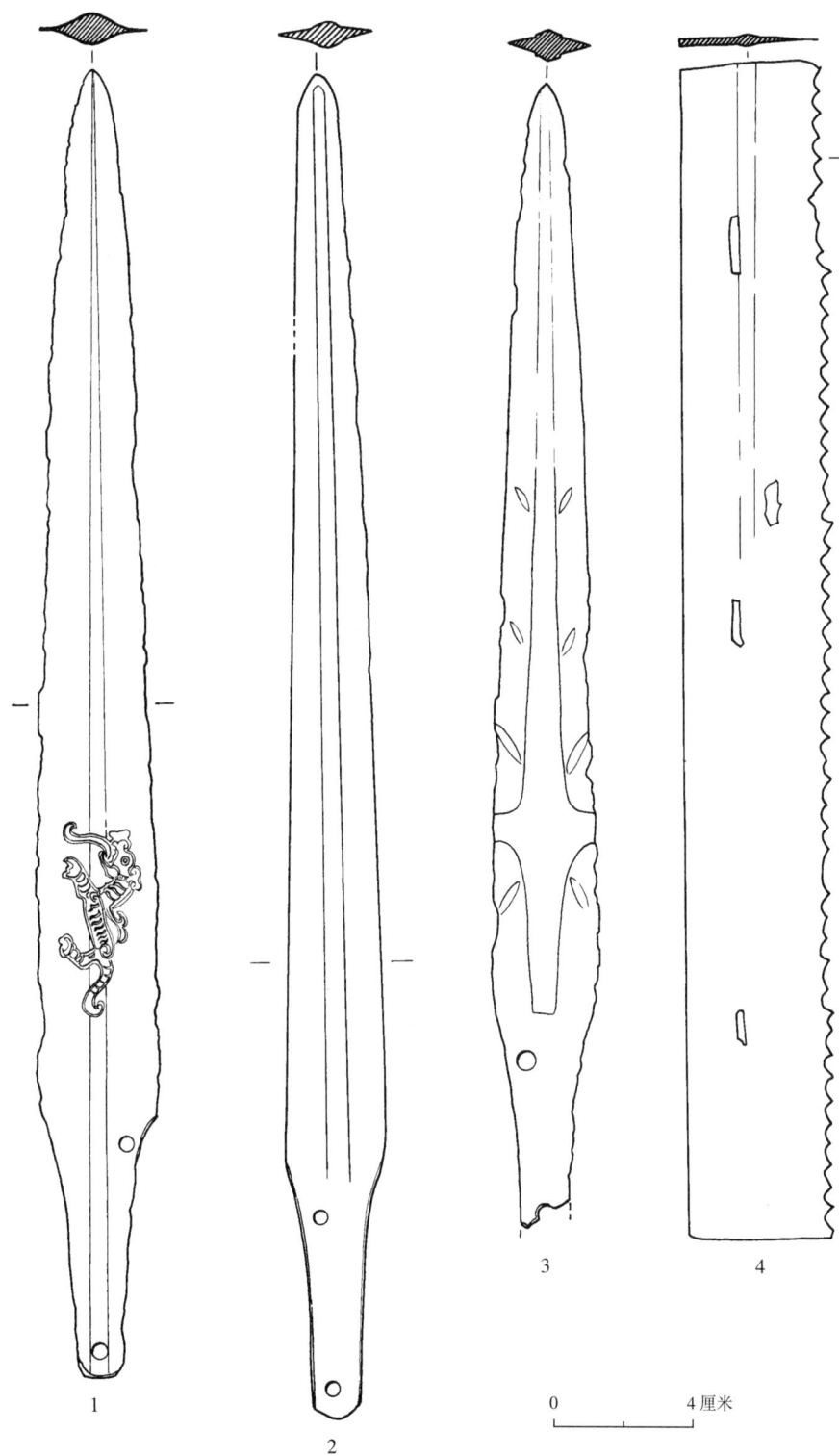

图二〇〇　M44 出土铜剑、铜锯

1~3. 剑（M44：52、35、32）　　4. 锯（M44：44）

0　　　　　　　4 厘米

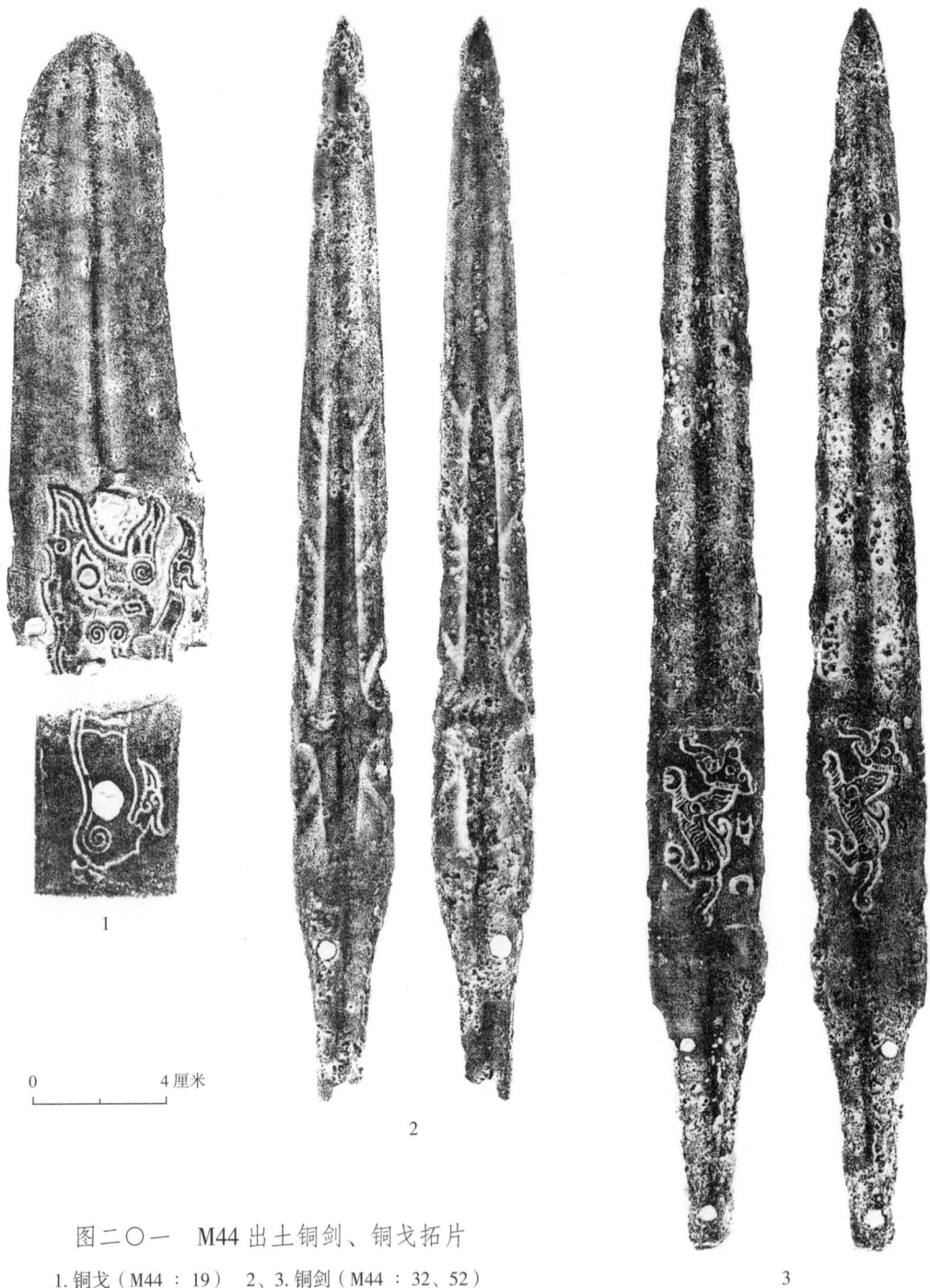

图二〇一　M44 出土铜剑、铜戈拓片

1. 铜戈（M44：19）　2、3. 铜剑（M44：32、52）

口径 2.5 厘米（图二〇二：1）。

　　斤　1 件。M44：29，銎与身分界明显，长方形銎（内有木柄朽痕），銎口出沿，喇叭形身，宽弧刃，左右不对称，刃尖上翘。通长 15.3、身宽 2.5、刃宽 5.5 厘米，銎口长 3.5、宽 2.9 厘米（图二〇二：5；图版九〇：4）。

　　锯　1 件。M44：28，体呈长方形，单面刃，上有等距离的三个长方形穿孔。长 32.6、

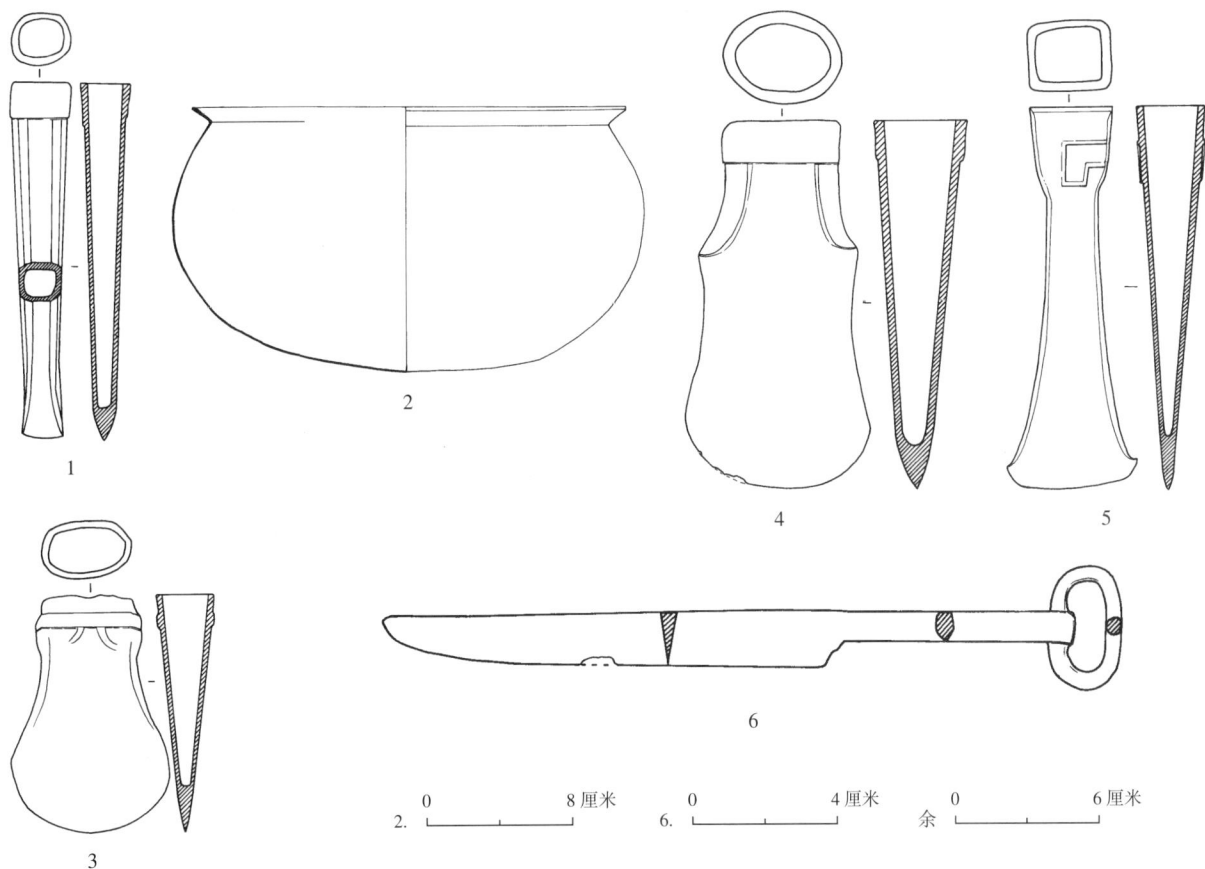

图二〇二　M44 出土铜器

1. 凿（M44：25）　2. 釜（M44：46）　3、4. 钺（M44：27、34）　5. 斤（M44：29）　6. 削刀（M44：33）

宽 4.1、厚 0.2 厘米（图二〇〇：4）。

刻刀　1件。M44：23，主形体，锋部呈等腰三角形，背部微隆起脊，后部内凹，剖面略呈弧形。长 16.2、宽 2.8、厚 0.3 厘米（图二〇三：11）。

削刀　1件。M44：33，椭圆形圜首，长直柄，直刃，柄与刃部的剖面皆呈楔形。柄一侧有一凹槽。素面。长 20.3、宽 1.5 厘米，圜首长径 3.4、短径 2 厘米（图二〇二：6）。

箭镞　19件。依据形制的不同可分为两种类型。

第一种　18件。三角形，双翼，长实铤，器身中脊隆起，两面各有四个凹槽，双翼展开呈倒刺状，铤呈菱形锥状。M44：2，一翼残。长 5.8、宽 2 厘米，铤长 3.2、宽 0.3 厘米（图二〇四：12）。M44：3，长 5.1、宽 1.6 厘米，铤长 2.8、宽 0.3 厘米。M44：4，一翼残。长 5.8、宽 1.6 厘米，铤长 3、宽 0.3 厘米（图二〇四：1）。M44：5，一翼残。长 5、宽 1.6 厘米，铤长 2.6、宽 0.3 厘米（图二〇四：14）。M44：6，翼残。长 5.1、宽 1.6 厘米，铤长 2.6、宽 0.3 厘米（图二〇四：10）。M44：7，铤部及一翼残。残长 3.2、宽 1.6 厘米，铤长 0.5、宽 0.2 厘米（图二〇四：16）。M44：8，铤部及一翼残。长 4、宽 1.6 厘米，铤长 1.6、宽 0.3 厘米（图二〇四：7）。M44：9，长 6.1、宽 1.8 厘米，铤长 3.3、宽 0.4 厘米（图二

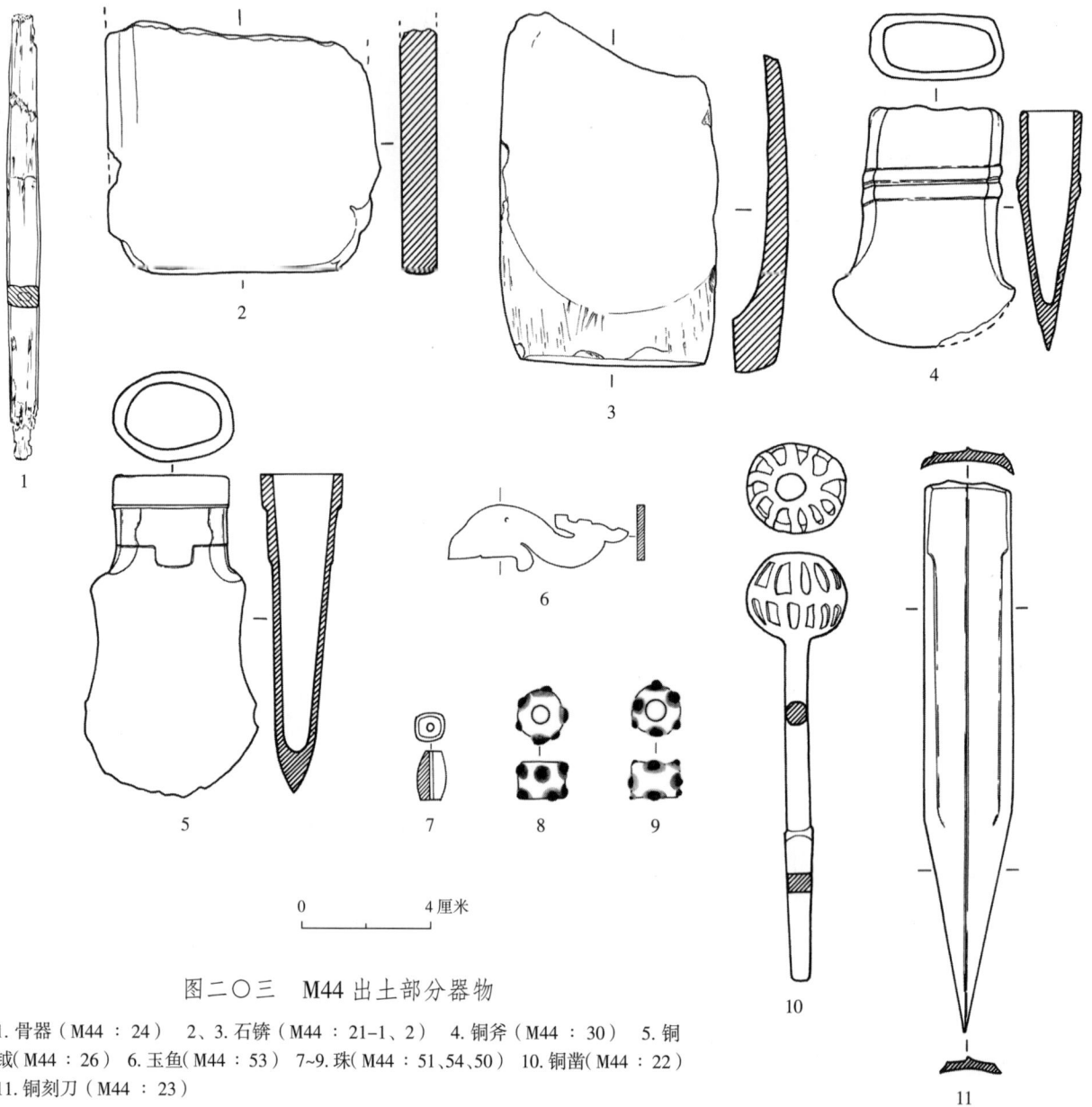

图二○三　M44 出土部分器物

1. 骨器（M44：24）　　2、3. 石锛（M44：21-1、2）　4. 铜斧（M44：30）　5. 铜
钺（M44：26）　6. 玉鱼（M44：53）　7~9. 珠（M44：51、54、50）　10. 铜凿（M44：22）
11. 铜刻刀（M44：23）

○四：5）。M44：10，铤部及一翼残。长 4.3、宽 1.6 厘米，铤长 1.7、宽 0.4 厘米（图二○
四：9）。M44：11，铤部及一翼残。长 5.4、宽 1.9 厘米，铤长 2.8、宽 0.3 厘米（图二○四：
11）。M44：12，铤部及一翼残。残长 4.5、宽 1.7 厘米，铤长 2、宽 0.4 厘米（图二○四：8）。
M44：14，长 6.4、宽 1.8 厘米，铤长 3.4、宽 0.3 厘米（图二○四：6）。M44：15，长 5.3、
宽 1.6 厘米，铤长 2.7、宽 0.3 厘米（图二○四：2）。M44：16，一翼残。长 5.8、宽 1.8 厘米，
铤长 3、宽 0.3 厘米（图二○四：3）。M44：17，铤部及一翼残。长 3.5、宽 1.6 厘米，铤长 1.2、
宽 0.3 厘米（图二○四：15）。M44：18，铤部残。长 5.7、宽 1.8 厘米，铤长 2、宽 0.3 厘米
（图二○四：4）。M44：36，一翼残。长 6.6、宽 2 厘米，铤长 3.5、宽 0.3 厘米（图二○四：
17）。M44：37，双翼残。长 4.1、宽 2.1 厘米，铤长 1.6、宽 0.3 厘米（图二○四：13）。

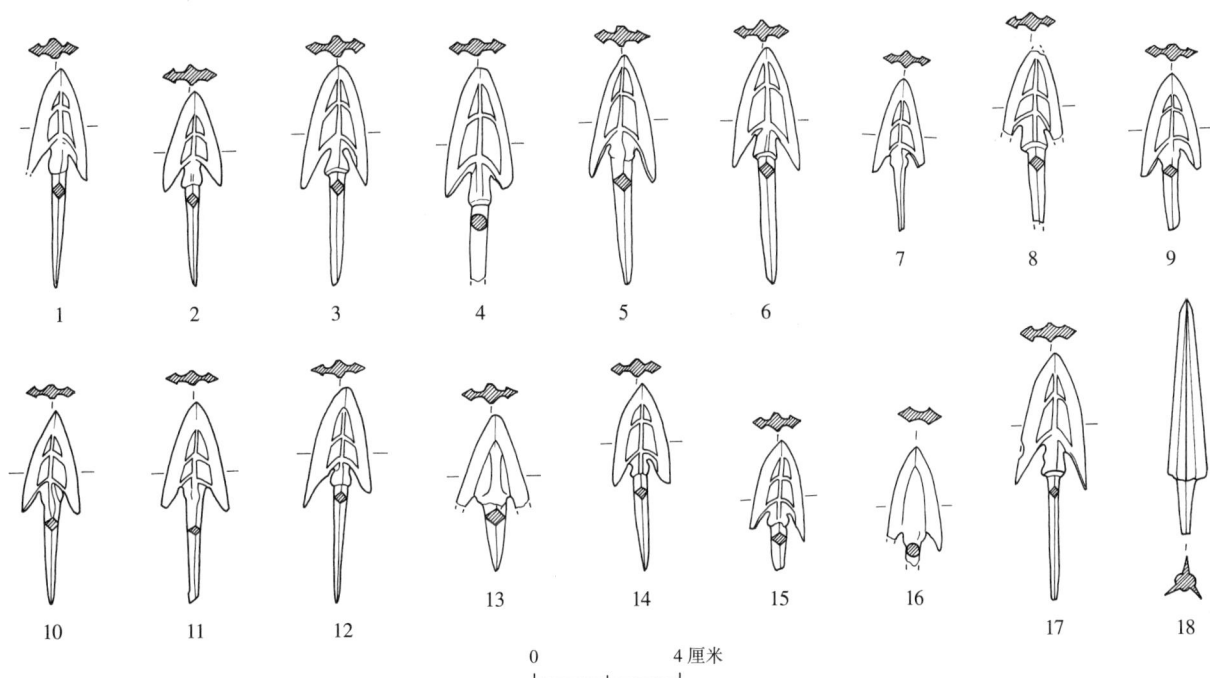

图二〇四　M44 出土铜箭镞

1. M44：4　2. M44：15　3. M44：16　4. M44：18　5. M44：9　6. M44：14　7. M44：8　8. M44：12　9. M44：10
10. M44：6　11. M44：11　12. M44：2　13. M44：37　14. M44：5　15. M44：17　16. M44：7　17. M44：36　18. M44：13

第二种　1件。体呈三棱状，短关。M44：13，长 6.2 厘米（图二〇四：18）。

3. 玉石骨器

7件。计有骨器 1、磨石 2、陶珠 2、玉鱼 1、水晶珠 1。

玉鱼　1件。M44：53，白色，系用白玉雕刻而成。长 5.6、宽 1.8、厚 0.1 厘米（图二〇三：6；图版九〇：5）。

水晶珠　1件。长方体，中有一孔。M44：51，长 1.5、宽 0.9、孔径 0.2 厘米（图二〇三：7）。

陶珠　2颗。扁球形，中有一圆穿，整体为绿色，上有 9 个深绿色凸点，其外均有一圈白色圆圈。M44：54，通高 1.1、直径 1.5、孔径 0.5 厘米（图二〇三：8）。M44：50，通高 1、直径 1.5、孔径 0.7 厘米（图二〇三：9）。

磨石　2件。形制相似。体呈长方形。M44：21-1，砂石制成，残断，三侧磨制整齐。残长 7.5、宽 8.2、厚 1.1 厘米（图二〇三：2）。M44：21-2，青色砾石制成，残断，三侧磨制整齐，一面使用的痕迹明显。残长 10.6、宽 6.6、厚 1.5 厘米（图二〇三：3）。

骨器　1件。M44：24，体呈长方形，磨制。长 13、宽 1、厚 0.6 厘米（图二〇三：1）。

四〇　M45

位于 T5628 的中部，部分叠压于该探方的北隔梁下，因墓葬暴露较为完整，未进行扩方发掘，开口于①层下，被 H51 和 H52 叠压，并被 M41 打破。

（一）墓葬形制

长方形竖穴土坑墓，方向185°，墓壁较直，墓底较平。长410、宽110、深120厘米（图二〇五；图版九一：1）。填土为黄褐色沙土，土质较硬，包含有较多的动物骨骼、木炭和陶片。

（二）葬式葬具

船棺。之所以将其判断为船棺，基于以下原因：其一，墓室南部有一段长160厘米的空间，未放置任何遗物；其二，从墓葬暴露的棺痕观察，其由上而下倾斜，且呈现出南高北底的特点。结合广元昭化宝轮院和巴县冬笋坝遗址发掘的船棺葬，推断其应为船棺葬。该船棺暴露的棺木痕迹长390、宽10、高30厘米。墓中人骨架腐朽严重，从清理的肢骨判断墓主人为仰身直肢葬，头向南，面向上，性别、年龄不详。

（三）随葬品

随葬品5件。包括陶釜1、铜钺1、铜削刀2、珠1。削刀置于墓主人右手旁和胸部，铜

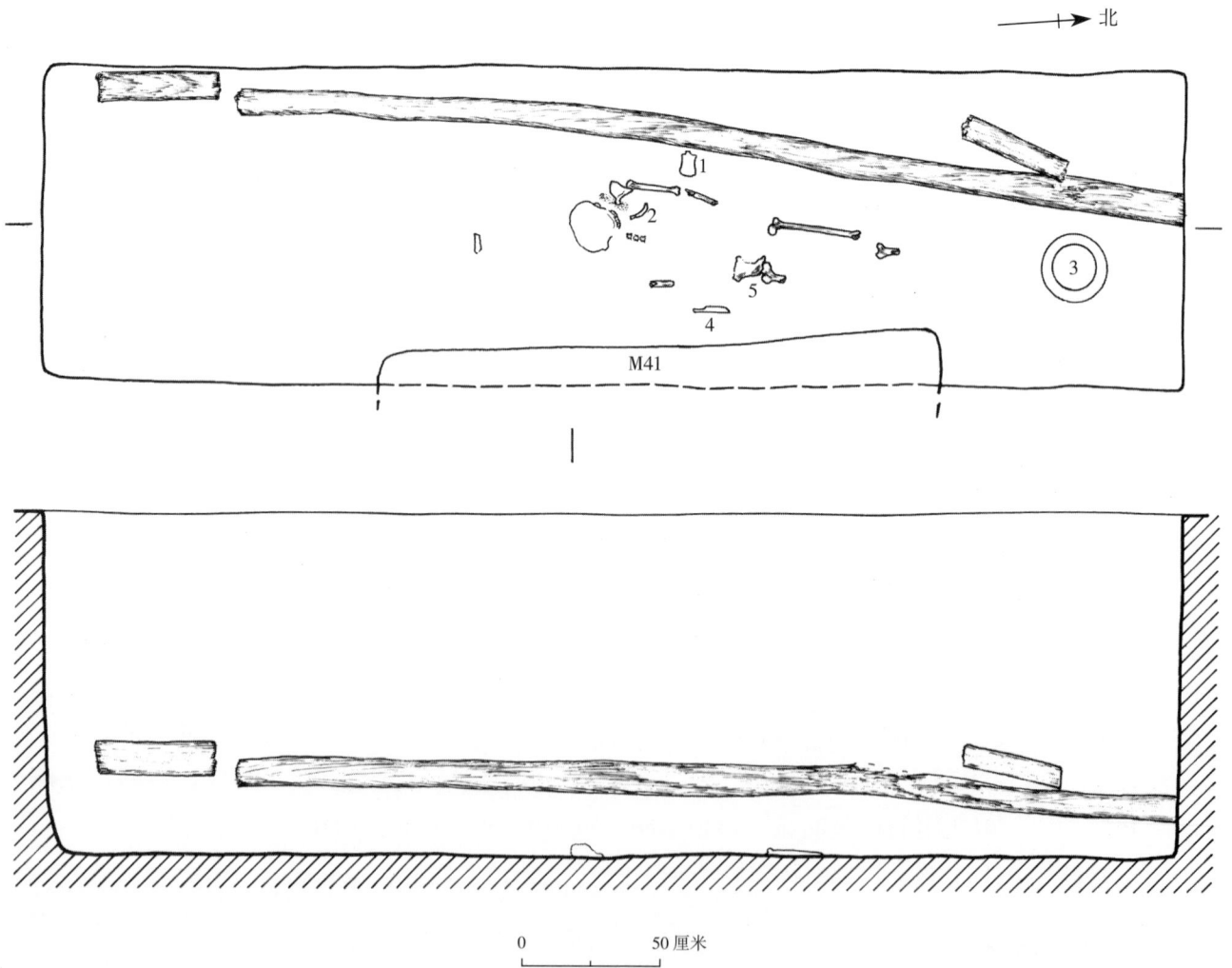

图二〇五　M45平、剖面图

1. 铜钺　2、4. 铜削刀　3. 陶釜　5. 珠

钺置于左手旁，陶釜置于脚下。

1. 陶器

1件。计有釜1。

釜　1件。M45：3。残损严重，为夹细砂红胎黑皮陶，形制不清。

2. 铜器

3件。计有钺1、削刀2。

钺　1件。M45：1。椭圆形銎，直腰，舌形，弧刃，銎口外饰一道凸棱。锈蚀较严重，腰部一侧残。通长10、刃宽6.2厘米，銎口长径3.5、短径2.8厘米（图二〇六：1；图版九一：2）。

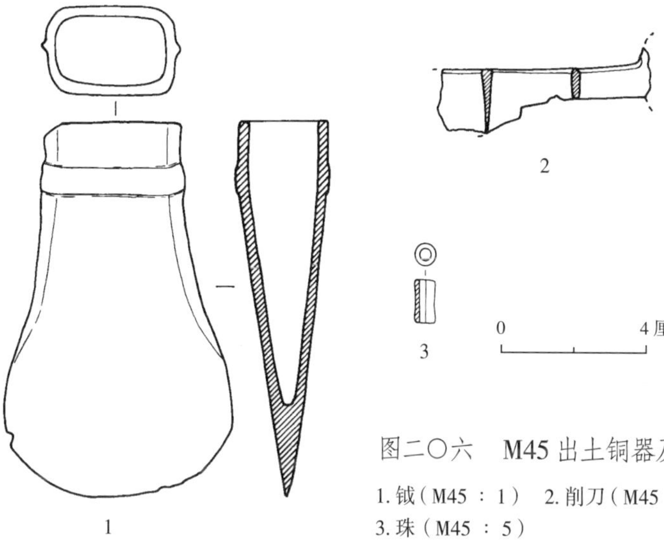

削刀　2件。M45：4，残甚，直柄，凸刃。残长5.8厘米。M45：2，残甚，残剩柄及部分刃部。残长5.8、柄宽0.8、刃宽1.8厘米（图二〇六：2）。

3. 珠

1件。M45：5，浅绿色，圆柱形，中空。长1.2、直径0.6、孔径0.3厘米（图二〇六：3）。

图二〇六　M45出土铜器及珠
1. 钺（M45：1）　2. 削刀（M45：2）
3. 珠（M45：5）

四一　M46

位于T5728的东北部，部分叠压于该探方的北隔梁下，开口于①层下。

（一）墓葬形制

长方形竖穴土坑墓，北窄南宽，方向180°，墓壁较直，墓底较平。长524、宽104~120、深155厘米（图二〇七；图版九二：1）。填土为黄褐色沙土，土质较硬，包含有较多的动物骨骼、木炭和陶片。

（二）葬式葬具

船棺。腐朽严重，东西两侧明显向下收缩，结合昭化宝轮院和什邡城关发掘的船棺葬，推测其应该为船棺。该船棺暴露的棺木痕迹长448、宽52、高43厘米。墓中人骨架腐朽无存，性别、年龄不详，头向、面向、葬式不明。

（三）随葬品

随葬品55件。主要是铜器。包括陶圜底罐3、陶高领罐1、陶釜甑1、陶尖底盏2、陶钵1、陶豆2、陶罐2、铜剑3、铜矛4、铜戈1、铜钺2、铜斧1、铜斤1、铜刻刀1、铜锥1、铜锯1、铜瓶形饰1、铜盆1、铜鍪1、铜镦1、铜削刀1、铜手镯2、铜箭镞14、磨石3、玉璧1、珠3。铜剑、箭镞、铜戈、铜钺、铜矛、铜锥、水晶珠、玉珠、磨石等置于墓室中部，铜钺、铜斧、铜矛、削刀、铜盆（内放置有铜钺、铜斤、磨石、陶豆、陶尖底盏）和陶器放置在墓室北部（图版九二：2），在墓室中部船棺的下部堆积着部分器物，这部分器物明显被打碎，主要包括断剑、

北

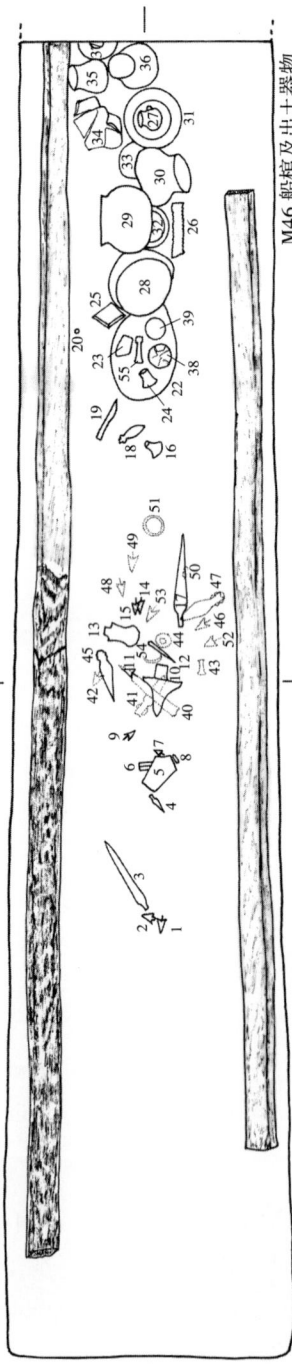

M46 船棺及出土器物

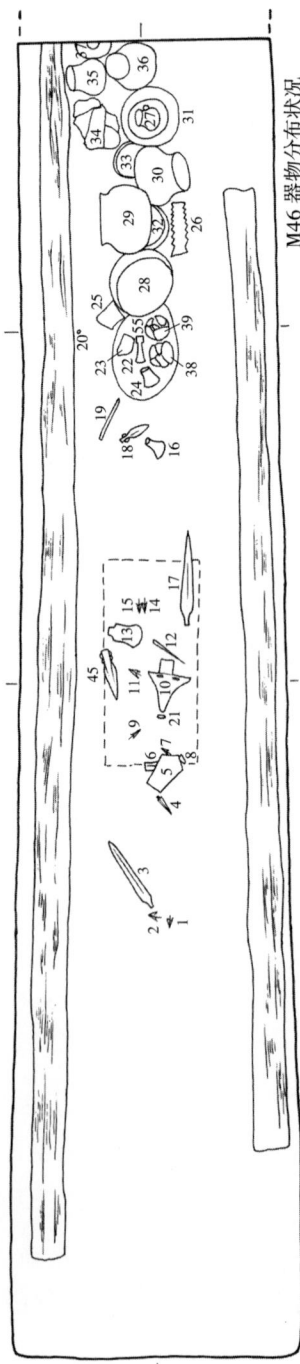

M46 器物分布状况

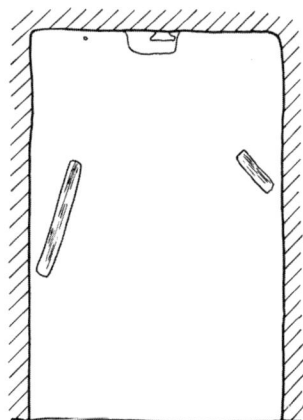

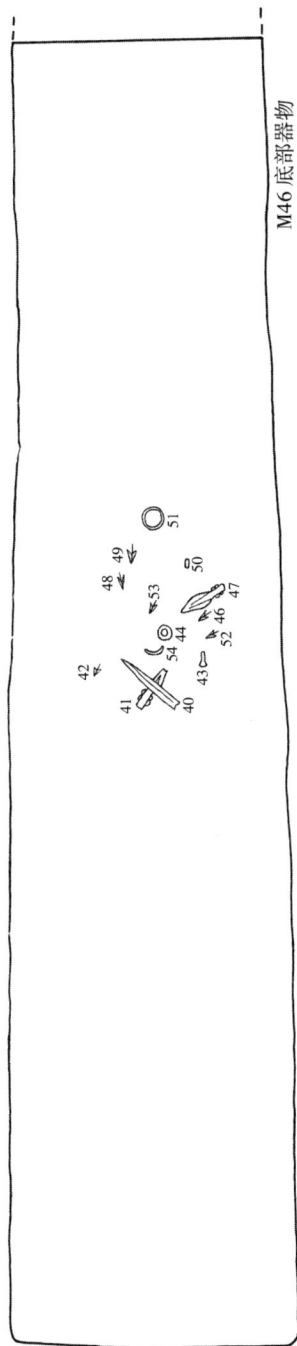

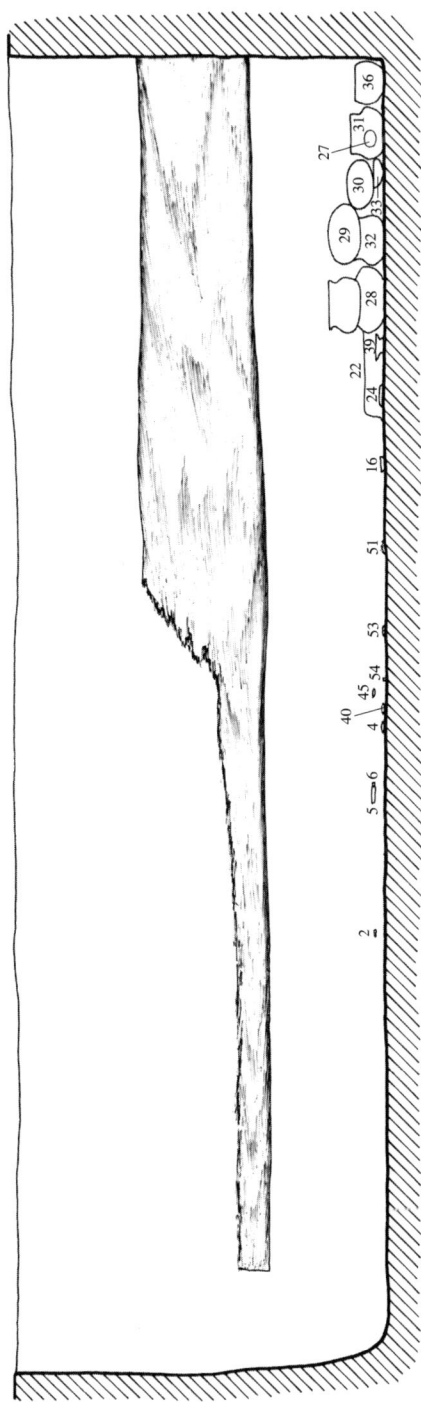

图二〇七 M46 平、剖面图

1、2、4、7、9、11、14、15、42、46、48、49、52、53、铜箭镞 3、17、40、铜剑 5、23、25、磨石 6、铜戈 10、铜戟 12、铜锥 13、24、铜钺 16、铜斧 18、41、45、铜矛 19、铜削 20、21、50、珠 22、铜鐁 27、铜鉴 28、陶釜甑 29、32、35、陶圜底罐 30、陶高领罐 31、36、陶罐 33、38、陶尖底盏 34、陶钵 37、39、陶豆 43、铜瓶形饰 44、玉璧 51、54、铜手镯 55、铜斤 26、铜锯 47、铜形饰

断矛、手镯、瓶形饰、箭镞、串珠等，且和大量的朱砂块、木炭块堆积在一起（图版九二：3），应是下葬过程中的一种仪式。

1. 陶器

12件。计有圜底罐3、高领罐1、釜甑1、尖底盏2、钵1、豆2、罐2（图版九三：1）。

圜底罐 3件。依据形制的不同可分为两种类型。

第一种 1件。M46：35，夹砂褐陶，圆唇，侈口，束颈，颈部较高，溜肩，鼓腹，圜底。肩部以下饰纵向绳纹。口径11.6、通高13.2厘米（图二〇八：2；图版九三：2）。

第二种 1件。M46：32，夹砂红褐陶，圆唇，直口，鼓腹，圜底。肩部以下饰绳纹。口径8.8、通高10.8厘米（图二〇八：6）。

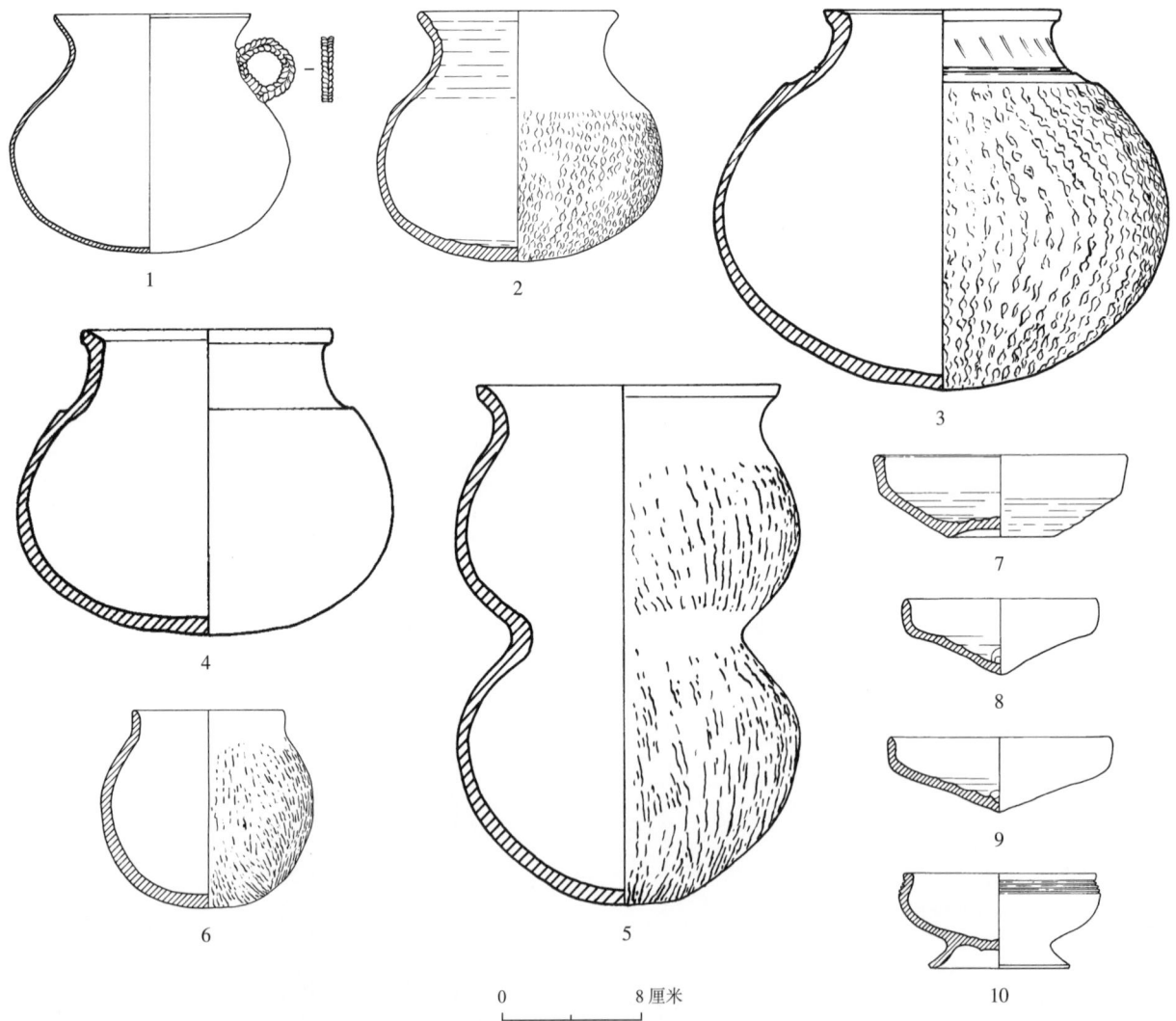

图二〇八　M46 出土器物

1. 铜鍪（M46：27）　2、3. 陶圜底罐（M46：35、29）　4. 陶高领罐（M46：30）　5. 陶釜甑（M46：28）　6. 陶圜底罐（M46：32）　7. 陶钵（M46：34）　8、9. 陶尖底盏（M46：38、33）　10. 陶豆（M46：39）

第三种　1 件。M46：29，夹砂黑褐陶，圆唇，窄平沿，敛口，广肩，圆鼓腹，圜底。肩部有两道凹弦纹，肩部以下遍饰纵向绳纹。口径 13.4、腹径 25.8、通高 20.6 厘米（图二〇八：3；图版九三：3）。

高领罐　1 件。M46：30，夹细砂红胎黑皮陶，方唇，平沿，直口，高领，折肩，鼓腹，圜底。素面。口径 14.4、腹径 21.4、通高 16.6 厘米（图二〇八：4；图版九四：1）。

釜甑　1 件。M46：28，夹砂红陶，联体釜甑，圆唇，侈口，甑口径与腹径大致相等，釜腹圆鼓。甑与釜肩部以下遍饰粗绳纹。口径 17.2、通高 28.4 厘米（图二〇八：5；图版九四：2）。

尖底盏　2 件。圆唇，直口，浅腹。M46：38，夹细砂灰陶，口径 11、通高 4.2 厘米（图二〇八：8）。M46：33，夹细砂灰陶，直口微敛。口径 12.8、通高 4 厘米（图二〇八：9；图版九四：3）。

钵　1 件。M46：34，夹砂灰陶，方唇，直口微侈，折腹，平底内凹。口径 14.4、底径 6、通高 4.8 厘米（图二〇八：7）。

豆　2 件。M46：39，夹砂红胎黑皮陶，方唇，直口微敛，弧腹，喇叭状圈足较大。肩部饰有三道凹弦纹。口径 10.8、圈足径 8、通高 5.4 厘米（图二〇八：10）。M46：37，残甚，夹砂红胎黑皮陶，方唇，直口微敛。

罐　2 件。M46：31 和 M46：36，残损严重，夹砂红褐陶，器体遍饰绳纹，形制不清。

2. 铜器

36 件。计有剑 3、矛 4、戈 1、钺 2、斧 1、斤 1、刻刀 1、锥 1、锯 1、瓶形饰 1、盆 1、鍪 1、镦 1、削刀 1、手镯 2、箭镞 14。

剑　3 件。形制相似。呈柳叶状，短茎，茎上下两端各有一圆形穿孔，其中近端处居中，近剑身者偏于脊的一侧，隆脊。M46：3，残断，仅存剑下部。残长 17、最宽 4 厘米（图二〇九：4）。M46：40，残，仅存剑上部，残长 20.5 厘米（图二〇九：3）。M46：17，残断两节，身柄分界明显。长 37、宽 3.4 厘米（图二〇九：1；图版九四：4）。

矛　4 件。依据形制的不同可分为两种类型。

第一种　1 件。短骹。M46：18，形体较小，骹部极短，两弧形耳附于叶的下端，宽叶，圆形骹口。长 10.5、叶宽 4.2 厘米，骹长 3.3、径 2 厘米（图二〇九：5；图版九四：5）。

第二种　3 件。长骹。M46：45，骹部残缺，窄叶，弧刃，圆凸脊。残长 14.8、叶宽 3 厘米（图二〇九：6）。M46：41，仅存骹部，骹部两侧附两弓形耳，耳部残。骹部两面铸刻有长喙鸟纹。骹长 10.4、直径 2.4 厘米。（图二〇九：8） M46：47，上端残。骹部两侧附两弓形耳，一耳残。骹部两面铸刻有长喙鸟纹。残长 17.6、叶宽 3.3 厘米，骹长 10.5、直径 2.3 厘米（图二〇九：2；图版九五：1）。

戈　1 件。M46：10，三角援戈，长直援，双短胡，下胡长于上胡，锋呈弧状三角形，上下胡各有一长方形穿，长方形内。内上两面有铸刻对成的云纹。通长 19.3、援长 13.1、内长 6.2、内宽 4.9 厘米（图二〇九：7；图版九五：2）。

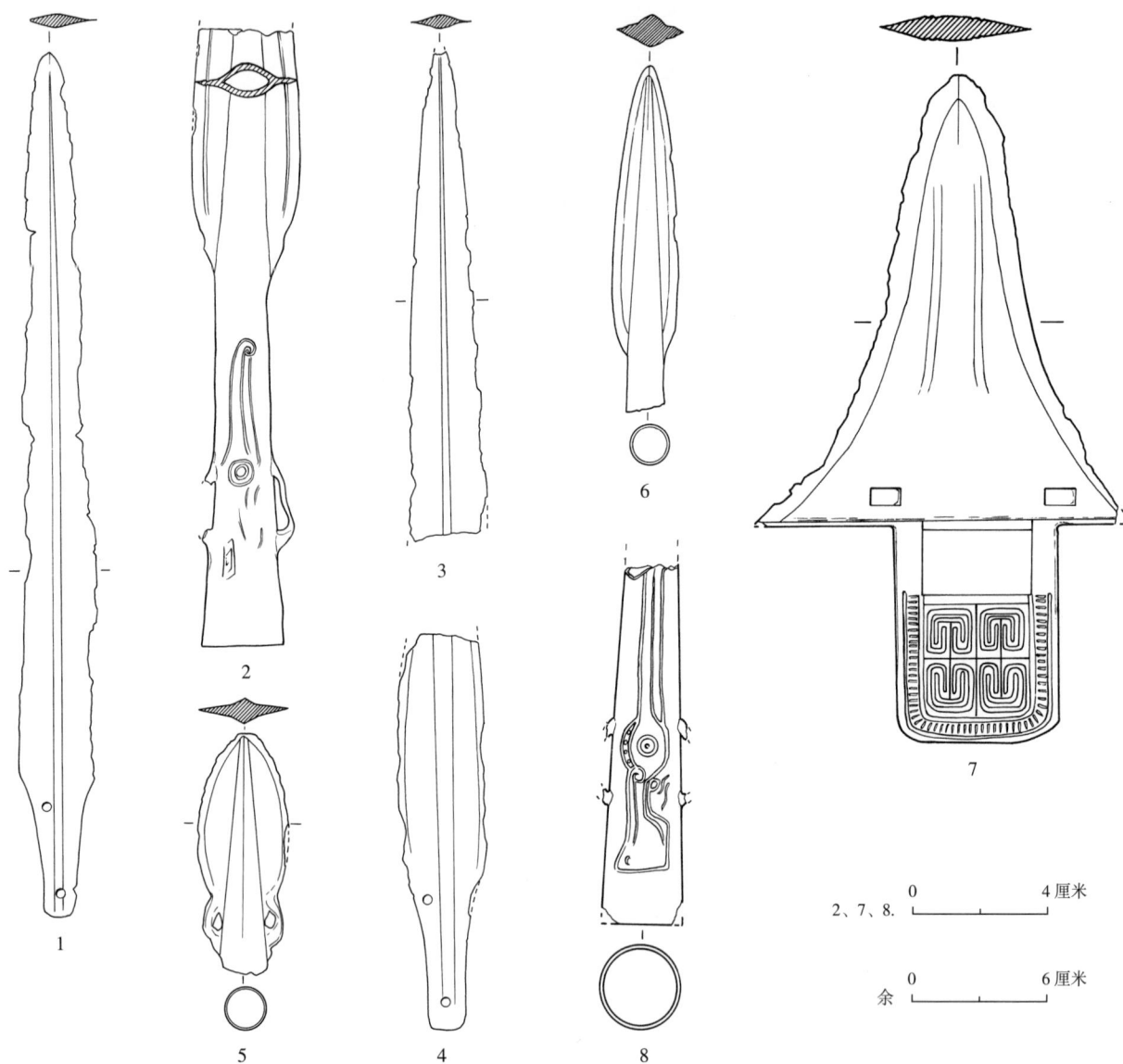

图二〇九　M46 出土铜器

1、3、4.剑（M46：17、40、3）　2、5、6、8.矛（M46：47、18、45、41）　7.戈（M46：10）

钺　2 件。形制相似。亚腰。M46：13，舌形，弧刃，肩略斜，椭圆形銎，各肩外缘至銎下有一凹槽，銎与刃部略有残缺。素面。通长 10、刃宽 4.7 厘米，銎口长径 3.7、短径 2.5 厘米（图二一〇：2；图版九五：3）。M46：24，弧刃，刃两端向外撇，椭圆形銎。素面。通长 8.1、刃宽 5.8 厘米，銎口长径 2.8、短径 2.1 厘米（图二一〇：5；图版九五：4）。

斧　1 件。M46：16，弧刃，直腰，无肩，銎口外有两道凸棱。通长 7.3、刃宽 5.5 厘米，銎口长径 4.5、短径 2.3 厘米（图二一〇：4；图版九六：1）。

斤　1 件。M46：55，銎与身分界明显，正方形銎（内有木柄朽痕），銎口出沿，喇叭形身，宽弧刃，刃尖上翘。通长 17.2、刃宽 5.7 厘米，銎口长径 3.5、短径 2.9 厘米（图二一〇：

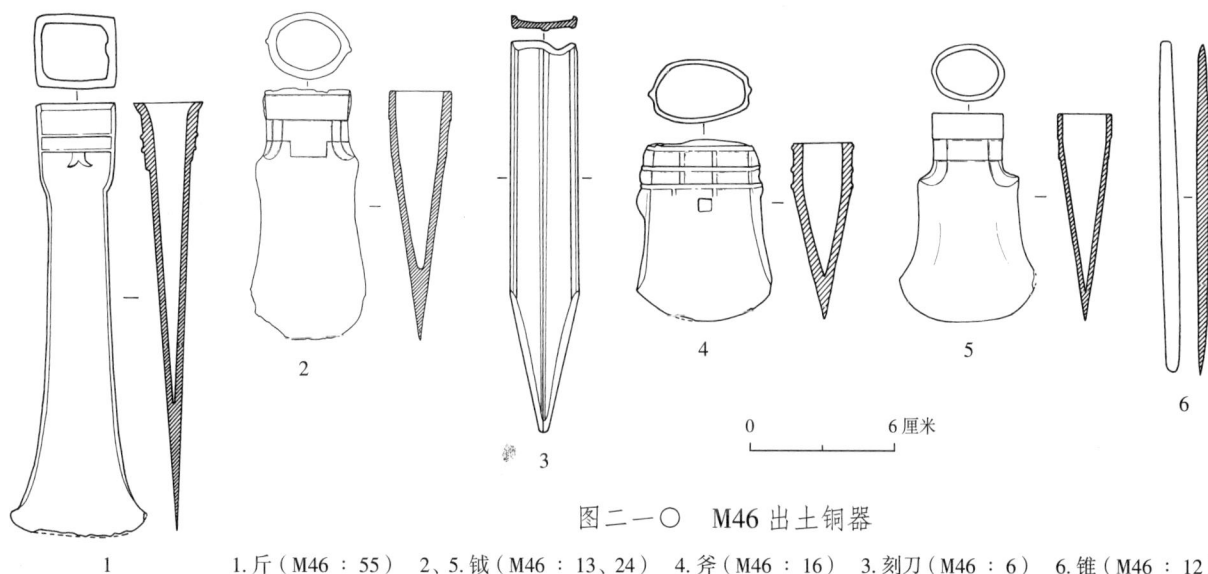

图二一〇　M46 出土铜器

1.斤（M46：55）　2、5.钺（M46：13、24）　4.斧（M46：16）　3.刻刀（M46：6）　6.锥（M46：12）

1；图版九六：2）。

刻刀　1 件。M46：6，出土时背部有木质痕迹，圭形体，锋部呈等腰三角形，背部微隆起脊，后部内凹，剖面略呈弧形。长 15.5、宽 2.8、厚 0.3 厘米（图二一〇：3；图版九六：3）。

锥　1 件。M46：12，体呈长方形，两端有弧刃。长 13.1、宽 0.8 厘米（图二一〇：6）。

锯　1 件。M46：26，残，体呈长方形，单面刃，上有等距离的三个长方形穿孔。残长 25、宽 4.4、厚 0.2 厘米（二一一：5）。

镦　1 件。M46：8，残断。

削刀　1 件。M46：19，残，直柄，宽直刃。柄和刃部的断面呈三角形。残长 18.4、刃宽 1.8~2.3 厘米（二一一：4）。

手镯　2 件。M46：51，圆形，内壁光滑，外壁中部凸起。外径 6.3、内径 5.7、宽 0.5 厘米（图二一二：15）。M46：54，残剩三分之一，剖面成圆形。残长 4.5 厘米。

箭镞　14 件。依据形制的不同可分为三种类型。

第一种　11 件。形制相似。三角形，双翼，长实铤，器身中脊隆起，两面各有四个凹槽，双翼展开呈倒刺状，铤呈菱形锥状。M46：2，锋和双翼残。通长 6.2、铤长 2.5、双翼宽 1.7 厘米（图二一二：2）。M46：7，铤部和双翼残。通长 7.2、铤长 2.6、双翼宽 2.6 厘米（图二一二：4）。M46：14，锋和双翼残。通长 5.8、铤长 2.1、双翼宽 2.1 厘米（图二一二：6）。M46：42，锋部残。通长 6.2、铤长 3.2、双翼宽 2 厘米（图二一二：1）。M46：52，双翼残。通长 6.2、铤长 2.6、双翼宽 2 厘米（图二一二：3）。M46：53，双翼残。通长 5.8、铤长 2.6、双翼宽 2 厘米（图二一二：5）。

第二种　1 件。M46：15，体呈三角形，双锋外撇。锋和双翼残，残长 3.6、双翼宽 2.1 厘米（图二一二：7）。

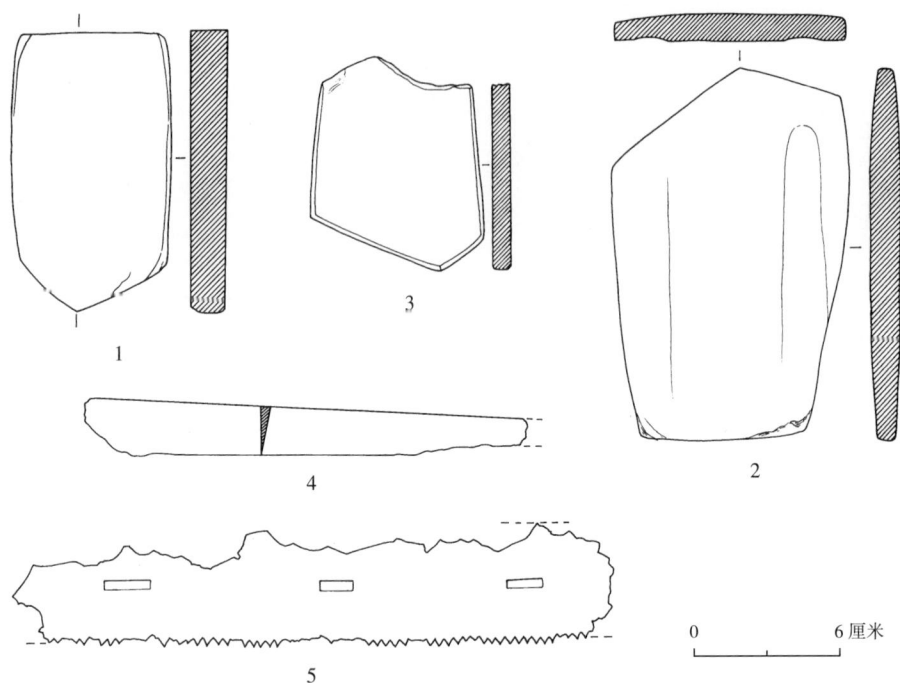

图二一一　M46 出土器物

1、2、3.磨石（M46：23、5、25）　4.铜削刀（M46：19）　5.铜锯（M46：26）

第三种　2件。M46：4，三棱形，形体较长，锋部残。通长8.4、铤长2.2厘米（图二一二：9）。M46：49，三棱形，形体较短。通长7.3、铤长3.2厘米（图二一二：10）。

瓶形饰　1件。M46：43，方唇，侈口，束颈，鼓腹，中空，腹部遍饰乳钉纹。口径1.6、通高2.1厘米（图二一二：13）。

盆　1件。M46：22，出土时已破碎，窄平沿，腹较深。

鍪　1件。M46：27，侈口，束颈，溜肩，圆鼓腹。肩颈之间饰有一辫索纹竖耳。口径11、腹径16、通高13厘米（图二〇八：1；图版九六：4）。

3. 珠及玉石器

7件。计有磨石3、玉璧1、陶珠1、玉珠1、水晶珠1。

磨石　3件。体呈圭形，磨制。M46：23，青绿色。长11.2、宽6.6、厚1.5厘米（图二一一：1）。M46：25，砂石制成。长8.8、宽7、厚0.8厘米（图二一一：3）。M46：5，砂石制成。长15、宽7~10、厚1.2厘米（图二一一：2）。

玉璧　1件。M46：44，圆形。外径3.4、内径1.4、厚0.5厘米（图二一二：8；图版九六：5）。

陶珠　1件。M46：20，圆形，极小。直径0.5、孔径0.2、高0.3厘米（图二一二：11）。

角珠　1件。M46：50，黑色，椭圆形。长1.7、最宽1.2、孔径0.4厘米（图二一二：12）。

水晶珠　1件。M46：21，橄榄形，打磨痕迹明显，两边对钻形成孔。长3、最宽1.5、

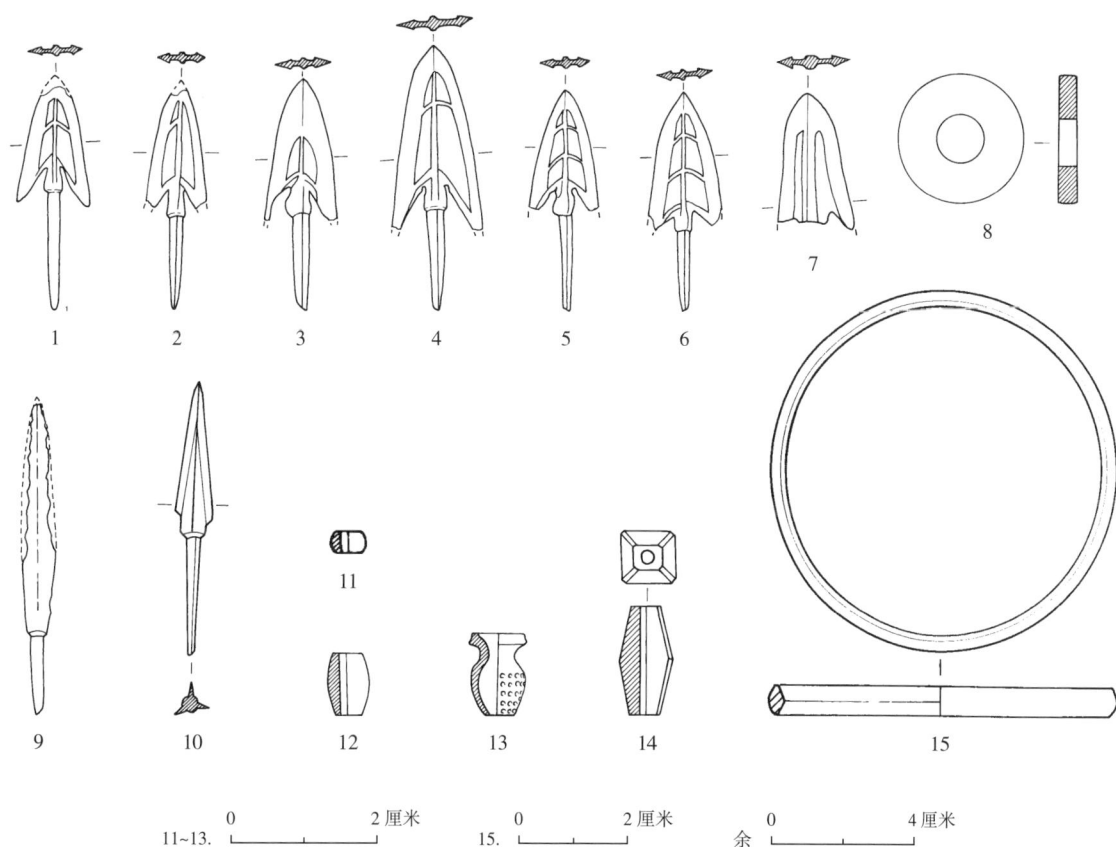

图二一二　M46 出土器物

1~7、9、10.铜箭镞（M46：42、2、52、7、53、14、15、4、49）　8.玉璧（M46：44）　11.陶珠（M46：20）　12.角珠（M46：50）
13.铜瓶形饰（M46：43）　14.水晶珠（M46：21）　15.铜手镯（M46：51）

孔径 0.4 厘米（图二一二：14）。

四二　M48

位于 T5728 的西北部，部分叠压于该探方的北隔梁下，开口于①层下，被空墓 M49 打破。

（一）墓葬形制

长方形竖穴土坑墓，方向 180°，墓壁较直，墓底较平。长 340、宽 93、深 136~145 厘米（图二一三；图版九七：1）。填土为黄褐色沙土，土质较硬，包含有较多的动物骨骼、木炭和陶片。

（二）葬式葬具

未发现葬具，亦未发现葬具朽痕，墓中人骨架保存较差，墓主人为仰身直肢葬，双手平放于身体的两侧，头向南，面向上，性别、年龄不详（图版九七：2）。

（三）随葬品

随葬品 18 件。包括陶豆 1、陶钵 2、陶圜底罐 1、陶平底罐 1、陶纺轮 1、铜矛 1、铜钺 1、铜削刀 2、铜铃 3、铜方形饰件 1、铜泡 1、铁手镯 1、玉璧 1、珠 1。陶豆置于墓主人头上部，

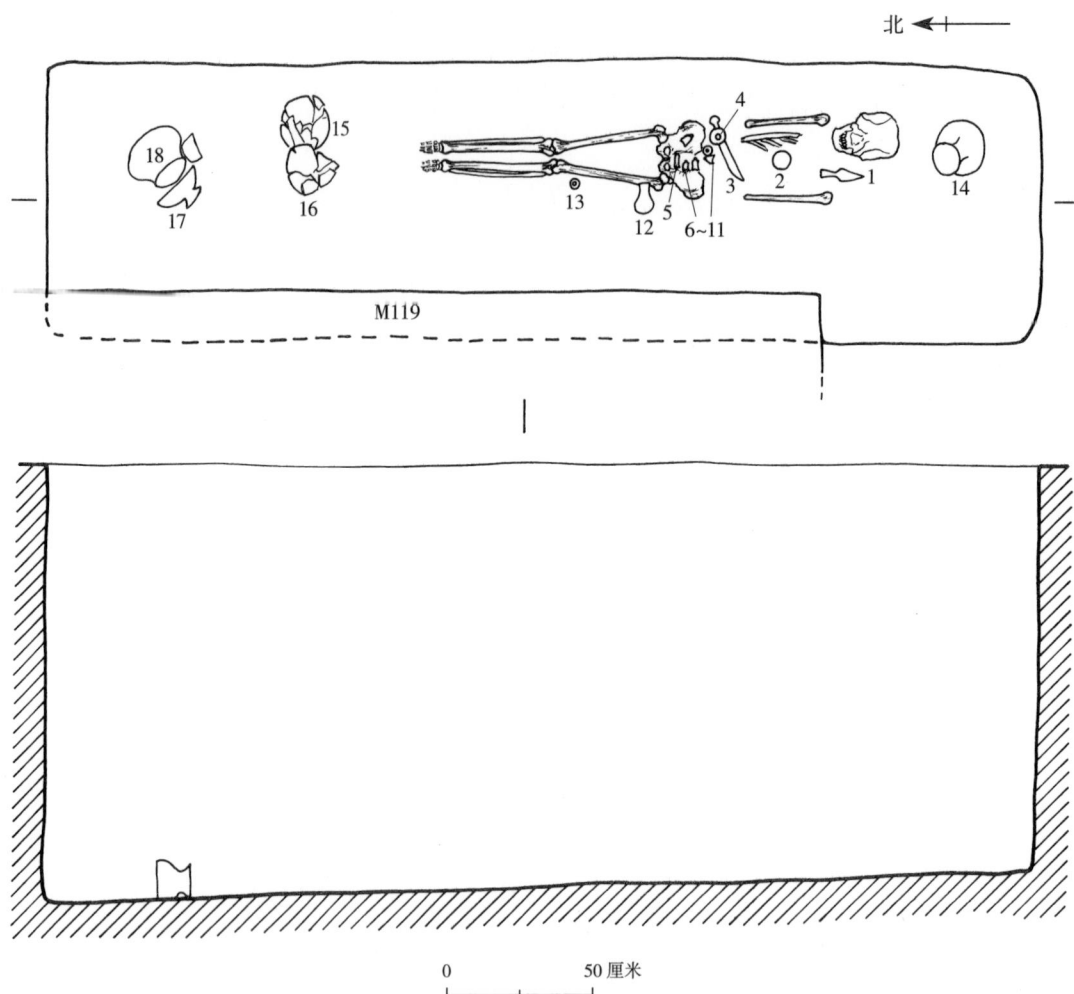

图二一三　M48 平、剖面图

1. 铜矛　2. 铁手镯　3、10. 铜削刀　4. 玉璧　5. 珠　6、7、8. 铜铃　9. 铜方形饰件　11. 铜泡　12. 铜钺　13. 陶纺轮　14、16. 陶钵
15. 陶平底罐　17. 陶豆　18. 陶圜底罐

铜矛置于右肩旁，削刀和玉环置于腰部，铜铃和铜饰件置于腹部（图版九七：3），铜钺和
纺轮置于右下肢骨旁，脚下放置 4 件陶器。

1. 陶器

6 件。计有豆 1、钵 2、圜底罐 1、平底罐 1、纺轮 1（图版九八：1）。

豆　1 件。M48：17，夹细砂褐陶，方唇，直口微侈，弧腹，喇叭状圈足较大。口下有
三周凹弦纹。口径 13.2、底径 8.8、通高 7.4 厘米（图二一四：5；图版九八：2）。

钵　2 件。依据形制的不同可分为两种类型。

第一种　1 件。M48：14，夹砂红陶，圆唇，侈口，斜直腹，圜底。手制。口径 14.4、
通高 4.8 厘米（图二一四：1）。

第二种　1 件。M48：16，夹砂灰黑陶，圆唇，宽斜沿，侈口，鼓腹，圜底。底部饰绳纹。

口径 12.2、通高 6 厘米（图二一四：2）。

圜底罐 1件。M48：18，夹砂褐陶，圆唇，侈口，束颈，颈部较高，溜肩，鼓腹，圜底。颈部有一周戳印的竖线纹，肩部以下饰粗绳纹。口径 12、通高 14.6 厘米（图二一四：6；图版九八：3）。

平底罐 1件。M48：15，残损严重。夹细砂灰褐陶，圆唇，侈口。

纺轮 1件。M48：13，泥质黑陶，塔形。直径 1.8~3.7、通高 2.1、孔径 0.5 厘米（图二一四：3）。

2. 铜器

9件。计有矛1、钺1、削刀2、铜铃3、铜方形饰件1、铜泡1。

钺 1件。M48：12，无肩，椭圆形銎口略残（銎口内残存木柄痕迹），弧刃。銎口下饰有一道凸棱。通高 9.3、刃宽 6.4 厘米，銎口长径 4、短径 2.4 厘米（图二一五：3；图版九九：1）。

铃 3件。M48：6，体呈钟形，平顶，弓形环耳。口径 2、通高 3.2 厘米（图二一四：4；图版九九：2）。M48：7、8，残损严重。

削刀 2件。M48：3，残。椭圆形镂空圜首，长直柄，弧背，凸刃。柄上部两面铸刻有鸟纹。器身可见包裹物残留的痕迹。柄长 5.4、柄宽 1、通长 22.5 厘米（图二一五：2）。M48：10，仅存椭圆形镂空圜首。残长 2、宽 2.5 厘米（图二一五：4）。

矛 1件。M48：1，残，形体较小，长骹，两弓形耳附于骹下部，窄弧叶。通长 13.8、叶宽 2.5 厘米，骹长 6.8、径 2.2 厘米（图二一五：1）。

方形饰件 1件。M48：9，体呈方形，上有一钮。钮上铸刻有"S"形纹，器身铸刻有一奔兽，四周填以"S"纹。长 2.7、宽 2.5 厘米（图二一五：6；图版九九：3）。

泡 1件。M48：11，圆形，中有一孔，合范铸成。上有数周弦纹。直径 3.4、孔径 0.6 厘米（图二一五：7）。

3. 玉石器

2件。计有玉璧1、珠1。

珠 1件。M48：5，黑灰色，圆柱状，中空。长 3.4、孔径 0.8 厘米（图二一五：5）。

玉璧 1件。M48：4，一侧残断，圆形。直径 4.2、孔径 1.7 厘米（图二一五：8；图版九九：4）。

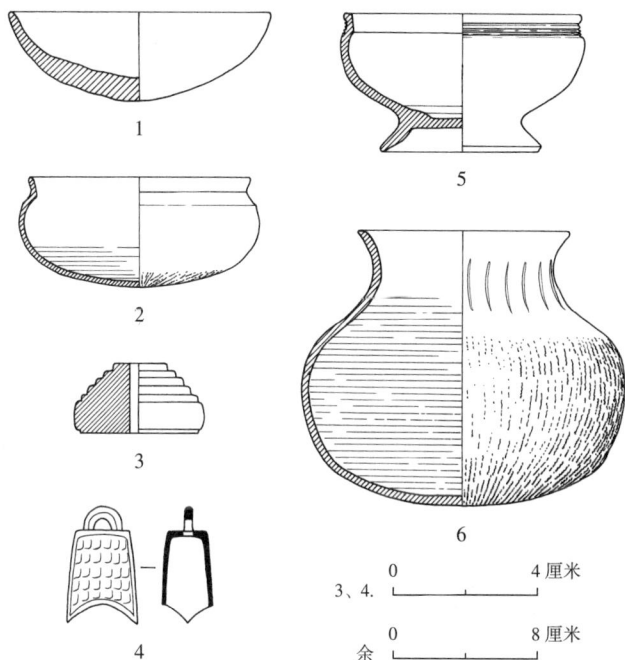

图二一四 M48 出土器物

1、2. 陶钵（M48：14、16） 3. 陶纺轮（M48：13） 4. 铜铃（M48：6） 5. 陶豆（M48：17） 6. 陶圜底罐（M48：18）

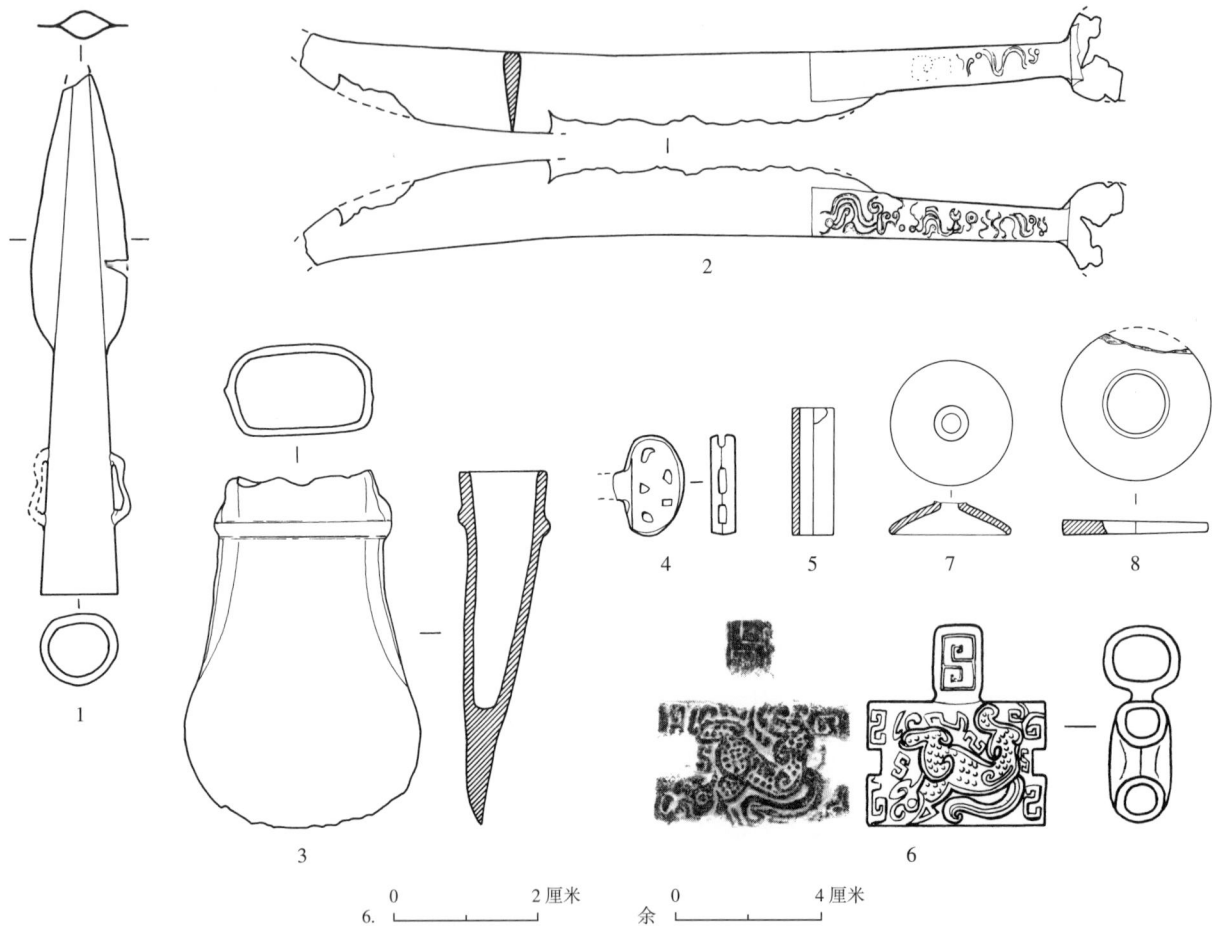

图二一五　M48 出土器物

1.铜矛（M48：1）　2、4.铜削刀（M48：3、10）　3.铜钺（M48：12）　5.珠（M48：5）　6.铜方形饰件（M48：9）　7.铜泡（M48：11）
8.玉璧（M48：4）

4. 铁 器

1件。计有手镯1。

手镯　1件。M46：2，锈蚀严重，圆形。

四三　M50

位于 T5929 的东部，且横跨 T5829、T5830、T5930 三个探方，开口于①层下。

（一）墓葬形制

长方形竖穴土坑墓，方向180°，墓壁较直，墓底南高北低。长500、宽220、深80厘米（图二一六；图版一〇〇：1）。填土为黄褐色沙土，土质较硬，包含有较多的木炭、陶片。

（二）葬式葬具

未发现葬具，亦未发现葬具朽痕，墓中共2具人骨架，其中墓室东部人骨呈俯身屈肢葬，

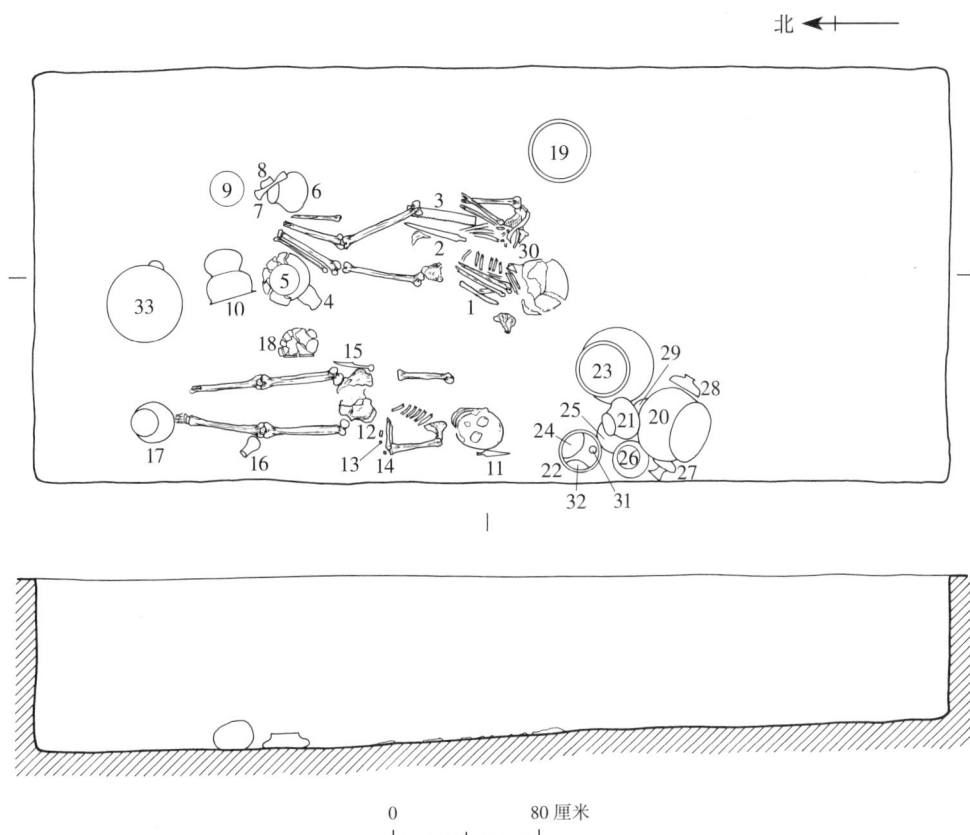

图二一六　M50平、剖面图

1、11. 铜矛　2. 铜剑　3. 铜锯　4、8、16. 铜钺　5、17. 铜鍪　6、20、26. 陶圜底罐　7. 铜斤　9、24、25、27~29. 陶豆　10. 铜釜甑
12、13、14. 珠　15. 铜削刀　18、23. 陶釜　19、22. 铜釜　21. 陶高领罐　30. 石器　31. 陶纺轮　32. 陶器盖　33. 陶盘口罐

头向南，面向左，右手上举，左手情况不明，性别、年龄不详。墓室西部的人骨为仰身直肢葬，头向南，面向上，双手置于腹部，性别、年龄不详（图版一〇〇：2）。

（三）随葬品

随葬品33件。包括陶豆6、陶釜2、陶高领罐1、陶圜底罐3、陶盘口罐1、陶纺轮1、陶器盖1、铜矛2、铜钺3、铜剑1、铜锯1、铜削刀1、铜斤1、铜釜甑1、铜鍪2、铜釜2、石器1、珠3。所有随葬品集中在东、西两具人骨附近，其中东部人骨头端放置一铜釜，左上肢骨下放置一铜矛，右胸下部放置有铜剑和铜锯，脚下放置有铜钺、铜斤、陶罐、铜鍪、陶豆、木盾和少量动物肢骨，西部人骨的头端放置有铜釜甑、铜鍪、铜釜和大量的陶器等，头骨左侧放置一铜矛、尺骨桡骨处放置有3颗陶珠，盆骨右侧放置一铜削刀，右下肢骨处放置一铜钺，脚下放置一铜鍪。

1. 陶器

15件。计有豆6、釜2、高领罐1、圜底罐3、盘口罐1、纺轮1、器盖1（图版一〇一：1）。

豆　6件。依据形制的不同可分为三种类型。

第一种　1件。中柄豆。轮制。M50：25，夹细砂红胎灰皮陶，盘部残，中柄，喇叭状圈足。底径10、残高8厘米（图二一七：7）。

第二种　2件。矮柄豆，斜直腹。M50：24，夹细砂灰黑陶，卷沿，弧腹，圈足残。沿下部有一周凹弦纹。底径14.4、残高6.4厘米（图二一八：5）。M50：28，夹细砂灰陶，方唇，直口微敛，弧腹，喇叭状圈足，边缘内折。口下部有一周凹弦纹。口径15.5、底径8、通高7厘米（图二一八：6；图版一〇一：2）。

第三种　2件。矮柄豆，弧腹。M50：27，夹细砂红胎黑皮陶。口卜部有一周凹弦纹。口径12.2、底径7.2、通高6.2厘米（图二一八：7；图版一〇一：3）。M50：9，夹细砂红胎黑皮陶，残甚。

第四种　1件。高柄豆。M50：29，夹细砂灰陶，盘部残，柄下部斜收，足部呈盘口状。足上饰有戳印的符号。底径12.6、残高8.8厘米（图二一七：8）。

釜　2件。形制相似。窄斜沿，折肩，腹微鼓。M50：18，夹细砂灰陶，方唇，腹下部残。口径15.4、残高5.4厘米（图二一七：4）。M50：23，夹细砂灰褐陶，尖圆唇，腹下部残。口径16、残高4.2厘米（图二一七：3）。

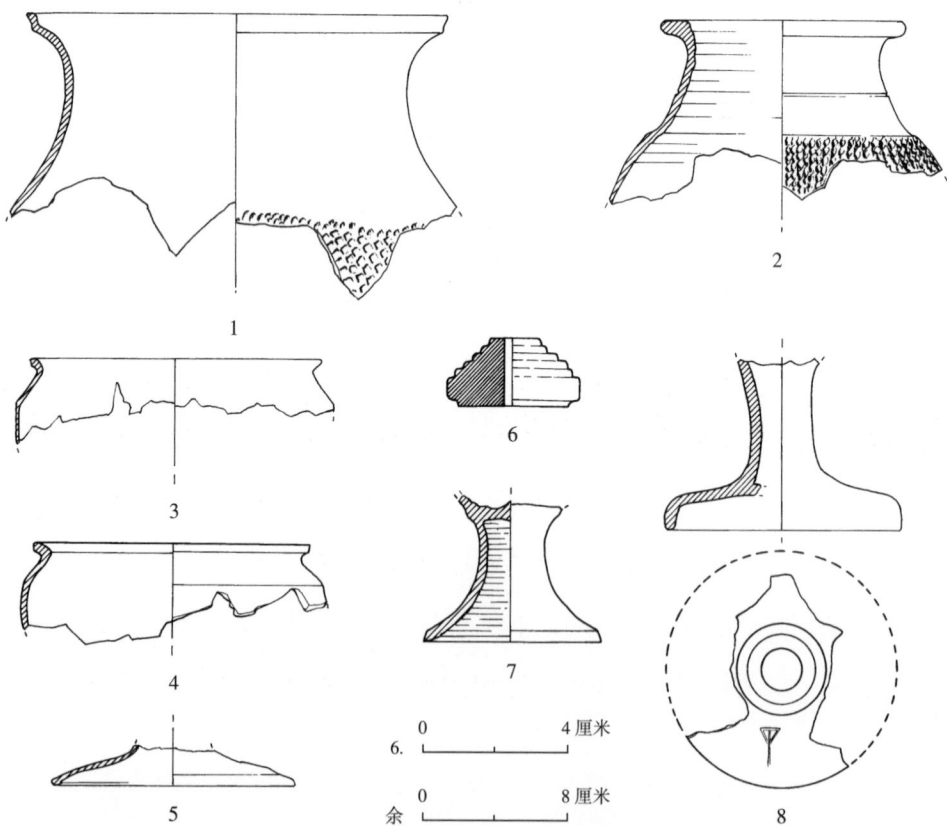

图二一七　M50 出土陶器

1.盘口罐（M50：33）　2.高领罐（M50：21）　3、4.釜（M50：23、18）　5.器盖（M50：32）　6.纺轮（M50：31）

7、8.豆（M50：25、29）

高领罐　1 件。M50：21，夹细砂灰黑陶，圆唇，平沿，口为侈，高领，弧肩，鼓腹略垂，腹下部残。肩部以下饰绳纹。口径 13.4、残高 10 厘米（图二一七：2）。

圜底罐　3 件，依据形制的不同可分为三种类型。

第一种　1 件。M50：26，夹砂红褐陶，圆唇，侈口，束颈，颈部较高，折肩，圆鼓腹，圜底。颈部饰有一周竖向的戳刺纹，肩部饰一道凹弦纹，肩部一下饰纵向绳纹。口径 14、腹径 23.2、通高 20.8 厘米（图二一八：3；图版一〇二：1）。

第二种　1 件。M50：20，夹砂红褐陶，圆唇，侈口，束颈，溜肩，腹微鼓，圜底。肩部以下饰纵向绳纹。口径 30、通高 26、腹径 34 厘米（图二一八：1；图版一〇二：2）。

第三种　1 件。为花边口沿罐。M50：6，夹砂红褐陶，圆唇，唇部有按压的花边，鼓腹，腹口同大，圜底。肩部一下饰横向纵向绳纹。口径 12.8、通高 14.4 厘米（图二一八：2；图版一〇二：3）。

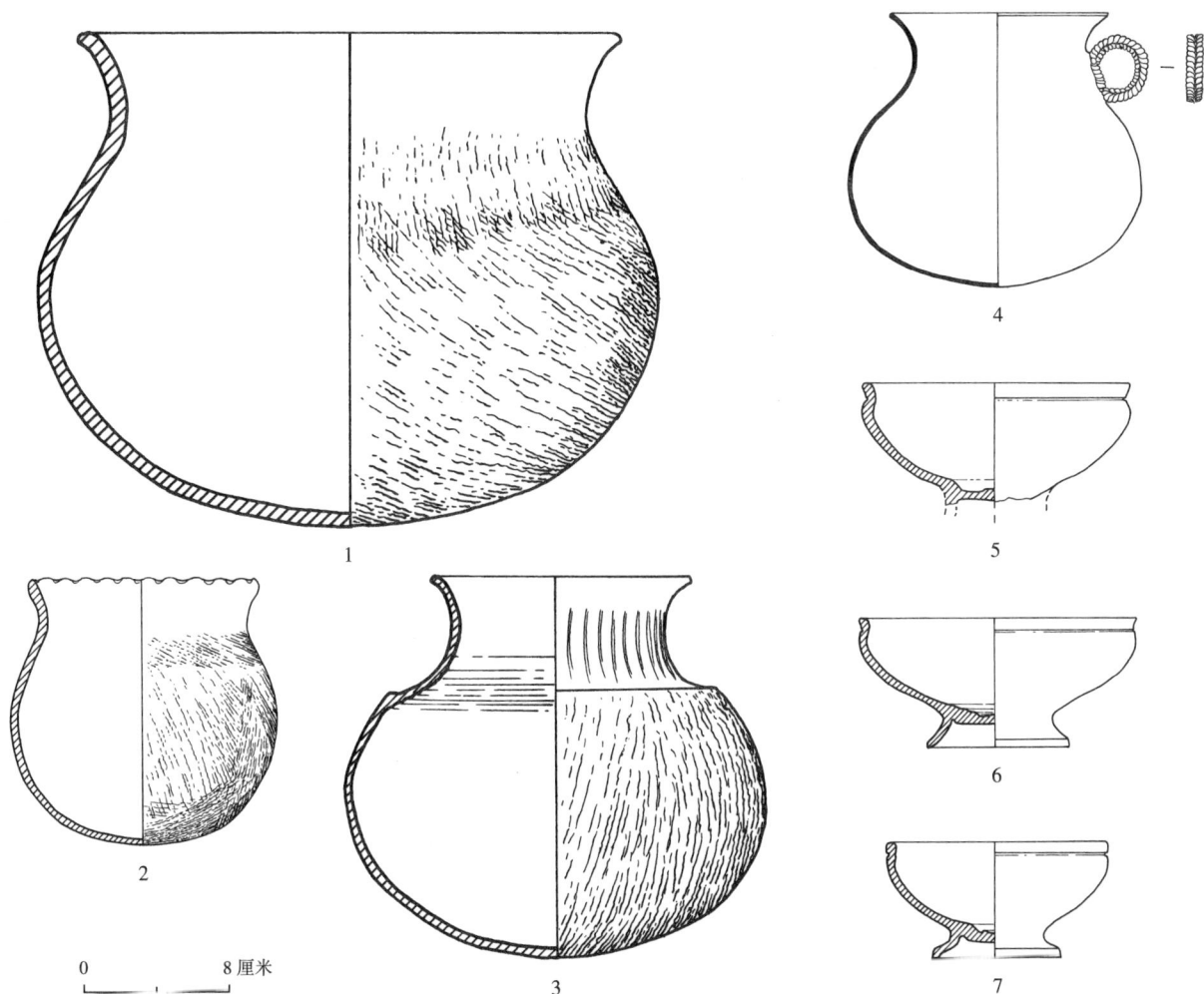

图二一八　M50 出土器物

1、2、3.陶圜底罐（M50：20、6、26）　4.铜鍪（M50：17）　5~7.陶豆（M50：24、28、27）

盘口罐 1件。M50：33，夹细砂灰褐陶，圆唇，盘口，束颈，弧肩，肩部以下残。肩部以下饰方格纹。口径23、残高15厘米（图二一七：1）。

器盖 1件。M50：32，夹细砂红胎黑皮陶，盖沿外鼓，弧顶，钮部残。口径13.6、残高2厘米（图二一七：5）。

纺轮 1件。M50：31，泥质黑褐陶，塔形，上有数周弦纹。直径1.4~3.8、孔径0.4、通高1.8厘米（图二一七：6）。

2. 铜器

14件。计有矛2、钺3、剑1、锯1、削刀1、斤1、釜甑1、鍪2、釜2。

矛 2件。形制相似。M50：11，短骹，骹口呈圆形，宽叶，两弧形耳附于叶下端。通长17.3、叶宽3.6厘米，骹径2.5、长5.4厘米（图二一九：3；图版一〇二：4）。M50：1，短骹，骹口呈圆形，叶较宽，两弓形耳附于叶下端。骹部两面均有铸刻的纹饰，一面为虎、星和巴蜀符号，一面铸刻有手心花蒂和巴蜀符号或纹饰，通长22.7、叶宽3.8厘米，骹径2.5、长6.3厘米（图二一九：2；图版一〇二：5）。

钺 3件。依据形制的不同可分为三种类型。

第一种 1件。M50：4，平面呈亚腰形，椭圆形銎（内有木柄痕迹），平肩，弧刃。体长16、腰宽6、刃宽7.5厘米，銎长径5、短径4厘米（图二二一：2；图版一〇三：1）。

第二种 1件。M50：16，无肩，腰微束，銎口外有一道凸棱，弧刃。体长10、腰宽4.8、刃宽6.6厘米，銎长径4.5、短径2.3厘米（图二二一：3；图版一〇三：2）。

第三种 1件。M50：8，无肩，銎口与腰齐平，弧刃。体长8、腰宽5、刃宽6.3厘米，銎长径4.3、短径2.3厘米（图二二一：7；图版一〇三：3）。

剑 1件。M50：2，柳叶形，器身铸出虎斑纹，茎部极短，茎上两端有两不对称得穿孔，剑体较窄，隆脊，有血槽。剑身下端两面均铸刻有纹饰，一面铸刻有虎纹和巴蜀符号，另一面铸刻有手心花蒂纹和巴蜀符号。通长33.4、剑宽3厘米，茎长4.5、宽1.2厘米（图二一九：1；图二二〇；图版一〇三：4）。

锯 1件。M50：3，单面刃，残断。残长26.6、宽3.8厘米（图二二一：10；图版一〇四：1）。

削刀 1件。M50：15，残断，椭圆形圜首，短直柄，长直刃，器身可见包裹的痕迹。柄长5、柄宽0.7、刃宽1.5、残长15.7厘米。

斤 1件。M50：7，长方形銎，銎与身分界明显，銎口出沿。銎面是短线纹，喇叭形身，宽弧刃，刃尖外撇，刃一端残。通长19.8、身宽2.8、刃宽8.8厘米，銎口长4、宽3.5厘米（图二二一：1；图版一〇四：2）。

釜甑 1件。M50：10，出土时已破损，仅存釜部，为窄斜沿，束颈，弧肩，鼓腹。腹下部残。口径9.6、残高6厘米（图二二一：9）。

鍪 2件。M50：17，合范铸成。侈口，束颈，溜肩，圆鼓腹，圜底。颈部有一辫索纹立耳。口径12、通高14.4厘米（图二一八：4；图版一〇四：3）。M50：5，侈口，束颈，

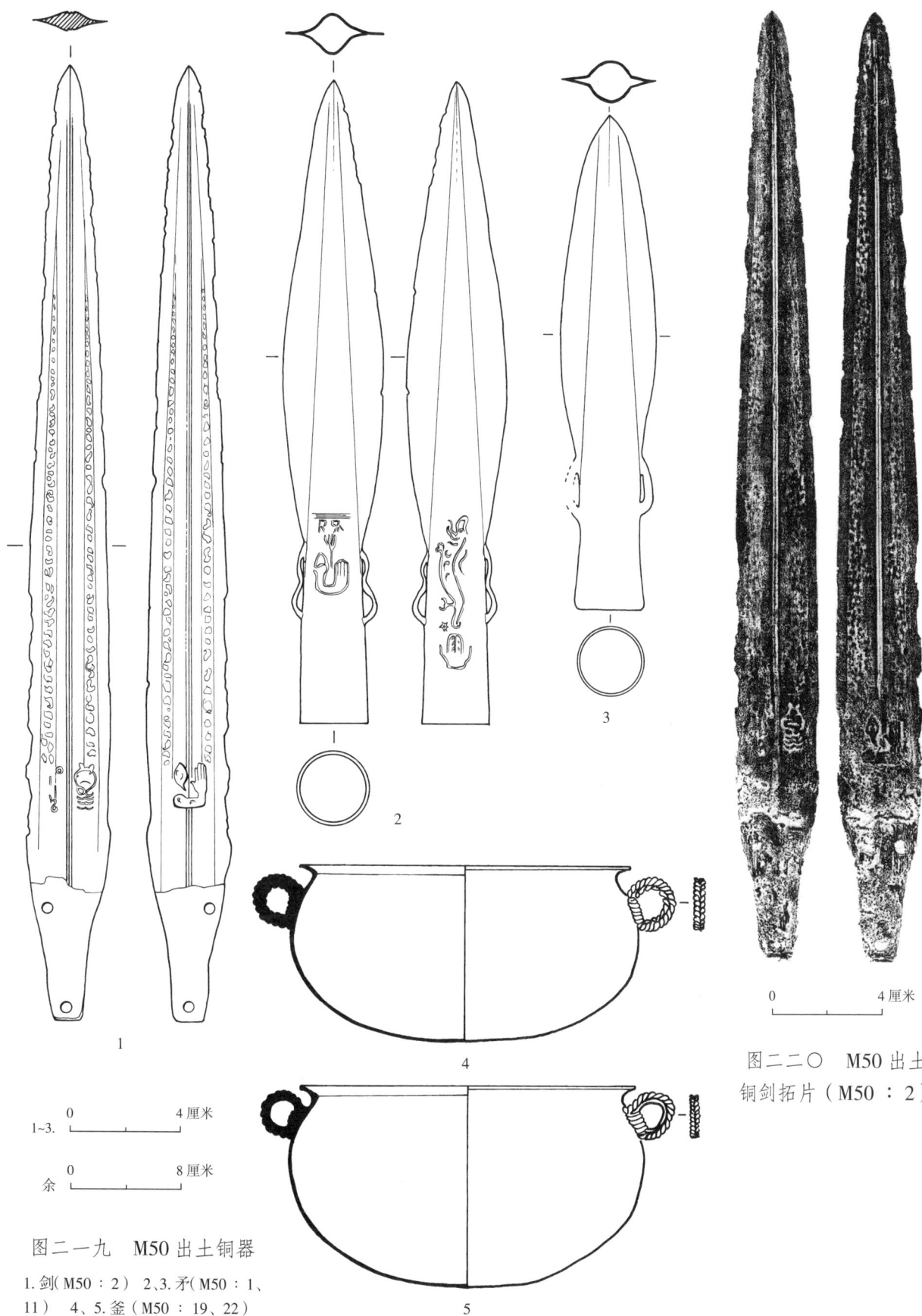

图二一九　M50 出土铜器

1.剑（M50：2）　2、3.矛（M50：1、
11）　4、5.釜（M50：19、22）

图二二〇　M50 出土
铜剑拓片（M50：2）

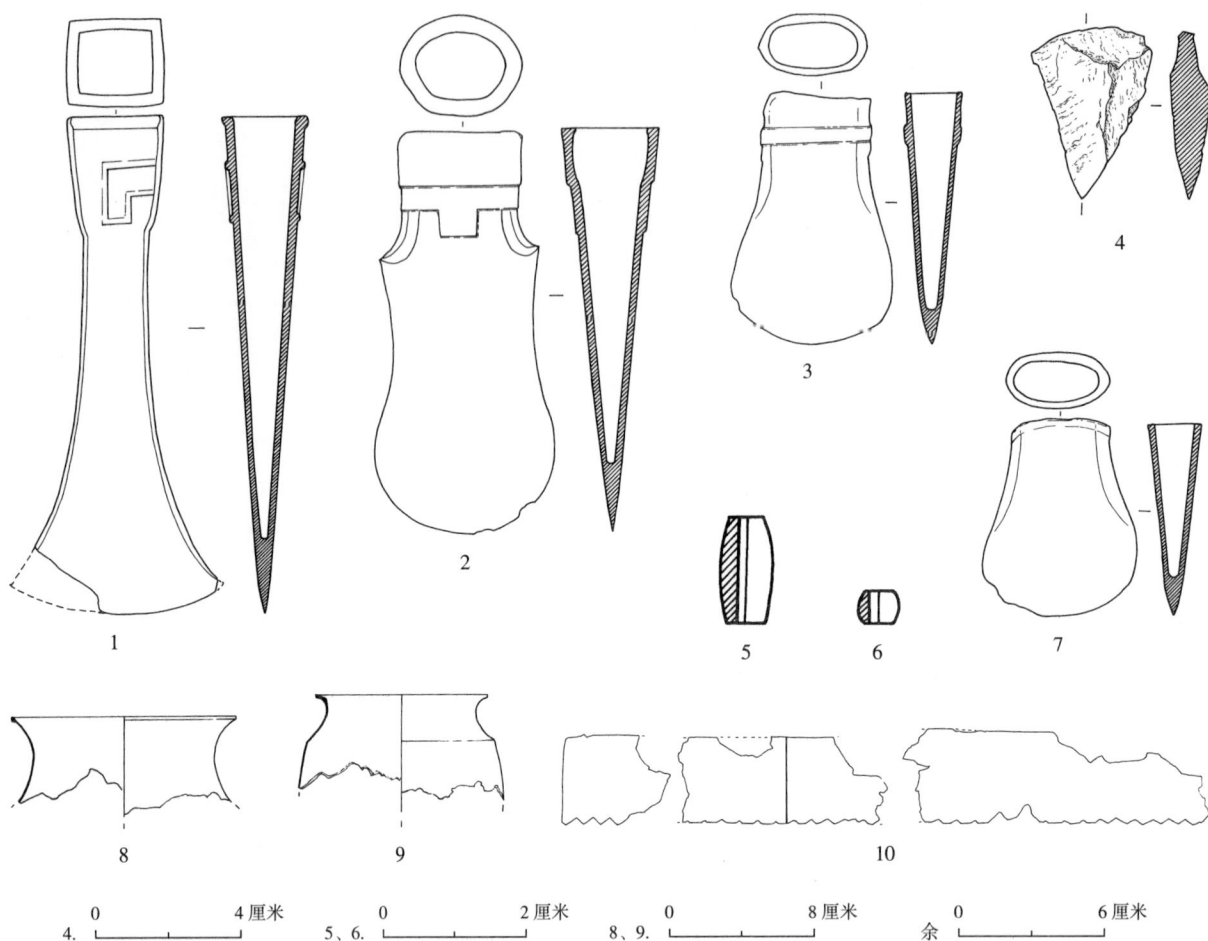

图二二一　M50 出土器物

1.斤（M50：7）　2、3、7.钺（M50：4、16、8）　4.石器（M50：30）　5、6.珠（M50：12、14）　8.鋬（M50：5）　9.釜甑（M50：10）
10.锯（M50：3）

颈部以下残。口径 12.4、残高 4.8 厘米（图二二一：8）。

　　釜　2 件。M50：22，斜立沿，圆鼓腹，沿下有两辫索纹立耳。口径 24.4、腹径 25.6、通高 14 厘米（图二一九：5；图版一○四：4）。M50：19，斜立沿，扁鼓腹，沿下有两辫索纹立耳，其内有少量的禽肉骨骼。口径 24、腹径 25.2、通高 12.4 厘米（图二一九：4）。

　　3. 玉石器

　　4 件。计有珠 3、石器 1。

　　珠　3 件。M50：14，浅绿色，圆柱形，中空。直径 0.5、孔径 0.3、通高 0.5 厘米（图二二一：6）。M50：12，黑色，圆柱形，中空。直径 0.7、孔径 0.3、通高 1.4 厘米（图二二一：5）。M50：13，残损严重。

　　石器　1 件。M50：30，体呈锥状，上端保持自然砾石面，其他各面均可见打制剥片的痕迹。长 4.5 厘米（图二二一：4）。

四四　M51

墓葬位于 T5930 的南部，开口于①层下。

（一）墓葬形制

长方形竖穴土坑墓，方向 180°，墓壁较直，墓底较平。长 276、宽 112~120、深 15 厘米（图二二二；图版一〇五：1）。墓葬填土为黄褐色砂土，土质较硬，包含有极其少量的木炭、陶片。

（二）葬式葬具

未发现葬具，亦未发现葬具朽痕。墓中发现 2 具人骨架，均保存极差，西边一具，骨骼较为短小，呈仰身直肢葬，头向南，面向上，从痕迹判断双手平放于身体的左右两侧，性别、年龄不详。东边一具，骨骼较粗长，亦呈仰身直肢葬，头向南，面向上，性别、年龄不详。

（三）随葬品

随葬品 28 件。包括陶豆 3、陶圜底罐 4、铜剑 1、铜斧 1、铜印章 1、铜镜 1、铜手镯 2、铜箭镞 4、珠 11。所有随葬品均集中在墓室内人骨旁，其中西部人骨头部和胸部均发现珠，推测可能为项链类装饰品，铜镜置于腹部，印章置于右手出，手镯戴于左手上，两腿之间亦放置 3 颗珠，脚下置有两件陶器。东部人骨左上肢放置有 4 枚箭镞，铜剑和铜矛置于腰间右侧，陶器置于脚下。

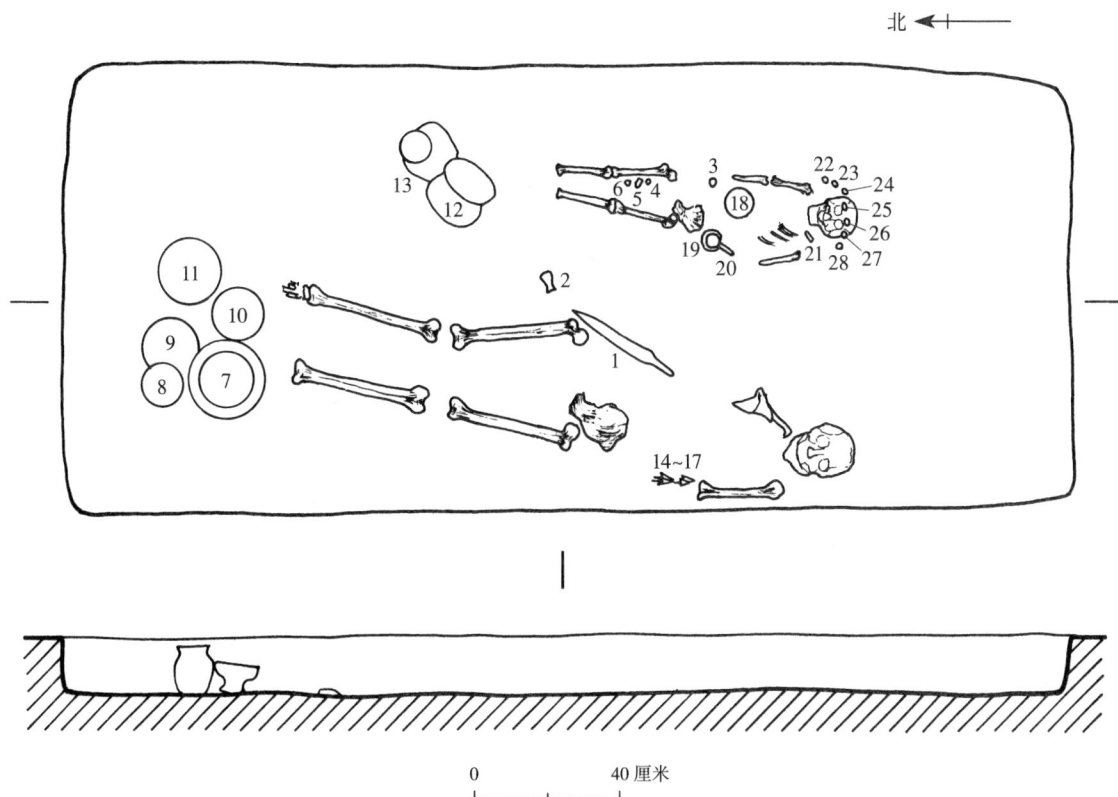

图二二二　M51 平、剖面图

1.铜剑　2.铜斧　3.铜印章　4~6、21~28.珠　7、11~13.陶圜底罐　8~10.陶豆　14~17.铜箭镞　18.铜镜　19、20.铜手镯

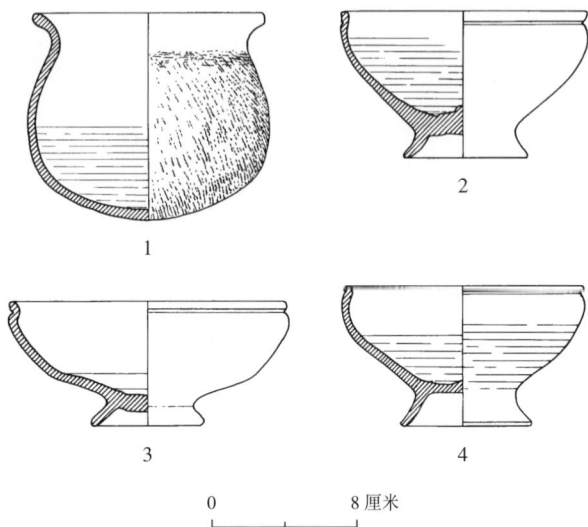

图二二三　M51 出土陶器

1.圜底罐（M51：12）　　2~4.豆（M51：10、9、8）

1. 陶器

7件。计有豆3、圜底罐4（图版一〇五：2）。

豆　3件。依据形制的不同可分为两种类型。

第一种　2件。斜直腹。M51：8，夹细砂灰褐陶，尖唇，窄斜沿，侈口，喇叭状圈足。沿下一周凹弦纹。口径13.4、底径7.2、通高7.6厘米（图二二三：4；图版一〇六：1）。M51：9，夹细砂红胎黑皮陶，圆唇，窄斜沿较宽，侈口，略折腹，喇叭状圈足极小。口下有一周弦纹。口径15.2、底径6.2、通高6.8厘米（图二二三：3；图版一〇六：2）。

第二种　1件。深腹。M51：10，夹砂灰陶，方唇，敛口，口部略有变形，折肩，喇叭状圈足，肩部有一周弦纹。口径13.6、底径6.8、通高8厘米（图二二三：2；图版一〇六：3）。

圜底罐　4件。仅1件保存较好。M51：12，夹砂红褐陶，圆唇，侈口，最大径在口部，腹微鼓，圜底，口下部遍饰中绳纹。口径12.6、通高11.2厘米（图二二三：1；图版一〇六：4）。M51：11，夹砂红褐陶，上部残，圜底，腹部以下遍饰粗绳纹。M51：7和M51：13，均为夹砂红褐陶，器形不清。

2. 铜器

10件。计有剑1、斧1、印章1、镜1、手镯2、箭镞4。

剑　1件。M51：1，柳叶形，短茎，茎两端各有一个穿孔，剑体较宽，隆脊。剑身下部铸刻有纹饰：一面为手心花蒂纹；另一面上端为虎纹，中间为两个上下向对的三角纹与波浪纹，下端为左右相对的"S"形纹。通长33.2、身宽3.9厘米，茎长5.5、宽1.6厘米（图二二四：1；图版一〇七：1）。

斧　1件。M51：2，无肩，椭圆形銎口，銎与腰基本相等，弧刃，刃尖上翘。腰宽3.8、刃宽6.5、通长8厘米，銎口长径4.5、短径2.9厘米（图二二四：2；图版一〇七：2）。

印章　1件。M51：3，圆形。正面图文为可分为上下两个部分，上面为两个"王"字中间夹一铎；下面线条呈反向缠绕状，形似卷云纹。背面有一桥形钮座。边缘残，锈蚀较严重。直径2.3、通高0.8厘米（图二二五：15；图版一〇七：3）。

镜　1件。M51：18，圆形，形体小，出土时已破碎，无法修复。

手镯　2件。圆形，内壁光滑，外壁中部凸起。M51：19，直径6.2、宽0.8厘米（图二二五：16）。M51：20。平成圆形，直径4.5厘米。

箭镞　4件。形制相似。三角形，双翼，长实铤，器身中脊隆起，两面各有四个凹槽，双翼展开呈倒刺状，铤呈菱形锥状。M51：14，残，双翼较窄，残长4、铤长1.6、双翼宽1.5厘米（图二二五：12）。

M51：15，残，双翼较长。双翼宽2.2厘米。M51：16，双翼较长。通长4.6、铤长1.5、双翼宽2厘米（图二二五：14）。

M51：17，双翼较窄，关部较长。残长3.2、铤长0.6、双翼宽1.3厘米（图二二五：13）。

3. 玉石器

11件。计有角珠8、料珠1、管珠2（图版一○七：4）。

角珠　8件。出于墓主人的头部，可能系头上装饰品。椭圆形，通体为黑色，穿孔为对钻形成。M51：4，孔径0.2、长2.2、最大径1.1厘米（图二二五：9）。

M51：21，孔径0.3、长1.6、最大径0.8厘米（图二二五：1）。

M51：26，孔径0.3、长1.5、最大径1厘米（图二二五：6）。

M51：27，孔径0.2、长1.5、最大径0.8厘米（图二二五：7）。

M51：25，孔径0.3、长1.5、最大径1厘米（图二二五：5）。

M51：24，孔径0.3、长2.1、最大径1厘米（图二二五：4）。

M51：28，孔径0.3、长2、最大径1厘米（图二二五：8）。M51：23，孔径0.2、长1.7、最大径1厘米（图二二五：3）。

料珠　1件。扁球形，中有一圆穿，整体为绿色，上有12个深绿色不规则圆点，其外均有一周黄褐色圆圈。M51：6，直径1.7、孔径0.6、高1.3厘米（图二二五：10）。

管珠　2件。泥质红陶，外涂白衣。圆柱状，两端有一穿孔。M51：5，长2.3、直径0.8、孔径0.4厘米（图二二五：11）。M51：22，长1.1、直径0.7、孔径0.2厘米（图二二五：2）。

图二二四　M51出土铜器

1.剑（M51：1）　2.斧（M51：2）

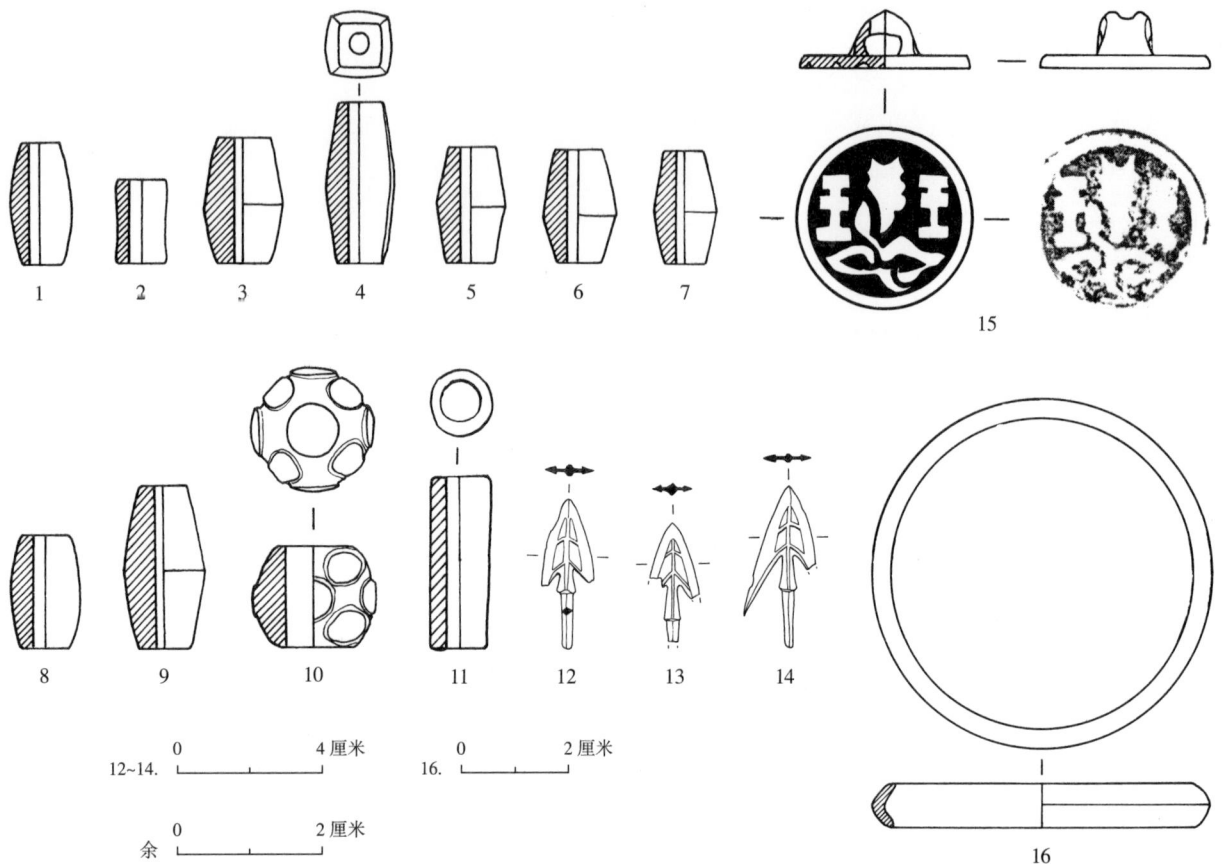

图二二五 M51 出土铜器及珠

1~11.珠（M51：21、22、23、24、25、26、27、28、4、6、5） 12~14.箭镞（M51：14、17、16） 15.印章（M51：3） 16.手镯（M51：19）

四五 M52

墓葬位于 T5929 的南部，开口于①层下。

（一）墓葬形制

为长方形竖穴土坑墓，方向180°，墓壁较直，墓底较平。长297、宽82~92、深14厘米（图二二六）。墓葬填土为黄褐色砂土，土质较硬，包含有极其少量的木炭、陶片。

（二）葬式葬具

未发现葬具，亦未发现葬具朽痕，墓内人骨架腐朽无存，性别、年龄不清，头向、面向、葬式不明。

（三）随葬品

随葬品2件。均为陶器。包括陶豆1、陶网坠1。均置于墓室北部。

陶器 2件。计有豆1、网坠1件。

豆 1件。M52：1，夹砂灰陶，圆唇，直口，斜直腹，圈足残。口径15、残高6厘米（图二二七：1）。

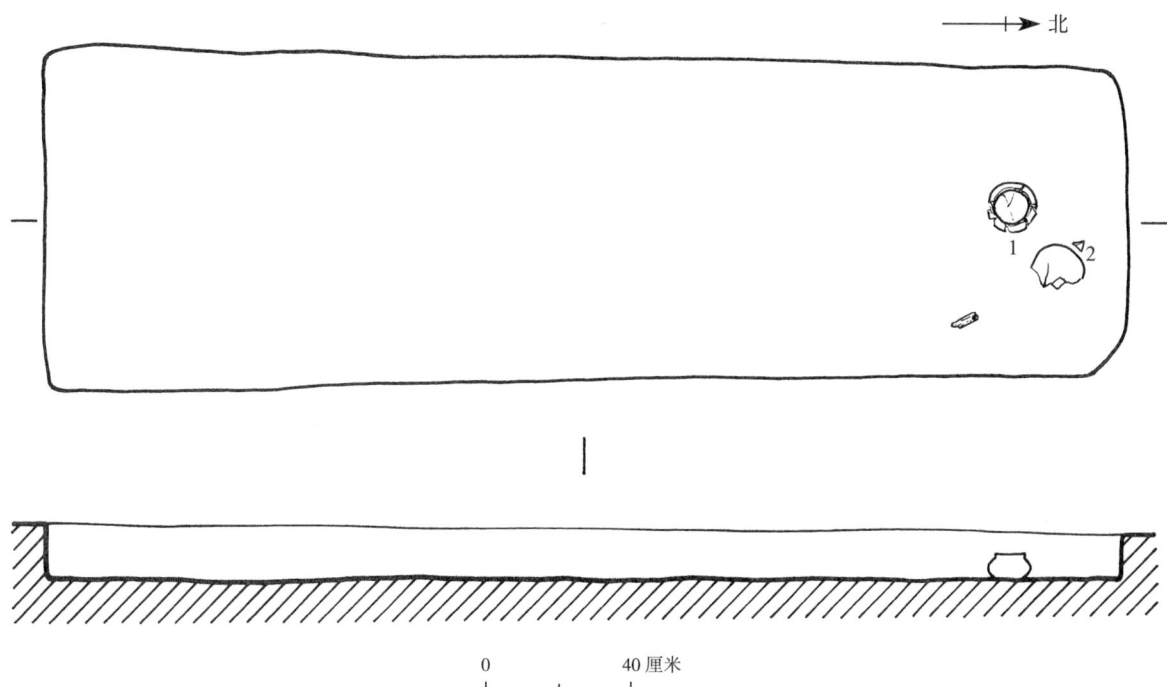

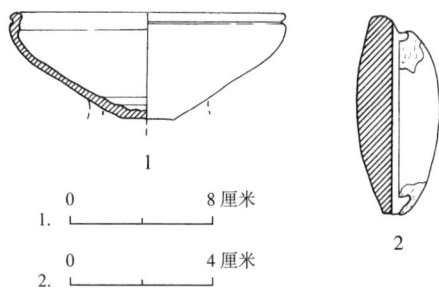

图二二六　M52 平、剖面图

1. 陶豆　2. 陶网坠

网坠　1 件。M52：2，泥质灰陶，体呈椭圆形。最大径 2.4、孔径 0.4、通长 5.2 厘米（图二二七：2）。

四六　M53

位于 T5929 的中部，开口于①层下。

（一）墓葬形制

为长方形竖穴土坑墓，紧邻 M52，方向 180°，墓壁较直，墓底较平。长 280、宽 80~88、深 45 厘米（图二二八；图版一〇八：1、2）。墓葬填土为黄褐色砂土，土质较硬，包含有极其少量的木炭。

图二二七　M52 出土陶器

1. 豆（M52：1）　2. 网坠（M52：2）

（二）葬式葬具

未发现葬具，亦未发现葬具朽痕，墓中人骨架腐朽无存。性别、年龄不详，头向、面向、葬式不明。

（三）随葬品

随葬品 57 件。主要是装饰品。包括陶豆 2、陶壶 1、陶圜底罐 3、陶纺轮 1、铜钺 1、铜釜甑 1、铜盆 1、铜手镯 6、铜削刀 1、珠 40。铜盆、铜釜甑和部分陶器置于墓室北部，珠和手镯置于墓室中部，且与部分陶器杂处（图版一〇八：3）。

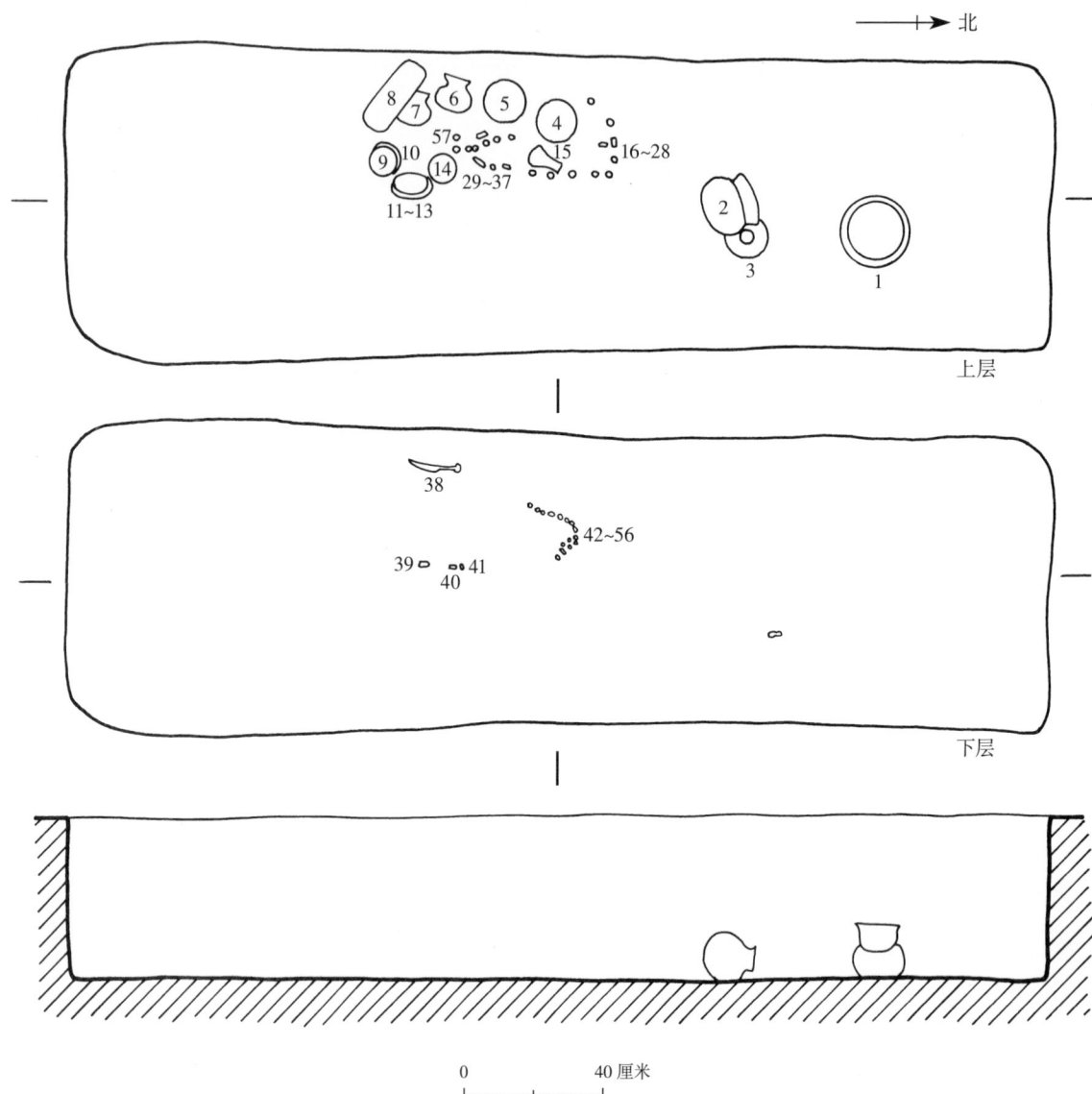

图二二八　M53 平、剖面图

1. 铜釜甑　2、5、7. 陶圜底罐　3、4. 陶豆　6. 陶壶　8. 陶盆　9~14. 铜手镯　15. 铜钺　16~37、39~56. 珠　38. 铜削刀　57. 陶纺轮

1. 陶器

7 件。计有豆 2、壶 1、圜底罐 3、纺轮 1（图版一〇九：1）。

豆　2 件。依据形制的不同可分为两种类型。

第一种　1 件。中柄豆。M53：3，夹细砂红胎黑皮陶，盘极浅，喇叭状圈足较大。轮制。口径 11.8、底径 8、通高 5.6 厘米（图二二九：5；图版一〇九：2）。

第二种　1 件。M53：4，夹细砂红胎黑皮陶，方唇，弧肩，斜直腹，喇叭状圈足较小。轮制。口径 12.3、底径 6.3、通高 5.4 厘米（图二二九：4；图版一〇九：3）。

壶　1 件。M53：6，夹细砂灰陶，尖圆唇，侈口，束颈，广肩，鼓腹，平底内凹。口径 8.8、腹径 11.2、底径 5.3、通高 9.4 厘米（图二二九：3；图版一〇九：4）。

圆底罐　3 件。依据形制的不同可分为两种类型。

第一种　1 件。M53：2，夹细砂灰褐陶，圆唇，侈口，折肩，圆鼓腹，圜底。手制。素面。口径 10.4、腹径 14.1、通高 12.4 厘米（图二二九：1；图版一一〇：1）。

第二种　2 件。M53：7，夹砂红褐陶，圆唇，侈口，束颈，广肩，圆鼓腹，圜底。口径 10、腹径 12.2、通高 11.2 厘米（图二二九：2；图版一一〇：2）。M53：5，残，无法复原。

纺轮　1 件。M53：57，泥质黑褐陶，塔形。上有数周弦纹。直径 1.4~3、孔径 0.4、通高 1.8 厘米（图二二九：6）。

2. 铜器

10 件。计有钺 1、釜甑 1、盆 1、手镯 6、削刀 1。

钺　1 件。M53：15，椭圆形銎口，无肩，弧刃。銎口外有两道凸棱。通长 8.2、刃宽 6 厘米，銎口长径 3.9、短径 2.1 厘米（图二三〇：2；图版一一〇：3）。

釜甑　1 件。M53：1，釜甑分体，甑部为圆唇，斜沿，侈口，束颈，鼓腹，底凸起如圈足，体上大下小，置于釜上，肩部有两对称的辫索纹圆耳，甑底有放射状长条形孔算。釜为子母口，尖唇，高领，广肩，鼓腹，平底。肩部有两对称的辫索纹圆耳，底部有较厚的烟炱。甑口径 17.4、腹径 17.6、底径 9.6、高 12 厘米；釜口径 11.2、腹径 19.6、高 12.6、通高 23 厘米（图二三〇：1；图版一一〇：4）。

盆　1 件。M53：8，出土时已残碎，无法修复，窄平沿，侈口。

手镯　6 件。大小形制接近。圆形，内壁光滑，外壁凸起。上铸刻有短线纹。M53：9，直径 7、宽 0.6 厘米（图二三〇：6）。M53：10，直径 6.7、宽 0.5 厘米（图二三〇：4）。M53：11，直径 6.8、宽 0.5 厘米（图二三〇：5）。M53：12，直径 7.1、宽 0.6 厘米（图二三〇：3）。M53：13，直径 6.8、宽 0.6 厘米（图二三〇：8）。M53：14，直径 7、宽 0.6 厘米（图二三〇：7）。

削刀　1 件。M53：38，椭圆形圜首，直柄，宽凸刃，刃尖上翘，柄及刃部剖面呈三角形，刃部残。圜首长径 3、短径 2.2 厘米，柄长 5.1、宽 0.8 厘米，残长 16.7、刃宽 1.4 厘米（图二三一：39）。

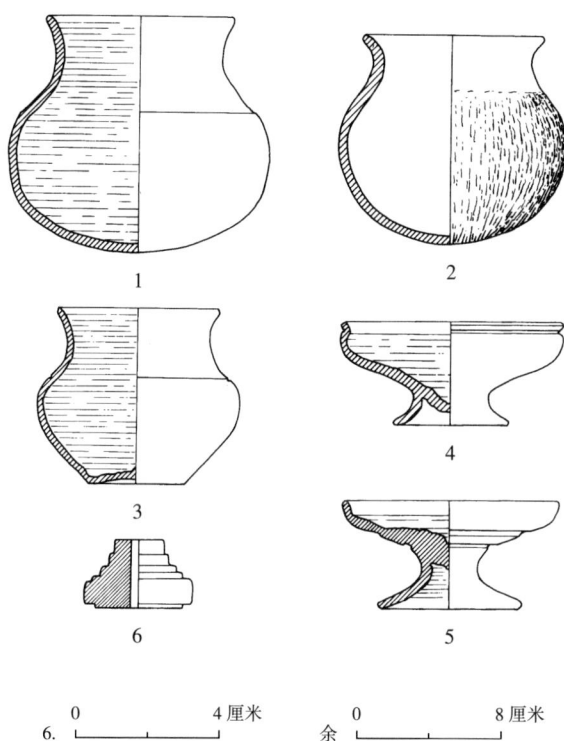

图二二九　M53 出土陶器

1、2. 圆底罐（M53：2、7）　3. 壶（M53：6）　4、5. 豆（M53：4、3）　6. 纺轮（M53：57）

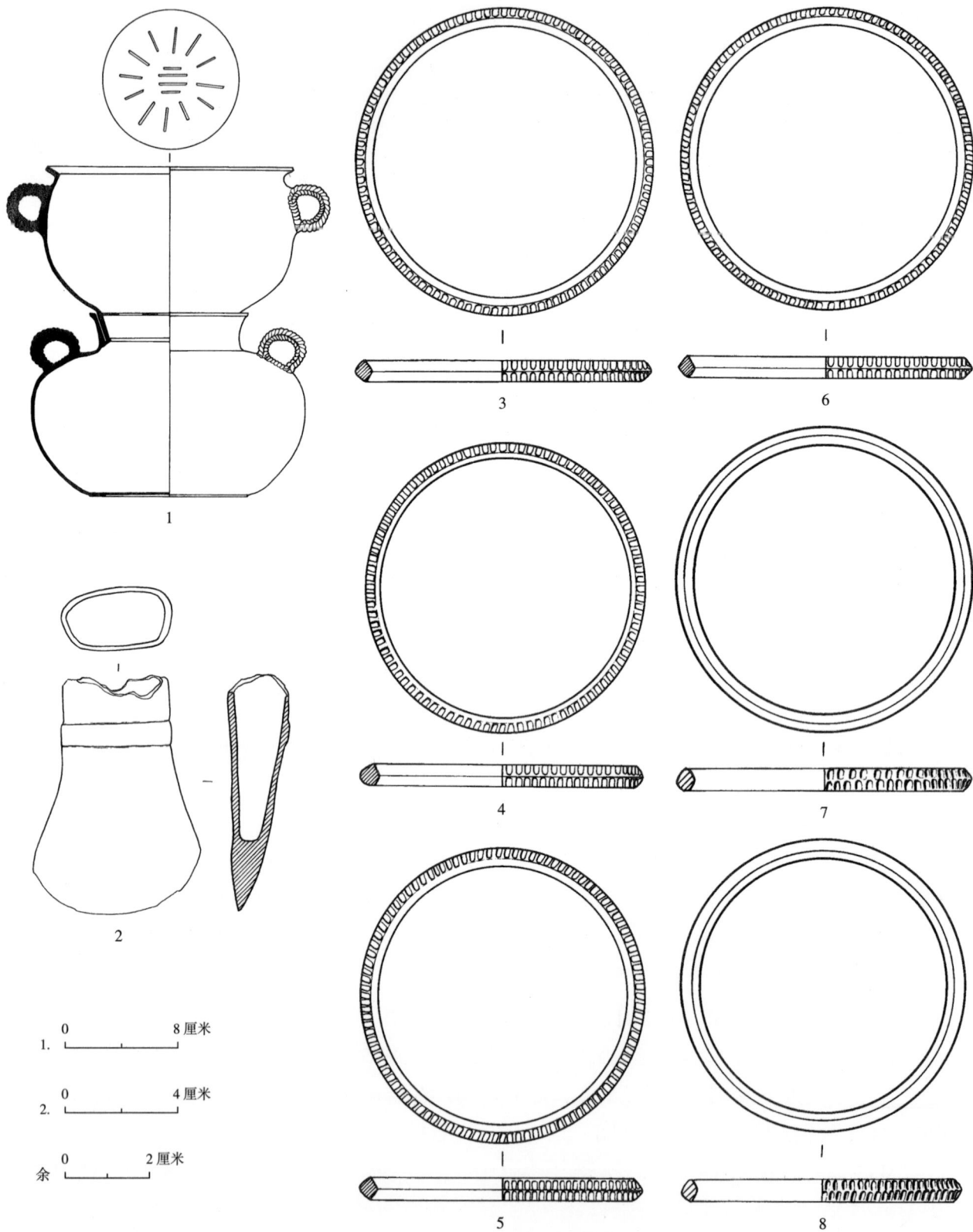

1.
　　0　　　　　　8 厘米

2.
　　0　　　　　4 厘米

余　　0　　　2 厘米

图二三〇　M53 出土铜器

1. 釜甑（M53：1）　2. 钺（M53：15）　3~8. 手镯（M53：12、10、11、9、14、13）

3. 珠

40 件。（表七；图版一一〇：5）

角珠　19 件。圆形，黑色。

玉珠　16 件。圆形，白色。

陶珠　5 件。主要是球形，上有不规则的圆点。

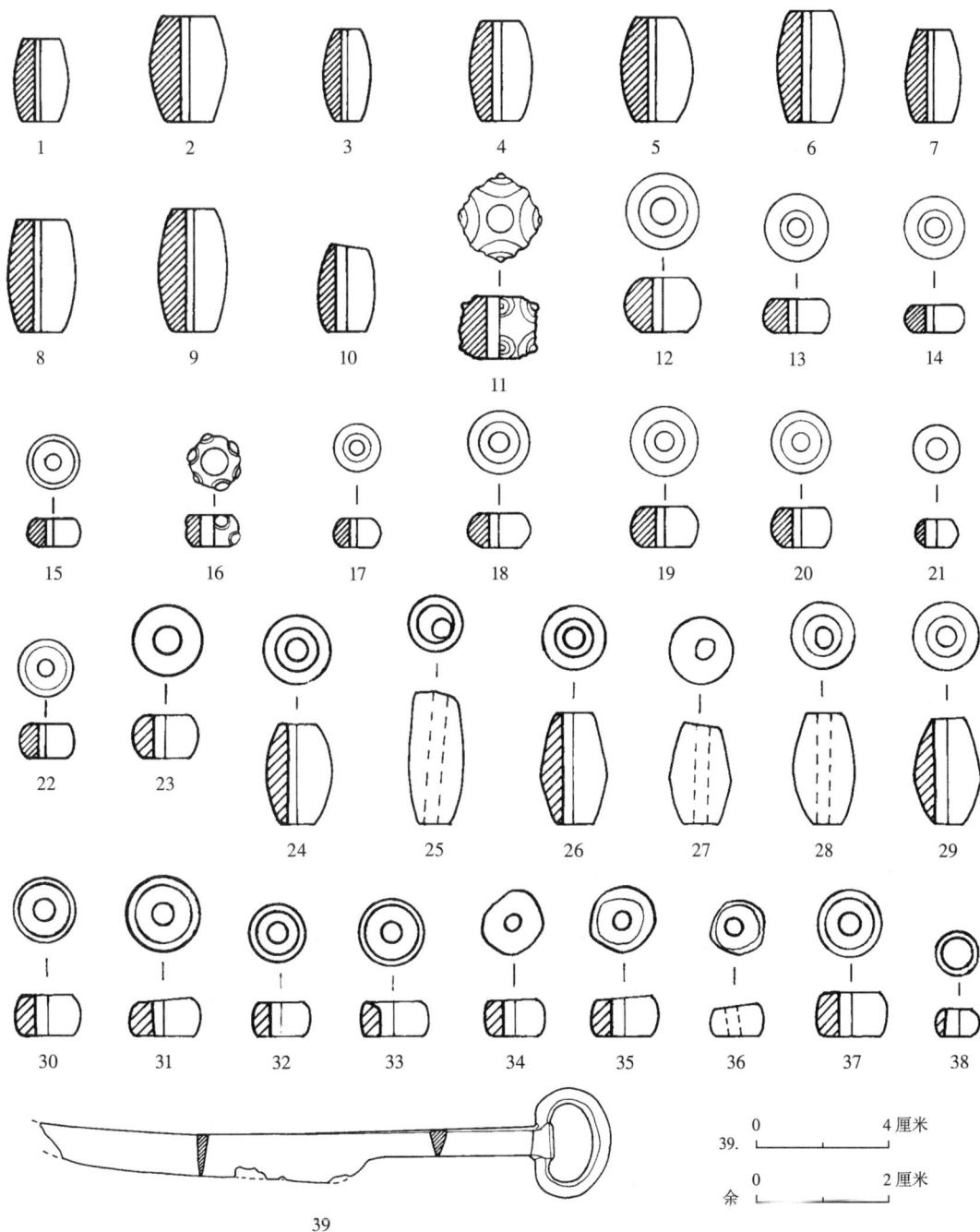

图二三一　M53 出土铜削刀及珠

1~38. 珠（M53：28、41、51、45、43、33、22、36、42、30、24、25、21、20、31、50、32、52、26、37、40、17、49、16、19、53、18、29、48、47、23、35、44、46、55、27、34、54）　39. 削刀（M53：38）

表七　M53 出土珠饰统计表

单位：厘米

编号	形制	质地	长	直径	孔径	图号
M53：16	圆形	角	1.5	1	0.2	图二三一：24
M53：17	圆形	玉	0.5	0.8	0.2	图二三一：22
M53：18	圆形	角	1.4	1	0.3	图二三一：27
M53：19	圆形	角	1.9	0.8	0.2	图二三一：25
M53：20	圆形	玉	0.4	0.8	0.3	图二三一：14
M53：21	圆形	玉	0.5	1	0.2	图二三一：13
M53：22	圆形	角	1.3	0.8	0.2	图二三一：7
M53：23	圆形	玉	0.5	1	0.2	图二三一：31
M53：24	球形	陶	0.9	1.2	0.4	图二三一：11
M53：25	圆形	陶	0.7	1.2	0.3	图二三一：12
M53：26	圆形	玉	0.6	1	0.2	图二三一：19
M53：27	圆形	玉	0.4	0.8	0.2	图二三一：36
M53：28	圆形	角	1.2	0.8	0.2	图二三一：1
M53：29	圆形	角	1.6	1	0.2	图二三一：28
M53：30	圆形	角	1.3	0.8	0.4	图二三一：10
M53：31	圆形	玉	0.4	0.8	0.2	图二三一：15
M53：32	圆形	玉	0.4	0.7	0.2	图二三一：17
M53：33	圆形	角	1.6	1	0.2	图二三一：6
M53：34	圆形	玉	0.6	1.1	0.2	图二三一：37
M53：35	圆形	玉	0.5	0.9	0.3	图二三一：32
M53：36	圆形	角	1.6	1	0.2	图二三一：8
M53：37	圆形	玉	0.6	1	0.2	图二三一：20
M53：39	圆形	玉	残损严重			
M53：40	圆形	角	0.4	0.6	0.2	图二三一：21
M53：41	圆形	角	1.5	1.2	0.3	图二三一：2
M53：42	圆形	角	1.7	1	0.2	图二三一：9
M53：43	圆形	角	1.5	1.1	0.2	图二三一：5
M53：44	圆形	角	0.5	1	0.3	图二三一：33
M53：45	圆形	角	1.5	1	0.3	图二三一：4
M53：46	圆形	玉	0.5	1	0.3	图二三一：34
M53：47	圆形	玉	0.6	1	0.2	图二三一：30
M53：48	圆形	角	1.5	1	0.2	图二三一：29
M53：49	圆形	玉	0.6	1	0.2	图二三一：23
M53：50	球形	陶	0.5	0.9	0.4	图二三一：16
M53：51	圆形	角	1.3	0.7	0.2	图二三一：3

续表七

编号	形制	质地	长	直径	孔径	图号
M53：52	圆形	玉	0.5	1	0.3	图二三一：18
M53：53	圆形	角	1.6	1	0.2	图二三一：26
M53：54	圆形	陶	0.4	0.6	0.2	图二三一：38
M53：55	圆形	玉	0.6	1	0.2	图二三一：35
M53：56	圆形	陶	残损严重			

四七　M54

墓葬位于 T5830 的东部及 T5829 的东南部，开口于①层下，被近现代灰坑 H57、H58、H59 和 M40 打破。

（一）墓葬形制

为长方形竖穴土坑墓，方向 180°，南宽北窄，墓壁较直，墓底较平。长 468、宽 128~146、深 35 厘米（图二三二；图版一一一：1）。墓葬填土为黄褐色砂土，土质较硬，包含有极其少量的木炭。

（二）葬式葬具

未发现葬具，亦未发现葬具朽痕，墓内南部空无一物，人骨架和随葬品均置于墓室北部，墓中人骨架腐朽严重，墓主人呈侧身屈肢葬，头向南，面向上。性别、年龄不详。

（三）随葬品

随葬品 11 件。主要是铜器。包括陶釜 1、陶盂 1、陶尖底盏 2、铜剑 1、铜戈 1、铜钺 1、

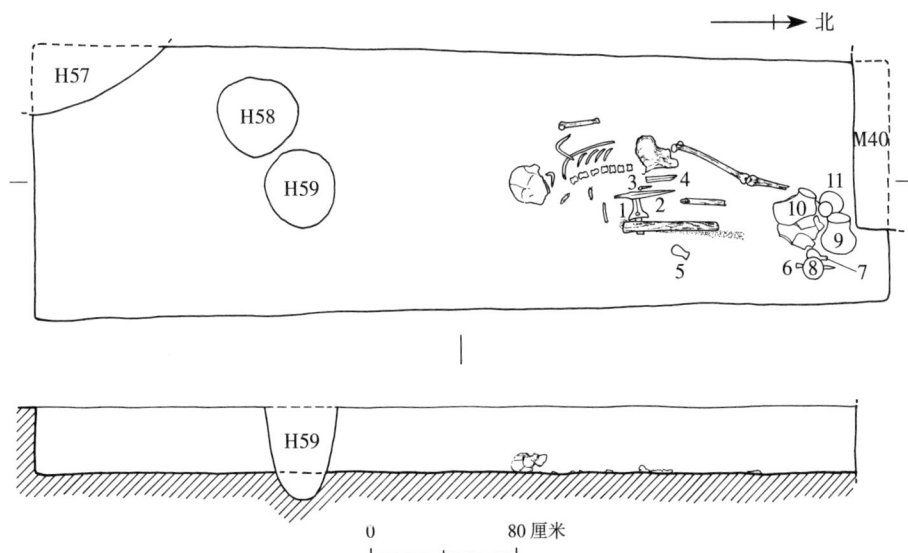

图二三二　M54 平、剖面图

1. 铜戈　2. 铜剑　3. 铜带钩　4. 铜刻刀　5. 铜钺　6. 铜矛　7. 铜斤　8. 陶釜　9、10. 陶尖底盏　11. 陶盂

铜带钩1、铜刻刀1、铜斤1、铜矛1。铜器置于墓主人右手处，陶器均置于脚下。

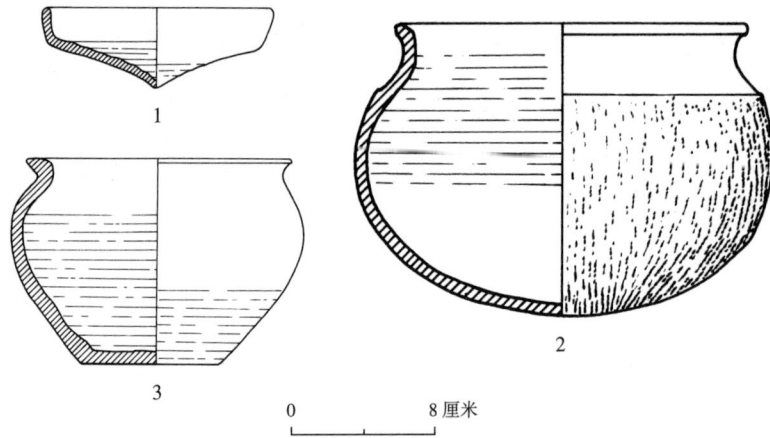

图二三三 M54出土陶器

1.尖底盏（M54：9） 2.釜（M54：8） 3.盂（M54：11）

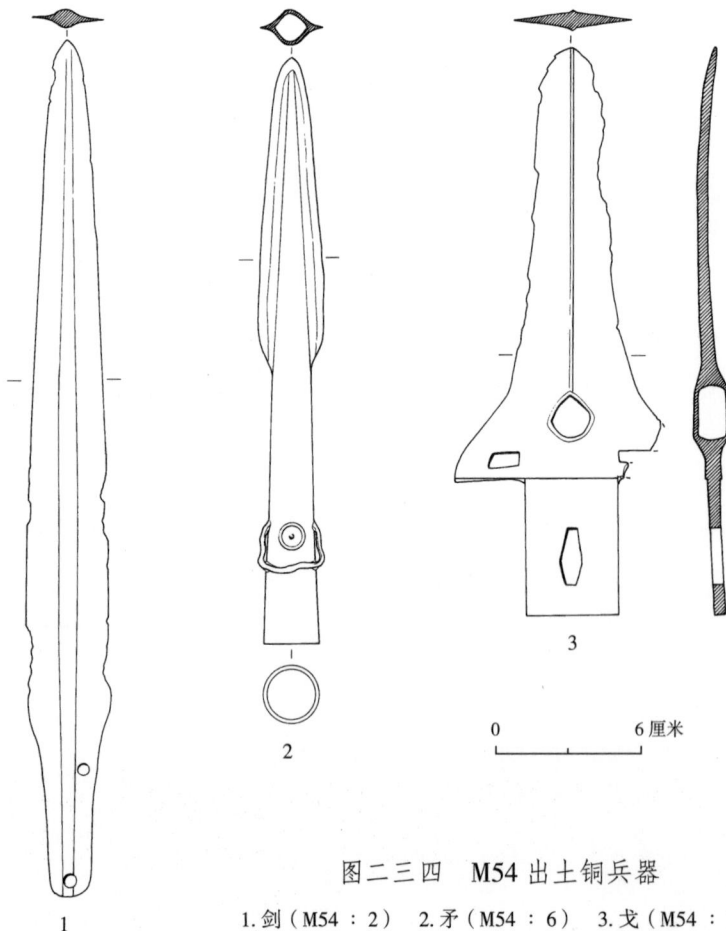

图二三四 M54出土铜兵器

1.剑（M54：2） 2.矛（M54：6） 3.戈（M54：1）

1. 陶器

4件。计有釜1、盂1、尖底盏2（图版一一一：2）。

釜 1件。M54：8，夹砂红褐陶，尖圆唇，窄立沿，束颈，溜肩，圆鼓腹，圜底。肩部以下是粗绳纹。口径19.2、腹径22.8、通高15.6厘米（图二三三：2；图版一一二：1）。

盂 1件。M54：11，夹细砂红胎黑皮陶，圆唇，侈口，束颈，溜肩，鼓腹，平底。器内轮制痕迹明显。素面。口径14.4、腹径16、底径7.6、通高10.8厘米（图二三三：3；图版一一二：2）。

尖底盏 2件。M54：9，夹细砂灰陶，圆唇，盘较深，折腹。口径12.4、通高2.2厘米（图二三三：1；图版一一二：3）。M54：10，夹细砂灰褐陶，残损严重。

2. 铜器

7件。计有矛1、剑1、戈1、钺1、斤1、削刀1、带钩1。

矛 1件。M54：6，长骹，窄叶，双弓形耳，双耳下部在骹部相互缠绕。骹部两面铸刻有圆圈纹。通长23.4、叶宽2.8厘米，骹径2.3、长10.8厘米（图二三四：2；图版一一二：4）。

剑 1件。M54：2，体呈柳叶形，扁茎，茎上下各有一不对称圆穿，器身较窄，隆脊。素面。通长 34.1、剑宽 3.6 厘米，茎长 6.2、宽 1.9 厘米（图二三四：1；图版一一二：5）。

戈　1件。M54：1，出土时带有一长 65 厘米的木柄，长直援，隆脊，双短胡，锋呈弧状三角形，援本有一圆穿，上下胡各有一长方形穿，长方形内，内上有一菱形穿。通长 22.6、援长 17.1、内长 5.5、内宽 3.9 厘米（图二三四：3；图版一一三：1）。

钺　1件。M54：5，椭圆形銎口，无肩，束腰，弧刃。銎口外饰一道凸棱。通长 9.6、刃宽 6.8、銎口长径 4.6、短径 2.8 厘米（图二三五：3；图版一一三：2）。

斤　1件。M54：7，长方形銎口，銎口出沿，喇叭状器身，弧刃，刃两端上翘。銎口外有两道凸棱。通长 12、刃宽 4.8、身宽 2.8 厘米，銎口长 3.1、宽 2.6 厘米（图二三五：2；图版一一三：3）。

刻刀　1件。M54：4，柳叶形体，锋部较长，锋与身转折较缓，背部隆起，起三道凸棱，腹部内凹。长 16.5、宽 2.2 厘米（图二三五：1；图版一一三：4）。

带钩　1件。M54：3，龙首，整体细长，长颈，窄腹。通长 13.4、腹宽 0.8 厘米（图二三五：4；图版一一三：5）。

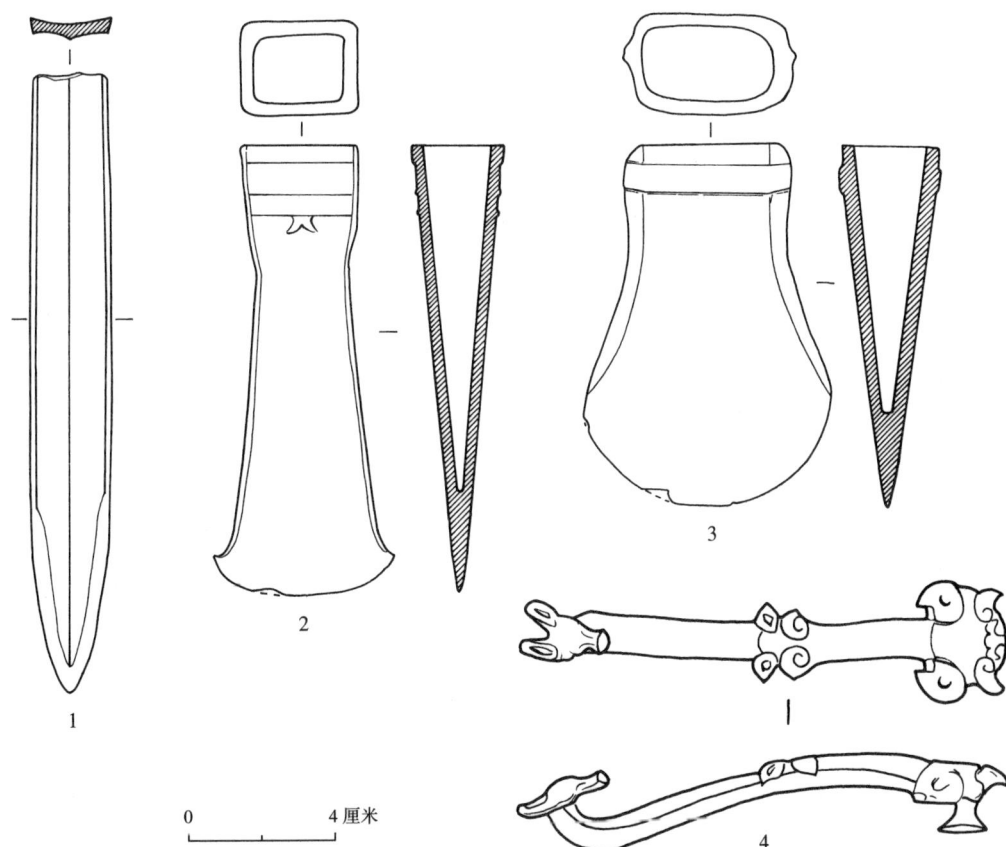

图二三五　M54 出土铜器

1. 刻刀（M54：4）　2. 斤（M54：7）　3. 钺（M54：5）　4. 带钩（M54：3）

四八　M55

位于 T5929 的中部，开口于①层下。

（一）墓葬形制

为长方形竖穴土坑墓，方向 180°，墓壁较直，墓底较平。长 260、宽 104、深 62 厘米（图二三六；图版一一四：1）。墓葬填土为黄褐色砂土，土质较硬，包含有极其少量的木炭。

（二）葬式葬具

未发现葬具，亦未发现葬具朽痕，墓内人骨架保存极差，仅存头骨和部分肢骨，头骨明显与肢骨分离，但很难判断是墓主人死前分离还是埋葬后分离？墓主人呈仰身直肢葬，头向南，因头骨分离，面向不清，双手上举交于胸前。性别、年龄不详。

（三）随葬品

随葬品 12 件。包括陶豆 3、陶盉 1、陶釜 1、陶圜底罐 2、铜剑 1、铜钺 1、铜箭镞 3。所有随葬品集中在墓主人身上和脚下，其中铜钺置于墓主人右手处，铜剑和箭镞置于腰间，陶豆和陶釜分置于墓主人左右下肢骨上，剩余陶器均置于脚下（图版一一四：2）。

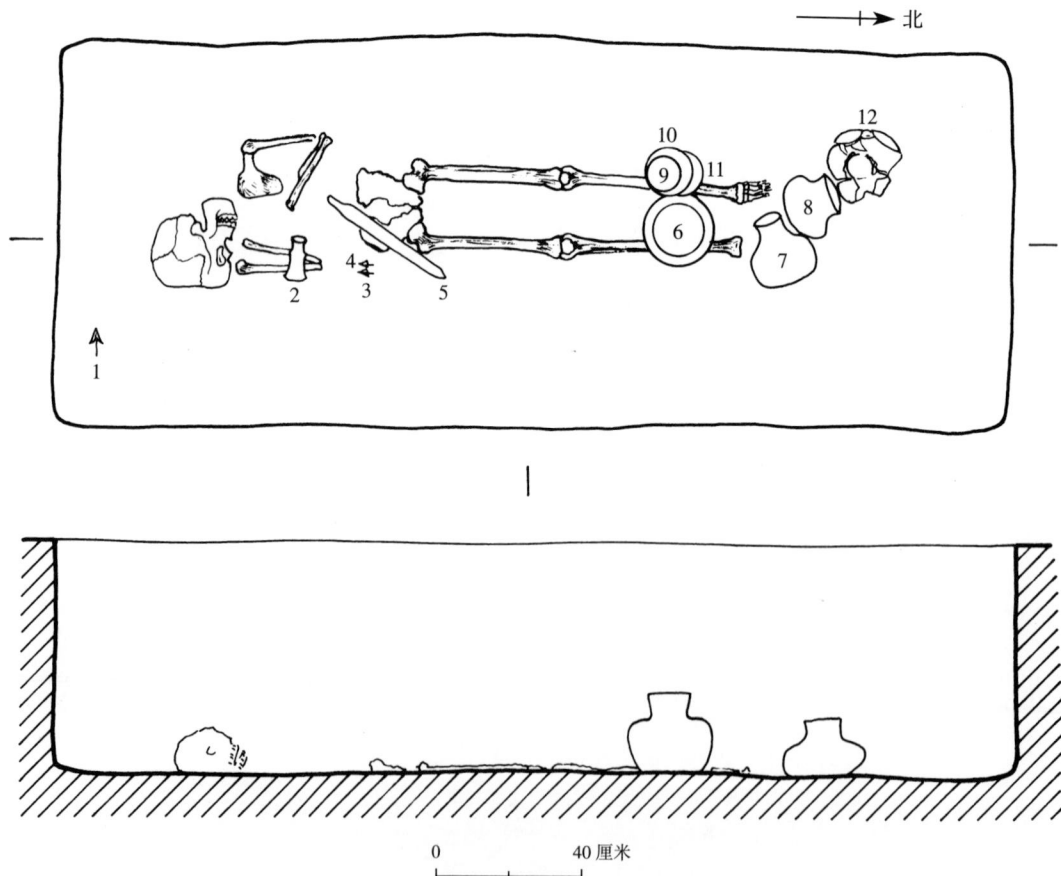

图二三六　M55 平、剖面图

1、3、4.铜箭镞　2.铜钺　5.铜剑　6.陶釜　7、12.陶圜底罐　8.陶盉　9~11.陶豆

1. 陶器

7 件。计有豆 3、盂 1、釜 1、圜底罐 2（图版一一五：1）。

豆　3 件。均轮制，形制相似。圆唇，窄斜沿，敛口，鼓肩，斜腹，喇叭状圈足。
M55：10，夹细砂灰陶。口径 14、底径 7.2、通高 7.2 厘米（图二三七：4；图版一一五：2）。
M55：11，夹细砂灰陶，圈足残。口径 14、残高 6.6 厘米（图二三七：5）。M55：9，夹
细砂褐陶，圈足残。口径 13.6、残高 6 厘米（图二三七：6）。

盂　1 件。M55：8，夹细砂黑褐陶，圆唇，平沿，矮领，溜肩，腹最大径在肩部，平底。
素面。口径 16.4、腹径 18.4、底径 10.8、通高 12 厘米（图二三七：1；图版一一五：3）。

釜　1 件。M55：6，夹细砂红胎黑衣陶，圆唇，卷沿，矮领，弧肩，鼓腹，圜底。素面。
口径 16.6、腹径 17.4、通高 12.2 厘米（图二三七：3；图版一一六：1）。

圜底罐　2 件。形制相似。圆唇，侈口，颈部较长，溜肩，鼓腹略垂，圜底。肩部以下
遍饰纵向绳纹。M55：7，夹细砂褐陶。口径 13.2、腹径 16、通高 16.4 厘米（图二三七：2；
图版一一六：2）。M55：12，夹砂红陶，饰纵向绳纹，残甚。

2. 铜器

5 件。计有剑 1、钺 1、箭镞 3。

剑　1 件。M55：5，残，柳叶形，扁茎，茎上下两端各有一不对称的圆穿，器身较窄，
隆脊。剑身下端两面均铸刻有纹饰，一面为虎纹，一面为手心花蒂纹。通长 36、身宽 3 厘米，
茎长 6.2、宽 1.8 厘米（图二三八：1；图版一一六：3）。

钺　1 件。M55：2，椭圆形銎口，平肩，亚腰，舌形刃。通长 11.6、刃宽 6.5 厘米，
銎口长径 3.4、短径 2.8 厘米（图二三八：2；图版一一六：4）。

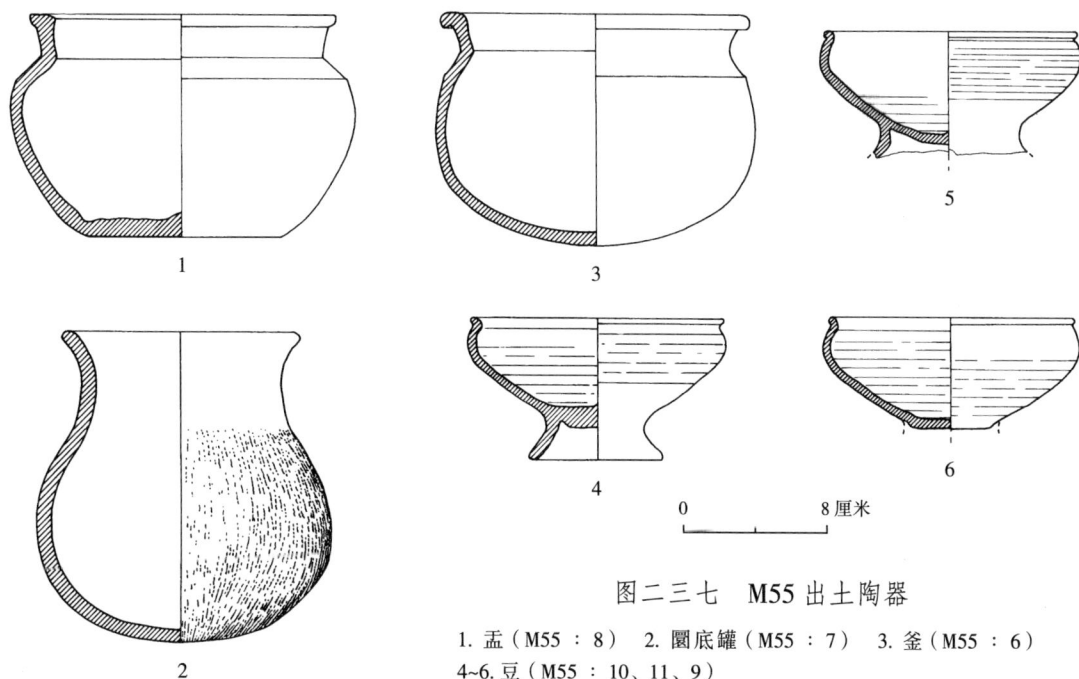

图二三七　M55 出土陶器

1. 盂（M55：8）　2. 圜底罐（M55：7）　3. 釜（M55：6）
4~6. 豆（M55：10、11、9）

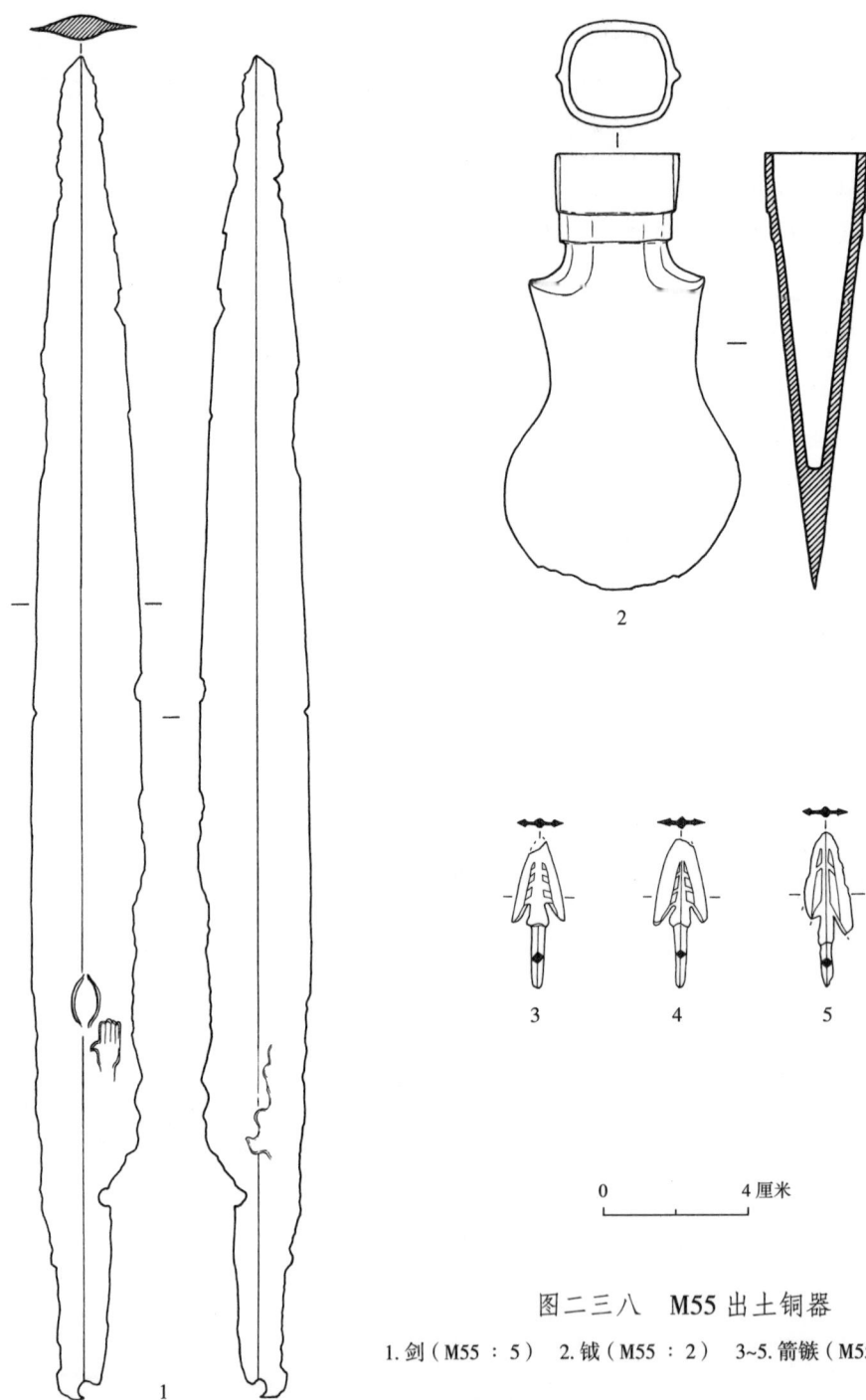

图二三八　M55 出土铜器

1.剑（M55：5）　2.钺（M55：2）　3~5.箭镞（M55：4、1、3）

箭镞　3件。形制相似。三角形，双翼，长实铤，器身中脊隆起，两面各有 4 个凹槽，双翼展开呈倒刺状，铤呈菱形锥状。M55：4，通长 4、铤长 1.8、双翼宽 1.4 厘米（图二三八：3）。M55：3，通长 4、铤长 1.6、双翼宽 1.6 厘米（图二三八：4）。M55：1，一翼残。通长 4.2、铤长 1.2、双翼宽 1.4 厘米（图二三八：5）。

四九　M56

位于 T6331 的西北部，T6431 的东北部，开口于①层下。

（一）墓葬形制

为长方形竖穴土坑墓，方向 178°，墓壁较直，墓底较平。长 327、宽 112、深 22~38 厘米（图二三九）。墓室中部似设有腰坑，平面呈不规则椭圆形，长 45、宽 38、深 15 厘米。墓葬填土为黄褐色砂土，上质较硬，包含有极其少量的木炭。

（二）葬式葬具

未发现葬具，亦未发现葬具朽痕。墓中人骨架腐朽无存，年龄、性别不详，头向、面向、葬式不明。

（三）随葬品

随葬品 12 件。主要是陶器。包括陶豆 2、陶高领罐 1、陶圜底罐 2、陶釜 2、陶釜甑 1、铜鍪 1、铜釜甑 1、铜削刀 1、铜矛 1。墓室中部的腰坑内放置一件铜矛，其余器物均集中在墓室北端。

1. 陶器

8 件。计有豆 2、高领罐 1、圜底罐 2、釜 2、釜甑 1（图版一一七：1）。

圜底罐　2 件。依据形制的不同可分为两种类型。

第一种　1 件。M56：1，夹细砂灰黑陶，方唇，直口，折肩，弧腹，圜底，腹最大径在肩部。

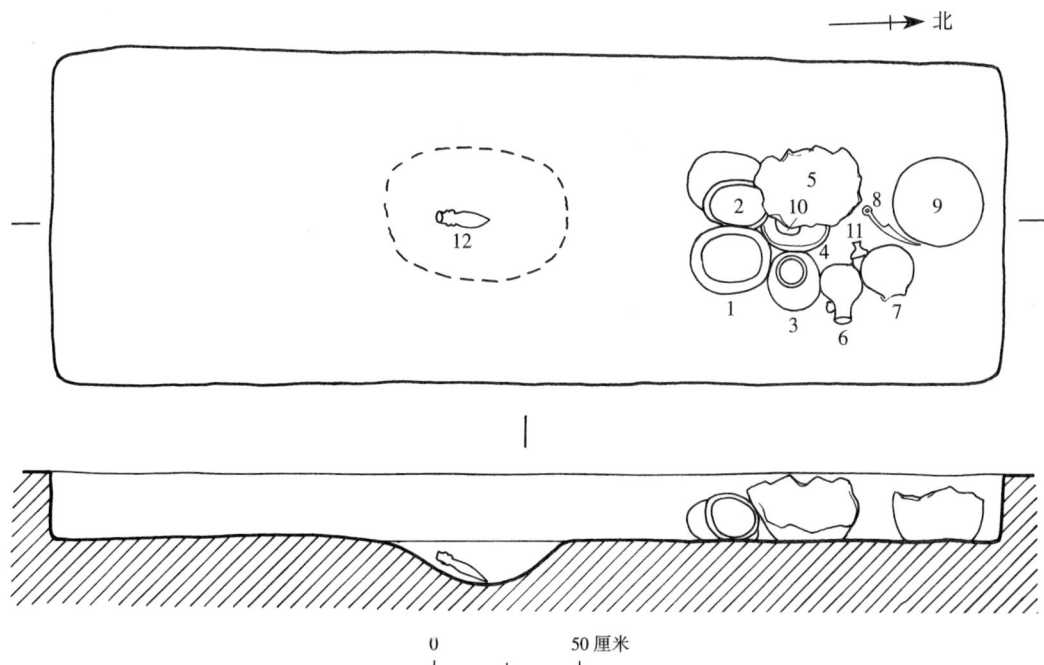

图二三九　M56 平、剖面图

1、2.陶圜底罐　3.陶高领罐　4.铜釜　5、9.陶釜　6.铜鍪　7.陶釜甑　8.陶圜首刀　10、11.陶豆　12.铜矛

肩部饰两道凹弦纹。口径 19、通高 13.6、腹径 24.8 厘米（图二四〇：4；图版一一七：2）。

　　第二种　1件。M56：2，夹细砂红褐陶，方唇，侈口，束颈，弧肩，鼓腹，圜底，最大径在腹部。肩部以下饰横向细绳纹。口径 17.2、腹径 21、通高 16.6 厘米（图二四〇：5；图版一一七：3）。

　　釜　2件。M56：5，残剩底部，夹细砂灰陶，圜底。器身遍饰绳纹。残高 4.5 厘米。M56：9，腹上部残，夹细砂红褐陶，鼓腹微垂，圜底。腹身遍饰绳纹。残高 15.6、腹径 28.6 厘米（图二四〇：6）。

　　高领罐　1件。M56：3，夹细砂灰陶，方唇，窄斜沿，直口微敛，高领，圆肩，鼓腹，圜底。领下部饰两道凹弦纹。口径 12、腹径 20、通高 16 厘米（图二四〇：1；图版一一八：1）。

　　豆　2件。依据形制的不同可分为两种类型。

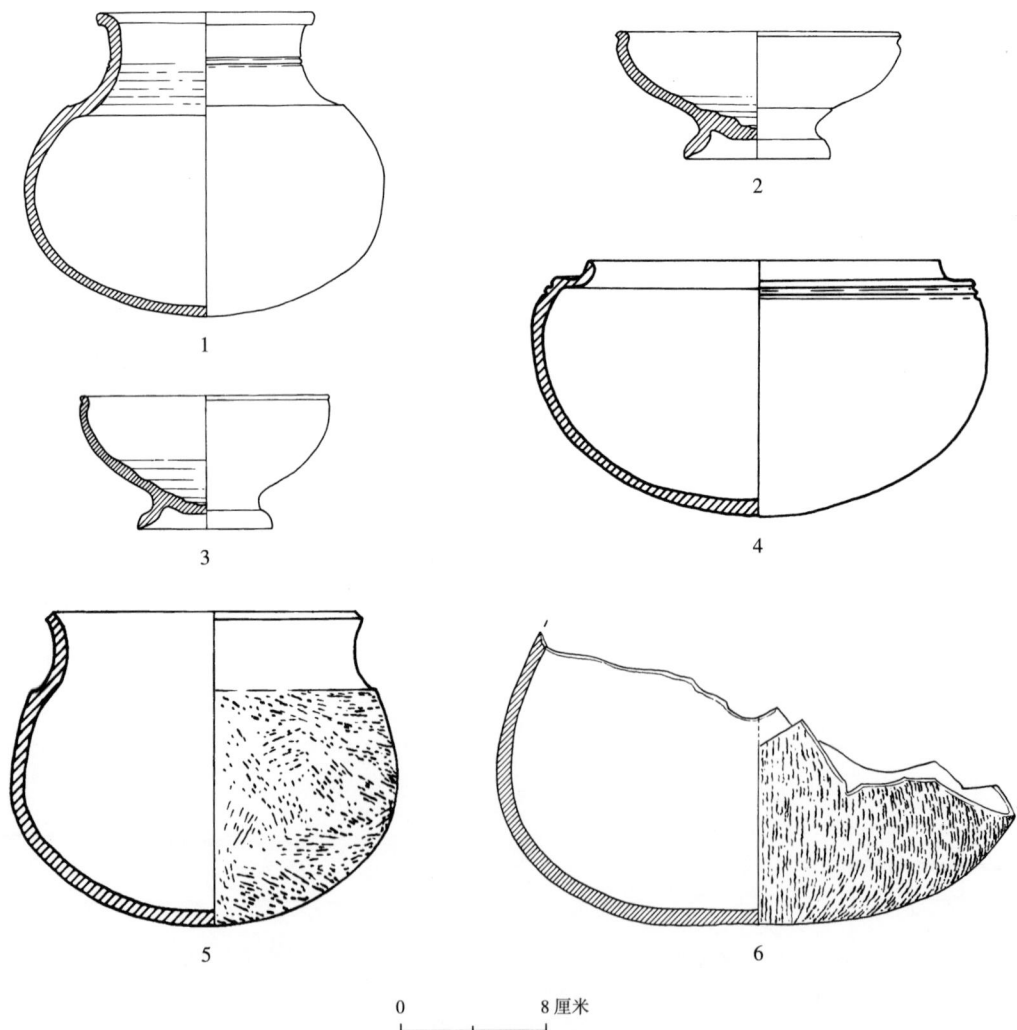

　　　　　　　　　　　　　0　　　　　　　8厘米

图二四〇　M56 出土陶器

1.高领罐（M56：3）　2、3.豆（M56：10、11）　4、5.圜底罐（M56：1、2）　6.釜（M56：9）

第一种　1件。M56：10，夹细砂灰陶，圆唇，直口微敛，浅盘，斜直腹，矮柄，喇叭状圈足。素面。口径15.2、底径8、通高6.8厘米（图二四〇：2；图版一一八：2）。

第二种　1件。M56：11，夹细砂灰褐陶，圆唇，窄斜沿，直口微侈，弧腹，深盘，矮柄，喇叭状圈足。素面。口径13.8、底径7.6、通高7厘米（图二四〇：3）。

釜甑　1件。M56：7，残，夹砂红褐陶，陶质极差。为联体釜甑，无法修复。

2. 铜器

4件。计有鍪1、釜甑1、削刀1、矛1。

矛　1件。M56：12，弧刃，宽叶，短骹，叶根部两侧各带一弓形耳。素面。通长24.2、叶宽3.7厘米，骹长6.5、径2.6厘米（图二四一：1；图版一一八：3）。

鍪　1件。M56：6，尖唇，侈口，长颈微束，球形腹，圜底。肩颈之间饰有一辫索纹半环形耳。素面。口径9.2、腹径13.4、残高12.4厘米（图二四一：4；图版一一八：4）。

釜　1件。M56：4，方唇，宽斜沿，口微敛，扁鼓腹较浅，口径与腹径基本相等，圜底。肩部饰有两个辫索纹竖环耳（一耳残）。釜内有动物肢骨。口径24.8、腹径24、通高9.6厘米（图二四一：3；图版一一八：5）。

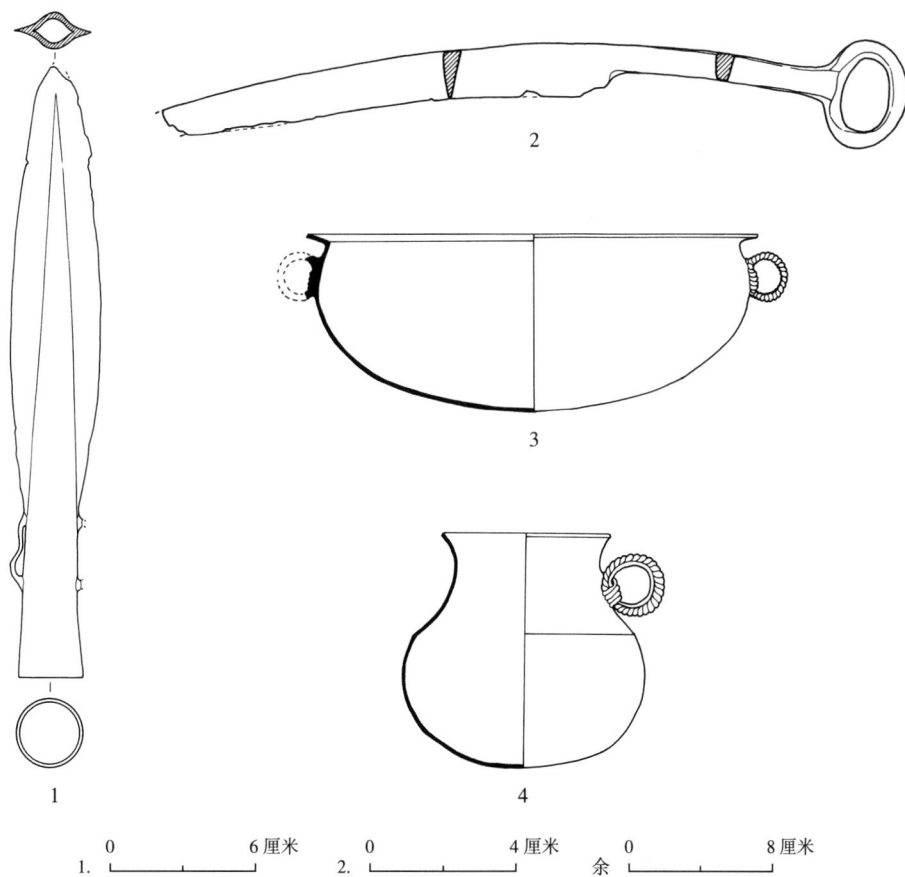

图二四一　M56出土铜器

1.矛（M56：12）　2.削刀（M56：8）　3.釜（M56：4）　4.鍪（M56：6）

削刀　1件。M56：8，椭圆形圜首，长直柄，弧背，凹刃，柄与刃部的剖面皆呈楔形。素面。长20.6、刃宽1.2厘米，柄长6、宽0.6厘米，圜首长2.8、宽2厘米（图二四一：2；图版一一八：6）。

五〇　M57

位于T6429的东南部，T6430的北部，被近现代灰坑打破，开口于①层下。

（一）墓葬形制

为长方形竖穴土坑墓，方向181°，墓壁较直，墓室底部南高北低。长330、宽80、深30~40厘米（图二四二；图版一一九：1）。墓葬填土为黄褐色砂土，土质较硬，包含有极其少量的木炭。

（二）葬式葬具

未发现葬具，亦未发现葬具朽痕。墓中人骨架腐朽无存，性别、年龄不详，头向、面向、葬式不明。。

（三）随葬品

随葬品28件。包括陶豆7、陶釜1、陶圜底罐1、陶釜甑1、陶瓮1、铜钺1、铜矛1、铜印章2、铜锥1、铜削刀2、铜手镯2、铜璜2、铜鍪1、铜釜1、珠3、木钉1。所有随葬品集中在墓室南端、中部和北端，其中铜矛和铜斤置于墓室南端，铜手镯、铜璜、削刀和珠

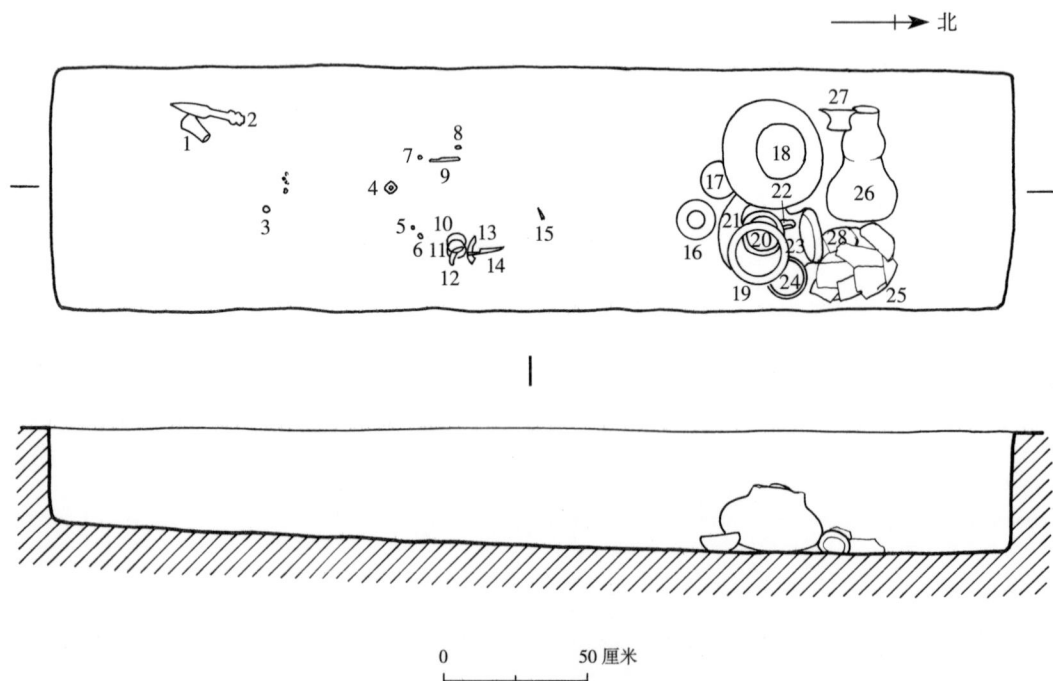

图二四二　M57平、剖面图

1. 铜钺　2. 铜矛　3、4. 铜印章　5~7. 珠　8. 铜锥　9、14. 铜削刀　10、11. 铜手镯　12、13. 铜璜　15. 木钉　16、17、22~24、27、28. 陶豆　18. 陶圜底罐　19. 陶釜　20. 铜鍪　21. 铜釜　25. 陶圜底罐　26. 陶釜甑

置于墓室中部（图版——九：2），应为墓主人随身携带之物，铜鍪、铜釜和陶器均置于墓室北端（图版一二〇：1）。

1. 陶器

11件。计有豆7、釜1、圜底罐1、釜甑1、瓮1（图版一二〇：2）。

豆　7件。依据形制的不同可分为两种类型

第一种　1件。斜直腹。M57：16，夹细砂灰陶，尖圆唇，窄斜沿，侈口，鼓肩，喇叭状圈足。沿下有一周凹弦纹，腹中部有一刻划的"X"纹饰。器内轮制痕迹明显。口径13.2、底径7、通高8厘米（图二四三：1；图版一二一：1）。

第二种　5件。弧腹。形制相似。方唇，直口微敛，深盘，矮柄，喇叭状圈足。M57：17，夹细砂黑陶。口下部有一周凹弦纹。口径13.4、底径7.4、通高7厘米（图二四三：2；图版一二一：2）。M57：22，夹细砂灰陶。口下部有一周凹弦纹。口径13、底径7.2、通高7厘米（图二四三：3；图版一二一：3）。M57：24，夹细砂褐陶，残，仅存圈足。底径7、残高2.6厘米（图二四三：6）。M57：23，仅存盘下部和圈足。残高6.4、底径7.2厘米（图二四三：5）。M57：27，夹细砂灰陶，残损严重。

第三种　1件。浅腹。M57：28，夹细砂灰褐陶，口较大，圆唇，敛口，喇叭状圈足。口下部有一周凹弦纹。口径14、底径6.8、通高6厘米（图二四三：4；图版一二一：4）。

瓮　1件。M57：18，夹砂灰褐陶，残损严重。

釜　1件。M57：19，夹砂灰陶，残损严重。

圜底罐　1件。M57：25，夹砂红褐陶，残损严重。

釜甑　1件。M57：26，夹砂红褐陶，为一连体釜甑，残损严重。

2. 铜器

13件。计有钺1、矛1、印章2、锥1、削刀2、手镯2、璜2、鍪1、釜1。

钺　1件。M57：1，銎口呈圆角长方形，内有残木，直腰，半圆形弧刃。銎口外有一凸棱。

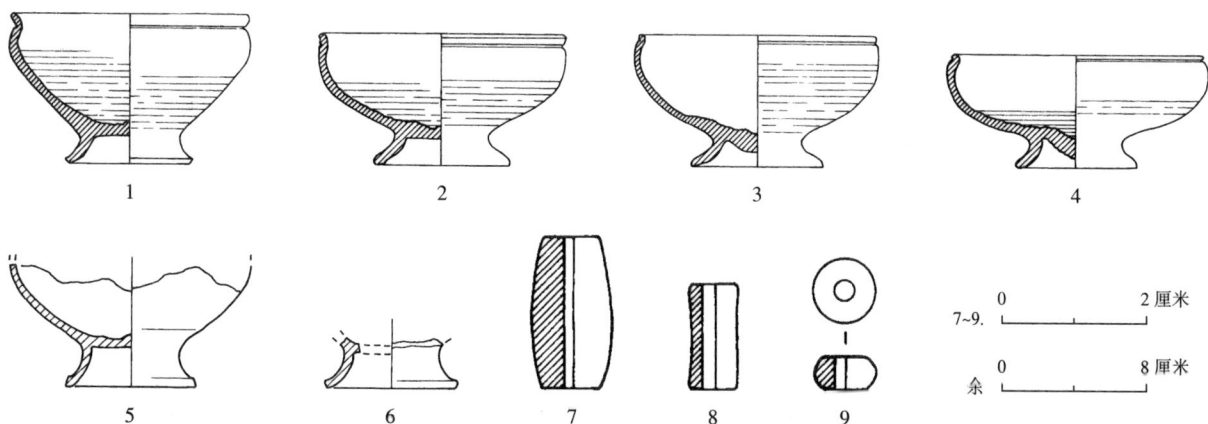

图二四三　M57出土陶豆及珠

1~6.豆（M57：16、17、22、28、23、24）　7~9.珠（M57：6、7、5）

通长 8.5、刃宽 6 厘米，銎口长径 4、短径 2.3 厘米（图二四四：5；图版一二二：1）。

矛　1 件。M57：2，残，长骹，窄叶。叶根部两侧各带一弓形耳。

印章　2 件。依据形制的不同可分为两种类型。

第一种　1 枚。圆形印章。M57：3，残，形体较小，圆形，背面无纹饰，印面为一组巴蜀符号。直径 1.8、高 0.4 厘米（图二四四：8）。

第二种　1 枚。方形印章。M57：4，方形印，桥形钮，印面为 1 组巴蜀符号。边长 2.6、高 1 厘米（图二四四：4；图版一二二：2）。

锥　1 件。M57：8，上部残断，体呈锥形。残长 2.4 厘米（图二四四：9）。

削刀　2 件。形制相似。直柄，弧刃。M57：9，残断 6 节。残长 8.6、刃宽 0.6 厘米。M57：14，残断。残长 14.7、刃宽 1.3、柄宽 0.7 厘米。

手镯　2 件。圆形，内壁平整，外壁凸起。M57：11，直径 7、宽 0.6 厘米。M57：10，残。直径 7.8、宽 0.3 厘米（图二四四：2）。

璜　2 件。大小形制相似，拱部较宽，足外端上翘，圆穿。M57：12，长 9.2、宽 2.2 厘米（图二四四：6）。M57：13，长 9、宽 2.3 厘米（图二四四：7；图版一二二：3）。

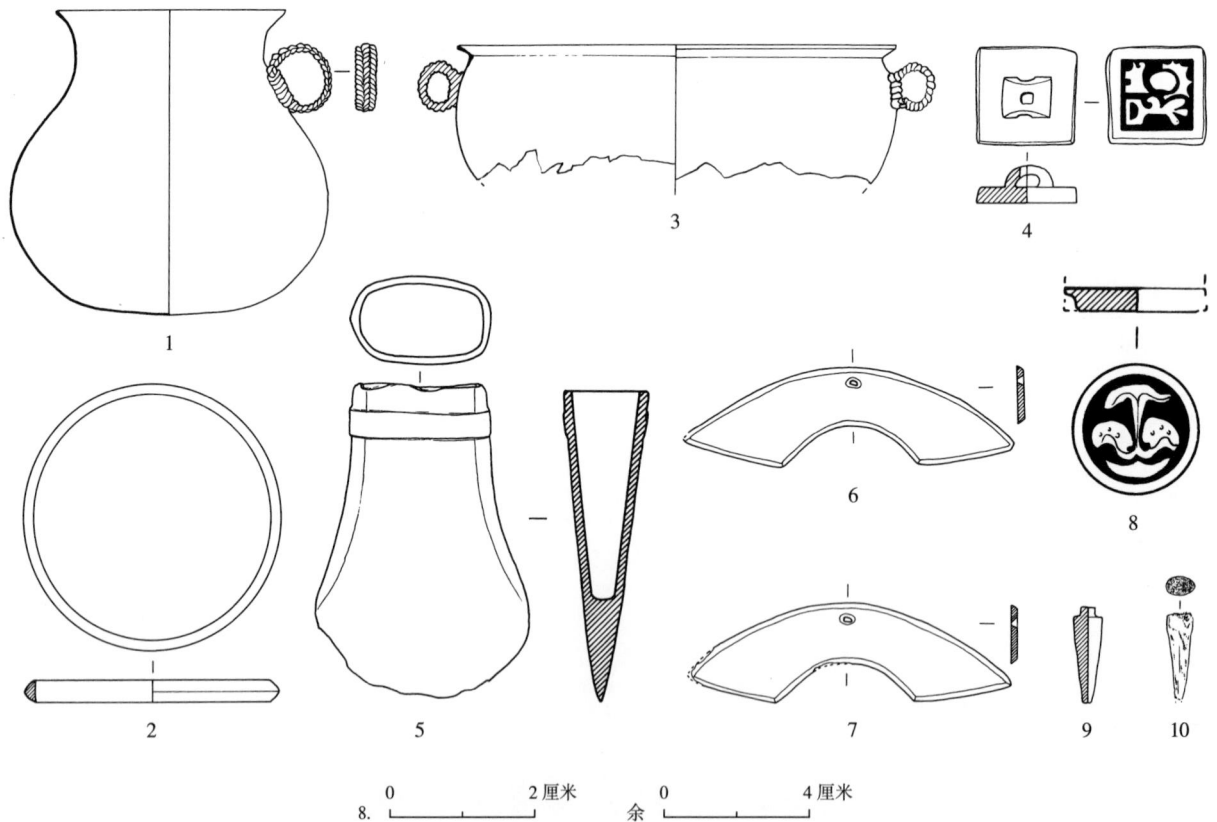

图二四四　M57 出土铜器及木钉

1. 鍪（M57：20）　2. 手镯（M57：11）　3. 釜（M57：21）　4、8. 印章（M57：4、3）　5. 钺（M57：1）　6、7. 璜（M57：12、13）　8. 锥（M57：8）　10. 木钉（M57：15）

鉴 1件。M57：20，尖唇，侈口，束颈，颈部较长，溜肩，圆鼓腹，圜底，肩上部饰有一辨索纹竖环耳。口径12.6、腹径17.4、通高16厘米（图二四四：1；图版一二二：4）。

釜 1件。M57：21，宽斜沿，敛口，腹微鼓，口径与腹径基本相等，肩部饰两辨索纹竖环耳，腹下部残。口径24、残高7.6厘米（图二四四：3）。

3. 玉石骨器

4件。计有水晶珠1、角珠1、管珠1、木钉1。

水晶珠 1件。M57：5，圆形，圆孔，通体称白色。直径0.8、孔径0.4、高0.4厘米（图二四三：9）。

角珠 1件。M57：6，体呈椭圆形，中空，外表经打磨光滑。长2、最大径1.1、孔径0.3厘米（图二四三：7）。

管珠 1件。M57：7，体呈浅绿色，圆柱状，中空。长1.3、宽0.7、孔径0.3厘米（图二四三：8）。

木钉 1件。M57：15，锥形。长2.5厘米（图二四四：10）。

五一 M58

墓葬位于T6429的西部，被M60打破，开口于①层下。

（一）墓葬形制

长方形竖穴土坑墓，方向185°，墓壁较直，墓底南高北低，呈缓坡状。长350、宽88、深22~40厘米（图二四五；图版一二三：1）。墓葬填土为黄褐色砂土，土质较硬，包含有极其少量的木炭。

（二）葬式葬具

未发现葬具，亦未发现葬具朽痕。墓中人骨架严重腐朽，仅存头骨和少量的上肢骨。墓主人头向南，面向左。性别、年龄、葬式不明。

（三）随葬品

随葬品14件。主要是陶器。包括陶豆6、陶圜底罐4、陶釜1、铜釜1、铜矛1、铜铃1。随葬品主要集中在墓室北端，铜矛置于头骨下方，铜铃置于墓室中部，应为墓主人随身携带之物，陶器集中放置在墓室北端（图版一二三：2）。

陶器 11件。计有豆6、釜1、圜底罐4。

豆 6件。依据形制的不同可分为三种类型。

第一种 1件。中柄豆。M58：9，夹细砂红胎黑皮陶，尖圆唇，敛口，盘极浅，中柄，喇叭状圈足残。口径12、残高5厘米（图二四七：5；图版一二四：1）。

第二种 3件。斜直腹。M58：3，夹细砂灰陶，口部略变形，尖唇，窄斜沿，鼓肩，喇叭状圈足。口径11.2、底径7.2、通高7.8厘米（图二四七：4；图版一二四：2）。M58：6，夹细砂灰陶，仅存腹部。残高6.2厘米（图二四六：2）。M58：7，夹砂褐陶，方唇，敛口，鼓肩。圈足残。口径13.6、残高4.8厘米（图二四六：3）。

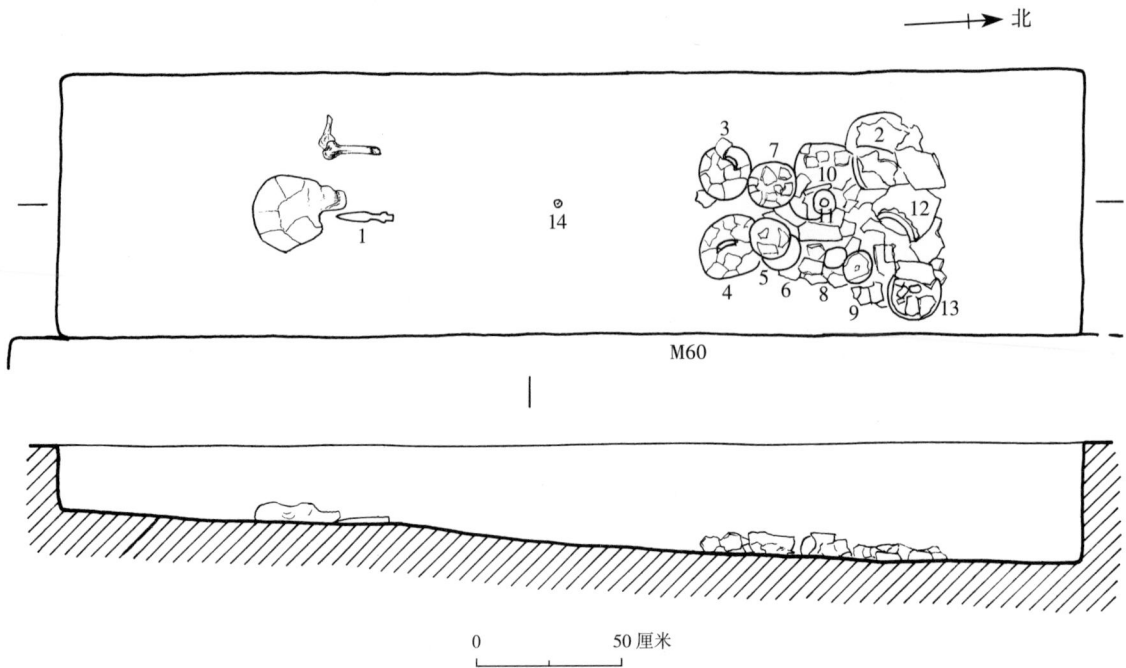

图二四五　M58 平、剖面图

1.铜矛　2.铜釜　3、5~7、9、11.陶豆　4.陶釜　8、10、12、13.陶圜底罐　14.铜铃

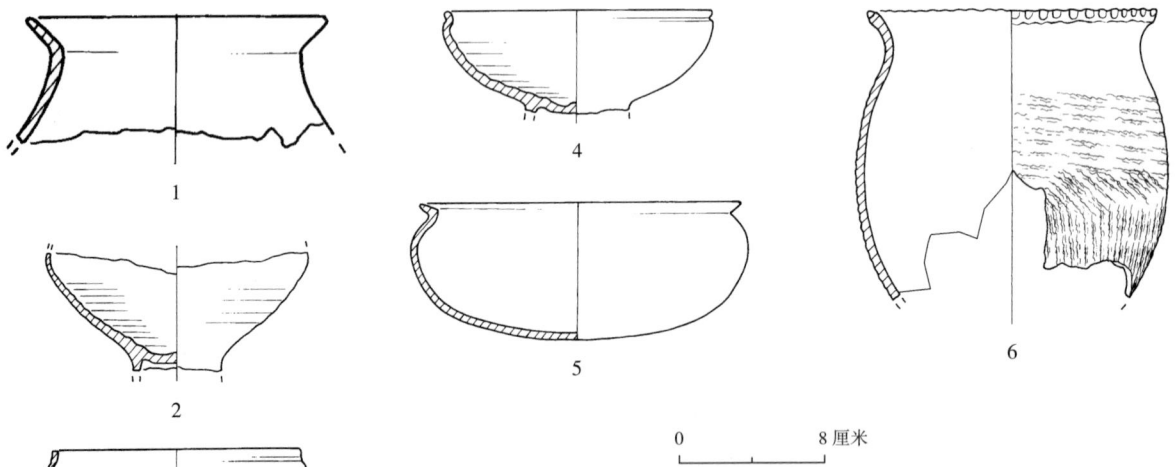

图二四六　M58 出土陶器

1.圜底罐（M58：8）　2~4.豆（M58：6、7、11）　5.釜（M58：4）　6.圜底罐（M58：10）

　　第三种　2件。弧腹。M58：5，夹细砂灰陶，圆唇，敛口，弧肩，弧腹较深，喇叭状圈足。口径 13、底径 6.8、通高 7 厘米（图二四七：3；图版一二四：3）。M58：11，夹细砂红胎黑皮陶，圆唇，窄斜沿，敛口，圈足残。口径 14.8、残高 5.4 厘米（图二四六：4）。

圜底罐　4件。依据形制的不同可分为两种类型。

第一种　1件。M58：8，夹砂红褐陶，为一连体釜甑，侈口，束颈。口径16.4、残高6.5厘米（图二四六：1）。

第二种　1件。M58：10，夹砂灰褐陶，圆唇，侈口，束颈，弧肩，鼓腹。腹下部残。唇部饰按压的花边，肩部以下饰横向绳纹。口径15.8、残高15.2、最大腹径17厘米（图二四六：6）。

另2件圜底罐（M58：13，M58：12），因残损严重，形制不清。

釜　1件。M58：4，夹砂灰褐陶，圆唇，宽斜沿，敛口，束颈，弧肩，鼓腹，圜底。素面。口径17.6、通高7.2厘米（图二四六：5）。

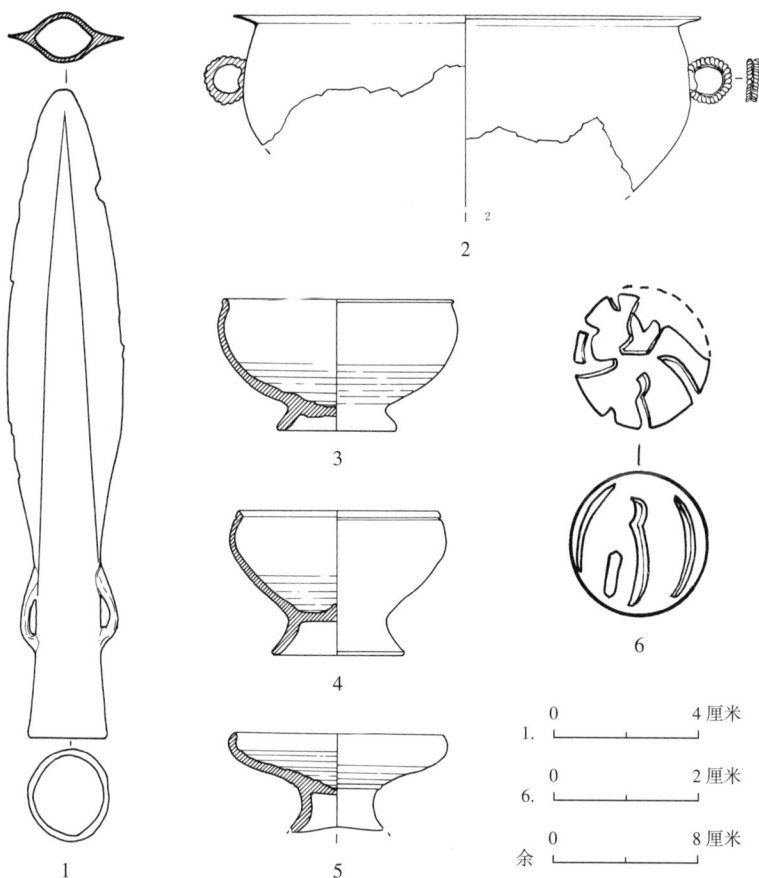

图二四七　M58出土器物

1. 铜矛(M58：1)　2. 铜釜(M58：2)　3~5. 陶豆(M58：5、3、9)　6. 铜铃(M58：14)

3. 铜器

3件。计有矛1、釜1、铃1。

矛　1件。M58：1，短骹，弧刃，宽叶，双弓形耳附于叶的下端，最宽处在叶的中部。素面。残断两节。通长17.2、叶宽3.1厘米，骹长4.5、径2.2厘米（图二四七：1；图版一二四：4）。

釜　1件。M58：2，方唇，宽斜沿，口微敛，扁腹较浅，口径与腹径基本相等，腹下部残。在肩部有双辫索纹竖环耳。口径26、残高9.4厘米（图二四七：2）。

铃　1件。M58：14，球形镂空，中有一石子。直径1.9厘米（图二四七：6）。

五二　M59

墓葬位于T6430的东部，部分叠压于该探方的北隔梁下，开口于①层下。

（一）墓葬形制

长方形竖穴土坑墓，方向181°，南窄北宽，墓壁较直，墓底较平。长270、宽100~116、深24厘米（图二四八；图版一二五：1）。墓葬填土为黄褐色砂土，土质较硬，包含有极其

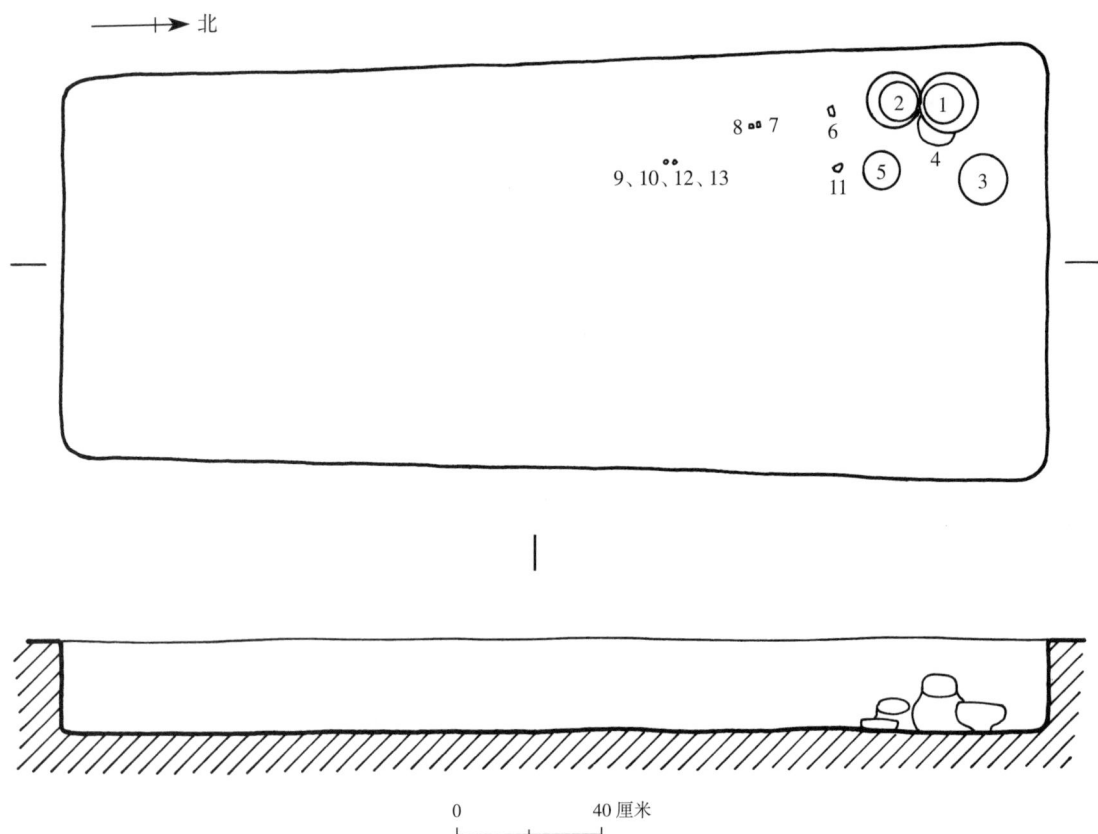

图二四八　M59 平、剖面图

1. 陶鍪　2. 陶瓮　3. 陶豆　4、5. 陶尖底盏　6~10、12、13. 珠　11. 陶纺轮

少量的动物骨骼、木炭和陶片。

（二）葬式葬具

未发现葬具，亦未发现葬具朽痕。墓中人骨架腐朽无存，性别、年龄不详，头向、面向、葬式不明。

（三）随葬品

随葬品 13 件，主要是陶器，包括陶高领罐 1、陶鍪 1、陶尖底盏 2、陶豆 1、陶纺轮 1、珠 7。珠散置于墓室中部偏北，陶器置于墓室北端（图版一二五：2）。

1. 陶器

6 件。计有高领罐 1、鍪 1、尖底盏 2、豆 1、纺轮 1。

高领罐　1 件。M59：2，夹细砂黑陶，方唇，宽斜沿，折肩，圆鼓腹，圜底。颈下部饰有两周凹弦纹，肩部戳印有一周"X"纹。口径 10.8、通高 13.2、腹径 17.2 厘米（图二四九：1；图版一二六：1）。

鍪　1 件。M59：1，夹细砂黑陶，圆唇，侈口，束颈，弧肩，鼓腹，圜底较平。肩颈之间饰有一单耳，单耳残。口径 11、通高 9.5、腹径 14 厘米（图二四九：3；图版一二六：2）。

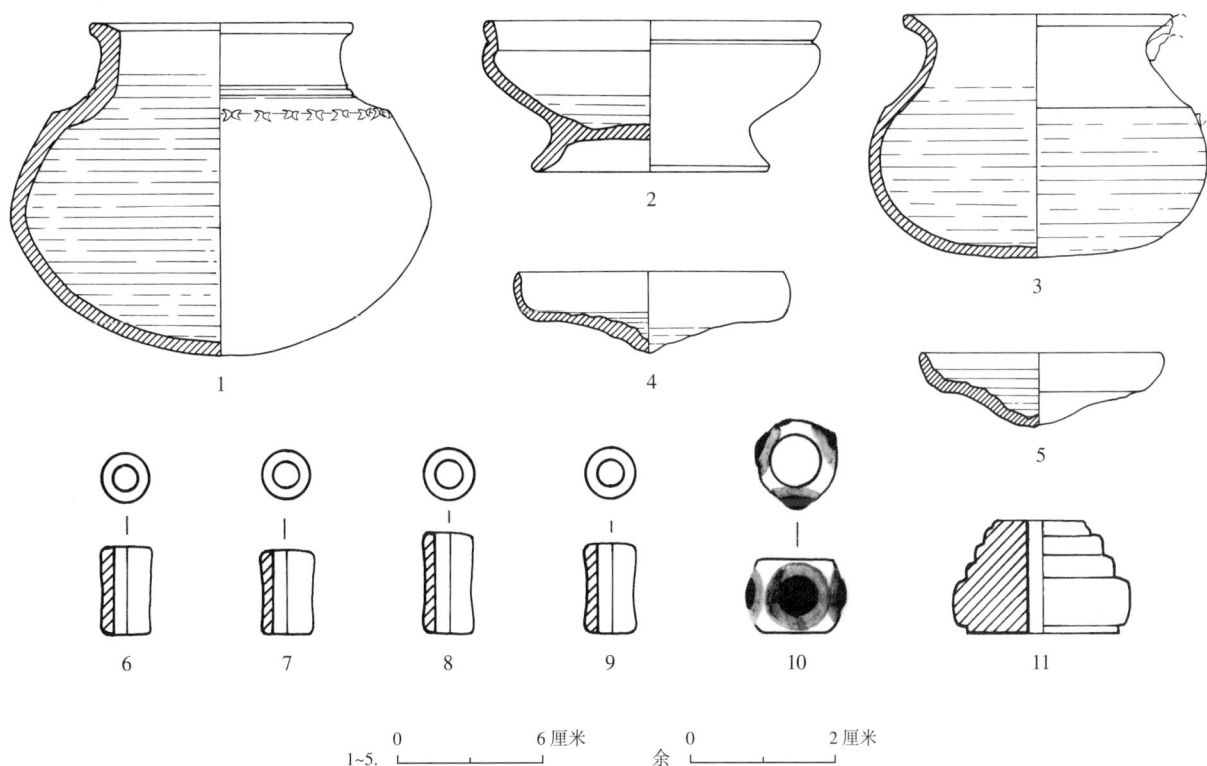

图二四九　M59 出土陶器及珠

1. 高领罐（M59：2）　2. 豆（M59：3）　3. 鏊（M59：1）　4、5. 尖底盏（M59：4、5）　6~10. 珠（M59：13、12、9、8、10）　11. 纺轮（M59：11）

尖底盏　2 件。形制相似。M59：4，夹细砂红胎黑皮陶，尖唇，直口，腹较深。口径 11.2、通高 3.2 厘米（图二四九：4；图版一二六：3）。M59：5，夹细砂红胎黑皮陶，尖唇，侈口，腹极浅，尖底呈饼状。口径 10、通高 3 厘米（图二四九：5）。

豆　1 件。M59：3，夹细砂褐陶，圆唇，斜沿，侈口，斜直腹，喇叭状圈足较大。口下部饰有两周凹弦纹。口径 14、底径 9.6、通高 6 厘米（图二四九：2；图版一二六：4）。

纺轮　1 件。M59：11，泥质黑陶，呈塔形。通高 1.5、直径 1.2~2.4、孔径 0.4 厘米（图二四九：11）。

2. 珠

珠　7 件。依据形制的不同可分为两种类型。

第一种　6 件。均为料珠，体呈圆柱状，中空，整体呈浅绿色。M59：8，长 1.3、直径 0.7、孔径 0.3 厘米（图二四九：9）。M59：9，长 1.4、直径 0.6、孔径 0.3 厘米（图二四九：8）。M59：12，长 1.1、直径 0.7、孔径 0.3 厘米（图二四九：7）。M59：13，长 1.2、直径 0.7、孔径 0.3 厘米（图二四九：6）。M59：6 和 M59：7，残损严重。

第二种　1 件。M59：10，扁球形，中有一圆穿，整体为绿色，上有 3 个深绿色凸点，其外均有一圈白色圆圈。直径 1.3、高 1、孔径 0.7 厘米（图二四九：10）。

五三 M60

墓葬位于 T6429 的西部，打破 M58，中部被近现代灰坑打破。

（一）墓葬形制

长方形竖穴土坑墓，方向 178°，墓壁较直，墓底较平。长 507、宽 114、深 82 厘米（图二五〇；图版一二七：1）。墓葬填土为黄褐色砂土，土质较硬，包含有极其少量的木炭、陶片。

（二）葬式葬具

未发现葬具，亦未发现葬具朽痕。墓中人骨架腐朽无存，性别、年龄不详，头向、面向、葬式不明。

（三）随葬品

随葬品 17 件。主要是陶器。包括陶钵 2、陶圜底罐 1、陶器盖 4、陶豆 2、陶釜 1、珠 5，另有残损严重的陶器 2。所有器物集中在墓室北部（图版一二七：2）。

1. 陶器

12 件。计有钵 2、圜底罐 1、器盖 4、豆 2、釜 1，另 2 件残损严重（图版一二八：1）。

钵 2 件。形制相似。M60：3，夹细砂黑陶，圆唇，侈口，束颈，鼓腹，圜底。底部饰有绳纹。口径 10.2、通高 6.8 厘米（图二五一：8；图版一二八：2）。M60：12，夹细砂黑陶，方唇，斜沿，侈口，束颈，鼓腹，圜底。底部饰有绳纹。口径 10.8、通高 6.8 厘米（图二五一：9；图版一二八：3）。

圜底罐 1 件。M60：4，夹细砂灰陶，圆唇，侈口，束颈，颈部较长，溜肩，鼓腹，圜底。肩部以下是纵向绳纹。口径 12.2、腹径 18.8、通高 16.4 厘米（图二五一：10；图版一二八：4）。

豆 2 件。依据形制的不同可分为两种类型。

第一种 1 件。斜直腹。M60：7，夹细砂灰褐陶，圆唇，窄斜沿，直口微敛，鼓肩，圈足较大。口径 14.8、底径 8.8、通高 6.4 厘米（图二五一：1；图版一二八：5）。

第二种 1 件。弧腹。M60：11，夹细砂黑陶，深腹，圆唇，敛口，腹部微鼓，喇叭状圈足。口径 10.8、底径 7.2、通高 6.2 厘米（图二五一：2）。

器盖 4 件。均为夹细砂黑褐陶，饼形钮，钮部隆起，直腹，器内轮制痕迹明显。M60：9，口径 13、通高 3.4、饼径 5 厘米（图二五一：5）。M60：10，口径 14.8、通高 3.8、饼径 5.4 厘米（图二五一：7；图版一二八：6）。M60：2，口径 14、通高 3.6、饼径 4.2 厘米（图二五一：4）。M60：8，口径 14.4、通高 3.6、饼径 4.2 厘米（图二五一：6）。

釜 1 件。M60：6，残，夹细砂灰黑陶，方唇，宽斜沿，敛口，束颈，折肩，腹微鼓，残高 7.2 厘米（图二五一：3）。

2. 珠

5 件。全部为管珠。呈浅绿色，管状。M60：13，长 1.2、直径 0.7 厘米（图二五一：15）。M60：14，长 1.4、直径 0.8 厘米（图二五一：12）。M60：15，长 1.2、直径 0.7 厘米（图

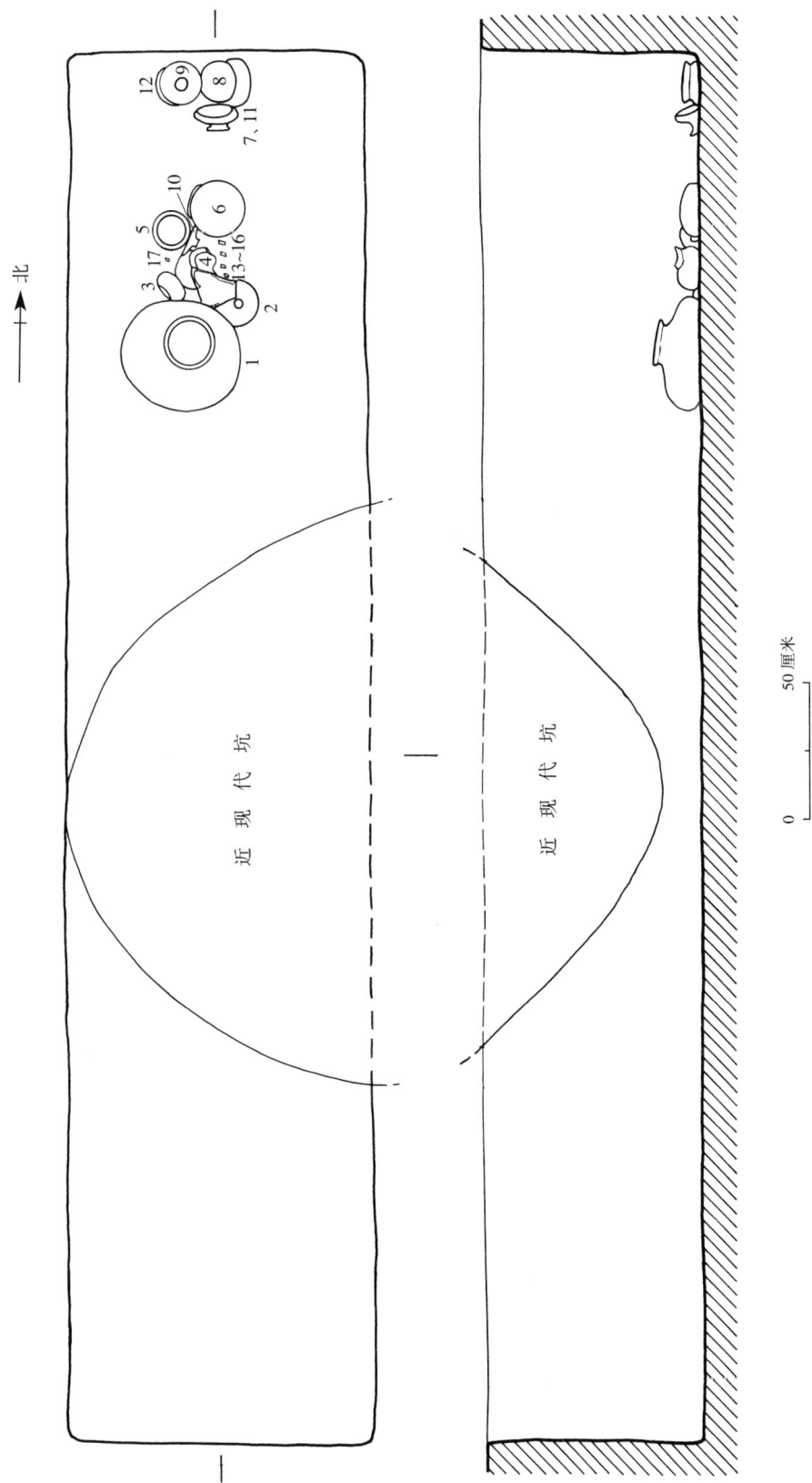

图二五〇　M60 平、剖面图

1、5.陶罐　2、8~10.陶器盖　3、12.陶钵　4.陶圜底罐　6.陶釜　7、11.陶豆　13~17.珠

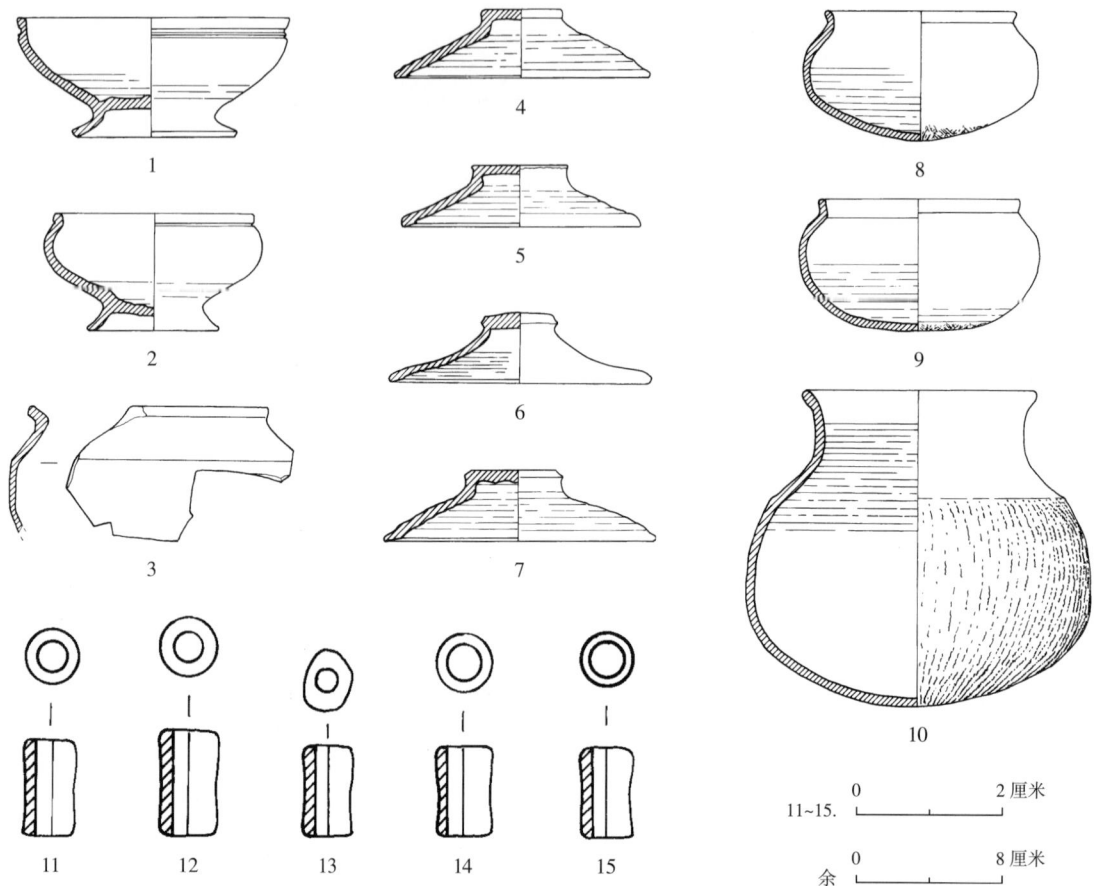

图二五一　M60 出土陶器

1、2.豆（M60：7、11）　3.釜（M60：6）　4~7.器盖（M60：2、9、8、10）　8、9.钵（M60：3、12）　10.圜底罐（M60：4）
11~15.珠（M60：15、14、17、16、13）

二五一：11）。M60：16，长 1.2、直径 0.8 厘米（图二五一：14）。M60：17，长 1.2、直径 0.7
厘米（图二五一：13）。

五四　M61

墓葬位于 T6430 和 T6431 内，开口于①层下。

（一）墓葬形制

长方形竖穴土坑墓，方向 190°，墓壁较直，墓底较平。长 596、宽 345、深 70 厘米（图
二五二；图版一二九：1）。墓葬填土为黄褐色砂土，土质较硬，包含有较多的木炭和大量
的陶片。

（二）葬式葬具

未发现完整葬具，但在墓室的底部分别开挖三个长方形的土坑，以便安放三具木棺，
三具木棺均腐朽严重，从木棺朽痕判断均为长方形，构造方式不明。一号棺长 502、宽

88、残高 36、厚 5 厘米，二号棺长 436、宽 72、残高 36~44、厚 3 厘米，三号棺长 505、宽 69、残高 36~44、厚 3 厘米。三具木棺内人骨架腐朽无存，性别、年龄不详，头向、面向、葬式不明。

（三）随葬品

一号棺共随葬 21 件器物。包括陶瓮 1、陶釜 2、陶豆 3、铜剑 1、铜戈 2、铜凿 1、铜钺 1、铜斧 1、铜矛 1、铜锯 1、铜锥 1、铜箭镞 2、铜釜 1、铜盘 1、铜鍪 1、珠 1。其中在棺上南部放置有 1 件铜戈，棺内北部放置有铜凿、铜锯、铜戈，中部放置有陶豆、陶釜、陶瓮、铜釜、铜鉴、铜刻刀、铜鍪、铜箭镞、陶珠等。南部放置有漆盘（形制不清，难以提取）、铜钺、铜斤、铜矛等（图版一二九：2）。

二号棺共随葬器物 20 件。包括陶瓮 1、陶纺轮 1、陶尖底盏 3、陶釜甑 1、陶豆 3、陶釜 3、陶器盖 1、陶圜底罐 2、铜矛 1、铜钺 1、铜削刀 1、铜鍪 1、珠 1。铜鍪、铜钺、陶器置于棺室的北部，其他铜器主要放置在棺室的中部。在棺上中部放置有一件铜矛和一件陶瓮（图版一三〇：1）。

三号棺共随葬器物 14 件。包括陶平底罐 1、陶钵 2、陶盆 1、陶釜 3、陶豆 2、陶尖底盏 1、陶圜底罐 1、铜钺 1、铜斧 1、珠 1。其中铜钺被放置在南部棺的顶部，陶罐放置在棺内的南部，其他器物主要集中放置在棺的北部（图版一三〇：2）。

随葬品共 55 件（图版一三一：1）。

1. 一号棺

共随葬 21 件器物，其中陶器 6 件、铜器 14 件、珠 1 件。

（1）陶器

6 件。计有瓮 1、釜 2、豆 3。

瓮　1 件。M61-1：13，夹砂灰陶，圆唇，侈口，束颈，广肩，鼓腹，平底。肩部以下饰凹弦纹，腹下部饰有绳纹。口径 12.8、底径 12.4、最大腹径 33.6、通高 33.4 厘米（图二五三：2；图版一三一：2）。

釜　2 件。依据形制的不同可分为两种类型。

第一种　1 件。M61-1：11，夹细砂褐胎黑皮陶，残。方唇，宽斜沿，矮领，折肩，鼓腹。腹下部残，肩部以下饰纵向绳纹。口径 24.8、残高 8.8 厘米（图二五三：1）。

第二种　1 件。M61-1：16，夹细砂褐胎黑皮陶，尖唇，斜沿，束颈，折肩，扁鼓腹，圜底。肩部以下饰有绳纹。口径 14.4、腹径 16、通高 8 厘米（图二五三：3；图版一三一：3）。

豆　3 件。依据形制的不同可分为两种类型。

第一种　1 件。M61-1：17，夹细砂红胎黑皮陶，方唇，敛口，鼓肩，斜直腹，喇叭状圈足较大。口径 12.2、底径 7.8、通高 6.8 厘米（图二五三：6；图版一二二：1）。

第二种　2 件。形制相似。M61-1：18，夹砂灰黑陶，圆唇，窄平沿，腹微鼓，下腹斜直，小平底。腹部有彩绘的云纹。口径 15.8、底径 4.4、最大腹径 15.4、通高 6.8 厘米（图二五三：7；图版一三二：2）。M61-1：15，夹细砂灰陶，口部残，鼓肩，斜直腹，平底。腹部饰有彩

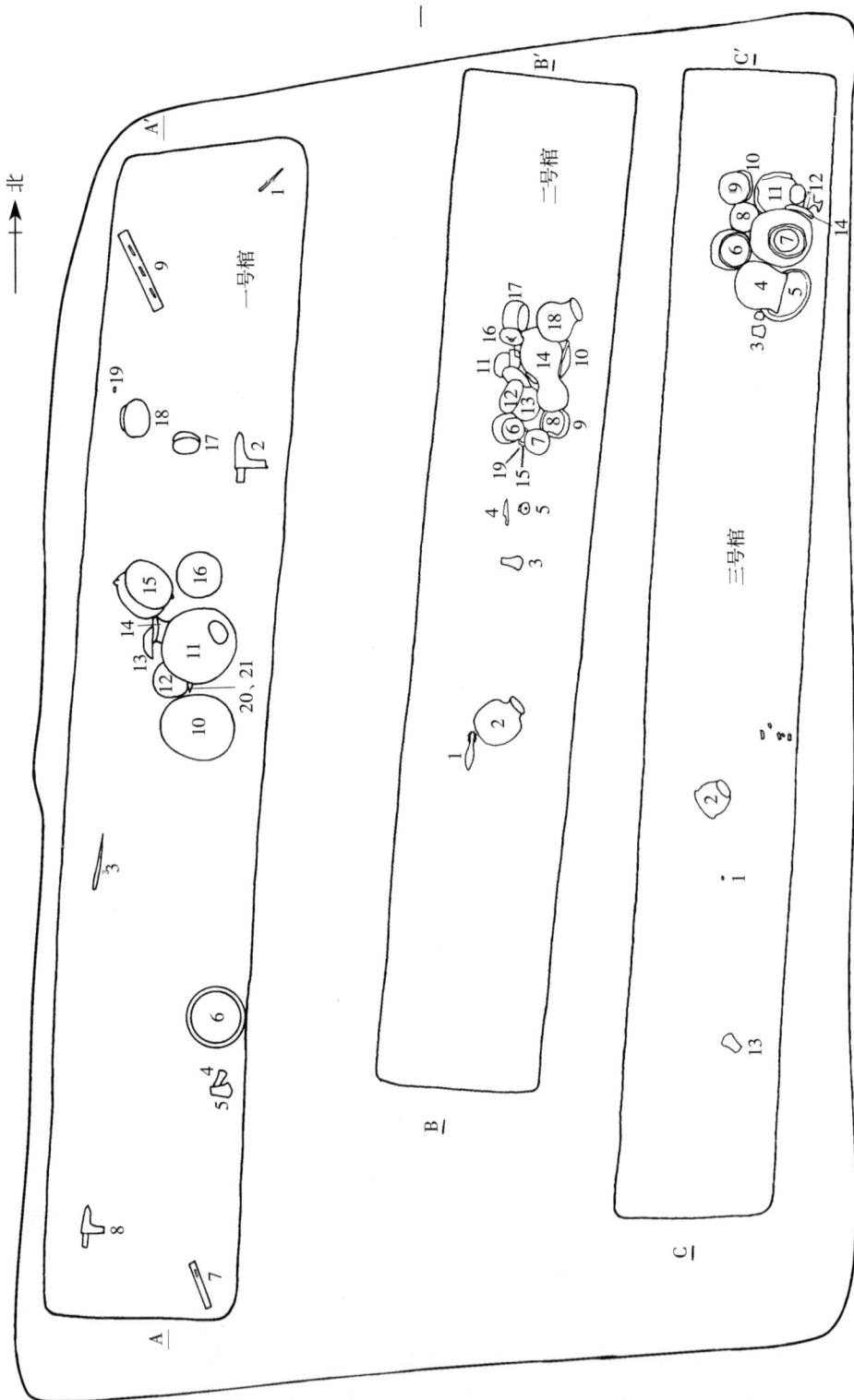

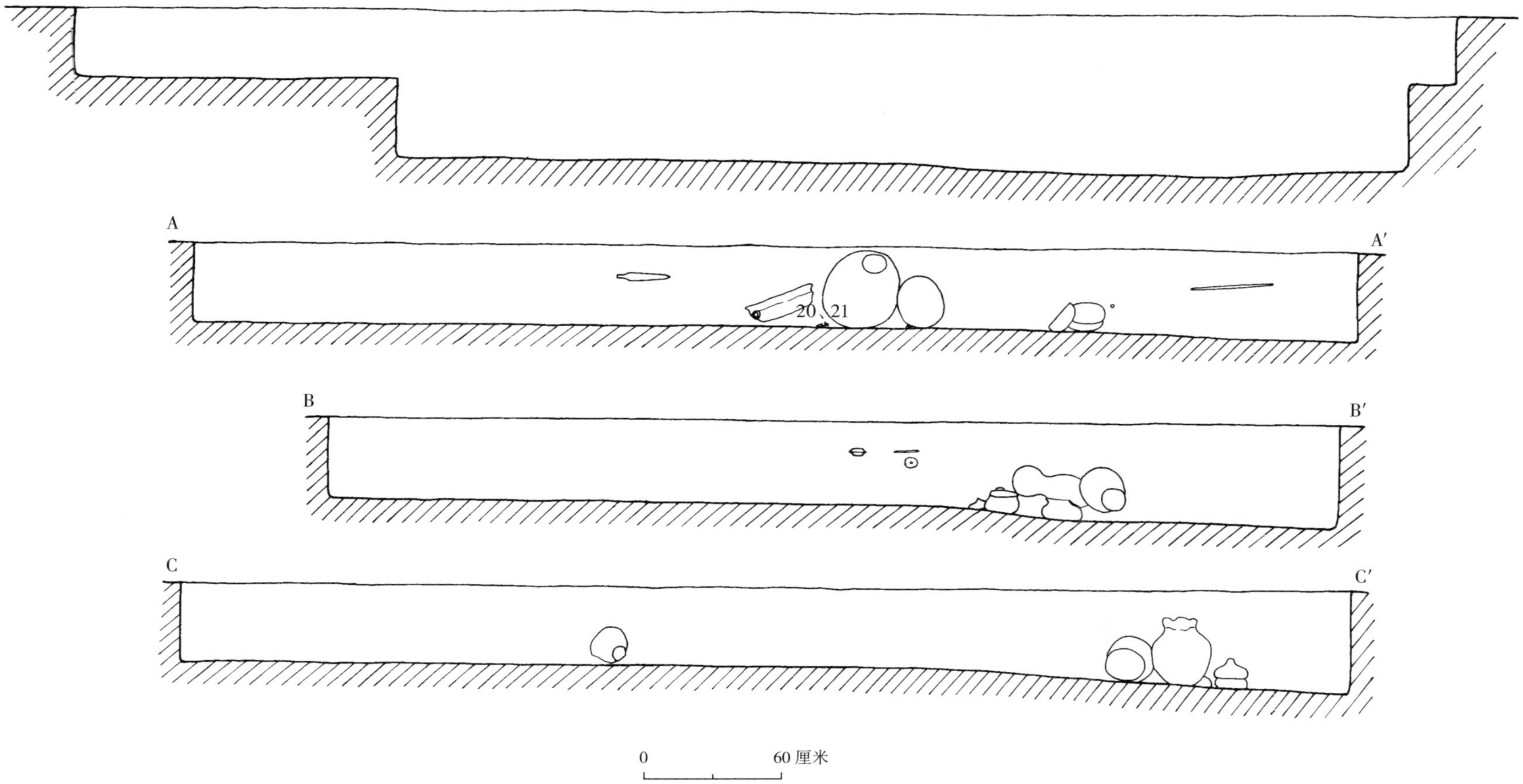

图二五二　M61 平、剖面图

0 ⎯⎯⎯⎯⎯ 60 厘米

一号棺：1. 铜镦　2、8. 铜戈　3. 铜剑　4. 铜斧　5. 铜钺　6. 铜锥　7. 铜矛　9. 铜铊　10. 铜盘　11. 陶瓮　12. 铜釜　13、16. 陶釜　14. 铜鍪　15、17、18. 陶瓮　19. 珠　20、21. 铜前镦

二号棺：1. 陶瓿　2. 铜矛　3. 铜钺　4. 铜铊　5. 陶纺轮　6. 铜鍪　7、12、20. 陶尖底盏　8. 铜器盖　9、10、13. 陶釜　11、18. 陶圈底罐　14. 陶甑　15~17. 陶豆　19. 珠

三号棺：1. 珠　2. 陶盆　3. 铜斧　4~6. 陶釜　7. 陶平底罐　8、10. 陶钵　9、12. 陶豆　11. 陶圈底罐　13. 铜铊　14. 陶尖底盏

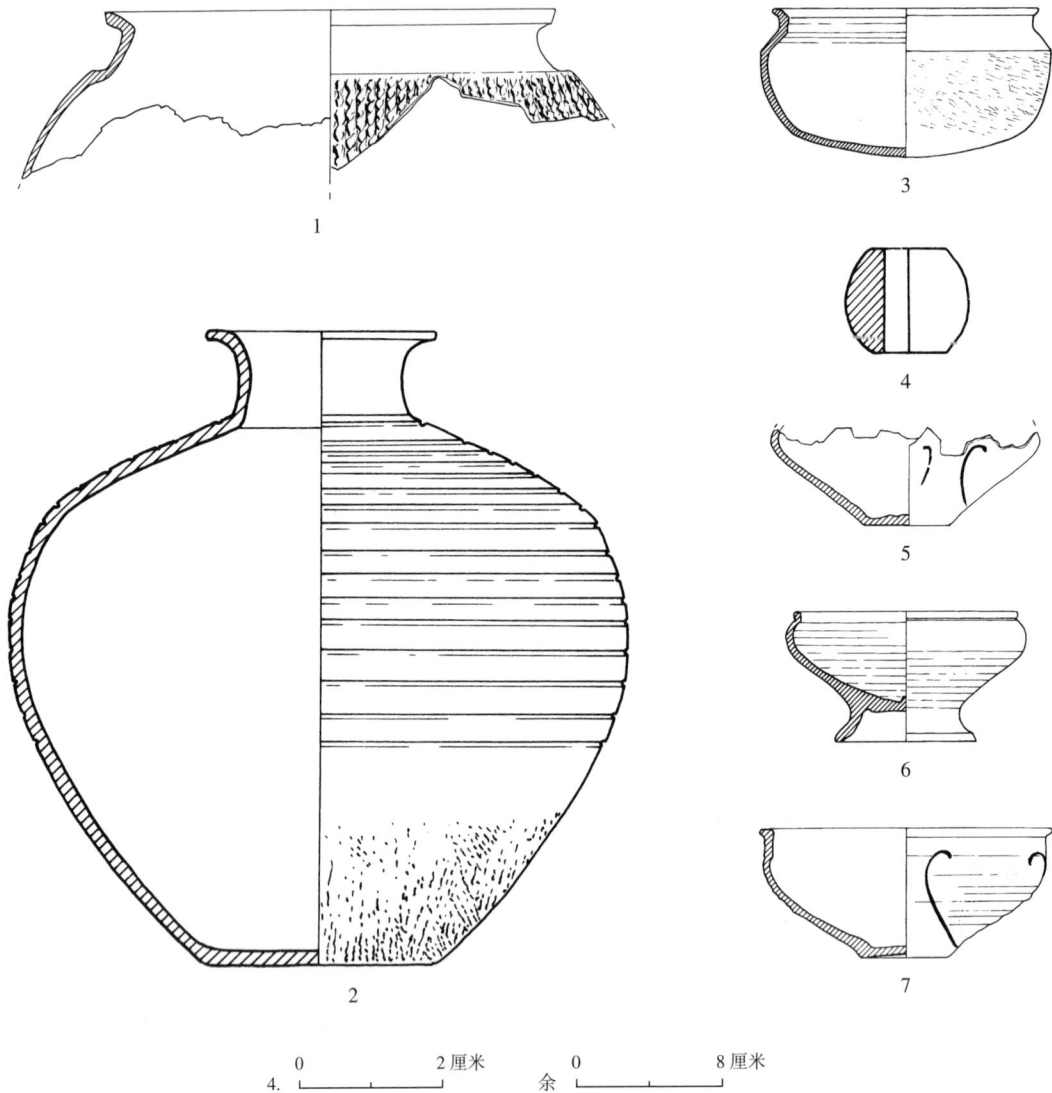

图二五三　M61 一号棺出土陶器及珠

1. 釜（M61-1：11）　2. 瓮（M61-1：13）　3. 釜（M61-1：16）　4. 珠（M61-1：19）　5~7. 钵（M61-1：15、17、18）

绘纹饰，底径 4.8、残高 5 厘米（图二五三：5）。

（2）铜器

14 件。计有剑 1、戈 2、凿 1、钺 1、斧 1、矛 1、锯 1、锥 1、箭镞 2、釜 1、盘 1、鍪 1。

剑　1 件。M61-1：3，器形狭小，扁茎，茎上下两端各有一圆穿，隆脊，剑身较宽。通长 24、身宽 3 厘米，茎长 4.3、宽 1.8 厘米（图二五四：3；图版一三二：3）。

戈　2 件。依据形制的不同可分为两种类型。

第一种　1 件。长胡。M61-1：2，援较长，隆脊，长胡，有阑，阑下出齿，长方形内，阑侧四长方形穿，内上一长方形穿。通长 21、援长 12.6、内长 8.4、内宽 3.5 厘米（图二五四：1；图二五五：1；图版一三二：4）。

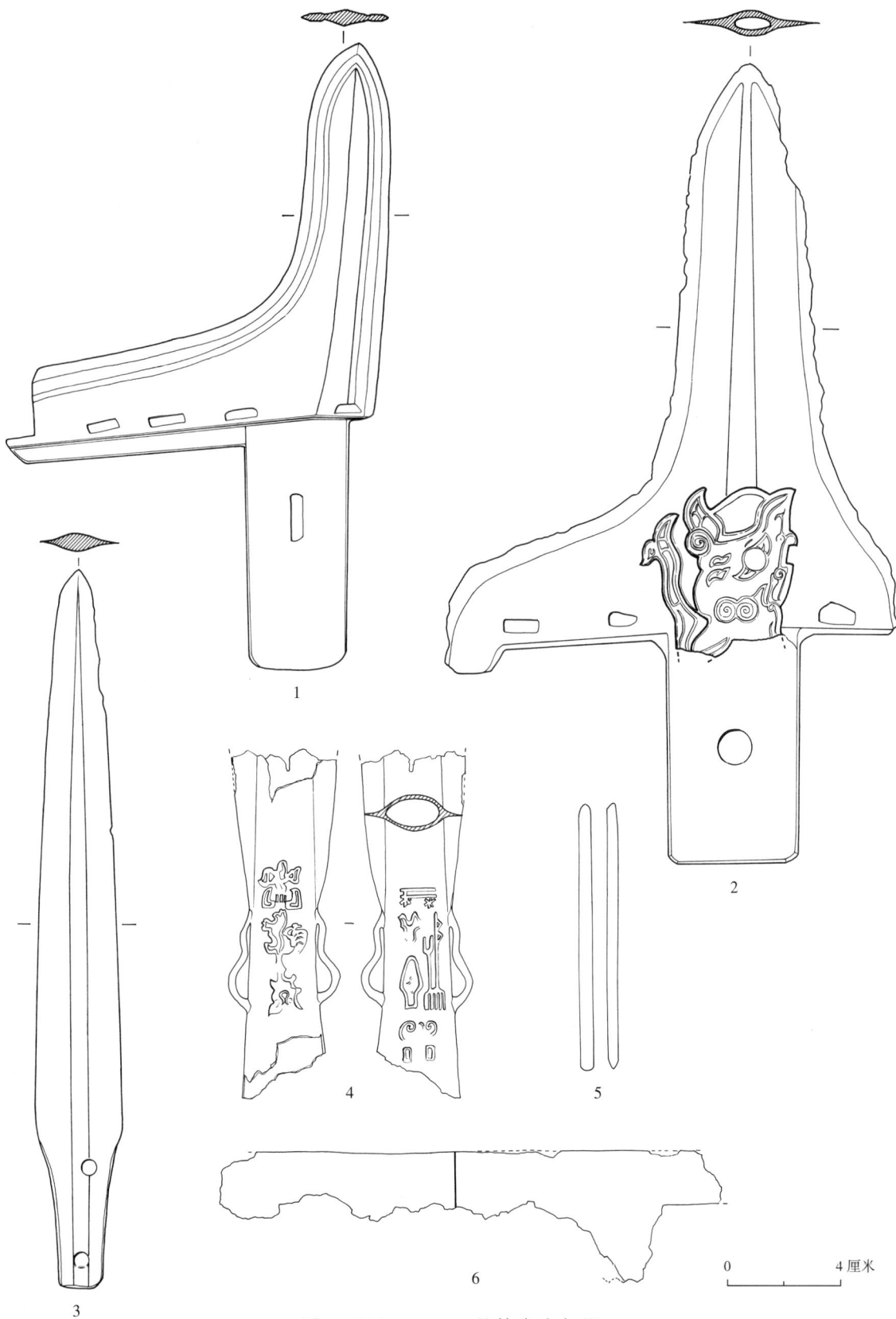

图二五四　M61 一号棺出土铜器

1、2.戈（M61-1：2、8）　3.剑（M61-1：3）　4.矛（M61-1：7）　5.锥（M61-1：6）　6.锯（M61-1：9）

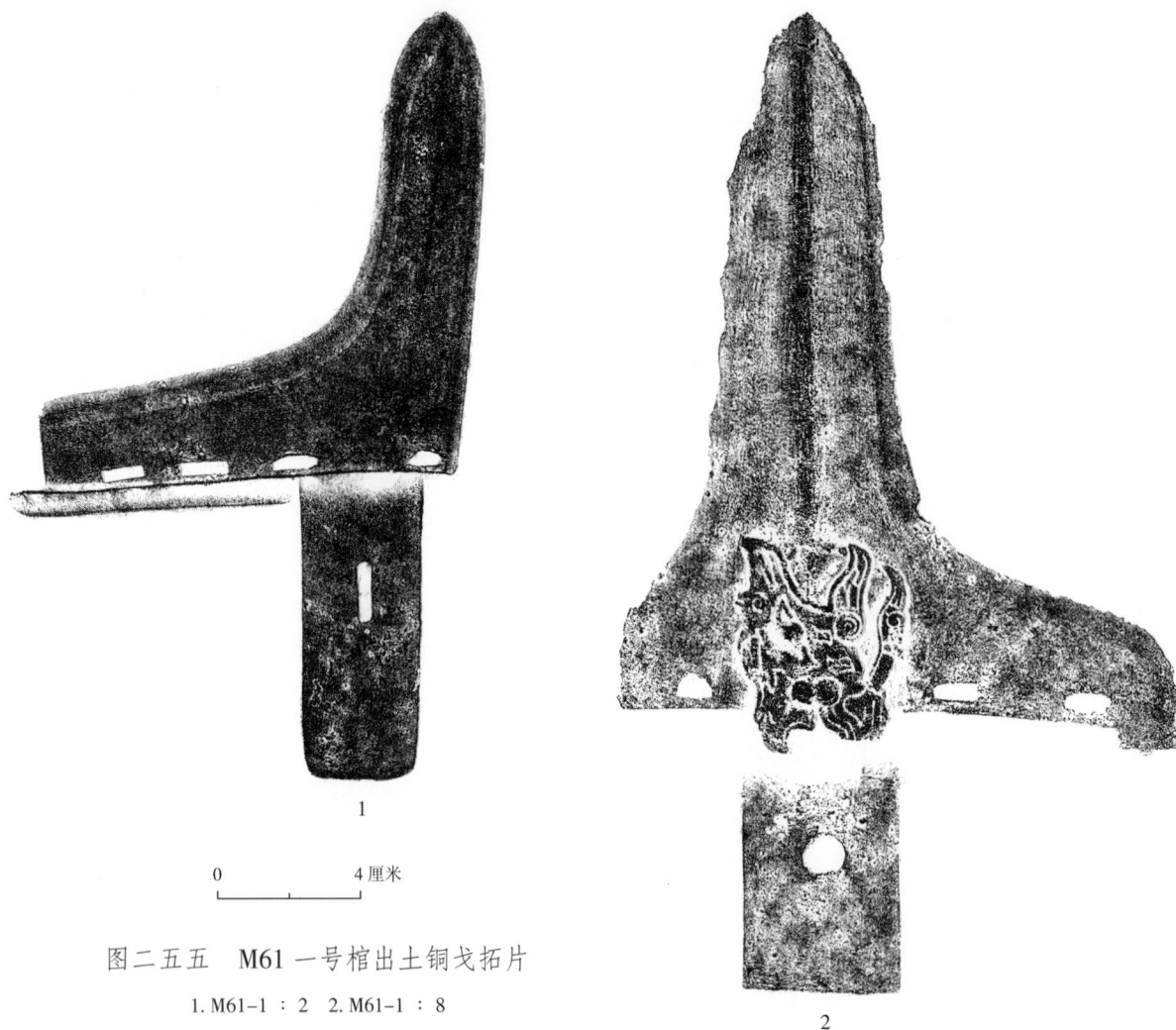

图二五五　M61 一号棺出土铜戈拓片

1. M61-1：2　2. M61-1：8

第二种　1件。中胡。M61-1：8，长援，隆脊，中胡，有阑，长方形内，阑侧有三长方形穿，内上一圆穿。援本两面铸刻有虎头纹。通长 26.6、援长 19.1、内长 7.5、内宽 4.5 厘米（图二五四：2；图二五五：2；图版一三三：1）。

凿　1件。M61-1：1，圆形銎，身呈八棱形，弧刃。銎口径 2.3、通长 14 厘米（图二五六：4；图版一三三：2）。

钺　1件。M61-1：5，銎口有残缺，椭圆形銎口，舌形刃。銎口外铸有两道凸棱。通长 10.2、刃宽 6.5、腰宽 5 厘米，銎口长径 4.4、短径 2.2 厘米（图二五六：7；图版一三三：3）。

斧　1件。M61-1：4，长方形銎，直腰，弧刃，刃两端向外撇。通长 7.6、刃宽 5 厘米，銎口长 3.2、宽 1.2 厘米（图二五六：8；图版一三三：4）。

矛　1件。M61-1：7，残，短骹，宽叶，骹部有两弓形耳。骹部两面均铸刻有纹饰。一面为虎纹和巴蜀符号，另一面为手心花蒂和巴蜀符号。骹径 2.8、残长 12 厘米（图二五四：4）。

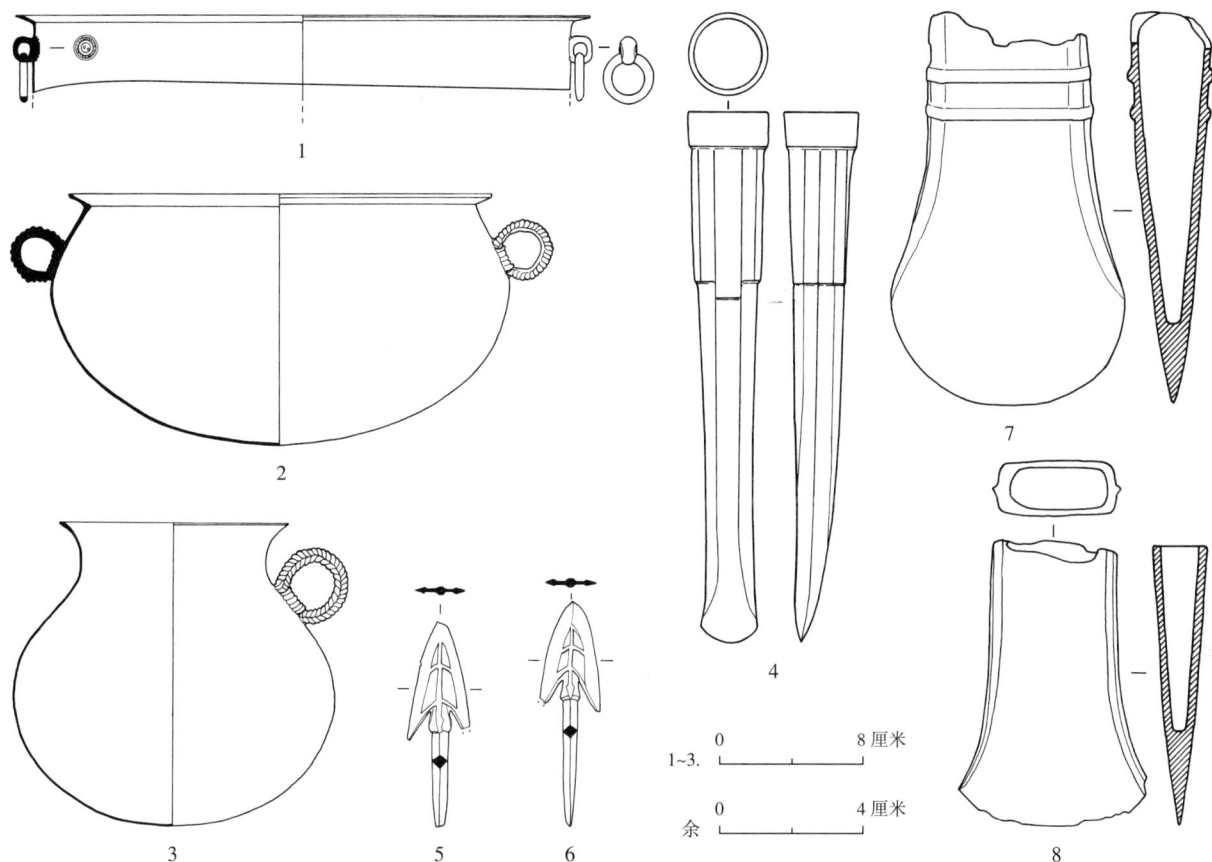

图二五六　M61 一号棺出土铜器

1. 盘（M61-1∶10）　2. 釜（M61-1∶12）　3. 鋆（M61-1∶14）　4. 凿（M61-1∶1）　5、6. 箭镞（M61-1∶20、21）　7. 钺（M61-1∶5）
8. 斧（M61-1∶4）

　　锯　1 件。M61-1∶9，长方形，单面刃，锯身有三个长方形穿孔。残长 17.5、宽 4.5
厘米（图二五四∶6）。

　　锥　1 件。M61-1∶6，体呈长条形，双面窄弧刃。长 9、宽 0.5 厘米（图二五四∶5；
图版一三四∶1）。

　　箭镞　2 件。三角形，双翼，圆关，长实铤，器身中脊隆起，两面各有 4 个凹槽，双
翼展开呈倒刺状，铤呈菱形锥状。M61-1∶21，铤长 3.5、双翼宽 1.6、通长 6 厘米（图
二五六∶6）。M61-1∶20，铤长 2.8、双翼宽 1.7、通长 5.5 厘米（图二五六∶5）。

　　釜　1 件。M61-1∶12，斜立沿，口径与腹径大致相等，扁腹较深，双辫索纹环耳较小。
口径 23.2、腹径 24.4、通高 13.2 厘米（图二五六∶2；图版一三四∶2）。

　　盘　1 件。M61-1∶10，残，折沿近平，直腹，沿下有两环耳。腹上部有两圆圈纹。口
径 31.2、残高 3.6 厘米（图二五六∶1）。

　　鋆　1 件。M61-1∶14，侈口，束颈，颈部较高，溜肩，圆鼓腹。肩上部有一辫索纹环
耳。口径 12.4、腹径 17.2、通高 16 厘米（图二五六∶3）。

（3）珠

1件。为陶珠。M61-1：19，泥质灰陶，圆形，中有一孔。直径 1.7、孔径 0.7、通高 1.4 厘米（图二五三：4）。

2. 二号棺

共随葬 20 件器物，其中陶器 15 件、铜器 4 件、珠 1 件。

（1）陶器

15 件。计有瓮 1、纺轮 1、尖底盏 3、釜甑 1、豆 3、釜 3、器盖 1、圜底罐 2。

瓮 1件。M61-2：1，夹细砂灰陶，圆唇，喇叭形口，束颈，广肩，鼓腹，平底。肩部饰有两道凹弦纹，肩部及其以下饰有拍印的细绳纹。口径 11.2、腹径 27、底径 10.6、通高 26 厘米（图二五七：2；图版一三四：3）。

豆 3件。依据形制的不同可分为两种类型。

第一种 2件。中柄豆。尖圆唇，敛口，折腹，中柄，喇叭状圈足。M61-2：16，夹细砂黑陶，圈足残。口径 10.8、残高 5.6 厘米（图二五七：6）。M61-2：17，夹细砂灰陶，圈足残。口径 10.6、残高 3.6 厘米（图二五七：11；图版一三四：4）。

第二种 1件。深腹。M61-2：15，夹细砂灰陶，尖唇，窄斜沿，弧腹，喇叭状圈足，边缘内折。口径 10.8、底径 6.8、高 6.4 厘米（图二五七：7；图版一三四：5）。

釜甑 1件。M61-2：14，夹细砂红褐陶，体瘦长，圆唇，侈口，鼓腹，甑部大于腹部，平底。肩部以下饰绳纹。口径 16.8、通高 32 厘米（图二五七：1；图版一三五：1）。

尖底盏 3件。尖圆唇，敛口，折腹，腹极浅。M61-2：7，夹细砂红胎黑皮陶。口径 10.4、通高 3.2 厘米（图二五七：10）。M61-2：20，夹细砂红胎黑皮陶。口径 10.4、通高 2.8 厘米（图二五七：9；图版一三五：2）。M61-2：12，夹细砂红胎黑皮陶。口径 10、通高 3 厘米（图二五七：13）。

圜底罐 2件。依据形制的不同可分为两种类型。

第一种 1件。M61-2：18，夹砂灰陶，圆唇，侈口，长颈，折肩，鼓腹，圜底。口径 10.8、腹径 16.8、通高 14.8 厘米（图二五七：4；图版一三五：3）。

第二种 1件。M61-2：11，夹砂红褐陶，圆唇，侈口，束颈，弧肩，腹微鼓，圜底。肩部以下饰绳纹。口径 14、通高 13.2 厘米（图二五七：8；图版一三五：4）。

纺轮 1件。M61-2：5，泥质灰陶，塔形。通高 2.4、直径 1.9~5.1 厘米（图二五七：12）。

器盖 1件。M61-2：8，夹细砂灰黑陶，覆盘状，斜直腹，钮部较平。口径 16.4、通高 4.4、钮径 5 厘米（图二五七：3）。

釜 3件。M61-2：9，夹砂灰褐陶，方唇，宽平沿，敛口，腹微鼓，圜底，腹中部残。口径 16、残高 9 厘米（图二五七：5）。M61-2：10，夹砂灰褐陶，残损严重。M61-2：13，夹砂灰褐陶，残损严重。

（2）铜器

4件。计有矛 1、钺 1、削刀 1、鍪 1。

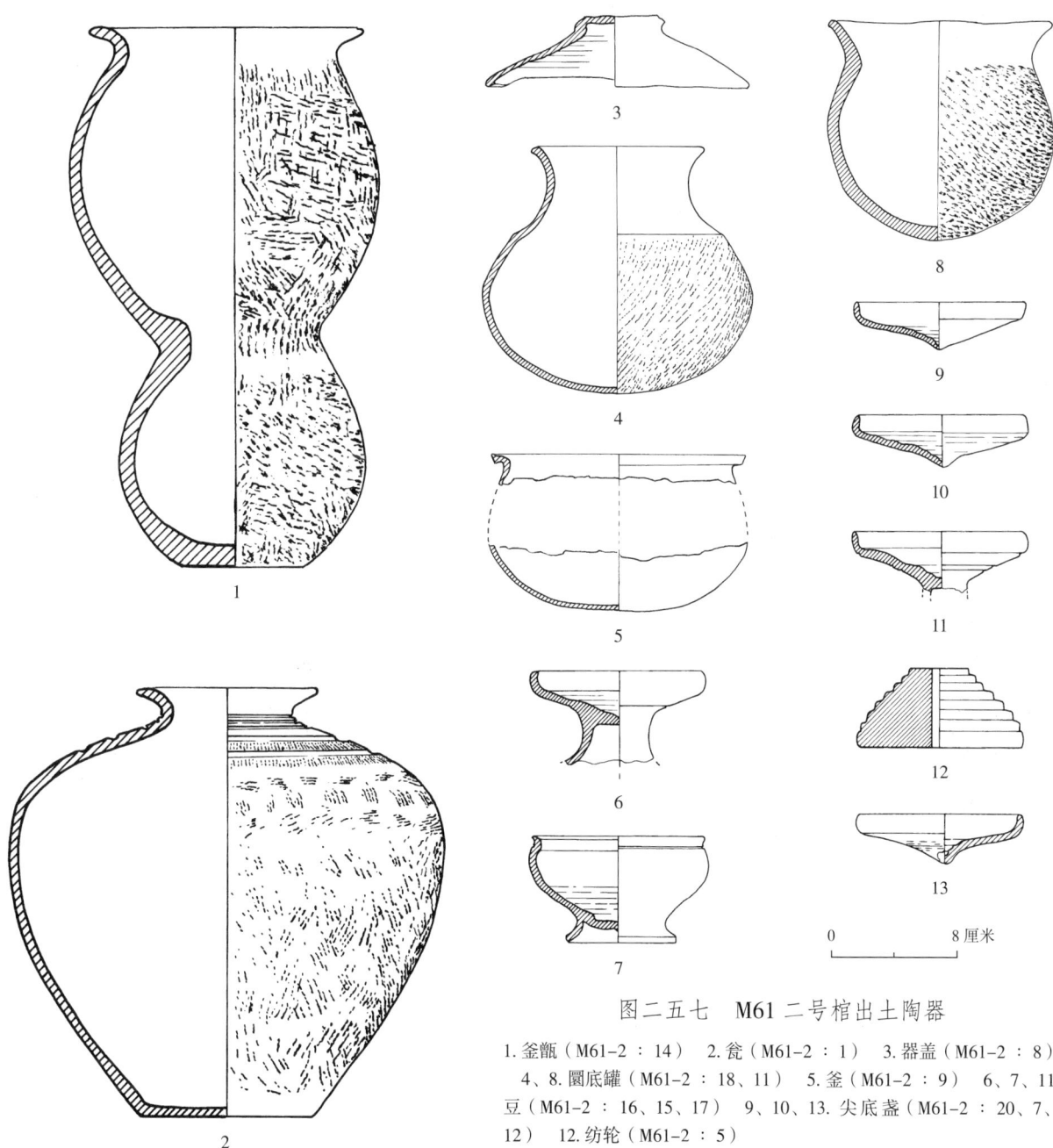

图二五七　M61 二号棺出土陶器

1. 釜甑（M61-2：14）　2. 瓮（M61-2：1）　3. 器盖（M61-2：8）
4、8. 圜底罐（M61-2：18、11）　5. 釜（M61-2：9）　6、7、11.
豆（M61-2：16、15、17）　9、10、13. 尖底盏（M61-2：20、7、
12）　12. 纺轮（M61-2：5）

矛　1件。M61-2：2，短骹，宽叶，两弓形耳饰于叶下端。骹部两面均铸刻有纹饰，两面纹饰相同，均为鸟、云纹、太阳、手心、花蒂等组成的复合纹饰，骹部下端饰一周云雷纹。通长 22.6、叶最宽 4 厘米，骹长 5.8、口径 2.8 厘米（图二五八：1；图二五九；图版一三六：1）。

钺　1件。M61-2：3，椭圆形銎口，直腰，舌形刃。銎口外饰一道凸棱。通高 10.2、刃宽 6.2 厘米，銎口长径 4.2、短径 2.2 厘米（图二五八：3；图版一三六：2）。

削刀　1件。M61-2：4，形体较小，椭圆形圜首，直柄，直背，凸刃，刃上部残。通长 12.2、圜首径 1.4、刃最宽 1.5 厘米，柄长 4、柄宽 0.8 厘米（图二五八：4；图版一三六：3）。

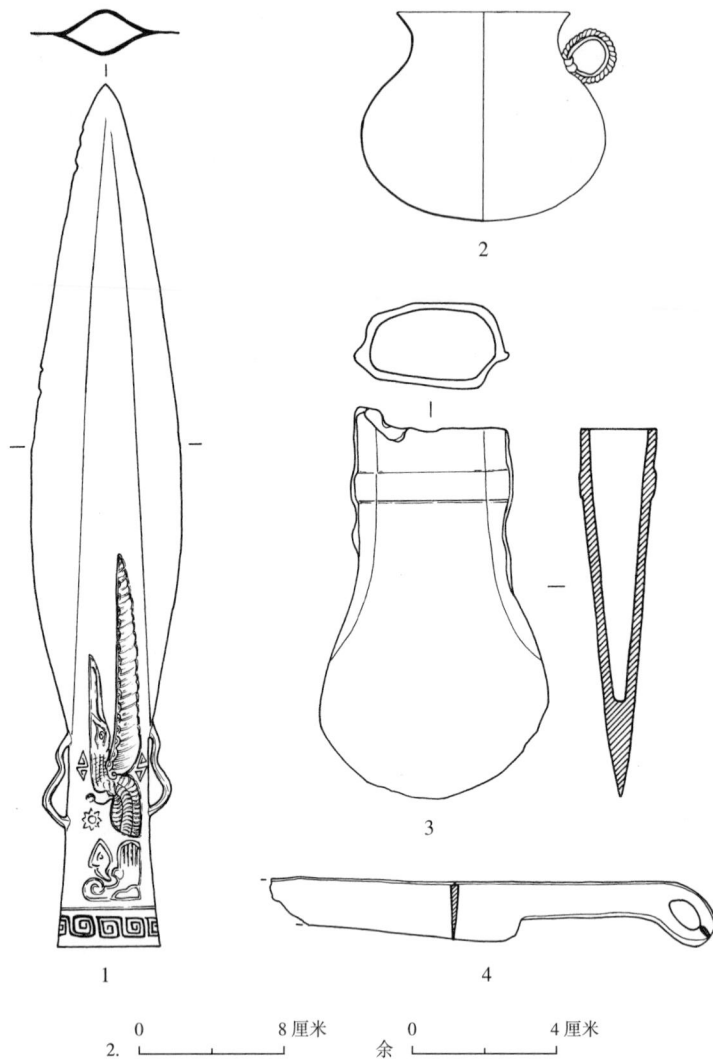

0   8厘米
2. |_____|
        余   0   4厘米
              |_____|

图二五八　M61 二号棺出土铜器

1.矛（M61-2：2）2.鍪（M61-2：6）3.钺（M61-2：3）4.削刀（M61-2：4）

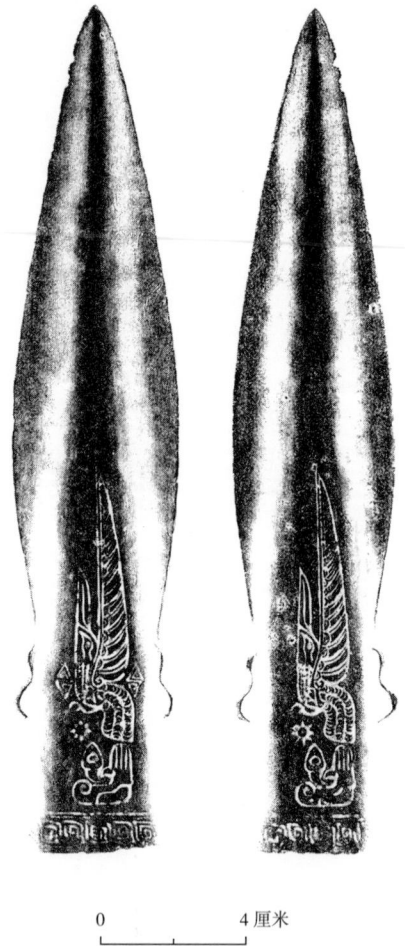

0   4厘米
|_____|

图二五九　M61 二号棺出土铜矛
拓片（M61-2：2）

鍪　1件。M61-2：6，尖唇，侈口，束颈，溜肩，圆鼓腹，圜底。肩部饰一辫索纹竖环耳。通高 11、口径 9.4、最大腹径 13.6 厘米（图二五八：2）。

（3）珠

1件。为管珠。M61-2：19，体呈浅绿色，残损严重。

3.三号棺

共随葬器物 14 件。其中陶器 11 件、铜器 2 件、珠 1 件。

（1）陶器

11件。计有平底罐 1、钵 2、盆 1、釜 3、豆 2、尖底盏 1、圜底罐 1。

钵　2件。依据腹部的不同可分为两种类型。

　　第一种　1件。圆鼓腹，M61-3：8，夹细砂灰陶，方唇，敛口，溜肩，圜底。底部饰有绳纹。口径9.2、通高6、最大腹径11.4厘米（图二六〇：5；图版一三六：4）。

　　第二种　1件。垂腹。M61-3：10，夹细砂灰褐陶，圆唇，敛口，弧肩，鼓腹略垂，圜底。口径10、通高6、最大腹径11.8厘米（图二六〇：8；图版一三六：5）。

　　平底罐　1件。M61-3：7，夹砂红陶，圆唇，侈口，溜肩，鼓腹，平底。肩部以下饰绳纹。

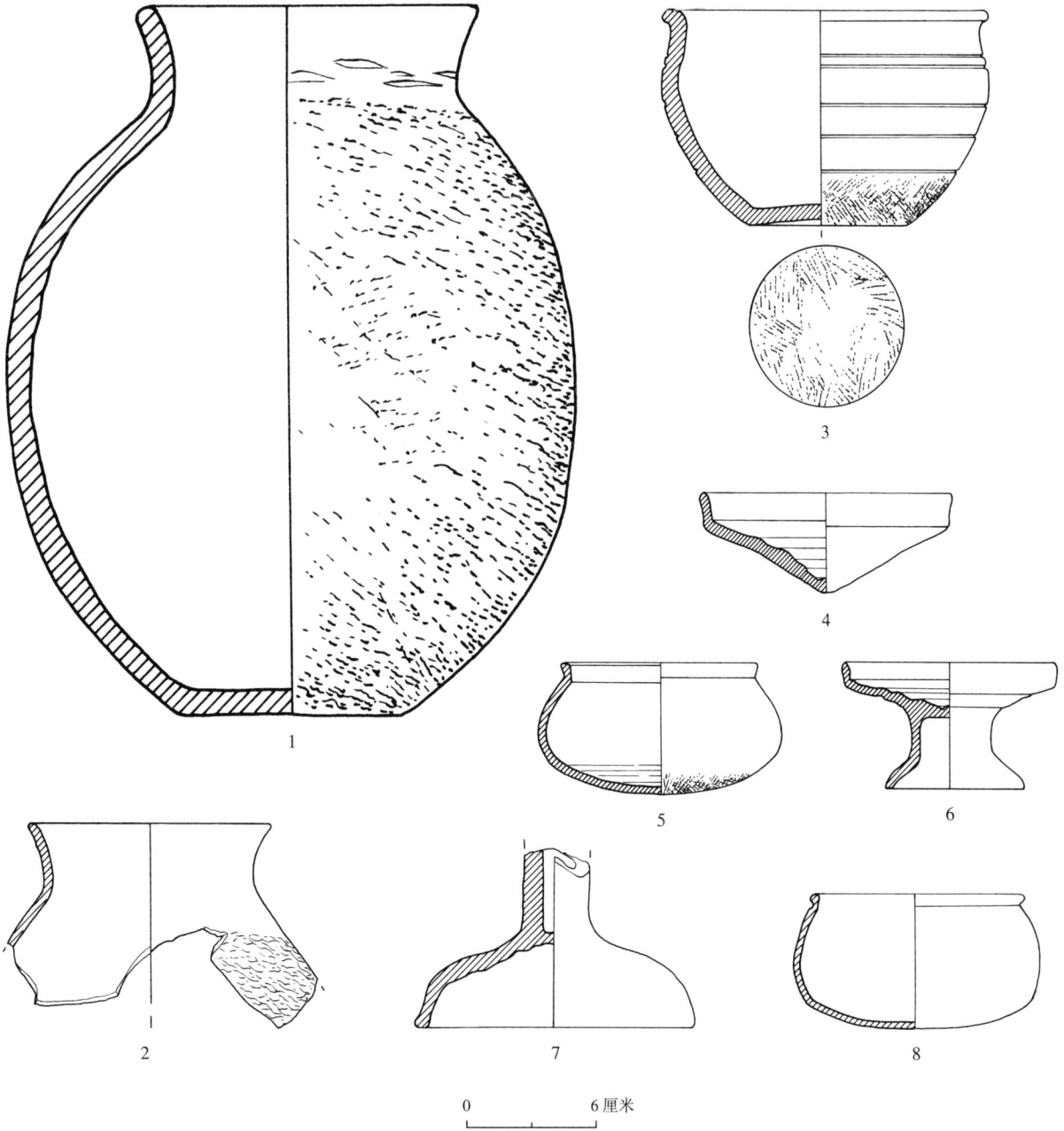

0　　　　　6厘米

图二六〇　M61三号棺出土陶器

1.平底罐（M61-3：7）　2.圜底罐（M61-3：11）　3.盆（M61-3：2）　4.尖底盏（M61-3：14）　5、8.钵（M61-3：8、10）　6、7.豆（M61-3：12、9）

口径 15.8、底径 9.4、最大腹径 26、通高 31.8 厘米（图二六○：1；图版一三六：6）。

盆　1 件。M61-3：2，夹砂褐陶，圆唇，窄平沿，敛口，腹上部微鼓，平底内凹。腹部饰有五道凹弦纹，腹下部及底部饰有绳纹。口径 15.2、底径 7.6、通高 9.6、最大腹径 15.4 厘米（图二六○：3；图版一三七：1）。

尖底盏　1 件。M61-3：14，夹砂灰褐陶，直口微侈，腹部较深。手制。口径 12、通高 4.6 厘米（图二六○：4；图版一三七：2）。

豆　2 件，依据形制的不同可分为两种类型。

第一种　1 件。中柄豆。M61-3：12，夹砂灰陶，直口，浅盘，盘部似一尖底盏，柄部较大，喇叭形圈足。口径 10、底径 6.6、盘深 2、通高 5.8 厘米（图二六○：6；图版一三七：3）。

第二种　1 件。高柄豆。M61-3：9，夹砂褐陶，残，仅存柄下部和圈足，喇叭状圈足。圈足径 13、残高 8 厘米（图二六○：7）。

圆底罐　1 件。M61-3：11，夹砂红褐陶，圆唇，侈口，束颈，弧肩，肩部以下残。肩部以下饰绳纹。口径 11.2、残高 9.2 厘米（图二六○：2）。

釜　3 件。形制相似，但残损严重。M61-4、5、6，均为夹砂红褐陶。

（2）铜器

2 件。计有钺 1、斧 1。

钺　1 件。M61-3：13，椭圆形銎口，束腰，舌形刃。銎口外有两道凸棱，下有三角形纹饰。通长 10.6、刃宽 7.2 厘米，銎口长 4.5、宽 2.7 厘米（图二六一：1；图版一三七：4）。

斧　1 件。M61-3：3，椭圆形銎，直腰，弧刃，刃两端向外撇，銎口外有两道凸棱。通长 6.5、刃宽 5.4 厘米，銎口长 4.4、宽 2.1 厘米（图二六一：2；图版一三七：5）。

（3）珠

1 件。为管珠。M61-3：1，整体浅绿色，圆柱形，中空。直径 0.8、残长 0.9、孔径 0.4 厘米（图二六一：3）。

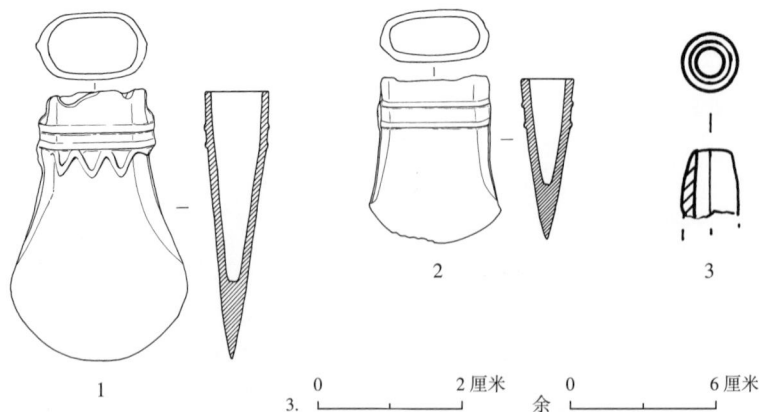

图二六一　M61 三号棺出土铜器及珠

1. 钺（M61-3：13）　2. 斧（M61-3：3）　3. 珠（M61-3：1）

五五　M62

墓葬位于 T6330 和 T6331 内，开口于①下。

（一）墓葬形制

长方形竖穴土坑墓，方向 182°，墓壁较直，墓底南部略高于北部。长 380、宽 60、深 100~114 厘米（图二六二；图版一三八：1）。墓葬填土为黄褐色砂土，土质较硬，包含有极其少量的木炭。

（二）葬式葬具

未发现葬具，亦未发现葬具朽痕。墓中人骨架腐朽严重，仅存头骨和部分上肢骨，从朽痕上判断，墓主人为侧身屈肢葬，头向南，面向左，左手上举，右手不明，年龄、性别不详。

（三）随葬品

随葬品 17 件。包括陶圜底罐 2、陶盉 1、陶高领罐 1、陶豆 2、陶器盖 2、陶尖底盏 1、陶钵 2、铜剑 1、铜戈 1、铜矛 1、铜钺 1、铜箭镞 1、铁环 1。铜矛置于墓主人头骨上部，铜戈和铜钺置于头骨下方（图版一三八：2），铜剑和箭镞置于腰间，陶器置于墓主人脚下。

1. 陶器

11 件。计有圜底罐 2、盉 1、高领罐 1、豆 2、器盖 2、尖底盏 1、钵 2（图版一三九：1）。

豆　2 件。依据形制的不同可分为两种类型。

第一种　1 件。弧腹。M62：7，夹砂灰黑陶，方唇，直口微侈，肩部微鼓，喇叭状圈足较大。口下部有两道凹弦纹。口径 14、底径 9.6、通高 7.2、盘深 5.2 厘米（图二六三：5；图版一三九：2）。

第二种　1 件。斜直腹。M62：8，夹砂灰陶，圆唇，直口，鼓肩，喇叭状圈足较大。口下部有两道凹弦纹，肩部饰有"十""八"纹。口径 14、底径 9.6、通高 7、盘深 5 厘米（图二六三：6；图版一三九：3）。

圜底罐　2 件。M62：6，夹砂灰褐陶，圆唇，侈口，束颈，折肩，圆鼓腹，圜底。肩部以下饰绳纹。口径 12、通高 14、腹径 18 厘米（图二六三：2；图版一三九：4）。M62：11，夹砂红褐陶，残损严重。

高领罐　1 件。M62：5，泥质灰陶，圆唇，宽斜沿，敛口，矮领，溜肩，圆鼓腹，圜底。肩部饰有凹弦纹，并在凹弦纹上戳刺有"X"纹一周。口径 12.6、最大腹径 22.2、通高 18 厘米（图二六三：1；图版一三九：5）。

钵　2 件。M62：15，夹砂灰褐陶，方唇，敛口，圆鼓腹，圜底。底部饰绳纹。口径 11.6、通高 5.4、最大腹径 13.2 厘米（图二六三：9）。M62：12，夹砂灰褐陶，残损严重。

器盖　2 件。均为夹细砂黑褐陶，饼形钮，钮部隆起。M62：9，腹微曲。口径 14.8、通高 4、饼径 5 厘米（图二六三：3；图版一四〇：1）。M62：13，直腹。口径 16、通高 3.8、饼径 5.4 厘米（图二六三：4）。

尖底盏　1 件。M62：10，夹砂红褐陶，直口微侈，浅腹。口径 10、通高 2.6 厘米（图

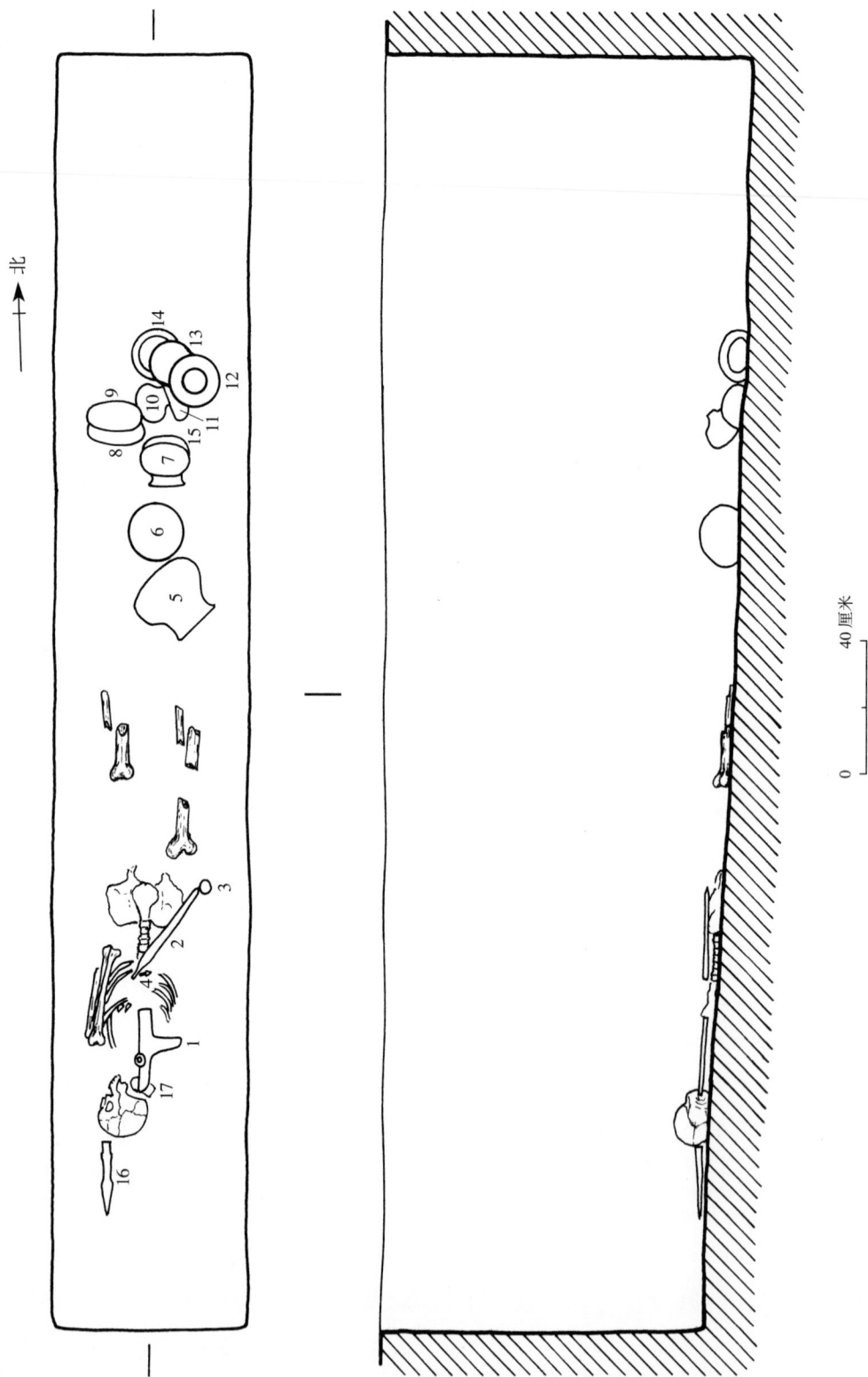

图二六二　M62 平、剖面图

1. 铜戈　2. 铜剑　3. 铁环　4. 铜箭镞　5. 陶高领罐　6、11. 陶圜底罐　7、8. 陶豆　9、13. 陶器盖　10. 陶尖底盏　12、15. 陶钵　14. 陶盂　16. 铜矛　17. 铜钺

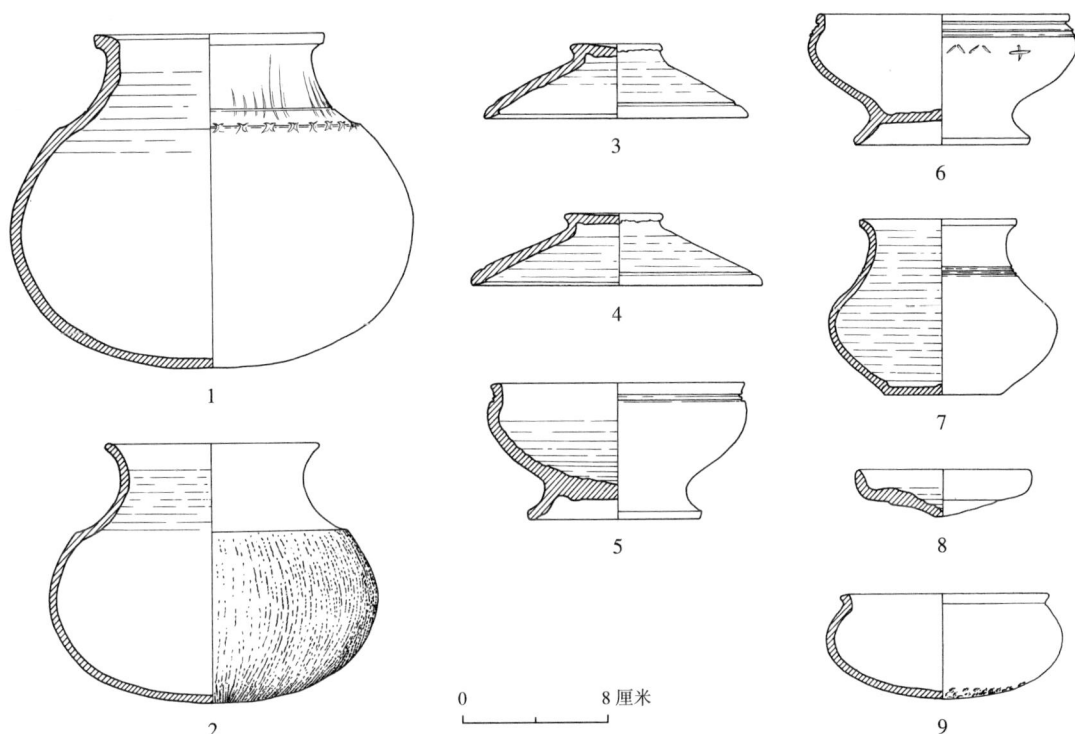

图二六三　M62 出土陶器

1.高领罐（M62∶5）　2.圆底罐（M62∶6）　3、4.器盖（M62∶9、13）　5、6.豆（M62∶7、8）　7.盂（M62∶14）　8.尖底盏（M62∶10）　9.钵（M62∶15）

二六三∶8）。

盂　1件。M62∶14，泥质灰黑陶，圆唇，侈口，长颈，溜肩，圆鼓腹，平底。口径8.6、底径6.8、通高9.4、腹径12.8厘米（图二六三∶7；图版一四〇∶2）。

2.铜器

5件。计有剑1、戈1、箭镞1、矛1、钺1。

剑　1件。M62∶2，体呈柳叶形，扁茎，茎上下各有一不对称圆穿，器身较窄，隆脊。剑身下端一面均铸刻有手心花蒂纹，另一面铸刻有虎纹和巴蜀符号组成的复合纹饰。通长30.6、剑宽3.7厘米，茎长6、宽1.9厘米（图二六四∶3；图二六五∶2）。

戈　1件。M62∶1，中长胡，援较长，隆脊，有阑，阑下出齿，长方形内，阑侧三长方形穿，内上一长方形穿。内上铸刻有长方形和圆圈纹。通长25、援长17、内长8、内宽3.7厘米（图二六三∶1；图二六六；图版一四〇∶3）。

矛　1件。M62∶16，长骹，窄叶，双弓形耳附于骹中部，圆形骹口。骹部两面铸刻有长喙鸟纹饰，骹下端饰有一周云雷纹。通长21.8、叶宽3厘米，骹长10.2、径2.6厘米（图二六三∶2；图二六五∶1；图版一四〇∶4）。

钺　1件。M62∶17，椭圆形銎口，折肩，束腰，舌形刃。通长10、刃宽5.6厘米，銎口长3.2、宽2.6厘米（图二六三∶4；图版一四〇∶5）。

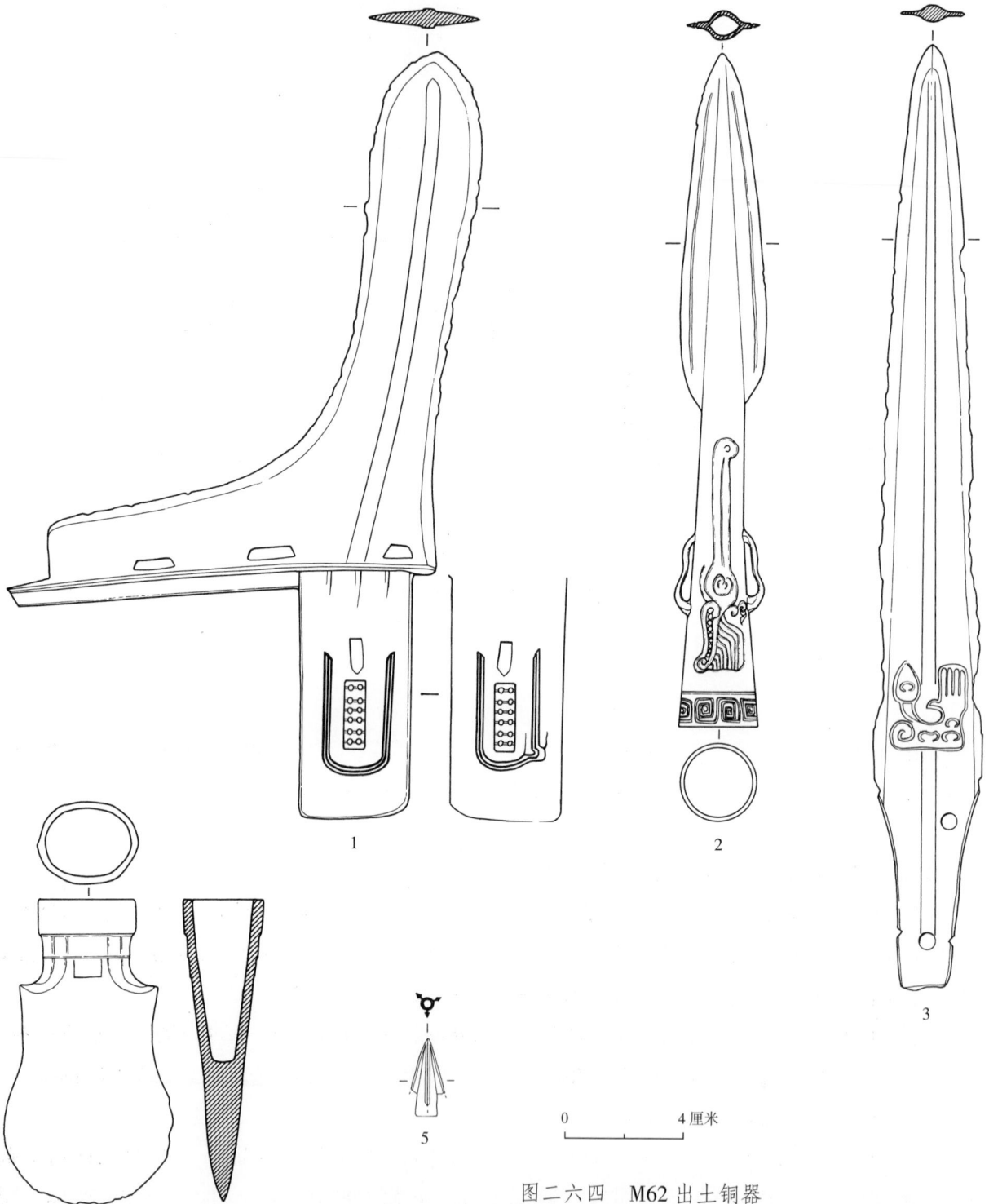

图二六四　M62 出土铜器

1.戈（M62：1）　2.矛（M62：16）　3.剑（M62：2）　4.钺（M62：17）　5.箭镞（M62：4）

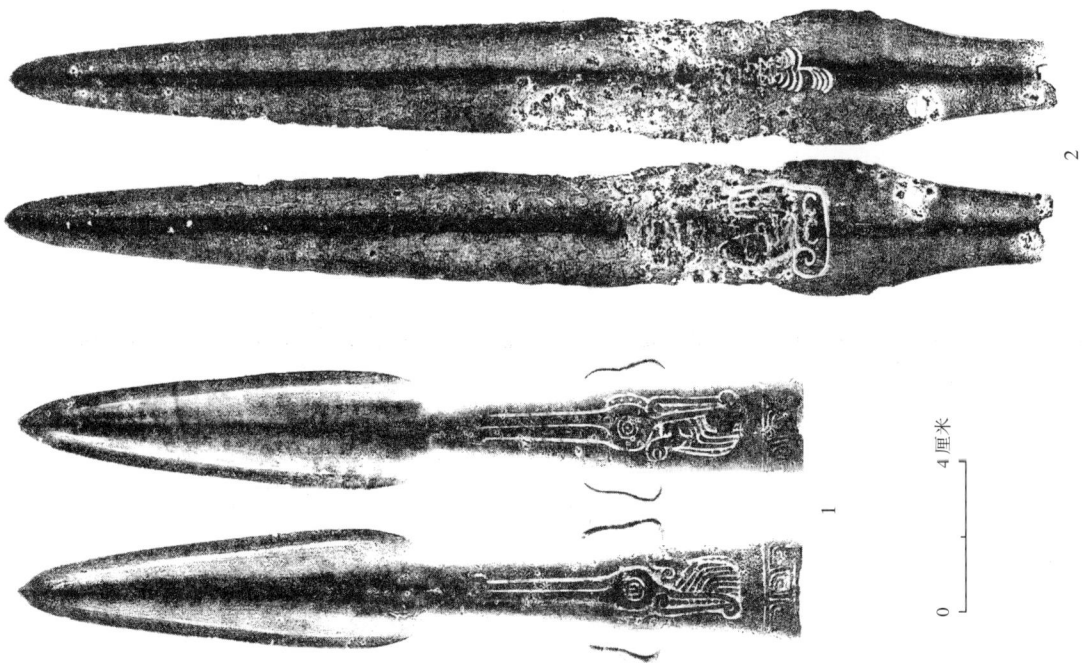

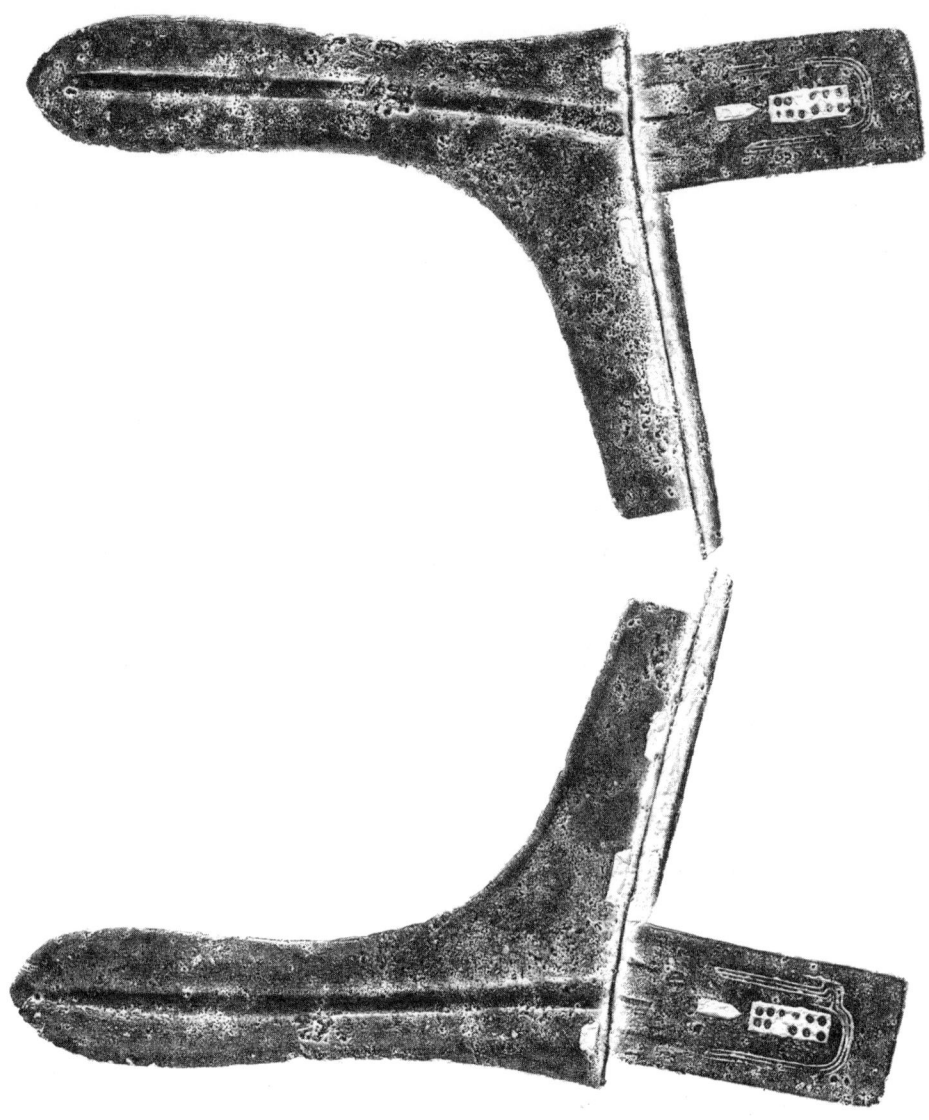

图二六六　M62 出土铜戈拓片（M62∶1）

0　　　　　4厘米

图二六五　M62 出土铜矛、铜剑拓片

1.铜矛（M62∶16）　2.铜剑（M62∶2）

0　　　　　4厘米

箭镞 1件。M62：4，呈三棱形，空铤。长 2.6、宽 1 厘米（图二六三：5）。

3. 铁器

1件。计有铁环 1。

环 1件。M62：3，圆形，腐蚀较为严重。直径 5、厚 1.4 厘米。

五六 M63

墓葬位于 T6331 的中部，开口于①层下。

（一）墓葬形制

长方形竖穴土坑墓，方向 182°，墓壁较直，墓底较平。长 313、宽 110、深 40 厘米（图二六七；图版一四一：1）。墓葬填土为黄褐色砂土，土质较硬，包含有少量的木炭。

（二）葬式葬具

未发现葬具，亦未发现葬具朽痕。墓内人骨架腐朽严重，从朽痕和随葬品的相对位置判断，应为仰身直肢葬，头向南，面向左，双手平放于身体左右两侧，性别、年龄不详。

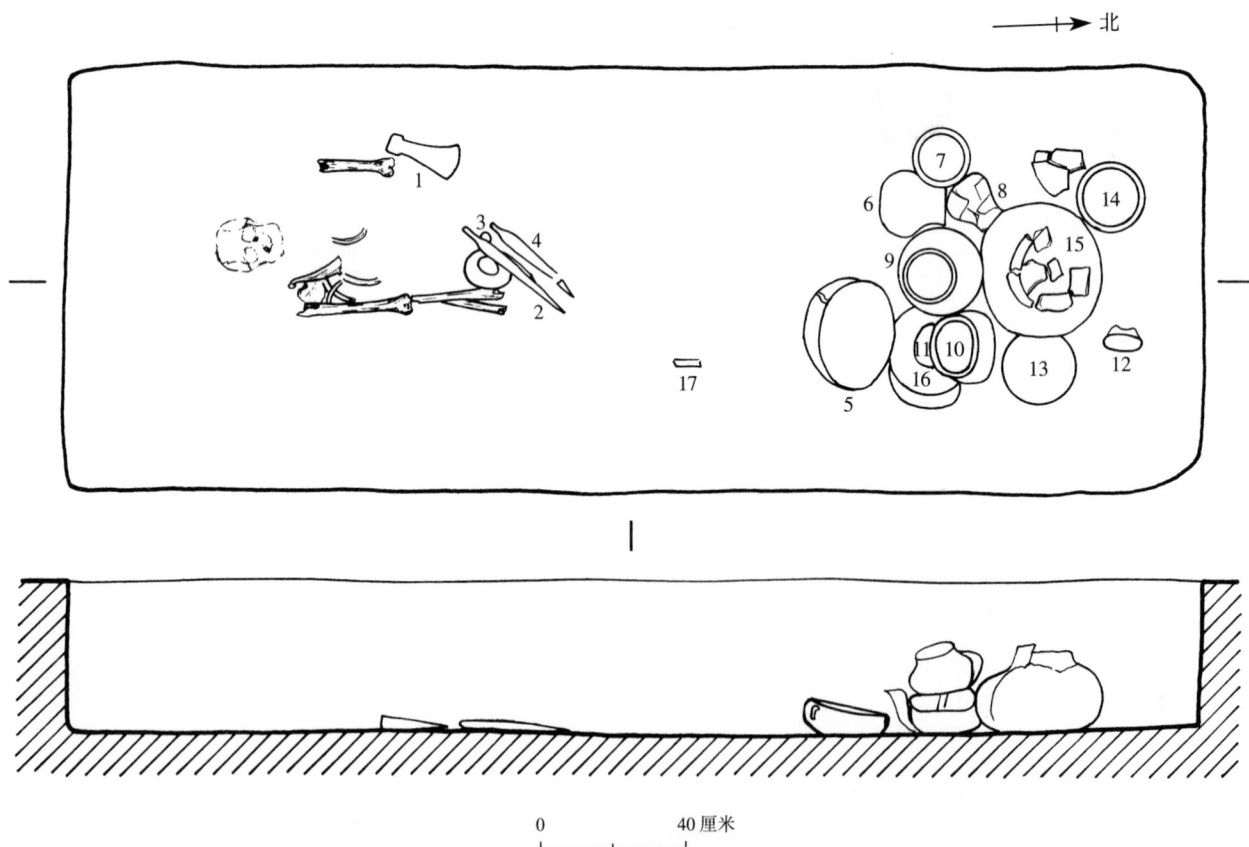

图二六七 M63 平、剖面图

1.铜斤 2、4.铜剑 3.铜削刀 5.铜釜 6.铜鍪 7.陶豆 8.陶圜底罐 9~11.陶釜 12、14.陶器盖 13.陶平底罐 15.陶高领罐 16、17.珠

（三）随葬品

随葬品 17 件。包括陶圜底罐 1、陶高领罐 1、陶豆 1、陶器盖 2、陶釜 3、陶平底罐 1、铜剑 2、铜斤 1、铜削刀 1、铜釜 1、铜鍪 1、珠 2。随葬器物主要集中在墓主人身上和脚下，铜斤置于左手旁，剑和刀置于右手处（图版一四一：2），陶器置于脚下（图版一四二：1）。

1. 陶器

9 件。计有高领罐 1、圜底罐 1、豆 1、器盖 2、釜 3、平底罐 1（图版一四二：2）。

圜底罐　1 件。M63：8，夹砂灰褐陶，方唇，侈口，束颈，溜肩，鼓腹，圜底近平。肩部是一周戳印的圆圈纹，其下饰交错粗绳纹。口径 14.4、通高 14.4、腹径 17.6 厘米（图二六八：5；图版一四三：1）。

高领罐　1 件。M63：15，夹砂灰褐陶，方唇，侈口，束颈，溜肩，圆鼓腹，圜底。肩部以下饰纵向绳纹。口径 16.6、最大腹径 30、通高 23 厘米（图二六八：1；图版一四三：2）。

豆　1 件。M63：7，夹砂灰陶，方唇，敛口，鼓肩，喇叭状圈足。口下部饰有一周凹弦纹。口径 14、通高 7.6、底径 7.8 厘米（图二六八：7；图版一四三：3）。

釜　3 件。形制相似。圆唇，窄斜沿，束颈，溜肩，圜底。素面。M63：9，夹砂黑陶。

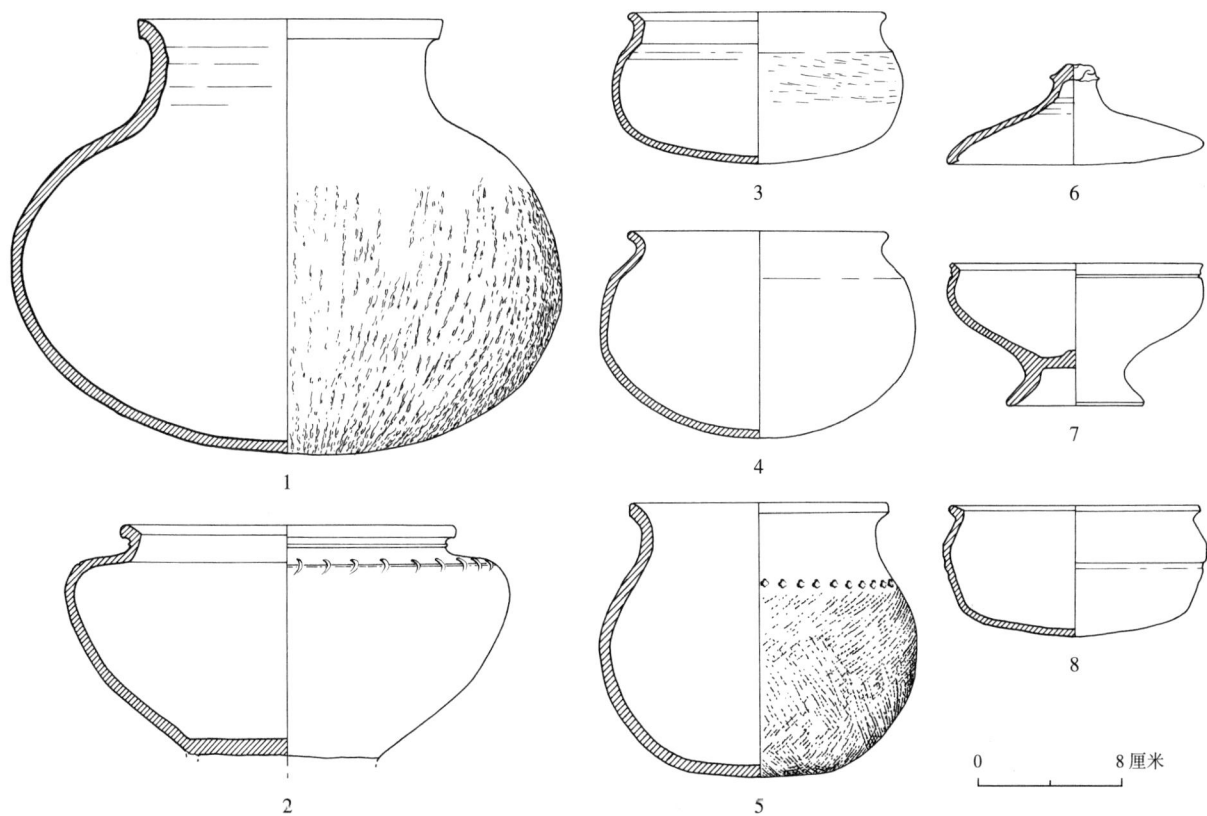

图二六八　M63 出土陶器

1. 高领罐（M63：15）　2. 平底罐（M63：13）　3、4、8. 釜（M63：9、10、11）　5. 圜底罐（M63：8）　6. 器盖（M63：14）
7. 豆（M63：7）

口径 14.2、最大腹径 16、通高 8 厘米（图二六八：3；图版一四三：4）。M63：10，夹砂黑陶，圆鼓腹。口径 14.6、最大腹径 17.6、通高 11 厘米（图二六八：4；图版一四三：5）。M63：11，夹砂黑陶。口径 14、最大腹径 14.8、通高 7 厘米（图二六八：8）。

器盖 2 件。形制相似。夹细砂红褐陶，饼形钮，钮部隆起。M63：12，直腹。口径 17、通高 5、饼径 5.6 厘米。M63：14，制作不规整，腹微曲。口径 14.2、通高 5.4、饼径 2.6 厘米。（图二六八：6）。

平底罐 1 件。M63：13，泥质灰陶，圆唇，卷沿，敛口，鼓肩，底部残。肩部饰一周弦纹，同时饰有戳刺纹一周。口径 18.4、最大腹径 24.2、通高 12 厘米（图二六八：2）。

2. 铜器

6 件。计有剑 2、斤 1、削刀 1、釜 1、鍪 1。

剑 2 件。形制相似。体呈柳叶形，扁茎，茎上下两端各有一不对称圆穿，器身较宽，隆脊。M63：4，剑身下端一面均铸刻有虎纹、云纹和巴蜀符号。通长 38、剑宽 3.6 厘米，茎长 6.5、宽 1.8 厘米（图二六九：2；图版一四四：1）。M63：2，通长 36、剑宽 3 厘米，茎长 7、宽 1.8 厘米（图二六九：1；图版一四四：2）。

斤 1 件。M63：1，长方形銎，喇叭形器身。弧形刃，刃尖上翘。通长 19.2、刃宽 8.4 厘米，銎口长 3.7、宽 3.5 厘米（图二六九：3；图版一四四：3）。

釜 M63：5，窄折沿上立，圆腹较深，下部残。双辫索耳在肩部。口径 26.4、残高 9.4 厘米（图二七○：2）。

鍪 1 件。M63：6，侈口，束颈，溜肩，圆鼓腹，圜底。颈部饰有一辫索纹环耳。通高 16.2、口径 12.8、最大腹径 18 厘米（图二七○：3；图版一四四：4）。

削刀 1 件。M63：3，椭圆形圜首，长直柄，弓背凹刃，刃部残缺。通长 18.5、刃宽 1.4 厘米，圜首长 3.6、宽 2.5 厘米，柄长 6.6、宽 1 厘米（图二七○：1；图版一四四：5）。

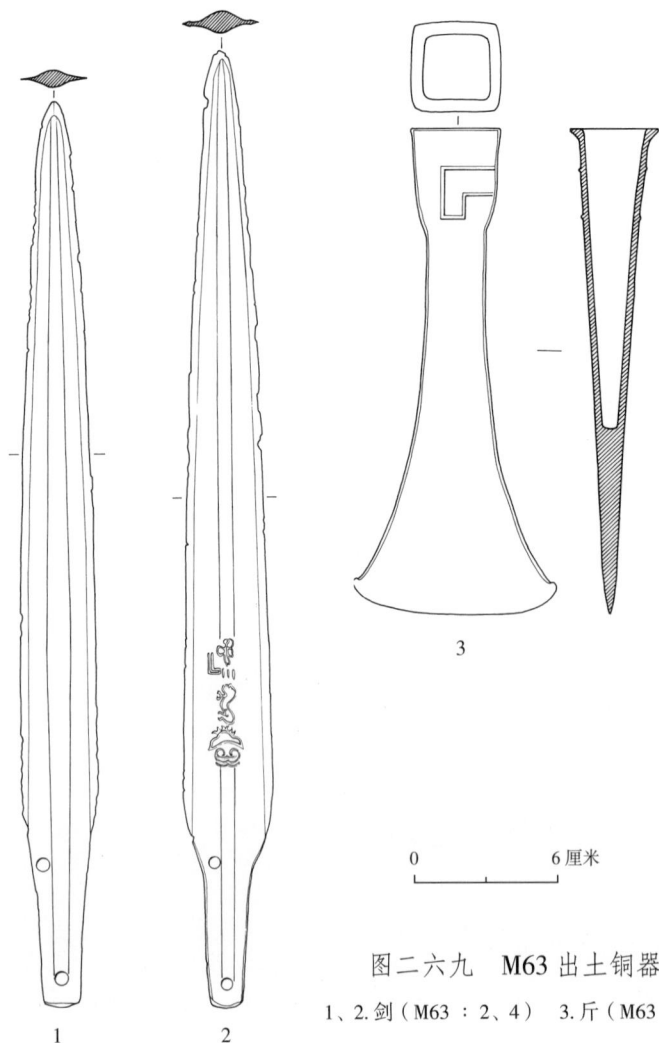

图二六九　M63 出土铜器

1、2.剑（M63：2、4）　3.斤（M63：1）

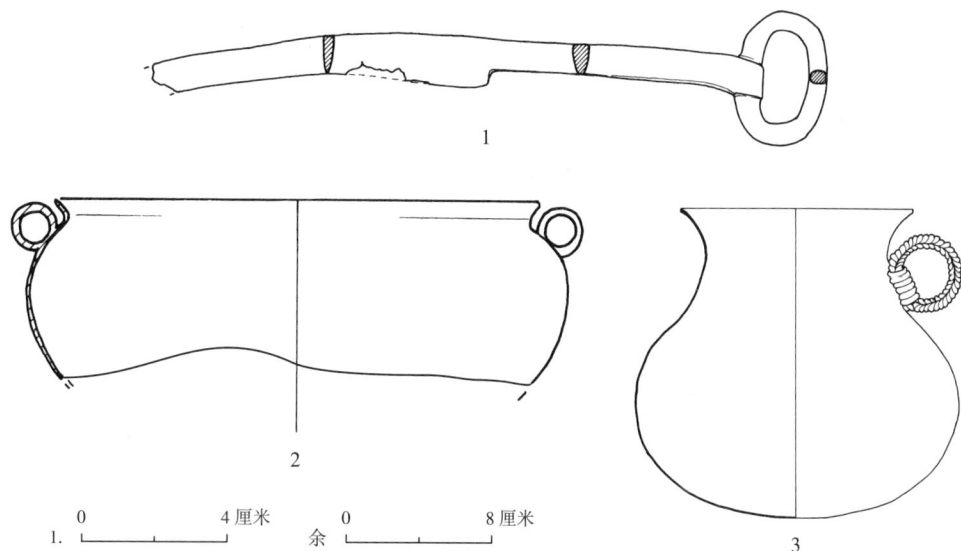

图二七〇　M63 出土铜器

1.削刀（M63：3）　2.釜（M63：5）　3.鍪（M63：6）

3. 珠

2 件。全部为管珠。M63：16、17，残损严重，呈浅绿色，圆柱形，中空。

五七　M64

墓葬位于 T6432 的东部，墓室南部被近现代改田改土破坏，开口于①层下。

（一）墓葬形制

为长方形竖穴土坑墓，方向 185°，墓壁较直，墓底较平。长 312、宽 90~112、深 12~40 厘米（图二七一；图版一四五：1）。墓葬填土为黄褐色砂土，土质较硬，包含有极其少量的动物骨骼、木炭和陶片。

（二）葬式葬具

葬具已腐朽，仅存葬具朽痕，从朽痕判断，应为一木棺，呈长方形。长 280、宽 80、残高 15~40 厘米。墓内人骨架腐朽严重，仅存下肢骨。从残存的下肢骨推断墓主人应为仰身直肢葬头向南，性别、年龄、头向不明。

（三）随葬品

随葬品 46 件。包括陶豆 5、陶釜 2、陶高领罐 1、陶器盖 3、陶尖底盏 1、铜剑 1、铜矛 1、铜钺 2、铜斤 1、铜斧 1、铜凿 1、铜刻刀 1、铜箭镞 11、铜釜甑 1、铜鍪 1、铜鱼钩 1、铜釜 1、铜铃 1、铜盆 1、珠 6、磨石 3。随葬品主要集中在棺内墓主人的下肢骨和脚下（墓室南部因遭破坏，其随葬品放置情况不明），刻刀被置于棺外，珠主要置于股骨与盆骨处，可能系墓主人衣服上的装饰品。墓主人脚下的器物可分上下两层，上层主要是陶器和铜釜、铜盆等，下层主要是铜钺、铜斤、铜矛、铜鍪、箭镞、磨石等（图版一四五：2）。同时在该墓葬的

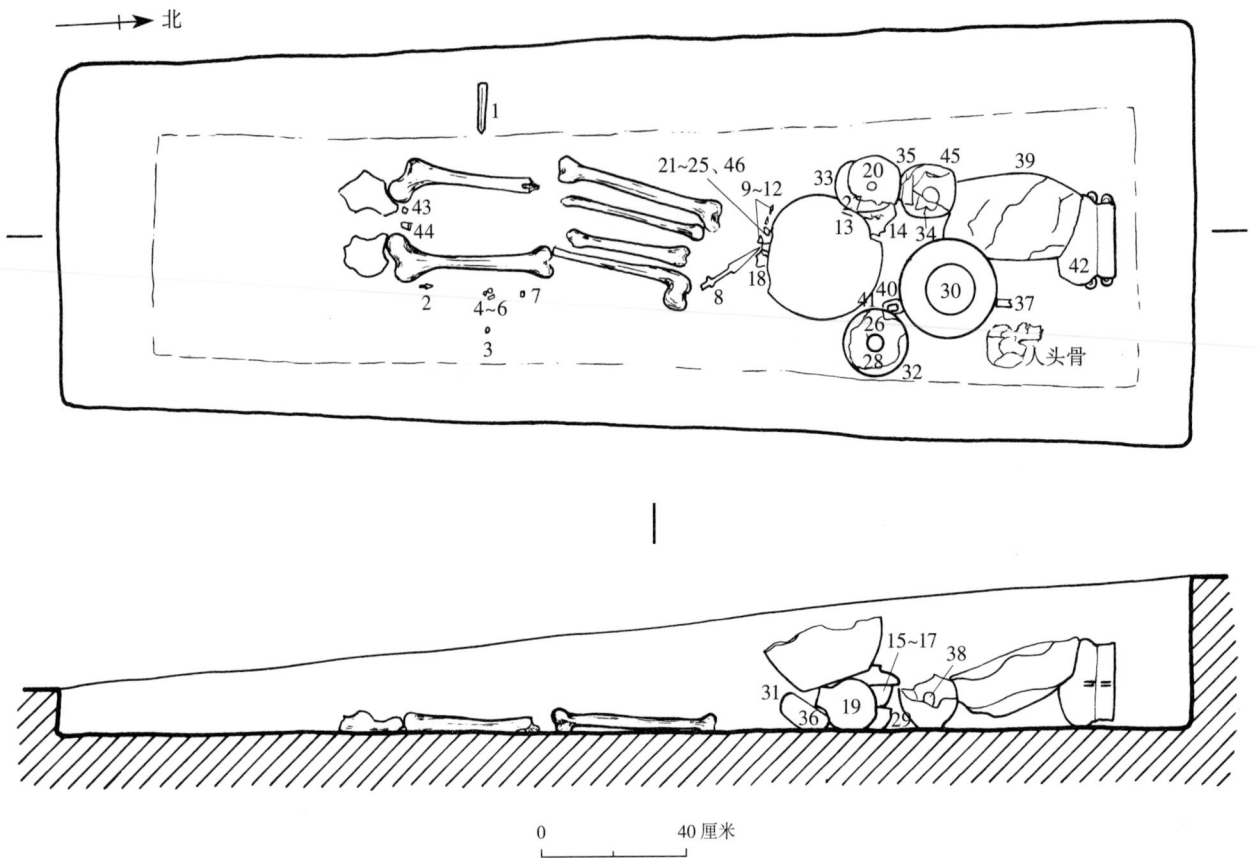

图二七一　M64 平、剖面图

1. 铜剑　2、9~12、21~25、46. 铜箭镞　3~7、43. 珠　8. 铜矛　13、28、32、40、41. 陶豆　14. 铜錾　15. 铜斧　16. 陶尖底盏　17、29. 铜钺　18. 铜斤　19、26. 陶釜　20、27、33. 陶器盖　30. 陶高领罐　31、35、36. 磨石　34. 铜鱼钩　37. 铜凿　38. 铜刻刀　39. 铜盆　42. 铜釜　44. 铜铃　45. 铜釜甑

东北部下层，发现一人头骨，为殉人的头骨，头骨极其碎小，可能被打碎。这种分层现象可能说明部分器物应是放在棺盖上的。

1. 陶器

12 件。计有豆 5、釜 2、高领罐 1、器盖 3、尖底盏 1（图版一四六：1）。

豆　5 件。依据形制的不同，可分为三种类型。

第一种　2 件。M64：28，夹砂红胎黑皮陶，方唇，盘极浅，似一尖底盏，柄部残。肩部有两周凹弦纹。口径 10.6、残高 2.6 厘米（图二七二：6）。M64：13，夹砂红胎黑皮陶，圆唇，敛口，鼓肩，斜直腹，喇叭状圈足，残。口径 10.6、残高 4.6 厘米（图二七二：7）。

第二种　2 件。斜直腹。M64：40，夹砂黑陶，方唇，直口微敛，浅盘，中柄，喇叭状圈足。肩部有三道凹弦纹。口径 11.4、底径 7.4、通高 6 厘米（图二七二：8；图版一四六：2）。M64：32，夹细砂灰褐陶。圆唇，直口，折肩，喇叭形圈足。口下部饰有三道弦纹。口径 14.8、底径 8.8、通高 7 厘米（图二七二：10；图版一四六：3）。

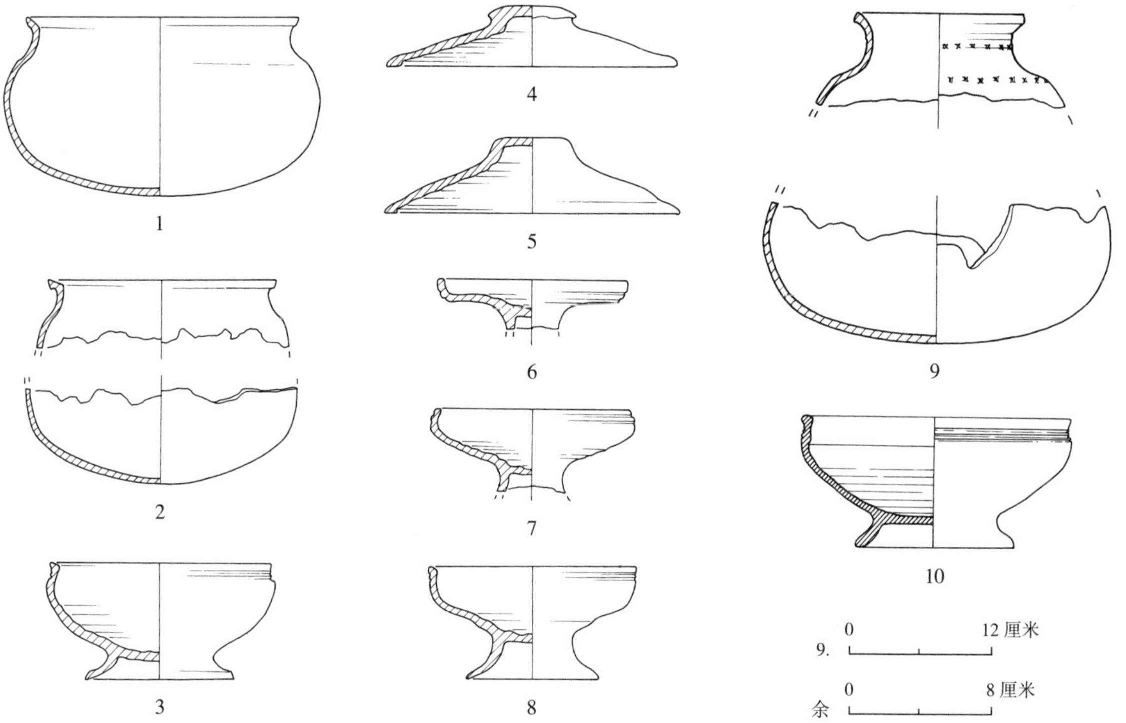

图二七二　M64 出土陶器

1、2. 釜（M64：19、26）　3、6~8、10. 豆（M64：41、28、13、40、32）　4、5. 器盖（M64：27、20）　9. 高领罐（M64：30）

第三种　1 件。弧腹。M64：41，夹砂红胎黑皮陶，尖唇，窄斜沿，弧腹，喇叭状圈足。沿下有两道凹弦纹。口径 12.2、底径 8.2、通高 6.2 厘米（图二七二：3；图版一四六：4）。

釜　2 件。形制相似。尖圆唇，斜立沿，溜肩，鼓腹，圜底。M64：26，夹砂红胎黑皮陶，腹部残。口径 12.6 厘米（图二七二：2）。M64：19，夹砂红胎黑皮陶。口径 15、通高 9.4 厘米（图二七二：1；图版一四六：5）。

高领罐　1 件。M64：30，夹砂褐陶，方唇，敞口，矮领，广肩，鼓腹，圜底，腹部残缺。在领部和肩部分别饰有一周“X”纹。口径 14 厘米（图二七二：9）。

器盖　3 件。形制相似。夹砂红胎黑皮陶，方唇，曲腹，柄形钮。M64：27，口径 16、钮径 4.8、通高 3.2 厘米（图二七二：4）。M64：20，口径 16.2、钮径 4、通高 4 厘米（图二七二：5；图版一四六：6）。M64：33，残损严重。

尖底盏　1 件。M64：16，夹砂灰褐陶，圆唇，敛口，腹极浅，残损严重。

2. 铜器

25 件。计有剑 1、矛 1、钺 2、斤 1、斧 1、凿 1、刻刀 1、箭镞 11、釜甑 1、鋬 1、鱼钩 1、釜 1、铃 1、盆 1。

剑　1 件。M64：1，仅存剑身上部，呈柳叶状，残长 14.5、身最宽 2.7 厘米（图二七三：5）。

矛　1 件。M64：8，长骹，宽叶，骹口呈圆形，椭圆形双附耳。骹部两面均饰有夔龙纹，下为卧虎纹，骹下部饰有一周云雷纹。通长21.8、叶宽3.6厘米，骹口径2.4、长9.5厘米（图二七三：1；图二七四；图版一四七：1）。

钺　2件。依据形制的不同可分为两种类型。

第一种　1件。M64：29，椭圆形銎口，折肩，微束腰，舌形刃。通高16、刃宽7.2厘米，銎口长径4.8、短径4厘米（图二七三：3；图版一四七：2）。

第二种　1件。M64：17，椭圆形銎口，无肩，束腰，舌形刃。銎口外饰有两道凸棱。通高9.6、刃宽7厘米，銎口长径4.2、短径2.2厘米（图二七五：2；图版一四七：3）。

斧　1件。M64：15，长方形銎口，直腰，弧刃，刃两端上翘。通高7、刃宽5.2厘米，銎口长4、宽2厘米（图二七五：3；图版一四七：4）。

斤　1件。M64：18，长方形銎口，銎口出沿，喇叭形身，刃宽大于銎宽，刃尖向外撇。通长16.8、刃宽6.4厘米，銎口长3.4、宽3厘米（图二七三：2；图版一四八：1）。

凿　1件。M64：37，圆形銎口，长方体身。銎口外有銎箍。通长9.6、銎口直径1.9、身宽1.6厘米（图二七五：1）。

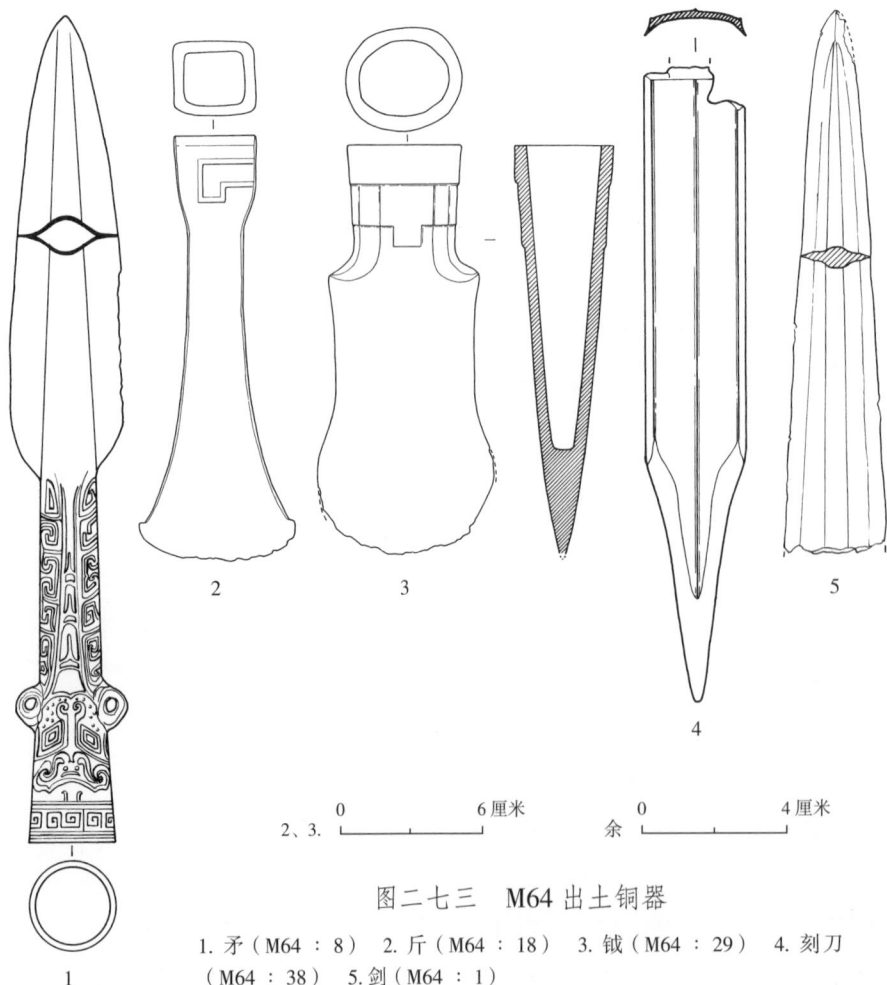

图二七三　M64 出土铜器

1. 矛（M64：8）　2. 斤（M64：18）　3. 钺（M64：29）　4. 刻刀（M64：38）　5. 剑（M64：1）

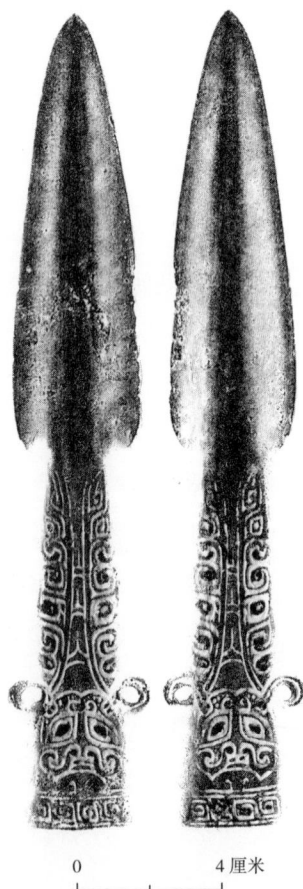

图二七四　M64 出土铜矛拓片（M64：8）

刻刀　1件。M64：38，体呈圭形。器身扁平，背部隆起，腹部内凹。长16.6、宽2.8、厚0.3厘米（图二七三：4）。

箭镞　11件。依据形制的不同可分为三种类型。

第一种　9件。双翼，长铤，短关。镞身中脊隆起，两面各有四个凹槽。M64：9，长5.2、双翼最宽1.8厘米（图二七六：9）。M64：23，长5.7、双翼最宽1.8厘米（图二七六：7）。M64：25，长5.4、双翼最宽1.8厘米（图二七六：8）。M64：22，铤部残。镞身中脊隆起，两面各有六个凹槽。残长3.6、双翼最宽1.8厘米（图二七六：6）。M64：21，锋部残。镞身中脊隆起，两面各有四个凹槽。残长4.7、双翼最宽1.7厘米（图二七六：12）。M64：24，一翼残。镞身中脊隆起，两面各有四个凹槽。长5.2、双翼最宽1.6厘米（图二七六：11）。M64：11，铤部和双翼残，残长3厘米（图二七六：10）。

第二种　1件。体呈三棱形，空铤。M64：12，残长3.5、宽0.8厘米（图二七六：4）。

第三种　1件。双翼外撇。M64：46，铤部残。残长3.7、双翼最宽1.8厘米（图二七六：5）。

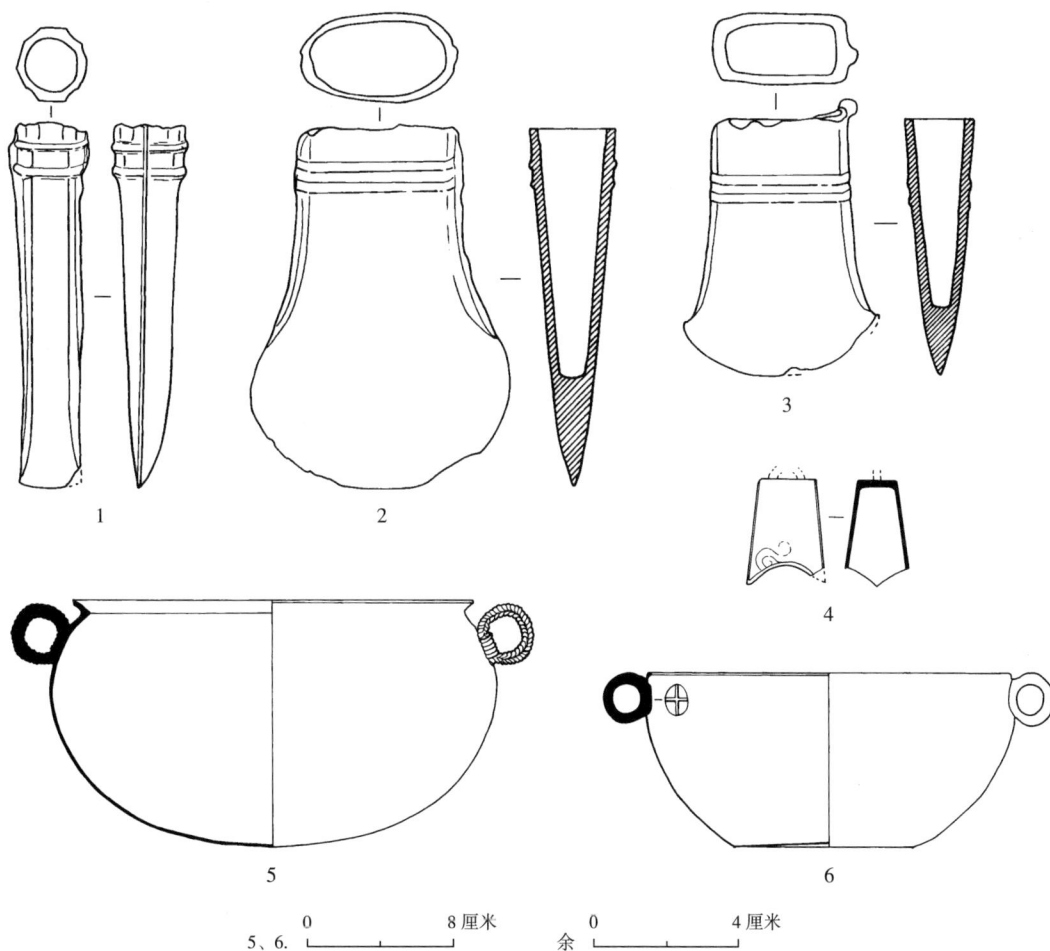

图二七五　M64出土铜器

1.凿（M64：：37）　2.钺（M64：17）　3.斧（M64：15）　4.铃（M64：44）　5.釜（M64：42）　6.釜甑（M64：45）

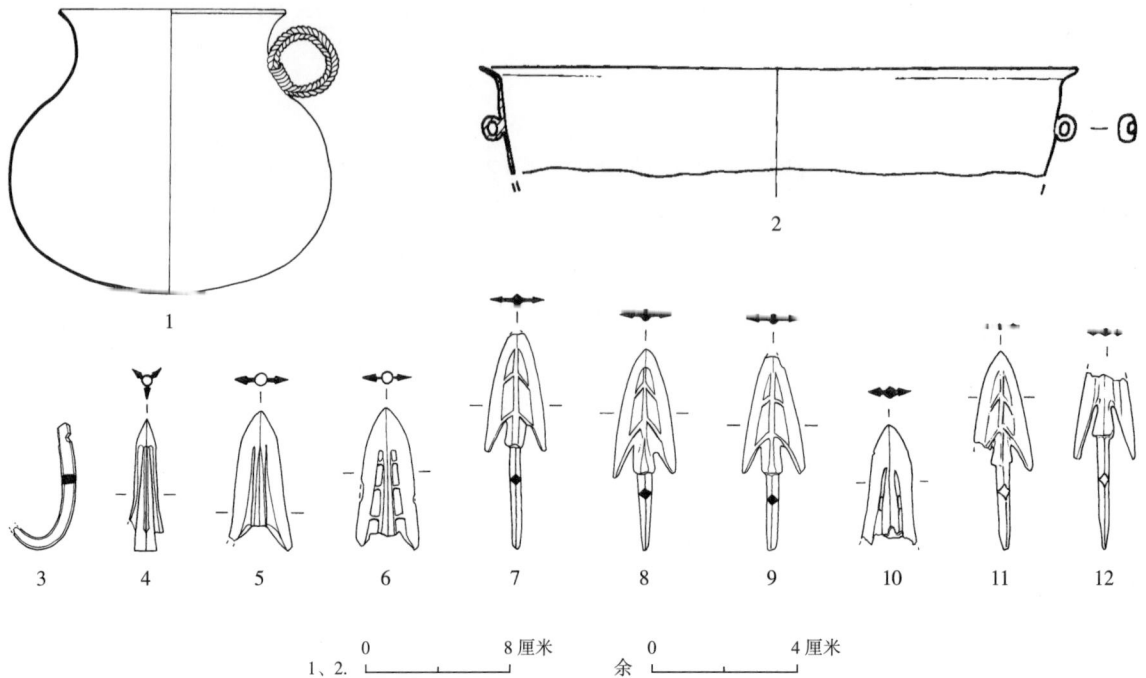

图二七六　M64 出土铜器

1.鍪（M64：14）　2.盆（M64：39）　3.鱼钩（M64：34）　4~12.箭镞（M64：12、46、22、23、25、9、11、24、21）

鱼钩　1件。M64：34，残，体呈钩状。长3.4厘米（图二七六：3）。

釜甑　1件。M64：45，釜部残。甑部为敛口，弧腹。口下部有两竖环耳，腹上部有一圆圈纹。口径20、残高9厘米（图二七五：6）。

鍪　1件。M64：14，侈口，束颈，溜肩，圆鼓腹，圜底。肩颈之间有一辫索纹竖环耳。口径12.4、通高15、腹径17.6厘米（图二七六：1；图版一四八：2）。

釜　1件。M64：42，宽立沿，鼓肩，圆鼓腹，圜底。肩部饰有两辫索纹竖环耳。口径21.6、通高13厘米（图二七五：5；图版一四八：3）。

盆　1件。M64：39，出土时已破碎。为窄斜沿，侈口，斜直腹。腹上部饰有两环耳。口径32.2、残高6.4厘米。（图二七六：2）。

铃　1件。M64：44，体呈钟形，环耳残。残长2.8、宽2厘米（图二七五：4）。

3. 玉石器

9件。计有管珠5、角珠1、磨石3。

管珠　5件。浅绿色，体呈圆柱状，中空。M64：3，长1.3、宽0.8、孔径0.4厘米（图二七七：4）。M64：4，长1.2、宽0.8、孔径0.4厘米（图二七七：5）。M64：43，长1.3、宽0.8、孔径0.4厘米（图二七七：6）。M64：7，长1.2、宽0.8、孔径0.4厘米（图二七七：7）。M64：5，长1.9、宽0.8、孔径0.4厘米（图二七七：8）。

角珠　1件。黑色，体呈圆柱状，中空。M64：6，长1.2、宽0.9、孔径0.4厘米（图

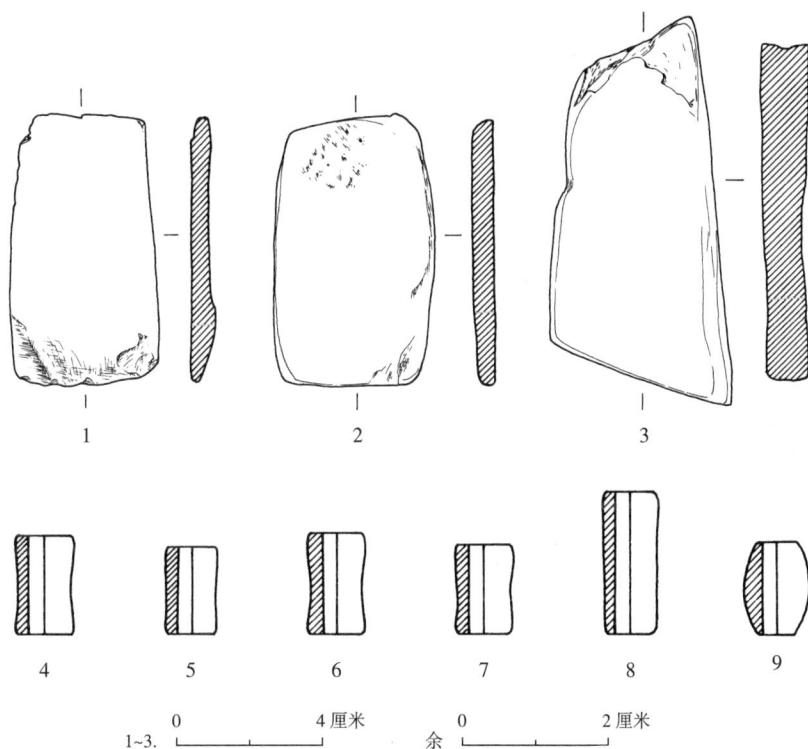

图二七七　M64 出土石器及珠

1~3. 磨石（M64∶31、35、36）　　4~9. 珠（M64∶3、4、43、7、5、6）

二七七∶9）。

磨石　3 件。体呈长方形，均为沙石制成，表面较为光滑。M64∶31，长 7.3、宽 4、厚 0.6 厘米（图二七七∶1）。M64∶35，长 7.2、宽 4.4、厚 0.6 厘米（图二七七∶2）。M64∶36，两端残断。残长 10.3、宽 4.8、厚 1 厘米（图二七七∶3；图版一四八∶4）。

五八　M65

墓葬位于 T6432 的西部，墓葬南部被近现代改田改土破坏，开口于①层下。

（一）墓葬形制

长方形竖穴土坑墓，方向 185°，墓壁较直，墓底较平。长 470、宽 180~190、深 12~40 厘米（图二七八；图版一四九∶1）。墓葬填土为黄褐色砂土，土质较硬，包含有极其少量的木炭。

（二）葬式葬具

墓室的底部左右两侧分别开挖两个长方形土坑，以便放置木棺，两具木棺均已腐朽，从朽痕上判断朽痕，均呈长方形。一号棺长 380、宽 78、残高 12~40、厚 5 厘米，二号棺长 380、宽 62~72、残高 12~40、厚 3 厘米。一号棺内人骨保存较差，头骨不存，从剩余的骨骼判断，墓主人呈仰身直肢葬，头向南，双手平放于身体两侧，性别、年龄不清。二号棺内人

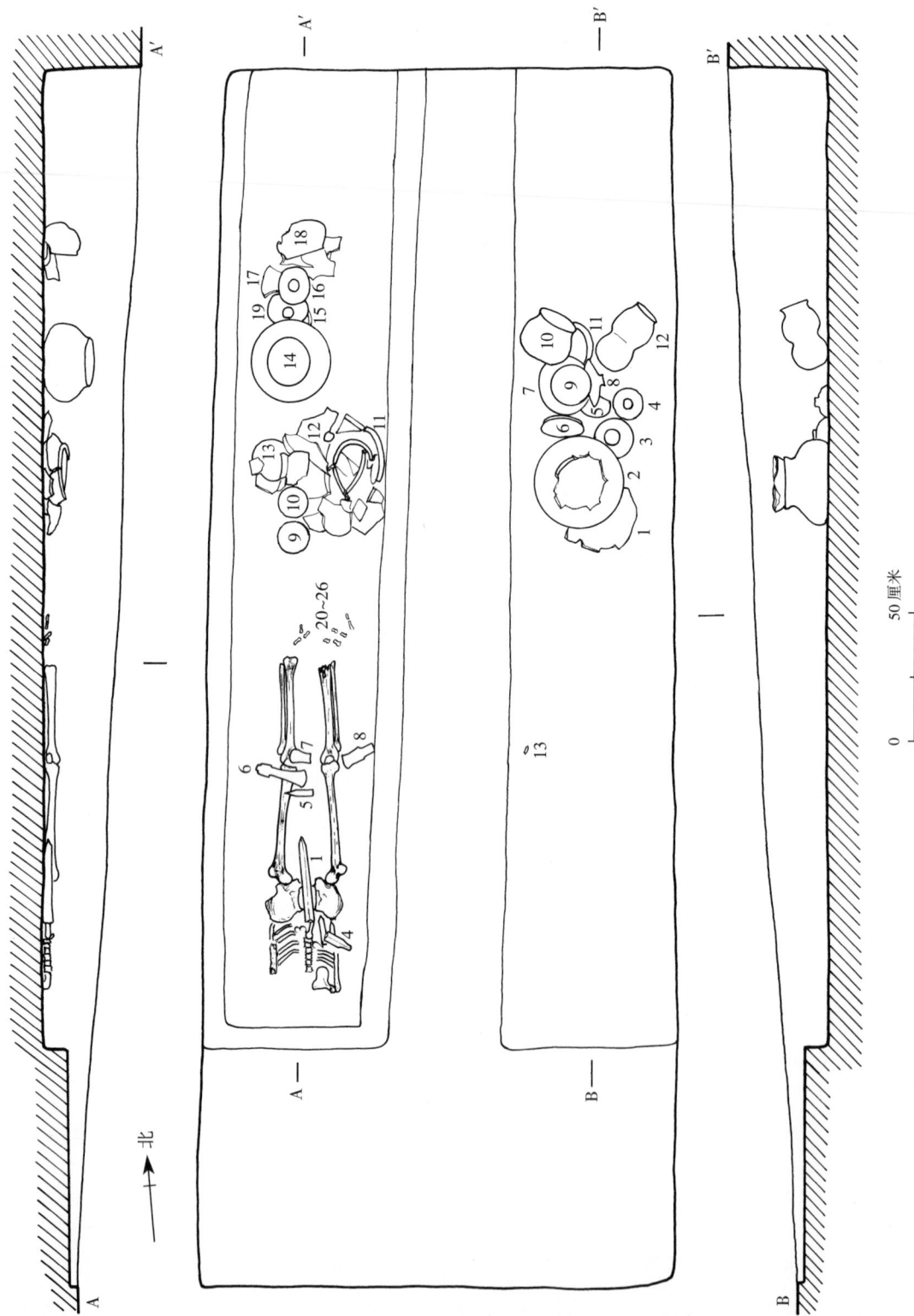

图二七八　M65 平、剖面图

0　　　50厘米

一号棺：1. 铜剑　2. 铜刻刀　3. 铜凿　4. 铜削刀　5、6. 铜斤　7、8. 铜锛　9、17. 陶豆　11~13、15、18. 陶器盖　12. 陶釜甑　13. 铜手镯
二号棺：1~3、9. 陶釜　4、6、11、14. 陶豆　5、7、8、10. 陶器盖　9、17. 陶豆　11~13、15、18. 陶器盖　10. 铜鍪　14. 陶高领罐　16、19. 陶器盖　20、21、23~26. 珠　22. 铁钉

骨架腐朽无存，性别、年龄不详，头向、面向、葬式不明。

（三）随葬品

一号棺随葬器物26件，陶釜5、陶器盖2、陶豆2、陶高领罐1、铜剑1、铜钺2、铜斤2、铜削刀1、铜凿1、铜刻刀1、铜鍪1、珠6、铁钉1。随葬品主要集中在墓主人身上和脚下，铜剑、刻刀、凿置于墓主人右手处，铜钺和铜斤、钺、刻刀分置于下肢骨的左右两侧（图版一四九：2），陶器和铜容器均置于脚下。二号棺共随葬器物14件，均为陶器，包括陶釜4、陶豆4、陶器盖4、陶釜甑1、铜手镯1。所有随葬品均放置在墓室的北部。

随葬品共40件（图版一五〇：1、2）。

1. 一号棺

随葬26件器物，其中陶器10、铜器9、珠6、铁器1。

（1）陶器

10件。计有豆2、器盖2、高领罐1、釜5。

釜 5件。依据形制的不同可分为两种类型。

第一种 4件。形制相似。均方唇，斜沿，敛口，束颈，广肩，鼓腹，圜底。M65-1：15，夹砂灰黑陶。肩部饰两道凹弦纹，凹弦纹上饰一周戳印纹。口径12.4、通高8.2、最大腹径14.8厘米（图二七九：7；图版一五一：1）。其余三件陶釜（M64：11、13、18）残损严重。

第二种 1件。M65-1：12，夹砂灰黑陶，腹下部残。肩部以下饰纵向绳纹。残高10厘米（图二七九：1）。

高领罐 1件。形制相似。圆唇，宽斜沿，矮领，折肩，圆鼓腹，圜底。M65-1：14，夹砂黑陶。肩部饰有凹弦纹，素面。口径18、最大腹径32、通高24厘米（图二七九：2；图版一五一：2）。

器盖 2件。形制相似。覆盘状，钮部不显，较平，斜直腹。M65-1：16，夹砂灰黑陶。口径15、通高4、钮径3.6厘米（图二七九：4）。M65-1：19，夹细砂灰黑陶。口径16、通高4.6、钮径4.8厘米（图二七九：3）。

豆 2件。依据形制的不同可分为两种类型。

第一种 1件。弧腹。M65-1：17，夹砂灰褐陶，圆唇，侈口，溜肩，弧腹，喇叭形圈足。内壁可见明显的轮制痕迹。口径13.4、底径8.2、通高6.8厘米（图二七九：5）。

第二种 1件。斜直腹。M65-1：9，轮制，夹砂灰褐陶，圆唇，敛口，鼓肩，弧腹，圈足残。内壁可见明显的轮制痕迹。口径14、残高5厘米（图二七九：6）。

（2）铜器

9件。计有剑1、钺2、刻刀1、凿1、削刀1、斤2、鍪1。

剑 1件。M65-1：1，残断，体呈柳叶形，身、柄分界较为明显，仅存剑上部和茎部，茎上下各有一不对称的圆穿。上部残长16.5厘米（图二八一：5），下部残长14.5、茎长9厘米（图二八一：6）。

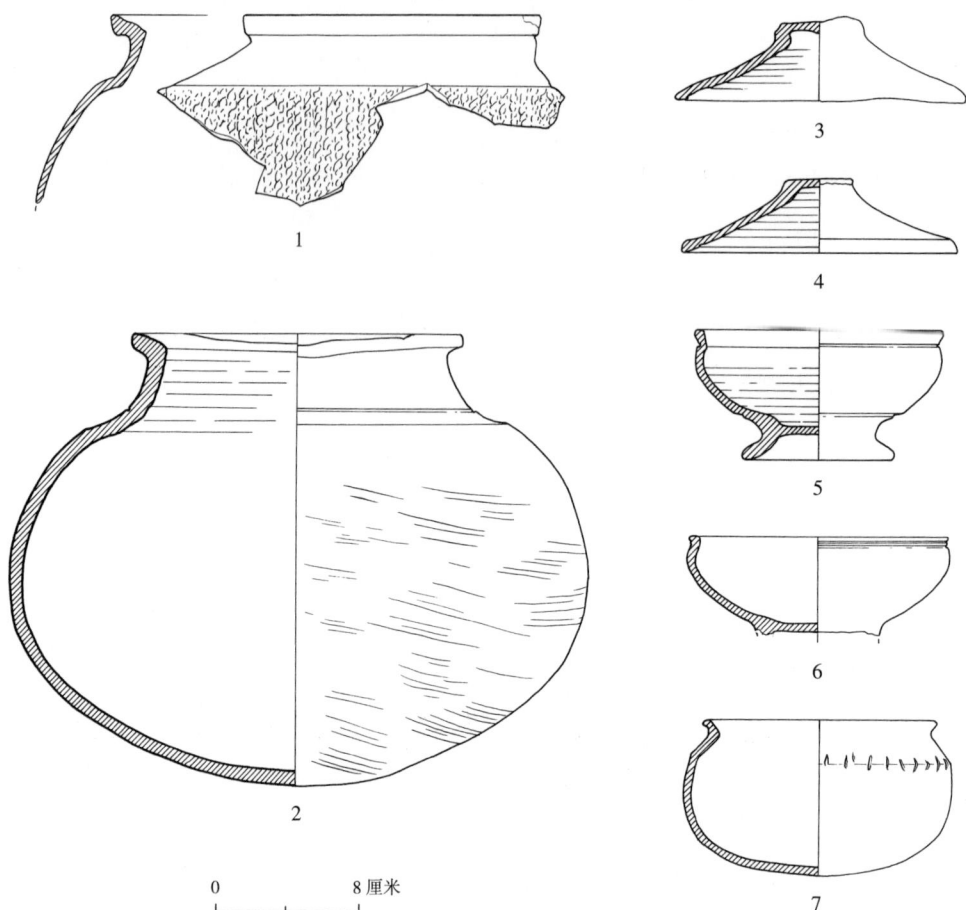

图二七九　M65 一号棺出土陶器

1.釜（M65-1∶12）　2.高领罐（M65-1∶14）　3、4.器盖（M65-1∶19、16）　5、6.豆（M65-1∶17、9）　7.釜（M65-1∶15）

钺　2件。依据形制的不同可分为两种类型。

第一种　1件。M65-1∶7，椭圆形銎口，折肩，束腰，舌形刃。器身一面铸刻有一组巴蜀符号。通长16.5、刃宽7.5厘米，銎口长4.9、宽4.5厘米（图二八〇∶1；图版一五一∶3）。

第二种　1件。M65-1∶8，圆角长方形銎口，直腰，舌形刃。通长9.5、刃宽6.2厘米，銎口长4.2、宽2.5厘米（图二八〇∶4；图版一五一∶4）。

斤　2件。依据形制的不同可分为两种类型。

第一种　1件。M65-1∶6，长方形銎口，銎口出沿，喇叭形器身，弧形刃。銎口外铸刻有长方形纹饰。通长18.8、刃宽8厘米，銎口长4、宽3.2厘米（图二八〇∶2；图版一五二∶1）。

第二种　1件。M65-1∶5，长方形銎口，近长方形器身，弧形刃，刃尖外撇。通长10.7、刃宽4.2厘米，銎口长3.6、宽2.7厘米（图二八〇∶3；图版一五二∶2）。

凿　1件。M65-1∶3，八棱形銎口，长方形器身，弧形刃。通长8.8、銎口径2、刃宽1.8厘米（图二八一∶3）。

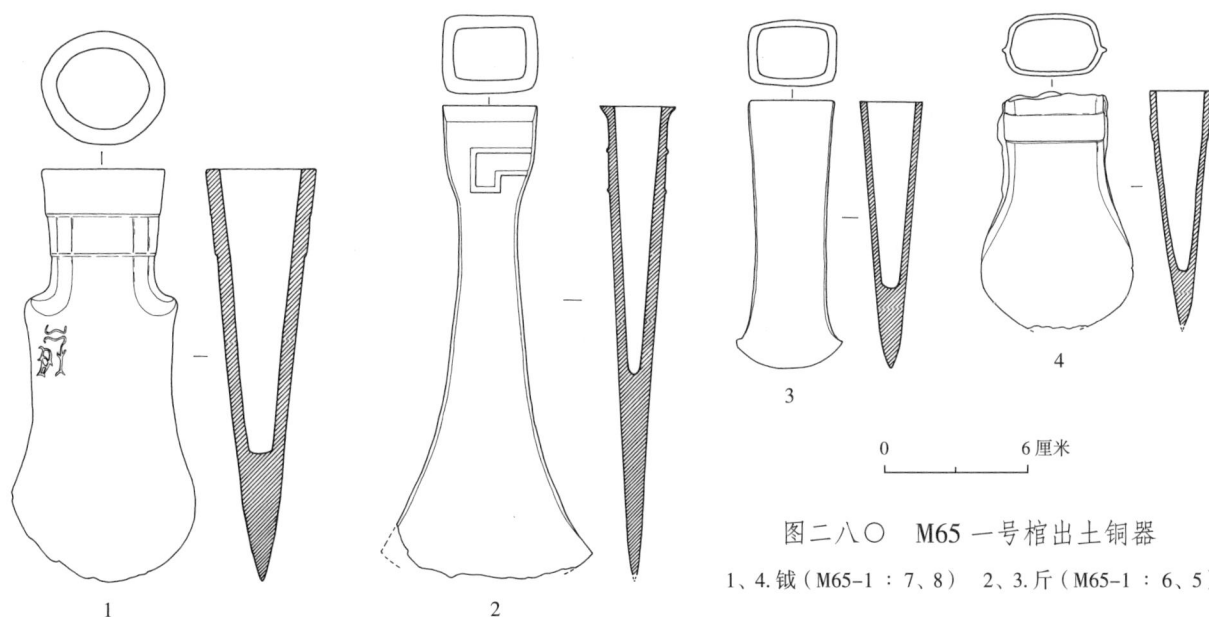

图二八〇　M65 一号棺出土铜器
1、4. 钺（M65-1：7、8）　2、3. 斤（M65-1：6、5）

刻刀　1 件。M65-1：2，残。体呈圭状，背部微隆，腹部内凹。残长 13、宽 2.8 厘米（图二八一：4）。

削刀　1 件。M65-1：4，椭圆形圜首，直柄，直背，直刃。通长 16.4、刃宽 1.3 厘米，圜首长径 3、短径 1.8 厘米，柄长 4.2、宽 0.7 厘米（图二八一：1；图版一五二：3）。

鍪　1 件。M65-1：10，圆唇，侈口，束颈，溜肩，鼓腹，圜底。颈部有一辫索纹竖环耳。口径 13、通高 15.2、最大腹径 18 厘米（图二八一：2；图版一五二：4）。

（3）珠

6 件。计有管珠 5、角珠 1。

管珠　5 件。依据形制的不同可分为三种类型。

第一种　2 件。圆形，器型极小。M65-1：24，直径 0.6、通高 0.4 厘米（图二八一：8）。M65-1：25，直径 0.6、通高 0.4 厘米（图二八一：7）。

第二种　1 件。扁球形，中有一圆穿，整体为绿色，上有 12 个深绿色外凸圆点，其外均有一周白色圆圈。M65-1：20，直径 1、通高 0.7、孔径 0.4 厘米（图二八一：10）。

第三种　2 件。圆柱形，中空，陶质。整体呈浅绿色，M65-1：21，直径 0.8、通高 1.3、孔径 0.4 厘米（图二八一：12）。M65-1：26，直径 0.8、高 1.2 厘米（图二八一：9）。

角珠　1 件。体呈椭圆形，角质。M65-1：23，直径 1、通高 1.8、孔径 0.4 厘米（图二八一：11）。

（4）铁器

1 件。为钉。M65-1：22，器体较小，锈蚀严重。

2. 二号棺

随葬器物 14 件。主要是陶器，包括陶釜 4、陶豆 4、陶器盖 4、陶釜甑 1 和铜手镯 1。

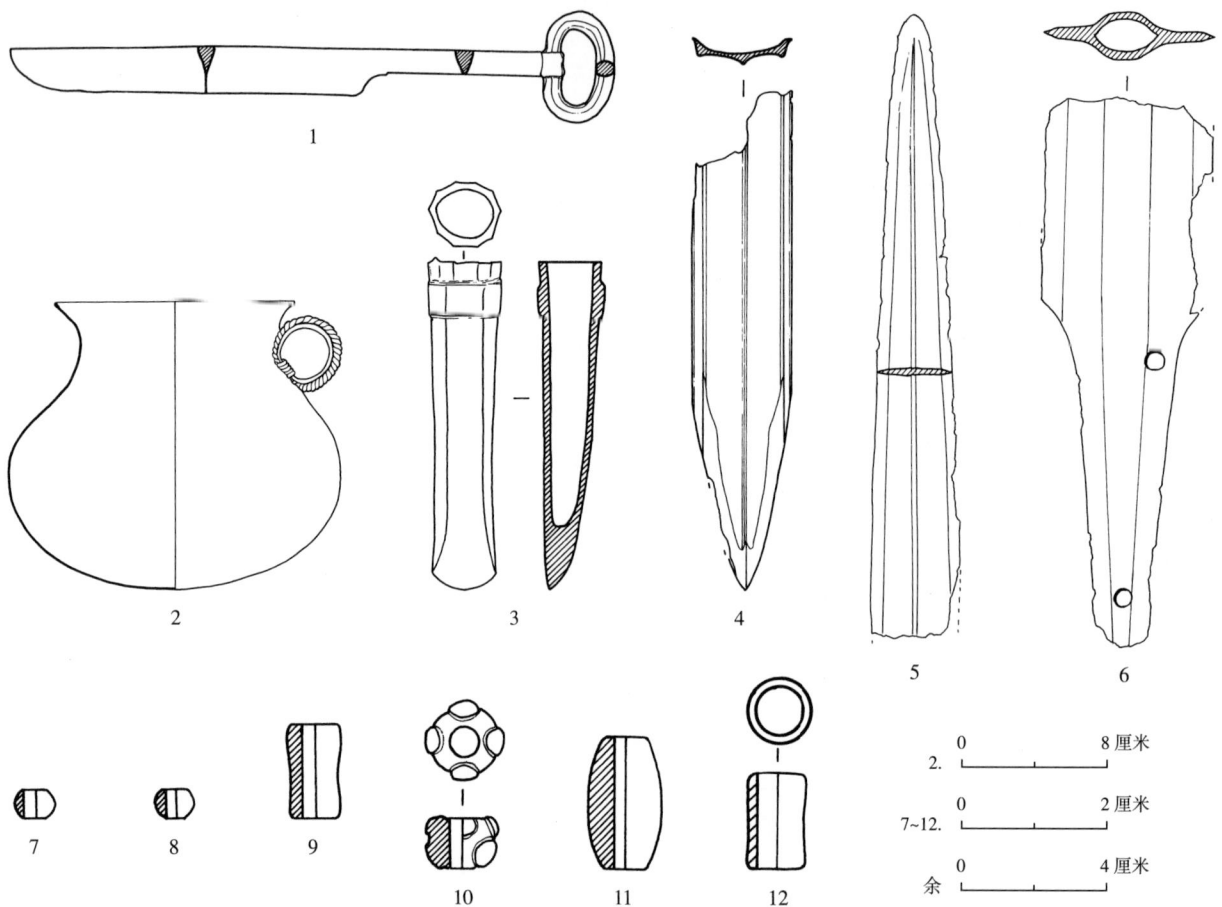

图二八一　M65 一号棺出土铜器及珠

1.削刀（M65-1∶4）　2.鍪（M65-1∶10）　3.凿（M65-1∶3）　4.刻刀（M65-1∶2）　5、6.剑（M65-1∶1）　7~12.珠（M65-1∶25、24、26、20、23、21）

（1）陶器

13 件。计有釜 4、豆 4、器盖 4、釜甑 1。

釜　4 件。M65-2∶9，夹砂灰褐陶，方唇，斜沿，直口，溜肩，鼓腹，圜底，最大径在腹部。肩部以下饰绳纹。口径 15.6、通高 11.4 厘米（图二八二∶1）。其余三件（M65-2∶1、2、3），均为夹砂灰褐陶，残损严重。

豆　4 件。依据形制的不同可分为两种类型。

第一种　2 件。斜直腹。M65-2∶6，夹砂灰陶，方唇，直口，溜肩，喇叭形圈足。口沿外有三周凹弦纹。口径 15.6、底径 9.6、通高 7 厘米（图二八二∶2；图版一五二∶5）。M65-2∶14，夹砂灰陶，方唇，侈口，喇叭状圈足。口沿外有一道周凹弦纹。口径 14、底径 8、通高 6.2 厘米（图二八二∶5）。

第二种　2 件。弧腹。M65-2∶11，夹砂灰陶，圆唇，卷沿，敛口，溜肩，圈足残。肩部饰有两周凹弦纹，腹上部刻划有月牙纹。口径 16.4、残高 6.4 厘米（图二八二∶3）。

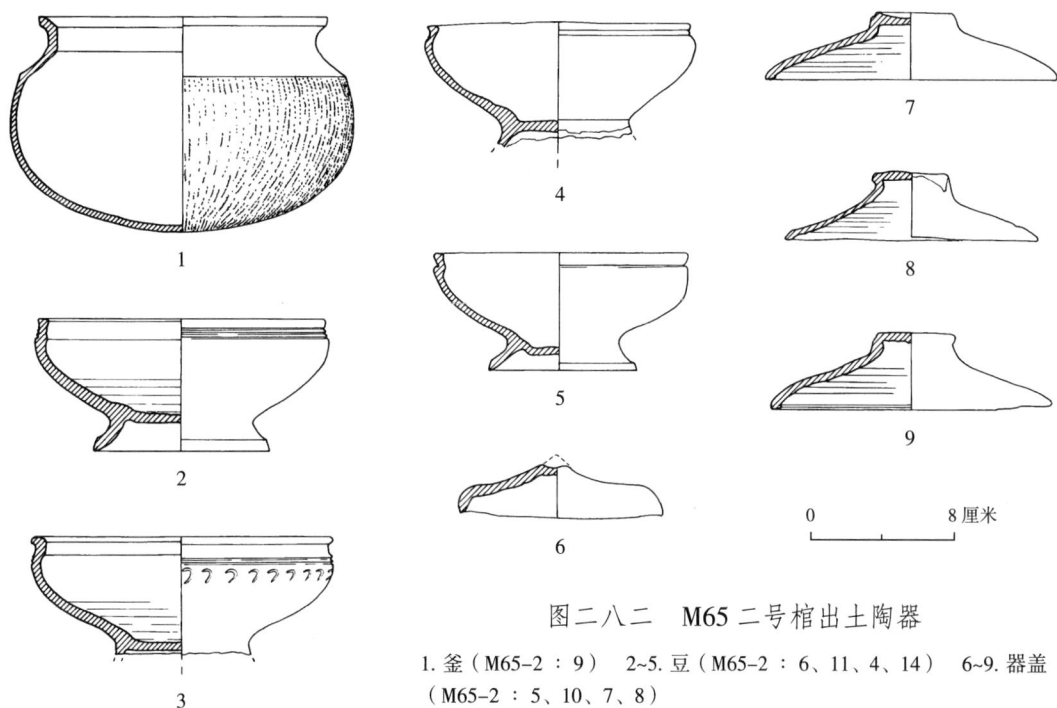

图二八二　M65 二号棺出土陶器

1. 釜（M65-2：9）　2~5. 豆（M65-2：6、11、4、14）　6~9. 器盖
（M65-2：5、10、7、8）

M65-2：4，夹砂灰黑陶，尖圆唇，窄斜沿，圈足残。肩部饰两道凹弦纹。口径 14.4、残高 6.8
厘米（图二八二：4）。

器盖　4 件。形制相似。均为覆盘状，钮部不显，较平，斜直腹。M65-2：5，夹砂黑陶，
钮部不存。口径 11、残高 2.8 厘米（图二八二：6）。M65-2：10，夹砂黑陶。口径 16、通高 3.6、
钮径 4.5 厘米（图二八二：7）。M65-2：7，夹砂黑陶。口径 14、通高 3.6、钮径 4 厘米（图
二八二：8）。M65-2：8，夹砂黑陶。口径 15.6、通高 4、钮径 4 厘米（图二八二：9）。

釜甑　1 件。M65-2：12，夹砂灰褐陶，为一联体釜甑，残损严重。

（2）铜器

1 件。为手镯。M65-2：13，圆形，残损严重。

第二节　墓葬综述

一　墓葬形制

罗家坝东周墓地共清理墓葬 65 座，位于罗家坝外坝的西南部，靠近河流的地方，排列
整齐，分布密集而有序。墓葬间的距离较近，但叠压打破关系较少。除 7 座为空墓外，其余
均有随葬品。从墓葬的开口位置来看，因各区的堆积情况不一样，其墓葬的开口位置亦不同，
加之罗家坝遗址的土质土色难以辨认，故从开口位置上很难区分墓葬的年代关系。现将罗家
坝东周墓葬的基本情况总结如下。

（一）墓向

65座墓葬中除7座空墓墓向不明外，58座可统计墓向的墓中，170°~179°的7座，占12%；180°的23座，占40%；181°以上的27座，占47%；90°以下的1座，占1%。可见墓葬均为南北向，略偏东或西，除1座墓葬外（M2）其余墓葬的头向均为南向，即头向基本朝向河流。

（二）形制

发掘的65座墓葬中，结构为曲尺状的1座，占1%；长方形竖穴土坑的64座，占99%。长方形竖穴土坑墓中除4座合葬墓外，其余均为单人葬。单人葬中，除13座不能判断外，墓圹长宽比3：1以下的墓葬14座，3：1至5：1的41座，5：1以上的7座。可以看出大部分墓葬集中在3：1以上，说明其大部分为狭长方形竖穴土坑墓。

（三）墓口面积

在58座可统计的墓葬中，除4座不明墓口面积的墓葬（M6、M18、M27、M22）外，在可判定的54座墓葬中，3平方米以下的35座，占65%；3~5平方米的12座，占22%；5~10平方米的4座，占7%；10~20平方米的2座（均为合葬墓），占4%；20平米以上的1座，占2%。可见大部分墓葬为小型墓葬，仅1座墓葬为大中型墓葬。

（四）墓葬深度

由于地表取土（墓葬所在区域原应为一个小山包，历年的取土将其变成了平地）及其资料缺失、记录不明，且罗家坝遗址土质极其难以辨认，墓口距离地表的深度不是很清楚，墓葬开口层位亦较为混乱。2007年度的考古发掘，为了解本区域的墓葬深度提供了一些基础材料。在可判断的61座墓葬中，56座墓葬的深度在1米以下，5座墓葬深度在1~1.3米。

（五）填土

罗家坝墓葬填土基本为原生土回填，故辨认极其困难，从发掘情况来看，墓葬填土中均可见少量的木炭颗粒和陶片，部分较大的墓葬（M4、M33）或合葬墓（M50、M51、M61、M65）均可见较多的木炭颗粒和陶片。如M33填土中可见大量的木炭颗粒、陶片、石块和动物肢骨，表明其可能在埋葬的过程中举行了某种祭祀活动。

总之，罗家坝65座墓葬中，基本上为小型墓葬，大型墓葬仅1座；其形制主要为长方形竖穴土坑墓，以狭长方形为主；墓内填土均使用原生土，较为纯净，但在填土中可见少量的木炭颗粒和陶片，少量的较大墓葬可见大量的木炭颗粒和陶片，说明其在埋葬过程中举行了某种祭祀仪式。其统计结果对研究川东地区巴文化的考古学文化内涵及其与其他文化之间的交流、融合具有重要的作用。

二 葬具

（一）葬具情况

除不明的7座墓葬外，其余的58座墓葬中，包括木棺6座、船棺2座、无葬具的50座。

木棺 6座。包括M2、M28、M40、M61、M64、M65，其中M61和M65均为合葬墓，

M61 为三人合葬，M65 为两人合葬，这两座墓葬均为在长方形竖穴土坑中，再挖长方形土坑以放置木棺。所有木棺均炭化严重，不可辨识其结构，从残存的痕迹推断其应为长方形。

船棺　2 座。包括 M45 和 M46，其中 M46 的船棺较为明显，但是炭化严重，之所以判断其为船棺，基于以下理由：其一，墓室南部有一段长 160 厘米的空间，未放置任何遗物，这与我们清理的其他墓葬明显不同；其二，墓葬暴露的棺痕由两侧向中间倾斜，且呈现出两侧高中间低的特点，结合广元昭化宝轮院、巴县冬笋坝遗址[1]和什邡城关[2]发掘的船棺葬，我们推测其应为船棺葬。从暴露的棺木来看，其长 448、宽 52、高 43 厘米，亦与船棺基本相符。

（二）葬具大小

在 8 座有葬具的墓葬中，木棺墓中 3 米以下的有 2 座墓葬（M2、M64），3 米以上的有 4 座墓葬（M28、M40、M61、M65）。棺最长的为 M61 一号棺和三号棺，均长 5 米；最短的为 M2，仅 1.8 米。2 座船棺葬（M45、M46）的长度均超过 4 米。

总之，罗家坝 65 座墓葬中，以无葬具的墓葬为主，仅少量的墓葬使用木棺，极少量的墓葬用船棺。因腐朽严重，其结构不清。

三　葬式及殉人

（一）葬式

罗家坝遗址 65 座墓葬中，除 7 座空墓和 25 座墓葬未见人骨外，其余 33 座墓葬中均可见部分肢骨。我们对这 33 座墓葬进行统计，包括 30 座单人葬和 3 座合葬墓。在单人墓葬中，侧身直肢葬 3 座（M8、M25、M36），侧身屈肢葬 2 座（M62、M54），二次葬 1 座（M12），其余 24 座均为仰身直肢葬。在 3 座合葬墓中，2 座墓葬（M51、M65）为仰身直肢葬，1 座墓葬（M50）中 1 具人骨为仰身直肢葬，另 1 具为俯身葬。总体来看本区域流行仰身直肢葬。

从面向上看，在 33 座墓葬中，有头骨的墓葬 26 座，占墓葬总数的 40%，其中单人墓 23 座、合葬墓 3 座。单人墓中，面向上的 13 座、面向右的 6 座、面向左的 4 座。合葬墓中 M33 共有 3 具人骨，其中靠近器物群的人骨为仰身直肢葬，面向上，其余两具人骨均面向他；M51 的两具人骨均面向上；M50 的两具人骨面相对。

（二）非正常死亡的埋葬情况

罗家坝 65 座墓葬中，7 座为完全的空墓葬，在剩余的 58 座墓葬中，有 2 座墓葬人骨表现异常。M13 人骨异常最为明显，铜钺直接砍入左侧髋骨内，铜剑从左侧软肋斜向下插入并穿透身体直达右腿大腿根部；墓主人双臂肱骨近肩处被利器砍断，头骨下颈、肩部分骨骼不见。M5 的盆骨和肱骨右侧均发现有箭镞，部分箭镞直接插入盆骨上。这两座墓葬应该为战死士兵的墓。

[1] 四川省博物馆：《四川船棺葬发掘报告》，文物出版社，1960 年。

[2] 四川省文物考古研究院、德阳市文物考古研究所、什邡市博物馆：《什邡城关战国秦汉墓地》，文物出版社，2006 年。

（三）殉葬情况

罗家坝 65 座墓葬中，仅明确可知 5 座墓葬有殉葬情况，分别为 M20、M33、M44、M50 和 M64，这 5 座墓葬中的殉葬可分为动物殉葬和人殉葬两类。

用动物殉葬见于 M20、M33、M50。M20 在该墓葬的开口处放置有一堆脊椎动物的骨骼和一件残铜矛。M33 在墓葬的填土中发现大量的动物肢骨和鱼骨且排列较为整齐，说明其可能用未食用过的动物肢体和鱼埋葬；同时，在 M33 左侧的两具人骨的下肢骨旁均放置有动物骨骼。M50 东部人骨的脚下放置亦有少量的动物肢骨，这些动物肢骨当为殉葬品。

用人殉葬见于 M44 和 M64。M44 在墓主人脚下发现一具人骨，且与其脚下的器物堆积在一起。M64 亦在墓主人的脚下发现人头骨一个，亦与随葬品杂处。这两座墓葬均在脚下发现人骨或头骨，应为殉葬。

同时，在 M33 的三具人骨中，墓室左侧的两具人骨与右侧人骨的关系不明，是否为陪葬尚无法确定。M50 的左侧人骨呈俯身屈肢葬且面向右侧的墓主人，这种现象在罗家坝墓葬中极为少见，是否为殉葬，亦尚难以确定。

四　随葬品

（一）随葬品位置

在 65 座墓葬中，有 7 座墓葬为空墓（M7、M9、M11、M15、M43、M47、M49），8 座墓葬被破坏或出土器物极少（M6、M7、M9、M12、M18、M27、M29、M52），很难说明其随葬品的放置情况。这 15 座墓葬不列入随葬品规律统计中。

在可统计的 50 座墓葬中，按墓葬形制和葬具来分，曲尺状墓葬 1 座、木棺墓 6 座、船棺 2 座、无葬具墓 41 座。

曲尺状墓　1 座。M33。随葬品被放置在墓室的东部，其放置的方式为：南部主要放置大量青铜兵器及少量陶器；其北放置青铜礼器、生活用具及生产工具；最北端放置 2 件彩绘陶器（其由南向北随葬品的摆放顺序依次为青铜矛→青铜戈→青铜剑→青铜钺→生产工具→青铜礼器→彩绘陶罐）；在墓室近北壁中部放置彩绘陶器、镂空铜器座及 8 枚野猪獠牙；南中部放置陶器若干。

木棺墓　6 座（M2、M28、M40、M61、M64、M65）。仅 M2 将三件陶器放置外棺外，其余墓葬的随葬品全部放置在木棺内。墓主人身上一般放置有铜剑、铜戈、铜矛、铜钺和装饰品等物，脚下一般放置陶器和铜容器等物。合葬墓亦是单独的木棺构成，木棺内的随葬品放置方式与单人的木棺墓基本相同。有两座墓葬的随葬品放置情况较为特殊：M61 三具木棺的棺盖上均放置有器物（主要是兵器），这种现象在罗家坝其他墓葬中极为少见；M2 是将陶器和铜容器放置在墓主人头上部的，这种现象亦较为少见。

船棺葬　2 座（M45、M46）。随葬品全部放置在船舱内。墓主人身体部分放置铜剑、铜戈、铜矛、铜钺和装饰品等物，脚下一般放置陶器、铜容器等物。

无棺墓　41 座。数量最多，其随葬品方式与船棺和木棺基本相似，亦是将铜剑、铜戈、铜矛、铜钺和装饰品等物放置在身上或身旁，脚下一般放置陶器、铜容器等物。合葬墓中的 M51，随葬品放置方式与单人墓相同；但合葬墓中的 M50，是唯一将陶器和铜容器放置在墓主人头上部的。

从上述随葬品的放置方式可以看出，兵器一般直接放置在墓主人的身旁，同时大量的生活用具则放置在脚下，显示出本区域墓葬墓主人"好战"的一面。

除此之外，在 M2、M35、M36、M38 的人骨下部均发现撒有朱砂。这种现象在罗家坝墓葬中小较多，是其埋葬习俗的一部分。

（二）关于碎物葬

碎物葬，顾名思义，即将器物打碎埋葬，这类习俗常见于史前文化的墓葬中，也见于广西武鸣先秦时期墓葬、川西高原理县等地的汉墓和桂北地区地区的石室墓中[1]。

罗家坝墓地的碎物葬主要表现在三个主要方面：第一种是将陶器碎片直接与墓主人尸骨埋在一起。如 M13，墓主人多处受伤，在受伤的部位均可见陶片而无完整器物。第二种表现为墓葬填土中的碎物葬，以比较大型的墓葬为主，如 M33、M46、M50 等，填土中包含大量的陶片，部分为完整器物，明显是在祭祀后打碎器物埋葬。第三种表现为打碎随葬品，以 M46、M44 最为典型。M46 船棺下部的腰坑中埋葬的青铜器断成几节且可以复原，明显为打碎后埋入的；M44 墓主人身下腰坑内的铜器亦表现为打碎后埋入。

（三）随葬品概况

已发掘的 65 座墓葬中，除 7 座空墓外，其余的 58 座墓葬均有数量不等的随葬品，这些随葬品可分为铜器、陶器、玉石骨器、铁器等类别，其中以陶器数量最多，其次是铜器，玉石骨器和铁器数量较少。以下简单分类介绍。

1. 陶器

罗家坝墓地 55 座墓葬中出土有陶器，占墓葬总数的 85%。出土陶器的器形主要有釜、豆、圜底罐、钵、杯、平底罐、釜甑、盂、壶、鼎、器盖、尖底盏、纺轮、网坠、喇叭口罐、盘口罐、瓮、高领罐、鍪、盆等，共计 20 类 601 件。其中保存较好或能看出大致器形的陶器 411 件，对其中 396 件进行统计如下。

罗家坝墓葬中陶器基本组合为喇叭口罐、盘口罐、平底罐、尖底盏的墓葬 1 座，占有随葬品墓葬总数的 1.7%；豆、釜、圜底罐组合的墓葬 3 座，占有随葬品墓葬总数的 5.2%；豆、釜、圜底罐、釜甑、瓮组合的墓葬 20 座（含豆、釜组合），占有随葬品墓葬总数的 34.5%；豆、圜底罐、釜、瓮组合的墓葬 22 座，占有随葬品墓葬总数的 37.9%；豆、釜、瓮、釜甑、鼎组合的墓葬 2 座，占有随葬品墓葬总数的 3.4%；豆、瓮组合的墓葬 1 座，占有随葬品墓葬总数的 1.7%。

2. 铜器

罗家坝墓地有 49 座墓葬中出土铜器，占墓葬总数的 75%。出土铜器器形主要有箭镞、矛、

---

[1] 黎文宗：《桂东北地区石室墓的发现与研究》，《四川文物》2013 年第 5 期。

剑、戈、镦、斧、削刀、凿、斤、刻刀、锯、锥、刀、鏊、釜、盆、壶、敦、鼎、缶、簠、甑、罍、豆、鉴、匜、尖底盒、器座、勺、匕、釜甑、长条形饰件、带钩、铃、印章、璜、镜、挂饰、鱼钩、练、瓶形饰、饰件、鸟头饰件、手镯、泡等约46类，共计约531件。

礼器类共10类14件。主要是M33和M2出土。包括鼎1、壶1、敦3、缶2、簠1、甑1、罍1、豆2、鉴1、器座1。

生活用具类共9类56件。包括匜1、尖底盒3、勺2、匕3、鏊20、釜11、盆5、釜甑7和长条形饰件4等9类。

生产工具类共7类116件。其中以削刀的数量最多，达35件；其次为凿26件、刻刀14件、斤13件、锯11件、刀7件、锥10件。

兵器类共7类280件。其中以箭镞数量最多，为114件；其次为钺为43件、矛37件、剑35件、戈32件、镦10件、斧9件。

服饰器及杂器类共13类65件。包括带钩5、铃8、印章12、璜4、镜1、挂饰1、鱼钩2、练2、瓶形饰1、饰件3、鸟头饰件1、手镯24、泡1。

3. 玉石骨器

罗家坝墓地23座墓葬出土有玉石骨器，约占墓葬总数的35%，这批玉石骨器以装饰用的珠为主，还有少量的用于装饰的玉片、玉璜等。包括料珠、玛瑙珠、水晶珠、角珠、玉鱼、玉璜、玉片、石锛、磨石、石滑轮、长方形骨饰、野猪獠牙等，共12类115件。计有珠96件、石滑轮2件、磨石11件、石锛2件、玉鱼1、玉璜2、玉玦1。

4. 铁器

罗家坝墓地有5座墓葬出土铁器，占墓葬总数的7%。铁器锈蚀严重，器形很难辨认，包括铁手镯、铜圜首铁刀、铜柄铁剑、铁斧等共4类7件。M48出土铁手镯1件。M32出土铜圜首铁刀1件、铜柄铁剑1件和形制不清的铁器2件。M17和M21出土形制不清的铁器各1件，似铁斧。

第三节　分期与年代

罗家坝清理的65座墓葬，墓葬之间的打破关系较少，墓葬形制基本相似，且1999年和2003年发掘的墓葬记录不明确，地层关系混乱，没有形成分期所需要的较好条件。因此我们依据墓葬中随葬品的特点进行分期研究，对出土器物组合比较完整的墓葬进行了分期，对于随葬品较少、组合不完整的M18、M22、M23三座墓葬没有进行分期。依据随葬器物的演变关系进行如下的类型学研究。

一　陶器器型分类

三次考古发掘共出土陶器400余件，以夹砂红褐陶和夹砂灰陶为主，夹砂灰黑陶、泥质灰陶、泥质黑皮陶较少。纹饰以粗绳纹为大宗，还有部分附加堆纹、刻划纹、细绳纹、弦纹、戳刺纹和彩绘纹饰等。器形以圈足器和圜底器最多，包括釜、豆、圜底罐、钵、杯、平底罐、釜甑、盂、壶、鼎、器盖、尖底盏、纺轮、网坠、喇叭口罐、盘口罐、瓮、高领罐、鏊、盆共 20 类 396 件。

豆　147 件。依据柄部的不同，可分为矮柄豆、中柄豆和高柄豆。

矮柄豆　125 件。矮柄，深盘。依据腹部的不同可分为三型。

A 型　62 件。斜直腹。依据口部和肩部的不同可分为两个亚型。

Aa 型　22 件。口微敛。依据口部和腹部的不同可分为四式。

　　　Ⅰ式　4 件。窄斜沿，肩部微鼓。如标本 M5 ∶ 25（图二八三∶1）。

　　　Ⅱ式　2 件。方唇，肩部略折。如标本 M28 ∶ 2（图二八三∶2）。

　　　Ⅲ式　15 件。圆唇，鼓肩。如标本 M57 ∶ 16（图二八三∶3）。

　　　Ⅳ式　1 件。尖圆唇，敞口，弧肩。如标本 M31 ∶ 2（图二八三∶4）。

Ab 型　40 件。口较直，盘较深。依据口部和肩部的区别，可分为四式。

　　　Ⅰ式　4 件。口微敛，弧肩，腹部斜直。如标本 M13 ∶ 5（图二八三∶5）。

　　　Ⅱ式　13 件。方唇，直口，肩部略鼓。如标本 M19 ∶ 9（图二八三∶6）。

　　　Ⅲ式　16 件。圆唇，直口，折肩。如标本 M19 ∶ 2（图二八三∶7）。

　　　Ⅳ式　7 件。方唇，直口，鼓肩，圈足较大。如标本 M30 ∶ 21（图二八三∶8）。

B 型　57 件。弧腹。依据口部的不同可分为三个亚型。

Ba 型　22 件。口较直。依据口部和腹部的不同可分为五式。

　　　Ⅰ式　8 件。方唇，深腹。如标本 M20 ∶ 7（图二八四∶1）。

　　　Ⅱ式　3 件。圆唇，口微敛，腹较浅。如标本 M41 ∶ 11（图二八四∶2）。

　　　Ⅲ式　8 件。方唇，口微侈，腹较深。如标本 M48 ∶ 17（图二八四∶3）。

　　　Ⅳ式　1 件。方唇，口微侈，腹较浅。如标本 M31 ∶ 4（图二八四∶4）。

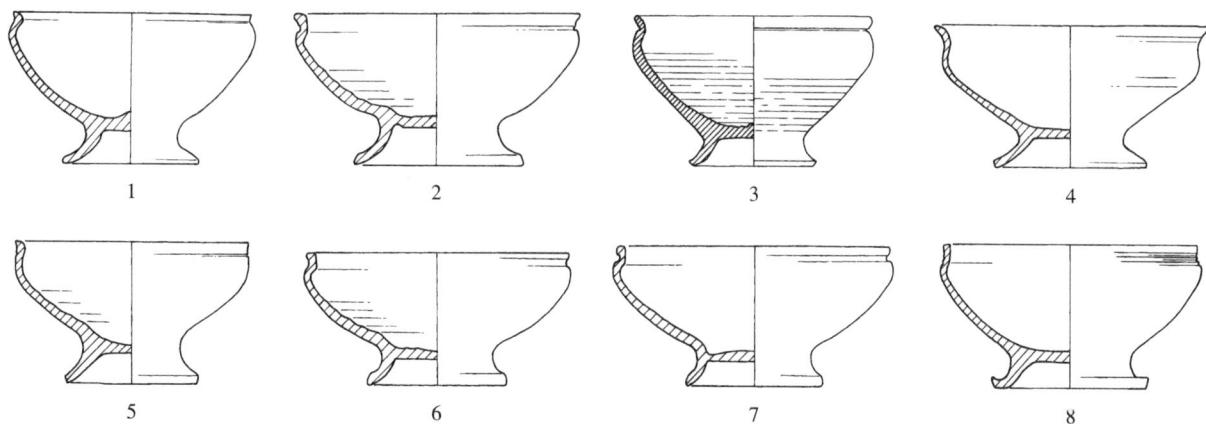

图二八三　A 型豆

1. Aa Ⅰ式（M5∶25）　2. Aa Ⅱ式（M28∶2）　3. Aa Ⅲ式（M57∶16）　4. Aa Ⅳ式（M31∶2）　5. Ab Ⅰ式（M13∶5）　6. Ab Ⅱ式（M19∶9）
7. Ab Ⅲ式（M19∶2）　8. Ab Ⅴ式（M30∶21）

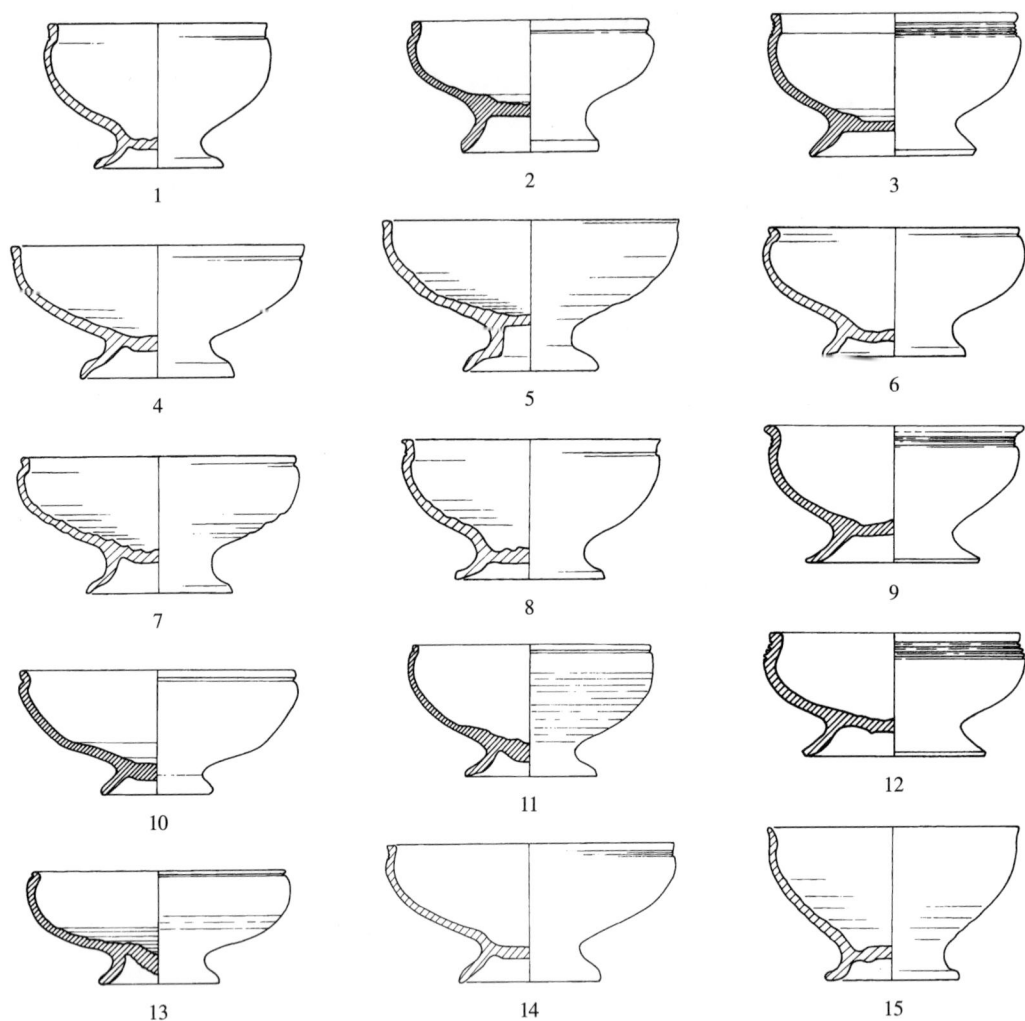

图二八四　B 型豆

1. Ba Ⅰ式（M20：7）　2. Ba Ⅱ式（M41：11）　3. Ba Ⅲ式（M48：17）　4. Ba Ⅳ式（M31：4）　5. Ba Ⅴ式（M32：3）　6. Bb Ⅰ式（M8：7）　7. Bb Ⅱ式（M5：12）　8. Bb Ⅲ式（M28：33）　9. Bb Ⅳ式（M44：43）　10. Bb Ⅴ（M51：9）　11. Bc Ⅰ式（M57：22）　12. Bc Ⅱ式（M46：39）　13. Bc Ⅲ式（M57：28）　14. Bc Ⅳ式（M30：15）　15. C 型（M19：10）

Ⅴ式　2 件。方唇，口微侈，浅腹。如标本 M32：3（图二八四：5）。

Bb 型　20 件。口微敛。依据口部和腹部的不同可分为五式。

Ⅰ式　3 件。圆唇，窄斜沿，敛口，腹部微鼓。如标本 M8：7（图二八四：6）。

Ⅱ式　3 件。方唇，直口，腹部微鼓。如标本 M5：12（图二八四：7）。

Ⅲ式　7 件。窄平沿，肩部略折，弧腹。如标本 M28：33（图二八四：8）。

Ⅳ式　5 件。圆唇，卷沿，弧腹。如标本 M44：43（图二八四：9）。

Ⅴ式　2 件。尖圆唇，曲腹，圈足较小。如标本 M51：9（图二八四：10）。

Bc 型　15 件。敛口。依据口沿和腹部的不同可分为四式。

Ⅰ式　5 件。圆唇，敛口，腹部较鼓。如标本 M57：22（图二八四：11）。

Ⅱ式　2件。方唇，腹部略鼓，圈足较大。如标本 M46：39（图二八四：12）。

Ⅲ式　2件。圆唇，腹部较大，圈足较小。如标本 M57：28（图二八四：13）。

Ⅳ式　6件。方唇，腹部较大，圈足较小。如标本 M30：15（图二八四：14）。

C 型　6件。碗状，深腹，圈足较矮。如标本 M19：10（图二八四：15）。

中柄豆　19件。中柄，依据盘部的不同可分为两型。

A 型　18件。浅盘。依据口部和柄部的不同可分为四式。

Ⅰ式　3件。敛口，浅盘，柄较长。如标本 M57：9（图二八五：6）。

Ⅱ式　9件。直口，浅盘，柄部较长。如标本 M20：1（图二八五：1）。

Ⅲ式　2件。直口，浅盘，呈曲腹状，柄较矮。如标本 M53：3（图二八五：2）。

Ⅳ式　4件。直口，盘较深，矮柄。如标本 M37：7（图二八五：3）。

B 型　1件。深盘，喇叭状圈足外撇。如标本 M39：5（图二八五：4）。

高柄豆　3件。高柄。如标本 M50：29（图二八五：5）。

尖底盏　19件。直口，浅腹。依据腹部的不同可分为三式。

Ⅰ式　4件。深腹。如标本 M33：205（图二八五：7）。

Ⅱ式　12件。腹部较浅。如标本 M59：4（图二八五：8）。

Ⅲ式　3件。浅腹。如标本 M41：14（图二八五：9）。

釜　40件。依据腹部的不同可分为两型。

A 型　5件。扁腹。依据沿部和腹部的不同可分为三式。

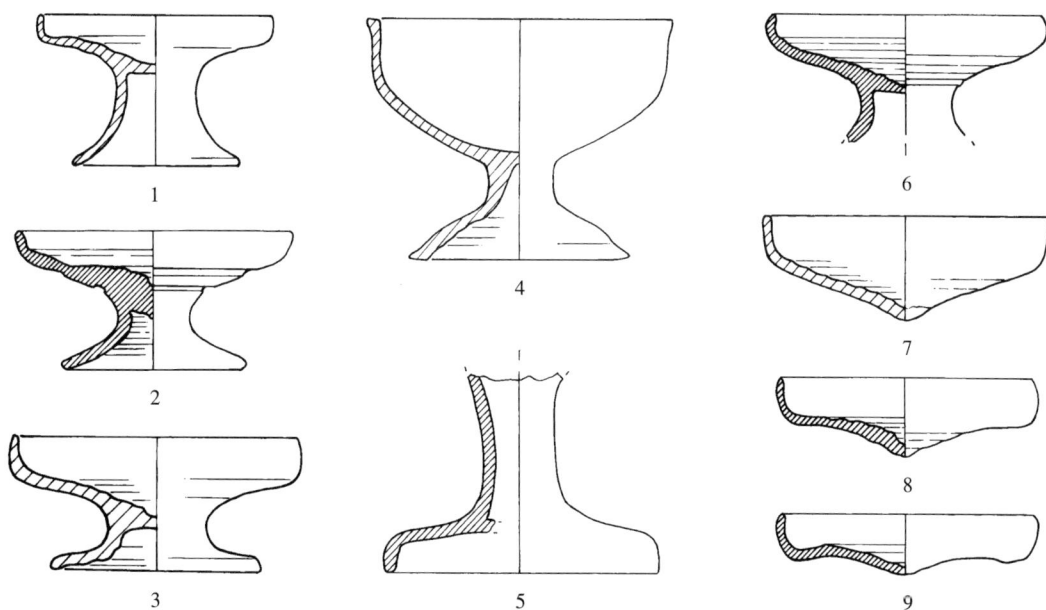

图二八五　豆和尖底盏类型

1. A Ⅱ式中柄豆（M20：1）　2. A Ⅲ中柄豆式（M53：3）　3. A Ⅳ式中柄豆（M37：7）　4. B 型中柄豆（M39：5）　5. 高柄豆（M50：29）　6. A Ⅰ式中柄豆（M57：9）　7. Ⅰ式尖底盏（M33：205）　8. Ⅱ尖底盏（M59：4）　9. Ⅲ式尖底盏（M41：14）

Ⅰ式　3件。窄斜沿，扁圆腹极浅，圜底近平。如标本 M33：146（图二八六：1）。

Ⅱ式　1件。宽斜沿，鼓腹，圜底。如标本 M58：13（图二八六：2）。

Ⅲ式　1件。卷沿，束颈，腹较鼓。如标本 M14：8。

B型　35件。深鼓腹。依据腹部是否饰绳纹可分为两个亚型。

Ba型　26件。腹部未饰绳纹。依据口部和颈部的不同可分为四式。

Ⅰ式　1件。圆唇，卷沿，束颈。如标本 M39：7（图二八六：3）。

Ⅱ式　7件。斜沿，束颈。如标本 M20：12（图二八六：4）。

Ⅲ式　16件。斜沿，矮领。如标本 M5：18（图二八六：5）。

Ⅳ式　2件。窄平沿，领较高。如标本 M19：5（图二八六：6）。

Bb型　9件。腹部饰绳纹。依据口部和腹部的不同可分为四式。

Ⅰ式　2件。窄斜沿，圆鼓腹略垂。如标本 M39：4（图二八六：7）。

Ⅱ式　4件。窄斜沿，圆鼓腹。如标本 M38：9（图二八六：8）。

Ⅲ式　2件。窄斜沿，扁腹。如标本 M30：2（图二八六：9）。

Ⅳ式　1件。窄斜沿，矮领，折肩，扁腹。如标本 M65-2：9（图二八六：10）。

钵　24件。形态差异较大。依据形制的不同可分为四型。

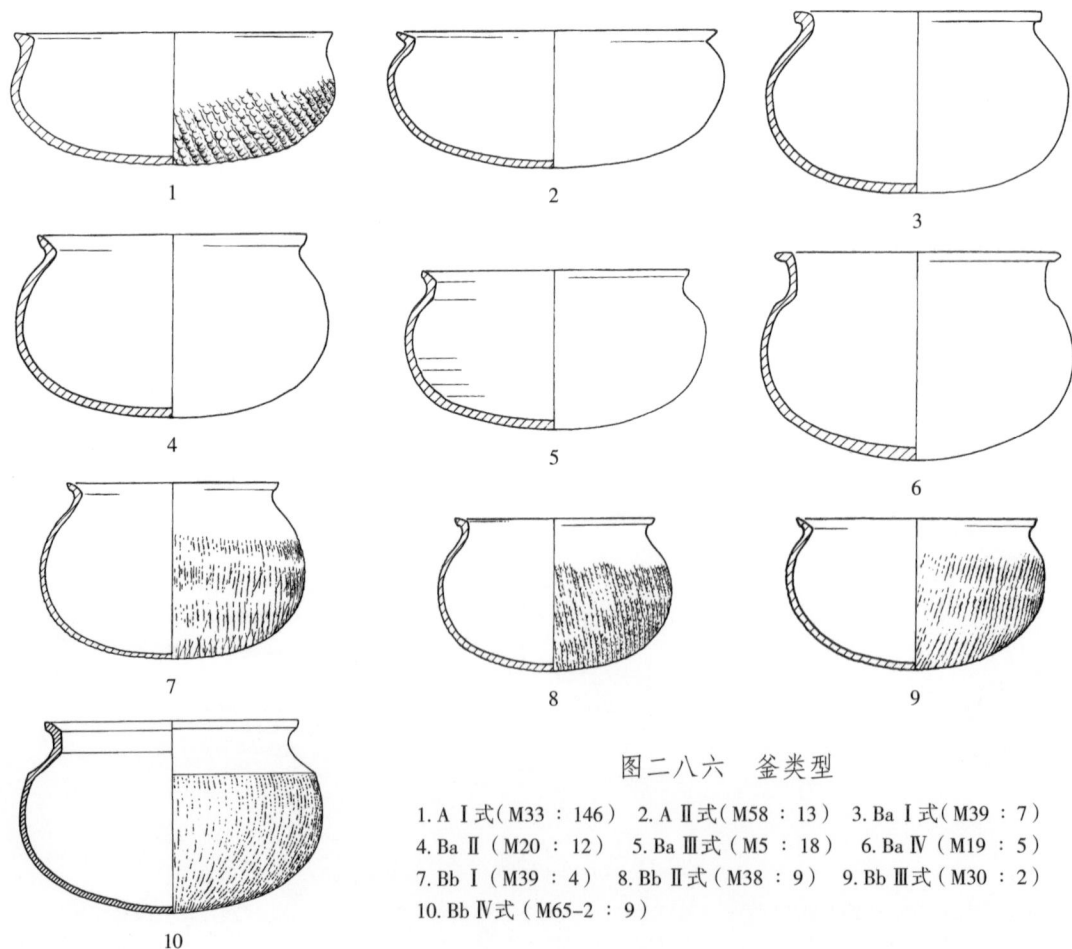

图二八六　釜类型

1. A Ⅰ式（M33：146）　2. A Ⅱ式（M58：13）　3. Ba Ⅰ式（M39：7）
4. Ba Ⅱ（M20：12）　5. Ba Ⅲ式（M5：18）　6. Ba Ⅳ（M19：5）
7. Bb Ⅰ（M39：4）　8. Bb Ⅱ式（M38：9）　9. Bb Ⅲ式（M30：2）
10. Bb Ⅳ式（M65-2：9）

A型　12件。鼓腹，圜底下饰绳纹。依据腹部的不同可分为五式。

　　Ⅰ式　1件。无沿，垂腹。如标本M39：3（图二八七：1）。

　　Ⅱ式　2件。无沿，折腹较浅，圜底近平。如标本M6：2（图二八七：2）。

　　Ⅲ式　4件。无沿，圆鼓腹，圜底。如标本M8：12（图二八七：3）。

　　Ⅳ式　2件。窄沿，有领，圆鼓腹，圜底。如标本M61-3：8（图二八七：4）。

　　Ⅴ式　3件。窄沿，有领，扁圆鼓腹，圜底。如标本M48：16（图二八七：5）。

B型　7件。敞口，圜底。依据腹部的不同可分为两式。

　　Ⅰ式　6件。浅腹。如标本M33：123（图二八七：6）。

　　Ⅱ式　1件。深腹。如标本M13：18（图二八七：8）。

C型　2件。敞口，平底。依据腹部的不同可分为2式。

　　Ⅰ式　1件。弧腹。如标本M33：19（图二八七：7）。

　　Ⅱ式　1件。折腹。如标本M46：34（图二八七：10）。

D型　3件。圆鼓腹。依据腹部的不同可分为两式。

　　Ⅰ式　1件。腹微扁。如标本M20：11（图二八七：11）。

　　Ⅱ式　2件。圆鼓腹，圜底。如标本M28：10（图二八七：9）。

高领罐　18件。依据其领部和腹部的不同可分为两型。

A型　14件。领部较高，腹较垂。依据口部和腹部的不同可分六式。

　　Ⅰ式　1件。窄斜沿，鼓腹略垂。如标本M46：30（图二八八：4）。

　　Ⅱ式　5件。尖圆唇，宽平沿，圆鼓腹。如标本M5：21（图二八八：5）。

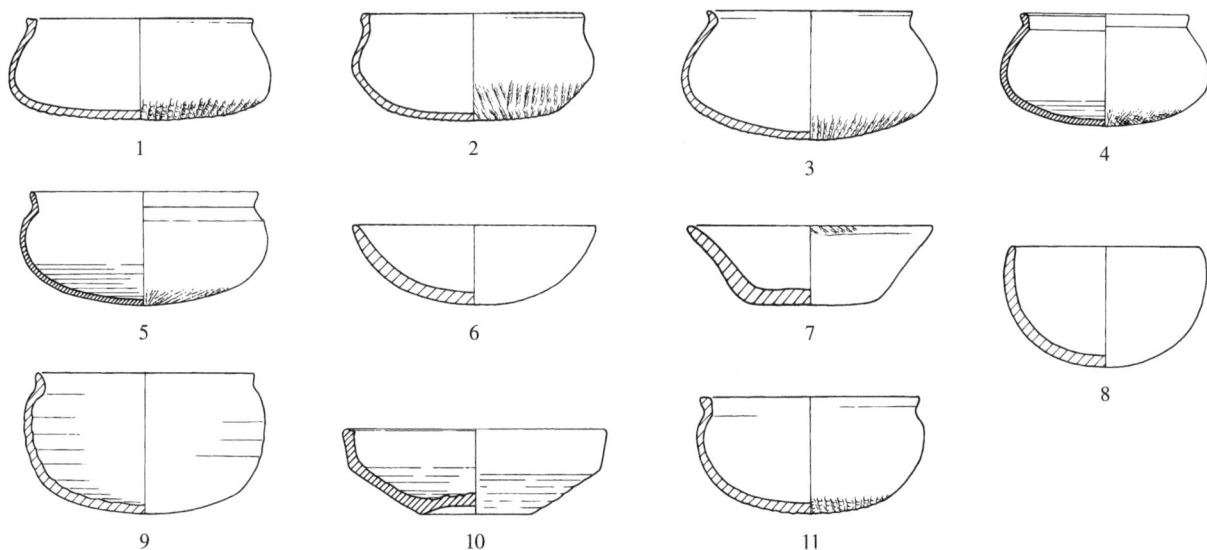

图二八七　钵类型

1. A Ⅰ式（M39：3）　2. A Ⅱ式（M6：2）　3. A Ⅲ式（M8：12）　4. A Ⅳ（M61-3：8）　5. A Ⅴ式（M48：16）　6. B Ⅰ式（M33：123）
7. C Ⅰ式（M33：19）　8. B Ⅱ式（M13：18）　9. D型Ⅱ（M28：10）　10. C Ⅱ式（M46：34）　11. D Ⅰ式（M20：11）

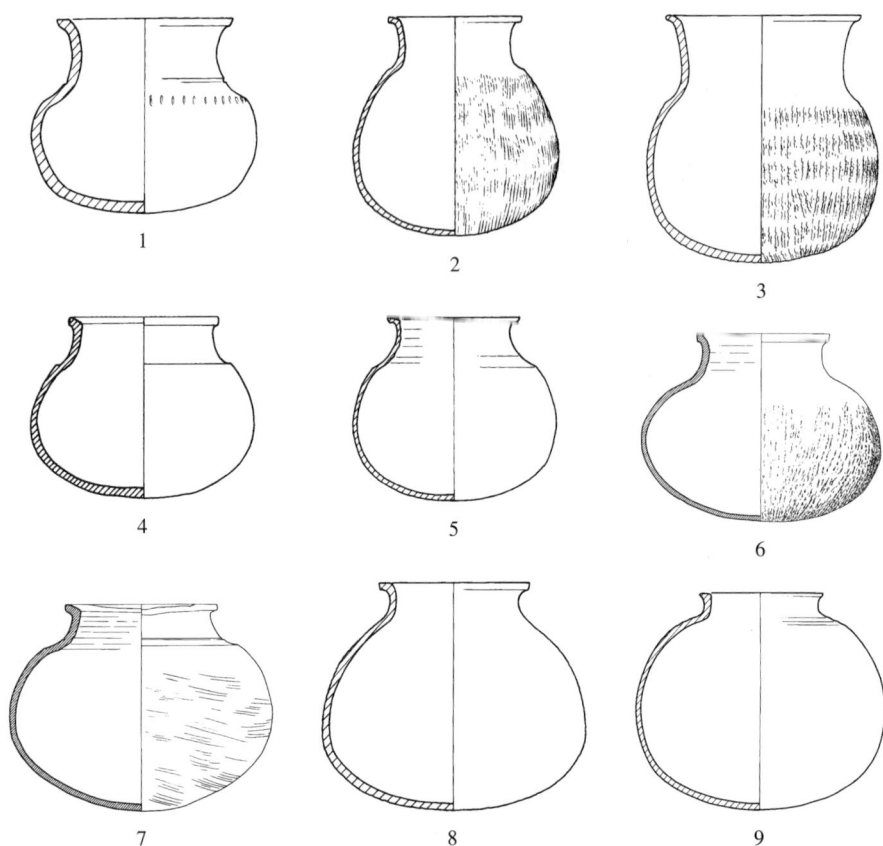

图二八八　高领罐类型

1. B I 式（M13：2）　2. B II 式（M19：8）　3. B III 式（M17：4）　4. A I 式（M46：30）　5. A II 式（M5：21）
6. A III 式（M63：15）　7. A IV 式（M65-1：14）　8. A V 式（M14：6）　9. A VI 式（M17：3）

　　III式　1件。方唇，圆鼓腹，腹向外凸起。如标本 M63：15（图二八八：6）。

　　IV式　4件。方唇，斜沿，圆鼓腹。如标本 M65-1：14（图二八八：7）。

　　V式　2件。方唇，窄平沿，垂腹。如标本 M14：6（图二八八：8）。

　　VI式　1件。尖圆唇，平沿极窄，矮领。如标本 M17：3（图二八八：9）。

　B型　4件。领部较矮，圆鼓腹。依据口部和腹部的不同可分三式。

　　I式　1件。尖圆唇，窄平沿，鼓腹。如标本 M13：2（图二八八：1）。

　　II式　2件。方唇，平沿，垂腹。如标本 M19：8（图二八八：2）。

　　III式　1件。圆唇，圆鼓腹。如标本 M17：4（图二八八：3）。

　圜底罐　48件。形态差异较大，依据外形的整体特点可分为七型。

　A型　17件。束颈，深腹。依据腹部的不同可分为四式。

　　I式　3件。腹部略称袋装。如标本 M39：1（图二八九：1）。

　　II式　3件。腹部微鼓，口部与腹部大小相当。如标本 M2：19（图二八九：2）。

　　III式　3件。鼓腹，口部小于腹部。如标本 M4：3（图二八九：3）。

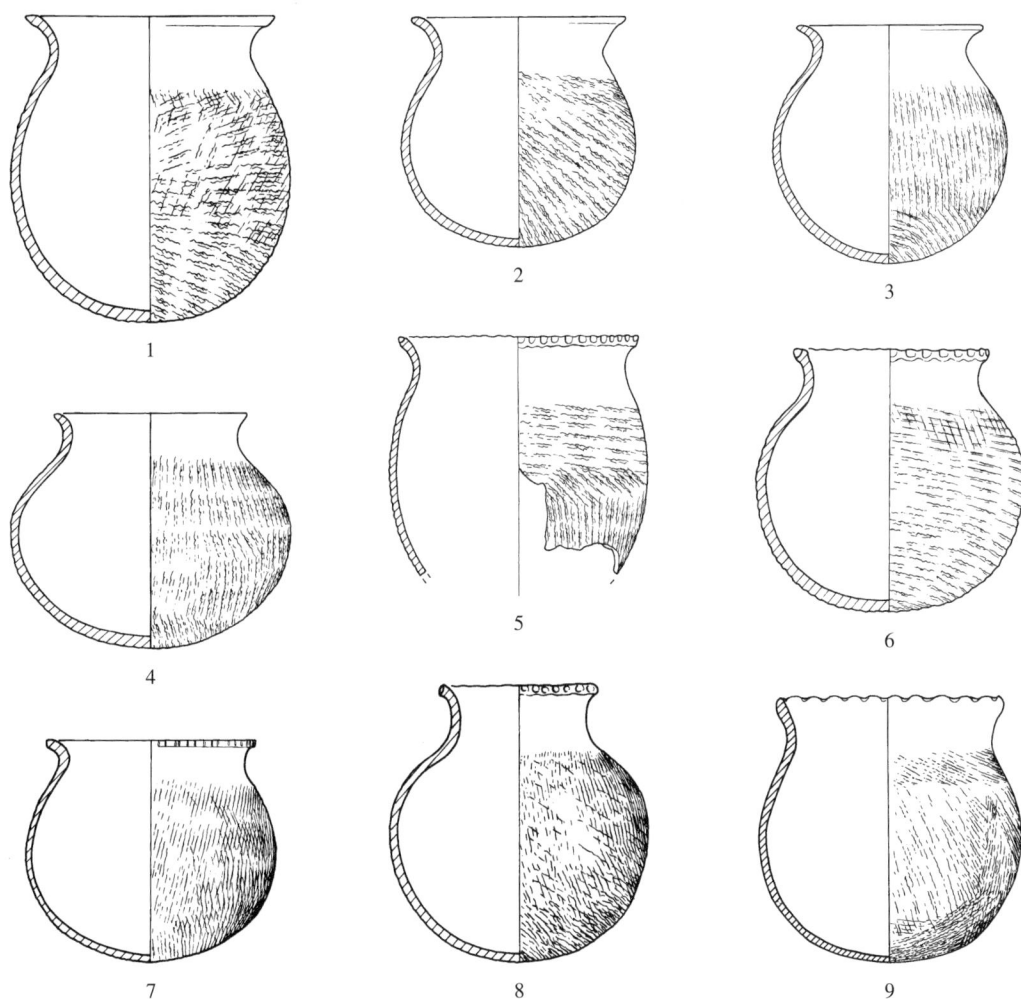

图二八九　圜底罐类型

1. A Ⅰ式（M39：1）　2. A Ⅱ式（M2：19）　3. A Ⅲ式（M4：3）　4. A Ⅳ式（M14：8）　5. Ba Ⅰ式（M58：8）　6. Ba Ⅱ式（M13：17）
8. Ba Ⅲ式（M34：2）　7. Bb Ⅰ式（M8：5）　9. Bb Ⅱ式（M50：6）

Ⅳ式　8件。球形腹，口部小于腹部。如标本 M14：7（图二八九：4）。

B 型　6件。花边口，束颈，深腹。依据口部的不同可分为两个亚型。

Ba 型　4件。口部较小，依据腹部的不同可分为五式。

　　Ⅰ式　1件。腹部略称袋装。如标本 M58：8（图二八九：5）。

　　Ⅱ式　2件。矮领，球形腹。如标本 M13：17（图二八九：6）。

　　Ⅲ式　1件。领部较高，球形腹。如标本 M34：2（图二八九：8）。

Bb 型　2件。口部较大。

　　Ⅰ式　1件。圆鼓腹。如标本 M8：5（图二八九：7）。

　　Ⅱ式　1件。腹部略鼓。如标本 M50：6（图二八九：9）。

C 型　13件。长颈，鼓腹，依据颈部和腹部的不同可分五式。

Ⅰ式　1件。颈较短，弧肩，鼓腹略下垂。如标本 M38：10（图二九〇：1）。

Ⅱ式　3件。颈较短，弧肩，圆鼓腹。如标本 M8：11（图二九〇：2）。

Ⅲ式　7件。颈部较高，圆鼓腹。如标本 M44：41（图二九〇：3）。

Ⅳ式　1件。颈部较高，腹向外凸出。如标本 M55：7（图二九〇：4）。

Ⅴ式　1件。颈部较高，圆腹。如标本 M55：7（图二九〇：5）。

D 型　5件。口部较大，圆鼓腹。依据颈部和腹部的不同可分为四式。

Ⅰ式　1件。束颈，圆鼓腹较深。如标本 M3：5（图二九〇：6）。

Ⅱ式　1件。颈略束，圆鼓腹较浅。如标本 M61-2：11（图二九〇：7）。

Ⅲ式　2件。束颈，圆鼓腹较浅。如标本 M51：12（图二九〇：8）。

Ⅳ式　1件。口微侈，颈略束，折肩。如标本 M56：2（图二九〇：9）。

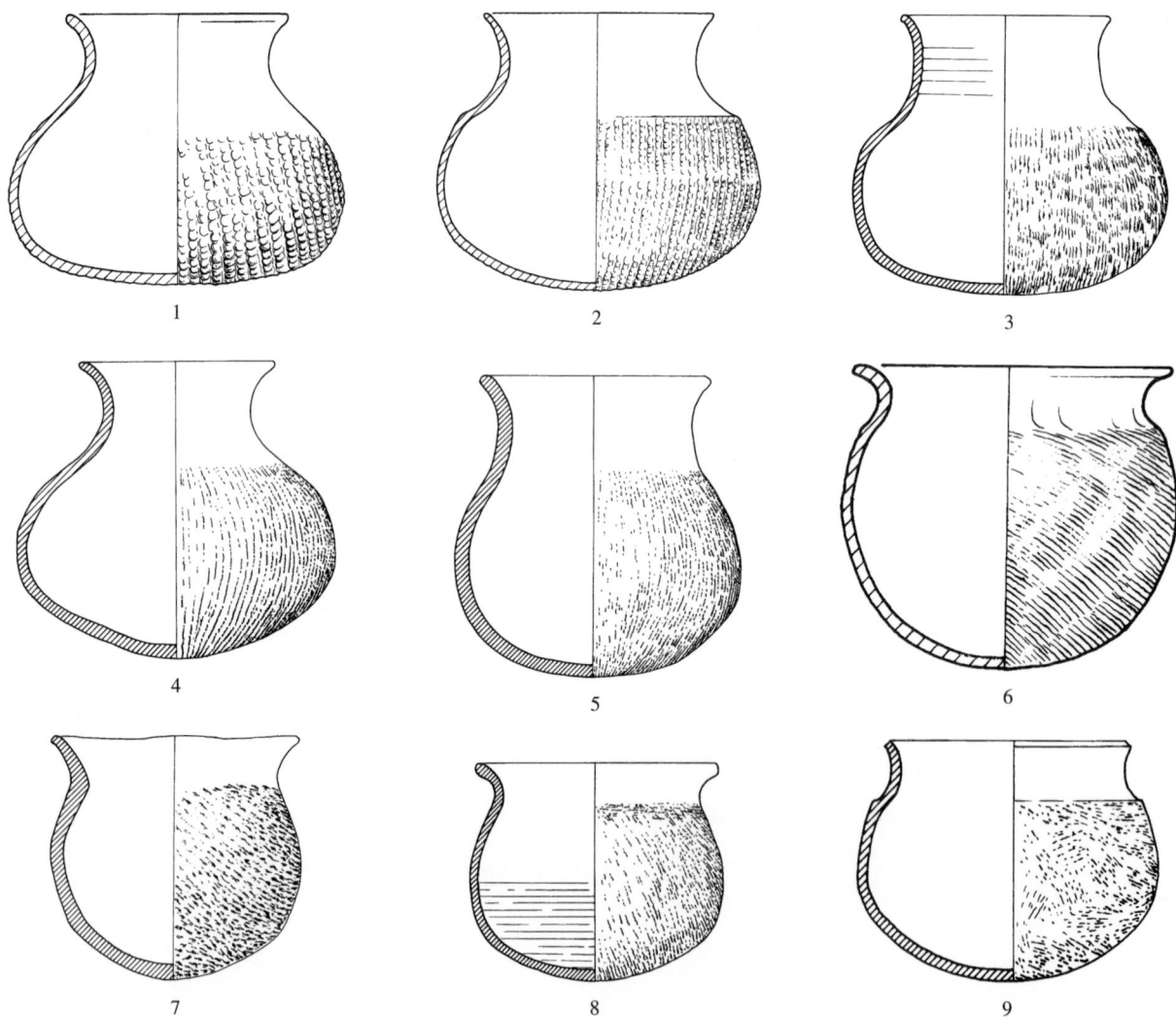

图二九〇　圜底罐类型

1. CⅠ式（M38：10）　2. CⅡ式（M8：11）　3. CⅢ式（M44：41）　4. CⅣ式（M42：7）　5. CⅤ式（M55：7）　6. DⅠ式（M3：5）
7. DⅡ式（M61-2：11）　8. DⅢ式（M51：12）　9. DⅣ式（M56：2）

E 型 5 件。束颈，侈口，圆鼓腹，依据形态的不同可分为五个亚型。

Ea 型 1 件。腹微鼓。如标本 M8：8（图二九一：1）。

Eb 型 1 件。扁圆鼓腹。如标本 M24：13（图二九一：4）。

Ec 型 1 件。鼓腹，圜底近平。如标本 M63：8（图二九一：5）。

Ed 型 1 件。形体较小，口微侈。如标本 M46：32（图二九一：6）。

Ee 型 1 件。形体较大，鼓腹。如标本 M50：20（图二九一：7）。

F 型 1 件。尖圆唇，窄平沿，矮领，鼓腹。如标本 M46：29（图二九一：2）。

G 型 1 件。敛口，折肩，弧腹。如标本 M56：1（图二九一：3）。

瓮 7 件。依据腹部和底部的不同可分为两型。

A 型 6 件。鼓腹，平底或平底内凹，依据口沿和领部可分为五式。

Ⅰ 式 1 件。卷沿。束颈，颈部极短。如标本 M61-2：1（图二九一：8）。

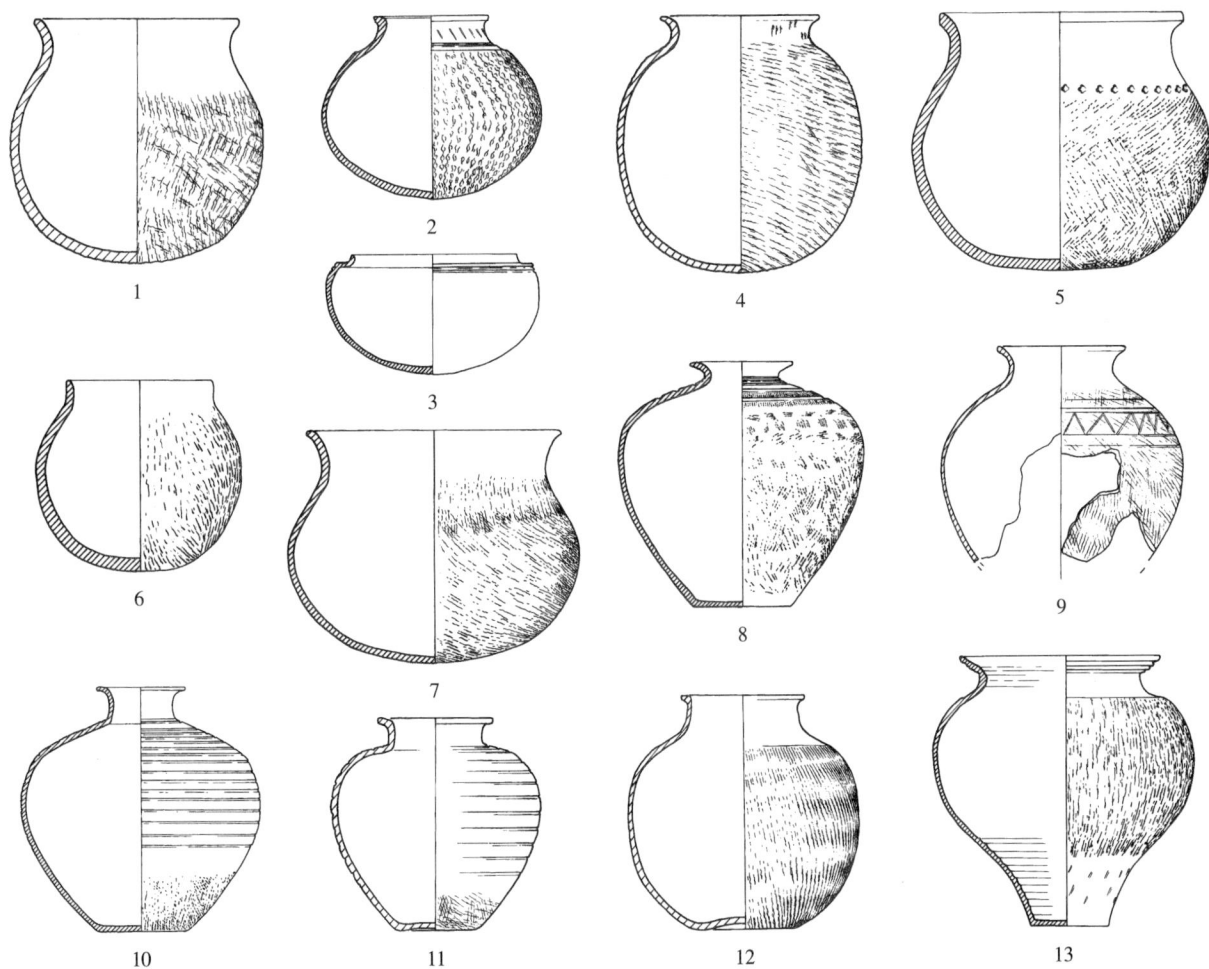

图二九一 其他类型的圜底罐和瓮

1. Ea 型圜底罐（M8：8） 2. F 型圜底罐（M46：29） 3. G 型圜底罐（M56：1） 4. Eb 型圜底罐（M24：13） 5. Ec 型圜底罐（M63：8） 6. Ed 型圜底罐（M46：32） 7. Ee 型圜底罐（M50：20） 8. A Ⅰ式瓮（M61-2：1） 9. A Ⅱ式瓮（M25：1） 10. A Ⅲ式瓮（M61-1：11） 11. A Ⅳ式瓮（M28：3） 12. A Ⅴ式瓮（M32：1） 13. B 型瓮（M44：47）

Ⅱ式　1件。卷沿。束颈，颈部较长。如标本 M25 ∶ 1（图二九一∶9）。

Ⅲ式　1件。卷沿。领部较高。如标本 M61–1 ∶ 11（图二九一∶10）。

Ⅳ式　1件。斜立沿，领部较高。如标本 M28 ∶ 3（图二九一∶11）。

Ⅴ式　2件。平沿，高领，凹底。如标本 M32 ∶ 1（图二九一∶12）。

B 型　1件。侈口，束颈，球形腹，小平底。如标本 M44 ∶ 47（图二九一∶13）。

平底罐　10件。形态差异较大，依据其外形的整体特点可分为六型。

A 型　4件。鼓腹。依据肩部的不同可分为两亚型。

Aa 型　3件。小斜立沿，鼓肩。如标本 M33 ∶ 147（图二九二∶1）。

Ab 型　1件。小斜立沿，肩部略折，腹上部鼓。如标本 M1 ∶ 4（图二九二∶2）。

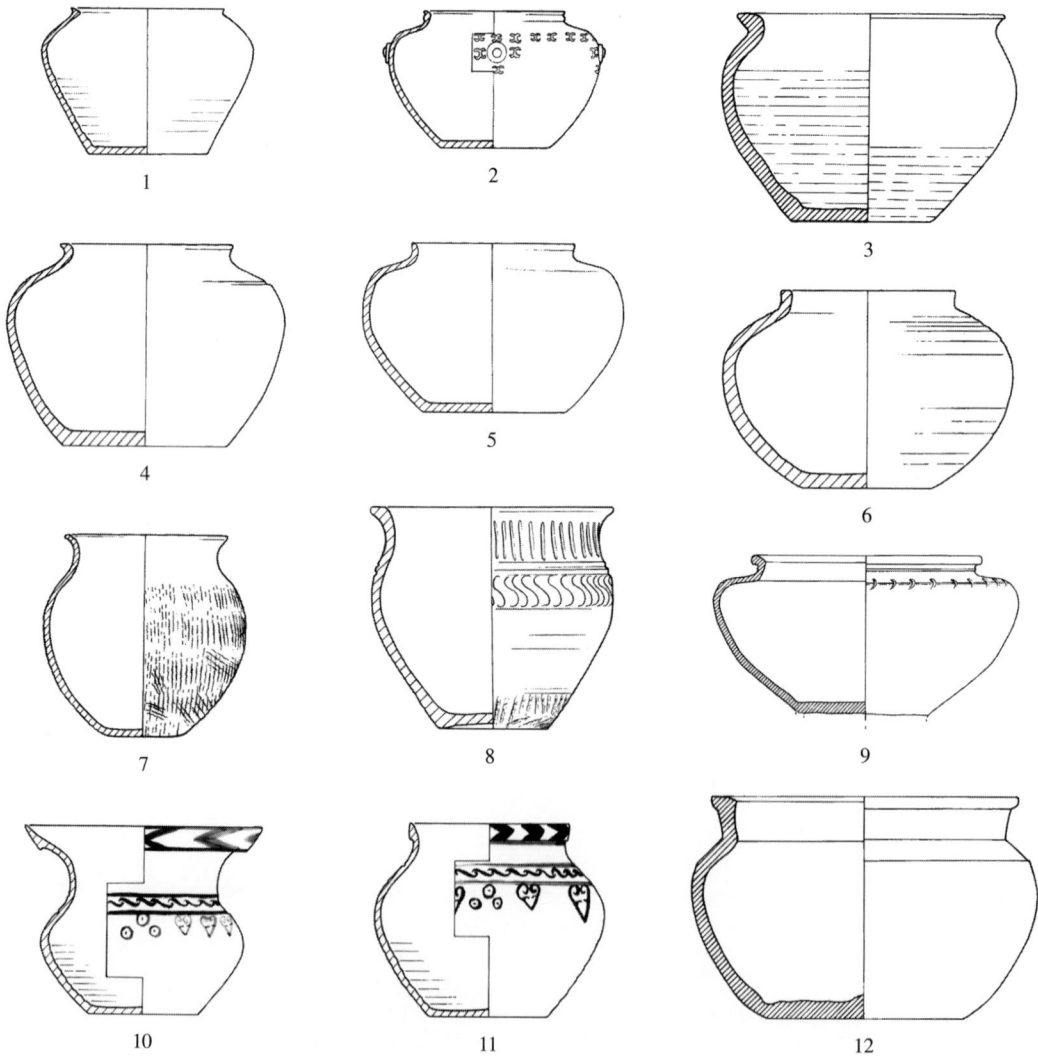

图二九二　平底罐类型

1. Aa 型罐（M33 ∶ 147）　2. Ab 型罐（M1 ∶ 4）　3. A Ⅰ 式盂（M54 ∶ 11）　4. A Ⅱ 式（M25 ∶ 6）　5. A Ⅲ 式（M14 ∶ 3）　6. A Ⅳ 式（M32 ∶ 6）
7. Ba 型（M13 ∶ 3）　8. Bb 型（M30 ∶ 11）　9. C 型（M63 ∶ 13）　10. 喇叭口罐　11. 盘口罐（M33 ∶ 3）　12. B 型盂（M55 ∶ 8）

B 型　5 件。侈口，鼓腹，依据腹部的不同可分为两亚型。

Ba 型　4 件。鼓腹，口径小于腹径。如标本 M13：3（图二九二：7）。

Bb 型　1 件。腹微鼓，口径大于腹径。如标本 M30：11（图二九二：8）。

C 型　1 件。斜立沿，矮领，鼓肩。如标本 M63：13（图二九二：9）。

盘口罐　4 件。盘口，鼓腹。如标本 M33：3（图二九二：11）。

喇叭口罐　4 件。喇叭形口。如标本 M33：4（图二九二：10）。

盂　8 件。依据口部的不同可分为两型。

A 型　7 件。无领。依据腹部的不同可分为四式。

　　Ⅰ式　1 件。腹微鼓。如标本 M54：11（图二九二：3）

　　Ⅱ式　2 件，鼓肩。如标本 M25：6（图二九二：4）。

　　Ⅲ式　2 件。口微侈，上腹鼓。如标本 M14：3（图二九二：5）。

　　Ⅳ式　2 件。直口，鼓腹。如标本 M32：6（图二九二：6）。

B 型　1 件。高领。如标本 M55：8（图二九二：12）。

盆　2 件。形态差异较大，依据整体形态可分为两型。

A 型　1 件。平沿。直口，腹部微鼓，小平底。如标本 M61-3：2（图二九三：7）。

B 型　1 件。直口，腹部微鼓。如标本 M32：7（图二九三：8）。

釜甑　5 件。依据腹部的不同可分为两式。

　　Ⅰ式　4 件。甑部呈宽沿，鼓腹。釜部呈小圆鼓腹。如标本 M5：7（图二九三：1）。

　　Ⅱ式　1 件。上下基本相同，均为扁腹。如标本 M30：9（图二九三：3）。

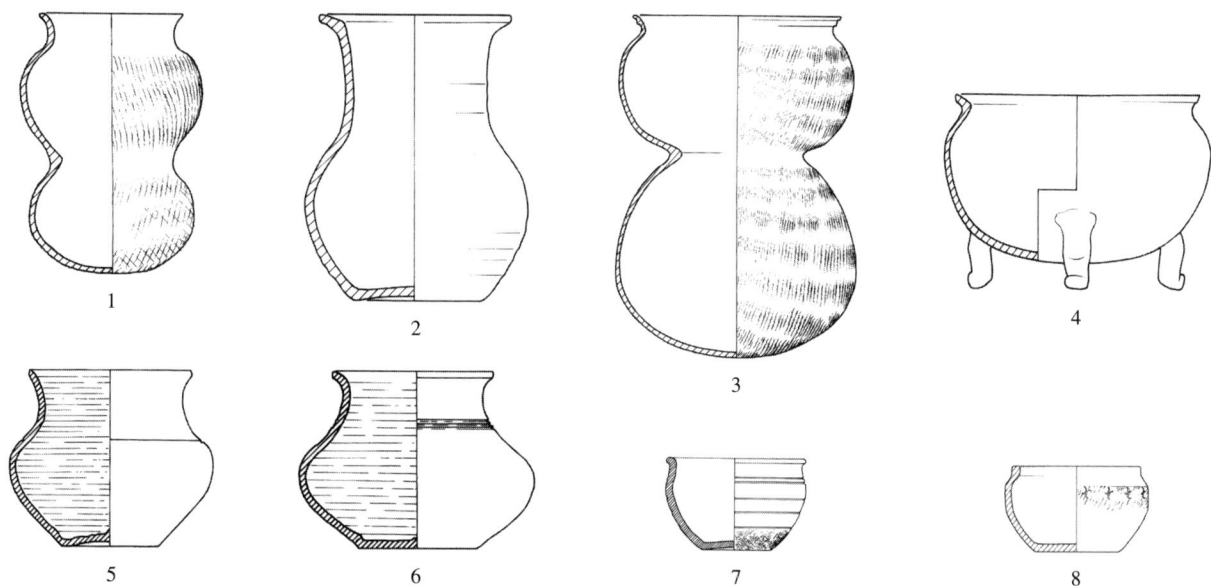

图二九三　部分陶器类型

1. Ⅰ式釜甑（M5：17）　2. 壶（M19：1）　3. Ⅱ式釜甑（M30：9）　4. 鼎（M31：35）　5. B Ⅰ式壶（M53：6）　6. B Ⅱ式壶（M62：14）　7. A 型盆（M61-3：2）　8. B 型盆（M32：7）

鼎　2件。敛口，鼓腹，下部贴有三个小足。如标本 M31 ： 35（图二九三：4）。

壶　3件。依据形态的不同可分为两型。

A 型　1件。高领，折肩，鼓腹，平底。如标本 M19 ： 1（图二九三：2）。

B 型　2件。依据腹部的不同可分为两式。

　　Ⅰ式　1件。鼓腹。如标本 M53 ： 6（图二九三：5）。

　　Ⅱ式　1件。扁圆鼓腹。如标本 M62 ： 14（图二九三：6）。

杯　8件。圆唇，敞口，平底。如标本 M33 ： 13（图二九四：13）。

器盖　24件。形制差异较大。依据其整体形制的不同可分为三型。

A 型　1件。圆唇，直口，弧背，无钮。如标本 M3 ： 4（图二九四：2）。

B 型　2件。弧顶，钮形捉手。如标本 M14 ： 5（图二九四：1）。

C 型　21件。钮部隆起。依据腹部不同可分为四式。

　　Ⅰ式　7件。钮部隆起，曲腹。如标本 M44 ： 55（图二九四：3）。

　　Ⅱ式　8件。钮部不明显，直腹。如标本 M65-1 ： 16（图二九四：4）。

　　Ⅲ式　5件。钮部隆起，腹部微鼓。如标本 M31 ： 8（图二九四：5）。

　　Ⅳ式　1件。无钮部，鼓腹。如标本 M37 ： 8（图二九四：6）。

纺轮　16件。依据其形制的不同可分为六型。

A 型　10件。剖面呈半圆形。如标本 M13 ： 13（图二九四：7）。

B 型　1件。剖面呈菱形。如标本 M16 ： 1（图二九四：8）。

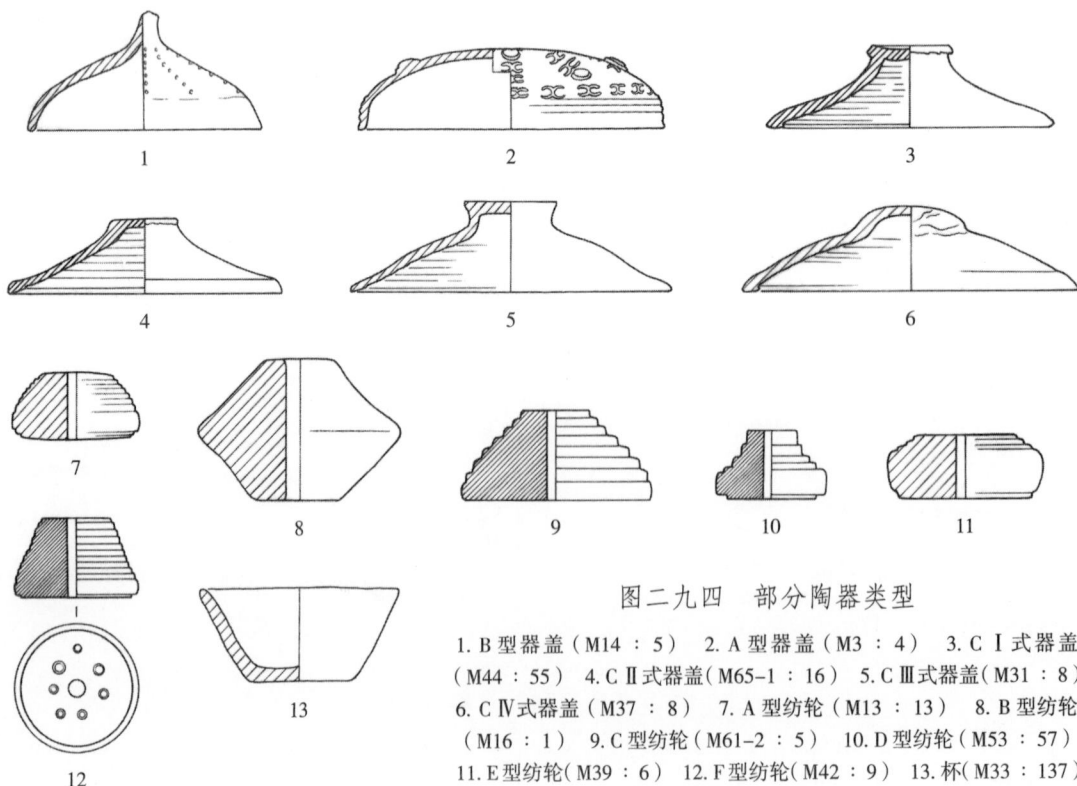

图二九四　部分陶器类型

1. B 型器盖（M14 ： 5）　2. A 型器盖（M3 ： 4）　3. C Ⅰ式器盖（M44 ： 55）　4. C Ⅱ式器盖（M65-1 ： 16）　5. C Ⅲ式器盖（M31 ： 8）　6. C Ⅳ式器盖（M37 ： 8）　7. A 型纺轮（M13 ： 13）　8. B 型纺轮（M16 ： 1）　9. C 型纺轮（M61-2 ： 5）　10. D 型纺轮（M53 ： 57）　11. E 型纺轮（M39 ： 6）　12. F 型纺轮（M42 ： 9）　13. 杯（M33 ： 137）

C 型　1件。剖面呈塔形。如标本 M61-2：5（图二九四：9）。

D 型　2件。剖面呈塔形，较直。如标本 M53：57（图二九四：10）。

E 型　1件。剖面呈长方形。如标本 M39：6（图二九四：11）。

F 型　1件。剖面呈梯形。如标本 M42：9（图二九四：12）。

鋬　1件。仅见于 M59。

网坠　15件。均为椭圆形，中空。

二　铜器器型分类

罗家坝墓地有 49 座墓葬中出土铜器，占墓葬总数的 75%，其出土铜器器形主要有箭镞、矛、剑、戈、镦、斧、削刀、凿、斤、刻刀、锯、刀、鐾、釜、盆、壶、敦、鼎、缶、簠、甗、罍、豆、鉴、匜、盒、器座、勺、匕、带钩、铃、印章、璜、镜、挂饰、鱼钩、练、瓶形饰、长方形饰件、装饰品、鸟头饰件等。包括礼器 10 类、生活工具 9 类、生产工具 7 类、兵器 7 类、服饰器及杂器 13 类，共 46 类 531 件。

（一）礼器

共 10 类 14 件，主要出土于 M33 和 M2。主要包括鼎 1、壶 1、敦 3、缶 2、簠 1、甗 1、罍 1、豆 2、鉴 1、器座 1 等。

鼎　1件。方唇，口微敛，弧腹较深，腹下设三兽形足，口下部附有两桥形双立耳。如标本 M33：197（图二九五：1）。

敦　3件。依据足的不同可分为两型。

A 型　1件。由盖、身上下扣合而成，器身与器盖相同。器身呈椭圆形，下接三个云形足钮，口沿下有两个对称的环形钮。盖的口沿处有三个兽形卡边。如标本 M2：1（图二九五：6）。

B 型　2件。与 A 型基本相似，仅足钮呈兽形。如标本 M33：125（图二九五：5）。

缶　2件。形制相似，仅大小相异。由盖和器身两部分组成，器身为子口内敛，长颈内束，鼓肩，鼓腹，圈足。肩部有四个对称的环形耳。盖隆起，盖面有四个对称的环形耳。如标本 M33：200（图二九五：2）。

簠　1件。器身和器盖等大同形。长方口，腹上部直壁下折斜收至平底，呈斗口状，平底下附四只对称的蹼形足。腹部上端各饰一竖环耳。盖与器身不同之处在于，盖纽的内沿稍长，盖口有六个小牙，使盖、器扣合紧密。全身使繁缛的勾连云纹。如标本 M33：19（图二九五：4）。

甗　1件。为甑、鬲分体甗，甑部为方唇，平沿，口微侈，弧腹，底部有算，口沿下有两桥形外撇耳，算部为长方形穿孔。甑口沿下部及腹部饰有繁缛的夔龙纹。鬲肩部有两环形耳。如标本 M33：199（图二九五：3）。

罍　1件。圆形盖，平顶，顶中部内凹，中央有四夔龙绕成的圆形捏手。厚方唇，矮直颈，广肩，圆鼓腹，下腹内收，底内凹，矮圈足。如标本 M33：201（图二九六：5）。依据成都平原新都马家墓葬出土铜罍，其双耳均带有环，故铜环应属罍（图二九六：6）。

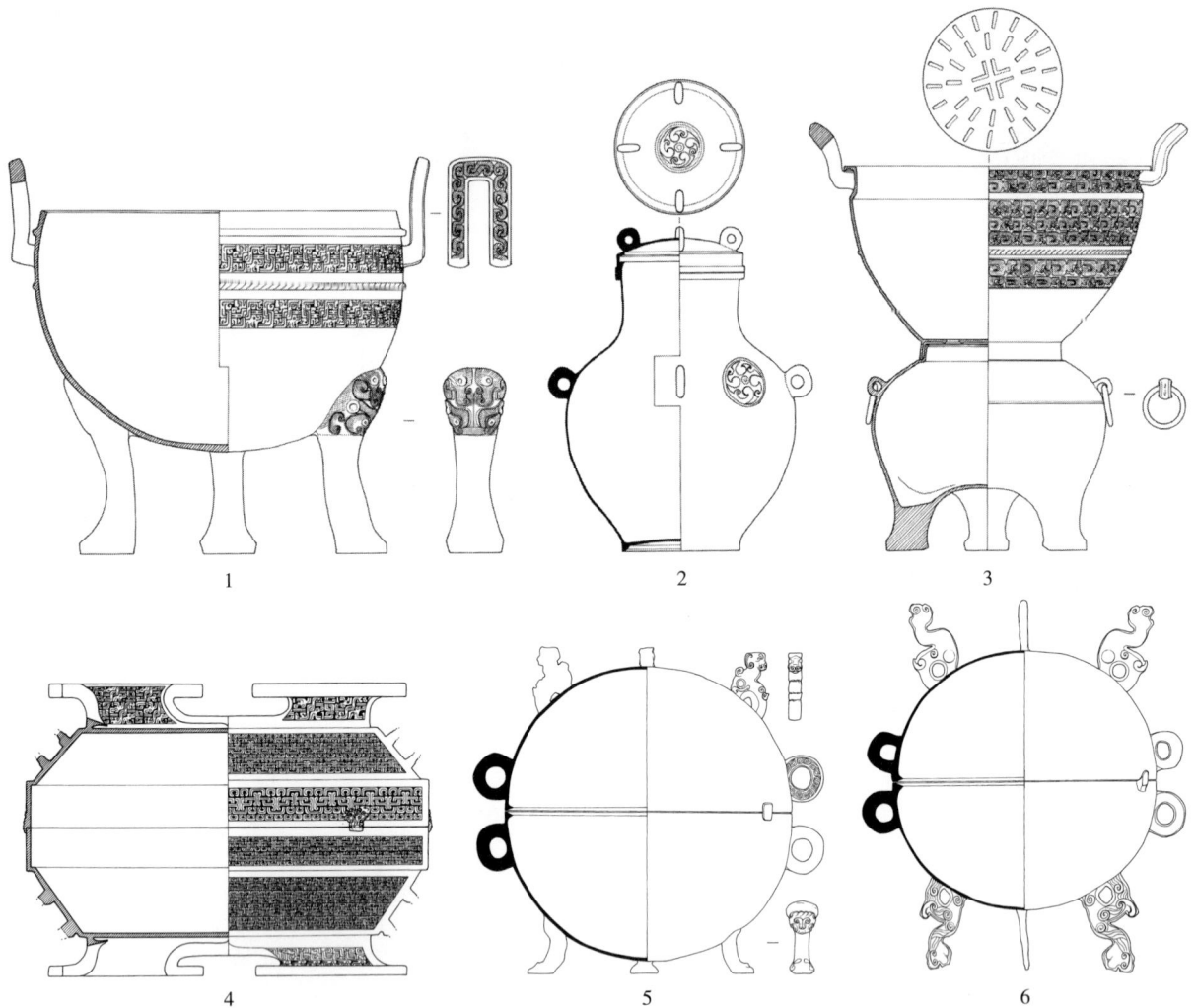

图二九五 礼器类型

1. 鼎（M33：197） 2. 缶（M33：200） 3. 甀（M33：199） 4. 簠（M33：19） 5. B 型敦（M33：50） 6. A 型敦（M2：1）

壶 1 件。方唇，敞口，长颈，溜肩，鼓腹略垂，圈足。肩部有两铺首衔环耳，如标本 M2：2（图二九六：4）。

豆 2 件。依据其柄部的不同，可分为两型。

A 型 矮柄豆。1 件。由盖和豆两部分组成，豆为子母口、圆腹，圜底，柄较低，圈足。盖为子母口，圆腹，圜底，有圆形捉手。如标本 M33：18（图二九六：2）。

B 型 高柄豆。1 件。子母口，直口微敛，深腹，高柄，喇叭口圈足。如标本 M33：26（图二九六：1）。

器座 1 件。器座为圆形，全器中空，中部镂饰浮雕的龙纹，另外在柄的下部还饰有绚纹，如标本 M33：12（图二九六：3）。

鉴 1 件。残甚，无法修复，形制不清。

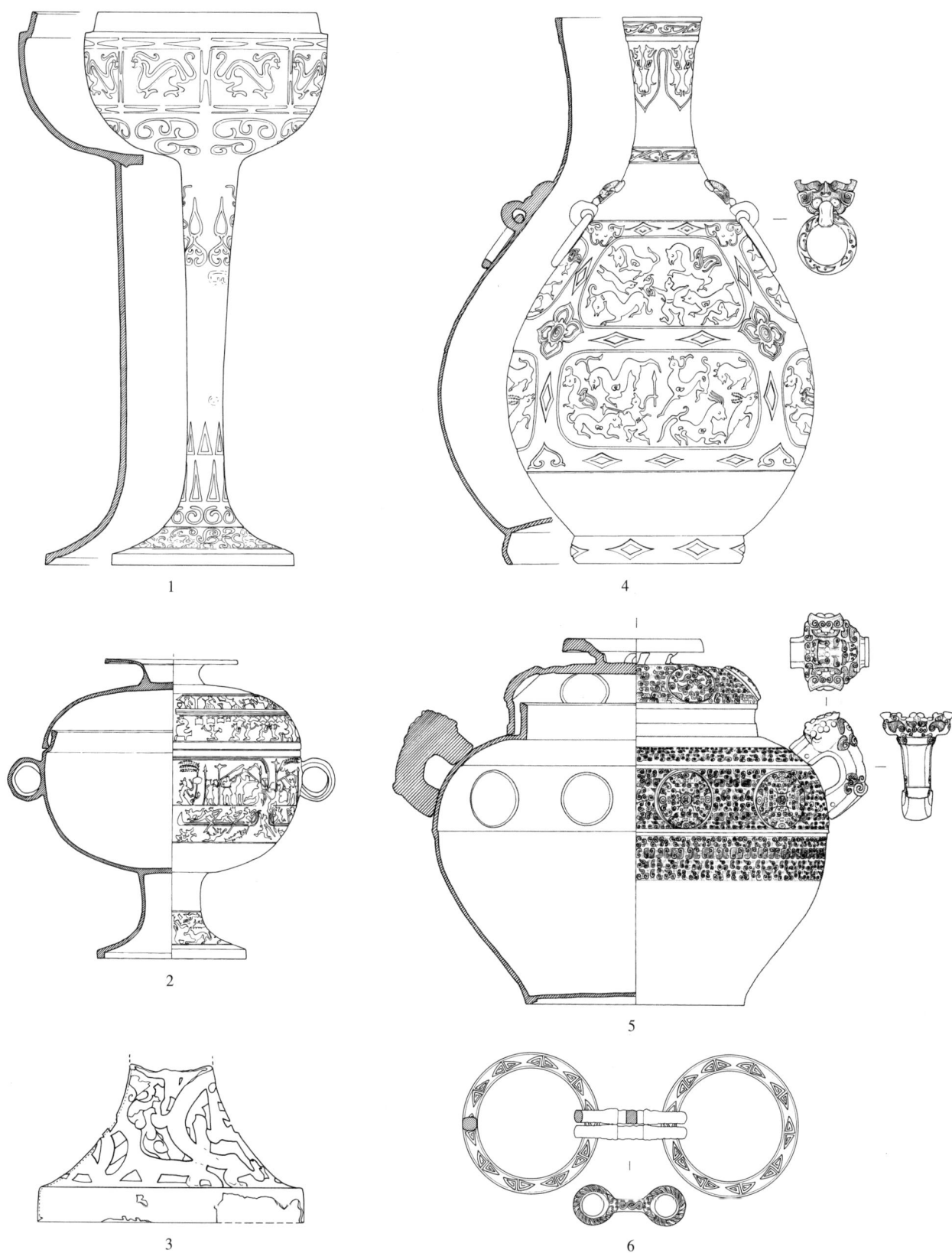

图二九六　礼器类型

1.高柄豆（M33：26）　　2.矮柄豆（M33：18）　　3.器座（M33：12）　　4.壶（M2：2）　　5.罍（M33：201）　　6.环（M33：185）

（二）生活用具

共 9 类 56 件。主要包括匜 1、尖底盒 3、勺 2、匕 3、鍪 20、釜 11、盆 5、釜甑 7 和长条形饰件 4。

匜　1 件。器身略呈椭圆形，弧腹，平底，一端有长方形流，另一端有环状钮。素面。如标本 M33：128（图二九七：2）。

尖底盒　3 件。依据口部的不同可分为两型。

A 型　2 件。器口近直，矮沿，弧腹较坦，尖底。盖亦为尖顶，弧背，像一倒置的尖底盏。如标本 M33：202（图二九七：3）。

B 型　1 件。敛口，平沿，盖上部饰"回"字形纹。器身腹部饰垂叶纹和"S"纹。如标本 M33：203（图二九七：7）。

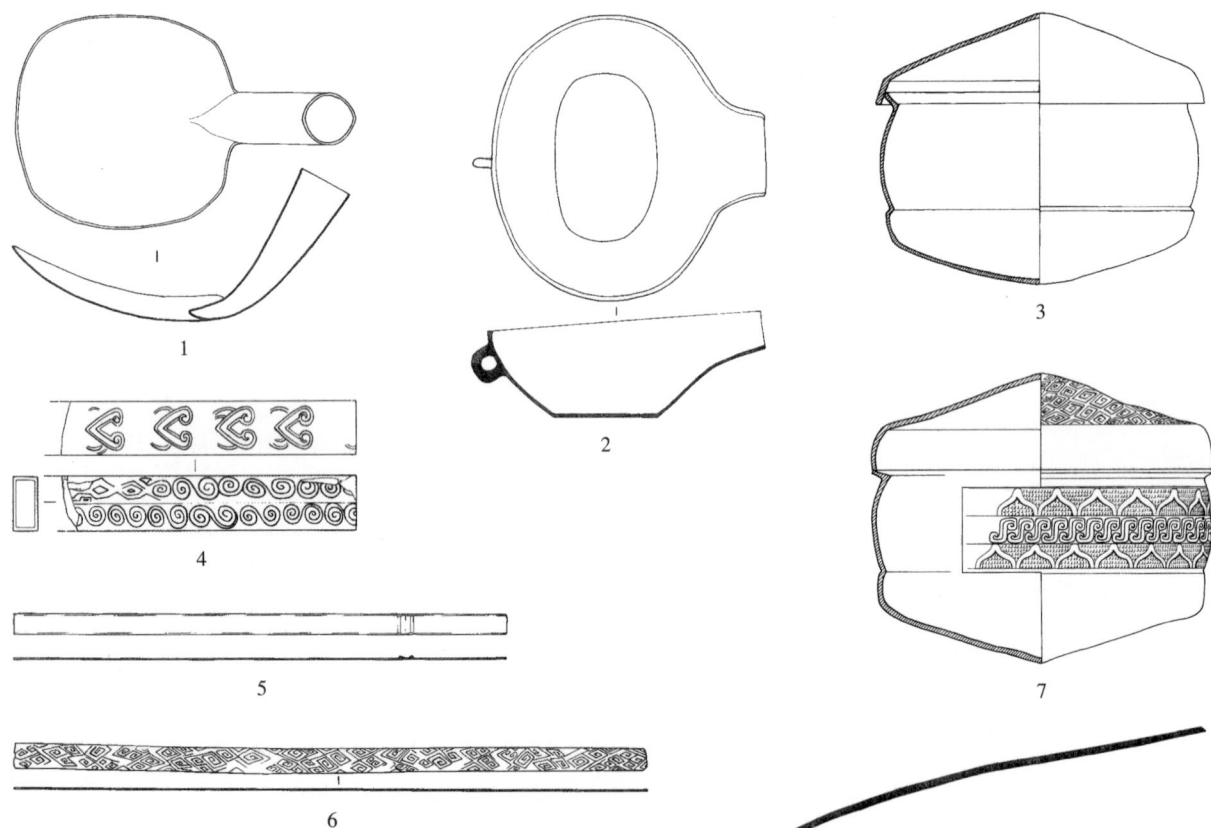

图二九七　生活用具类型

1. 勺（M33：177）　2. 匜（M33：128）
3. A 型尖底盒（M33：202）　4. A 型长条形饰件（M33：195）　5. B 型长条形饰件（M33：135）　6. C 型长条形饰件（M33：134）　7. B 型尖底盒（M33：127）　8. 匕（M33：126）

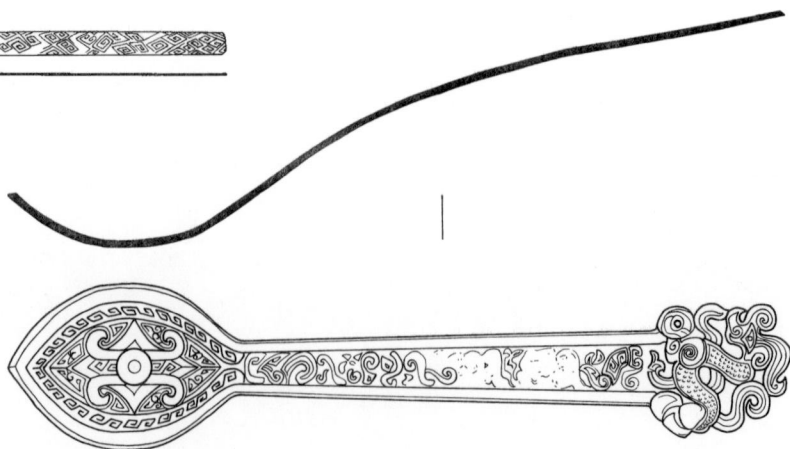

勺　2件。圆首簸箕形，勺柄为圆形，中空。如M33：177（图二九七：1）。

匕　3件。匕身为椭圆形，长条形柄部弧拱、扁平、柄端略宽。柄端正面饰兽面纹。匕身饰繁缛的勾连云纹。如M33：126（图二九七：8）。

长条形饰件　4件。依据形制的不同可分为两型。

A型　1件。体呈长方形，中空。一面铸刻有"S"纹，一面铸刻有心纹。如标本M33：195（图二九七：4）。

B型　2件。体呈狭长方形，一端有两个凸棱。如标本M33：135（图二九七：5）。

C型　1件。体呈狭长方形，一端无凸棱，两面均铸刻有回形纹。如标本M33：134（图二九七：6）。

釜　11件。与鍪同出，依据腹部的不同可分为四式。

Ⅰ式　2件。球腹，腹部较深，双环耳较小，处于腹上部。如标本M33：21（图二九八：1）。

Ⅱ式　4件。腹微鼓，较深，口径小于腹径，双辫索竖环耳处于腹上部。如标本M64：42（图二九八：2）。

Ⅲ式　2件。腹微扁，较浅，口径与腹径基本相同，双辫索竖环耳处于肩部。如标本M50：19（图二九八：3）。

Ⅳ式　3件。扁腹，浅腹，口径大于腹径，双辫索竖环耳处于口沿下。如标本M56：4（图二九八：4）。

釜甑　7件。依据腹部的不同可分为三式。

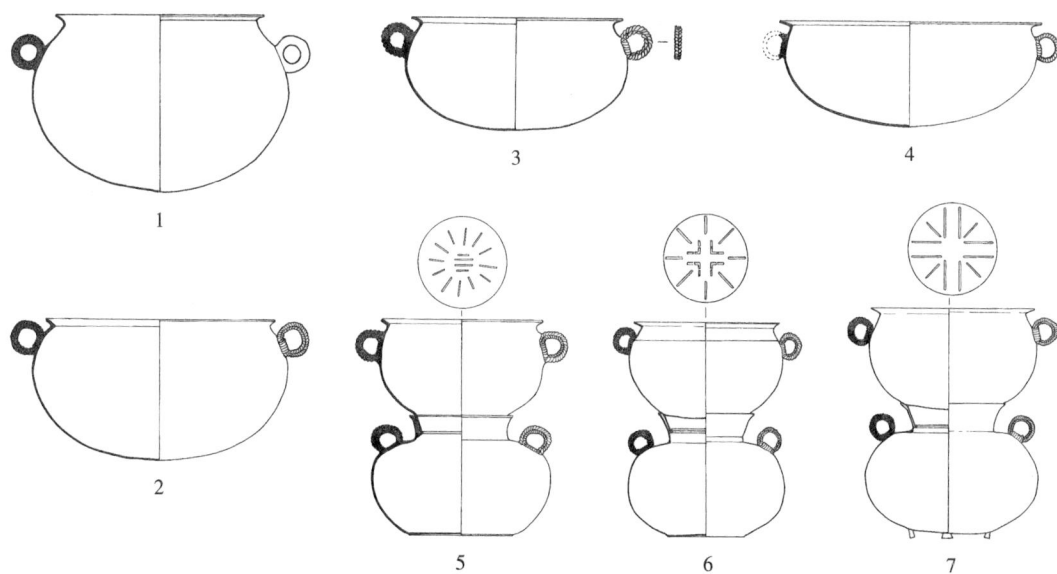

图二九八　釜和釜甑类型

1.Ⅰ式釜（M33：21）　2.Ⅱ式釜（M64：42）　3.Ⅲ式釜（M50：19）　4.Ⅳ式釜（M56：4）　5.Ⅰ式釜甑（M53：1）
6.Ⅱ式釜甑（M28：8）　7.Ⅲ式釜甑（M24：18）

Ⅰ式　1件。釜部为鼓腹，下腹斜收。如标本 M53：1（图二九八：5）。

Ⅱ式　4件。釜部为球腹，下腹弧收。如标本 M28：8（图二九八：6）。

Ⅲ式　2件。釜部为球腹，下腹弧收。釜下部设有三短足。如标本 M24：18（图二九八：7）。

鍪　20件。依据腹部的不同可分为五式。

Ⅰ式　2件。鼓腹，无辫索纹，仅有小竖环耳。如标本 M33：22（图二九九：1）。

Ⅱ式　3件。扁圆鼓腹，腹上部有一辫索纹竖环耳。如标本 M13：1（图二九九：2）。

Ⅲ式　10件。圆鼓腹，腹上部有一辫索纹竖环耳。如标本 M61-1：14（图二九九：3）。

Ⅳ式　3件。颈部较长，圆鼓腹，肩颈之间一辫索纹竖环耳。如标本 M56：6（图二九九：4）。

Ⅴ式　2件。肩部较长，垂腹，肩颈之间一辫索纹竖环耳。如标本 M17：5（图二九九：5）。

盆　5件。因器体较薄，出土时大部分残损严重，很难判断器形。依据口部的不同可分为两型。

A型　2件。斜宽沿，直口。如标本 M61-1：10（图二九九：6）。

B型　3件。斜宽沿，侈口。如标本 M64：39（图二九九：7）。

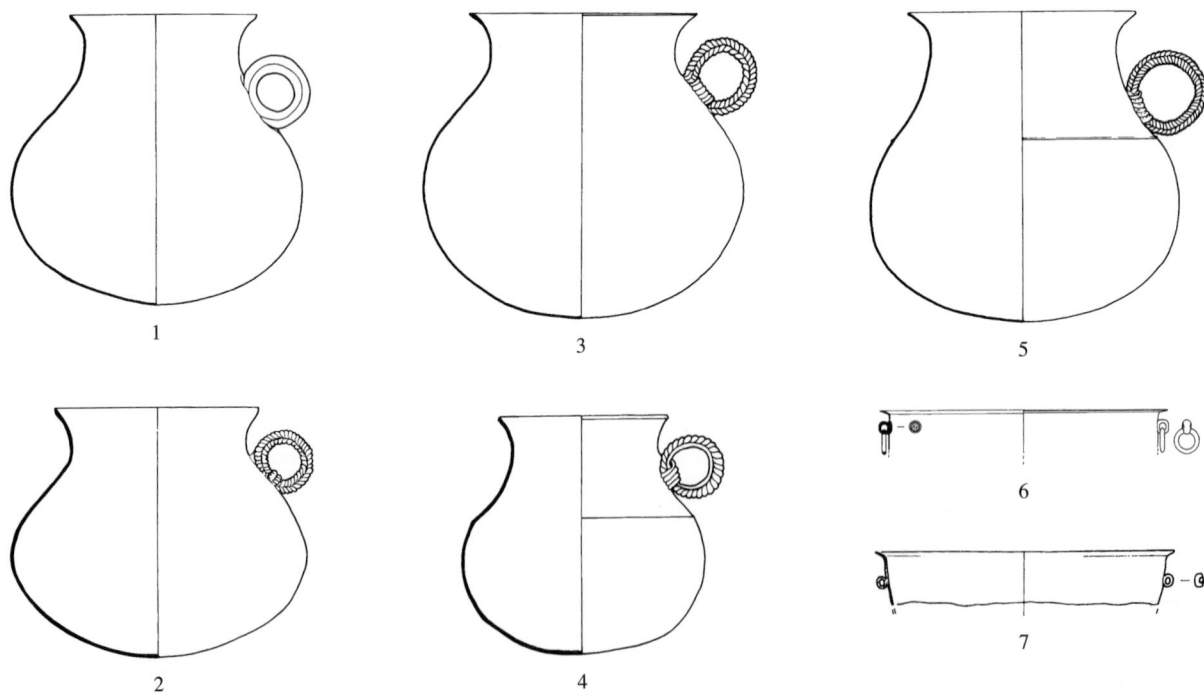

图二九九　鍪和盆类型

1. Ⅰ式鍪（M33：22）　2. Ⅱ式鍪（M13：1）　3. Ⅲ式鍪（M61-1：14）　4. Ⅳ式鍪（M56：6）　5. Ⅴ式鍪（M17：5）　6. A型盆（M61-1：10）　7. B型盆（M64：39）

（三）生产工具

共 7 类 116 件。其中以削刀的数量最多，达 35 件，其次为凿 26、刻刀 14、斤 13、锯 11、刀 7、锥 10。

刻刀　14 件。其中 12 件依据器身的不同可分为三式。

Ⅰ式　4 件。锋呈三角形，器身细长，背部隆起，正面有脊，边折有棱。如标本 M33：152（图三〇〇：5）。

Ⅱ式　3 件。锋呈圆三角形，器身较长，背部隆起，正面有脊，边折有棱。如标本 M2：14（图三〇〇：6）。

Ⅲ式　5 件。锋呈倒"八"字形，锋部较长，器身较短，正面有脊，边折有棱。如标本 M64：38（图三〇〇：7）。

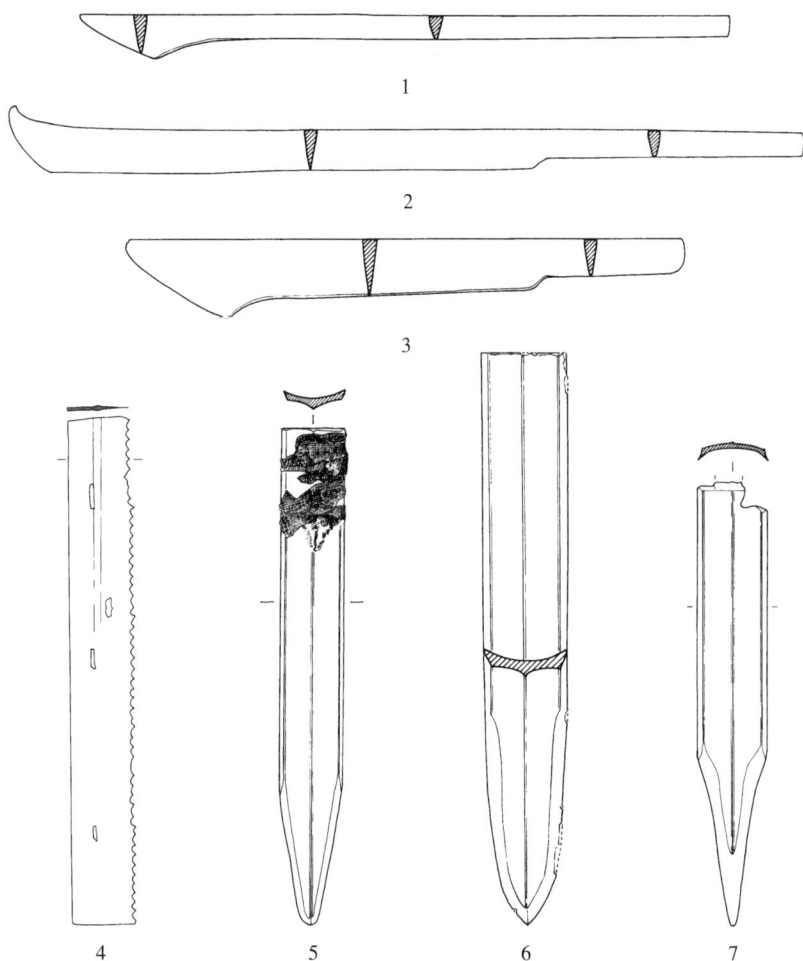

图三〇〇　生产工具类型

1. A 型刀（M33：182）　2. C 型刀（M33：74）　3. B 型刀（M33：181）　4. 锯（M44：44）
5. Ⅰ刻刀（M33：152）　6. Ⅱ式刻刀（M2：14）　7. Ⅲ式刻刀（M64：38）

刀　7 件。均 M33 出土，依据形制的不同可分为三型。

A 型　2 件。器身窄，斜刃。如标本 M33：182（图三〇〇：1）。

B 型　3 件。器身宽，弧型刃。如标本 M33：181（图三〇〇：3）。

C 型　2 件。器身较宽，弧形刃，刃尖上翘。如标本 M33：74（图三〇〇：2）。

锯　11 件。均为单面刃，锯片中部有长方形穿。如标本 M44：44（图三〇〇：4）。

削刀　35 件。其中 24 件依据刃部的不同可分为两型。

A 型　16 件。凸刃。依据圜首和背部的不同可分为四式。

Ⅰ式　2 件。弧背，刃较宽，斜孔式圜首。如标本 M33：28（图三〇一：1）。

Ⅱ式　4 件。直柄，弧背，斜孔式圜首。如标本 M33：27（图三〇一：2）。

Ⅲ式　3 件。直柄，背微弧，刃尖上挑，椭圆镂空式圜首。如标本 M6：3（图三〇一：3）。

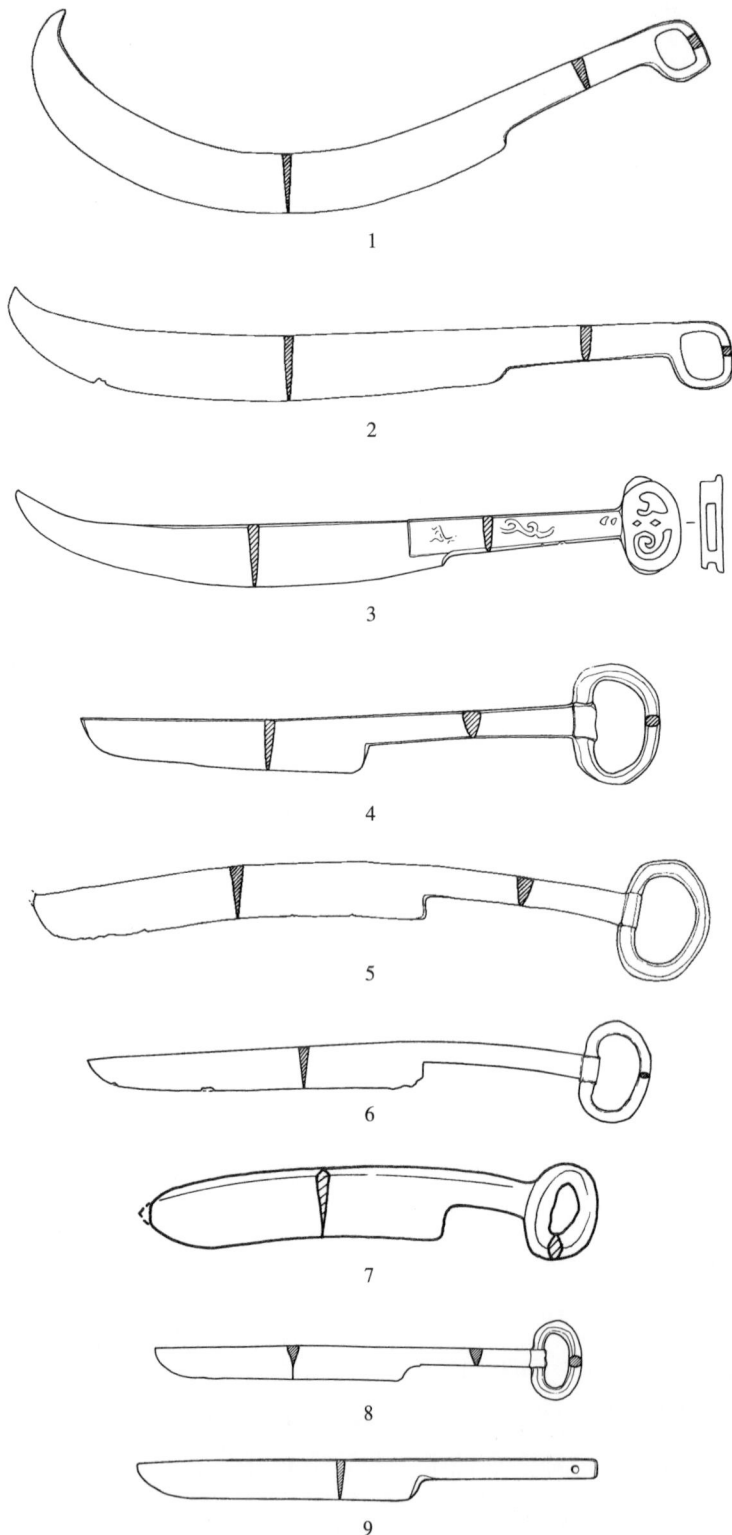

图三〇一　削刀类型

1.AⅠ式（M33：28）　2.AⅡ式（M33：27）　3.AⅢ式（M6：3）　4.AⅣ
式（M3：2）　5.BⅠ式（M2：18）　6.BⅡ式（M40：3）　7.BⅢ式（M37：4）
8.AⅤ式（M65-1：4）　9.C型（M23：3）

Ⅳ式　3件。直柄，背较直，椭圆形圜首。如标本M3：2（图三〇一：4）。

Ⅴ式　4件。直柄，直背，椭圆形圜首。如标本M65-1：4（图三〇一：8）。

B型　7件。凹刃。依据器身的不同可分为三式。

Ⅰ式　3件。器身宽大，柄和刃均向刃部方向弯曲。如标本M2：18（图三〇一：5）。

Ⅱ式　2件。器身较宽大，柄较直，刃部微弧。如标本M40：3（图三〇一：6）。

Ⅲ式　2件。器身短小。如标本M37：4（图三〇一：7）。

C型　1件。直柄，直背，柄部无椭圆形圜首，仅在柄末端有一圆孔。如标本M23：3（图三〇一：9）。

斤　13件。依据器身和刃部的不同可分为两型。

A型　10件。喇叭形器身，有銎箍。依据刃部的不同可分为三式。

Ⅰ式　4件。器身较直，弧刃较窄。如标本M33：65（图三〇二：1）。

Ⅱ式　1件。器身微曲，弧刃较宽，刃两端微上挑。如标本M44：29（图三〇二：2）。

Ⅲ式　5件。器身中部

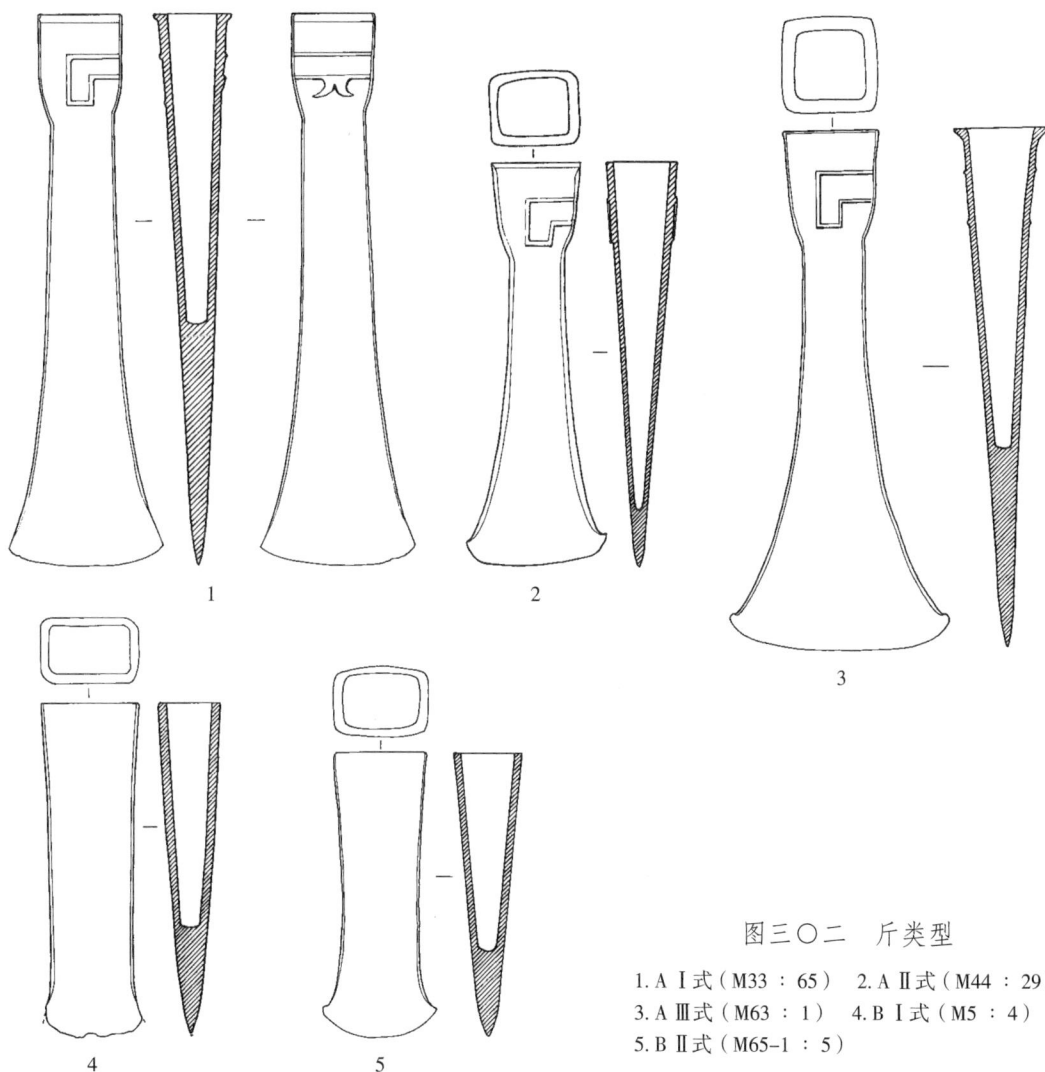

图三〇二　斤类型

1. A Ⅰ式（M33：65）　2. A Ⅱ式（M44：29）
3. A Ⅲ式（M63：1）　4. B Ⅰ式（M5：4）
5. B Ⅱ式（M65-1：5）

较窄，呈喇叭状，宽弧刃，刃两端上挑。如标本 M63：1（图三〇二：3）。

B 型　3 件。器身较直，无銎箍。依据器身和刃部的不同可分为两式。

　　　Ⅰ式　2 件。器身较窄，弧刃。如标本 M5：4（图三〇二：4）。

　　　Ⅱ式　1 件。器身较宽，弧刃，刃两端上挑。如标本 M65-1：5（图三〇二：5）。

凿　26 件。形制差异较大，依据器身的整体不同可分为六型。

A 型　1 件。无銎，镂空菱形首，实身。如标本 M44：22（图三〇三：1）。

B 型　15 件。有銎及銎箍，凿身中空。依据銎口的不同可分为四式。

　　　Ⅰ式　8 件。圆銎，銎口较深，凿身器表呈八棱状。如标本 M33：175（图三〇三：2）。

　　　Ⅱ式　1 件。圆銎，銎口较浅，凿身器表呈六棱状。如标本 M5：20（图三〇三：3）。

　　　Ⅲ式　3 件。圆銎，銎口更浅，凿身器表呈八棱状。如标本 M44：25（图三〇三：4）。

　　　Ⅳ式　3 件。不规则圆銎，銎口极浅。如标本 M64：37（图三〇三：5）。

C 型　2 件。无銎箍。依据器身和銎部的不同可分为两式。

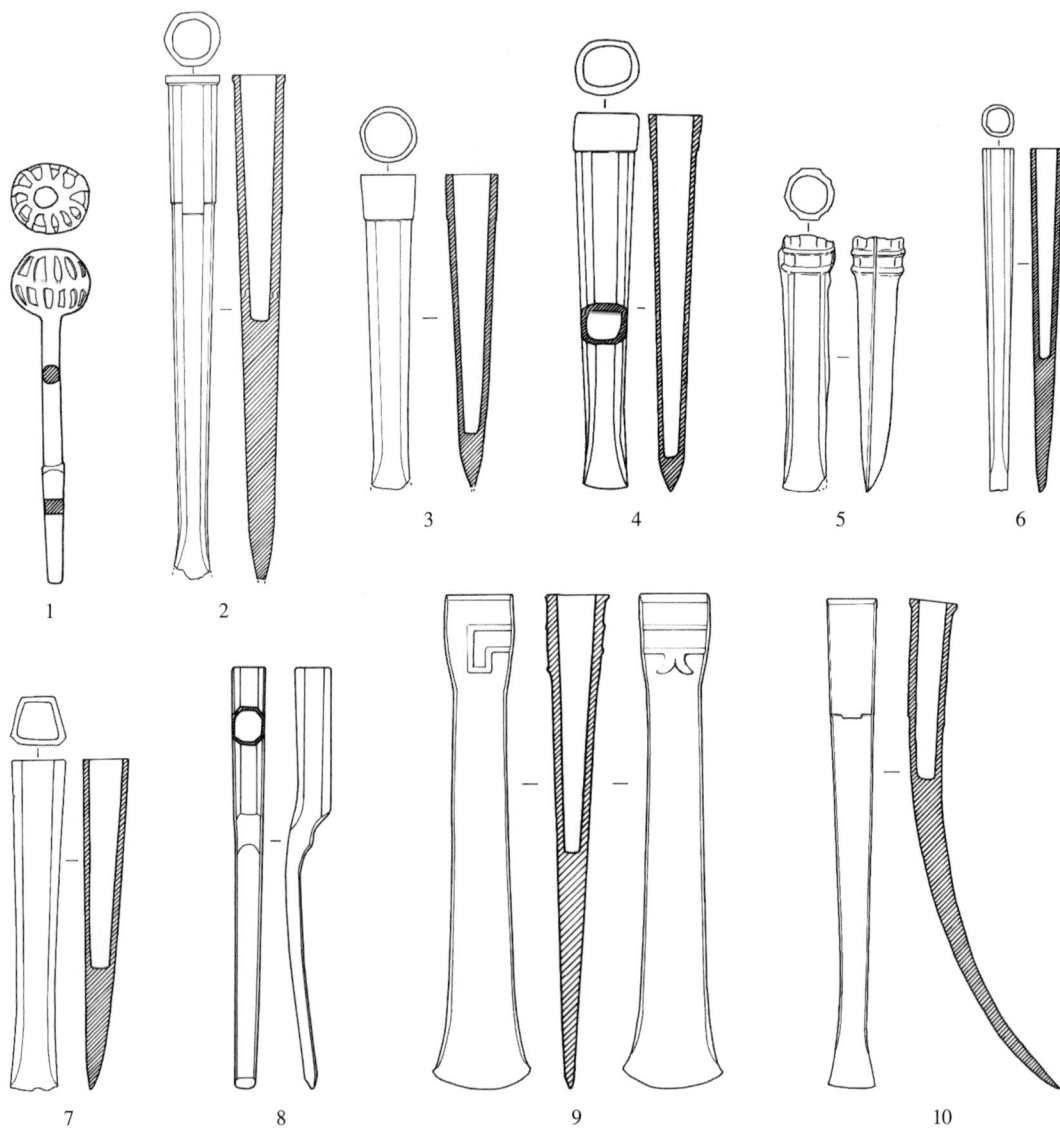

图三〇三　凿类型

1. A 型（M44：22）　2. B I 式（M33：175）　3. B II 式（M5：20）　4. B III 式（M44：25）　5. B IV 式（M64：37）　6. C I 式（M33：194）
7. C II 式（M2：17）　8. D 型（M2：13）　9. E 型（M33：171）　10. F 型（M33：55）

　　I 式　1 件，圆銎，凿身器表呈八棱状。如标本 M33：194（图三〇三：6）。

　　II 式　1 件。方銎，凿身器表呈六棱状。如标本 M2：17（图三〇三：7）。

　D 型　1 件。方銎，曲身。如标本 M2：13（图三〇三：8）。

　E 型　4 件。形似斤，方銎，凿身较长，弧刃。如标本 M33：171（图三〇三：9）。

　F 型　3 件。方銎，器身完全弯曲。如标本 M33：55（图三〇三：10）。

　　锥　10 件。依据器身的不同可分为四型。

　A 型　7 件。体呈条形，弧刃。如标本 M33：61（图三〇四：1）。

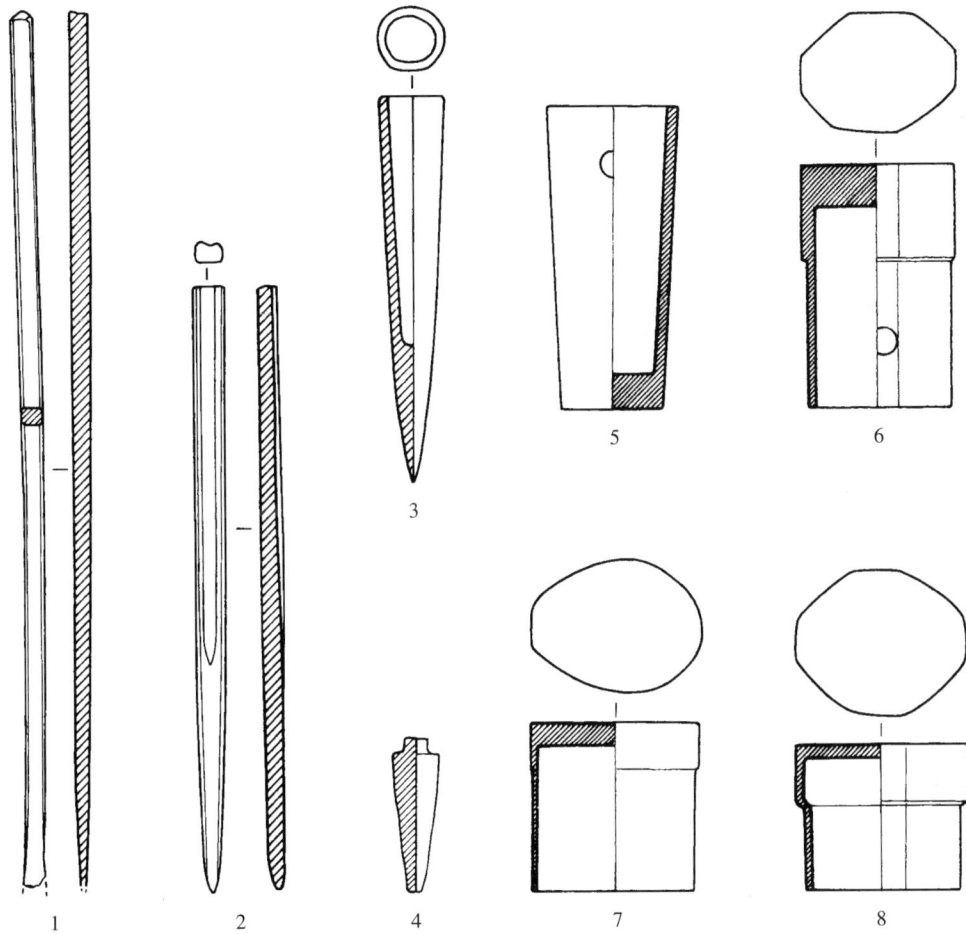

图三〇四　锥和镦类型

1. A 型锥（M33：61）　2. B 型锥（M33：58）　3. C 型锥（M33：179）　4. D 型锥（M57：8）　5. A 型镦（M33：23）　6. B 型
镦（M33：70）　7. D 型镦（M33：73）　8. C 型镦（M33：71）

B 型　1 件。体呈六棱状，尖锋。如标本 M33 ：58（图三〇四：2）。

C 型　1 件。体呈锥状，圆形銎口，尖锋。如标本 M33 ：179（图三〇四：3）。

D 型　1 件。体呈锥状，上部有一凸棱。如标本 M57：8（图三〇四：4）。

（四）兵器类

共 7 类 280 件。其中以箭镞数量最多，为 114 件，其次为钺 43、矛 37、剑 35、戈 32、镦 10、斧 9。

钺　43 件。出土于 60 座墓葬中，每墓出 1~5 件，绝大多数为 1 件，M33 出土最多。绝大多数为素面，少量的钺身刻有巴蜀符号或纹饰。可分为两型。

A 型　15 件。有肩，依据腰部和刃部的不同可分为两亚型。

Aa 型　13 件。圆弧刃，刃两端较平滑。依据器身和刃部的不同可分为四式。

　　Ⅰ式　4 件。直腰，弧刃，六边形銎口。如标本 M33：68（图三〇五：1）。

Ⅱ式　3件。束腰，圆弧刃，椭圆形銎口。如标本 M64：29（图三〇五：2）。

Ⅲ式　5件。身部较长，器体厚重，圆弧刃加宽。如标本 M65-1：7（图三〇五：3）。

Ⅳ式　1件。折腰变短，刃部进一步加大，呈舌苔形。如标本 M55：2（图三〇五：4）。

图三〇五　钺类型

1. Aa Ⅰ式（M33：68）　2. Aa Ⅱ式（M64：29）　3. Aa Ⅲ式（M65-1：7）　4. Aa Ⅳ式（M55：2）　5. Ab Ⅰ式（M46：24）
6. Ab Ⅱ式（M37：1）　7. B Ⅰ式（M25：12）　8. B Ⅱ式（M5：2）　9. B Ⅲ式（M40：7）　10. B Ⅳ式（M18：4）　11. B Ⅴ式
（M50：18）

Ab 型　2件。弧刃，刃两端上翘。依据器身和刃部的不同可分为两式。

　　Ⅰ式　1件。腰身微束，刃两端上翘。如标本 M46：24（图三〇五：5）。

　　Ⅱ式　1件。束腰，舌形刃较大，刃两端微上翘。如标本 M37：1（图三〇五：6）。

B 型　28件。无肩，依据銎部和刃部的不同可分为五式。

　　Ⅰ式　1件。銎口深，舌形刃。如标本 M25：12（图三〇五：7）。

　　Ⅱ式　6件。銎口较深，圆弧刃。如标本 M5：2（图三〇五：8）。

　　Ⅲ式　7件。銎口较浅，弧刃较宽。如标本 M40：7（图三〇五：9）。

　　Ⅳ式　12件。銎口浅，微束腰，宽弧刃。如标本 M18：4（图三〇五：10）。

　　Ⅴ式　2件。銎口基本不见，仅存一道凸棱，宽弧刃。如标本 M50：18（图三〇五：11）。

斧　9件。依据器身和銎口的不同可分为三型。

图三〇六　斧类型

1. A Ⅰ式（M44：30）　2. A Ⅱ式（M26：1）　3. A Ⅲ式（M61-3：3）　4. B Ⅰ式（M31：14）　5. B Ⅱ式（M61-1：4）　6. C 型（M51：2）

A型 6件。器身较短，銎口外有凸棱，依据刃部的不同可分为三式。

Ⅰ式 3件。刃大于銎口，弧刃，刃尖上翘。如标本 M44：30（图三〇六：1）。

Ⅱ式 1件。刃大于銎口，弧刃，刃尖较平。如标本 M26：1（图三〇六：2）。

Ⅲ式 2件。刃与銎口基本相等，弧刃。如标本 M61-3：3（图三〇六：3）。

B型 2件。器身较长，銎口外无凸棱，依据刃部的不同可分为两式。

Ⅰ式 1件。长方形銎口，弧刃较宽。如标本 M31：14（图三〇六：4）。

Ⅱ式 1件。略称椭圆形銎口，弧刃较窄。如标本 M61-1：4（图三〇六：5）。

C型 1件。椭圆形銎口，束腰，弧刃，刃尖上翘。如标本 M51：2（图三〇六：6）。

矛 37件。依据骹部的不同可分为两型。

A型 16件。长骹，骹长约占通长的二分之一，双附耳位于骹的下部，最宽处在叶的下部，依据骹部和叶部的不同可分为三式。

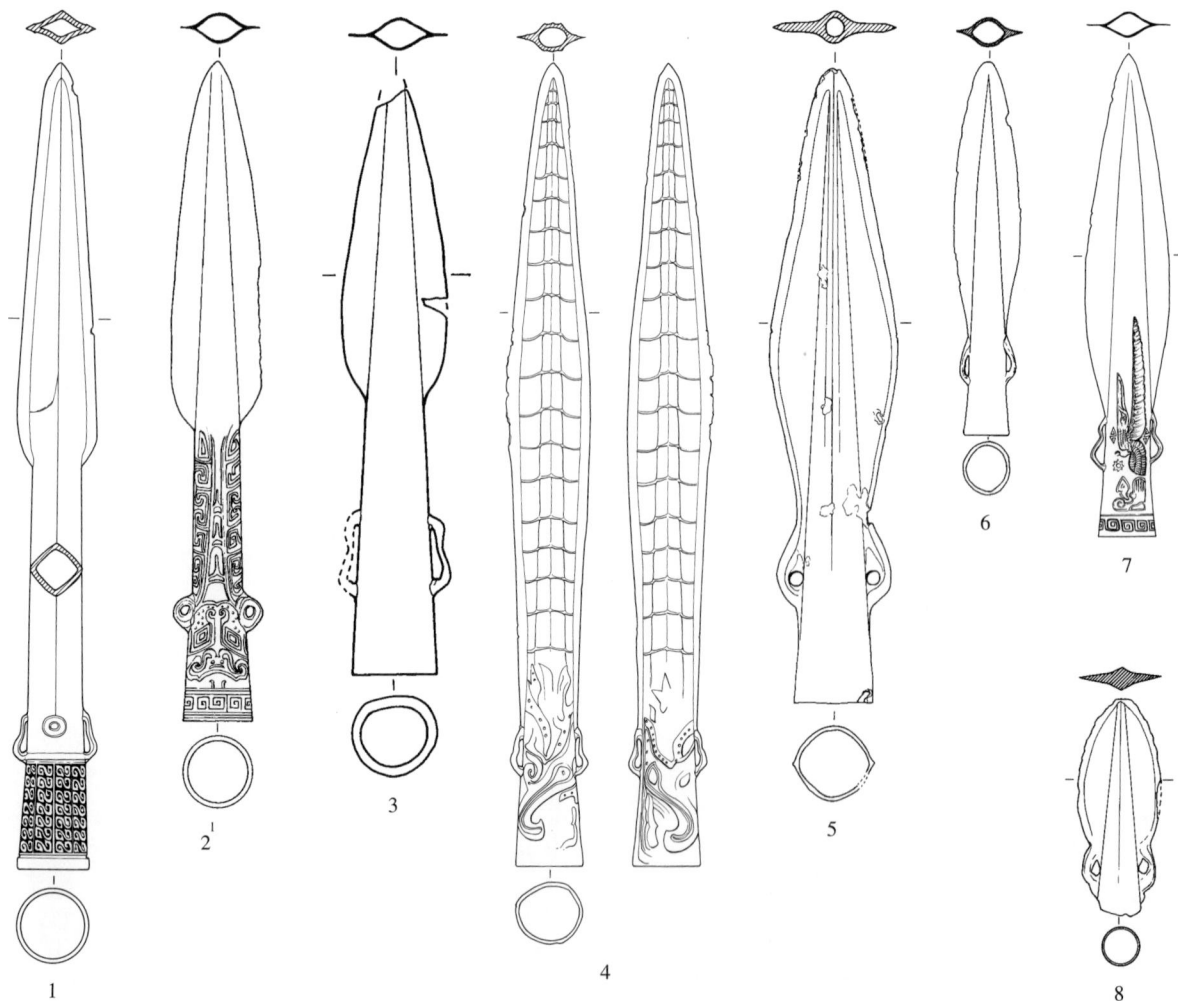

图三〇七 矛类型

1. AⅠ式 M33：92） 2. AⅡ式（M64：8） 3. AⅢ式（M48：1） 4. BaⅠ式（M33：93） 5. Bb型（M2：16） 6. BaⅡ式（M58：1）
7. BaⅢ式（M61-2：2） 8. BaⅣ式（M46：18）

Ⅰ式　12件。圆骹，窄叶，双弓形耳。如标本 M33：92（图三〇七：1）。

Ⅱ式　1件。圆骹，叶较宽，扁圆环耳。如标本 M64：8（图三〇七：2）。

Ⅲ式　3件。椭圆形骹，宽叶，双弓形耳。如标本 M48：1（图三〇七：3）。

B 型　21件。短骹，骹长约占通长的三分之一至四分之一，双弓形耳处于骹上部紧贴叶基，最宽处在叶的中部。骹部多刻有巴蜀图语。依据刃部的不同可分为两个亚型。

Ba 型　弧形刃。20件。依据叶部的不同可分四式。

Ⅰ式　1件。窄叶。如标本 M33：93（图三〇七：4）。

Ⅱ式　8件，叶较宽。如标本 M58：1（图三〇七：6）。

Ⅲ式　9件。宽叶。如标本 M61-2：2（图三〇七：7）。

Ⅳ式　2件。体小，弧刃，扁圆环耳。如标本 M46：18（图三〇七：8）。

Bb 型　1件。直折刃。菱形脊，整个矛呈菱形状。如标本 M2：16（图三〇七：5）。

剑　35件。其中保存较为完好的32件。依据茎部的不同可分为两型。

A 型　21件。宽茎。依据剑身和茎部的不同可分为五式。

Ⅰ式　1件。剑身扁平，无脊，身柄分界不明显，茎部上下各有一圆穿居中。如标本 M33：76（图三〇八：1）。

Ⅱ式　6件。矮脊，身柄分界不明显，茎部上侧和下端中部各有一圆穿。如标本 M33：159（图三〇八：2）。

Ⅲ式　5件。脊微隆，身柄分界较明显，茎部上侧和下端中部各有一圆穿。如标本 M25：13（图三〇八：3）。

Ⅳ式　3件。隆脊，身柄分界较明显，茎部上侧和下端中部各有一圆穿。如标本 M34：1（图三〇八：4）。

Ⅴ式　6件。隆脊，身柄分界明显，茎部上侧和下端中部各有一圆穿。如标本 M13：7（图三〇八：5）。

B 型　11件。窄茎。依据剑身的不同可分为五式。

Ⅰ式　4件。剑身呈狭长条形，扁平，细窄，无脊，两刃平直，身柄分界不明显。如 M5：3（图三〇八：6）。

Ⅱ式　1件。剑身变宽，矮脊，身柄分界较明显。如标本 M40：2（图三〇八：7）。

Ⅲ式　4件。剑身变宽，隆脊，身柄分界明显。如标本 M51：1（图三〇八：8）。

Ⅳ式　1件。隆脊，两从下凹，身柄分界明显。如标本 M31：12（图三〇八：9）。

Ⅴ式　1件。身柄分界明显。身与茎的夹角近直角。如标本 M17：7（图三〇八：10）。

戈　32件。依据器身的不同可分为五型。

A 型　20件。无胡戈。依据器身的不同可分为五个亚型。

Aa 型　10件。三角形宽援，前锋圆尖，中部起脊连通锋部和阑部，援后部有一圆穿，近阑处上下各有一个长方形穿，长方形直内。如标本 M33：102（图三〇九：1）。

Ab 型　2件。三角形援，较宽，弧刃，中部起脊连通锋部和阑部，援后部有一圆穿，近

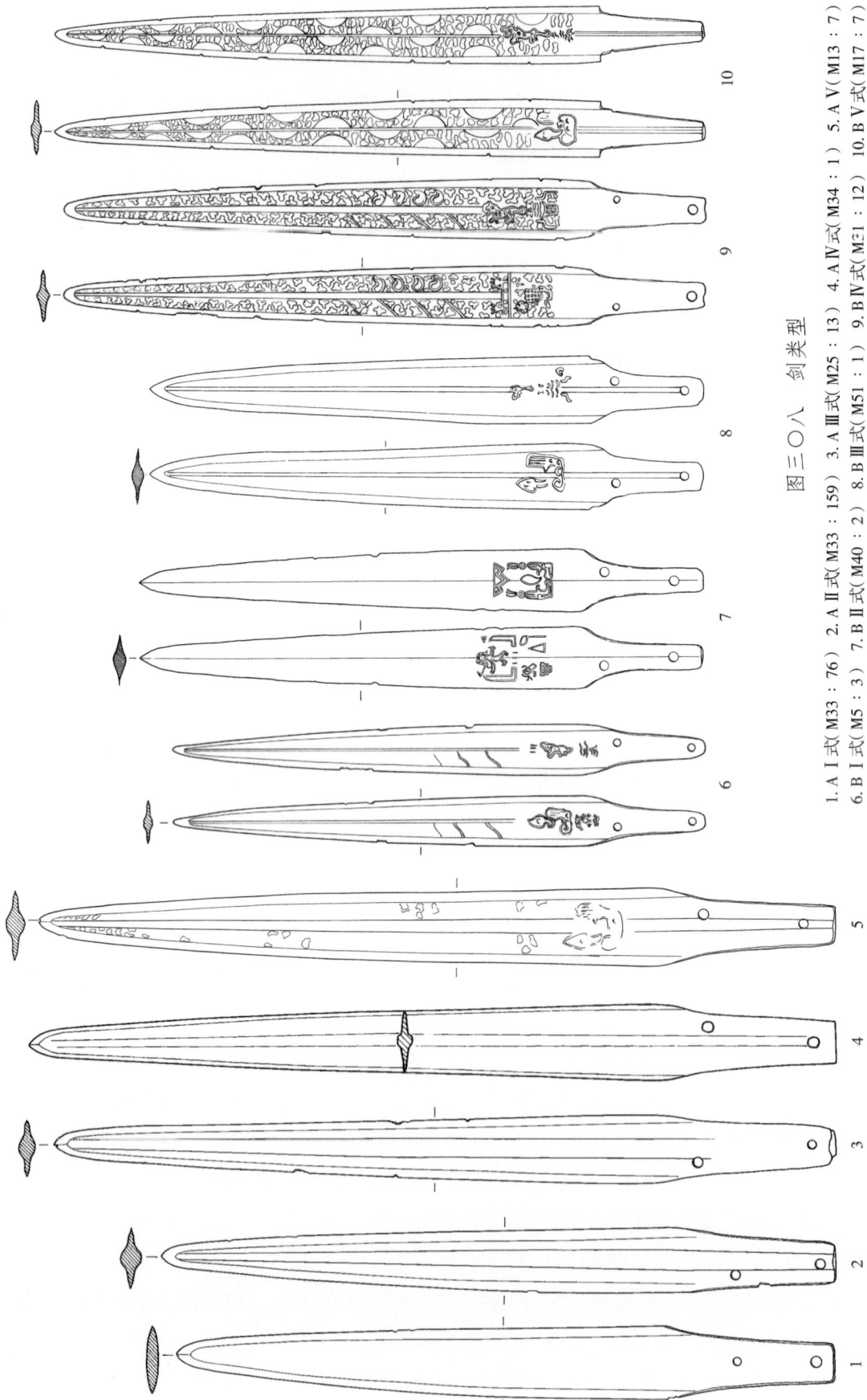

图三〇八　剑类型

1. A I 式(M33：76)　2. A II 式(M33：159)　3. A III 式(M25：13)　4. A IV式(M34：1)　5. A V(M13：7)
6. B I 式(M5：3)　7. B II 式(M40：2)　8. B III式(M51：1)　9. B IV式(M31：12)　10. B V式(M17：7)

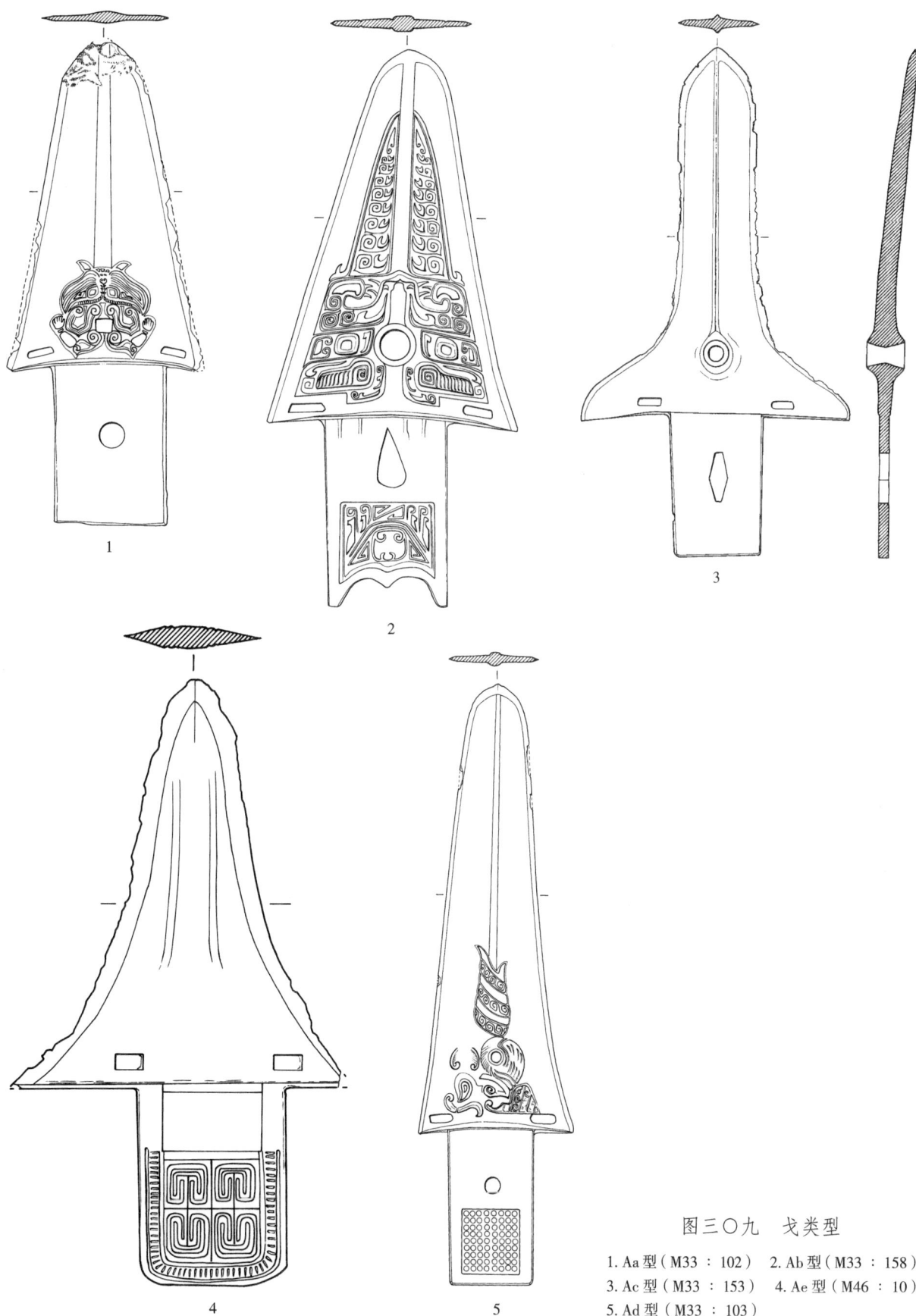

1

2

3

4

5

图三〇九 戈类型

1. Aa 型（M33：102） 2. Ab 型（M33：158）

3. Ac 型（M33：153） 4. Ae 型（M46：10）

5. Ad 型（M33：103）

阑处上下各有一个长方形穿，长方形直内，内后端呈"山"字形。如标本 M33：158（图三〇九：2）。

　　Ac 型　5 件。长直援，双短胡，援本两穿，长方形内。如标本 M33：153（图三〇九：3）。

　　Ad 型　1 件。援细长，下刃略向下弯曲，长方形内。如标本 M46：10（图三〇九：4）。

　　Ae 型　2 件。三角形宽援，援本较直，两穿，长方形内。如标本 M33：103（图三〇九：5）。

　　B 型　12 件。有胡戈。依据阑部的不同可分为两个亚型。

　　Ba 型　7 件。援较长，中长胡，长方形内。依据援部和胡部的不同可分为四式。

　　　　Ⅰ式　4 件。援身平直，援上刃与内上援平行。如标本 M33：99（图三一〇：1）。

　　　　Ⅱ式　1 件。长胡，援上刃向外，援身略有收分。如标本 M2：5（图三一〇：2）。

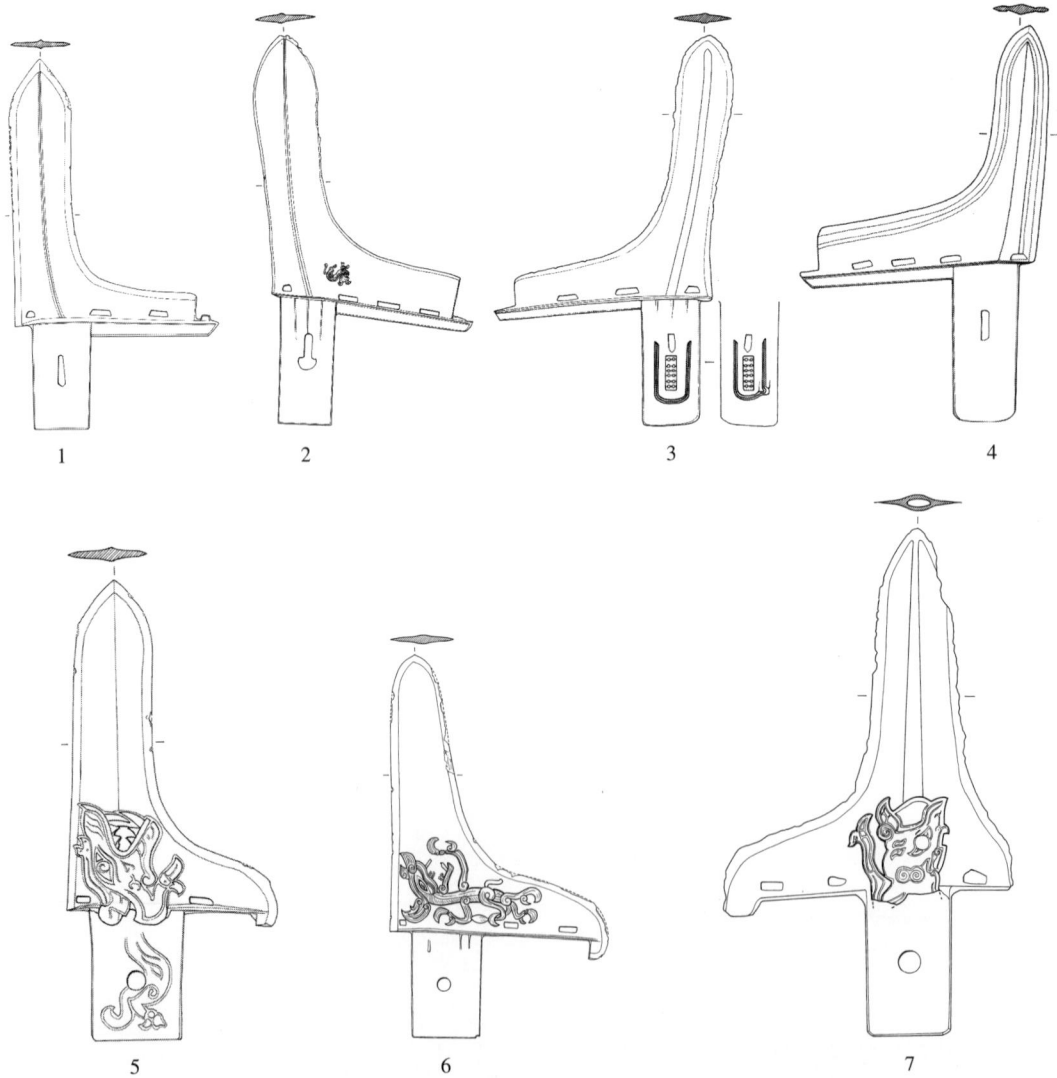

图三一〇　戈类型

1. Ba Ⅰ式（M33：99）　2. Ba Ⅱ式（M2：5）　3. Ba Ⅲ（M62：1）　4. Ba Ⅳ式（M61-1：2）　5. Bb Ⅰ式（M31：18）
6. Bb Ⅱ式（M33：100）　7. Bb Ⅲ式（M61-1：8）

Ⅲ式　1件。长胡，援上刃向外，援身收分明显。如标本 M62：1（图三一〇：3）。

Ⅳ式　1件。长胡，援较短。如标本 M61-1：2（图三一〇：4）。

Bb型　5件。援较长，中长胡，阑下出齿，长方形内，援本饰有虎纹。依据胡部和锋部的不同可分为三式。

Ⅰ式　1件。中胡两穿，锋部呈三角形。如标本 M31：18（图三一〇：5）。

Ⅱ式　3件。长胡三穿，锋部呈圆角状。如标本 M33：100（图三一〇：6）。

Ⅲ式　1件。长胡三穿，双胡，上胡较短，下胡较长，锋部呈圆角状。如标本 M61-1：8（图三一〇：7）。

镦　10件。依据身部的不同可分为四型。

A型　3件。长身，上有一圆穿。如标本 M33：23（图三〇四：5）。

B型　1件。身较长，外有一箍，箍外侈。如标本 M33：70（图三〇四：6）。

C型　4件。身较矮，外有一箍，箍与身基本相同。如标本 M33：71（图三〇四：7）。

D型　2件。矮身，外有一箍，箍外侈。如标本 M33：73（图三〇四：8）。

箭镞　114件。依据形制的不同可分为两型。

A型　107件。体呈三角形。

B型　7件。体呈三棱形。

（五）服饰器及其杂器

共13类65件。主要包括带钩5、铃8、印章12、璜4、镜1、挂饰1、鱼钩2、练2、瓶形饰1、饰件3、鸟头饰件1、手镯24、泡1等。

印章　12件。依据印与钮的不同可分为五型。

A型　7件。圆形印，印面阴文，印体扁平，背钮为桥形钮。如标本 M21：1（图三一一：4）。

B型　2件。方形印，印面阴文，印体扁平，背钮为桥形钮。如标本 M24：6（图三一一：3）。

C型　1件。覆斗型印，体较厚较小。呈上小下大的覆斗形，桥形钮。上刻汉字。如标本 M32：19（图三一一：2）。

D型　1件。圆形印，鸟形钮，鸟眼为穿。如标本 M10：4（图三一一：1）。

E型　1件。蝶形印，桥形钮。如标本 M12：1（图三一一：5）。

手镯　24件。其中保存完好的17件依据形制的不同可分为两型。

A型　5件。圆形，素面。依据镯面的不同可分为三式。

Ⅰ式　2件。镯面外凸且较宽。如标本 M4：4（图三一一：6）。

Ⅱ式　1件。镯面较窄。如标本 M57：11（图三一一：7）。

Ⅲ式　2件。镯面窄。如标本 M17：6（图三一一：8）。

B型　12件。圆形，镯面有铸刻的点纹。依据镯面的不同可分为两式。

Ⅰ式　2件。镯面较宽。如标本 M37：14（图三一一：9）。

Ⅱ式　10件。镯面外凸且较窄。如标本 M53：10（图三一一：10）。

泡　1件。出于 M48（图三一一：15）。

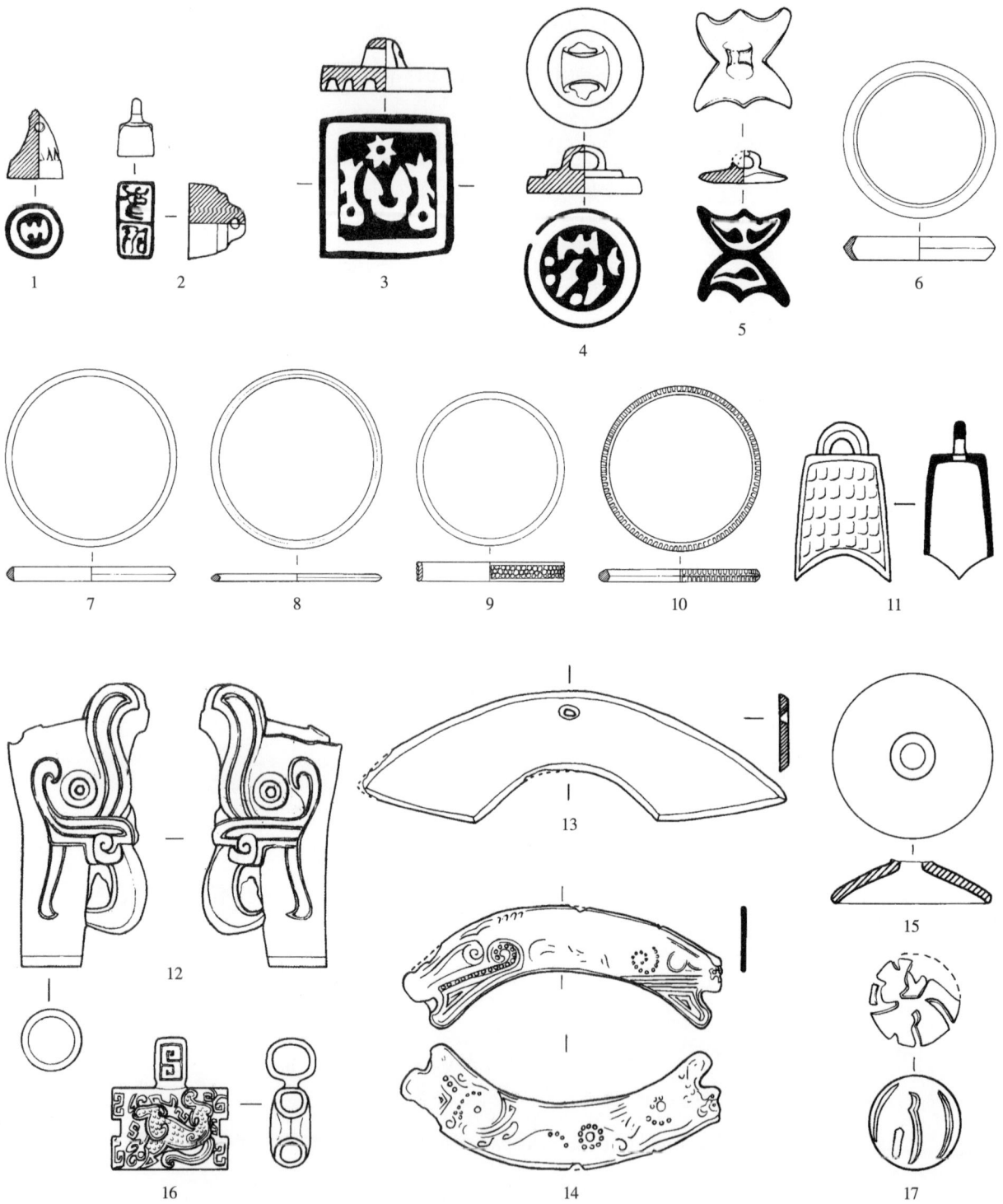

图三一一　服饰器及杂器类型

1. D型印（M10：4）　2. C型印（M32：19）　3. B型印（M24：6）　4. A型印（M21：1）　5. E型印（M12：1）　6. A I式手镯（M4：4）
7. A II式手镯（M57：11）　8. A III式手镯（M17：6）　9. B I式手镯（M37：14）　10. B II式手镯（M53：10）　11. A型铃（M48：6）
12. 鸟头饰件（M33：15）　13. A型璜（M57：12）　14. B型璜（M31：13）　15. 泡（M48：11）　16. 方形饰件（M48：9）
17. B型铃（M58：14）

铃　5件。依据形制的不同可分为两型。

A 型　4件。呈钟状。如标本 M48 ：6（图三一一：11）。

B 型　1件。圆形。如标本 M58 ：14（图三一一：17）。

璜　4件。依据形制的不同可分为两型。

A 型　3件。呈半圆形。如标本 M57 ：12（图三一一：13）。

B 型　1件。呈半弧形，两面铸刻有虎纹。如标本 M31 ：13（图三一一：14）。

鸟头饰件　1件。出土于 M33。整体做一鸟头，中空（图三一一：12）。

镜　1件。出土于 M50。出土时已经残破，形体较小。素面。

挂饰　1件。出土于 M37。圆环状，上有一钮，应作为佩戴用。

鱼钩　2件。出土于 M33 和 M64。

练　2件。出土于 M31。系用小铜环环环相扣而成。

瓶形饰　1件。出土于 M46。形体较小，可能做珠饰用。

带钩　5件。出土于 M32、M36 和 M54 中。

饰件　3件。主要出土于 M48。长方形，上有一钮，应是作为佩戴物（图三一一：16）。

三　分期与年代

（一）分期

罗家坝墓地的组合关系并不是所有墓葬都清楚，有些墓葬发掘记录不全，有些墓葬随葬品很难修复，这给客观研究墓地的分期与年代带来了较大的困难。为了尽可能的研究墓地，我们选择了一部分组合关系比较完备的典型墓葬进行分期研究。经筛选，具备条件的墓葬36 座，占墓葬总数的 55%，基本上能代表罗家坝已发掘墓葬的年代关系。

这批墓葬存在 11 组打破关系，其打破关系如下。

1. M3、 M8 → M26

2. M10、M11 → M19 → M30、M31

3. M12 → M13、M18

4. M13 → M23

5. M22 → M28 → M23

6. M32 → M33

7. M41 → M45

8. M47 → M44

9. M49 → M48

10. M60 → M58

11. M63 → M56

其中 M47、M49 为空墓，故 8、9 这两组打破关系对于分期无意义。剩余的几组打破关系中，M12 仅出土 1 件铜印章；M22 出土陶纺轮 1 件；M18 仅出土 1 件铜钺、2 件石滑轮和 3 件珠；

M26 仅出土 1 件铜钺和 1 件石斧；M23 和 M45 均出土铜钺、陶纺轮和铜削刀各 1 件，因此 1、3、4、5、7 这五组打破关系对分期意义不大。我们将利用剩下的 2、6、10、11 这四组打破关系对这批墓葬进行分类和分期研究。

我们首先对这些墓葬出土的陶器进行分类研究，再将青铜器归入典型墓葬中，根据研究结果，划清分期标准；随后我们将相对完整的随葬品墓尽可能的归入其中，最后总结出各期墓葬的特点。需要说明的是，剩下的一些不能够归类的墓葬最后不对其进行分期研究。36 座墓葬的陶器组合关系如下。

第一类：盘口罐、喇叭口罐、釜、尖底盏组合，1 座。

M33　盘口罐，喇叭口罐，釜 A I，尖底盏 I。

第二类：豆、釜、圜底罐，7 座。

M2　豆 Ab I，釜 Ba II，圜底罐 A II。

M38　高柄豆，釜 Bb II，圜底罐 C I。

M39　中柄豆 B，釜 Bb I、釜 Ba I，圜底罐 A I。

M58　豆 Ab I、豆 Aa I、中柄豆 A I，釜 A II，圜底罐 Ba I、圜底罐 A I。

M60　豆 Ab II、豆 Ba II，釜 Ba III，圜底罐 C III。

M55　豆 Ab III，釜 Ba IV，圜底罐 C V。

M63　豆 Ab II，釜 Ba III、釜 Ba II，圜底罐 A III、圜底罐 Ec。

基本组合方式为两种：豆 Aa I、豆 Ab I、中柄豆 A I、高柄豆，釜 Ba I、釜 Bb I、釜 Ba II、釜 Bb II，圜底罐 A I、圜底罐 A II、圜底罐 Ba I、圜底罐 C I（M2、M38、M39、M58）；豆 Ab II、豆 Ab III、豆 Bb II，釜 Ba III、釜 Ba IV，圜底罐 A III、圜底罐 C III、圜底罐 C V、圜底罐 Ec（M55、M60、M63）。

第三类：豆、圜底罐组合，共 8 座。

M4　豆 Bb III、豆 Ab III，圜底罐 A III。

M8　豆 Bb III、豆 Bc III，圜底罐 C II、圜底罐 Ea、圜底罐 Bb I。

M24　豆 Bc I、豆 Aa III、豆 Bc IV，圜底罐 A IV、圜底罐 Eb。

M41　豆 Ba II、豆 Bc I、中柄豆 A IV，圜底罐 A IV。

M42　中柄豆 A IV，圜底罐 C IV。

M48　豆 Bb III，圜底罐 C III。

M51　豆 Bc I、豆 Bb V、豆 C，圜底罐 D III。

M53　豆 Aa III、中柄豆 A II，圜底罐 A III、圜底罐 C III，壶 B I。

基本组合方式为四种：豆 Bb III、豆 Ab III，圜底罐 A III（M4）；豆 Bb III、豆 Bc III，圜底罐 C II、圜底罐 Ea、圜底罐 Bb I（M8）；豆 Ba II、豆 Bc I、中柄豆 A IV，圜底罐 A IV、圜底罐 C IV（M41、M42、M53）；豆 Bc I、豆 Aa III、豆 Bc IV、豆 Bb III、豆 Bb V、豆 Bb III、豆 C，圜底罐 A IV、圜底罐 C III、圜底罐 D III、圜底罐 Eb（M24、M48、M51）。

第四类：豆、釜、圜底罐、高领罐、釜甑，2 座。

M5　中柄豆 A Ⅱ、豆 Aa Ⅰ、豆 Bb Ⅱ、豆 Ab Ⅱ，釜 Ba Ⅲ，圜底罐 A Ⅲ，高领罐 A Ⅱ，釜甑 Ⅰ。

M46　豆 Bc Ⅱ，圜底罐 C Ⅲ、圜底罐 F、圜底罐 Ed，釜甑 Ⅰ，高领罐 A Ⅰ。

基本组合为：中柄豆 A Ⅱ、中柄豆 Aa Ⅰ、中柄豆 Bb Ⅱ、中柄豆 Ab Ⅱ、中柄豆 Bc Ⅱ，釜 Ba Ⅲ、圜底罐 A Ⅲ、圜底罐 C Ⅲ，高领罐 A Ⅰ、高领罐 A Ⅱ，釜甑 Ⅰ（M5、M46）。

第五类：豆、圜底罐、高领罐组合，共 3 座。

M13　豆 Aa Ⅱ，圜底罐 A Ⅱ、圜底罐 Ba Ⅱ，高领罐 B。

M56　豆 Ab Ⅲ、豆 C，圜底罐 G、圜底罐 D Ⅳ，高领罐 A Ⅳ。

M62　豆 Ab Ⅲ、豆 Ab Ⅱ，圜底罐 C Ⅱ，高领罐 A Ⅳ。

基本组合为两种：豆 Aa Ⅰ，圜底罐 A Ⅱ、圜底罐 Ba Ⅱ，高领罐 B（M13）；豆 Ab Ⅱ、豆 Ab Ⅲ、豆 C，圜底罐 C Ⅱ、圜底罐 D Ⅳ，高领罐 A Ⅳ（M56、M62）。

第六类：豆、釜、圜底罐、高领罐，共 3 座。

M14　豆 Ab Ⅱ，釜 A Ⅲ，圜底罐 C Ⅲ、圜底罐 A Ⅳ，高领罐 A Ⅴ。

M19　豆 Ab Ⅲ、豆 Ab Ⅱ、豆 C，釜 Ba Ⅳ，圜底罐 A Ⅳ，高领罐 B Ⅱ。

M50　豆 Aa Ⅲ、豆 Ba Ⅲ、高柄豆、中柄豆 A Ⅲ，釜 Ba Ⅲ，圜底罐 C Ⅲ、圜底罐 Ee、圜底罐 Bb Ⅱ，高领罐 B Ⅱ。

基本组合为两种：豆 Ab Ⅱ、豆 Ab Ⅲ、豆 C，釜 A Ⅲ、釜 Ba Ⅳ，圜底罐 C Ⅲ、圜底罐 A Ⅳ，高领罐 B Ⅱ、高领罐 A Ⅴ（M14、M19）；豆 Aa Ⅲ、豆 Ba Ⅲ、高柄豆、中柄豆 A Ⅲ，釜 Ba Ⅲ，圜底罐 C Ⅲ、圜底罐 Bb Ⅱ，高领罐 B Ⅱ（M50）。

第七类：豆、高领罐，共 2 座。

M17　豆 Ab Ⅲ，高领罐 A Ⅵ、高领罐 B Ⅲ。

M59　豆 Ab Ⅱ，高领罐 A Ⅳ。

基本组合为两种：豆 Ab Ⅲ，高领罐 A Ⅵ、高领罐 B Ⅲ（M17）；豆 Ab Ⅱ，高领罐 A Ⅳ（M59）。

第八类：豆、釜组合，共 2 座。

M20　中柄豆 A Ⅱ、豆 Ba Ⅰ，釜 Ba Ⅱ。

M40　豆 Aa Ⅲ、豆 Ba Ⅲ、豆 Bc Ⅰ，釜 Bb Ⅲ、釜 Ba Ⅲ。

组合方式为两种：中柄豆 A Ⅱ、豆 Ba Ⅰ，釜 Ba Ⅱ（M20）；豆 Aa Ⅲ、豆 Ba Ⅲ、豆 Bc Ⅰ，釜 Bb Ⅲ、釜 Ba Ⅲ（M40）。

第九类：豆、盂、瓮，仅 1 座。

M25　豆 Aa Ⅲ、豆 Ab Ⅱ、豆 Bb Ⅴ，盂 A Ⅱ、盂 A Ⅲ，瓮 A Ⅱ。

第十类：豆、圜底罐、瓮，仅 1 座。

M28　豆 Ab Ⅱ、豆 Aa，豆 Bb Ⅱ、豆 C，瓮 A Ⅲ，圜底罐 A Ⅲ。

第十一类：豆、釜、釜甑、高领罐，鼎组合，共 2 座。

M30　豆 Bc Ⅳ、豆 Ab Ⅳ、豆 C，釜 Ba Ⅱ、釜 Ba Ⅲ、釜 Bb Ⅲ，釜甑Ⅱ，高领罐 A Ⅱ，鼎。

M31　豆 Aa Ⅳ、豆 Ba Ⅳ，釜 Ba Ⅱ，高领罐 A Ⅱ，鼎，盂 A Ⅲ。

基本组合为：豆 Aa Ⅳ、豆 Ab Ⅳ、豆 Ba Ⅳ、豆 Bc Ⅳ、豆 C，釜 Ba Ⅱ、釜 Ba Ⅲ、釜 Bb Ⅲ，釜甑Ⅱ，高领罐 A Ⅱ，鼎（M30、M31）。

第十二类：豆、釜、圜底罐、瓮组合，仅 1 座。

M44　豆 Aa Ⅲ、豆 Bb Ⅳ、豆 Bb Ⅳ，釜 Ba Ⅲ，圜底罐 C Ⅲ，瓮 B。

第十三类：豆、釜、高领罐，2 座。

M64　豆 Ba Ⅲ、豆 Bb Ⅰ、豆 Bb Ⅲ、中柄豆 A Ⅰ、中柄豆 A Ⅱ，釜 B Ⅲ，高领罐 A Ⅴ。

M65　豆 Bb Ⅲ，釜 A Ⅳ、釜 Ba Ⅲ，高领罐 A Ⅳ。

基本组合为一种：豆 Ba Ⅲ、豆 Bb Ⅰ、豆 Bb Ⅲ、中柄豆 A Ⅰ、中柄豆 A Ⅱ，釜 B Ⅲ，高领罐 A Ⅳ、高领罐 A Ⅴ（M64、M65）。

第十四类：豆、高领罐、盂组合，仅 1 座。

M32　豆 Ba Ⅴ，高领罐 A Ⅴ，盂Ⅲ。

第九、十、十二类组合各仅 1 座墓葬，出土器物接近第四类，可能是组合不完整，因此将其合并到第四类。第七、十三类组合出土器物接近与第六组组合，可能组合不完整，因此将其合并到第六类。

全部组合方式如下：

1. 盘口罐，喇叭口罐，釜 A Ⅰ，尖底盏Ⅰ（M33）

2. 豆 Aa Ⅰ、豆 Ab Ⅰ、中柄豆 A Ⅰ、高柄豆，釜 Ba Ⅰ、釜 Bb Ⅰ、釜 Ba Ⅱ、釜 Bb Ⅱ，圜底罐 A Ⅰ、圜底罐 A Ⅱ、圜底罐 Ba Ⅰ、圜底罐 C Ⅰ（M2、M38、M39、M58）

3. 中柄豆 A Ⅱ、豆 Ab Ⅱ、豆 Ab Ⅲ、豆 Ba Ⅱ，釜 Ba Ⅲ、釜 Ba Ⅳ，圜底罐 A Ⅲ、圜底罐 C Ⅲ、圜底罐 C Ⅴ、圜底罐 Ec（M20、M55、M60、M63）

4. 豆 Aa Ⅲ、豆 Ab Ⅲ、豆 Ba Ⅲ、豆 Bb Ⅲ，釜 Ab Ⅲ、釜 Ba Ⅲ，圜底罐 A Ⅲ（M4、M40）

5. 豆 Bb Ⅲ、豆 Bc Ⅲ，圜底罐 C Ⅱ、圜底罐 Ea、圜底罐 Bb Ⅰ（M8）

6. 豆 Ba Ⅱ、豆 Bc Ⅰ、中柄豆 A Ⅳ，圜底罐 A Ⅳ、圜底罐 C Ⅳ（M41、M42、M53）

7. 豆 Bc Ⅰ、豆 Aa Ⅲ、豆 Bc Ⅳ、豆 Bb Ⅲ、豆 Bb Ⅴ、豆 Bb Ⅲ、豆 C，圜底罐 A Ⅳ、圜底罐 C Ⅲ、圜底罐 D Ⅲ、圜底罐 Eb（M24、M51、M48）

8. 中柄豆 A Ⅱ、中柄豆 Aa Ⅰ、中柄豆 Bb Ⅱ、中柄豆 Ab Ⅱ、中柄豆 Bc Ⅱ，釜 Ba Ⅲ，圜底罐 A Ⅲ、圜底罐 C Ⅲ，高领罐 A Ⅰ、高领罐 A Ⅱ，釜甑Ⅰ（M5、M46、M25、M28、M44）

9. 豆 Aa Ⅰ，圜底罐 A Ⅱ、圜底罐 Ba Ⅱ，高领罐 B（M13）

10. 豆 Ab Ⅱ、豆 Ab Ⅲ、豆 C，圜底罐 C Ⅱ、圜底罐 D Ⅳ，高领罐 A Ⅳ（M56、M62）

11. 豆 Ab Ⅱ、豆 Ab Ⅲ、豆 C，釜 A Ⅲ、釜 Ba Ⅳ，圜底罐 C Ⅲ、圜底罐 A Ⅳ，高领罐 B Ⅱ、高领罐 A Ⅴ（M14、M19、M17）

12. 豆 Aa Ⅲ、豆 Ba Ⅲ、高柄豆、中柄豆 A Ⅲ，釜 Ba Ⅲ，圜底罐 C Ⅲ、圜底罐 Bb Ⅱ，

高领罐 B Ⅱ（M50、M59、M64、M65）

13. 豆 Aa Ⅳ、豆 Ab Ⅳ、豆 Ba Ⅳ、豆 Bc Ⅳ、豆 C，釜 Ba Ⅱ、釜 Ba Ⅲ、釜 Bb Ⅲ，釜甑Ⅱ，高领罐 A Ⅱ，鼎（M30、M31）

14. 豆 Ba Ⅴ，高领罐 A Ⅴ，盂Ⅲ（M32）

组合比较完整的典型墓葬的分组完成以后，这样就可以将剩余墓葬中随葬器物比较齐全的归属在这 14 组典型墓葬中，有一些随葬品极少或不太清楚的墓葬则将其舍弃不做分类研究，最终的分组结果见附表二。

上面列出 14 组墓葬组合基本完整，依据器物的逻辑关系和墓葬之间的打破关系进行重新组合。其中第 1 组和第 14 组组合较为特殊，应该单独列出。第 4 组出土的圜底罐和豆与第 2 组非常接近，故将其归入第 2 组。圜底罐、釜、豆在组合中最多，且演变关系明确，我们将以此为中心按照序列重新组合如下。

1. 釜 A Ⅰ，盘口罐，喇叭口罐，尖底盏Ⅰ

2. 豆 Aa Ⅰ、豆 Ab Ⅰ、中柄豆 A Ⅰ、高柄豆，釜 Ba Ⅰ、釜 Bb Ⅰ、釜 Ba Ⅱ、釜 Bb Ⅱ，圜底罐 A Ⅰ、圜底罐 A Ⅱ、圜底罐 Ba Ⅰ、圜底罐 C Ⅰ

3. 豆 Bb Ⅲ、豆 Bc Ⅲ，圜底罐 C Ⅱ、圜底罐 Ea、圜底罐 Bb Ⅰ

4. 豆 Aa Ⅰ，圜底罐 A Ⅱ、圜底罐 Ba Ⅱ，高领罐 B

5. 豆 Ba Ⅱ、豆 Bc Ⅰ、中柄豆 A Ⅳ，圜底罐 A Ⅳ、圜底罐 C Ⅳ

6. 豆 Ab Ⅱ、豆 Ab Ⅲ、豆 Bb Ⅱ，釜 Ba Ⅲ、釜 Ba Ⅳ，圜底罐 A Ⅲ、圜底罐 C Ⅲ、圜底罐 C Ⅴ、圜底罐 Ec

7. 中柄豆 A Ⅱ、中柄豆 Aa Ⅰ、中柄豆 Bb Ⅱ、中柄豆 Ab Ⅱ、中柄豆 Bc Ⅱ，釜 Ba Ⅲ，圜底罐 A Ⅲ、圜底罐 C Ⅲ，高领罐 A Ⅰ、高领罐 A Ⅱ，釜甑Ⅰ

8. 豆 Ba Ⅱ、豆 Bc Ⅰ、中柄豆 A Ⅳ，圜底罐 A Ⅳ、圜底罐 C Ⅳ

9. 豆 Ab Ⅱ、豆 Ab Ⅲ、豆 C，圜底罐 C Ⅱ、圜底罐 D Ⅳ，高领罐 A Ⅳ

10. 豆 Aa Ⅲ、豆 Ba Ⅲ、高柄豆、中柄豆 A Ⅲ，釜 Ba Ⅲ，圜底罐 C Ⅲ、圜底罐 Bb Ⅱ，高领罐 B Ⅱ

11. 豆 Aa Ⅳ、豆 Ab Ⅳ、豆 Ba Ⅳ、豆 Bc Ⅳ、豆 C，釜 Ba Ⅱ、釜 Ba Ⅲ、釜 Bb Ⅲ，釜甑Ⅱ，高领罐 A Ⅱ，鼎

12. 豆 Ab Ⅱ、豆 Ab Ⅲ、豆 C，釜 A Ⅲ、釜 Ba Ⅳ，圜底罐 C Ⅲ、圜底罐 A Ⅳ，高领罐 B Ⅱ、高领罐 A Ⅴ

13. 豆 Ba Ⅴ，高领罐 A Ⅴ，盂Ⅲ

依据器形变化及组合之间的关系，并结合墓葬之间的打破关系。我们将其分为 8 段，其中第 1 组为第 1 段，第 2 组为第 2 段，第 3、4 组为第 3 段，第 5、6、7 组为第 4 段，第 8、9、10 组为第 5 段，第 11 组为第 6 段，第 12 组为第 7 段，第 13 组为第 8 段。这 8 段又可以分为六期，各期段的墓葬如下：

第一期 1 段：M33；

第二期 2 段：M2、M4、M58、M39；

第三期 3 段：M6、M8、M13、M20、M34、M37、M38、M54、M64；

第三期 4 段：M1、M3、M5、M28、M35、M40、M41、M42、M44、M45、M46、M55、M59、M60、M61；

第四期 5 段：M10、M12、M23、M24、M25、M50、M51、M53、M56、M57、M62、M63、M65；

第四期 6 段：M30、M31、M29；

第五期 7 段：M14、M16、M17、M19、M21、M27、M48；

第六期 8 段：M32。

在上述分期的基础上，结合铜器情况，将各期墓葬的主要特征归纳如下：

第一期：仅有 1 座墓葬（M33），陶器组合为喇叭口罐、盘口罐、平底罐、AⅠ型釜、尖底盏、杯、钵等，铜器中均为典型的巴蜀兵器（如戈、剑、钺、矛）、生产工具（如斤、凿、锯、刀、勺、匕）、生活用具（如釜、鍪），还有楚文化（如鼎、敦、甗、缶、罍、匜）和中原文化的青铜礼器（如豆）。其中 AⅠ矛、AⅠ钺、AⅠ剑、Aa 戈、Ab 戈、Ac 戈、BaⅠ戈、AⅠ凿、AⅠ削刀、AⅠ刻刀等为其典型巴蜀文化器物，本段与其他各段差异很大。

第二期：4 座墓葬，陶器基本组合为豆、釜、圜底罐组合，本阶段尖底盏继续流行，但是盘较浅，新出现豆和 B 型圜底罐，其中 B 型圜底罐依旧保持了川东峡江地区的商周以来的花边口特征。铜器的组合方式主要以巴蜀文化的矛、剑、钺、刻刀、削刀、凿为主，还有少量的中原文化（如壶）和楚文化（如敦）的器物。其中长骹矛承继第一段的风格，同时新出现 B 形矛，剑与第一段基本相似，弯凿的弧度比第一段要小，B 型钺开始出现。

第三期：24 座墓葬，陶器基本组合为豆、釜、圜底罐、釜甑、瓮组合，本期可分为前、后两段，前段共 8 座墓葬，陶器主要组合为豆、圜底罐，继承第二段的特征，流行 B 型圜底罐，铜器组合中以矛、剑、钺、刻刀、削刀为主。后段共 16 座墓葬，陶器组合为豆、釜、圜底罐、釜甑。釜甑在本期开始出现，铜器中的兵器（矛、剑、钺）和生产工具（削刀、刻刀、锯、凿等）继续流行，生活用具的鍪开始流行。

第四期：16 座墓葬。本期可分为两段，前段 13 座，陶器基本组合为豆、圜底罐、瓮组合，铜器中釜甑、铜鍪、印章开始流行。晚段 3 座，陶器基本组合为豆、釜、釜甑、鼎组合，圜底罐基本消失，新出现鼎，铜器中兵器组合依旧为矛、剑、钺，但生产工具则大量减少，仅残存部分削刀和凿。

第五期：7 座墓葬。陶器的基本组合为豆、釜、圜底罐、壶、盉组合。铜器数量减少，兵器中的矛、剑、钺组合基本消失，残存单矛或单剑或单钺，铜装饰品有所增加，铁器开始出现。

第六期：1 座墓葬。陶器基本组合为瓮、平底罐。圜底器消失，大量流行平底器。铁器大量流行。如铜柄铁剑，铜柄铁刀、铁斧等。

（二）年代

第一期墓葬的随葬品主要有喇叭口罐、盘口罐、平底罐、尖底盏等。尖底盏腹部较浅，属于尖底盏的中晚期类型，与成都中医学院[1]、成都无机校[2]、成都三洞桥青羊小区[3]、大邑五龙4号墓[4]、什邡城关Ⅰ式[5]等战国早中期墓葬出土的尖底盏形制相似；陶釜与成都中医学院[6]、大邑五龙4号墓[7]、什邡城关C型陶釜[8]相似，但更接近成都指挥街春秋时期的Ⅱ式陶釜[9]；喇叭口罐与成都指挥街C型平底罐[10]出土的相似，但前者侈口更明显，后者盘口更明显，故前者应晚于后者，其更接近与成都新一村第⑥层[11]出土的喇叭口罐。钵亦与成都指挥街出土的平底钵Ⅱ、Ⅲ式较为接近，但前者圜底钵较多，后者平底钵较多，前者亦应晚于后者。

铜器组合的方式主要包括铜兵器、生产工具、生活用具和礼器。铜兵器中的矛、剑、戈、钺，铜生产工具中的凿、斤、锯、削刀、刻刀，生活用具中的鍪、釜等均与成都平原战国早期的墓葬相似。铜礼器主要是楚文化的因素，其年代主要集中的春秋晚期至战国早期。如铜簠与河南淅川徐家岭一号楚墓[12]（M1：8）、淅川下寺10号墓[13]（M10：44）出土的铜簠相似，同时该器物还见于成都文庙西街战国墓葬[14]、春秋晚期安徽寿县蔡侯墓[15]、战国早期的湖北随县曾侯乙墓[16]，特别是与安徽寿县蔡侯墓和湖北随县曾侯乙墓出土的极为相似；铜缶与春秋晚期安徽寿县蔡侯墓[17]、湖北麻城市李家湾春秋晚期楚墓[18]出土的同类器物相似；甗也与曾侯乙墓[19]出土的甗相似；罍与曾侯乙墓[20]（报告呈盥缶）、新都马家墓[21]、安徽寿县蔡侯墓[22]出土的相似；鼎与淅川下寺丙组M10[23]、湖北郧县肖家河春秋楚墓[24]、湖北麻城李家湾春秋楚墓出土的Ⅰ式鼎[25]较为接近；鍪、釜、勺、匕、器座等与成都文庙

［1］成都市博物馆考古队：《成都中医学院战国土坑墓》，《文物》1992年第1期。

［2］四川省文物管理委员会：《成都战国土坑墓发掘简报》，《文物》1982年第1期。

［3］成都市文物管理处：《成都三洞桥青羊小区战国墓》，《文物》1982年第1期。

［4］四川省文物管理委员会、大邑县文化馆：《四川大邑五龙战国巴蜀墓葬》，《文物》1985年第5期。

［5］四川省文物考古研究院、德阳市文物考古研究所、什邡市博物馆：《什邡城关战国秦汉墓地》，文物出版社，2006年。

［6］成都市博物馆考古队：《成都中医学院战国土坑墓》，《文物》1992年第1期。

［7］四川省文物管理委员会、大邑县文化馆：《四川大邑五龙战国巴蜀墓葬》，《文物》1985年第5期。

［8］四川省文物考古研究院、德阳市文物考古研究所、什邡市博物馆：《什邡城关战国秦汉墓地》，文物出版社，2006年。

［9］四川大学博物馆、成都市博物馆：《成都指挥街周代遗址发掘报告》，《南方民族考古》第1辑。

［10］四川大学博物馆、成都市博物馆：《成都指挥街周代遗址发掘报告》，《南方民族考古》第1辑。

［11］成都文物考古所：《成都十二桥遗址新一村发掘简报》，《成都考古发现（2002）》，科学出版社，2004年。

［12］河南省文物考古研究所、南阳市文物考古研究所、淅川县博物馆：《河南淅川徐家岭一号楚墓发掘简报》，《文物》2004年第3期。

［13］河南省文物考古研究所、河南省丹江库区考古发掘队、淅川县博物馆：《淅川下寺春秋楚墓》，文物出版社，1991年。

［14］成都文物考古研究所：《成都西街文庙街战国墓》，《成都考古发现（2003）》，科学出版社，2005年。

［15］安徽省文物管理委员会、安徽省博物馆：《寿县蔡侯墓出土遗物》，科学出版社，1956年。

［16］湖北省博物馆：《曾侯乙墓》，文物出版社，1989年。

［17］安徽省文物管理委员会、安徽省博物馆：《寿县蔡侯墓出土遗物》，科学出版社，1956年。

［18］湖北省文物考古研究所：《湖北麻城市李家湾春秋楚墓》，《考古》2000年第5期。

［19］湖北省博物馆：《曾侯乙墓》，文物出版社，1989年。

［20］湖北省博物馆：《曾侯乙墓》，文物出版社，1989年。

［21］四川省博物馆等：《四川新都战国木椁墓》，《文物》1981年第6期。

［22］安徽省文物管理委员会、安徽省博物馆：《寿县蔡侯墓出土遗物》，科学出版社，1956年。

［23］河南省文物考古研究所、河南省丹江库区考古发掘队、淅川县博物馆：《淅川下寺春秋楚墓》，文物出版社，1991年。

［24］郧阳地区博物馆：《湖北勋县肖家河春秋楚墓》，《考古》1998年第4期。

［25］湖北省文物考古研究所：《湖北麻城市李家湾春秋楚墓》，《考古》2000年第5期。

西街战国早期墓葬 M1[1]出土的同类器物相似。综合来看，罗家坝墓葬第 1 期的年代当在春秋晚期至战国早期。

第二期：陶器的基本组合为豆、釜、圜底罐。本期中的 C 型圜底罐与万州大坪墓地[2]、云阳李家坝墓地[3]出土的花边口沿罐相似。A I 豆与什邡城关 A I[4]、大邑五龙Ⅲ豆（原报告定名为"器盖"）[5]相似。铜器的组合方式主要是矛、剑、钺、刻刀、削刀、凿，部分墓葬出土敦和壶。其中Ⅱ刻刀与什邡城关 I 刻刀相似；A I 矛、B Ⅱ矛、A Ⅱ剑与成都三洞桥青羊小区出土的矛相似；B I 削刀与什邡 A 型削刀相似。综上所述，我们将第二期的年代定在战国早期。

第三期：陶器的基本组合为豆、釜、圜底罐、釜甑、瓮。本期中 B Ⅲ圜底罐、B Ⅳ圜底罐，与巴县冬笋坝 M8 : 4[6]、浦江船棺葬[7]出土的束颈罐及什邡城关 M2 出土的 B 型圜底罐相似；A Ⅲ式瓮、C 瓮与大邑五龙 M3 出土的 I 式圜底罐和大口瓮相似；本期出土的陶釜甑器胎较厚、器形瘦长，与什邡城关出土的 Ab I 釜甑差距很大，其年代应远早于什邡船棺。圜底罐中的 C Ⅱ、C Ⅲ和 B Ⅲ、B Ⅳ在峡江地区战国中期广泛流行，特别是云阳李家坝[8]、万州大坪[9]发现数量较多。M19 出土的壶与云阳李家坝 97M17 : 3 相似。综上所述，我们将第三期的年代定在战国中期。

第四期：陶器的基本组合为豆、釜、圜底罐、瓮。Ba Ⅱ釜、Ba Ⅲ釜和 Ba Ⅳ式釜与荥经同心村战国晚期出土的Ⅲ式釜、成都西郊金鱼村Ⅱ型 2 式釜、昭化宝轮院和巴县冬笋坝一期墓葬出土的陶釜相似；B Ⅴ式圜底罐与犍为金井战国墓出土的 I 釜、成都西郊金鱼村Ⅱ型 1 式釜相似；M3 出土的 A 型器盖与荥经同心村战国晚期出土的Ⅲ式器盖相似，特别是纹饰及其组合方式极其相似；A Ⅳ式瓮与广元昭化宝轮院战国晚期 I 式圜底罐相似；C 型瓮与大邑五龙 I 式瓮[10]（M18 : 5）相近，但侈口更明显，鼓腹更甚，应早于大邑五龙 M18。出土的Ⅱ铜釜甑与涪陵小田溪墓葬出土的铜釜甑相似；B Ⅴ式剑与什邡城关 A Ⅴ剑相似，这种剑形制基本上为巴蜀柳叶剑式，但其已明显的受中原式剑的影响。同时本期流行随葬印章，出土的印章与荥经同心村墓地出土的印章相似。综上所述，将第四期的年代定在战

――――――――――

[1] 成都文物考古研究所：《成都西街文庙街战国墓》，《成都考古发现（2003）》，科学出版社，2005 年。

[2] 重庆市文物局等：《万州大坪墓地》，科学出版社，2006 年。

[3] 四川大学历史文化学院考古学系等：《云阳李家坝东周墓地发掘报告》，《重庆库区考古报告集（1997 卷）》，科学出版社，2001 年；
四川大学历史文化学院考古学系等：《云阳李家坝巴人墓地发掘报告》，《重庆库区考古报告集（1998 卷）》，科学出版社，2003 年；
四川大学历史文化学院考古学系等：《云阳李家坝巴人墓地 1999 年度发掘报告》，《南方民族考古》第 7 辑，科学出版社，2011 年。

[4] 四川省文物考古研究院、德阳市文物考古研究所、什邡市博物馆：《什邡城关战国秦汉墓地》，文物出版社，2006 年。

[5] 四川省文物管理委员会、大邑县文化馆：《四川大邑五龙战国巴蜀墓葬》，《文物》1985 年第 5 期。

[6] 四川省博物馆：《四川船棺葬发掘报告》，文物出版社，1960 年。

[7] 四川省文物管理委员会等：《浦江县战国土坑墓》，《文物》1985 年第 5 期。

[8] 四川大学历史文化学院考古学系等：《云阳李家坝东周墓地发掘报告》，《重庆库区考古报告集（1997 卷）》，科学出版社，2001 年；
四川大学历史文化学院考古学系等：《云阳李家坝巴人墓地发掘报告》，《重庆库区考古报告集（1998 卷）》，科学出版社，2003 年；
四川大学历史文化学院考古学系等：《云阳李家坝巴人墓地 1999 年度发掘报告》，《南方民族考古》第 7 辑，科学出版社，2011 年。

[9] 重庆市文物局等：《万州大坪墓地》，科学出版社，2006 年。

[10] 四川省文管会等：《四川大邑县五龙乡土坑墓清理简报》，《考古》1987 年第 7 期。

国晚期。

第五期：陶器的基本组合为豆、釜、瓮、釜甑、鼎。其中 M31 和 M30 出土的鼎与犍为县金井出土的釜型鼎[1]相似，但比犍为金井的鼎更矮，年代应该更晚；Ⅱ釜甑与什邡城关Ab Ⅰ式釜甑相似；Bb Ⅴ豆与什邡 A Ⅴ式陶豆相似。铜器的基本组合已不完整，除少量的墓葬外，其余墓葬仅存钺和削刀。Aa Ⅳ钺刃部基本呈圆形，与什邡城关 Aa Ⅴ式、涪陵小田溪M1：46 相似；B Ⅳ式钺与涪陵小田溪 M3：53 相似。这两种钺在广元昭化宝轮院和巴县冬笋坝[2]战国末期至汉初极其流行。铜容器中的Ⅲ铜釜甑，下有三矮足，与涪陵小田溪、涪陵黄溪等出土的战国末期至西汉初的釜甑相似。综上所述，将本期的年代定为战国末期至西汉早期。

第六期：仅 M32 一座墓葬，随葬品与其他期差距较大，主要表现在圜底器基本消失，平底器大量增多，同时铁器出土较多，其中出土的平底器与成都平原西汉中期出土的器物接近，因此将 M32 的年代定在西汉中期。

依据陶器所分墓葬的六期，结合铜器组合的变化，我们大致可以得出陶器组合的演变规律，即喇叭口罐、盘口罐、平底罐、尖底盏的组合应该最早，其次为豆、釜、圜底罐组合，该组合早于豆、釜、圜底罐、釜甑、瓮组合，其后有出现豆、釜、圜底罐、瓮组合。后两种组合表现出很强的力量，所占组合墓葬最多，可能延续时间较长。最后的组合中圜底器基本不见，铁器流行，与原有的巴文化因素差异很大，表明巴蜀文化因素消失，汉文化圈已经形成。

第四节　墓葬族属与文化背景

依据前文讨论的分期结果，结合历史史实，我们对罗家坝墓地的族属和文化背景的讨论有了一定的基础。罗家坝墓地前后六期，并不完全一脉相承，第一期和第六期与其他四期之间存在着明显的缺环。

春秋战国至西汉中期，本区域主要居住着"巴人"，那么，很容易想到这些墓葬是否就有可能是"巴"人的墓葬？同时，巴国范围内民族众多，又是属于哪一个民族？

要弄清罗家坝墓地的族属问题，就要弄清楚罗家坝遗址古代所处的位置，罗家坝遗址处于州河的支流中河和后河的交汇处，而州河是渠江的一条支流，渠江又是嘉陵江的一条支流。

嘉陵江流域在秦汉时期称为"渝水"，这在文献记载中较多。《文选·蜀都赋》注引《风俗通》曰："阆中有渝水，賨人左右居，锐气善舞，高祖乐其猛锐，数观其舞，后令乐府习之。"[3]《艺文类聚》43 乐部舞类引谯周《三巴记》曰："阆中有渝水，賨人锐气喜舞，高祖乐其猛锐，

---

[1]四川省文物管理委员会：《四川犍为金井乡巴蜀土坑墓清理简报》，《文物》1990 年第 5 期。
[2]四川省博物馆：《四川船棺葬发掘报告》，文物出版社，1960 年。
[3]【南朝梁】萧统编，【唐】李善注：《文选·蜀都赋》，第 180 页，上海古籍出版社，1986 年。

数观其舞，使乐人习之，故名巴渝舞。”[1]《后汉书》卷86《南蛮西南夷列传·板楯蛮夷》：“世号板楯蛮夷，阆中有渝水，其人多居水左右。”[2]《通典》卷187《边防三·板楯蛮》：“巴人呼赋为賨，谓之賨人焉。代号为板楯蛮夷。阆中有渝水，其人多居水左右。”[3]

阆中渝水，即今嘉陵江，古代渠江亦称渝水。郦道元《水经注》卷29《潜水》“潜水出巴郡宕渠县”注：“县以延熙中分巴郡立宕渠郡，盖古賨国也，今有賨城，县有渝水，夹水上下，皆賨民所居”[4]。《太平寰宇记》卷138《山南西道·渠州》载“宕渠水，一名渝水，在县东二里。”[5]宕渠即今之渠县，宕渠水即今之渠江，这也说明渠江亦称渝水。从上述的文献记载来看，嘉陵江和渠江是秦汉时期賨人的聚居地。这也说明罗家坝遗址在春秋战国至汉代应属于“賨”人。

賨是春秋战国至汉代巴国的一个重要的民族。《华阳国志·巴志》：“其属有濮、賨、苴、共、奴、獽、夷、蜒之蛮。”[6]也就是说罗家坝遗址所代表的文化应属于巴文化。巴文化起源于商周时期的鄂西峡江地区，西周至春秋时期，巴楚交流十分密切，时敌时友。《左传·桓公九年》“巴子使韩服告于楚，请与邓为好”[7]；《左传·庄公十八年》“及（楚）文王即位，与巴人伐申。而惊其师，巴人叛楚而伐那处，取之，遂门于楚。阎敖游涌而逸，楚子杀之。其族为乱。冬，巴人因之以伐楚”[8]；《左传·文公十六年》“秦人、巴人从楚师，群蛮从楚子盟，遂灭庸”[9]；《左传·哀公十八年》“巴人伐楚，围鄾”[10]。在楚的压力和打击下，巴人可能被迫沿着大巴山向川陕边界以南扩散，并在春秋晚期至战国早期逐渐发展到今天的川东、渝东地区，在长江沿线重新建立起政治组织。罗家坝遗址M33的年代约在春秋晚期至战国早期，其文化因素较为复杂，除大量的巴蜀文化的因素外（如兵器、生产工具、生活用具），还有大量的楚式礼器（如鼎、敦、缶、簠、甗、罍），这是巴人受楚压迫打击而向川东、渝东地区迁徙的一个最好证明。同时从墓葬规模和随葬品来看，其可能是巴国王侯一级的人物。

到了战国时期，巴国的政治中心已经转移到今重庆地区，势力范围遍布四川盆地的东部和周边地区。《华阳国志·巴志》中记载巴的地域为“其地至鱼复，西至僰道，北接汉中，南极黔涪”[11]。“鱼复”即今之重庆奉节，“僰道”即今之宜宾，“汉中”即今陕南汉中盆地，“黔涪”即今彭水、酉阳一带。这一时期巴依旧与东面的楚时战时和。《华阳国志·巴志》

[1]【唐】欧阳询，汪绍楹较：《艺文类聚》，第768页，上海古籍出版社，1965年。
[2]【南朝宋】范晔撰，【唐】李贤等注：《后汉书》，第2842页，中华书局，1965年。
[3]【唐】杜佑撰，王文锦等点校：《通典》，第5045页，中华书局，1988年。
[4]【北魏】郦道元著，陈桥驿校证：《水经注校证》，第688页，中华书局，2007年。
[5]【宋】乐史撰，王文楚等点校：《太平寰宇记》，第2694页，中华书局，2007年。
[6]【晋】常璩著，刘琳校注：《华阳国志校注》，第8页，成都时代出版社，2007年。
[7]杨伯峻编著：《春秋左传注》，第124页，中华书局，1981年。
[8]杨伯峻编著：《春秋左传注》，第209页，中华书局，1981年。
[9]杨伯峻编著：《春秋左传注》，第619页，中华书局，1981年。
[10]杨伯峻编著：《春秋左传注》，第1713页，中华书局，1981年。
[11]【晋】常璩著，刘琳校注：《华阳国志校注》，第6页，成都时代出版社，2007年。

"巴楚数相攻伐"[1]，并被迫不断迁都；《战国策·燕册》"枳为楚得，巴自江州（今重庆）迁避垫江（今合川）"[2]；《益部耆旧传》"巴为楚所逼，迁居阆中"[3]；《华阳国志·巴志》"虽都江州，或治垫江，或治平都，后治阆中"[4]。同时国内亦发生了重大叛乱，《华阳国志·巴志》"巴国有乱"[5]。罗家坝东周墓地第二期 M2 出土的楚文化的敦就是巴楚交流的体现，同时这一时期巴文化的本土的因素得以持续发展，以花边口沿圜底罐为代表的商周以来的巴文化因素在第二期得以继承和发展。

战国中晚期，巴蜀战争变得频繁，《华阳国志·巴志》载有"巴蜀世战争"[6]。战争直接导致了巴蜀的灭亡，《华阳国志·巴志》："周慎王五年（公元前 316 年），蜀王伐苴侯，苴侯奔巴，巴为求救与秦，秦惠王遣司马错伐蜀，灭之，并取苴及巴，执王以归。"[7]国家的灭亡与文化的消亡并不同步，往往后者会有一个逐渐的衰落期。表现在罗家坝墓地的第三、四期上，这两期在第二期的基础之上有所发展，如圜底器和豆的大量流行，青铜兵器、生产工具亦在前期的基础之上有所发展。墓葬形制上土坑墓继续流行，同时还有少量的木棺墓、船棺墓，说明墓地内族属复杂，与这一时期巴与楚、蜀交流频繁有关。

秦灭巴蜀以后至汉初，秦对巴、蜀采取不同的统治方式，对蜀采取郡县制的管理方式，对巴则采取了大姓统治的方式。《后汉书·南蛮西南夷列传》："及秦惠王并巴中，以巴氏为蛮夷君长，世赏秦女，其民爵比不更，有罪得以爵除。其君长出赋二千一十六钱，三岁出义赋千八百钱。其民户出幏布八丈二尺，鸡羽三十镞。汉兴，南郡太守靳强请一依秦时故事。"[8]《华阳国志·巴志》："汉高帝灭秦，为汉王，王巴、蜀，阆中人范目有恩信方略，知帝必定天下，说帝，为募发賨民，要与共定秦。……徙封阆中慈乡侯。目固辞，乃封渡沔侯，故世谓'三秦亡，范三侯'也，复除民罗、朴、昝、鄂、度、夕、龚七姓不供租赋。"[9]上述文字，清楚地表明秦灭巴蜀以后至汉初，对巴国采取大姓统治的方式，即保留其酋豪地位。罗家坝遗址第五期与三、四期关系紧密，陶器中圜底器和豆依旧流行，但成套兵器极少出现，文化上并未发生质的变化，这与秦至汉初对巴国采取的统治方式有关。

西汉中期以后，全国范围内的汉文化圈已经形成，川东、四川盆地和重庆地区均逐渐融入其中，巴文化传统的器物消失无踪，罗家坝遗址 M32 出土器物中已无圜底器，平底器大量流行，同时铁器代替了铜器，川东地区至此已完成了汉化过程。

[1]【晋】常璩著，刘琳校注：《华阳国志校注》，第 24 页，成都时代出版社，2007 年。
[2]董其祥：《巴史新考》，重庆出版社，1983 年。
[3]董其祥：《巴史新考》，重庆出版社，1983 年。
[4]【晋】常璩著，刘琳校注：《华阳国志校注》，第 24 页，成都时代出版社，2007 年。
[5]【晋】常璩著，刘琳校注：《华阳国志校注》，第 9 页，成都时代出版社，2007 年。
[6]【晋】常璩著，刘琳校注：《华阳国志校注》，第 10 页，成都时代出版社，2007 年。
[7]【晋】常璩著，刘琳校注：《华阳国志校注》，第 10 页，成都时代出版社，2007 年。
[8]【南朝宋】范晔撰，【唐】李贤等注：《后汉书》，第 2842 页，中华书局，1965 年。
[9]【晋】常璩著，刘琳校注：《华阳国志校注》，第 12 页，成都时代出版社，2007 年。

第五节　与周边文化之间的关系

　　晚期巴文化主要集中在重庆、四川、湖北、陕西、河南等地，其中以重庆和四川最有代表性（图三一二），是巴文化研究的核心区域。从 20 世纪 70 年代始，一直到最近两年，在峡江地区发现了大量遗址和墓葬，其中主要发现的墓地有涪陵小田溪、涪陵镇安、云阳李家坝、忠县崖脚、万州中坝子、万州大坪、开县余家坝等。成都平原及其以西地区亦发现了大量的战国晚期至西汉中期的墓葬，主要包括商业街船棺葬、新都马家、成都西郊、什邡城关、石棉永和、犍为金井、峨眉符溪等。下面从三峡和成都平原两地探讨其与罗家

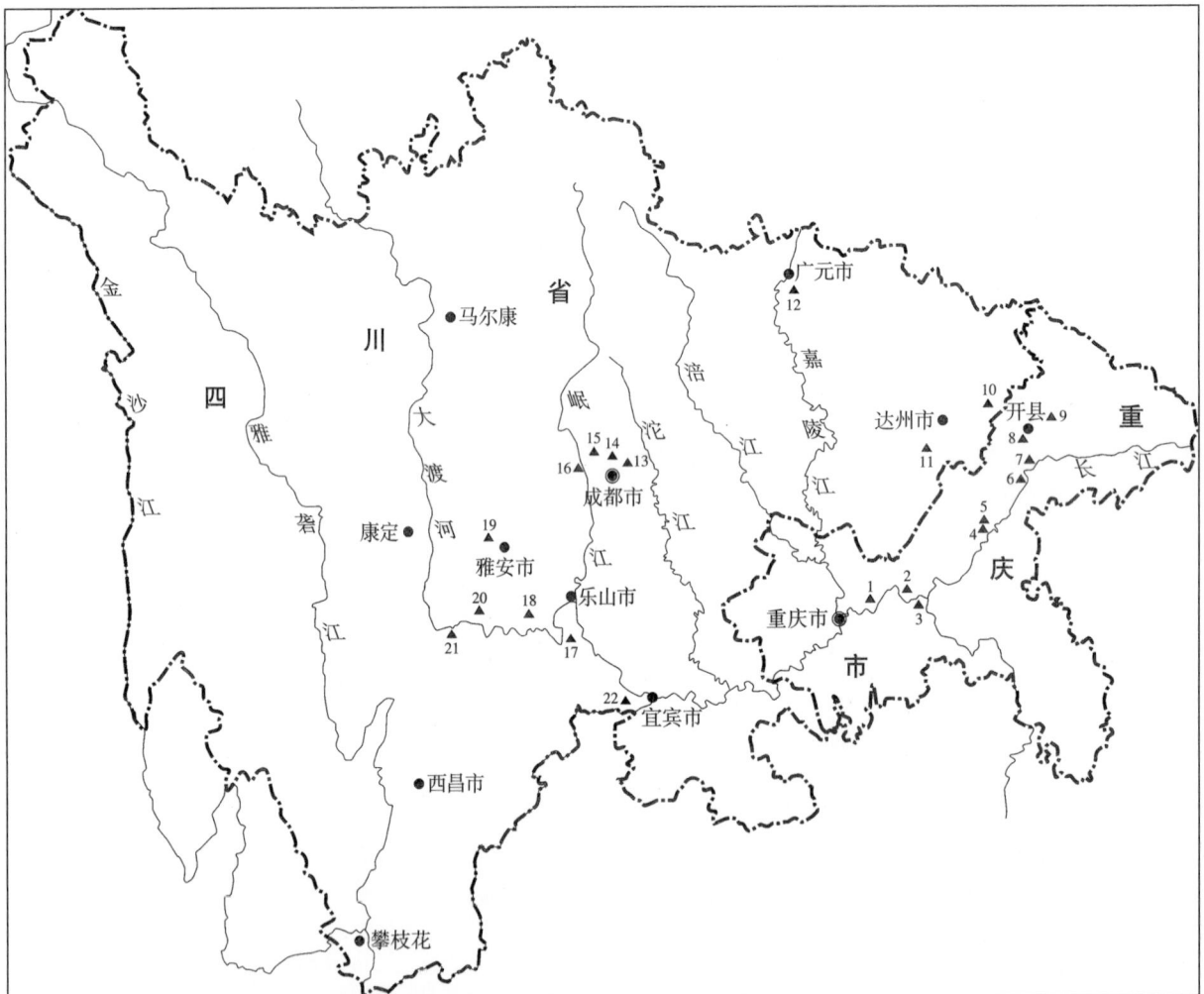

图三一二　川渝地区巴蜀墓葬分布图

1. 巴县冬笋坝　2. 涪陵镇安　3. 涪陵小田溪　4. 忠县崖脚　5. 忠县中坝　6. 万州大坪　7. 万州中坝子　8. 开县余家坝　9. 云阳李家坝　10. 宣汉罗家坝　11. 渠县城坝　12. 广元昭化宝轮院　13. 成都战国墓群（青羊小区、抚琴小区、商业街、百花潭中学、京川饭店等）　14. 新都马家大墓　15. 什邡城关　16. 大邑五龙　17. 犍为金井　18. 峨眉符溪　19. 芦山清仁　20. 荥经战国墓群（烈太、南罗坝、同心村、曾家沟）　21. 石棉永和　22. 屏山叫花岩

坝墓地的关系。

（一）三峡地区

三峡地区目前发现的战国至西汉初的墓地主要包括云阳李家坝、开县余家坝、涪陵镇安、涪陵小田溪、万州大坪、忠县崖脚、万州中坝子等。而与罗家坝墓地关系较为密切的主要包括云阳李家坝、涪陵小田溪、万州中坝子、万州大坪墓地。

1. 云阳李家坝墓地

主要分布在长江支流澎溪河东岸的台地边缘，1992 年至 2001 年，共清理东周时期的巴人墓葬 95 座[1]。墓地临近河台地边缘已被冲毁，推测原来的墓葬数量更多。墓葬多南北向，稍偏东南或西南，正南北向较少，分布密集，叠压打破关系较多。墓葬形制均为长方形竖穴土坑墓，长约 2~4、宽约 1~3 米。根据墓坑的规模可大体分为大、中、小三型；根据葬具的种类和有无，又可相应地分为有棺有椁、单椁、单棺、无葬具四类，其中前三者普遍有葬具外涂沫青膏泥和二层台的现象，但二层台一般并非四侧都有。葬式一般为单人仰身直肢葬（亦有少量的合葬墓）。除部分小型墓葬之外均有随葬品，器物组合为以陶罐、陶豆和铜鍪为主要的容器，配以剑、钺、矛为主的兵器。陶罐多圜底罐和高领罐，有少量的鬲、甗等，兵器为典型的巴蜀式。容器一般置于墓主人的头端。兵器中的戈、矛等均置于墓主人头部右侧，而剑、钺、箭镞均放置于腰部。有葬具的墓葬一般将随葬品置于葬具内，也有少量的墓葬将铜兵器置于葬具内，其他器物置于葬具外。棺椁墓则是将铜器置于棺内，将陶器置于棺椁之间。部分大中型墓葬有人殉人牲的现象，多是被肢解后与一般的随葬品一起置于墓主人的足端或小腿之间。这批墓葬的年代范围在春秋战国之交至西汉早期。作为同处于"賨"族的分布区域，罗家坝墓地的人殉现象与李家坝遗址较为接近，同时李家坝遗址出土的圜底罐、豆和青铜器与罗家坝墓地出土的同类器物接近，说明两者具有相同的文化因子。但李家坝墓地出土器物中楚文化因素更为明显，而罗家坝墓地则表现更纯。

2. 涪陵小田溪

位于乌江西岸的一级台地上。1972~1993 年在此地共清理发掘战国晚期巴人墓葬 9 座[2]，2002 年在该地又清理了一批墓葬[3]。墓葬形制均为长方形竖穴土坑墓，长度一般在 3 米左右，宽度一般在 1~2 米，但最大的 M1 长约 6、宽约 4.2 米。葬具可分为一棺一椁、单棺、无葬具三种，人骨保存不好，葬式不清。仅 M5 有二层台。随葬品较多，以铜器为大宗，陶器较少。铜器可分为兵器、生活用具、生产工具和乐器。兵器主要有剑、钺、矛、戈、弩机、胄顶、戟、箭镞等；生活用具主要有鍪、釜、盆、壶、甑、甗、勺、豆、罍、灯台、镜、

［1］四川大学历史文化学院考古学系等：《云阳李家坝东周墓地发掘报告》，《重庆库区考古报告集（1997 卷）》，科学出版社，2001 年；
　　四川大学历史文化学院考古学系等：《云阳李家坝巴人墓地发掘报告》，《重庆库区考古报告集（1998 卷）》，科学出版社，2003 年；
　　四川大学历史文化学院考古学系等：《云阳李家坝巴人墓地 1999 年度发掘报告》，《南方民族考古》第 7 辑，科学出版社，2011 年。
［2］四川省博物馆等：《四川涪陵地区小田溪战国土坑墓清理简报》，《文物》1974 年第 5 期；四川省文管会等：《四川涪陵小田溪四座战国墓》，《考古》1985 年第 1 期；四川省文物考古研究所：《四川涪陵小田溪 9 号墓发掘简报》，《四川考古报告集》，文物出版社，1998 年。
［3］重庆市考古研究所等：《涪陵小田溪墓群发掘简报》，《重庆库区考古报告集（2002 卷）》，科学出版社，2010 年。

盘等；生产工具主要有削、斤、凿等，乐器主要有编钟、錞于、钲等；还有为数不少的镦、镈、铺首等器物饰件和少量的玉器、漆器等。这些随葬品散置于墓室中部及一端，装饰品置于头端，容器和陶器置于脚端，剑、钺等兵器置于墓主人身上。所出土的随葬品等级较高，使这批墓葬无论是器物的种类、数量和精美程度都是其他地区的巴人墓葬无法比拟的。特别是出土的一套编钟，推测墓主人的身份非一般，许多学者都认为这印证了文献上关于巴的"先王陵墓多在枳"的记载。小田溪墓地的年代主要集中在战国晚期至秦汉之际，作为战国时期巴国的先王陵墓所在地，其所出土的器物具有典型的巴文化特征。罗家坝遗址战国晚期出土的器物与涪陵小田溪出土的器物极为相似，特别是圜底罐、豆、铜釜、铜釜甑等基本相似，似乎表明战国晚期巴国范围内的文化趋于统一。

　　3. 万州中坝子墓地

　　位于长江北岸的一级台地上，仅过三次发掘，共发现东周时期的墓葬 20 余座，墓葬多残破[1]。墓葬形制均为长方形竖穴土坑墓，且墓坑平面呈狭长方形。葬具多腐朽，部分可见棺椁痕迹，有少量的墓葬使用二层台和枕木。葬式多二次葬，其次是仰身直肢葬和侧身屈肢葬，晚期有屈肢较甚的葬式，可能是受秦文化的影响。有空墓数座，可能系迁葬坑。随葬品数量较少，以陶器为主，多罐、豆组合，且豆多成套出现，二、六、八不等。个别墓葬中单独随葬剑、矛、戈等铜兵器，还有少量的铜铃、环等。兵器一般放置在腰间；矛、戈和陶器一起多置于墓主人的头侧；也有一套豆分别置于墓主人的头端、胸部和脚端，有壁龛的置于壁龛中，有二层台的置于二层台上。墓地的葬式多二次葬，侧身屈肢葬的所占比例较少，还有屈肢较甚者，所以大多数墓葬的年代当在秦举巴蜀之后。关于年代，发掘报告中将年代范围定在春秋战国之际至汉代。可分为三段，第一段为战国早期，第二段战国中晚期，第三段战国末期至汉初。对于这一分期，我们认为有很多值得商榷的地方。发掘报告认为第一段 M17、M18、M23、M29 中出土的众多陶豆与四川什邡城关 M22 出土的 AⅠ、M10 所出土的 AⅡ式陶豆极为相似，圜底罐与 AⅡ、AⅢ式极为相似，M29 出土的铜戈与什邡城关 M10 出土的 Va 式戈相似。AⅠ、AⅡ陶豆在一期出现，在二期开始大量流行。Va 式戈在二期开始出现，在三期开始流行。同时本期中的大部分器物具有战国中期的特点，故我们认为应在战国中期。整个墓地的年代在战国中期至汉初。万州中坝子出土的陶豆上均可见刻划的符号，这种情况在罗家坝墓地中亦可见。同时两地在战国中期以后出土的器物较为相似，特别是大量陶豆在两地均大量出土，说明两地的居民联系较为紧密。

　　4. 万州大坪墓地

　　位于瀼溪河和长江交汇的一处条形一级台地上。2001~2004 年，共清理发掘东周墓葬 67 座[2]。墓葬排列无序，墓向不统一。墓葬形制均为长方形竖穴土坑墓，极个别的墓葬发

［1］西北大学考古队：《万州中坝子遗址第三次发掘简报》，《重庆库区考古报告集（1999 卷）》，科学出版社，2006 年。

［2］重庆市文物局等：《万州大坪墓地》，科学出版社，2006 年。

现有二层台或壁龛，少数墓葬有葬具，为一棺一椁或单棺，绝大多数墓葬无葬具。葬式以仰身直肢为主，还有少量的侧身屈肢和二次葬。随葬器物组合主要是罐、壶、豆等，大多放置在脚端，也有置于脚端和头端的。腰部一般置于剑、矛、钺等兵器。个别墓葬将印章、兵器、玉器等器物混放于一端。年代主要集中在战国早期至西汉初。万州大坪墓地与云阳李家坝墓地较为接近，亦与罗家坝墓地接近，如均出土花边口圜底罐、豆、釜等典型的巴文化器物。

除上述所提之外，在巫山秀峰[1]、水田湾[2]、瓦岗槽墓地[3]、忠县崖脚[4]、开县余家坝[5]等遗址都发现有战国时期的巴人墓葬。

总的来看，三峡地区的巴文化墓葬主要集中在万州、云阳和涪陵地区，其年代主要集中在战国早期至汉初，这也说明从战国早期开始，巴文化已经深入到川东地区，但是以云阳李家坝和万州大坪墓地为代表的渝东地区战国早期的巴文化墓葬与楚文化较为密切，而罗家坝遗址则保持了较纯的巴文化因素。到了战国中期，三峡地区和川东地区巴文化发展迅猛，墓地的范围有所扩大。秦灭巴蜀以后，川东和峡江地区巴文化持续发展，并形成了不同了文化中心，川东地区以渠县城坝、阆中彭城坝为核心，峡江地区以涪陵、垫江核心的聚居区，这与秦对巴国的统治方式的变化有着直接的关系。

（二）成都平原地区

成都平原地区的晚期巴蜀墓葬发现较多，共20余处，主要包括百花潭中学[6]、新都马家大墓[7]、什邡城关[8]、无线电机械工业学校[9]、枣子巷[10]、浦江东北公社[11]、大邑五龙[12]、金牛区[13]、中医学院[14]、罗家碾[15]、京川饭店[16]、三洞桥青羊小区[17]、绵竹

[1] 河南省文物考古研究所等：《巫山秀峰一中战国两汉墓地发掘报告》，《重庆库区考古报告集（2000卷）》，科学出版社，2007年。
[2] 武汉市文物考古研究所等：《重庆巫山水田湾东周、两汉墓地发掘简报》，《文物》2005年第9期。
[3] 南京博物院考古研究所等：《巫山瓦岗槽墓地发掘报告》，《重庆库区考古报告集（1998卷）》，科学出版社，2003年；武汉市文物考古研究所等：《巫山瓦岗槽墓地2001年度考古发掘报告》，《重庆库区考古报告集（2001卷）》，科学出版社，2008年。
[4] 北京大学考古文博学院三峡考古队等：《忠县崖脚（半边街）墓地发掘报告》，《重庆库区考古报告集（2001卷）》，科学出版社，2008年。
[5] 山东大学考古系：《四川开县余家坝战国墓葬发掘简报》，《考古》1999年第1期；山东大学考古学系等：《开县余家坝墓地2000年发掘简报》，《华夏考古》2003年第4期；山东大学考古学系等：《开县余家坝墓地2002年发掘简报》，《江汉考古》2004年3期；山东大学考古学系等：《开县余家坝墓地发掘简报》，《重庆库区考古报告集（2000卷）》，科学出版社，2007年；山东大学考古学系等：《开县余家坝墓地2001年发掘简报》，《重庆库区考古报告集（2001卷）》，科学出版社，2008年。
[6] 四川省博物馆等：《成都百花潭中学十号墓发掘记》，《文物》1976年第3期。
[7] 四川省博物馆等：《四川新都战国木椁墓》，《文物》1981年第6期。
[8] 四川省文物考古研究院：《什邡城关战国秦汉墓地》，文物出版社，2006年。
[9] 四川省文物管理委员会等：《成都战国土坑墓发掘简报》，《文物》1982年第1期。
[10] 四川省文物管理委员会：《成都市出土的一批战国青铜器》，《文物》1982年第8期。
[11] 四川省文物管理委员会等：《浦江县战国土坑墓》，《文物》1985年第5期。
[12] 四川省文物管理委员会：《四川大邑五龙战国巴蜀墓葬》，《文物》1985年第5期。
[13] 成都市考古队：《成都市金牛区发现两座战国墓》，《文物》1985年第5期。
[14] 成都市博物馆：《成都中医学院土坑墓》，《文物》1992年第1期。
[15] 罗开玉、周尔泰：《成都罗家碾发现两座蜀文化墓葬》，《考古》1993年第2期。
[16] 成都市博物馆考古队：《成都京川饭店战国墓》，《文物》1989年第2期。
[17] 成都市文物管理处：《成都三洞桥青羊小区战国墓》，《文物》1989年第5期。

清道[1]、西郊金鱼村[2]、青羊宫[3]、白果林小区[4]、商业街[5]、羊子山[6]、郫县红光公社[7]、郫县晨光公社[8]、浦江鹤山镇[9]、绵竹西汉早期墓[10]、金沙巷[11]等。其年代从战国早期延续到西汉初年。纵观成都平原这一时期的墓葬，与川东地区的墓葬差异很小。战国早期，成都平原地区与罗家坝均受楚文化影响较大，如出土的青铜礼器中均带有楚文化风格，陶器中釜、尖底盏、盘口罐等均在两地流行，但罗家坝墓地出土的花边口圜底罐则不见于成都平原地区。战国中晚期，两地文化更加趋同，如陶器均流行圜底罐、釜、釜甑、豆等，铜器中生产工具、生活用具和兵器基本没有差别。以成都平原为代表的蜀国和以川东地区为代表的巴国，不仅地缘上接近，其文化上亦相似，史学界历来将巴蜀并举，就说明其文化上趋同。

罗家坝墓地是四川战国早期至秦汉时期的重大考古发现，它集中展示了战国早期至秦汉时期川东地区的考古学文化面貌和发展序列，其墓地规模、随葬品的数量及其等级在巴文化研究中居于重要地位，从不同的角度集中展示了巴国在各方面的发展状况和文化面貌。

───────────────

［1］四川省博物馆：《四川绵竹船棺葬》，《文物》1987年第9期。

［2］成都市文物考古队：《成都西郊金鱼村发现的战国土坑墓》，《文物》1977年第3期。

［3］四川省博物馆：《成都西郊战国墓》，《考古》1983年第7期。

［4］罗开玉、周尔太：《成都白果林小区四号船棺》，《成都文物》1990年第3期。

［5］成都文物考古研究所：《成都商业街船棺葬墓地发掘简报》，《成都考古发现（2000）》，科学出版社，2001年。

［6］四川省文物管理委员会：《成都羊子山第172号墓发掘报告》，《考古学报》1956年第4期。

［7］李复华：《郫县红光公社出土战国铜器》，《文物》1976年第10期。

［8］郫县文化馆：《郫县发现战国船棺葬》，《考古》1980年第6期。

［9］龙腾、李平：《浦江朝阳乡发现古代巴蜀船棺》，《四川文物》，1991年第3期。

［10］四川省博物馆等：《四川绵竹县西汉木板墓发掘简报》，《考古》1983年第4期。

［11］成都市文物考古工作队：《成都市金沙巷战国墓清理简报》，《文物》1997年第3期。

附表一　宣汉罗家坝遗址新石器时代晚期遗存陶质、陶色及纹饰统计表

单位	夹砂陶				泥质陶		总数	纹饰							
	红褐	灰褐	灰黑	黑皮	灰	红		素面	附加堆纹+戳印纹	细绳纹	绳纹+附加堆纹	复合纹饰	附加堆纹	戳印纹	瓦棱纹
T7430第⑤层	29	3			19		51	19	4	19	5	3	1		
T7431第⑤层	16	56	3	6	9		90	15	7	48	8	2	3		7
99T2第①层	24	8	2	1	8		43	11	6	6	10	9	1		
99T1第⑧层	13	12	1	1	9		36	15	7	8	6				
T7329第⑤层	39	19			5		63	8		36	13	4	6		
T7331第⑤层	69	46	1	10	37	2	165	36		100	4	4	1		20
T7725第①层	4			1	1		6	4				2			
T7431第④层	89	75	34	13	14	6	231	44	1	123	26	17	10		10
99T2第⑩层	64	36	20	11	6		137	47	8	32	23	10	8	4	5
99T1第⑦层	47	24	16	8	4	2	101	35	7	26	19	9	4	1	
T7331第④层	180	85	10	3	25	10	313	73	1	182	32	16	7	1	1
T7430第④层	149	124	2	3	31	14	323	32		181	41	57	1	1	10
T7725第⑨层	3	6	5			14	28	10		1	15			2	
合计	726	494	94	57	168	48	1587	349	41	762	202	129	42	9	53
百分比(%)	46	31	6	4	11	2	100	22	3	48	13	8	2	1	3

附表二　宣汉罗家坝遗址墓葬登记表

墓号	期段	方向	墓葬形制	墓室(长×宽-深)厘米	葬具	葬式	随葬品			总数	残损未整理器物	备注
							陶器	铜器	其他			
M1	三期4段	173°	长方形竖穴土坑墓	238×(68~72)-(28~36)	无	仰身直肢	Ab罐(4)，高领罐AⅡ(1)，釜甑Ⅰ(5)	箭镞A3(6,7,8)		9	陶罐(2,3)，铜矛(9)	被H6打破
M2	二期2段	15°	长方形竖穴土坑墓	294×(60~100)-(28~48)	木棺	仰身直肢	圜底罐AⅡ(19)，釜BaⅡ(21)，豆AbⅠ(20)	敦B(1)，壶(2)，矛AⅠ(4)，矛Bb(3)，戈BaⅡ(5)，剑AⅢ2(15、16)，箭镞A6(7~12)，钺BⅡ(6)，削刀BⅠ(18)，刻刀Ⅱ(14)，凿CⅡ(17)，凿D(13)		21		
M3	三期4段	183°	长方形竖穴土坑墓	280×(60~91)-(15~18)	无	仰身直肢	器盖A(4)，圜底罐DⅠ(5)	钺BⅡ(1)，削刀AⅣ(3)		6	陶釜甑(6)，铜剑(2)	
M4	二期2段	192°	长方形竖穴土坑墓	215×58-31	无	不清	豆BbⅢ(2)，豆AbⅢ(3)(5)，圜底罐AⅢ(3)	手镯AⅡ(4)，凿Ⅲ(1)		5		打破H12
M5	三期4段	180°	长方形竖穴土坑墓	334×(90~95)-(10~20)	无	仰身直肢	中柄豆AⅡ(27)，豆AaⅠ(25)，豆BbⅡ4(12、14、16、24)，豆AbⅡ2(13、22)，高领罐AⅡ(21)，釜甑Ⅰ(17)，圜底罐AⅢ(23)，釜BaⅢ(18)	鍪Ⅲ(15)，矛BaⅣ(19)，剑BⅠ(3)，钺BⅡ(2)，钺BⅣ(1)，刻刀Ⅱ(6)，锯(26)，斤FⅠ(4)，凿BⅢ(20)，箭镞A6(5、7、8、9、28、29)	珠3(10、11、30)	30		
M6	三期3段	180°	长方形竖穴土坑墓	残长80×61-20	无	不清	釜BbⅠ(1)，钵AⅡ(2)	削刀AⅢ(3)，剑(4)		4		破坏
M8	三期3段	180°	长方形竖穴土坑墓	277×80-47	无	侧身直肢	豆BbⅢ(9)，豆BcⅢ(7)，圜底罐CⅡ(11)，圜底罐BbⅠ(5)，圜底罐EⅡ(8)，钵AⅢ(12)	矛BaⅢ(6)	珠3(1、2、3)	12	陶圜底罐(10)，珠(4)	

续附表二

墓号	期段	方向	墓葬形制	墓室（长×宽－深）厘米	葬具	葬式	随葬品			总数	残损未整理器物	备注
							陶器	铜器	其他			
M10	四期5段	190°	长方形竖穴土坑墓	191×(40~55)-10	无	不清	纺轮A(3)	印章A(1)，印章D(4)，手镯AⅡ(2)		4		破环，打破M19
M12	四期5段	190°	长方形竖穴土坑墓	175×(62~68)-20	无	二次		印章E(1)		1		破坏，打破M13、M18
M13	三期3段	190°	长方形竖穴土坑墓	281×(58~65)-(17~25)	无	仰身直肢	豆AaⅠ(5,19)，圆底罐BⅠ(2)，圆底罐AⅡ(4,16)，圆底钵BⅡ(17,20)，钵AⅡ2(21,22)，平底罐Ba(3)，网坠(6)，纺轮A(23)	剑AⅢ(7)，斧AⅠ(8)，削刀2(13,14)，箭镞A(10、11、12)，鋬Ⅱ(1)	石锛(9)，磨石(15)	23		被M12打破
M14	五期7段	180°	长方形竖穴土坑墓	220×(60~68)-30	无	仰身直肢	器盖B(2,5)，豆AbⅡ(1)，盂AⅡ(3)，圆底罐CⅢ(4)，圆底罐AⅣ(7)，釜BaⅢ(8)，高领罐AⅤ(6)			8		
M16	五期7段	195°	长方形竖穴土坑墓	180×60-30	无	不清	豆C(3)，纺轮B(1)，网坠(2,4)		珠3(5,6,7)	8	铜削刀(8)	
M17	五期7段	180°	长方形竖穴土坑墓	280×68-40	无	仰身直肢	豆AbⅢ2(1,2)，高领罐AⅥ(3)，高领罐BⅢ(4)，网坠8(8~14,16)	剑BⅤ(7)，手镯AⅡ(6)，鑿Ⅴ(5)		16	铁器(15)	
M18		187°	长方形竖穴土坑墓	残73×61-12	无	仰身直肢		钺BⅣ(4)	角珠3(1、2、5)，石滑轮2(3、6)	6		被M12、H7、H22打破

续附表二

墓号	期段	方向	墓葬形制	墓室(长×宽-深)厘米	葬具	葬式	随葬品			总数	残损未整理器物	备注
							陶器	铜器	其他			
M19	五期7段	180°	长方形竖穴土坑墓	370×77-(26~42)	无	不清	釜BaⅣ(5)，壶A(1)，圜底罐AⅣ(7)，高领罐BⅡ(8)，豆AbⅢ4(3、4、2、6)，豆AbⅡ(9)，豆C(10)，网坠(11)			11		被M10打破，并打破M30、M31
M20	三期3段	195°	长方形竖穴土坑墓	(170~184)×(70~80)-60	无	不清	中柄豆AⅡ4(1、2、5、6)，豆BaⅠ5(3、4、7、8、15)，尖底盏Ⅱ2(9、14)，釜BaⅡ(12)，钵DⅠ(11)	錾Ⅱ(10)，矛BaⅡ(13)		16	陶豆(16)	
M21	五期7段	180°	长方形竖穴土坑墓	266×80-42	无	仰身直肢	平底罐(2)，钵(3)	印章A(1)，箭镞A(4、6)	铁器(5)	6		
M22		190°	长方形竖穴土坑墓	残80×80-30	无	侧身	纺轮A(1)			1		被H4叠压，打破M28
M23	四期5段	187°	长方形竖穴土坑墓	250×(64~78)-34	无	仰身直肢	纺轮A(1)	钺BⅢ(1)，削刀C(3)		3		被M28打破
M24	四期5段	190°	长方形竖穴土坑墓	250×73-42	木棺	不清	豆BcⅠ(12)，豆AaⅢ(14)，豆BcⅣ4(9、11、15、16)，圜底罐AⅣ(17)，圜底罐Eb(13)，圜底罐AⅣ(10)，纺轮A(1)	钺BⅣ(8)，釜甑Ⅲ(18)，印章A2(5、6)，印章B(7)	珠4(3、4、19、20)	20	珠(2)	

续附表二

墓号	期段	方向	墓葬形制	墓室（长×宽-深）厘米	葬具	葬式	随葬品			总数	残损未整理器物	备注
							陶器	铜器	其他			
M25	四期5段	180°	长方形竖穴土坑墓	320×80-42	无	侧身直肢	豆AaⅢ3（2、4、5），豆AbⅡ（3），器盖CⅡ（20），盂AⅡ（6），盂AⅢ（7），瓮AⅡ（21）	鍪Ⅳ（1），钺BⅠ（12），剑AⅢ（13），矛BaⅢ（10），釜甑Ⅱ（8），印章A（11），箭镞A4（14、16、18、19），箭镞B型（17）	玉璧（9），珠（15）	21		
M26		170°	长方形竖穴土坑墓	230×（73~88）-70	无	不清		斧AⅡ（1）	石铲（2）	2		被M3叠压
M27	五期7段	180°	长方形竖穴土坑墓	残长30~71×72-22	无	不清	豆AbⅣ（1），圜底罐AⅣ（2）			2		被H26打破
M28	三期4段	199°	长方形竖穴土坑墓	360×86-50	木棺	仰身直肢	豆AaⅡ（2），豆AbⅡ3（7、32、34），豆AaⅢ3（9、12、14），豆BaⅠ（5），豆BaⅢ6（35、36、38、13、33、37），豆AaⅣ（39），豆C（4），钵D（10），瓮AⅣ（3），圜底罐Ea（6）	釜Ⅲ（1），釜甑Ⅱ（8），剑BⅠ2（15、30），矛BaⅢ（31），箭镞A5（16、17、18、19、20）	珠8（21、22、24、25、26、27、28、29）	40	铜盆（11），陶网坠（40），珠（23）	被M22打破，打破M23
M29	四期6段	197°	长方形竖穴土坑墓	（216~255）×110-30	无	不清	高领罐AⅡ（1）			1		被H4打破

续附表二

墓号	期段	方向	墓葬形制	墓室（长×宽-深）厘米	葬具	葬式	随葬品			总数	残损未整理器物	备注
							陶器	铜器	其他			
M30	四期6段	206°	长方形竖穴土坑墓	440×102-(48~52)	无	不清	豆Bc IV(15)，豆Ab IV(21)，豆C(19)，釜Ba II 2(12，20)，釜Ba III(1)，釜Bb III(2)，釜甑II(9)，高领罐A II(13)，鼎(10)，平底罐Bb(11)，平底罐(14)，器盖C I(17)，纺轮A(33)，纺轮D(25)	整III(16)，钺B III(23)，矛Ba III(22)，手镯A II 5(24，34，35，36，37)	珠13(4，5，6，7，8，18，26，27，28，29，30，31，32)	37	陶罐(3)	被M10，M19打破
M31	四期6段	210°	长方形竖穴土坑墓	460×82-73	无	不清	豆Aa IV 5(2，3，5，7，9)，豆Ba IV(4)，鼎A III(30)，盂(35)，釜高领罐A II(34)，釜Ba II(36)，器盖C III(8)	整III(6)，釜甑II(1)，削刀A V(19)，钺Ba IV(10)，矛Ba III 2(28，29)，斤B I(14)，凿B II(37)，戈Bb I(18)，箭镞A9(20，21，22，23，24，25，26，27，31)，黄B(13)，练(11，32)	珠3(16，17，33)	37	锯(15)	被M19打破
M32	六期8段	186°	长方形竖穴土坑墓	430×90-(62~91)	无	仰身直肢	豆Ba V 2(3，4)，瓮A V 2(1，2)，盂A IV 2(6，8)，盆B(7)	整V(5)，带钩B(9)，矛A III(13)，印章C(19)		19	铜柄铁剑(11)，环首铁刀(10)，铁器(12，15，16，18)，铜箭镞(14，17)	打破M33

续附表二

墓号	期段	方向	墓葬形制	墓室(长×宽×深)厘米	葬具	葬式	随葬品 陶器	随葬品 铜器	随葬品 其他	总数	残损未整理器物	备注
M33	一期1段	180°	曲尺形土坑墓	(593~662)×(320~460)-100	无	仰身直肢	盘口罐3(1、3、17),喇叭口罐4(2、4、5、16),钵BI5(49、123、130、139、140),平底罐Aa3(144、147、148),杯8(129、141、166、48、142、131、137、138),尖底盏I4(155、156、205、206),网坠2,釜AI3(143、145、146)	鼎(197),缶2(198、200),簋(19),瓿(199),敦A2(50、125),罍(201),豆2(18、26),钯(128),勺2(177、178),器座(12),鸟头状饰件(15),鉴I(22),釜I(21),尖底盒A2(127、202),尖底盒B(203),戈Aa10(102、106、109、98、108、111、161、110、154、107),戈Ab2(116、158),戈Ac4(112、114、153、157),戈Ad2(97、103),戈BaI4(99、113、115、167),戈BbⅡ2(100、101),矛AI7(91、92、94、95、96、104、105),剑AI(76),剑AⅡ4(77、117、151、159),双剑(150),钺AaI4(66、67、68、69),斤AI4(64、65、168、169),锥A5(61、132、192、193、196),锥C(58),锥B8(51、52、53、57、120、179),凿CI(194),凿E4(170、174、175、176),凿F(54、55、56),削CI(194),凿E4(170、171、172、173),削AⅡ2(27、124),刀AⅠ2(28、29),削AⅠ2(27、124),刀A3(182、183、190),刀B(74),刀C3(180、181、184),长条形饰件A(195),长条形饰件B2(135、136),长条形饰件C(134),匕3(120、121、122),环2(185、186),锯(187),刻刀I3(152、160、118),箭镞A(62),箭镞B(94),镦A3(20、23、24),镦B(70),镦C4(71、73、78、119),镦D(72)	珠12(80~88、90、162、163),磨石2(44、204),骨饰14(30~43)	203	铜鉴(25),铜容器(133),野猪獠牙8(6~11、13、14)	被M32打破
M34	三期3段	190°	长方形竖穴土坑墓	210×62-30	无	不清	圜底罐BaⅢ(2)	剑AⅣ(1)		2		

续附表二

墓号	期段	方向	墓葬形制	墓室（长×宽-深）厘米	葬具	葬式	随葬品 陶器	随葬品 铜器	随葬品 其他	总数	残损未整理器物	备注
M35	三期4段	180°	长方形竖穴土坑墓	252×58-（8~20）	无	仰身直肢	豆 Ab Ⅳ（1）	斧 A Ⅲ（2），削刀 B Ⅱ（3）	珠 7（4,5,6,7,8,9,10）	10		
M36		206°	长方形竖穴土坑墓	286×（35~48）-17	无	侧身直肢		钺 B Ⅴ（1），削刀 B Ⅱ 2（2,5），削刀（6），带钩 B2（7,8），带钩 D（3）	玉璜（4）	8		
M37	三期3段	183°	长方形竖穴土坑墓	（290~305）×（70~80）-34	无	不清	中柄豆 A Ⅳ 2（7,9），器盖 C Ⅳ（8），纺轮 A Ⅳ（6）	钺 Aa Ⅱ（1），削刀 B Ⅲ（4），手镯 A Ⅱ（13），手镯 A Ⅱ 2（14-1，14-2），挂饰（10）	玦（3），珠 9（5-1~9）	23	珠（2,5）	
M38	三期3段	180°	长方形竖穴土坑墓	292×（56~62）-（16~29）	无	仰身直肢	釜 Bb Ⅱ（9），尖底盏 Ⅱ（8），圆底罐 C Ⅰ（10），高柄豆（19）	钺 B Ⅱ（1），矛 Ba Ⅱ（2），剑 A Ⅲ（4），削刀 Ⅲ（3），削刀 B Ⅲ（15），箭镞 A6（5,6,7,16,17,18）	挂饰（11），磨石（12与14合并）	18	铜箭镞（13）	
M39	二期2段	180°	长方形竖穴土坑墓	285×（60~72）-（28~36）	无	不清	釜 Bb Ⅰ（7），釜 Ba Ⅰ（4），圆底罐 A Ⅰ（1,2），中柄豆 B（5），尖底盏 Ⅱ（9），钵 A Ⅰ（3），纺轮 E（6）		磨石（8）	9		
M40	三期4段	170°	长方形竖穴土坑墓	416×（92~108）-（60~80）	木棺	仰身直肢	釜 Bb Ⅲ（15），圆底罐 Ba Ⅲ 2（18,21），平底罐 Ba（19），豆 Aa Ⅲ（14），豆 Ba Ⅲ 2（17,22），豆 Bc Ⅰ（16）	钺 Aa Ⅲ（6），钺 B Ⅲ（7），矛 Ba Ⅱ（1），剑 B Ⅱ（2），削刀 A Ⅳ（3）	珠（4,23,24）	24	铜锯（5），铜箭镞（8,9,10,11,12），铜刻刀（13），陶釜（20）	
M41	三期4段	180°	长方形竖穴土坑墓	274×80-60	无	仰身直肢	尖底盏 Ⅲ（14），圆底罐 A Ⅳ（12），豆 Ba Ⅱ 2（11,9），豆 Bc Ⅰ（17），中柄豆 A Ⅳ（10）	钺 B Ⅳ（2），剑 B Ⅰ（3），刻刀 Ⅲ（8），箭镞 A2（16,6）		18	铜剑（3），铜箭镞（4,5,7,18），陶圆底罐（13），刻划陶片（15）	被 H52 打破，打破 M45

续附表二

墓号	期段	方向	墓葬形制	墓室(长×宽×深)厘米	葬具	葬式	随葬品 陶器	随葬品 铜器	随葬品 其他	总数	残损未整理器物	备注
M42	三期4段	180°	长方形竖土坑墓	372×(60~100)-50	无	不清	中柄豆AⅣ(4)，钵AⅢ2(5,6)，圜底罐CⅣ2(7,8)，纺轮F(9)，网坠(2)	钺BⅢ(1)，削刀AⅣ(3)		9		
M44	三期4段	182°	长方形竖土坑墓	400×120-125	木棺	仰身直肢	豆AaⅢ(49)，豆BbⅣ5(38,39,43,45)，釜BaⅢ3(40,42,44)，圜底罐CⅢ(41)，瓮B(47)，器盖CⅡ(55)	钺AaⅡ2(26,34)，钺BⅣ(27)，矛BaⅡ2(20,31)，剑AV2(35,52)，剑AⅡ(32)，戈BbⅡ(19)，削刀AV(33)，斤AⅡ(29)，斧AⅡ(22)，凿AⅠ(30)，凿BⅢ(25)，刻刀Ⅲ(23)，釜甑Ⅱ(48)，锯(44)，箭镞A17(2,4~12,14~18,36,37)，箭镞B(13)	玉鱼(53)，珠3(50,51,54)，磨石2(21-1,2)，骨器(24)	56	铜盆(1)，铜箭镞(3)，陶钵(56)	殉人
M45	三期4段	185°	长方形竖土坑墓	410×110-120	船棺	仰身直肢		钺BⅢ(1)，削刀(4)	珠(5)	5	铜削刀(2)，陶釜(3)	被M41打破
M46	三期4段	180°	长方形竖土坑墓	520×(104~120)-155	船棺	不清	高领罐AⅠ(30)，圜底罐CⅢ(29)，圜底罐F(35)，圜底罐Ed(32)，尖底盏2(33,38)，钵CⅡ(34)，釜甑Ⅰ(28)，豆BcⅡ(39)	钺AaⅡ(13)，钺AbⅠ(24)，矛AⅢ(41,47)，矛BⅣ(45)，矛BⅠ(18)，剑BⅢ3(3,17,40)，戈Ae(10)，箭镞A7(2,7,14,15,42,52,53)，箭镞B2(4,49)，斤AⅢ(55)，斧AⅢ(16)，锥AⅠ(12)，刻刀Ⅱ(6)，削刀AⅣ(19)，锯(26)，凿Ⅱ(27)，瓶形饰(43)，手镯AⅡ(51)	玉璧(44)，珠3(20,21,50)，磨石3(5,23,25)	55	铜镞(8)，铜箭镞(1,9,11,46,48)，铜盆(22)，铜手镯(54)，陶罐(31,36)，陶豆(37)	
M48	五期7段	180°	长方形竖土坑墓	340×93-(136~145)	无	仰身直肢	钵AV(16)，钵BⅠ(14)，圜底罐CⅢ(18)，豆BbⅢ(17)，纺轮A(13)	钺BⅣ(12)，矛AⅢ(1)，削刀AⅢ2(3,10)，铃A(6)，方形饰件(9)，泡(11)	玉璧(4)，珠(5)	18	铁手镯(2)，铜铃(7,8)，陶圜底罐(15)	被M49打破

续附表二

墓号	期段	方向	墓葬形制	墓室（长×宽×深）厘米	葬具	葬式	随葬品 陶器	随葬品 铜器	随葬品 其他	总数	残损未整理器物	备注
M50	四期5段	180°	长方形竖穴土坑墓	500×220–80	无	仰身直肢	高领罐 B Ⅱ（21），釜 Ba Ⅲ 2（18、23），高柄豆（29），中柄豆 A Ⅲ（25），圜底罐 C Ⅲ（26），圜底罐 E e（26），圜底罐 Bb Ⅱ（20），豆 Aa Ⅲ 2（24、28），豆 Ba Ⅲ（27），盘口罐（33），纺轮 C（31）	矛 Ba Ⅱ（12、11），剑 B Ⅲ（2），钺 Aa Ⅲ（7），钺 B Ⅲ（16），钺 B Ⅴ（18），斤 A Ⅲ（4），釜甑 Ⅲ（10），鍪 Ⅲ 2（17、5），釜 Ⅱ 2（22、19），锯（3）	珠 2（12、14），石器（30）	33	铜削刀（15），陶器盖（30），陶豆（9），珠（13）	合葬墓
M51	四期5段	180°	长方形竖穴土坑墓	276×（112～125）–13	无	仰身直肢	圜底罐 D Ⅲ（12），豆 C（10），豆 Bc Ⅰ（8），豆 Bb Ⅴ（9）	剑 A Ⅴ（1），斧 C（2），箭镞 A3（14、16、17），印章 A（3），手镯 A Ⅱ（19）	珠 11（4、5、6、21、22、23、24、25、26、27、28）	28	铜箭镞（15、18），铜镜（18），铜手镯（20），陶罐（7、11、13）	
M52		180°	长方形竖穴土坑墓	297×（82～92）–14	无	不清	网坠（2），豆 Ab Ⅲ（1）			2		
M53	四期5段	180°	长方形竖穴土坑墓	280×（80～88）–45	无	不清	壶 B Ⅰ（6），圜底罐 C Ⅲ（2），圜底罐 A Ⅲ（7），豆 Aa Ⅲ（4），中柄豆 A Ⅱ（3），纺轮 D（57）	釜甑 Ⅰ（1），手镯 A Ⅳ 6（9~14），削刀 A Ⅳ（38），钺 B Ⅲ（15）	珠 38（17、20~22、24~26、28、30~33、36、37、40~43、45、50~52）	57	铜盆（8），陶圜底罐珠（5），（16、18、19、23、27、29、34、35、39、44、46、47、48、49、53、54、55、56）	

续附表二

墓号	期段	方向	墓葬形制	墓室(长×宽)(深)厘米	葬具	葬式	随葬品			总数	残损未整理器物	备注
							陶器	铜器	其他			
M54	三期3段	180°	长方形竖穴土坑墓	468×(128~146)~35	无	侧身屈肢	釜Bb III(8)，尖底盏 II(9)，盂A I(11)	斤A III(4)，钺B IV(5)，矛A I(6)，剑A II(2)，刻刀I(7)，戈Ac(1)，带钩C(3)		11	陶釜(10)	被H57、H58、H59、M40打破
M55	三期4段	180°	长方形竖穴土坑墓	260×104~62	无	仰身直肢	盂B(8)，釜Ba IV(6)，豆Ab III 3(9,10,11)	剑A V(5)，钺Aa IV(2)，箭镞A3(1,3,4)		12	陶圜底罐C(12)	
M56	四期5段	178°	长方形竖穴土坑墓	327×112~(22~38)	无	不清	高领罐A IV(3)，圜底罐G(1)，圜底罐D IV(2)，豆C(11)，釜(9)	矛Ba II(12)，釜IV(4)，鍪IV(6)，削刀B I(8)		12	陶釜(5)，陶釜甑(7)	
M57	四期5段	181°	长方形竖穴土坑墓	330×80~(30~40)	无	不清	豆Aa III 4(16,17,23,24)，豆Bc I(22)，豆Bc III(28)	钺B IV(1)，印章A(3)，印章B(4)，锥D(8)，釜IV(20)，釜IV(21)，镮A2(12,13)，手镯A II(11)	珠4(5,6,7,15)	28	铜削刀(9,14)，铜手镯(10)，铜矛(2)，陶瓮(18)，陶豆(23,27)，陶罐(25)，陶甑(26)	
M58	二期2段	185°	长方形竖穴土坑墓	350×88~(22~40)	无	不清	豆Ab I 3(6,7,11)，豆Aa I 2(3,5)，中柄豆A I(9)，釜A II(10)，圜底罐Ba I(13)，圜底罐A I(8)	矛Ba II(1)，釜I(2)		14	陶釜(4)，陶圜底罐C(12)，铜铃(14)	被M60打破
M59	三期4段	181°	长方形竖穴土坑墓	270×(100~116)~24	无	不清	尖底盏 II 2(4,5)，豆Ab II(3)，高领罐A IV(2)，鍪(1)，纺轮A(11)		珠5(8~10,12,13)	13	珠(6,7)	

续附表二

墓号	期段	方向	墓葬形制	墓室（长×宽×深）厘米	葬具	葬式	随葬品			总数	残损未整理器物	备注
							陶器	铜器	其他			
M60	三期4段	178°	长方形竖穴土坑墓	507×114–82	无	不清	釜Ba III(6)，圆底罐C III(4)，钵A IV(3)，器盖C I(8)，器盖C II 3(2, 9, 10)，豆Ab II(11)，豆Ba II(7)		珠5(13~17)	17	陶罐(1, 5)	打破M58
M61	三期4段	190°	长方形竖穴土坑墓	596×345–70	木棺	不清	一号棺：釜Bb II(11)，釜Ba III(16)，瓮A III(13)，豆Ba II(17)，豆Ab II 2(15, 18)	釜II(12)，鍪III(14)，钺B II(5)，剑A IV(3)，矛Ba III(7)，斧B II(4)，凿B III(1)，戈Bb III(8)，戈Ba IV(2)，箭镞A2(20, 21)，盘A(10)，锥A(6)，锯(9)	珠(19)	21		
							二号棺：釜Ba III(9)，瓮A I(1)，圆底罐C II(18)，尖底盏III 3(7, 11, 12, 20)，豆Ba I(15)，中柄豆I(16)，中柄豆A II(17)，釜甑I(14)，纺轮A(5)，器盖C I(8)	鍪II(6)，削刀A II(4)，钺B II(3)，矛Ba III(2)		20	陶罐(10, 13)，珠(19)	
							三号棺：平底罐Ba(7)，中柄豆A II(12)，高柄豆(9)，钵A(8)，钵A IV(10)，圆底罐D II(11)，尖底盏III(14)，盆A(2)	钺B IV(13)，斧A III(3)	珠(1)	14	陶罐(4, 5, 6)	
M62	四期5段	182°	长方形竖穴土坑墓	380×60–(100~114)	无	侧身屈肢	盂II(14)，器盖C III 2(9, 13)，高领罐A IV(5)，圆底罐C II(6)，尖底盏III(10)，豆Ab III(8)，豆Ab II(7)，钵A IV(15)	钺Aa III(17)，矛A I(16)，剑A V(2)，戈Ba III(1)，箭镞C(4)		17	陶钵(12)，陶圆底罐(11)，铁环(3)	

续附表二

墓号	期段	方向	墓葬形制	墓室（长×宽-深）厘米	葬具	葬式	随葬品 陶器	随葬品 铜器	随葬品 其他	总数	残损未整理器物	备注
M63	四期5段	182°	长方形竖穴土坑墓	313×110-40	无	仰身直肢	釜BaⅢ2（9、11），釜BaⅡ（10），平底罐C（13），圆底罐Ec（8），器盖CⅠ2（12、14），豆AbⅡ（7），高领罐AⅢ（15）	剑AⅣ（2），剑BⅣ（4），釜Ⅱ（5），錾Ⅲ（6），削刀BⅠ（3），斤AⅢ（1）		17	珠（16、17）	
M64	三期3段	185°	长方形竖穴土坑墓	312×（90~112）-（12~40）	木棺	仰身直肢	釜BⅢ2（19、26），高领罐AV（30），器盖CⅡ2（20、27），豆BbⅠBaⅢ（40），豆BbⅢ（32），中柄豆AⅠ（13），中柄豆AⅡ（28）	斧AⅠ（15），凿BⅣ（37），釜Ⅱ（42），釜甑Ⅱ（45），錾Ⅲ（14），刻刀Ⅲ（38），斤AⅢ（18），钺AaⅡ（29），钺BⅣ（17），矛AⅡ（8），铃AⅠ（44），盆B（39），鱼钩（34），箭镞A8（9、11、21~25），箭镞B（12），剑（1）	珠（3~7、43），磨石（31、35、36）	46	铜箭镞（2、10），陶器盖（33），陶尖底盏（16）	
M65	四期5段	185°	长方形竖穴土坑墓	470×（180~190）-（12~40）	木棺	仰身直肢	一号棺：高领罐AⅣ（14），豆BbⅢ2（17、9），釜AⅣ（12），器盖BaⅢ（15），器盖CⅡ2（16、19）	剑AⅣ2（1），錾Ⅲ（10），刻刀Ⅲ（2），削刀AV（4），斤AⅢ（6），斤BⅠ（5），钺AaⅢ（7），钺BⅣ（8），凿BⅣ（3）	珠（20、21、23~26）	26	陶釜（11、13、18），铁钉（22）	
						不清	二号棺：釜BbⅣ（9），豆AbⅢ3（6、11、4），豆BbV（14），器盖CⅠ4（5、7、8、10）			14	陶釜（1、2、3），陶甑（12），铜手镯（13）	

注：随葬品一栏中大写字母为型，小写字母为亚型，罗马数字为式，括号内的数字为器物编号，部分器物因残损严重未进行分类。

附录一

宣汉罗家坝出土部分青铜器的合金成分和金相组织

宋　艳

（四川省文物考古研究院）

　　摘要：为研究探讨宣汉罗家坝出土战国青铜器的制作技术，对部分器物取样，采用金相显微镜、扫描电镜和 X 射线能谱仪等，进行成分和金相检测。结果表明，罗家坝战国青铜器铅含量不高、锡含量适中，具有较好的合金成分。此次检测的罗家坝战国青铜器合金成分与金相组织与以前检测的峡江流域晚期巴蜀青铜器相近，属于相同的技术体系。青铜矛表面镀锡工艺与战国中晚期巴蜀地区斑纹铜器一致，属于热镀锡工艺。

　　关键词：罗家坝　战国　青铜器　金相　成分　检测分析

前言

　　罗家坝遗址位于四川宣汉普光镇进化村，处于中河与后河交汇的一级台地。面积约 60 万平方米。1987 年文物普查时，将其定名为"战国墓群"，1999 年、2003 年和 2007 年，四川省文物考古研究院会同有关单位，对该遗址进行考古发掘，三次发掘共清理墓葬 65 座、灰坑 54 座、房屋基址 3 座。出土铜器、陶器、骨器、玉石器各类器物共计约 3000 余件。

　　罗家坝遗址是目前保存较好的面积最大的巴蜀文化遗存，具有极其重要的价值。该遗址包含了一批新石器时代晚期的遗迹与遗物，囊括了川东北地区新石器时代文化的内涵，对于川东北地区新石器时代晚期文化的建立和研究起着重要的作用。同时它与陕南地区新石器时代晚期的众多遗存又有较多的相似之处。对于该遗址的研究将有利于解决巴蜀文化与中原文化之间的关系。

　　罗家坝遗址的主要内涵是巴蜀文化，包含了巴蜀文化的墓葬、灰坑和房屋基址等众多遗迹。春秋战国时期，罗家坝处于秦、楚、巴、蜀的交界地带，部分出土物受秦、楚文化的影响。但其最重要的还是"巴蜀文化"。罗家坝东周墓地是四川战国早期至秦汉时期的重大考古发现，它集中展示了战国早期至秦汉时期川东地区的考古学文化面貌和发展序列，其墓地规模、随葬品数量及其等级在巴文化研究中居于重要地位，从不同的角度集中展示了巴国在各方面的发展状况和文化面貌，为巴文化的系统性研究提供重要的实物资料。

　　罗家坝遗址出土青铜器 700 余件。这批青铜器种类繁多，形制多样。主要包括兵器、礼器和生活用器。兵器是巴蜀文化常见的剑、戈、钺、矛的组合；礼器中既包含有中原风格的鼎、瓶、罍等器物，亦包含有楚式风格的簠、敦等；生活用器主要是大量的釜、鍪、釜甑等；同时还包括大量的杂器，主要有印章、带钩等。对罗家坝遗址出土青铜器进行技术研究，可以为巴文化、巴楚文化、巴蜀文化和巴与中原诸文化关系的研究提供重要的参考资料。

1. 实验样品

2008 年我们对宣汉罗家坝战国墓地出土的 29 件青铜器取样，并用现代科学手段进行了成分和金相检测。器物类型包括容器 18 件，器形主要是釜、鍪、鑑、盆、盘。工具 4 件，均为铜锯。兵器 6 件，有矛 3 件、箭镞 3 件。此外有一件样品，其器物类型不详。

样品编号、器物名称、取样部位见表一，除序号 27、28、29 三件为 2003 年发掘出土外，序号 1~26 的器物均为 2007 年发掘出土。

表一　罗家坝青铜器分析测试取样情况统计表

序号	原编号	器物名称	取样部位	备注
1	M61-1：9	铜锯	背部	
2	M44-48	铜釜甑	腹部	
3	M64：45	铜釜	腹部	
4	M61-2：6	铜鍪	腹部	
5	M61-1：10	铜鑑	底部	
6	M61-1：14	铜鍪	腹部	
7	M58：2	铜釜	腹部	
8	M57：21	铜釜	腹部	
9	M57：20	铜鍪	腹部	
10	M57：2	铜矛	钮部	
11	M50：10	铜釜甑	腹部	残损严重
12	M65-1	不详	不详	小残块
13	M50：3	铜锯	背部	
14	M41：1	铜矛	刃部	
15	M46：26	铜锯	齿部	
16	M46：47	矛（断）	钮部	
17	M46：22	铜盆	底部	残片
18	M46：1	箭镞	铤部	
19	M46：9	箭镞	铤部	
20	M53：8	铜盘	口沿	残片
21	M53：1	铜釜甑	腹部	
22	M50：19	铜釜	腹部	（内包含陶片若干及动物骨骼）
23	M50：5	铜鍪	腹部	残损严重

续表一

序号	原编号	器物名称	取样部位	备注
24	M40：12	箭镞	不详	残碎
25	M44：46	铜釜	腹部	
26	M44：1	铜盆	口沿	
27	M31：15	铜锯	齿部	残片
28	M28：11	铜盆	腹部	残片
29	M33：25	铜鍪	不详	无法修复

2. 分析仪器及分析条件

2.1 金相检测

选取样品截面进行树脂镶样以后，进行磨光、抛光。用三氯化铁盐酸酒精溶液侵蚀，在 Leica DM4000M 型金相显微镜下观察样品组织并拍摄金相照片。

2.2 成分分析

对金相样品进行抛光、喷碳处理后，采用扫描电子显微镜装置的 X 射线能谱无标样定量成分分析。仪器型号：电镜为 JEOL JSM-6480LV，X 射线能谱仪为 NORAN System。分析条件：加速电压 20kV，计数 50 秒。成分采用面扫分析，考虑到样品成分可能存在偏析，在分析时电子束尽可能大，放大倍数尽可能小，使扫描面积尽可能大。对成分不均匀的样品在截面的 2 个不同部位进行面扫分析，取平均值得到其成分百分比。对于一些夹杂物和析出相采用小面积面扫和点分析方法，分析时尽量选择面积较大的物相，以避免将其周围的基体成分激发，影响分析结果的准确性。

3. 分析结果

3.1 金相检测结果

金相检测结果见图一～二二和表二。

29 件铜器中 3 件锈蚀严重，其余 26 件中具有铸造组织的 18 件。器物主要是鍪、釜、镞、矛。由于样品含锡量都较高，金相组织为 α 固溶体树枝晶，晶内偏析明显，有大量（α＋δ）共析组织。在锡含量相近的情况下，随着冷却速度不同，α 树枝晶及（α＋δ）共析体组织的形态有所不同。冷却快，α 固溶体树枝晶细，（α＋δ）共析体组织形态较小（图一）；冷却慢，α 固溶体树枝晶发育，（α＋δ）共析体组织形态较大（图二）。

18 件铸造青铜中铜锯组织很有特点，其中一件铜锯（序

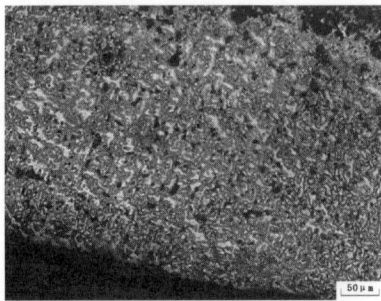

图一　序号6铜鍪（M61-114）

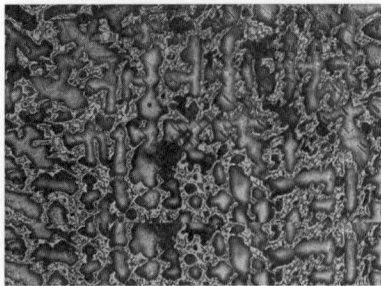

图二　序号18铜箭镞（M46：1）

号 27）为锡青铜 α 固溶体树枝晶，晶内偏析明显，有大量（α+δ）共析组织，铅颗粒数量少、形态细小。2 件铜锯（序号 1、13）局部有 α 再结晶晶粒和孪晶组织，组织中有明显滑移线（图三、四、五）；一件铜锯（序号 15）在再结晶 α 晶粒晶间存留少量（α+δ）共析体，其中 α 有聚集现象（图六），

26 件铜器样品中 8 件有热加工痕迹，器物类型主要是盆、盘、釜、鉴各 1 件。组织为铜锡 α 固溶体再结晶晶粒和孪晶（图七、八）。8 件中有 6 件还有明显滑移带，显示样品热锻后又经冷加工（图九、一○）。

铅在青铜中以独立相存在，加上铅熔点低，它是在合金凝固的最后阶段填补在枝晶间的空隙中。铅的加入改善合金流动性，提高充型性。铅颗粒的数量、形态、分布与青铜中铅的含量有直接的关系。26 件青铜样品中铅的形态有：①铅颗粒少，以细小颗粒状弥散或沿枝晶均匀分布（图一一、一二）；②铅以较大颗粒状分散分布（图一三）；③大的圆形和椭圆形

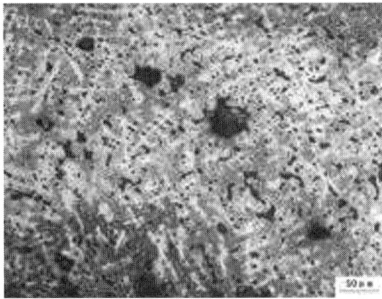

图三 序号 1 铜锯（M61-1∶9）

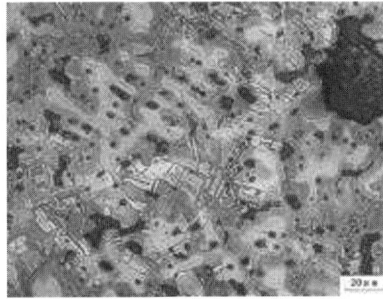

图四 序号 1 铜锯（M61-1:9）局部

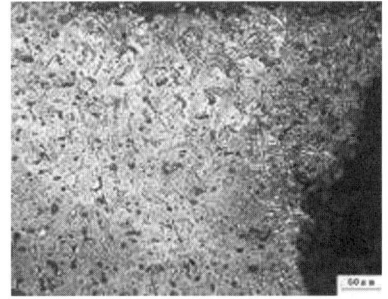

图五 序号 13 铜锯样品金相组织

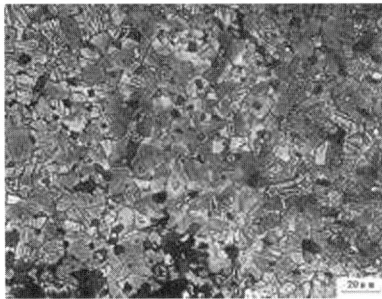

图六 序号 15 铜锯样品金相组织

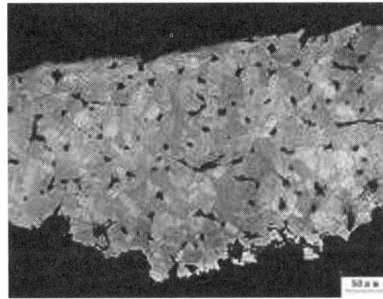

图七 序号 17 铜盆样品金相组织

图八 序号 3 铜釜（M64∶45）

图九 序号 20 铜盘样品金相组织

图一○ 序号 5 铜鉴（M61-1∶10）

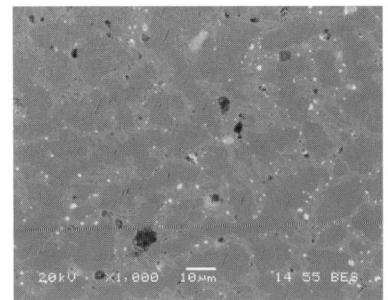

图一一 序号 18 铜箭镞样品扫描电镜背散射电子像

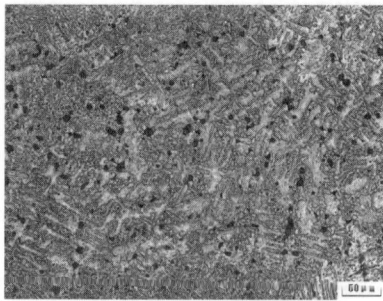

图一二 序号 19 铜箭簇铤部样品金相组织

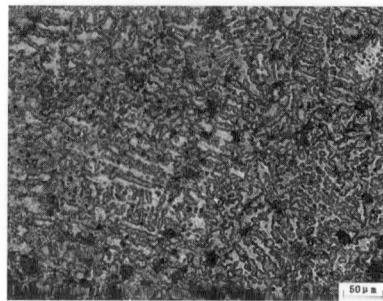

图一三 序号 25 铜釜样品金相组织

图一四 序号 23 铜錾样品金相组织

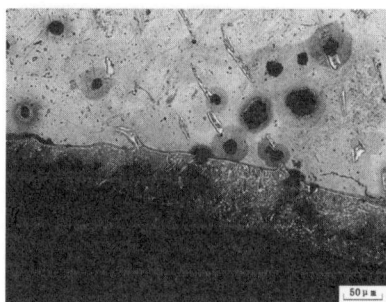

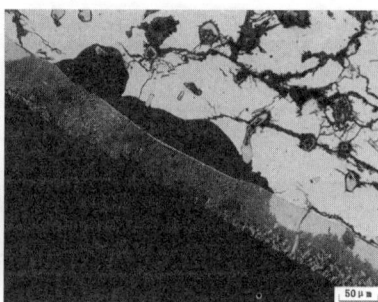

图一五 序号 14 铜矛（M41：1）金相组织

（左图：未经浸蚀；右图：经浸蚀）

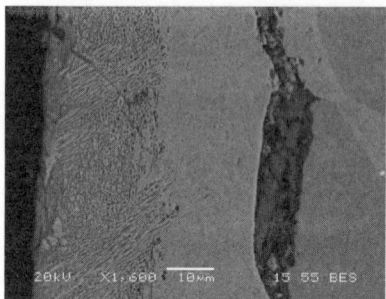

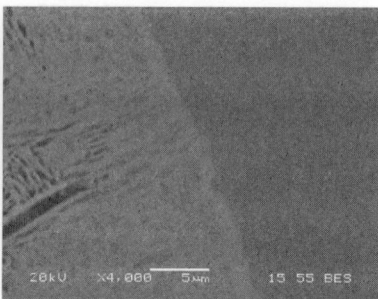

图一六 序号 14 铜矛基体与表面镀锡层扫描电镜二次电子像

左图：镀锡层外层被自然腐蚀，内层未被腐蚀，组织为针条状 α 相分布于（α+δ）共析体基体上。右图：在界面可见镀锡层一边有一亮白层存在，此为镀锡操作时，基体中所含的铜溶解扩散到液态锡中形成一层高锡的铜锡合金相。

球状铅排列与样品一侧，显示了铅偏析现象（图一四）——这是因为铅比重（11.3）比铜（8.9）大，由于铸造过程中搅拌不匀，重力作用引起比重较大的铅下沉，当合金全部凝固后，就出现铸件下部聚集较多的铅颗粒偏析现象，该部位铜合金的强度会因此而降低。

硫化物：29 件样品中有 8 件能观察到铜的硫化物，它们有的以小颗粒弥散分布于基体上，有的与铅一起存在。

检测样品中有 1 件铜矛（序号 14）样品表面镀锡层与铜矛基体界面明显，局部存在间隙。样品浸蚀后，基体组织：铜锡 α 固溶体树枝晶偏析不明显，有滑移带存在，（α+δ）共析组织中 α 出现聚集（图一五），说明样品基体曾受热，并进行过冷加工。基体上有较多铸造缺陷孔洞。镀锡层厚度 40~80μm，组织：（α+δ）共析体为基体，分布有针条状 α 相，类似于高锡铜镜铸造组织（图一六）。

有十余件样品具有不同程度的锈蚀。锈蚀状态有：① α 相优先腐蚀（图一七）；②（α+δ）共析组织优先腐蚀（图一八）；③ α 相与（α+δ）共析组织均被腐蚀，但原相形貌还可区分（图一九）；④锈蚀呈网状（图二〇）；⑤晶界和滑移带被腐蚀（图二一）；⑥自由铜沉积在裂隙中；（图二二）；⑦锈蚀严重，仅铅夹杂物形貌可辨（图一一）。

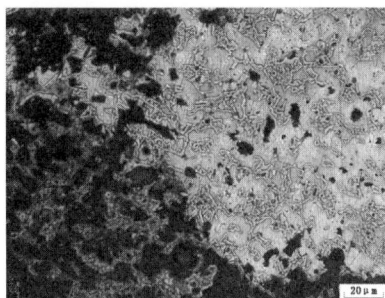

图一七　序号 2 铜釜甑样品金相
组织

图一八　序号 4 铜鍪样品金相
组织

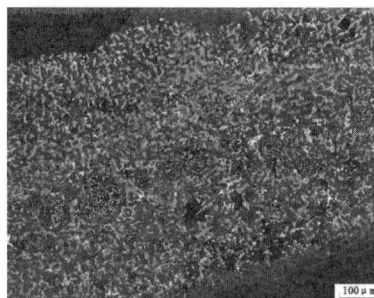

图一九　序号 7 铜釜样品金相
组织（未经浸蚀）

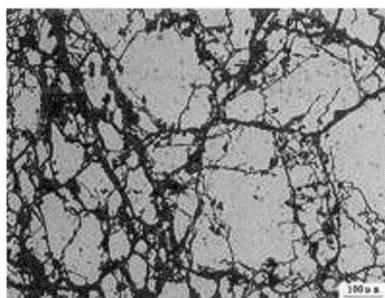

图二〇　序号 10 铜矛样品金相
组织（未经浸蚀）

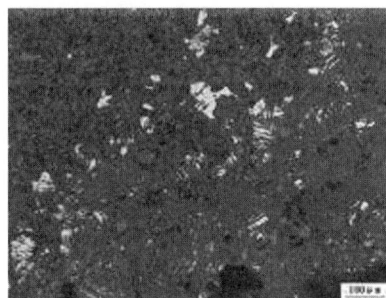

图二一　序号 29 铜鍪样品金相
组织

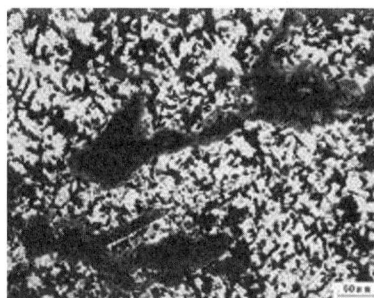

图二二　序号 9 铜鍪样品金相
组织

表二　四川宣汉罗家坝铜器样品金相检测结果

序号	编号	器物名称	金相组织
1	M61-1：9	锯	铸造铅锡青铜，局部热锻、冷加工组织
2	M44-48	釜甑	锡铅青铜铸造组织
3	M64：45	釜	锡铅青铜热锻、冷加工组织
4	M61-2：6	鍪	锡铅青铜铸造组织，基体上枝状锈蚀多
5	M61-1：10	鉴	锡青铜热锻组织。
6	M61-1：14	鍪	锡铅青铜铸造组织
7	M58：2	釜	锡青铜铸造组织，样品锈蚀严重
8	M57：21	釜	锡铅青铜铸造组织
9	M57：20	鍪	锡铅青铜铸造组织，基体上枝状锈蚀多
10	M57：2	矛	锡青铜铸造组织，基体上枝状锈蚀多
11	M50：10	釜甑	锡铅青铜铸造组织，样品锈蚀严重
12	M65-1	不详	锡青铜，组织待定，基体上枝状锈蚀多
13	M50：3	锯	锡铅青铜铸造组织，边缘热锻、冷加工组织
14	M41：1	矛	锡青铜铸造组织，表面镀锡
15	M46：26	锯	锡青铜热锻、冷加工组织
16	M46：47	矛（断）	锡铅青铜铸造组织，样品锈蚀严重

续表二

序号	编号	器物名称	金相组织
17	M46：22	盆	锡铅青铜热锻组织
18	M46：1	箭镞	锡青铜（含铅）铸造组织
19	M46：9	箭镞	锡铅青铜铸造组织
20	M53：8	盘	锡青铜热锻、冷加工组织
21	M53：1	釜甑	锡铅青铜铸造组织
22	M50：19	釜	锡铅青铜铸造组织
23	M50：5	鍪	锡铅青铜铸造组织，样品锈蚀严重
24	M40：12	箭镞	锡铅青铜铸造组织
25	M44：46	釜	锡铅青铜铸造组织
26	M44：1	盆	锡青铜热锻、冷加工组织
27	M31：15	锯	锡铅青铜铸造组织
28	M28：11	盆	锡青铜热锻、冷加工组织
29	M33：25	鉴	锡青铜热锻、冷加工组织，样品锈蚀较严重

3.2 成分分析结果

所测试 29 件铜器中锡青铜 9 件、锡铅青铜 20 件。检测到锈蚀及含氧的样品 11 件，序号 4、7、8、9、10、11、12、13、16、23、29。这些样品的成分与原金属有偏差，一般是锡、铅含量相对偏高，这是由于锈蚀造成铜流失所致。如序号 2 铜釜甑的两个未锈蚀区域分析结果显示，其中之一含氧，说明其并不是完全未锈蚀，与不含氧的区域成分相比锡高 3%、铅高 2.2%。再如序号 10 铜矛样品未锈蚀基体含锡 20.5%，而锈蚀含锡 35.7%；还有如序号 25 铜釜未锈蚀基体含锡 17.1%、含铅 8.7%；而锈蚀区域含锡 39.2%、含铅 17.4%。

成分分析结果见表三。

3.3 分析结果总结

3.3.1 器物类型与合金材质的关系

釜甑、釜、鍪为锡铅青铜；盘为锡青铜；锯、鉴、盆、箭镞、矛的合金材质有锡青铜，也有锡铅青铜。结果如表四所示。

3.3.2 器物类型与制作工艺的关系

釜甑、鍪、箭镞和矛为铸造而成；鉴、盆、盘为锻制；釜主要为铸造，5 件中有 4 件为铸造组织，只 1 件为热锻及冷加工组织；锯热锻 1 件，其余 3 件铸造，铸造中有 2 件局部具有热锻及冷加工组织，取样部位均在背部，可能是人为进行了热、冷加工，也不排除是使用中产生的热量和应力所致，具体样品要做具体分析。结果如表五所示。

4. 讨论

（1）29 件铜器中锡青铜 9 件、锡铅青铜 20 件。除去检测到锈蚀及含氧的样品 11 件，

表三　四川宣汉罗家坝铜器样品 SEM-EDS 成分分析结果（Wt%）

序号	器物名称编号、附图	分析部位	铜(Cu)	锡(Sn)	铅(Pb)	铁(Fe)	硫(S)	其他成分备注
1	锯 M61-1：9	基体面扫 硫化物小面扫	76.1 78.3	11.8	12.0		21.7	
2	釜甑 M44-48	未锈蚀区域面扫1	65.7	21.8	12.5			有氧(O)
		未锈蚀区域面扫2	70.9	18.8	10.3			
3	釜 M64：45	基体面扫 硫化物	78.8 66.0	13.8	7.4	9.5	24.5	
4	鍪 M61-2：6	基体锈蚀面扫1 基体锈蚀面扫2 夹杂物小面扫	49.5 50.2 5.1	25.8 24.9	10.2 12.1 2.4			O：14.2; 有 Mg O：12.9 银(Ag)：92.5
5	鑑 M61-1：10	基体面扫1	88.0	12.0				
		基体面扫2	86.8	13.2				
		平均成分	87.4	12.6				
6	鍪 M61-1：14	基体面扫	71.8	17.3	11.0			
7	釜 M58：2	基体锈蚀面扫1 基体锈蚀面扫2 锈蚀的自由铜	30.2 32.0 66.4	40.3 32.2	6.0 11.4			O：23.6 O：20.0; 有 Si O：33.7
8	釜 M57：21	基体面扫	61.8	23.5	14.7			有氧(O)
9	鍪 M57：20	基体锈蚀面扫 夹杂物小面扫	61.8 22.4	22.6 3.9	9.8	41.9	31.7	O：5.9
10	矛 M57：2	基体中心面扫 表面锈蚀面扫	74.6 45.6	20.5 35.7				O：4.4; 有 Si O：15.3; Si, P, Mg
11	釜甑 M50：10	基体锈蚀面扫1 基体锈蚀面扫2	20.0 46.5	23.1 25.7	19.1 15.6			O：19.1; 有 Si O：15.6
12	不详 M65-1	基体面扫1 基体面扫2 析出相部位锈蚀1 析出相部位锈蚀2 析出相部位锈蚀3 析出相部位锈蚀4	73.3 57.5 15.6 79.0 44.1 34.7	20.2 28.2 61.6 14.9 33.9 22.1				O：6.5 O：14.3 O：21.8; 有 S,cl O：6.2; O：21.4 O：30.3; S,Si,Fe
13	锯 M50：3	基体锈蚀面扫1 基体锈蚀面扫2	40.3 57.3	32.6 22.7	6.5 11.6			O：20.2; 有 Si O：8.4

续表三

序号	器物名称编号、附图	分析部位	铜(Cu)	锡(Sn)	铅(Pb)	铁(Fe)	硫(S)	其他成分备注
14	矛 M41：1	矛基体面扫	82.5	17.6				
		1 镀锡外层面扫	54.4	40.4				O：5.3
		2 镀锡内层面扫	73.2	26.8				
		3 矛基体面扫	83.1	16.9				
		4 镀锡内层小面扫	74.7	25.2				
		5 界面小面扫	68.1	31.9				
		1. 界面点分析	74.6	25.4				
		2. 界面点分析	72.4	27.6				
		3. 未锈蚀的 δ 相	68.5	31.5				
		4. 轻微锈蚀的 α 相	75.9	24.1				
		1. 轻微锈蚀 δ 相	64.6	35.4				
		2. 锈蚀的 α 相	41.9	46.0				O：10.2; 有 Si、P
		3. 锈蚀的 α 相	51.2	41.6				O：5.4; 有 Si、P
15	锯 M46：26	基体面扫1	78.5	13.9	7.6			
		基体面扫2	77.0	13.3	9.7			
		平均成分	77.8	13.6	8.7			
16	矛（断）M46：47	基体锈蚀面扫1	32.2	32.1	9.0			O：24.6; 有 Si、P
		基体锈蚀面扫2	29.4	30.6	14.1			O：23.8; 有 Si、P
		1 锈蚀的自由铜	63.2		3.6			O：32.6; 有 Ca
		2 基体锈蚀小面扫	41.9	19.6	8.2			O：29.2; 有 Si、P
		3 锈蚀产物小面扫	40.4	29.2	10.5			O：18.5; 有 Si、P
17	盆 M46：22	基体面扫	75.7	12.5	11.8			
		硫化物小面扫	77.2	5.2		1.1	16.5	
18	箭镞 M46：1	基体面扫1	78.2	18.0	3.8			
		基体面扫2	80.8	19.1	0.0			
		平均成分	79.5	18.6	1.9			
19	箭镞铤部 M46：9	基体面扫1	74.9	17.7	7.5			
		基体面扫2	77.4	19.2	3.3			
		平均成分	76.2	18.5	5.4			
20	盘 M53：8	基体面扫1	88.9	11.1				
		基体面扫2	88.4	11.6				
		平均成分	88.6	11.4				
21	釜甑 M53：1	基体面扫	73.3	17.0	10.0			

续表三

序号	器物名称编号、附图	分析部位	铜(Cu)	锡(Sn)	铅(Pb)	铁(Fe)	硫(S)	其他成分备注
22	釜 M50：19	基体面扫	77.0	17.6	5.4			
		1α 相小面扫	86.6	13.4				
		2（α+δ）小面扫	73.1	27.0				夹杂物细小，其周围基体被电子束激发
		3 硫化物点分析	72.5	14.1			13.3	
		4 硫化物点分析	73.5	12.9			13.4	
		5 铅点分析	48.3	27.3	24.4			
23	鍪 M50：5	基体锈蚀面扫1	22.2	35.8	25.0			O：16.7；有 Si
		基体锈蚀面扫2	30.6	29.5	24.0			O：15.3；有 Si
		基体锈蚀面扫3	10.6	32.5	41.0			O：15.5；有 Si
24	箭镞 M40：12	基体面扫1	78.2	19.5	2.3			
		基体面扫2	73.9	16.7	9.4			有氧（O）
		1（α+δ）小面扫	70.7	29.3	92.5			
		2α 相小面扫	87.3	12.7				
		3 铅小面扫	7.5					
25	釜 M44：46	基体面扫1	76.6	16.7	6.7			
		基体面扫2	71.4	17.5	11.2			
		平均成分	74.0	17.1	8.7			
		锈蚀区域面扫	26.4	39.2	17.4			
		硫化物小面扫	76.5				23.5	
26	盆 M44：1	基体面扫1	87.2	12.8				
		基体面扫2	85.5	14.5				
		平均成分	86.4	13.7				
		夹杂物点分析	70.5	23.0		2.5		O：4.0
		夹杂物点分析	61.7	12.5		15.1		O：10.2，有 S
27	锯 M31：15	基体面扫	82.0	17.4	0.6			
		表面锈蚀面扫	30.9	43.8	5.3			O：16.8；有 Si,P
		1 黑色锈蚀点分析	63.3	33.3	3.1			有 Si,S
		2 灰色锈蚀点分析	38.1	21.2	35.7			O：3.8；有 cl
		3 铅锈蚀小面扫	17.7	11.5	70.8			
		4（α+δ）小面扫	71.7	28.3				
		5α 相小面扫	83.2	16.8				
28	盆 M28：11	基体面扫	86.7	13.3				
29	鎾 M33：25	基体锈蚀面扫1	72.0	16.4	6.9			O：3.7；有 S,cl
		基体锈蚀面扫2	58.9	17.2	16.0			O：6.8；有 S,cl
		硫化物小面扫1	75.7	4.0			20.3	
		硫化物小面扫2	79.8	5.9			14.3	

表四　器物类型与合金材质的关系

器物名称	锡青铜	锡铅青铜
釜甑		序号 2、11、21
釜		序号 3、7、8、22、25
鍪		序号 4、6、9、23
盘	序号 20	
锯	序号 27（含铅）	序号 1、13、15
鉴	序号 5	序号 29
盆	序号 26、28	序号 17
箭镞	序号 18（含铅）	序号 19、24
矛	序号 10、14	序号 16
不详器物	序号 12	
统计数量	9	20

表五　器物类型与制作工艺的关系

器物名称	铸造	锻制		铸造及局部热锻及冷加工
		热锻	热锻及冷加工	
釜甑	序号 2、11、21			
釜	序号 7、8、22、25		序号 3	
鍪	序号 4、6、9、23			
锯	序号 27		序号 15	序号 1、13
鉴		序号 5	序号 29	
盆		序号 17	序号 26、28	
盘			序号 20	
箭镞	序号 18、19、24			
矛	序号、14			

对其余 18 件样品统计锡含量在 11.8%~18.8%，其中属于高锡青铜（Sn>17%）的 10 件；铅含量最低 0.6%、最高 12%、平均在 7.4%。结合合金相组织检测结果，整体看来罗家坝战国墓出土的铜器铅含量不高、锡含量适中，具有较好的合金成分。兵器的材质含锡量集中在 18% 左右，具有较高硬度；其中二件铅锡青铜镞含铅量在 5.4%~5.9%。根据 W.T.Chase 等学者研究的铅锡青铜合金成分与机械性能的关系，可知含锡在 12%~18% 的铜合金中，若加入 6% 的铅，总的机械性能较好。所以说罗家坝兵器矛和箭镞合金成分很实用。

29 件铜器中 3 件锈蚀严重，其余 26 件中具有锻造组织的 8 件，序号是 3、5、15、17、20、26、28、29。具有铸造组织的 18 件，其中 2 件铜锯（序号 1、13）局部进行了热锻、冷加工。

4件兵器均为铸造，分别是1件矛（序号14）和3件箭镞（序号18、19、24）。铸造质量较好，大多数样品铅和夹杂物分布均匀，铸造缺陷少。锻造样品主要是鍪、盆、盘这样器壁较薄的器物。热锻使得容器器壁变薄，使用起来更加轻便；热锻使得晶粒细化，组织均匀，改变微观缺陷的分布。部分器物热锻后冷加工使得硬度增加，提高了容器使用性能。

此次罗家坝青铜器中有4件铜锯样品，是以前所检测的青铜器中所少有的。组织既有铸造、又有热锻，还有铸造后局部热、冷加工的，很有特点。铸造铜锯样品（序号27）取样为齿部，锯齿呈规整、齿状，未有磨损痕迹，显然是未经开刃和使用过。其显微组织显示为典型的高锡青铜铸造组织。热锻铜锯样品（序号15）取样在齿部，锯齿呈钝状、不规整，显然是开刃使用过。其显微组织为铅锡青铜热锻冷加工组织（图六）。铜锡 α 固溶体再结晶晶粒及孪晶，晶粒细碎。有的孪晶界弯曲，有的晶内存在滑移带。铅颗粒、细小硫化物夹杂与少量（α + δ）共析组织分布于在晶界。（α + δ）共析组织中 α 发生聚集。由于晶间有较多未溶解的（α + δ）相，表明此锯是铸造成形，齿部开刃曾采用加热锻打方式，但由于加热的温度不够高和时间不够长，均匀化尚不充分，晶间存留的（α + δ）或 δ 相。另2件铜锯样品（序号1、13）取样均在背部，显微组织显示都为铸造 α 固溶体树枝晶，偏析仍存在，（α + δ）共析组织中 α 发生一定聚集，说明它们都是铸造成形，但受热使偏析减轻，（α + δ）组织中 α 发生聚集受热。可能是由于齿部热锻连带铜锯其他部位受热并产生应力，使局部发生 α 固溶体再结晶，应不是有意锻打成形。滑移带应是锯在使用过程造成的，也许是反复拉锯使然，或是与局部变形进行捶打修整有关。

（2）此次检测的铜器合金成分与金相组织与以前检测的战国中晚期峡江流域晚期巴蜀铜器相近[1]，他们应具有相同的铜器制作技术。从金相组织看，器物不仅有铸造的，还有热锻和热锻后冷加工的。罗家坝检测的釜、鍪、镞、矛为铸造而成；峡江流域青铜釜和鍪共检测12件全部为铸造，箭镞检测4件、矛检测18件也全部为铸造成形。二者具有一致性。但罗家坝青铜器铸造质量要高于峡江地区一些遗址出土的青铜器，这可能与罗家坝青铜器为贵族所属有关。罗家坝检测的盆均经热锻，峡江流域检测的盆3件中2件为热加工，二者基本一致。从成分看，罗家坝与峡江流域检测的釜、鍪都是锡铅青铜；矛、箭镞和盆有铅锡青铜也有锡青铜，二者相同。总之，罗家坝这批战国时期样品，与峡江流域巴地青铜工艺具有一致性，说明属于相同的技术体系，反映了当时青铜器制作技术已相当稳定。

（3）此次检测到一件青铜矛（序号14）表面具有镀锡层。镀锡层厚度40~80μm，镀锡层与基体界面明显。样品基体为铸态组织，α 固溶体树枝晶偏析不明显，应是铸后经过加热。基体面扫含锡量17.6%；镀锡外层面扫含锡量40.4%，较基体的含锡量高且含氧。铜矛样品基体与表面镀锡层扫描电镜背散射电子像在界面可见镀锡层一边有一亮白层存在，此为镀锡操作时，基体中所含的铜溶解扩散到液态锡中形成一层高锡的铜锡合金相（图一五、

---

[1] 姚智辉、孙淑云、邹厚曦、方刚、黄伟等：《峡江地区部分青铜器的成分与金相研究》，《自然科学史研究》2005年第2期。

图一六）。通过比较发现，其厚度、组织及界面特征与其他地区镀锡铜器相似[1]。如战国中晚期巴蜀地区的斑纹铜器表面镀锡层[2]，春秋战国早期北方草原地区一些牌饰表面镀锡层[3]。他们应具有相同的热镀锡工艺。

5. 结语

通过对四川宣汉罗家坝战国时期巴族贵族墓出土 29 件青铜器的成分和金相组织的分析与检测，初步得出如下看法：

（1）整体看，来罗家坝战国墓出土的青铜器铅含量不高、锡含量适中，具有较好的合金成分。

（2）不同类型和不同使用性能的铜器具有不同的制作技术。釜、鍪、箭镞、矛为铸造而成，大多数样品铅和夹杂物分布均匀，铸造缺陷少，铸造质量较好。锻造样品主要是鑑、盆、盘这样器壁较薄的器物。热锻、热锻后冷加工工艺使此类容器成形且具有良好的机械性能。

（3）罗家坝青铜锯及其制作具有地方特点。青铜矛（序号 14）表面镀锡工艺与战国中晚期巴蜀地区斑纹铜器一致，属于热镀锡工艺。

（4）此次检测的罗家坝战国青铜器合金成分与金相组织与以前检测的峡江流域晚期巴蜀铜器相近，属于相同的技术体系，反映了当时四川巴蜀青铜器制作技术的稳定性。

（5）罗家坝战国青铜器样品目前检测数量尚少，需要更多的检测数据并结合考古学研究，才能揭示罗家坝青铜器及其制作技术在巴蜀青铜文化乃至中国青铜文化发展中的地位。

附记：本文的写作得到北京科技大学孙淑云教授的悉心指导，谨致谢陈！前言部分基础资料由其发掘者陈卫东先生友情提供，一并感谢！

[1] 孙淑云：《中国古代镀锡和焊接样品的界面特征研究》，《第七届中日机械技术史和机械设计国际会议大会论文集》，北京航空航天大学，2008 年；《机械设计》，2008 年 11 月增刊。

[2] 姚智辉、孙淑云：《巴蜀青铜兵器热镀锡工艺》，《北京科技大学学报》2007 年第 10 期。

[3] 孙淑云：《宁夏固原春秋战国时期两件青铜饰物表面镀锡层的 SEM-EDS 分析与研究》，《文物科技研究》第 5 辑，科学出版社，2007 年。

附录二

罗家坝遗址出土青铜器的锈蚀研究与保护修复

谢振斌　樊斌　冯陆一

（四川省文物考古研究院）

摘要：为保护修复罗家坝遗址出土青铜器，采用 X 射线衍射、显微镜、扫描电镜、金相分析等现代仪器对锈蚀物成分、部分青铜残片的成分及金相结构进行分析，剖析锈蚀物的产生原因。根据器物的锈蚀特征和文物保护要求，针对性地实施清洗、除锈、修复、封护处理。保护修复效果显著，出土器物恢复了原貌。

关键词：罗家坝青铜器　锈蚀物　修复　保护

罗家坝遗址位于四川省达州市宣汉县普光乡的中河与后河交河汇的一级台地，遗址保存完整，是一处典型的巴文化遗址，总面积约 60 万平方米，2001 年 6 月被国务院公布为全国重点文物保护单位。2003 年，我院对罗家坝遗址进行第二次考古发掘，出土了 300 余件珍贵、精美的春秋战国时期的青铜文物，其类型包括礼器、容器、兵器、工具和装饰品等。这些青铜文物为研究西南地区巴人的经济、军事、文化、生活、民俗提供了重要的实物资料，具有重要的历史价值和研究价值。清洗保护前，这批器物表面均粘附厚厚的泥土，泥土内层是锈层或土锈混合层，器物表面纹饰被遮盖，有些器物非常破碎。为了更好地保护和研究，2003 年 ~2005 年，我们对 118 件锈蚀、破损较严重的青铜器进行了清洗和保护修复。

1. 试样分析及结果

为了科学地保护修复这批出土青铜器，在保护修复前对器物表面各类锈蚀物的成分及结构进行分析，并取青铜器残片进行成分分析和金相观察。

1.1 锈样分析

取器物表面具有典型代表的锈蚀物做 XRD 定性分析和显微镜观察，以确定锈蚀产物组成和结构。XRD 仪器为 X 'PertproMPD，分析方法参照 JY / T008-1996 转靶多晶体 X 射线衍射法，分析结果如表一。

青铜器表面锈层结构可分为四类：第一类，外层为厚厚的疏松颗粒状绿色锈或者土锈混合层，最厚 0.8 厘米，锈层里面没有别的锈蚀物，清除后能直接见到青铜本体；第二类，外层为土层，中间层为绿（蓝）色锈，内层为暗红色锈蚀物，暗红色锈样与绿锈夹杂在一起；

表一　锈蚀产物的矿物组成

锈样名称	锈样一般情况	锈蚀矿物组成
绿色锈蚀物	疏松多孔，主要覆盖在器物的表层	孔雀石，含少量石英，长石，伊利石
土锈混合层	疏松多孔，主要是土，内夹杂少量绿锈	石英，长石，伊利石，方解石，孔雀石，蓝铜矿
绿白色锈蚀物	疏松，分布在锈样内层，呈粉状或絮状	孔雀石，锡石，碳酸铅
暗红色锈蚀物	较致密，与器物本体粘合在一起	赤铜矿，孔雀石，石英
蓝白色锈蚀物	疏松，分布在锈样内层，呈粉状或絮状	蓝铜矿，锡石，碳酸铅
白色锈蚀物	呈颗粒状或块状分布，主要出现在戈、矛等兵器的边缘和阴刻纹饰凹槽	锡石，碳酸铅，硫酸铅

注：锈样矿物含量从左到右依次降低

第三类，表层为土层，中间层为绿色锈（锈层较薄），内层是蓝（绿）白色锈蚀，局部有白色锈块，这类锈出现在戈、矛、钺等兵器上，白色锈块主要出现在兵器的刃部，少数出现在兵器的中间部位；第四类，外层为绿色锈或土锈混合层，里面没有别的锈蚀物，但在器物阴刻纹饰凹槽内填满白色块状锈蚀，这类锈只出现在豆（M33：18）和壶（M2：2）上。

　　XRD 分析和显微镜观察表明，绿色锈蚀层疏松多孔，成分杂乱，锈蚀产物为孔雀石 $Cu_2(OH)_2CO_3$（图三）；蓝白色锈蚀较疏松，呈粉状或絮状，锈蚀产物主要是蓝铜矿 $Cu_2(OH)_2(CO3)_2$、锡石 SnO_2（图一）；绿白色锈蚀物较疏松，呈粉状或絮状，锈蚀产物主要是孔雀石 $Cu_2(OH)_2CO_3$、锡石 SnO_2（图二）；蓝色锈为蓝铜矿 $Cu_2(OH)_2(CO_3)_2$（图四），暗红色锈蚀物为红色的赤铜矿 Cu_2O；白色锈块为锡石 SnO_2、碳酸铅 $PbCO_3$、硫酸 $PbSO_4$ 的混合物。在罗家坝出土青铜器锈蚀产物分析中没有检测到氯化亚铜、碱式氯化铜等"有害锈"。对豆（M33：18）和壶（M2：2）两件青铜器阴刻纹饰凹槽内的白色锈块先后三次做 XRD 分析，只检测出有锡石 SnO_2、碳酸铅 $PbCO_3$、硫酸 $PbSO_4$，没有测出铜的腐蚀产物。

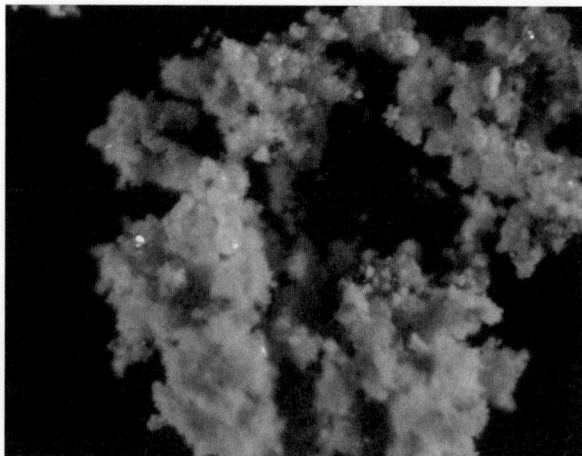

图一　蓝白色锈蚀的显微照片（×5）　　　　图二　绿白色锈蚀的显微照片（×5）

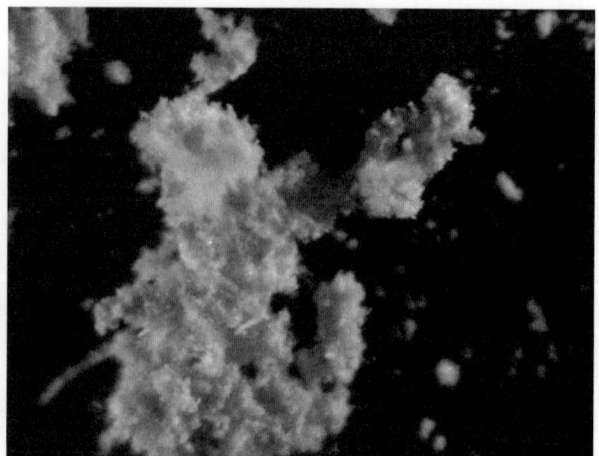

图三　红色与绿色锈夹杂层显微照片（×5）

图四　蓝色锈蚀的显微照片（×5）

1.2 青铜器残片成分分析和金相观察

因可以取到残片的器物较少，本次工作只采了 9 件青铜器的残片做成分分析和金相观察，成分分析采用 LEO–1450 扫描电镜与 KEVEX sigma 能谱仪，工作条件为 20kV 的激发电压，计数时间 50s，结果如表二所示；金相观察使用国产 XJP–100 金相显微镜，结果如表三所示。

由表二可知，被测残片基体成分为铜、锡、铅三元合金或铜、锡二元合金，且锡含量均较高。金相观察显示，α 固溶体都存在明显的偏析现象，大多存在（α＋δ）共析体，晶界较多，铅在铜中以孤立相存在，但其分布状态和颗粒大小有差异，并有硫化物夹杂。

2. 锈蚀物产生原因探讨

2.1 赤铜矿（Cu_2O）、孔雀石（$Cu_2(OH)_2CO_3$）及蓝铜矿（$Cu_2(OH)_2(CO_3)_2$）的生成机理

表二　部分青铜器残片的合金成分（只测铜、锡、铅的含量）

器物名	编号	Wt / %			材质
		铜	锡	铅	
盒	M33：127	72.04	18.20	9.54	锡铅青铜
双剑鞘	M33：150	68.20	14.28	16.64	锡铅青铜
戈	M2：5	73.6	14.5	10.6	锡铅青铜
矛	M28：15	76.7	11.3	11.7	锡铅青铜
矛	M33：104	73.4	16.0	10.2	锡铅青铜
甗	M31：1	83.8	11.4	4.7	锡铅青铜
鉴	M33：25	56.6	16.0	11.4	铅锡青铜
锯残片	K1：188	83.4	15.1		锡青铜
盘	M28：11	88.9	11.1		锡青铜

表三 部分青铜器试样金相分析结果

器物名	编号	金相观察
盒	M33：127	α 固溶体偏析明显，(α+δ) 共析体较多，较多铅颗粒存在，有硫化物夹杂，偶见自由铜。
双剑鞘	M33：150	α 固溶体树枝状结晶，枝晶间多角形黑色物为 (α+δ) 共析体，较多铅以球状或颗粒状分布，有硫化物夹杂。
戈	M2：5	α 固溶体树枝晶偏析明显，(α+δ) 共析体较多，较多硫化物夹杂，弥散铅颗粒分布。
矛	M28：15	α 固溶体再结晶晶粒，其大小不均，(α+δ) 共析体密集并连成网状，有硫化物夹杂。
矛	M33：104	α 固溶体偏析明显，枝晶间多角形黑色物为 (α+δ) 共析体细密且锈蚀，有部分硫化物夹杂。
甄	M31：1	α 固溶体树枝晶偏析明显，(α+δ) 共析体细密，铅弥散小颗粒或树枝晶状存在。
鉴	M33：25	样品锈蚀严重，冷加工组织，有硫化物存在。
锯残片	K1：188	α 固溶体树枝晶，偏析明显，(α+δ) 共析体较多，有个别硫化物和自由铜。
盘	M28：11	偏析消失，有受热均匀化痕迹。

铜器在干燥空气中慢慢氧化生成一层极薄的暗红色 Cu_2O。

$$2\ Cu + 1/2\ O_2 \rightarrow Cu_2O \qquad \Delta G\ Cu_2O = -146.3 KJ/mol$$

$$2\ Cu + O_2 \rightarrow 2CuO \qquad \Delta G\ CuO = -127.19 KJ/mol$$

从生成自由能来看，生成 Cu_2O 的可能性大，Cu_2O 在干燥空气中是稳定的，可防止铜继续氧化。当空气中有 CO_2 和 H_2O 时，Cu_2O 可以转变为绿色的 $Cu_2(OH)_2CO_3$。由于 $Cu_2(OH)_2CO_3$ 不溶于水，可阻止铜的腐蚀，因此青铜器在空气中的腐蚀速度特别慢。

根据铜腐蚀相关理论[1]：铜在电动序中比氢正，热力上惰性，在水和不含溶解氧的非氧化性酸中无腐蚀倾向，在氧化性酸或含空气的以及含和铜能生成络合物离子（如 CN−，NH4+）的溶液中腐蚀可能会很严重。在含空气的水中，随着 Cl− 浓度增加和 PH 值的降低，腐蚀也增加。铜在水中的耐蚀取决于其表面氧化物膜（氧化物膜通常为一种由 Cu_2O 和 CuO 构成的混合物）的存在，因为氧必须扩散通过这层膜后才能使腐蚀继续进行下去，这种膜很容易受高速流水的破坏，或者被淡水及土壤中存在的碳酸或有机酸所溶解，从而导致铜继续腐蚀。当埋藏器物土壤的 PH 为中性或偏酸性时，土壤中的二氧化碳气体溶于地下水，在 CO_2 溶液中，大部分 CO_2 是以结合较弱的水合分子形式存在的，只有少部分生成碳酸（H_2CO_3），碳酸电离生成碳酸根，$H_2CO_3 + H_2O \rightleftharpoons CO_3 - + 2H+$，但这是一个可逆过程，在中性或偏酸性条件下电离度很小，同时土壤层中还含有一定的氧分子和可溶性盐，在这种氛围下铜器表面的氧化物膜受到破坏，使腐蚀反应继续进行，生成孔雀石，反应式为：$Cu_2O + CO_2 + H_2O + 1/2\ O_2 \rightarrow Cu_2(OH)_2CO_3$。当土壤 PH 呈弱碱性（PH>9）且二氧化碳较充足时，铜腐蚀反应生成蓝铜矿，反应式为：$Cu_2O + CO_2 + H_2O + O_2 \rightarrow Cu_3(OH)_2(CO_3)_2$（蓝铜矿）。

2.2 锡石（SnO_2）、碳酸铅（$PbCO_3$）硫酸铅（$PbSO_4$）的生成机理

---

[1] H.H. 尤里克，R.W. 瑞维亚：《腐蚀与腐蚀控制》，石油工业出版社，1994 年。

由于铜、锡、铅三者熔点相差很大（铜 1083℃、锡 231.9℃、铅 327.4℃），当高锡、铅青铜浇入铸型后，首先沿铸型壁凝固的这部分金属组织含铜较高，但在其凝固过程中，熔点低的锡和铅来不及熔解进铜基体中就被铜夹带进去，形成不同的共析组织，其物理化学性质不如 α 共熔体稳定。青铜合金中的高锡相即 δ 相首先被腐蚀，随着腐蚀的加深，低锡相 α 相也会被腐蚀。由于（α+δ）共析体内晶界较多，所以（α+δ）比纯 δ 更易腐蚀。

锡在潮湿的空气中很难氧化，干燥空气中更稳定。当青铜器埋入地下时，由于土壤中水分、氧气、二氧化碳、盐分的渗入，便开始发生化学和电化学腐蚀，锡在原地腐蚀产生水合锡的氧化物，脱水后变成 SnO_2。如果土壤中有充足的水、氧气和二氧化碳，随着腐蚀铜离子的不断迁移，则可形成纯的 SnO_2 层。但由于锡相对铜含量低，且埋藏土壤中不可能提供充足的氧和二氧化碳，所以 SnO_2 常与 Cu_2O 夹杂一起[1]。

铅是比较活泼的金属元素，在空气中先氧化生成 Pb_2O，它不稳定，在潮湿空气中继续氧化水解生成 $PbO \cdot xH_2O$，再与二氧化碳反应生成碳酸铅或水合碳酸铅。器物埋入土层后，由于埋藏环境中水、二氧化碳、硫酸根离子等多种因素的共同作用，$PbO \cdot xH2O$ 不断向更稳定态碳酸铅（$PbCO_3$）和硫酸铅转变，直至 $PbO \cdot xH_2O$ 反应完全[2]。

3. 保护与修复

按照"修旧如旧"的原则，在没有"粉状锈"的情况下，青铜器保护一般采取带锈保护，但器物表面泥土、土锈混合物及疏松锈层不仅遮盖了纹饰，影响考古研究和观赏性，而且给青铜器的保存带来潜在的危害，适当清除这些锈层是非常必要的。结构致密的无害锈蚀物一方面对青铜器材质无害，另一方面可以起到隔绝铜与空气、水分等物质直接接触，对器物具有一定的保护作用，如果没有遮蔽器物表面纹饰，对考古研究影响不大，应当保留。因此，本次工作只对青铜器表面的泥土和遮盖器物纹饰的锈蚀层做清除处理。

3.1 清洗、除锈

清土前，先对器物进行拍照，详细记录文物的原始保存状况，取土样和锈蚀样。用普通放大镜观察器物表面是否有有机质残留物（有 2 件戈表面残留有麻绳，暂不清洗）。

清洗主要采用手术刀、钢针、牙刷等工具去除泥土和酥松锈蚀；对黏结牢固的垢物和锈层则先用乙醇软化，再用手术刀、软毛刷进行挖剔和刷洗；对遮盖表面纹饰的致密锈蚀先用乙醇和水局部浸泡，配合使用小型气动磨轮、微型牙钻清除锈层，使器物表面精美的纹饰完呈现出来（图五、六）。器物经除锈处理后，用去离子水反复冲洗，然后涂刷丙酮，放入 45~50℃恒温箱中烘干。

3.2 修复

此次工作共修复了 118 件器物，其中十余件青铜器的铜质极为酥脆，器物破碎、变形十分严重。现以甑（M31：1）的修复为例介绍这次工作所采取的修复技法。

[1] 张晓梅、原思训、刘煜：《周原遗址及䢴国墓地出土青铜器锈蚀研究》，《文物保护与考古科学》1999 年第 2 期。
[2] 王煊：《三星堆青铜器"酥粉锈"腐蚀机理的研究与探讨》，《四川文物》2002 年第 3 期。

图五　部分青铜器清洗、除锈前照片　　　　图六　部分青铜器清洗、除锈后照片

将器物残片清洗、烘干后，对残片逐一进行拼对，将拼对好的块体用记号标识，对变形部位或残片整形，在缺口和残片的茬口处进行打磨，有铜质的部位用锡焊法焊接，在氧化锈蚀严重、没有铜质的部位用环氧树脂黏接修复（个别部位采用销钉工艺和铆接法修复）。所有残片黏接修复完成后，器物形状基本形成，然后对残缺部位运用雕塑泥在与其相对称的位置进行印模，再用石膏固定，待石膏凝固后取下，用环氧树脂翻制，最后去除石膏和雕塑泥取得需补配部分，根据残缺的大小和纹饰的规律裁剪，使补配的缺块大小、形状和器物相吻合。最后，对焊接和粘接部位打磨做旧作锈。该甑（M31 ： 1）修复前破碎形成 114 块残片，器物严重变形，修复后口径 24、高 31 厘米（图八）。

3.3 缓蚀处理与表面封护

BTA 是目前国内外用于青铜器缓蚀最常见的保护试剂，它不仅安全而且对青铜器（没有"粉状锈"）保护比较有效[1]。用红外灯对器物预热到 40℃ 左右，然后涂刷 1% 的 BTA 乙醇溶液，24 小时后，将表面析出的白色 BTA 去除。最后用 1.5% Paraloid B72 丙酮溶液封护处理，这样不仅可以延长 BTA 的缓蚀效果，而且可隔离青铜器与外界环境中水、二氧化碳、氧及活性氯化物的接触，减缓青铜文物的腐蚀速度。缓蚀、封护操作必须在通风条件下进行，工作人员必须戴上防护工具。另外，兵器刃部和豆（M33 ： 18）、壶（M2 ： 2）两件青铜器阴刻纹饰凹槽内的白色锈块在缓蚀处理前，先用 3% 的 GR-1320 机硅树脂加固。

4. 结果与讨论

（1）兵器刃部和豆（M33 ： 18）、壶（M2 ： 2）阴刻纹饰凹槽内的白色锈蚀从外观形态上看酷似"粉状锈"，为弄清这种锈蚀的组成，制定科学的保护方案，先采用化学分析的方法：取少许白色锈蚀粉末，加入 10% 的硝酸，白色粉末不溶解，然后加入 5% 的 H_2O_2 溶液，溶液中没有气泡产生，将悬浊液放置半小时，用滤纸过滤，再向滤液中加入 5% 的硝酸银溶液，没有沉淀产生，经过化学分析证明，白色锈蚀不是"粉状锈"。X 射线衍射分析结果表明这种锈蚀物为锡石、碳酸铅和硫酸铅的混合物。锡石 SnO_2 酸性较为显著，它不溶于酸，能与氢氧化钠共熔生成锡酸钠，这一性质可以很好地解释化学分析中出现的各种现象。锡石、碳酸铅和硫酸铅等锈蚀物对青铜器物是无害的，但它结构较酥松，在周期性温度变化和相对湿度波动较大的环境条件下呈粉末状脱落，影响器物的外观，另一方面，如果这层锈蚀完全脱落，空气中的有害物质就更容易侵蚀青铜本体，因此有必要对这种锈蚀进行加固和封护处理。

（2）青铜器腐蚀是各种化学反应、电化学反应及微生物腐蚀共同作用的结果，它与器物的组成成分、金相组织、铸造工艺、埋藏环境等因素紧密相关，白色块状锈蚀物主要出现在矛、钺、戈等兵器的刃部，而在生活实用器具上基本没有发现。这是否与兵器的铸造工艺或青铜兵器的铸后加工有关？需要深入研究。

（3）XRD 分析表明，豆（M33 ： 18）、壶（M2 ： 2）阴刻纹饰凹槽内的白色物质为

---

[1] 祝鸿范：《BTA 缓蚀剂在文物保护中的应用》，《腐蚀科学与防护技术》1999 年第 4 期。

锡石（SnO_2）、碳酸铅（$PbCO_3$）和硫酸铅（$PbSO_4$）的混合物，而没有检出铜的矿化物和腐蚀产物。产生这种现象可能是因为该豆、壶表面阴刻纹饰采用锡、铅合金装饰技术。

《诗经·秦风·小戎》中记有"阴釦鋈""厹矛鋈錞"等句，论者多以之为镀锡的最早记载。"鋈錞"可能指的就是经进镀锡的錞[1]。在考古发现中[2]，甘肃庆阳、宁夏固原、安阳殷墟、内蒙凉城都出土了镀锡青铜器。可以肯定，至迟在春秋晚期，镀锡技术在我国特别是西北地区已经普遍应用[3]。

铅、锡具有熔点低、质软、外观银白亮泽的特点，在古代铅、锡都比较容易得到。罗家坝遗址出土的青铜壶表面也可能采用了锡铅合金装饰表面纹饰的技术，器物形成后，在器物阴纹饰凹槽处多次涂抹铅和铅锡合金，或将采用类似表面膏剂富锡和表面液态富锡[4]的方法将铅和铅锡填于阴刻纹饰凹槽内，这样既可以使器物更加美观、光亮，又起到保护器物纹饰的作用。$PbCO_3$、$SnO_2 \cdot PbO$、$PbSO_4$应是铅或铅锡合金腐蚀矿化形成，而不太可能是铜锡铅青铜合金氧化形成的，否则在这些矿化产物中应能检测到铜的腐蚀产物如 Cu_2O、CuO、$Cu_2(OH)_2CO_3$、$Cu_2(OH)_2(CO_3)_2$ 等。

罗家坝遗址出土青铜器在发掘出土后及时进行检测和保护修复工作，不仅对文物本身保护有利，而且从检测分析中获取了一些非常有价值的考古信息。

---

[1]田长浒：《中国铸造技术·古代卷》，航天工业出版社，1995年。

[2]华觉明：《中国古代金属技术——铜铁造就的文明》，大象出版社，1999年。

[3]叶小燕：《我国古代青铜器上的装饰工艺》，《考古与文物》1983年第4期。

[4]谭德睿：《中国古代铜器表面装饰技艺概览》，《文物鉴定与鉴赏》2010年第1期。

后 记

巴与蜀是四川先秦时期最重要的两个国家，蜀以成都平原为核心，因三星堆、金沙、十二桥和商业街船棺葬的发现而蜚声中外，巴主要以渝东峡江和川东地区为核心，因三峡工程的修建，渝东峡江地区的巴文化逐渐清晰，但对于川东地区的巴文化探索才刚刚开始。从文献记载来看，巴国内民族众多，文化因素复杂，如何理清各种不同的文化，并还原出早期巴国境内的真实状况，是我们面临的一个主要的问题，故长期以来四川省文物考古研究院就将嘉陵江流域作为主要课题开展相关的考古调查、发掘和研究工作，从 1999 年开始，四川省文物考古研究院对嘉陵江流域进行了广泛的调查，发现了一批重要遗存，并对宣汉罗家坝、渠县城坝等重要遗址进行考古发掘，取得了一些重要成果，本报告就是这一成果的反映。

罗家坝遗址先后进行了三次考古发掘，其中 1999 年度的发掘领队为王鲁茂；2003 年度的发掘领队为陈祖军；2007 年度的发掘领队为陈祖军，但因工作调度的原因，后由陈卫东担任 2007 年度发掘的执行领队。先后参加 1999 年度发掘的有：何振华、李建伟、马辛莘、段家义、向世和、康丕成、胡兵、袁书鸿、龙志强、肖仁杰、江聪等；先后参加 2003 年度考古发掘的有：陈卫东、刘化石、郭富、江聪、李建伟、马辛莘、段家义、向世和、袁书鸿、龙志强、张怀江等；先后参加 2007 年度考古发掘的有：艾露露、代兵、周小楠、桂贞荣、袁书鸿、冯周等。

本报告由陈卫东、张怀江共同执笔完成，其中第壹、贰、叁章由张怀江执笔，第肆、伍、陆章由陈卫东执笔。插图由曾玲玲、周小楠绘制，拓片由曾玲玲、代兵完成，器物照片由江聪拍摄，陶器修复由代兵完成，铜器修复由四川省文物考古研究院文物保护中心的谢振斌、杨晓邬、冯六一、樊斌、郝翔等完成， 碳十四测定由北京大学完成。

我们的工作得到了各方面的关心和支持，国家文物局、四川省文物局、宣汉县人民政府、宣汉县文化体育新闻出版局、普光镇政府等单位和部门给与了大力支持。特别是在四川省文物考古研究院的高大伦先生、周科华先生、唐飞先生、陈祖军先生、王鲁茂先生的不断督促和鼓励下本报告才得以完成，同时他们也审阅了本报告，并提出了许多很好的修改意见。本报告亦参考了陈祖军先生、王鲁茂先生的重要观点。在发掘和整理期间给宣汉县文物管理所的全体同仁带来了诸多不便。借此对以上的各部门和诸位先生谨表感谢。

由于发掘年代久远，加上时间紧迫，编者水平有限，报告之中的错漏之处在所难免，望专家学者批评指正。

ABSTRACT

The Luojiaba site, in Jinhua Village, Puguang Town of Xuanhan County, Sichuan Province, is located on a terrace at the confluence of the Middle and Back Rivers, with approximate acreage of 100 hectares. Excavations were conducted in 1999, 2003 and 2007 by Sichuan Province Institute of Cultural Relics and Archeaology, together with Cultural Relics Administrations of Dazhou City and Xuanhan County. Archaeological diggings revealed 65 burials, 54 pits and 2 house foundations. More than 1000 objects were unearthed. The remains were mainly from Late Neolithic Age and Eastern Zhou Dynasty.

The Late Neolithic remains distributed majorly in the west portion of the site, total size about 1 hectare. Sherds unearthed mostly consisted of reddish-brown sandy pottery, followed by gray sandy pottery, black pottery and red pottery. These potteries were rich in decorative patterns, including rope pattern, reticulate pattern, embossment decoration, stamped decoration, comb pattern with dots, cord pattern and basket pattern, etc. They were fired under quite high temperature, causing a texture similar to hard pottery. The vessels were mostly flat-bottomed, including foliated-edge jars, flared-mouth jars and straight-mouth jars, together with a few ring foot items. Inferred from the objects unearthed, cultural features of the Late Neolithic remains of Luojiaba was quite similar to that of the Xiajiang 峡江 region, meanwhile similarities were found between Luojiaba and numerous Late Neolithic sites in south Shanxi province. This provides important information to further study of Late Neolithic cultures in east Sichuan.

Majority of Luojiaba's remains were burials from Late Ba 巴 and Shu 蜀 cultures. 65 burials were exposed, mostly rectangular shaft graves, only few of which had wooden coffins or log coffins. Occupants of these burials were commonly found with their heads oriented towards north and their feet south, usually extended burial with supine position. Human remains of burials M13 and M5 were found abnormally. Burial M13 occupant had a bronze axe cut into the left side of his hip bone, and a bronze sword pierced into the left rib, through his body and down to the right thigh. Meanwhile his arms were chopped off from shoulders, part of the bones in his neck and shoulders were missing. Arrowheads were found to the right side of burial M5 occupant's pelvis and humerus, with some of the arrowheads thrusting into his pelvis bones. We can therefore infer that M13 and M5 were graves of fallen warriors.

Most grave goods were placed on the tomb occupants' bodies or at their feet. Bronze weapons and some ornaments were usually found upon human remains, while potteries and bronze vessels at feet. Funeral articles in each grave varied in numbers from 1 piece only to more than 200 pieces. And also in wide range, primarily potteries and bronze wares. Reddish-brown coarse potteries and grey-black potteries were most common, decorated with popular rope patterns, usually round-bottom vessels or dou 豆 . Bronze wares mainly consisted of weapons (swords, *ge* 戈 , *yue* 钺 , *mao* 矛 , etc.) and daily appliances (axes, gravers, scrapers, chisels, choppers, *mou* 鍪 , *fu* 釜 , basins, etc.), together with a small amount of ritual vessels (*ding*-tripots 鼎 , *fou* 缶 , *fu* 簠 , *yan* 甗 , *dou* 豆 , *yi* 匜 , *dun* 敦 , *hu* 壶 , etc.), ornaments and accessories (belt hooks, domes 泡), and miscellaneous items (seals).

These burials can be divided into 6 periods and 8 phases based on their cutting-into relationships as well as the potteries and bronze wares unearthed:

Period 1/Phase 1: Late Spring-Autumn period to Early Warring States period

Period 2/Phase 2: Early Warring States period

Period 3/Phase 3: Early stage of Middle Warring States period

Period 3/Phase 4: Late stage of Middle Warring States period

Period 4/Phase 5: Early stage of Late Warring States period

Period 4/Phase 6: Late stage of Late Warring States period

Period 5/Phase 7: Late Warring States period to Early West Han dynasty

Period 6/Phase 8: Middle West Han dynasty

The graveyard of Luojiaba lasted roughly for 350 years, from Late Spring-Autumn period/ Early Warring States period (about 500 B.C.), to Middle West Han dynasty (about 150 B.C.).

M33, a medium to large sized L-shape grave, was of unique importance amongst the burials, which contained 3 individuals. All burial goods were placed in the east portion of the grave with certain regularity: bronze weapons, tools for production, ritual vessels and potteries were placed in order from south to north. A large number of ritual vessels recovered from this grave reflected cultural influence from the Central Plains and the state of Chu 楚 . And also for the first time a medium-large sized grave from Late Spring-Autumn period to Early Warring States period was discovered in the territory of Ba 巴 state.

During the Spring-Autumn period and Warring States period, Luojiaba site was located at the junction area of Qin 秦 , Chu 楚 , Ba 巴 and Shu 蜀 . Cultural influence from the Central Plains and the state of Chu 楚 was reflected on a portion of the unearthed objects; however, critical factors rooted in Ba 巴 and Shu 蜀 cultures. The graveyard of Luojiaba was a remarkable archeaological discovery from Early Warring States period to the Qin and Han dynasties. It demonstrated the distinctive regional features and chronology of the archeaological culture in east Sichuan during Late Spring-Autumn period to Middle West Han Dynasty. With the scale of its graveyard, as well as the quantity and rank of the burial goods, it occupies a prime position in the research of Ba 巴 culture, revealing the development and cultural features of the Ba 巴 state from different perspectives.

图 版

图版一　罗家坝遗址外景

图版二　罗家坝遗址卫星图

1. 2003年度发掘

2. 2007年度发掘

图版三　罗家坝遗址发掘现场

1. 2007年度下半年发掘外景

2. T7725北壁剖面

图版四　罗家坝遗址发掘现场及地层堆积

1. 陶折沿罐（99T1⑥：1）

2. 砺石（99T2⑪：7）

3. 陶高领罐（T7725⑤：1）

4. 陶豆（99H16：2）

图版五　罗家坝遗址出土新石器时期、东周时期遗物

1. 陶豆（99H16：5）

2. 陶釜（99T1⑤：37）

3. 铜印章（F1：39）

4. 陶平底罐（M1：4）

图版六　罗家坝遗址出土东周遗物

1. M2

2. M2铜器出土情况

图版七　M2

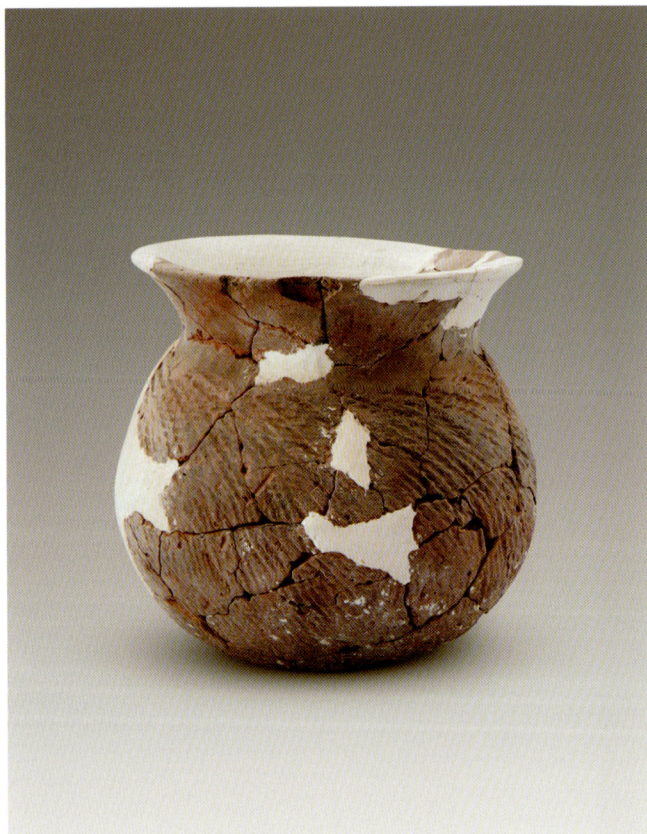

1. 陶圜底罐（M2：19）

2. 陶釜（M2：21）

3. 陶豆（M2：20）

4. 铜敦（M2：1）

图版八　M2出土遗物

图版九　M2出土铜壶（M2：2）

1. M2：2腹部纹饰

2. M2：2铺首衔环

图版一〇　M2出土铜壶（局部）

1. 矛（M2：3）

3. 戈（M2：5）.

4. 凿（M2：13）

2. 矛（M2：4）

5. 钺（M2：6）

图版一一　M2出土铜器

1. M3出土陶圜底罐（M3：5）

2. M3出土陶器盖（M3：4）

4. M3出土铜削刀（M3：3）

3. M3出土铜钺（M3：1）

5. M4出土陶圜底罐（M4：3）

图版一二　M3、M4出土遗物

1. M5

2. M5出土陶器组合

图版一三　M5及出土陶器组合

1. 陶豆（M5：13）

2. 陶豆（M5：12）

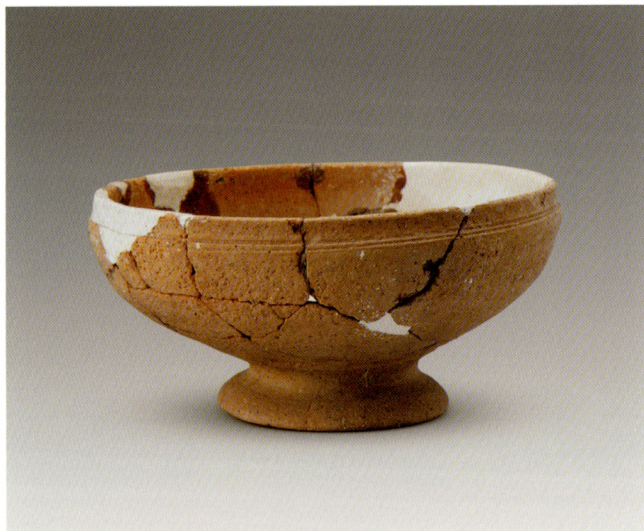

3. 陶豆（M5：16）

4. 陶豆（M5：25）

5. 陶豆（M5：27）

6. 高领罐（M5：21）

图版一四　M5出土陶器

1. 陶釜（M5：18）

2. 陶釜甑（M5：17）

3. 铜矛（M5：19）

4. M5：19骹部纹饰1

5. M5：19骹部纹饰2

图版一五　M5出土遗物

1. 剑（M5：3）

2. 刻刀（M5：6）

3. 钺（M5：1）

4. 钺（M5：2）

图版一六　M5出土铜器

1. M6出土陶釜（M6：1）

2. M6出土陶钵（M6：2）

3. M6出土铜削刀（M6：3）

4. M8出土陶器组合

图版一七　　M6出土遗物及M8陶器组合

1. 陶豆（M8：7）

2. 陶圜底罐（M8：5）

3. 陶圜底罐（M8：8）

4. 陶圜底罐（M8：11）

5. 陶钵（M8：12）

6. 铜矛（M8：6）

图版一八　M8出土遗物

1. M10：1正面

2. M10：1背面

3. M10：4正面

4. M10：4背面

图版一九　M10出土铜印章

1. M13

2. M13出土陶器组合

图版二〇　M13及出土陶器组合

1. 豆（M13：5）

2. 豆（M13：19）

3. 圜底罐（M13：17）

4. 圜底罐（M13：4）

5. 圜底罐（M13：2）

6. 钵（M13：18）

图版二一　M13出土陶器

1. 陶平底罐（M13：3）

2. 铜剑（M13：7）

3. 铜斧（M13：8）

图版二二　M13出土遗物

1. M14

2. M14出土陶器组合

图版二三　M14及出土陶器组合

1. 圜底罐（M14：7）

2. 圜底罐（M14：4）

3. 釜（M14：8）

4. 器盖（M14：5）

5. 高领罐（M14：6）

图版二四　M14出土陶器

1. M17

2. M17出土陶器组合

图版二五　M17及出土陶器组合

1. M17出土陶豆（M17：1）

2. M17出土陶高领罐（M17：3）

3. M17出土陶高领罐（M17：4）

4. M17出土铜剑（M17：7）

5. M18出土铜钺（M18：4）

图版二六　M17、M18出土遗物

1. M19出土陶器组合

2. M19：2

3. M19：9

图版二七　M19出土陶器组合、陶豆

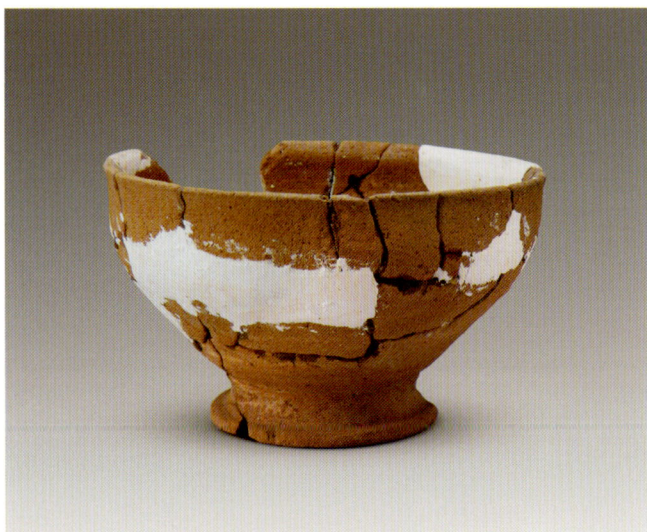

1. 豆（M19：10）

4. 壶（M19：1）

2. 釜（M19：5）

3. 圜底罐（M19：7）

5. 高领罐（M19：8）

图版二八　M19 出土陶器

1. M20出土陶器组合

2. M20：1

3. M20：2

4. M20：5

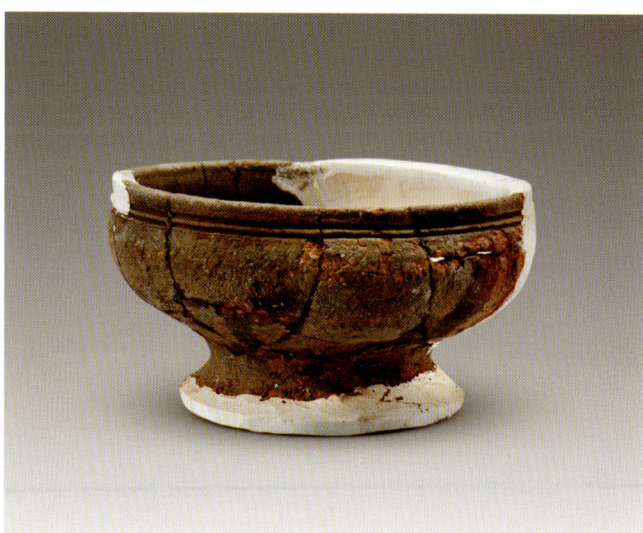

5. M20：4

图版二九　M20出土陶器组合、陶豆

1. M20出土陶豆（M20∶7）

4. M21出土铜印章正面（M21∶1）

2. M20出土陶钵（M20∶11）

5. M21出土铜印章背面（M21∶1）

3. M20出土陶釜（M20∶12）

图版三〇　M20、M21出土遗物

1. M23

2. 钺（M23：1）

3. 削刀（M23：3）

图版三一　M23及出土铜器

1. M24

2. M24出土陶器组合

图版三二　M24及出土陶器组合

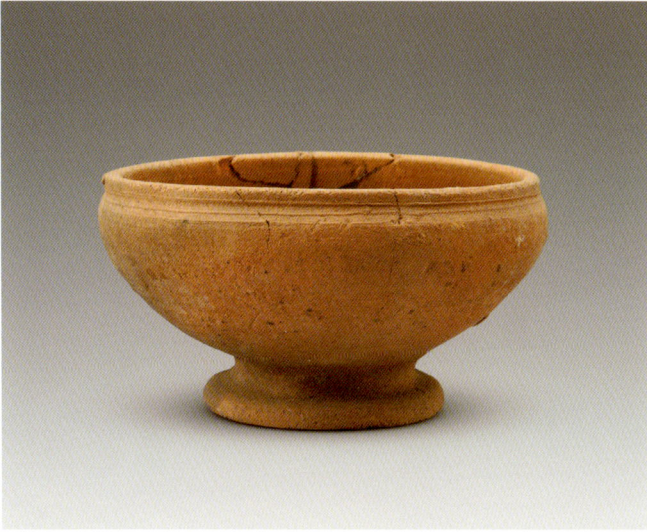

1. 陶豆（M24：12）

2. 陶圜底罐（M24：17）

3. 陶圜底罐（M24：13）

4. 铜钺（M24：8）

5. 铜印章（M24：5）

6. 铜印章（M24：6）

7. 铜印章（M24：7）

图版三三　M24出土遗物

1. M25

2. M25出土陶器组合

图版三四　M25及出土陶器组合

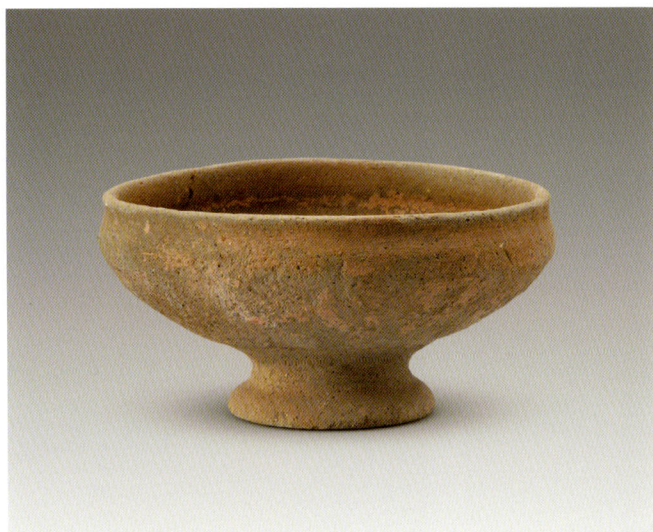

1. 豆（M25：3）

2. 豆（M25：4）

3. 豆（M25：2）

4. 平底罐（M25：6）

5. 平底罐（M25：7）

6. 器盖（M25：20）

图版三五　M25出土陶器

1. M25出土剑（M25：13）　　　　2. M25出土矛（M25：10）　　　　3. M25出土钺（M25：12）

4. M25出土印章（M25：11）　　　　　　　　5. M26出土钺（M26：1）

图版三六　　M25、M26出土铜器

1. M27出土陶器组合

2. 豆（M27：1）

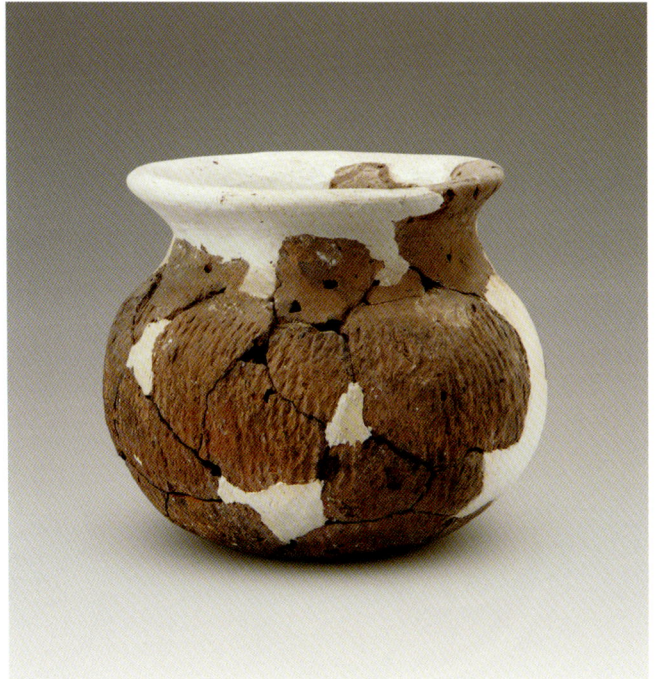

3. 圜底罐（M27：2）

图版三七　M27出土陶器组合、陶器

1. M28

2. M28墓主人脚下器物放置情况

图版三八　M28

1. M28出土陶器组合

2. M28：2

3. M28：7

4. M28：9

5. M28：12

图版三九 M28出土陶器组合、陶豆

1. M28：13

2. M28：14

3. M28：32

4. M28：35

5. M28：38

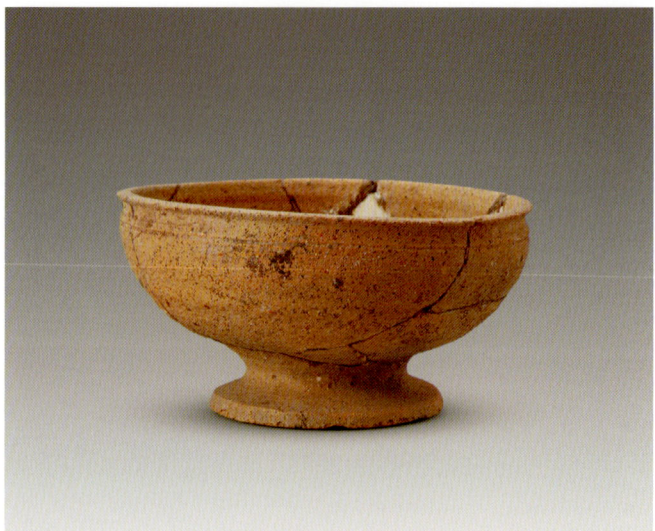
6. M28：33

图版四〇　M28出土陶豆

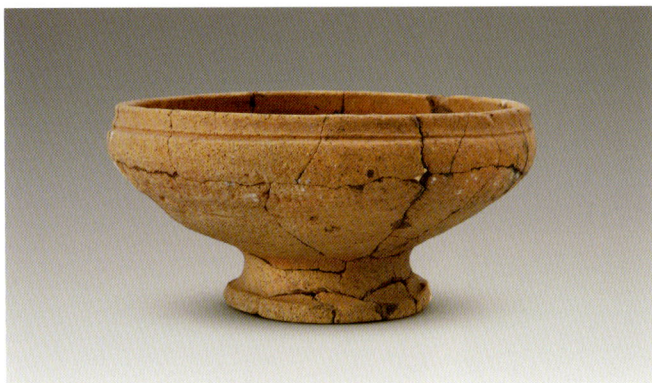

1. 豆（M28：34）

2. 豆（M28：36）

3. 豆（M28：37）

4. 豆（M28：4）

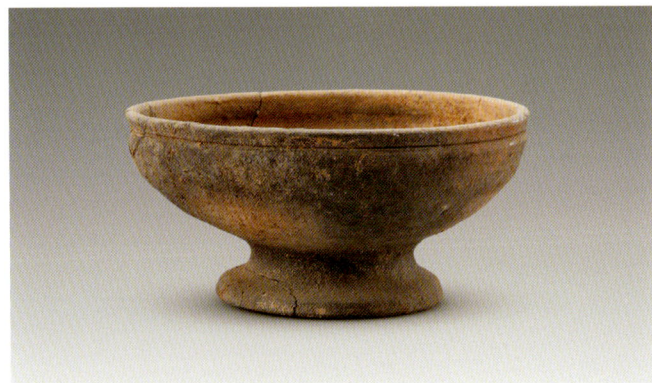

5. 豆（M28：10）

6. 瓮（M28：3）

7. 圜底罐（M28：6）

图版四一　M28出土陶器

1. 铜剑（M28：30）   2. 铜剑（M28：15）   3. M28：15纹饰

4. 珠

图版四二　　M28出土遗物

1. M29出土高领罐（M29：1）

2. M30墓室南端铜器放置情况

3. M30墓室中部陶器放置情况

图版四三　　M29出土陶器及M30

1. M30出土陶器组合

2. M30：1

3. M30：12

图版四四　M30出土陶器组合、陶釜

1. 釜（M30：20）

2. 釜（M30：2）

3. 豆（M30：15）

4. 豆（M30：21）

5. 鼎（M30：10）

图版四五　M30出土陶器

1. 陶釜甑（M30：9）

2. 陶平底罐（M30：11）

3. 铜矛（M30：22）

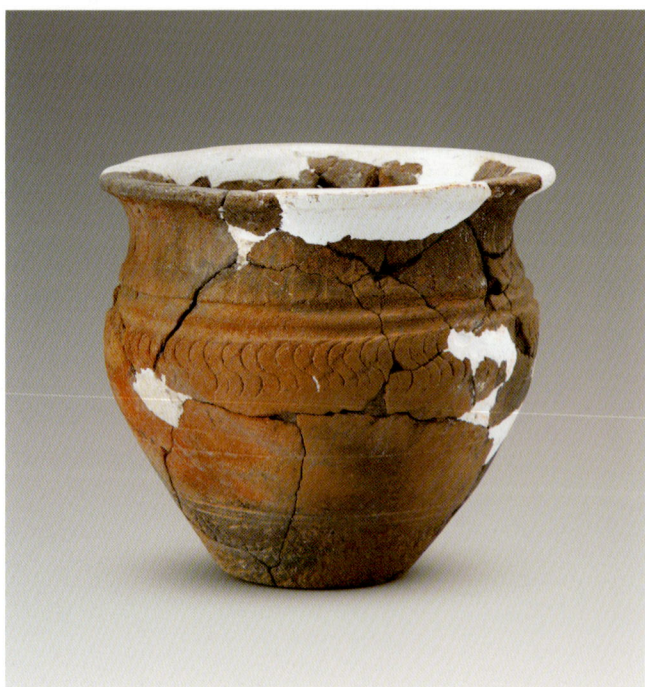

4. 铜钺（M33：23）

图版四六　M30出土遗物

1. M31墓室中部铜器分布情况

2. M31出土陶器组合

图版四七　　M31及出土陶器组合

1. 豆（M31：2）

2. 豆（M31：5）

3. 豆（M31：4）

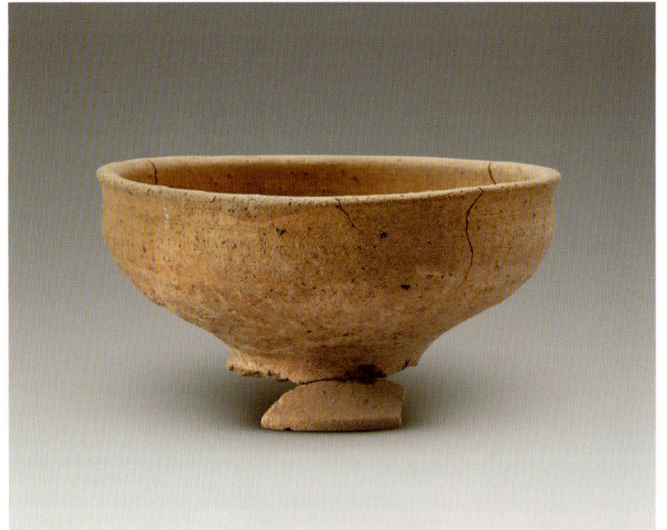

4. 豆（M31：7）

5. 平底罐（M31：30）

6. 高领罐（M31：34）

图版四八　M31出土陶器

1. 剑（M31：12）

2. M31：12纹饰

3. 戈（M31：18）

4. 矛（M31：28）

5. 矛（M31：29）

6. 铜矛纹饰（M31：29）

图版四九　　M31出土铜器

1. 钺（M31：10）

2. 斤（M31：14）

3. 练（M31：32）

4. 璜（M31：13）

图版五〇　M31出土铜器

1. M32

2. M32墓主人脚下陶器分布状况

图版五一　　M32

1. M32铜柄铁刀出土情况

2. M32出土陶器组合

图版五二　M32铁刀出土情况及陶器组合

1. 高领罐（M32：1）

2. 高领罐（M32：2）

3. 豆（M32：3）

4. 豆（M32：4）

5. 盂（M32：6）

图版五三　M32出土陶器

1. 陶盂（M32：8）

2. 陶盆（M32：7）

3. 铜印章正面（M32：19）

4. 铜印章背面（M32：19）

5. 铜矛（M32：13）

图版五四　M32出土遗物

1. M33

2. M33人骨摆放情况

1. 铜兵器分布状况

2. 铜礼器分布状况

图版五六　M33出土铜器分布状况

1. 东部器物出土情况

2. 铜礼器出土情况

3. 器座和野猪獠牙出土情况

图版五七　M33遗物出土情况

1. M33出土陶器组合

2. 喇叭口罐（M33：4）

3. 盘口罐（M33：3）

图版五八　M33出土陶器组合、陶罐

1. 平底罐（M33：148）

2. 釜（M33：145）

3. 钵（M33：49）

4. 杯（M33：166）

5. 尖底盏（M33：206）

1. 鼎（M33：197）

2. 缶（M33：198）

3. 缶（M33：200）

4. 簠（M33：19）

图版六〇　M33出土铜器

1. M33：199

2. M33：199腹部纹饰

图版六一　　M33出土铜甗

1. 敦（M33：50）

2. 敦（M33：125）

3. 罍（M33：201）

图版六二　　M33出土铜器

1. M33：18

2. M33：18腹部水陆攻占图

图版六三　M33出土铜豆

1. 豆柄（M33：26）

2. 豆盘（M33：26）

3. 匜（M33：128）

4. 镂空器座（M33：12）

5. 鸟头状饰件（M33：15）

6. 鍪（M33：22）

图版六四　M33出土铜器

1. 釜（M33：21）

2. 尖底盒（M33：203）

3. 戈（M33：102）

4. 戈（M33：108）

图版六五　M33出土铜器

1. M33：116

2. M33：158

3. M33：103

4. M33：97

图版六六　M33出土铜戈

1. M33：100

2. M33：101

3. M33：167

4. M33：115

图版六七　M33出土铜戈

1. 戈（M33：112）　　　　　　　　　　2. 戈（M33：114）

3. 矛（M33：92）　　4. 矛（M33：93）　　5. 剑（M33：159）　　6. 剑（M33：76）

图版六八　　M33出土铜器

1. M40

2. M40出土陶器组合

图版七九　M40及出土陶器组合

1. 平底罐（M40：19）

2. 釜（M40：15）

3. 釜（M40：18）

4. 釜（M40：21）

5. 豆（M40：16）

1. 双剑及剑鞘（M33∶150）

2. 钺（M33∶68）

3. 凿（M33∶176）

4. 锥（M33∶58）

5. 锥（M33∶179）

图版六九　M33出土铜器

1. 刀（M33：28）

2. 刀（M33：74）

3. 勺（M33：178）

4. 匕（M33：121）

5. 刻刀（M33：75）

图版七〇　M33出土铜器

1. 骨珠出土情况

2. 骨珠

3. 玛瑙珠

图版七一　M33出土珠

1. M34出土陶圜底罐（M34：2）

2. M34出土铜剑（M34：1）

3. M35出土铜钺（M35：2）

4. M35出土珠

图版七二　M34、M35出土遗物

1. M36出土铜钺（M36：1）

2. M36出土铜带钩（M36：3）

3. M36出土铜削刀（M36：2）

4. M36出土玉璜（M36：4）

图版七三　M36出土遗物

1. 陶豆（M37：7）

2. 陶圜底罐（M37：6）

3. 铜钺（M37：1）

4. 铜削刀（M37：4）

5. 铜手镯

6. 管珠

7. 玉玦（M37：3）

图版七四　M37出土遗物

1. M38器物出土情况

2. M38陶器组合

图版七五　　M38器物出土情况及陶器组合

1. 陶釜（M38：9）

4. 铜钺（M38：1）

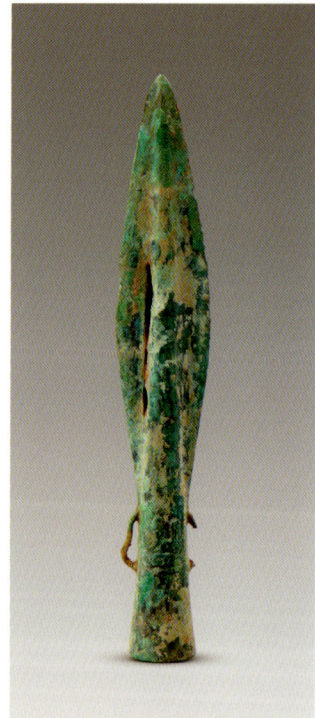

5. 铜矛（M38：2）

2. 陶圜底罐（M38：10）

6. 铜刻刀（M38：3）

3. 铜剑（M38：4）

7. 石挂饰（M38：11）

图版七六　M38出土遗物

1. M39

2. M39出土陶器组合

图版七七　M39及出土陶器组合

1. 圜底罐（M39：1）

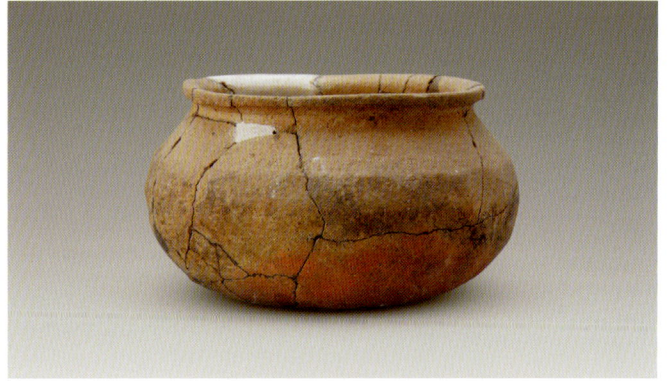

4. 釜（M39：4）

2. 圜底罐（M39：2）

5. 钵（M39：3）

6. 豆（M39：5）

3. 釜（M39：7）

7. 尖底盏（M39：9）

图版七八　M39出土陶器

1. 陶豆（M40：17）

2. 陶豆（M40：22）

3. 铜矛（M40：1）

4. 铜剑（M40：2）

5. M40：2纹饰

图版八一　M40出土遗物

1. 钺（M40：7）

2. 钺（M40：6）

3. 削刀（M40：3）

图版八二　M40出土铜器

1. M41

2. M41铜器分布状况

图版八三　　M41及铜器分布状况

1. M41出土陶器组合

2. 豆（M41：11）

3. 圈底罐（M41：12）

图版八四　M41出土陶器组合、陶器

1. 陶尖底盏（M41：14）

2. 铜钺（M41：2）

3. 铜剑（M41：3）

4. 铜刻刀（M41：8）

图版八五　M41出土遗物

1. M42

4. 陶圜底罐（M42：7）

2. 陶钵（M42：5）

5. 陶纺轮（M42：9）

3. 陶钵（M42：6）

6. 铜钺（M42：1）

图版八六　M42及出土遗物

1. M44

2. M44殉人及脚下器物摆放情况

图版八七　M44

1. M44铜器及包裹物出土情况

2. M44出土陶器组合

3. 釜（M44：42）

4. 豆（M44：45）

图版八八　M44遗物出土情况及出土陶器

1. 陶圜底罐（M44：41）

2. 陶瓷（M44：47）

3. 铜釜甑（M44：48）

4. 铜戈（M44：19）

5. 铜剑（M44：52）

图版八九　M44出土遗物

1. 铜钺（M44：34）

2. 铜斧（M44：30）

3. 铜凿（M44：22）

4. 铜斤（M44：29）

5. 玉鱼（M44：53）

图版九〇　M44出土遗物

1. M45

2. M45：1

图版九一 M45及出土铜钺

1. M46

2. M46器物摆放情况

3. M46船棺下部残损兵器放置情况

图版九二　M46

1. M46出土陶器组合情况

2. 圜底罐（M46：35）

3. 高领罐（M46：29）

图版九三　M46出土陶器组合、陶罐

1. 陶高领罐（M46：30）

2. 陶釜甑（M48：28）

3. 陶尖底盏（M46：33）

4. 铜剑（M46：17）

5. 铜矛（M46：18）

图版九四　M46出土遗物

1. 矛（M46：47）

2. 戈（M46：10）

3. 钺（M46：13）

4. 钺（M46：24）

图版九五　M46出土铜器

1. 铜钺（M46：16）

2. 铜斤（M46：56）

3. 铜刻刀（M46：6）

4. 铜鍪（M46：27）

5. 玉璧（M46：44）

图版九六　M46出土遗物

1. M48和M49（左为M48、右为M49）

2. M48墓主人及随葬品放置情况

3. M48墓主人腹部器物放置情况

1. M48出土陶器组合

2. 豆（M48：17）

3. 圜底罐（M48：18）

图版九八　M48出土陶器组合、陶器

1. 铜钺（M48：12）

2. 铜铃（M48：6）

3. 铜方形饰件（M48：9）

4. 玉璧（M48：4）

图版九九　M48出土遗物

1. M50

2. M50墓主人及随葬品分布情况

图版一〇〇　M50

1. M50出土陶器组合

2. M50：28

3. M50：27

图版一〇一　M50出土陶器组合、陶豆

1. 陶圜底罐（M50：26）

2. 陶圜底罐（M50：20）

3. 陶圜底罐（M50：6）

4. 铜矛（M50：11）

5. 铜矛（M50：1）

图版一〇二　M50出土遗物

1. 钺（M50：4）

2. 钺（M50：16）

3. 钺（M50：8）

4. 剑（M50：2）

图版一〇三　M50出土铜器

1. 锯（M50：3）

2. 斤（M50：7）

3. 鍪（M50：17）

4. 釜（M50：22）

图版一〇四　M50出土铜器

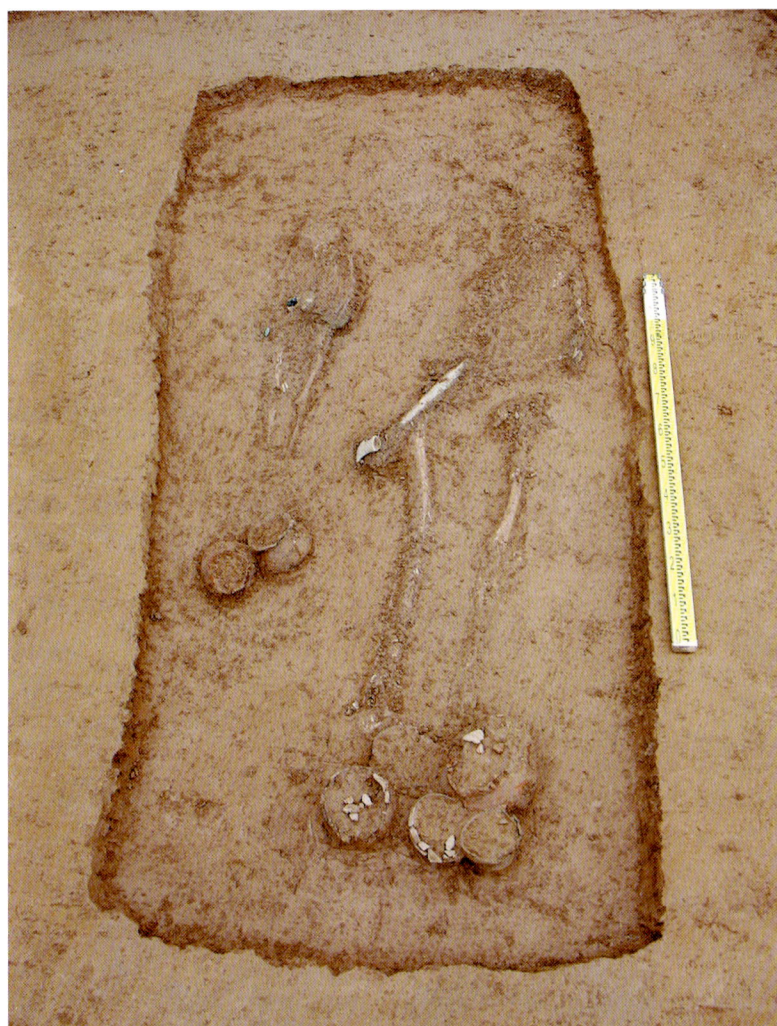

1. M51

2. M51出土陶器组合

图版一〇五　M51及出土陶器组合

1. M51：8

2. M51：9

3. M51：10

4. M51：12

图版一〇六　M51出土陶豆

2. 铜斧（M51：2）

1. 铜剑（M51：1）

3. 铜印章（M51：3）

4. 珠

图版一○七　M51出土遗物

1. M52和M53（左为M52、右为M53）

2. M53

3. M53随葬品分布状况

图版一〇八　M53及遗物出土情况

1. M53出土陶器组合

2. 豆（M53：3）

3. 豆（M53：4）

4. 壶（M53：6）

图版一〇九　M53出土陶器组合、陶器

1. 陶圜底罐（M53：2）

2. 陶圜底罐（M53：7）

3. 铜钺（M53：15）

4. 铜甑（M53：1）

5. 珠

图版一一〇　M53出土遗物

1. M54

2. M54出土陶器组合

图版一一一　　M54及出土陶器组合

1. 陶釜（M54：8）

2. 陶盂（M54：11）

3. 陶尖底盏（M54：9）

4. 铜矛（M54：6）

5. 铜剑（M54：2）

图版一一二　M54出土遗物

1. 戈（M54：1）

2. 钺（M54：5）

4. 刻刀（M54：4）

3. 斤（M54：7）

5. 带钩（M54：3）

图版一一三　M54出土铜器

1. M55

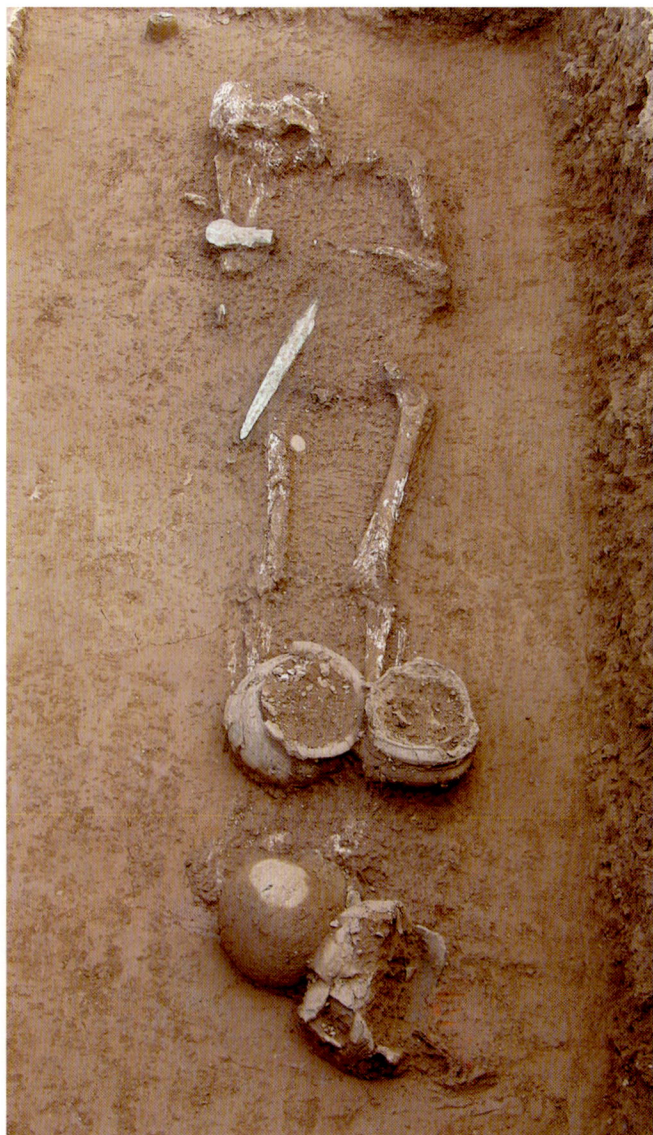

2. M55墓主人和随葬品放置情况

1. M55出土陶器组合

2. 豆（M55：10）

3. 平底罐（M55：8）

图版一一五　M55出土陶器组合、陶器

1. 陶釜（M55：6）

2. 陶圜底罐（M55：7）

3. 铜剑（M55：5）

4. 铜钺（M55：2）

1. M56出土陶器组合

2. M56：1

3. M56：2

图版一一七　M56出土陶器组合、陶圜底罐

1. 陶高领罐（M56：3）

2. 陶豆（M56：10）

3. 铜矛（M56：12）

4. 铜鍪（M56：6）

5. 铜釜（M56：4）

6. 铜削刀（M56：8）

图版一一八　M56出土遗物

1. M57

2. M57墓室中部铜器出土情况

图版一一九　M57

1. M57陶器出土情况

2. M57出土器物组合

图版一二〇　M57陶器出土情况及器物组合

1. M57：16

2. M57：17

3. M57：22

4. M57：28

图版一二一　M57出土陶豆

1. 钺（M57：1）

2. 印章（M57：4）

3. 璜（M57：12、13）

4. 鍪（M57：20）

图版一二二　M57出土铜器

1. M58和M60（左为M60、右为M58）

2. M58陶器出土情况

图版一二三　M58

1. 陶豆（M58：9）

2. 陶豆（M58：3）

3. 陶豆（M58：5）

4. 铜矛（M58：1）

图版一二四　M58出土遗物

1. M59

2. M59陶器出土情况

图版一二五　M59

1. 高领罐（M59：2）

2. 鍪（M59：1）

3. 尖底盏（M59：4）

4. 豆（M59：3）

图版一二六　M59出土陶器

1. M60（中间墓葬）

2. M60陶器放置状况

1. M60出土陶器组合

2. 钵（M60：3）

3. 钵（M60：12）

5. 豆（M60：7）

4. 圜底罐（M60：4）

6. 器盖（M60：10）

图版一二八　M60出土陶器组合、陶器

1. M61

2. M61一号棺容器放置情况

图版一二九　M61及一号棺遗物出土情况

1. M61二号棺容器放置情况

2. M61三号棺容器放置情况

图版一三〇　M61二、三号棺遗物出土情况

1. M61出土器物组合

2. 瓮（M61-1：13）

3. 釜（M61-1：16）

图版一三一　M61出土器物组合及一号馆出土陶器

1. 陶豆（M61-1：17）

2. 陶钵（M61-1：18）

3. 铜剑（M61-1：3）

4. 铜戈（M61-1：2）

1. 戈（M61-1：8）

2. 凿（M61-1：1）

3. 钺（M61-1：5）

4. 斧（M61-1：4）

图版一三三　M61一号棺出土铜器

1. M61一号棺出土铜锥（M61-1：6）

2. M61一号棺出土铜釜（M61-1：12）

3. M61二号棺出土陶瓮（M61-2：1）

4. M61二号棺出土陶豆（M61-2：17）

5. M61二号棺出土陶豆（M61-2：15）

图版一三四　M61一号棺出土铜器、二号棺出土陶器

1. 釜甑（M61-2：14）

2. 尖底盏（M61-2：20）

3. 圜底罐（M61-2：18）

4. 圜底罐（M61-2：11）

图版一三五　　M61二号棺出土陶器

1. M61二号棺出土铜矛（M61-2：2）

2. M61二号棺出土铜钺（M61-2：3）

3. M61二号棺出土铜削刀（M61-2：4）

4. M61三号棺出土陶钵（M61-3：8）

5. M61三号棺出土陶钵（M61-3：10）

6. M61三号棺出土陶平底罐（M61-3：7）

图版一三六　M61二号棺出土铜器、三号棺出土陶器

1. 陶盆（M61-3：2）

2. 陶尖底盏（M61-3：14）

3. 陶豆（M61-3：12）

4. 铜钺（M61-3：13）

5. 陶盆（M61-3：3）

图版一三七　　M61三号棺出土遗物

1. M62

2. M62墓主人及铜器放置情况

图版一三八　M62

1. M62出土陶器组合

2. 豆（M62：7）

3. 豆（M62：8）

4. 圜底罐（M62：6）

5. 高领罐（M62：5）

图版一三九　M62出土陶器组合、陶器

1. 陶器盖（M62：9）

2. 陶盂（M62：14）

3. 铜戈（M62：1）

4. 铜矛（M62：16）

5. 铜钺（M62：17）

1. M63

2. M63铜器出土情况

图版一四一　M63

1. M63陶器出土情况

2. M63出土陶器组合

图版一四二　M63遗物出土情况及陶器组合

1. 圜底罐（M63：8）

2. 圜底罐（M63：15）

3. 豆（M63：7）

4. 釜（M63：9）

5. 釜（M63：10）

图版一四三　M63出土陶器

3. 斤（M63：1）

1. 剑（M63：4）　　　　2. 剑（M63：2）　　　　4. 鍪（M63：6）

5. 剑（M63：3）

1. M64

2. M64人骨及其随葬品放置情况

图版一四五　M64

1. M64出土陶器组合

2. 豆（M64：40）

3. 豆（M64：32）

4. 豆（M64：41）

5. 釜（M64：19）

6. 器盖（M64：20）

图版一四六　M64出土陶器组合、陶器

1. 矛（M64：8）

2. 钺（M64：29）

3. 钺（M64：17）

4. 斧（M64：15）

图版一四七　M64出土铜器

1. 铜斤（M64：18）

2. 铜鍪（M64：14）

3. 铜釜（M64：42）

4. 磨石（M64：36）

图版一四八　M64出土遗物

1. M65

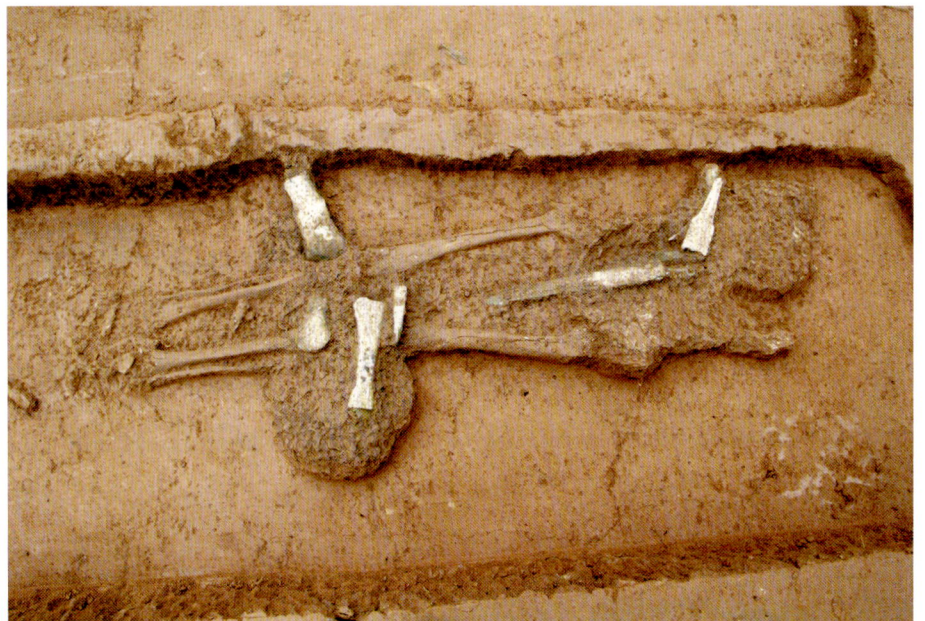

2. M65一号棺铜器放置情况

图版一四九　　M65

1. M65陶器放置情况

2. M65出土陶器组合

图版一五〇　M65陶器出土情况及组合

1. 陶釜（M65-1：15）

2. 陶高领罐（M65-1：14）

3. 铜钺（M65-1：7）

4. 铜钺（M65-1：8）

图版一五一　M65一号棺出土遗物

1. M65一号棺出土铜斤（M65-1：6）

2. M65一号棺出土铜斤（M65-1：5）

3. M65一号棺出土铜削刀（M65-1：4）

4. M65一号棺出土铜鍪（M65-1：10）

5. M65二号棺出土陶豆（M65-2：6）

图版一五二　　M65出土遗物